华夏历史一本通

上古——东汉 第六卷

张生栋 ◎ 著

SPM 南方传媒 花城出版社

中国·广州

图书在版编目（CIP）数据

华夏历史一本通. 上古—东汉 : 全6册 / 张生栋著
. -- 广州 : 花城出版社, 2022.9
ISBN 978-7-5360-9604-2

Ⅰ. ①华… Ⅱ. ①张… Ⅲ. ①中国历史－上古-东汉时代－通俗读物 Ⅳ. ①K209

中国版本图书馆CIP数据核字(2022)第132960号

出 版 人：张　懿
责任编辑：陈诗泳　梁宝星　凌春梅
技术编辑：薛伟民
装帧设计：迟迟工作室

书　　名	华夏历史一本通 . 上古—东汉 HUAXIA LISHI YIBENTONG SHANGGU DONGHAN
出版发行	花城出版社 （广州市环市东路水荫路 11 号）
经　　销	全国新华书店
印　　刷	广东鹏腾宇文化创新有限公司 （广东省珠海市高新区唐家湾镇科技九路 88 号 10 栋）
开　　本	787 毫米 ×1092 毫米　16 开
印　　张	154.5　6 插页
字　　数	2470,000 字
版　　次	2022 年 9 月第 1 版　2022 年 9 月第 1 次印刷
定　　价	488.00 元（全 6 册）

如发现印装质量问题，请直接与印刷厂联系调换。
购书热线：020-37604658　37602954
花城出版社网站：http://www.fcph.com.cn

目 录

001	第十章	东汉
003	第一节	刘秀起兵
018	第二节	更始之立、昆阳大捷、刘縯之死
034	第三节	娶妻当得阴丽华、赤眉反目、出抚河北
050	第四节	河北遇险、逃脱虎口
065	第五节	河北定基
086	第六节	巩固势力
102	第七节	更始乱政
118	第八节	刘秀登基
132	第九节	赤眉之败
151	第十节	彭宠、刘扬之乱
171	第十一节	平定山东、消灭南部群雄
182	第十二节	平定陇右、窦融归汉、马援定边
216	第十三节	得陇望蜀
234	第十四节	卢芳客死、匈奴分裂、马援南征、马革裹尸
260	第十五节	息民安国、善待功臣
279	第十六节	中央集权、白璧微瑕
293	第十七节	光烈皇后、明帝刘庄
308	第十八节	严防外戚、严苛待下、善待宗室、尊师重教、佛入东土
323	第十九节	莎车称雄、祭肜威边、窦固击匈奴
340	第二十节	班彪论史、班固著《汉书》、班超定西域
358	第二十一节	窦后得宠、蔡伦造纸、窦宪破匈奴
374	第二十二节	窦氏骄横、袁安守正、丁鸿上书、窦氏之败
388	第二十三节	永元之隆、阴邓争宠、邓绥临朝、邓氏罹祸
407	第二十四节	宦官当道、暮夜却金、杨震之死、太子被废、孙程政变
421	第二十五节	宦官封侯、跋扈将军

431	第二十六节	李固杜乔、孙寿妖媚、梁冀之死
448	第二十七节	宦官五侯、独坐卧虎、士人清议、党锢之祸
464	第二十八节	谋诛宦官、陈窦惨祸、窦妙葬礼、党锢再起
483	第二十九节	潜杀皇后、阳球锄奸、名将之耻、惊国大案
497	第三十节	自认阉子、灵帝卖官、西园享乐、黄巾起义、凉州叛乱、废史立牧
524	第三十一节	何进发迹、两宫争权、再诛宦官、董卓往事、何进之死、宦官之乱
540	第三十二节	诱降吕布、擅行废立、倒行逆施、皇甫规妻、诸侯讨卓、死无葬地
556	第三十三节	蔡邕之死、李傕郭汜之乱、名存实亡

第十章 东汉

第一节　刘秀起兵

东汉是公元25年由刘秀所建的一个朝代，因为他延续了"汉"这一国号，所以历史上为了将其与刘邦所建立的汉朝相区别，便把刘邦所建的政权称之为西汉（因建都长安），又称前汉；而把刘秀所建的政权称之为东汉（因建都洛阳），又称后汉。

刘秀，字文叔，南阳郡蔡阳县（今湖北省襄阳市枣阳市西南）人，公元前5年出生于陈留郡济阳县（今河南省开封市兰考县东北）。刘秀是刘邦的九世孙，他的先祖是汉景帝唐姬所生的第六子刘发，刘发在景帝朝被封为长沙王。刘发有个儿子叫刘买，公元前124年被汉武帝封在零陵郡泠道县的舂陵乡（今湖南省永州市宁远县境内），是为舂陵侯。到刘买之孙舂陵戴侯刘仁之时，因为舂陵地势较低，再加上南方非常潮湿，刘仁生活很不习惯，于是就向朝廷上书，请求把他的侯国迁徙到南阳郡。汉元帝同意了刘仁的请求，于是将侯国改封到蔡阳县白水乡（今湖北省襄阳市枣阳市吴店镇一带）。刘买有个儿子叫刘外，在西汉时曾出任郁林（今广西贵港市）太守；刘外生子刘回，曾担任巨鹿郡（今河北省邢台市平乡县西南）都尉；刘回生子刘钦，担任南顿（今河南省周口市项城市）县令。刘钦就是刘秀的父亲。

刘秀的母亲名叫樊娴都，出生于南阳郡湖阳县（今河南省南阳市唐河县湖阳镇）的一个大户人家。樊家有着严谨的家风和良好的家教，樊娴都很小的时候就显得仪容端庄、大方明理，深受族人和乡邻的敬重。樊娴都嫁到刘家之后，把这种严谨有度的家风也带到了刘家，并深深地影响到她的子女。

刘钦和樊娴都总共生育了六个子女，三男三女。长子刘縯字伯升，次子刘仲，三子刘秀；长女刘黄，次女刘元，三女刘伯姬。

刘秀在家里排行第五，在他降生的时候，上面已经有两兄两姐。其时刘钦担任济阳县令，刘秀就出生于济阳县的县舍之中。据说刘秀出生之时，一道红光照进室中。刘钦感觉非常惊异，于是就让一个名叫王长的卜者占卜。王长请刘钦屏退左右说："这是一个极为高贵的预兆，吉祥得不能用言语来形容。"正巧那一年，济阳县境内出现了一茎九穗的嘉禾祥瑞，于是刘钦就为他起名为"秀"，一来顺应当时的嘉禾祥瑞；二来希望他能像抽穗的禾苗那样茁壮成长。

但不幸的是，在刘秀九岁那年，刘钦去世了。这就意味着，自此以后，刘秀兄弟姐妹几个断了生活来源。守寡的樊娴都于是带着几个子女回到老家春陵，依靠乡下原有的土地度日。刘秀的叔父刘良收养了他们，并不时地帮助、接济他们，使刘秀兄妹在生活上没有遭受大的困难和波折。

这样一来，刘秀兄妹虽然幼年丧父，但还不至于一贫如洗，日子也还算过得去。这样的生活环境也造就了刘秀成年后沉稳、内敛、谨慎、虑事周全的性格特征。刘秀知道自己在当时除了种田再没有其他的出路，所以便勤勤恳恳地在家里务农，再没有异想天开，至少在当时来说没有什么不切实际或冒险的想法。对他来说，种好田，照顾好母亲，攒够钱娶一房媳妇，就这样度过安稳、踏实的一生，也不失为一种人生选择。

刘秀的大哥刘縯因此常常嘲笑刘秀，说刘秀活脱脱就是当年汉高帝刘邦的哥哥刘喜，只知道种田，不知道其他，真是一个地地道道的农民。不仅刘縯这么认为，就是刘秀的那些婶母也都这样认为，觉得刘秀既不怎么和人交往，也不怎么和人说话，这样的人，别说成就什么事业了，就是将来能不能娶到媳妇，都是个未知数。因为刘家毕竟已经败落，作为一个没落贵族子弟，一无所长，是很难打动大家闺秀的芳心的。

作为刘秀的大哥，刘縯的性格则和刘秀形成了鲜明的对比：刘秀好静，而刘縯好动；刘秀性格内敛，而刘縯性格直露；刘秀踏实务农，而刘縯好侠养士。造成兄弟俩这种迥然相异的性格特征，与刘家前后的家庭环境变化有很大的关系。刘縯年少时，他们的父亲刘钦还活着，作为一个县令的儿子，刘縯第一不缺钱花，第二不缺人捧场，无论他走到哪里，身边都有人跟着、侍候着，甚至还有一些和刘縯有着相同家庭背景的子弟，自愿前来和刘縯交游，一些有才华、有技艺而生活困顿的侠客士人，也前来投奔刘縯。所以刘縯从小很少受过委屈，养成了慷慨大度、坚强刚毅的性格，经常接触中上流社会阶层的士人，使他形成了开阔的眼界和远大的志向。不过凡事有利就有弊，这些性格特征使刘𬙂具备慷慨、豪爽、自信、大度等令人称道的优点之外，自然也使刘𬙂不可避免地具备了自负、强势、霸道、粗犷等令人厌恶的缺点。而这两种截然不同的性格，也导致了兄弟俩此后截然不同的命运。

公元14年，是王莽天凤元年，十九岁的刘秀前往京城长安，学习儒家经典《尚书》。按照现今的标准来看，《尚书》无疑是当时的官府处理国家政务的一部公文总集，是古代皇帝和官吏治国理政的教科书，在当时被视为皇帝和贵族子弟必读、必修的政治哲学经典。如果不读《尚书》，那么皇帝自然就不是一个称职的皇帝，官吏就不是一个称职的官吏。为什么？因为连最基本的政务术语都不懂，弄不好就会像当年的汉元帝那样，不清楚"请谒者招致廷尉"的真实意思，闹出天大的笑话。刘秀前往长安学习《尚书》，意味着他已经开始为将来走向仕途打基础，必须熟悉公文的拟制、发布，以及日常行政事务的处理方式。刘秀经过学习，掌握了《尚书》的基本内容。虽然他对《尚书》的熟悉程度还比不上那些专门研究儒家经典的儒生，但至少弄懂了书中的大义，这显然比死读书的书呆子要强许多倍，这对刘秀此后成就帝王之业带来的帮助是显而易见的。

刘秀在长安学习了近六年，于公元19年返回了家乡。这个时候的刘秀，已经二十四岁了，可是，二十四岁大龄的他，还没有娶亲。没有一本史书记载刘秀为什么这么晚还没有娶亲，但历史却因为刘秀最终成为一个皇帝而记下了他的一句话："仕宦当作执金吾，娶妻当得阴丽华。"

这句话的意思就是：当官就要当执金吾那样声名显赫的官，娶妻就要娶阴丽华那样貌美如花的妻子。

那么，刘秀是在一种什么样的情况下说出了这样一句话来呢？

刘秀的二姐刘元嫁给南阳郡新野县（今河南省南阳市新野县南）的邓晨，因为这个缘故，早年的刘秀曾经多次前往新野县二姐家游玩。新野县有个大户人家，姓阴。阴家非常富有，所占的田地多达七百多顷，车马和奴仆也多得可以跟诸侯王相比。阴氏家族是春秋时齐国名相管仲的后裔，管仲的七世孙管修从齐国迁到楚国，被封为阴大夫，因此，这一支管氏后人便以"阴"为姓。

阴家和邓晨家有姻亲关系，所以在姐夫邓晨家游玩的刘秀，便有机会随邓晨前往阴府之中去。这一去，刘秀便见到了阴家小姐阴丽华。其时的阴丽华虽然还不到十岁，但天生丽质难自弃，幼年时的她已完全具备了未来成年时倾国倾城的美人胚型，显露出了她的仪态万方和绝代风华，给不满二十岁的刘秀留下了极为深刻的印象。当时刘秀心里就暗暗发誓，将来娶妻，一定要娶阴丽华这样的女子为妻。

后来，刘秀前往长安求学。在那期间，他曾有幸见到执金吾出巡之时的盛况。执金吾就是西汉时的中尉，专管守卫京师长安，出巡时随行的车马非常之多，车骑也非常壮盛华美。当时，没见过什么大世面的刘秀见到威风凛凛的执金吾，心里非常羡慕，联想到此前他对阴丽华的倾心爱慕，所以由衷地慨叹说："仕宦当作执金吾，娶妻当得阴丽华！"

现代的年轻学生，在毕业前夕相互赠言时比较常用的一句祝词就是"爱情事业双丰收"。而其时在新朝高等学府求学的刘秀，发出这样一句喟叹，显然是"爱情事业双丰收"的古代版。其后不久，随着刘秀成为东汉的开国皇帝，他的这句话也成为千古名言，引发了历史上许多人的强烈共鸣。五代时后梁开国皇帝朱温，未发迹时听说宋州刺史张蕤（音蕊，读阳平）的女儿张惠非常貌美，颇有"丽华之叹"，后来果然娶了张惠。明末清初的吴三桂，在年轻时也颇以风流自许，当他读史时读到刘秀的这句慨叹，也不禁感叹说："如果有朝一日，我也能实现这样的愿望，那么今生死而无恨。"

而在刘秀学成回乡的那年，阴丽华只有十四岁，虽然古时提倡早婚，但十四岁还未到及笄之年，二十四岁的刘秀自然也不可能上门向阴家提亲。况且那个时候的刘秀，作为一个没落贵族子弟，他自忖还没有足够的把握和雄厚的资本向阴丽华提亲。大概刘秀也知道：表白是最终胜利时的号角，而不是发起进攻时的冲锋。所以他必须等待，等待一个机会来临。

在刘秀前往长安求学及其后的几年里，因为王莽改制触犯了上至王侯公卿、下至黎民百姓的利益，所以临淮郡的瓜田仪，琅琊郡的吕母，莒县的樊崇，南郡的张霸，江夏郡的羊牧，新市的王匡、王凤等先后发动起义，再加上那几年里，中原大地水、旱灾害不断，新莽王朝又与周边的邻国战事频仍，天下立时大乱。

在王莽篡位之初，作为刘氏宗族的刘縯就常常对王莽心怀怨愤，认为王莽篡夺了刘氏天下。他立志恢复刘氏的江山社稷，于是不再把心思放在照顾家庭和经营家业上，而是竭尽全力、倾尽家财，用来和那些英雄豪杰相互结交。

王莽末年，即公元23年，中原大乱，各地起义军蜂起，许多的地方豪强起兵响应，他们的宾客或一些有劣迹的不法之徒也趁机起身为盗，打家劫舍，浑水摸鱼，侵害乡邻。

英雄造时势，时势造英雄。刘縯眼见实现自己恢复刘氏江山社稷宏愿的时机已经来临，于是召集那些与他结交的英雄豪杰商议说："王莽暴虐无道，天下民不聊生，如今连年旱灾，兵戈四起，这是上天要灭亡王莽的大好时机，也是我们复兴高祖大业、奠定万世之业的良好时机。"

那个时候，但凡略有观察能力和分析思辨能力的人都知道，王莽已经回天无术了，新朝灭亡是指日可待的事情。所以这些英雄豪杰对刘縯的提议非常赞同，纷纷表示愿意跟着他干一番大事业。于是刘縯把他的亲信派往南阳郡附近各县，为起兵做准备。

而在那段时间里，刘秀为了躲避地方官吏的骚扰，前往宛城等地贩卖谷米。

宛城县里有个人叫李通，家族世代以经商而闻名当地。其父名叫李守，最初在大名鼎鼎的刘歆手下当差，喜好天文历法和预言凶吉的图谶之学，后来担任新朝的宗卿师。因为父亲的缘故，李通担任五威将军从事，后来外放，补任为巫县县丞，在同僚之中以能力和才干而闻名。

王莽末期，因为各项改制事与愿违，所以天下人群起而反之。李通在平时经常听到他的父亲李守说图谶上有"刘氏复兴，李氏为辅"的话，于是就暗暗地把这件事情记在了心里。因为新莽末期天下大乱，再加上李家本就富庶，所以经过权衡，李通觉得再做新莽王朝的官，已经没有多大前途和意义，弄不好还会白白为王莽殉葬，于是就辞职回了老家。

当时，南方发生大饥荒，老百姓为了活命，全都到野泽中去挖野荸荠充饥。但是，野荸荠实在太少，而饥饿的人实在太多，为了争抢食物，饥民之间发生了矛盾纠纷。新市（今湖北省荆门市京山县）人王匡、王凤出面为饥民们调解，受到饥民们的拥戴。于是这些饥民公推王匡、王凤担任他们的首领，扯旗起义。最初，这一支人马仅有数百人。之后，马武、王常、成丹等人纷纷赶来投奔王匡，并一齐攻打离乡聚（今京山县境内），之后躲进绿林山（即今湖北大洪山）中。没过多久，这支队伍就发展到了七八千人。

因为这支起义军驻扎在绿林山，因此人们把这一支起义军称为绿林军。"绿林"一词，也在此后成为结伙聚集山林之间反抗政府或抢劫财物的团伙、组织的专门代称，人们常称这样的组织、团伙为"绿林好汉""绿林豪杰"。

绿林军势力的迅速壮大让王莽十分恐慌，公元21年，即王莽地皇二年，王莽下令荆州牧发兵攻打绿林军。

荆州牧受命之后，在郡中招募兵丁，出兵两万前去围剿绿林山，却被王匡等人所率的绿林军打得大败。绿林军杀死荆州牧所率的兵马好几千人,官兵全线崩溃,车马辎重尽数被绿林军所得。

绿林军得胜之后,士气高涨,于是乘胜攻打竟陵(今湖北省天门市),竟陵县城被攻克。绿林军又出击云杜(治今湖北省荆门市京山县新市镇)、安陆(今湖北省孝感市安陆市一带)等县,都取得了胜利。

相对于王莽所代表的朝廷来说,绿林军是土匪;而在攻打竟陵、云杜、安陆得胜之后,绿林军身上的劣根性开始发作,他们抢劫城中的财物,掳掠城中的女子,然后带着战利品返回了绿林山。

这个时候,绿林军已经壮大到五万多人,军事实力非常强,州里、郡里,都没有办法镇压、制服他们,短时间之内,焦头烂额的王莽也没办法调集大部队再次围剿,所以绿林军就在绿林山中驻扎了下来。

地皇三年,即公元22年,因为许多人同时挤在山里,卫生状况不佳,山中发生了瘟疫,绿林军因疫疾而死者将近一半。

为了躲避可怕的瘟疫,绿林军被迫分批转移出山,一支由王常、成丹等率领,西入南郡(今湖北省荆州市江陵县),因为当时把长江在湖北西部以下的江段叫作下江,所以此后就把这支绿林军称为下江兵;另一支由王匡、王凤、马武、朱鲔等率领,北上南阳,因为王匡、王凤是新市人,所以把这支称为新市兵。新市兵攻打随县时,平林(今湖北省随州市随县)人陈牧、廖湛率众响应,于是人们又把陈牧、廖湛率领的这支起义军称为平林兵。下江兵、新市兵、平林兵,是当时绿林军中很重要的三支军事力量。

因为新市和下江离南阳都非常近,所以新市兵和下江兵兴起的时候,全郡为之骚动。李通有个堂弟叫李轶,向来是个好事之人,于是他主动找到李通说:"现在天下大乱,王莽的政权马上就要灭亡,汉朝将会复兴。我观南阳的刘姓宗室里只有刘縯、刘秀兄弟能广泛爱人并容纳众人,可以与他们共谋大事。"李通听了笑着说:"我的想法也是这样。"

这个时候正赶上刘秀来宛城卖粮,李通听说刘秀到了宛城,于是就委托李轶前去迎接。刘秀之前就知道李通,因为李通出身于官宦世家,并且很有才能,所以对于李通的好意,刘秀没有拒绝,于是就前去答谢李通。

二人见面之后,大有相见恨晚之感,两个人谈了很久,谈得极为畅快。经过交谈,李通发现刘秀特别有才能,并且极有谋略,确实是自己理想中希望辅佐的人,于是就把他父亲李守所说的"刘氏复兴,李氏为辅"的谶言对刘秀讲了,坦言刘秀就是天命所归之人，是图谶之中的"刘氏"，而他李通及李轶则是"李氏"。然而，低调、谨慎的刘秀却并没有表现出李通期望中的那种喜悦欢欣之态，而是连称"不敢当"，没有马上答应李通。

不过，刘秀仔细分析天下大势，并经过长时间地深思熟虑，确信天下已经大乱，新莽王朝的形势已经不可逆转，再加上他想到大哥刘縯一向喜欢结交盗匪豪杰，也必然会聚众起兵，于是便决定卖掉家财物资，购买兵器招兵买马，准备和李通、李轶等人一齐在宛城起兵。

不过，刘秀可不是那种为了达到个人目的而不择手段、不顾别人死活的人。他知道李通的父亲李守还在长安，如果和李通贸然起兵，那就必然会给李守招致杀身之祸。想到这一层，于是他就试探性地问李通："就算我们准备要做这些事，那您的父亲怎么办？"李通回答说："别担心，我自有办法。"于是说了自己早就想好的计策。刘秀至此确信李通起兵的念头非常坚定，并且愿意辅佐自己，于是就和李通、李轶等人谋划起兵之事。

刘秀等人的谋划和当年的翟义一样，都是希望在九月的都试之日，设法劫持新莽朝南阳郡的郡守（王莽把南阳郡改为前队，把郡守改为大夫）甄阜、郡尉（王莽改为属正）梁丘赐，然后以他们的名义号令大众，趁机起兵。

公元22年，刘秀二十八岁。这年十一月，彗星出现在南方的天空。彗星被古人称为扫帚星，民间都说，遇到了扫帚星就要倒霉。而这在众多的老百姓看来，是王莽政权将要灭亡的预兆。于是刘秀把李通留在宛城，而自己带着李轶及一些宾客先回老家舂陵积蓄力量，只等李通在宛城发兵，那么他们就在舂陵起兵响应。

刘秀走后，李通派堂侄李季前往长安，把自己准备起事的计划告诉老父亲李守，让他想办法从长安脱身回宛城。结果很不凑巧的是，李季居然在半路上病死了，耽搁了一些时日。但尽管如此，李守还是通过其他渠道知道了儿子李通将要举兵的事情。李守想要弃官逃回家乡，却一时未能得便。李守有个同乡叫黄显，当时担任王莽朝的中郎将，平时两人的关系非常密切。黄显得知李通将要起兵的消息，并且也知道李守想要逃出长安，于是就对李守说："现在各处关隘戒备森严，盘查得很紧。而你的形状相貌非常特别，别人能非常轻易地将你认出来，你又怎么能那么容易地出关呢？不如你主动向朝廷上书，请求辞官回乡，现在事情还没有发生，朝中也很少有人知道，只要你得到朝廷的批准，就可以顺利脱身。"李守认为黄显分析得有道理，于是就向王莽上书请求回乡养老。李守递上去的奏章没有来得及上报，留在宫中。而在这个时候，李通将要举兵的事情被人向朝廷告发了。李通因为消息灵通，在朋友的帮助下得以逃脱，而李守则被王莽派人抓起来关进了大牢。黄显得知李守被囚，于是前去为李守求情说："李守听说儿子将要做出大逆不道之事，不敢逃亡回去，他时刻遵守着君臣之间的信义，前来向陛下自首。我黄显情愿带着李守一起到东边去，给他的不肖子讲清楚道理。如果他的儿子真的要造反，那我就命令李守面向北方自刎，以谢陛下厚恩。"王莽以为黄显对他十分忠心，于是就同意了。但就在这时，南阳郡郡守甄阜上书，详细说明了李通准备起兵的情况。王莽看了之后非常生气，准备杀死李守。黄显又去为李守辩解，但王莽哪里能听他的——儿子造反了，你还想为他的父亲求情，哪有这样便宜的事情？于是李守、黄显一并被杀，李守留在长安的家人也全部被杀。

而在南阳郡这边，郡中的兵卫也抓捕了李通的兄弟、宗族六十四人，把他们全部在闹市处死，然后就在市中焚尸，以恐吓、威慑其他想要造反的人。

再说带着李轶等人前往舂陵的刘秀。

刘秀回到舂陵之时，已是公元23年，即王莽末年之初，他的大哥刘縯已经带着舂陵子弟起兵了，手下聚了七八千人，由宾客们分别担任领兵将领，而刘縯则自称柱天都部（柱天即顶天立地之意，都部就是统领部众的将军之意）。刘縯刚刚起兵之时，舂陵老家的父老们担心刘縯为他们招来祸患，所以都公开埋怨刘縯："刘伯升这不是要害我们吗？"因为之前的翟义、刘崇等人起兵失败之后，他们的家族都无一例外地遭受了王莽的残酷镇压。前车之覆，后车之鉴，所以舂陵的刘氏宗族子弟为了避免祸事临头，纷纷逃亡藏匿。

这个时候刘秀穿着将军才可以穿戴的红衣大帽出现在家乡，乡亲们全都非常震惊，因为刘秀之前给他们的印象实在是太谨慎厚道了，如今连刘秀这样的人都开始兴兵造反，那是不是就意味着，王莽真的到了垮台的时候了。于是宗族乡亲们不再惊慌，渐渐安下了心。

刘縯和刘秀虽然起兵了，却深感自身的力量不足，他们的七八千人比起绿林军的数万人来，显然势单力薄。刘縯于是派他们的宗亲刘嘉前去和新市兵、平林兵联络，希望能与他们夹击王莽的兵马。

刘嘉很小的时候父亲就去世了，是刘秀的父亲刘钦收养了他，待之如亲生。刘嘉性情温顺仁爱，自小与刘縯、刘秀兄弟建立了非常好的友谊，情同手足。刘钦死后，刘嘉与刘秀兄弟又被刘良收养。成年后，刘嘉曾与刘縯一起前往长安，学习《尚书》《春秋》等。

刘縯派刘嘉前去，一是他非常信任刘嘉、二是刘嘉性情温和，一般不会惹人反感，而要想完成出使任务，这两条是不可或缺的。

刘嘉不负刘縯所望，说动王匡、王凤、陈牧等人与刘縯联合。于是刘縯、刘秀也加入了绿林军，因为他们来自舂陵，所以他们率领的这支称为舂陵兵。

之后，舂陵兵与新市兵、平林兵联合起来攻打长聚（今湖北省荆门市京山县东北部），长聚被打了下来。之后，刘縯等人又攻打新野县，也取得了胜利。

在攻打新野之前，刘秀连骑乘的马都没有，他只能骑一头牛跟在大部队的后面，因此在一些将领之中落下了一个胆小的名声。直至攻打新野县得胜，刘秀杀了新野县尉，才夺了县尉的马。这一段经历在刘秀称帝后被大肆渲染，称刘秀最初骑牛打天下。实际上牛的行走速度非常慢，如果骑牛上阵，不被骑马的对手杀了才怪。所以刘秀起兵之初骑牛的事情是有的，但绝对没有骑着牛在前面冲锋陷阵，他只是作为一个偏将，跟在后面起辅助作用。

击败新野之后，绿林军又开始攻打唐子乡（今湖北省襄阳市枣阳市北），诱杀了湖阳县尉，获得了大量的财物装备和粮草补给。

缴获了大量的财物，接下来自然而然就是怎么分配的问题。因为刘氏子弟战斗有力，所以分得大批的财物，而其他人却分得很少或是没有。众人非常怨恨，便聚集起来商议，想要攻杀刘氏家族的人并夺取他们的财物。刘秀得讯之后，知道这种事情处置不当，就会立即引起士兵哗变，于是迅速把同宗召集在一起，把分给自家兄弟的财物收起来分给了其他人，这一场危机被迅速化解。也因为此，刘秀在军中开始积累了一定的威望，军中将士对他颇有好感。

刘縯等人杀死湖阳尉之后，乘胜攻取了棘水（今河南省南阳市棘河）以东的棘阳（今河南省南阳市新野县东）。这个时候，刘秀的二姐夫邓晨也带着他的宾客前来与刘縯、刘秀兄弟会合。

邓晨能够在这种天下大势还不十分明朗的情况下前来投奔刘秀，一个非常重要的原因，就是他深信当时的一种说法，认为刘秀将来会做皇帝。

早先的时候，刘秀、刘縯和邓晨曾经到宛城，和一个来自穰县（今河南省南阳市邓州市）名叫蔡少公的人一起吃饭。蔡少公之前学过一些谶纬之学，所以就在饭桌上显摆说，图谶显示：刘秀将来会做天子。因为当时的大学者刘歆把自己的名字改为了刘秀，所以在座的人大都认为如果这个谶纬预言是真的，那么这个将来做天子的刘秀无疑就是担任国师公的刘歆，而不是天下重名重姓的其他叫刘秀的人。在这种想法的驱使下，其中一个宾客就问："这个刘秀就是国师公刘秀吗？"蔡少公还没有回答，在座的刘秀却调侃说："怎么就知道这个刘秀不是我呢？"（何用知非仆耶？）刘秀的这个玩笑非常应景，所以在座的人听了全都哄堂大笑。笑过之后，谁都没当回事，因为要是眼前这个老实木讷的刘秀能当皇帝，那天下人谁都能当皇帝了。

但是，有一个人听了这句话却非常高兴，不仅高兴，而且把这句话牢牢地记在了心里，这个人就是邓晨。作为刘秀的亲戚，邓晨可以说是太了解刘秀的秉性了。刘秀明明非常喜欢阴丽华，但他在机会不成熟时却绝对不去表白，也并不娶其他的女子。这样目标明确、志向坚定的人，将来不成大业怎么能说得过去呢？所以当后来刘秀到新野避乱之时，邓晨就趁机对他说："王莽倒行逆施、昏乱暴虐，盛夏之时居然在大街上处决囚犯，这是逆天的行为，他马上就要灭亡了。之前我们在宛城一起吃饭时说过的那句谶语，难道不是要应验在您身上吗？"刘秀听了心里非常高兴，但他只是笑了笑，却并没有说任何的话。因为对于一个韬光养晦的人来说，如果在时机不成熟、实力不雄厚的时候到处说自己的志向，那无疑会让别人当笑话看并为自己招来祸患。

刘秀没有应声，这更让邓晨坚定了自己之前的判断。他确信刘秀是一个沉稳的人、一个能成大事的人，跟着他，绝对没有错。

所以在此时绿林军打下棘阳之后，邓晨义无反顾地带着自己的宾客前来投奔刘秀。

邓晨的到来，使刘縯、刘秀兄弟的舂陵兵势力大增。于是，刘縯决定攻打宛城这个重镇。

宛城是南阳郡的郡治，水路、陆路都非常通达，宽大的官道向西直通长安，向北经颍川可以到达洛阳，向南直通江陵，走水路可以经过淯水（流经今河南省南阳市一带的白河）入沔水（即汉水上游或整个汉水），到达汉中、南郑、沔阳（今湖北省仙桃市），向南可以通过长江等各条水系直通海外，所以地理位置非常重要，经济也极为发达，非常繁华热闹，可以追比都城长安，因此，在当时被称为小长安。

经济上是小长安，军事上自然也弱不到哪里去。在宛城，刘縯等人所率的绿林军与南阳郡守甄阜、郡尉梁丘赐所率的新朝军队相遇。当时因为天气状况不好，起了很大的雾，因此双方一交战，绿林军就被打得大败。甄阜、梁丘赐趁势在后掩杀，绿林军将领大都拖家带口，许多将领的家属都在这一场战事中被杀。

落败的刘秀骑着一匹马单骑而逃，结果在半道上看到了逃命的妹妹刘伯姬。于是刘秀赶快把刘伯姬拉上马，和她同乘一匹马奔逃。跑不多远，又在路上看到了二姐刘元，也就是邓晨的妻子。刘秀在马上催促刘元说："赶快上马。"但刘元却拒绝了，一匹马最多只能乘两个人，如果自己和他们共乘逃命，那么不仅自己活不了，弄不好还会连累刘秀和刘伯姬，况且自己还带着三个女儿。于是她摆手拒绝刘秀说："你们快走吧，不要管我，那样会和我一起死的。"刘秀还想再坚持，而在这个时候，后面的追兵到了。刘秀见状，知道已经救不了二姐了，于是狠心打马，带着小妹逃了出去。二姐刘元和她的三个孩子全都被追兵所杀，同时被杀的，还有刘秀的二哥刘仲、刘嘉的妻子儿女等刘氏宗族好几十个人。

新野县令见绿林军落败，且他知道作为新野豪绅的邓晨也加入了绿林军，于是按照朝廷的惯例，拆毁了邓家的府宅，然后作为污池，并挖掘焚烧邓晨先祖的坟墓。邓氏家族的人见状都非常愤怒，埋怨邓晨说："家里本来非常富足，为什么要跟随老婆家的人进开水锅呢？"但邓晨却始终没有显露出后悔的神色。

刘縯等人在宛城大败，不得已收拾败兵，退守棘阳。因为吃了大败仗，所以绿林军中的平林兵、新市兵将领都想带着自己的败兵前往别处，另图发展。刘縯知道这两支盟军一旦散去，那么舂陵军势单力薄，很快就会被甄阜、梁丘赐所灭。所以说合则俱胜、散则俱败。三支兵马合在一起还有可能取胜，而一旦分开，就会被新朝军队各个击破。可是，因为刚吃败仗，刘縯又没有令人信服的东西说服新市、平林二路兵马。在这个关键时刻，刘縯想起了绿林军的另一支军马——下江兵。

从绿林山撤出之后，下江兵被王莽手下的名将严尤及陈茂击败。王常与成丹、张卬一路收拾散兵，转战安陆、随州一带。在转移过程中，有不少贫苦百姓投奔了他们的队伍，下江兵的军力和战斗力再一次得到了恢复。

在绿林军其他三支队伍攻打唐子乡及新野、湖阳二县的时候，下江兵也与新莽朝的荆州牧再次短兵相接，荆州牧再次被下江兵打得大败。之后，王常等人带领下江兵向北进军至南阳郡宜秋县（今河南省南阳市唐河县东南）。

刘縯听到下江兵得胜后挺进宜秋，军事才能出众的他立即敏锐地意识到：与下江兵合围甄阜、梁丘赐的时机已经来临。机不可失，时不再来，于是他决定带人前往下江军中，寻求这支同盟军的支持。

此时，之前从宛城县中逃出的李通，也一路寻找来到了刘秀的军中，受到刘縯的欢迎。刘縯通过通盘考察，认为李通是一个不可多得的人才，于是决定带刘秀和李通前往下江兵的营垒，与下江兵的将领谈判。

到了之后，刘縯派人前去向下江兵将领传话说："希望能见到下江军中有德行、有才能的贤将，与他共同商议大事。"

因为刘縯兄弟在绿林军中有很高的威望，所以接到刘縯的来信，几个下江兵首领不敢怠慢，立即开始商议。怎样去见刘縯，见了他之后谈些什么，成丹、张卬两位将领心里没底，也没有什么方略，于是他们共同推举王常前去和刘縯谈判。

王常，字颜卿，是颍川舞阳（今河南省漯河市舞阳县）人。王莽末年，他的弟弟被人所杀，他为了替弟弟报仇，杀死仇人后隐姓埋名逃亡到江夏郡（治西陵县，今湖北省武汉市新洲区境内）。过不多久，各地的起义军风起云涌，王常于是和王凤、王匡等人在绿林山起兵。其时，王常在绿林军中担任偏将军，率领偏师到周边攻城略地。绿林山中发生瘟疫之后，绿林军分部转移，撤出绿林山，王常成为下江兵的主要将领之一。不过，王常对成丹和张卬没有绝对的约束力，三个将领之间都有相对的独立性，因此，成丹和张卬二人，也并不是百分之百地听从王常的指挥。

此时成丹和张卬共同推举王常去见刘縯，倒不是成丹和张卬担心刘縯会暗算他们或是吞并他们，而是他们在和王常共事的过程中，确实领教到了王常的见识和才能。他们认为，只有推举王常去，才不会辱没下江兵，也不会使刘縯、刘秀兄弟小瞧下江兵。

刘縯见到王常之后，向他陈说了自己的志向，并说了绿林军的其他三支队伍被甄阜、梁丘赐战败的经过，然后分析了目前的形势，说明只有四支队伍联合起来，共同打败甄阜和梁丘赐，大家才有活路，才能解救百姓于危困之中，否则四支队伍都会被王莽的军队各个击破。

王常听了之后，立即被刘縯的豪气和见识所折服，他对天下大势也立即有了一个非常明晰的认识。他对刘縯说："王莽篡汉弑君，凶残暴虐，天下黎民百姓思念汉朝，所以英雄豪杰并起。现在刘氏复兴，就是天下真正的主人。我下定决心，要为将军贡献全部力量，辅助将军以成大功。"

刘縯很受触动，紧紧地握着王常的手说："如果将来大事成功，我又怎么敢独享胜利成果呢？我一定不会忘了将军的大力支持！"于是摆酒设宴，和王常把酒言欢，深相结识而去。

回到下江军中之后，王常把与刘縯、刘秀兄弟见面商谈的情况及自己的打算告诉了成丹和张印。

成丹、张印两个人听了之后,认为目前绿林军的四支队伍之中,唯有下江兵势力最为雄厚,所以,让兵力占优的下江兵听从兵力较少的刘縯的调遣,他们说什么都想不通。他们对王常说:"大丈夫在乱世起兵,应当各自为主,为什么要受别人制约呢?"

但王常早就被刘縯、刘秀的才能深深地打动,他已下定了归附刘縯的决心。于是他缓缓地劝说成丹、张印等将领:

"以前的时候,汉成帝、汉哀帝衰微没有留下后代,所以王莽得以趁机篡位。可是他夺取天下之后,却发布了一系列残酷的苛政,很快就失去了黎民百姓的支持。如今天下思念刘氏不止一日,所以我们才能得到民众的支持而起兵反抗王莽。百姓怨恨的,就一定会被上天抛弃;而百姓思念的,就一定会被上天眷顾。要想举大事,就必须下顺民心、上合天意,这样才能够取得成功。如果自恃勇力,耽于情欲,那样虽然可能得天下,但必定还是会失去天下。

"以秦始皇、项羽当年的势力,最后还不是灭亡了,更何况是我们这些相聚于草泽之中的平民呢?我们再这样下去,无异于自取灭亡。现在南阳的刘姓子弟举族起兵,我看他们前来和我们议事的人,都有深谋大虑,都是王佐之才,与他们联合,一定能克成大功,这是上天在保佑我们,一定不能错过!"

下江兵中的将领们虽然各负其能,也没什么见识,但他们却知道王常很有见识、很有才能,因此平时非常尊敬他。此时见王常说出这样一番话来,一个个都非常佩服。于是他们向王常鞠躬道谢说:"如果没有王将军,我们这些人几乎都要陷于不义之中,我们愿意听从王将军的安排。"

王常成功地说服了手下的将领,于是按照既定的计划,带着下江兵前去与刘縯、刘秀及新市兵、平林兵会师。

再说甄阜和梁丘赐,他们在宛城击败绿林军之后,于是把粮草辎重全部留在蓝乡(今河南省南阳市新野县内),然后带着精兵十万,向南渡过黄淳水(棘水流经棘阳东的黄淳聚的一段),面临沘水(也叫泌水,发源于今河南省驻马店市泌阳县,唐河的上游分支),在两条河之间扎下营寨,并拆断了河上的桥梁,以示不消灭绿林军誓不收兵的决心。

刘縯、刘秀兄弟在联络下江兵回来之后,听说下江兵已经出动,于是杀牛宰羊,让将士们饱饱地吃了一顿,之后下令休整三日。

三天后的晚上,是公元22年十二月三十日,这是王莽地皇三年的最后一天,许多人都在过除夕。新的一年马上就要到来，不论是平民百姓，还是达官贵人；也不论贫富、不论贵贱，在这个象征着团圆、喜庆的日子里，都无一例外地筹办一顿尽可能好的晚餐，以象征自己和家人来年日子更好、运气更佳、信心更足，总之，给自己一个更好的兆头、盼头。

刘縯知道甄阜、梁丘赐军中的将领也在过除夕，决定利用这个日子偷袭他们的军队。刘縯将绿林军分为六路，趁夜前往蓝乡袭击甄阜、梁丘赐的大本营。甄阜、梁丘赐的军队万没想到刘縯会在除夕之夜前来袭击他们，所以毫无准备，仓促之下起来应战，结果被刘縯打得大败，粮草、辎重尽数被绿林军缴获。

绿林军获胜之后士气大振，战斗力和凝聚力迅速增强。第二天凌晨，时间也就到了公元23年的第一天，农历大年初一，刘縯等人所率的绿林军从西南方向攻打甄阜所部，而赶来的下江兵从东南方向攻打梁丘赐所部。到早饭时分，梁丘赐所部顶不住下江兵凌厉的攻势，军阵被突破，败兵四散奔逃。梁丘赐的落败在很大程度上影响到了甄阜所部，甄阜军中的将士远远看见，担心被刘縯所部和下江兵两面夹击，于是也夺路而逃。

但甄阜的军队这一次没有像汉初的韩信那样创造"置之死地而后生"的神话，他在之前下令拆断了撤退的桥梁，此时手下的败兵无路可逃，被绿林军一路追到黄淳水，挤入水中淹死及被斩杀者达两万多人。甄阜、梁丘赐在溃败的乱军之中，被士气高昂的绿林军所杀。剩余的一部分败兵逃回宛城县中，坚守城池。

公元23年大年初一的这一场大胜利，极大地鼓舞了各地起义军反抗王莽的信心，也给王莽带来了非常沉重的打击。

王莽的纳言将军严尤、秩宗将军陈茂听说甄阜和梁丘赐兵败，知道绿林军接下来将会进攻军事重镇宛城，于是立即带兵前往，准备进驻宛城，与宛城原有驻军一起，共同防御绿林军。

每一个出色的军事将领，对战机的判断也大都相同。也就是说：英雄所见略同。严尤和陈茂意识到了宛城的重要性，刘縯、刘秀同样也意识到了。

于是刘縯迅速召集诸将，集合军队，进行战前誓师大会。之后，他命人烧毁积蓄的粮草，摔破吃饭用的锅碗器具，以示必须战胜严尤、陈茂的决心和勇气，这是另一个翻版的"破釜沉舟"。因为一个很明显的道理是：如果打败了王莽的军队，粮草和炊具就可以从敌军那里缴获，而如果被敌军击败，那么连命都没有了，还要粮草和炊具做什么呢？

之后，刘縯带着大军朝着严尤、陈茂进军的方向迎了上去，在育阳（今河南省南阳市南）城下，与严尤、陈茂的军队展开大战。经过一场激战，没有退路的绿林军大破新朝军队，斩杀三千多人，新朝军队溃败。严尤、陈茂见新军战败，只得弃军而逃，最终绿林军大获全胜。

绿林军得胜之后，刘縯乘胜进兵，将宛城围了个水泄不通。

此时，新朝守卫宛城的主要将领是岑彭。岑彭，字君然，南阳棘阳人。新朝末年，岑彭出仕，担任新朝的棘阳县县长。

刘縯起兵攻克棘阳之后，战败的岑彭带着家属前去投奔南阳郡太守甄阜，但甄阜却恼怒岑彭没能坚守棘阳，于是扣押了岑彭的母亲和妻子，让他立功赎罪。岑彭无奈，只好带着手下的门客们前去和绿林军交战。因为母亲和妻子被扣为人质，所以岑彭打仗非常卖力。

甄阜和梁丘赐在黄淳水被杀之后，在战斗中负伤的岑彭从乱军之中死命逃出，回到宛城，与南阳郡丞严说共同守卫宛城。

在包围宛城并攻打之前，为了进一步增强号召力，刘縯自号柱天大将军。

王莽对才能出众的刘縯素来非常忌惮，听说他进号为柱天大将军，心里越发畏惧，于是发出悬赏令，声称有能杀死刘縯者，封食邑五万户、赏黄金十万斤、赐爵位上公。

为了解恨，并在精神上讨点彩头，王莽下令：长安城中的所有官署和全国所有的乡亭，都要把刘縯的画像挂在大门两侧的墙上，每天早起，官吏们都要用箭射刘縯的画像，不仅自己射，还要发动治下的老百姓一起射，以此诅咒刘縯早点死。

但客观现实并不因王莽的诅咒而发生转移，刘縯并没有顷刻暴亡，绿林军对宛城的攻势也丝毫没有减弱。

第二节　更始之立、昆阳大捷、刘𬙂之死

刘𬙂将宛城围攻了好几个月，却一直没有攻下来，而在这个节骨眼上，绿林军中却发生了一件非常大的事情，这件事情，不仅关系到了刘𬙂、刘秀兄弟的切身利益，甚至在某种程度上说，也改变了中国的大半部历史。

自从刘𬙂等人斩杀甄阜、梁丘赐之后，绿林军的号召力和影响力不断上升。前来投奔绿林军的贫苦百姓，几乎每天都有。没过多久，绿林军的兵力就突破了十万。

但人数多了，问题也随之而来。以前的时候，绿林军分为几个分支，每个分支又有好几个将领，将领们各带一支兵马，互不隶属，打了胜仗就一起分享财物，打了败仗就各自奔逃，谁与谁之间也没有强大而绝对的约束力。

以前人少，这么做可以，但现在人多了，这么做恐怕就不行了。因为前来归附的将领和百姓越来越多，那么，到底听谁的？

于是，绿林军也走到了和之前其他所有农民起义军所必经的一个阶段上，那就是：拥立一个首领，树起自己有别于其他人的旗帜，发布自己的政治纲领，支持什么，反对什么，最后达到一个什么样的目的，最终让老百姓过怎样的生活等，好让天下人一目了然前来投奔，也好统一对军中的将领发号施令。

趁着刘𬙂在攻打宛城，绿林军中新市兵、下江兵、平林兵等将领，聚在一起相互商议，准备拥立刘玄为皇帝。

那么刘玄是什么人，怎么会有这么高的威望，让绿林军中的其他将领一致同意拥立他为皇帝呢？

实际上刘玄根本就没什么威望，不仅没威望，而且相当平庸懦弱！

刘玄字圣公，他是刘縯、刘秀的族兄。早先的时候，刘玄的弟弟被人所杀，刘玄于是交结门客，想要替弟弟报仇。结果仇还没有报，门客却犯了法，刘玄为此受到牵连，官府准备缉拿他。刘玄为了躲避朝廷吏卒的缉捕，只好逃到平林。

刘玄逃走之后，舂陵县中的官吏拘捕了刘玄的父亲刘子张，想要以此为要挟，逼刘玄前来向官府自首。刘玄为了营救父亲，于是在外乡诈死，然后托人抬着自己的棺木回舂陵。

自古杀人不过头点地，刘玄当时犯的不是谋逆等大罪，如果遇到大赦，也有可能被释放出狱，所以舂陵县中的官吏见他的棺木回乡，误以为他真的死了，于是就释放了他的父亲。

用这种方法救出父亲之后，刘玄自然不能再在家乡待下去，于是就逃了出去。

当时正值平林兵将领陈牧、廖湛起兵，刘玄于是前去投奔了陈牧，在平林兵中担任了军中的安集掾一职。安集是定安的意思，掾是佐属官员的意思，这个官职，实际上没什么大的权力，主要就是安抚军中那些因负伤、疾病等情绪不稳的将士。

因为这样的职位，所以在绿林军历次与新朝军队战斗之时，刘玄自然也没有立下什么军功，更别说在军中树立威望了。但即便如此，在斩杀甄阜和梁丘赐之后，为了激励诸将，遍行赏赐，绿林军还是给了刘玄个更始将军的名号。因为刘縯已经成为柱天大将军了，其他人称个将军，也没有什么不妥。

那么既然如此，绿林军中的将领为什么提议要立刘玄为皇帝呢？一切皆因为，刘玄姓刘，他是汉朝宗室。当时黎民百姓普遍对王莽的新朝不满而思念汉朝，再加上图谶之说认为，刘氏当兴，刘家的人会重新当皇帝，所以，这些将领通过考察，将刘玄纳入了拥立的人选范围。

立刘玄为帝，这个提议遭到了许多英雄豪杰的强烈反对。没有别的原因，一切皆因为，斩杀甄阜和梁丘赐的胜利来自刘縯，军中的豪杰在之前的几次战斗之中，亲自领教了刘縯的军事才能。他们和南阳的刘姓宗族都希望立刘縯为皇帝，立这样的人，跟着他，将来有盼头！

可是，既然是召开会议商议，就会讲究个少数服从多数，新市兵、平林兵中的许多将领，比如朱鲔、张卬等人，可没有其他豪杰这样的志向，他们平时自由散漫惯了，军纪不严，放纵士卒，劫掠百姓，而像刘玄这样的懦弱之人，正是他们的中意之选。立了他，便于控制，他们说什么，刘玄就会做什么，而他们自己的安全和权力都有保障。否则，要是选了精明强干、威严明断的刘𬙂，那以后还有他们的活路？恐怕他们一个一个都会被严明的军法所先后惩治！

当然，新市兵和平林兵的将领知道，如果立刘玄为帝，刘𬙂、刘秀兄弟肯定心里不服。那怎么办？也好办，提前将刘𬙂一军，让刘𬙂有苦说不出，堵上他的嘴。

所以，新市、平林二军的将领议定之后，就派人骑快马前往宛城，征召刘𬙂前来议事。刘𬙂到了之后，绿林军中的其他将领把将要立刘玄为帝的提议告诉了他，然后征求他的意见。

还能有什么意见呢？还有什么能比这更令人心寒呢？冲锋陷阵之时，是我奋不顾身的刘伯升；到了推举首领的时候，却成了懦弱无能的刘玄，这算怎么回事？

当然，因为事涉刘𬙂本人，所以他不可能在会议现场就站出来明确表态说不要立刘玄而立他刘𬙂。他必须避嫌，并绕远一点说，即便是不能做到让其他人心甘情愿地拥立自己，那最好也要争取尽量让拥立之事暂缓。

于是，刘𬙂对在座的将领们说："各位将军不忘刘氏，想要拥立刘氏宗室，这样的恩德很深厚。可是，我的想法却和大家有所不同。

"现在赤眉军在青州、徐州起兵，他们的兵力高达几十万。如果他们听到南阳立了刘姓宗室，那他们也会立其他的刘姓宗室为天子。这样下来，绿林、赤眉两家，就一定会从内部产生争斗，自相残杀。如今王莽还没有被消灭，而刘姓之间却互相攻打，这会让天下百姓产生疑虑并让我们自损威势，这样下去，怎么能打败王莽呢？

"再说，首先起兵倡议帝号的，很少有人能够得偿所愿的。陈胜如此，项羽也是如此，这都是距离我们很近的事情，大家应该还没有忘记。春陵县城距离宛城只有三百里路而已，长安还在更远的地方，所以现在不能说我们已经取得了成功。在匆忙之中拥立皇帝，那就会使我们成为天下人攻击的靶子，使其他有觊觎帝位之心者有了趁机攻击我们的理由，我想这实在不是一个好计策。

"所以，我建议，暂时还是不要拥立皇帝，先称王以号令天下。假如将来赤眉军拥立的天子贤能，那我们都前去归附；如果赤眉军没有拥立天子，那我们在打败王莽招降赤眉军之后，再举尊号、立天子，也不算晚。请各位认真考虑一下。"

客观地说，刘縯的这番话，虽然有替他自己暗中打算的嫌疑，但是，却也不无道理。但凡天下大乱烽火四起，最先称帝的，往往会成为众矢之的，落得非常悲惨的下场。陈胜如此，项羽如此，汉末的袁术等人皆如此。

其他的将领听了刘縯所说的话，大都觉得刘縯说得很有道理，于是纷纷附和说："好。"

出现这样的情况，显然是朱鲔、张卬等新市兵、平林兵、下江兵将领所不愿意看到的。他们做好了一切准备才去征召刘縯，很显然也早就预料到了此时将要发生的这种情况。

下江兵将领张卬眼见他们的阴谋将要破产，于是气势汹汹地站起来，拔剑砍在地上说："如果大家都心怀疑虑，那根本就什么事情也做不成。今天所讨论的事情，不得再有不同的意见！"

这显然就是在用武力威胁了，如果刘縯不同意，一场火并马上就会上演。刘縯的兵马都在宛城没有带来，而朱鲔、张卬等人早就做好了应变准备，弄不好就在幕后埋伏了刀斧手。谁要是不同意，那弄不好马上就会血溅当场，人头落地。

到了这个分儿上，其他的人屈服了。因为不管是立刘縯还是立刘玄，都不可能立他们自己。未来遥不可及，谁也无法预料将来会发生什么事情，所以，对他们来说，立刘縯也不见得真有什么好处，而立刘玄，也不见得真有多么糟糕。于是，他们全都同意了立刘玄为帝的提议。

既然其他人都同意，那么刘縯、刘秀兄弟再怎么反对，也已经无济于事。

当然了，刘縯选择让步，一个更重要的原因则是，他非常清楚地知道，刘玄现在称帝，那么刘玄马上就会成为新朝王莽和天下觊觎帝位者的靶子，以刘玄的资质、水平和能力，他不被斩杀、刺杀的概率实在是太小了。古往今来，乱世之中，哪有懦弱之人被立为皇帝而能克成大功的呢？那就姑且让刘玄先顶这个缸，而他刘縯则继续发展自己的势力，将来鹿死谁手，还说不定呢！

见刘縯妥协，新市兵、平林兵等将领欣喜若狂，于是，他们立即开始筹备刘玄的登基仪式。

一个月后，即公元23年二月，绿林军在淯水之滨的沙滩上，摆下壮盛的军阵，然后为刘玄举行了登基典礼。

刘玄面南背北，接受群臣的朝拜。因为他素来懦弱，没什么见识，更没经历过什么大场面，所以坐在龙椅上之后，面露羞愧之色，浑身汗流不止。他想要表达一些什么，但他举起手来之后，却连一句通顺、完整的话都说不出来。

因为刘玄之前有更始将军的名号，因此他称帝之后，年号就建为"更始"，公元23年，即为更始元年。刘玄拜同族叔父也即刘秀的叔叔刘良为国三老，以拉拢、抚慰刘縯、刘秀等其他的刘氏宗族，封绿林军中首倡起义的新市兵将领王匡为定国上公，王凤为成国上公，极力支持拥立刘玄的新市兵将领朱鲔为大司马（即汉初的太尉），刘縯为大司徒（即汉初的丞相），下江兵将领陈牧为大司空（即御史大夫），其他的将领都封为九卿、将军。

其中，刘秀被封为太常偏将军。太常是九卿之一，偏将军不妨可以理解为副将军，太常偏将军这样的官号，实际上就是个排名不靠前的杂号将军。刘秀受封这样的职位，说明此时在绿林军中，他的威望比起他的大哥刘縯来，还有很大的差距。比起王凤、王匡等人来，职位上也差距悬殊。

更始政权建立后，使用汉家的旗号。所以此后，凡是更始政权的军队，均称之为汉军。

刘玄被张卬、朱鲔、李轶等人拥立为皇帝，不仅南阳的刘氏宗族不服，军中的豪杰不服，就连他们的对手也不服。

平林兵的后续部队攻打新野县，攻了很长时间无法攻下。新野县的县长登上城门对攻城的汉军说："你们不要打了，如果真想让我投降，那就让大司徒刘公给我写封信，只要我一接到大司徒刘公的信，我马上献城投降！"

等到刘縯的军队开到，新野县县长果不食言，立即大开城门投降。

连敌手都如此，更别说是自己人了。刚刚建立的更始政权，随即出现了裂痕。

但更始政权的核心人物根本来不及考虑这些，因为他们的处境非常艰难，虽然拥立了皇帝，建立了政权，但王莽的军队还很强大，他们还没有消灭王莽的有生力量，随时都有被新朝军队围剿的危险。

在这种情况下，刘縯带着遗憾和不满返回，继续围攻宛城。

而刘秀则和王常、王凤等人带着手下的将士前去攻打颍川郡的昆阳（今河南省平顶山市叶县）、郾县（今河南省漯河市郾城区）和定陵县（今河南省漯河市舞阳县北），全都攻了下来。

攻克这三座城之后，汉军得到了非常多的牛、马和财物，还得到了数十万斛的谷米。因为围攻宛城的刘縯那里缺粮，所以打下昆阳之后，刘秀就派人把这些粮草物资转运到了刘縯那里。

更始政权前面攻杀了甄阜、梁丘赐，后面建立了自己的政权、拥立了自己的皇帝，接着又攻克了军事重地昆阳，王莽心里极为恐惧。

如果不剿灭更始政权，那么刚刚建立的新朝政权马上就会分崩离析，于是王莽特派大司空王邑、大司徒王寻带领重兵前往昆阳平叛。王邑等人所带的兵力，算上从周边各郡调遣的人马，共有一百万。王莽想通过这样一支大部队，一鼓荡平昆阳、南阳的汉军，给更始政权以毁灭性的打击。

刘秀、王常、王凤等人从三月出发，四月攻克昆阳、定陵、郾县，而到五月的时候，王邑等人便到了颍川。

之前被刘縯等人击败的严尤、陈茂听到王邑、王寻率领大军到了颍川，于是立即带兵赶来会合，而之前计划从各州郡征调的一百万人马，也陆续到达昆阳城下。最终，新朝一方在昆阳城下集结的兵力有四十二万人之多。

听到王邑带大军前来，昆阳城中之前投降刘秀的一些新朝将士非常恐惧，他们担心兵强马壮的新朝军队破城之后会秋后算账，所以立即从城中逃了出去，前去投奔严尤。因为在新朝众多的将领之中，严尤可以说是一名最有才能的将领，没有之一。他既有带兵的方略，也能宽容理性地对待战败的将士。所以这些新朝士卒逃出后选择了投奔严尤，而不是威名赫赫的王邑。

刘秀和严尤之前曾经有过一次交集。

那还是在各地的起义军起兵反莽之前，舂陵侯府中拖欠了地方上的佃租，刘秀受舂陵侯委托，专门为此事前去找主管的严尤诉讼。当时的严尤，见到刘秀之后就对他的相貌暗暗称奇，因为刘秀虽然个子不高，却浓眉大眼，胡须很美，就像后来的关羽那样，是个美髯公——相貌俊俏而不失威严的美男子。

此时逃出城去的士卒投奔严尤之后，告诉严尤刘秀破城之后不抢掠财物，而是严格部勒下属，不停地与手下的将领商讨破敌的方针策略。

严尤听了之后笑着说："刘秀我知道，就是那个长着漂亮胡须的人吧！几年不见，他怎么会达到了这样的境界和高度呢！"

不过，虽然知道刘秀非常有才能、有非常远大的志向，但此时的严尤，却并不认为刘秀会对他们造成多么大的威胁，因为新朝的兵力有四十多万，而刘秀所部汉军不足一万人，只要战场上指挥得当，刘秀根本不足为虑。

但许多事情，有时候往往会出现意外。

严尤是个军事才能非常优秀的将领，他考虑问题的角度，大都符合战争的普遍规律。但致命的一点是，新军的最高指挥权却并不在严尤手中，而是在才具平庸的王邑手中。

严尤的战略是擒贼先擒王，称帝的是刘玄，只要把刘玄斩杀，那就会在心理上给予汉军最大限度的威慑，一些意志力薄弱的部众，很可能马上就会土崩瓦解。这样的方略，和严尤在十三年前诱杀高句丽的国王驺是一样的道理，自然也是作为一个统帅必须考虑的问题。

所以，严尤主张对城防坚固的昆阳围而不打，留下小部分兵力围困昆阳，而让大部队前去攻打宛城附近的刘玄。只要打垮了刘玄，那么昆阳城中的守军，就只有投降和逃亡两条路可走了。

但严尤的提议竟然被王邑一口否决。在王邑看来，他身边有四十二万大军，就是踏也要把小小的昆阳踏平。所过之处，必须全部摧毁，方能显示出他的强大和无敌。在这样的战略思想主导下，王邑下令四十二万大军把昆阳城团团包围。

再说昆阳城中汉军一方的情况。

在王邑的大军到达昆阳之前，刘秀带着手下的几千兵马，一路侦察、巡行，最终与王邑的大军相遇。其他的将领见新朝一方的军力非常强大，都不敢再向前，回马就进了昆阳城。面对王邑的数十万大军，所有人心里都恐惧异常，几千人对四十二万人，只要稍微还有一点理智，都知道这意味着什么。在这个时候，大部分的将领都开始打退堂鼓，顾念起妻女家小，想着打是肯定打不赢的，那还不如趁王邑的大军没有集结，赶快离开昆阳，撤退到周边别的小城中去，以图来日。

在高级将领参会的军事会议上，王凤、王常等将领们毫不掩饰地表达了他们的这种想法，但这个提议却遭到了刘秀的极力反对。

刘秀站起来大声地说："现在我们的兵马粮草已经很少，而王邑一方的军力十分强大，如果我们团结起来一起抵抗，说不定我们还有取胜的希望。而如果我们分散到各城中去，那么就会被强大的新朝军队各个击破，到那个时候，只需要县里的几个吏卒就会把我们擒获斩杀。再者说了，宛城还没有攻克，那边的兵马不能赶过来救援我们，如果昆阳城被攻下，一天之内，我们附近各部的兵马都会被消灭。现在你们不想着齐心协力共举大事，却只想着保全自己的妻儿和财产，这能行吗？"

其时，刘秀的官衔只是一名太常偏将军，是一名排不上号的杂牌将军，而王凤是成国上公，王常是廷尉、大将军、知命侯。所以，刘秀不顾上下级的尊卑关系说出这番话来，令王凤和王常极为恼怒和反感，他们的第一反应就是："你刘秀算什么东西，竟然敢用这种口气训斥我们？"

于是他们沉下脸来指责刘秀说:"刘将军,你怎么敢这么跟我们说话?"

刘秀这才发现自己只顾着运兵作战的事情,而忘了自己和王凤、王常之间的职位、官衔差别。于是他自我解嘲地笑了笑,站起来走了出去。

王凤、王常等人还没来得及生刘秀的气,外面的侦察骑兵就快马返回报告,说新朝的大队人马已陆续到达城北,军队列阵有数百里之长。路上还有数不清的兵马源源不断地前来,侦察兵一路刺探,竟然看不到队尾。

众将这才意识到了问题的严重性,立即惶然大恐,在这个时候,恐怕逃都逃不掉了。紧急时刻,他们想起了刚刚刘秀说过的话,刘秀既然敢说那样的话,那就说明他心里有一套几近于成熟的作战方案,且听他是怎么筹划的。于是赶快下令说:"还是请刘将军前来商议对策。"

刘秀被请来之后,看到其他将领都用急切而不安的眼神望着他,于是坐下来,详细地为王凤等人分析了眼前的形势,说明昆阳城中的汉军实际上已经是孤军作战。宛城的刘縯还在攻城,在宛城攻下之前无论如何也不可能前来救援昆阳,诸将一旦弃守昆阳撤往他处,那就只会在逃散途中被王邑的大军赶得七零八落无处可逃。所以,眼下昆阳城中的汉军除了坚守,再没有其他的路可走。只有在坚守中把王邑的大军拖疲,然后等来刘縯的大军救援,汉军内外夹攻,或许可以赢得转机。

其他将领在焦虑和恐惧之中,再没有其他更好的办法,于是都赞成刘秀的计策。

计议停当之后,于是昆阳城的诸将都决定选择坚守。

当时,昆阳城中的军队还不满一万,只有八九千人。实力如此悬殊,虽有刘秀给大家壮胆,但大家的心里仍然极为忐忑,一点底气也没有。经过商议,刘秀决定派人突围而出,前往就近的县城调集兵力,来支援守城的汉军,其他人在昆阳城中留守。

王莽的大军已经到了城下,突围出城弄不好就会当场死于昆阳城下。所以王凤、王常等人权衡再三,觉得突围出去调兵的危险性更大于在城中坚守,于是他们选择了守卫城防坚固的昆阳。

有人选择了守城,那就必然有人要选择突围出城。如果没有人敢突围出城,刘秀的筹划就会立即变成一句空谈。眼见其他人都畏缩不前,于是刘秀自告奋勇地站出来,表示自己愿意突围出城去搬救兵。

见刘秀愿意突围出城,骠骑大将军宗佻、五威将军李轶也表示愿意跟着他去。

众人长舒一口气，于是立即就同意了。

商议已定，昆阳城中的汉军趁新军不备，偷开昆阳南门，护送刘秀突围。其时，王邑的大军在城下集结的已经有十万，刘秀等十三人经过一番激战，最终突出重围，前往昆阳之东的郾县、定陵搬兵。

到了郾县、定陵之后，刘秀下令两城之中的守军全部前往昆阳支援，而两县之中的守将贪图已有的财物，主张不要把兵马全部调走，而是留下部分兵力守城。

刘秀知道汉军的力量稍强一分，获胜的希望就会增大一分，汉军的成败在此一举，万万不可分散兵力，于是他耐心地劝解诸将说："如果我们现在打败了新朝军队，那么就会得到万倍于现今的珍宝，大功也可告成。而如果我们力量分散，被王莽的军队战败，那么我们的脑袋都保不住了，还谈什么财物呢？"

定陵、郾县两城中的将领一听，确实就是这么个理，于是就同意了。

于是，刘秀尽数带着两县的兵马，昼夜兼程前来支援昆阳。

再说昆阳城中。自刘秀走后，新朝军队陆续前来，四十多万大军把昆阳围了几十重。昆阳城外新军的军营，有几百座之多。新军在城外升起的十几丈高的云车直入云霄，俯瞰着昆阳城内汉军的一举一动。会战的新朝军队蔓延城外数里，一眼望不到边，漫山遍野都是新朝军队的旗帜，号令攻城的钲鼓之声传出数百里之外，士兵们拉动所溅起的尘土，就像云雾一般浓厚。有的部队在挖掘地道，准备从地下攻入昆阳城中；有的部队修造了攻城的楼车，不停地撞击昆阳城的城门。数不清的弓弩朝城中射箭，一时间，昆阳城内箭如雨下。

在如此凌厉的攻势下，昆阳城中的军民都背负着巨大的压力。王凤、王常等将领冒着箭雨登上城头观察城外新军的阵势，当看到新军的战阵无边无际之时，全都心胆欲裂。他们知道继续抵抗下去无异于鸡蛋碰石头，刘秀到底能不能调来定陵和郾县的兵马还是个未知数，于是在恐惧、无助和绝望之下，选择了向王邑乞降。

但王凤和王常想错了，在这个时候他们想投降，而王邑却不允许他们投降。王邑、王寻觉得打破昆阳城，不过是顷刻之间的事情，他们骄傲自满，得意扬扬，一心想要踏平昆阳，拿昆阳城中的汉军祭旗。

再说这个时候围攻宛城的刘縯。

宛城被围好几个月，城中粮草断绝，甚至出现了人吃人的悲惨之事。坚持守城长达五个月之久的岑彭，在内断粮草、外无援兵的境况下，再也无力坚持，于是选择了向刘縯出降。

因为围攻宛城长达五个月，攻城的汉军将士吃了不少苦头，所以在岑彭献城投降之后，其他的将领们都纷纷要求杀掉守城的岑彭以泄私愤，但刘縯却劝阻诸将说："岑彭是郡中的高级官吏，他一心一意坚守宛城，正表现了作为一个高级将领所应有的气节和操守。如今我们想要办成大事，就应当表彰这样的义士。不如厚重地封赏他，以引导其他更多的新朝将士向汉军归降。"

刘縯在军中有着崇高的威望，他这么一说，其他的将领都立即表示服从。更始帝刘玄也同意刘縯的说法，于是封岑彭为归德侯，就让他隶属于刘縯，在刘縯的麾下效力。

刘縯克城在公元23年五月，但如此振奋人心的好消息却并没有立即传到昆阳，因为从宛城到昆阳要近三百里，报信需要三四天时间。

而就在这个昆阳城内的汉军将士在内极为悲观、在外不知刘縯已经得胜的紧急关头，前往郾县、定陵调兵的刘秀带着一万多兵马赶到了昆阳城外。

前一天晚上，城外的许多人看见，有一颗光芒四射的流星，坠入了新军营中。从当时星象学和迷信的角度来说，两军对垒，流星坠营，那是主将即将阵亡的征兆。次日白天，发生了大雾，就像浓云一样，能见度极低，像山崩那样弥漫在军营中，直到离地面不足一尺的地方才散开。这样的天气状况，很容易给人带来烦闷、抑郁的心理暗示，新朝的将士都心情压抑沉重，一个个躺在营中，不愿多动。

时间已经到了公元23年的六月一日，战况十分紧急，一刻也不能多等。其时刘秀仍然没有得知刘縯已经攻破宛城的消息，他决定利用这个时间差，一方面，利用己方将士的不知情，虚构一个并不存在（实际上已经发生）的捷报，重树他们守城的信心，激励破敌的士气；另一方面，利用敌军将士的不知情，散布虚假消息，给他们带来巨大的心理压力，挫伤他们的锐气。

筹划已定之后，刘秀带着他从定陵、郾县调集来的兵马向昆阳城外驻扎的新朝军队推进。刘秀身先士卒，带领敢死队骑兵冲入新军阵中，一连杀死了数十名敌兵。

在后掠阵的其他将领看见既吃惊又喜慰，他们纷纷议论说："刘将军平时看见小股敌人都非常胆怯，没想到今天见了强敌反而英勇冲锋，真是太奇怪了，我们且到前面去，一齐协助刘将军，共同破敌。"

从定陵、郾县调集而来的援军在刘秀的感召下，与在后观阵的汉军各部人马一齐出击，斩杀近千名新军。

刘秀所带的汉军接连取得胜利，于是便带领军队，继续向昆阳城下推进。其时，距离刘縯克宛已经过去了三天时间，但昆阳城下的汉军都不知道，王邑、王寻也不知道。

刘秀决定利用这个信息差，提升己方信心并瓦解对方意志。他让一个心腹将领假装成刘縯的部下前往昆阳城中报信，说刘縯已经攻占宛城且派出的援兵已经到达。这个将领被几名骑兵护送到昆阳城下，大声地朝昆阳城头上的汉军喊话，之后在王邑的将领拦截时假装不敌，并在逃跑时故意掉落报捷的信件。

王寻、王邑的部下捡到这封信如获至宝，赶快拿回去交给了王邑、王寻。两人看到这封信，都感到无比泄气。

而刘秀一方的汉军因为连续取得了多次小胜，胆气更壮，以为新朝军队根本不堪一击，所以无不以一当百。

刘秀见自己的策略已经起了作用，于是精心挑选勇猛敢死队员三千人，带着他们从昆阳城西取水路攻击王邑所部的精锐部队。

王邑知道新军一方的信心一旦动摇，大军全线出击之时其他的郡兵可能会趁机倒戈，或者是郡兵未经严格训练会在出击时造成更大混乱，于是下令其他各营不得擅动，只由王寻带领一万人马出战，王邑在后掠阵。

两军相遇，刘秀一方的将士锐气很盛，并且抱着必胜的决心，所以战不几合，王寻所部的阵势就被冲乱。三千汉军乘胜大进，摧毁了王寻的战阵，最后竟然杀了主将王寻。

王寻被杀，手下的将士四散奔逃，而其他各营又没有接到出战的命令，事先也没有安排他们上前接应，所以都不敢轻举妄动。昆阳城中的汉军见城外援军得胜，于是立即大开城门，擂鼓大喊冲了出来，与刘秀的兵马内外夹击新军。

王邑所率的新朝军队本就因旷日持久的围城而感到厌烦，士气尽堕。并且许多军士都来自普通的百姓家庭，他们普遍都对王莽政权感到失望，对才能并不出众的王邑并不是百分之百地心服，所以都不想为新朝效死力。此刻见前队被冲散，于是后队的士卒们都开始四散奔逃。

若说是在一般情况下，主将治军有方、勒军有力，那么即使前队战败了也没有关系，只要其他营寨安若磐石，那么刘秀一方势单力薄，最多只会冲散一部分新朝军队，其他的大部队是不受影响的；不但不受影响，只要主将调配有方，其他的大部分随后出击接仗，光是车轮战，都会把对方打垮。

但在此时，新朝一方的不利因素实在是太多了，统帅王邑的军事素养不高只是一方面，而新朝一方的将士人心不齐离心离德则是最主要的。兵不在多而在于精，将不在勇而在于谋，就算王邑带着六十三个像孙武那样的军事天才，但他却连严尤一句正确的建议都听不进去，那又有什么用呢？

天气的突变也给新朝军队带来了致命的影响，正当新朝军队落败之时，天空中突然电闪雷鸣，狂风怒号，大雨滂沱而下，那些排列在阵前、原本准备用来助威的虎豹大象，被大雷和闪电所惊，竟然开始四处乱窜。虎豹乱窜，阵前新军的马匹纷纷受惊，载着骑乘的主将狂奔而去。手下的士卒见主将逃走，于是也立即夺路逃命。新军顷刻间溃不成军，逃散的人马互相践踏，奔逃中死伤的人遍及百余里的阵地之间。因为大雨，溵水（今长江支流淮河支流颍河的主要支流沙河，位于今河南省东南部，又称泜水、溵川）暴涨，争相逃命的新朝士卒抢着渡河，在河中溺死者数以万计，在一些河床窄小的地方，溺水者的尸体堵塞，河水几乎为之不流。

王邑见大军溃败，只得与严尤、陈茂等人骑马轻装逃命，踩着溺水者的尸体渡河而去。新朝一方的车辆、辎重、粮草、被装等尽数被遗弃在阵地上。身在长安的王莽得知王邑战败，感到了前所未有的惊恐，新朝的大臣人人震恐不已，都有一种大厦将倾的绝望。

汉军一方大获全胜，战后打扫战场，从阵地上缴获的车甲、粮草、珍宝堆积如山，不计其数，连续清点了几个月都无法清点完毕，只好把剩余的一些利用价值不高的物资放火烧毁。

昆阳之战是历史上一场以少胜多的经典战例，这一战，决定了新朝、汉朝两个王朝的命运，也决定了中国后期的大半部历史。这一战中，身为太常偏将军的刘秀一战成名，为他日后建立东汉政权奠定了坚实的人望、资历、政治、民意基础。

新军溃败之后，刘秀带领汉军乘胜北上，攻下了颍阳县（今河南省登封市东华镇西），兵锋直指王邑战败之后暂时栖身的洛阳。

刘縯打下了宛城，刘秀击败了王邑，刘氏兄弟二人，一时之间威名传遍天下。

更始帝刘玄，在刘縯、刘秀兄弟二人带来的两场巨大的胜利面前，带着普通百姓的景仰、手下将领的质疑、刘氏宗亲的鄙夷，入驻南阳宛城，在那里建都。

之后，刘玄大封刘姓宗亲，想要用富贵及名爵拉拢安抚他们，同时，他又大封手下诸将，一天之内，被封为列侯者多达一百多人。

因为刘縯战功赫赫并且威名颇盛，在更始政权的军队及大臣们之中享有非常高的威望。也因为刘縯，许多人对平庸无能的刘玄做皇帝颇有微词。刘縯，已经功高震主，对刘玄的皇位造成了非常大的威胁。

刘玄和他身边的近臣们因此非常不安，想要杀掉刘縯，巩固自己的帝位。而朱鲔和李轶，则是刘玄身边持此种念头的最具代表性的两个人。

当初，朱鲔和王匡、王凤、马武同为新市兵的首领，是刘玄当皇帝的最鼎力支持者之一。朱鲔天生不喜欢威严而刚烈的刘縯，他认为选择懦弱而平和的刘玄对己更安全，并且，他与刘玄之间也更能谈得来，他有什么主张，刘玄几乎都能够采纳。而这在他和刘縯之间，几乎不可能存在。这样的性格因素，是朱鲔选择效忠于刘玄的一个非常重要的原因，这似乎也怪不得朱鲔。毕竟要想愉快地合作，就要讲个性格投缘。

在那个时候，更始政权的核心圈子里面，李轶是排不上号的。最初，他和他的堂兄李通都跟随刘秀起事。但在刘玄被立为皇帝之后，李轶开始动摇了。他艳羡朱鲔、王凤等人，羡慕他们的权力、羡慕他们的地位和名爵，于是，他开始谄事朱鲔等人，积极地向刘玄靠拢。就这样，李轶和他的老朋友刘秀越走越远，和他的族兄李通也越来越生分，而和刘玄、朱鲔等人越来越亲近。

此时刘玄担心刘縯威胁他的帝位，于是李轶和朱鲔不约而同地劝他，建议他杀掉刘縯。

然而，刘縯毕竟不是那么好杀的，他手下兵多将广，支持者众多，这些人对他十分信赖、拥护。所以，要杀刘縯，只能智取，不能力敌。

在人类社会中有许多人，不论是过去、现在，还是将来，这些人你让他们冲锋陷阵，他们没有能力；但你让他们施展阴谋诡计，他们绝对是一把好手。并且，之前就有鲜活的教材，可供他们借鉴。

朱鲔和李轶为更始帝刘玄所出的主意是：假装召集所有的高级将领前来朝会，然后在殿中埋伏下刀斧手，趁刘縯不注意杀死他。

刘玄同意了。

计议已定之后，于是刘玄下诏大会诸将。

当大司徒刘縯上前拜会之时，按照之前早就谋划的计策，刘玄下令刘縯献上他腰间的佩剑："大司徒的宝剑看上去非常不错，能否让寡人一观。"

刘縯听了之后，没有细想什么，于是解下宝剑，递了上去。

这是一个非常凶险的陷阱：通常情况下，大臣进殿面君，是不能携带武器的，所谓赞拜不名、入朝不趋、剑履上殿，只有汉初三杰之一的萧何才有那样的特殊礼遇。萧何获得那样的特权，一来他功劳排名第一，刘邦想要尊显他；二来萧何是文臣，带把剑也不会出什么意外。而武将带剑上殿，那就具有潜在的危险了，因为，谁也无法保证他不会像荆轲刺秦王那样突然间行刺！

此时的刘縯等高级将领面君时大都带剑，主要是因为他们随时都处于战备状态，这一刻他们在面君，而下一刻马上就会赶赴战场。

所以刘玄和朱鲔、李轶等人的谋划非常阴险，并且滴水不漏，只要刘玄让刘縯献剑，并且刘縯献上了剑，那么他们马上就可以诬陷刘縯有行刺之举，只消一个暗示，埋伏的武士们马上就会冲出来，将刘縯当场擒获或是乱刀砍杀。

可是，刘玄毕竟是个老实人，他平庸，所以就不像其他的那些枭雄那样狡诈、凶狠，这样明摆着玩阴的，他实在没办法做出来。

所以，他拿过刘縯的宝剑观看了一番，硬是迟疑着没有下命令，而是把刘縯的宝剑又还了回去。

刘玄的这番举动，让他手下那些急等信号准备动手的将领大惑不解。担任绣衣御史的申屠建见刘玄迟迟不发信号，于是就赶快向他献上玉玦，向他暗示。因为在楚汉相争之时，在鸿门宴上有亚父范增举玉玦向项羽暗示杀掉刘邦的先例，所以申屠建此时献上玉玦，几乎让现场所有的人都感受到了浓浓的杀机。

但刘玄竟然和当年的项羽一样，仍然没有发出击杀政治对手的信号。究其原因，刘玄畏惧刘縯、忌惮刘縯，在心理上不占优势，他没有那样的气概，所以，也没有那样的勇气和决断力！

一直等到宴会结束，朱鲔、李轶、申屠建等人也没有等到刘玄发出任何击杀刘縯的信号或是暗示。

更始政权君臣的反常行动，被其他冷眼旁观的将领看得一清二楚。出了宴会现场，刘縯的舅舅樊宏就对刘縯说："当年在鸿门宴上，范增举玉玦以暗示项羽，想让他杀掉高祖。如今申屠建又向更始皇帝献玉，这恐怕不是什么好意吧？"

刘縯只是笑了笑，不置可否。他太有气度了，他用他的肚量去衡量别人，就认为樊宏等人实在是有些杞人忧天，所以，他没有深思。

刘秀也深深地感觉到了大哥刘縯身边潜在的危险，他不止一次劝告刘縯说：

"李轶这个人反复无常，品行不佳，已经不能再相信他，以后要尽量和他保持距离。"但刘縯仍然听不进去。

刘玄在宴会现场没有杀刘縯，朱鲔、李轶等人当然不肯善罢甘休。刘玄不敢当着刘縯的面下手，那么朱鲔等人就必须给刘玄找一个更好的借口。

所以在这个时候，他们不约而同地想到了刘稷。

刘稷是刘縯、刘秀兄弟的同姓宗人，自舂陵起兵之后，他跟随刘縯南征北战，多次冲锋陷阵，勇冠三军，在将士们之中有相当高的威望。当初众将拥立刘玄之时，刘稷正在率军攻打鲁阳（今河南省平顶山市鲁山县）。当他听到刘玄被拥立为皇帝之时，愤怒地对手下的将士们说："刚开始谋划起兵图大事的，是刘縯、刘秀兄弟，拥立刘玄算怎么一回事？"

刘稷手下也有刘玄等人的亲信，或者是想要邀功请赏的人。所以，刘稷所说的这句话，很快就传到了刘玄和朱鲔、张卬等人的耳中。

刘玄和他的近臣为此非常痛恨刘稷，决定杀掉他。而刘稷，是刘縯的心腹爱将，更是刘縯的铁杆支持者。除掉刘縯，或许可以先从刘稷这里打开缺口！

于是刘玄下旨，拜刘稷为抗威将军，然后派人前去宣旨。后面发生的事情果如刘玄等人所料，刘稷拒绝拜受刘玄的官职。

刘稷的行为给了刘玄最好的借口，于是刘玄带着诸多将领和士兵数千人，前去把刘稷抓了起来，准备要杀掉他。

刘縯听说刘稷被捕十分震惊，他担心刘稷被杀，于是亲自前来为刘稷说情。刘玄和朱鲔、李轶等人说刘稷非死不可，刘縯据理力争，在大殿里和刘玄吵了起来。

对刘玄一方来说，想除掉刘縯，还有什么机会能比这样的机会更好呢？李轶、朱鲔当即劝刘玄把刘縯抓起来，刘玄同意了。

于是，殿中的武士一拥而上，将刘縯按倒，之后投入狱中。

对于刘玄来说，或许，他自视自己就是汉高祖刘邦，而把刘縯视为有勇无谋的项羽，所以，他必须杀掉刘縯，否则，刘縯就是他将来巩固帝业的心腹大患。放虎归山，他可不能学当年的项羽！

当他在宴会上面对刘縯之时，被刘縯的威势所慑服，所以不敢下令杀掉刘縯。而在这个时候，刘縯已被抓起来送进监狱，他不需要面对刘縯的目光，那么下令便不再有任何心理上的障碍。或许，这也是性格懦弱之人的惯常表现吧。

于是，刘縯和刘稷当日即被更始政权所杀。

刘縯，这一个令历史上赫赫有名的王莽都寝食不安的人物，一个让新朝政权悬赏封邑五万户、黄金十万斤、爵位上公的人物，一个让各地的义军闻风慕义的人物，一个让敌方的将领虽然畏惧但也肃然起敬的人物，就这样被己方阵营的这些庸碌之辈所谋杀。

但对刘玄和他的近臣们来说，此时他们杀死刘縯并没有错，因为他们必须维护自身的利益。如果刘玄不杀刘縯，那么接下来的历史或许就要这样书写：更始政权推翻了王莽政权，然后刘縯逼刘玄自杀，就像当年的项羽暗杀义帝熊心那样。刘玄临死前后悔不迭，怨恨自己当初没有听从朱鲔、李轶的劝告杀死刘縯！还有其他的结局吗？或许会有，但恐怕也是大同小异！

刘縯被更始政权所杀，这是当时一件令人非常震惊的事情。不仅更始政权的将领震惊、王莽政权的官吏震惊，天下人也为之震惊。

许多人都在观望，看接下来会发生什么事情。

没有任何建树的刘玄竟然会杀掉功勋卓著的刘縯，更始政权的将士们心中会作何感想，再者，刘秀会善罢甘休吗？

在那段时间里，几乎天下所有人的目光，都一下子集中到了刘秀身上。看刘秀会怎么办，看刘秀会如何应对这件事情！

第三节　娶妻当得阴丽华、赤眉反目、出抚河北

其时的刘秀，刚刚打下颍阳县。他还没有来得及庆贺胜利，也还没有来得及安排下一步的军事行动，刘縯手下的护军、和他们关系非常密切的朱祐只身逃出，星夜兼程赶到颍阳，将刘縯被杀的消息告诉了他。

刘秀悲伤吗？刘秀痛苦吗？刘秀愤怒吗？

但刘秀之所以最后能成大事，就是因为他能隐忍，不意气用事。他知道，刘縯被杀之后，更始政权的君臣们全都磨刀霍霍，在观察他、在监视他，只要他稍微表现出一点点不满的情绪，那么他们高举的刀斧马上就会落下，让他落一个和兄长一样的下场。

意识到事态严重的刘秀顾不得为兄长刘縯的死悲伤，就立即丢下颍阳的兵马，骑快马从父城（今河南省平顶山市宝丰县东）飞速赶往宛城。

到了宛城之后，刘秀立即拜见刘玄，深深地向刘玄谢罪，说自己的长兄无礼犯上，冒犯至尊，自己没有起到劝解阻止的作用，因此自己也有责任和过错。

退出大殿之后，原刘縯手下的将领、大司徒官署的臣僚们前来慰问刘秀。刘秀知道宛城随处都是刘玄的耳目，自己稍有不慎，就会招来杀身之祸，所以他没有和长兄的原属下私下交谈，只是深深地责备自己，表示自己也有很大的过错。他在昆阳击败王邑的四十多万大军，但却没有说一句夸耀自己功劳的话。

刘秀甚至没有为自己的大哥服丧，以示自己的大哥罪有应得，自己服从刘玄对刘縯的处罚。日常的饮食起居，刘秀表现得比平时更加正常，他谈笑自若，仿佛什么也没有发生过一样。

当耳目们将刘秀的这些表现报告到刘玄那里时，刘玄非常惭愧，觉得自己真是太小人了、太小肚鸡肠了，瞧瞧人家刘秀，大哥被杀什么怨言都没有，不仅毫无怨言，反而比之前更加尊敬自己。在这种情况下，刘玄要是不对刘秀的所作所为表示肯定，那就实在是说不过去了。

于是，刘玄下诏，拜刘秀为破虏大将军，封武信侯。破虏大将军虽然比起大将军、骠骑、车骑、卫将军来还有很大差距，也不能跟前、后、左、右将军相比，但好歹是个杂号大将军，不是偏将军了，而且受封武信侯，直接有了侯爵。这标志着，在更始政权内部，刘秀的地位有了一次很大的提升。而这个提升，是以刘秀长兄刘縯的生命为代价换来的，否则，就算刘秀功劳再大，猜忌他们兄弟的刘玄也不会这样厚赏他。

但刘玄赏赐了刘秀，提拔了刘秀，并不意味着他对刘秀的猜忌就会立即消除。所以，刘秀尽管被拜为破虏大将军，却并没有得到再次领兵外出的机会，他被刘玄以这种方式变相解除了兵权。

刘玄对自己的猜疑，刘秀心知肚明，在这种情况下，必须韬光养晦、不露声色，让刘玄误以为自己是个胸无大志的庸常之人，从而放松对自己的戒备。

一方面，刘秀心里非常悲愤，却无法发泄；另一方面，他想建功立业，却没有机会。那么何不趁这段时间了却自己多年的夙愿，去迎娶自己思慕多年的阴丽华呢？

当年的刘秀是个没落皇族，因此他再怎么爱慕阴丽华，也只能在私下里发出一声慨叹，不敢上前向阴丽华表明心迹，更没有资本向阴家提亲。可是如今，他在昆阳城下一战成名，天下人人敬佩，并且拜领破虏大将军、受封武信侯，那么这个时候，他还没有资本向阴家提亲吗？

阴丽华的父亲早在她七岁那年就过世了，所以，阴家的事情，由阴丽华的长兄阴识做主。还是在刘縯起兵之时，阴识在长安游学，他听说刘縯起兵，立即抛弃学业回到家乡，然后带着宗室子弟及宾客一千多人前去投奔刘縯。刘縯非常高兴，任命阴识为校尉。更始政权建立后，阴识也和刘秀一样，被任命了一个偏将军的职务，跟随大司徒刘縯进攻宛城，攻克了新野、湖阳等五个县。

从这个渊源来说，阴家早就认可了刘縯、刘秀兄弟，并且认为他们是可以成大事的人，也是值得追随、信赖、效忠的人。

有了这样的铺垫，刘秀的求婚没有遇到任何阻碍。

于是在昆阳大捷的当月，即公元23年六月，二十九岁的刘秀在宛城迎娶了十九岁的阴丽华。在那之后，心怀悲伤的刘秀，度过了为期三个月的蜜月。或许，来自心上人的安慰，会让他暂且放下心头的悲伤吧。

在刘秀享受爱情甜蜜并韬光养晦的这三个月里，刘玄并没有停止攻伐新朝军队的脚步。新朝军队自昆阳城下被刘秀所摧之后，汉军的前锋已直达洛阳。

为了阻止汉军西进，王莽派太师王匡、国将哀章镇守洛阳。刘玄于是派定国上公王匡率军前去攻打洛阳，而派西屏大将军申屠建、丞相司直李松（李通堂弟）进攻武关。以两路并进之势，对关中的王莽形成战略包围之势，关中吏民为之震恐。

昆阳之战的胜利及此时汉军的两路并进，给此前尚在观望的各地豪强地主带来了极大的信心，于是他们纷纷举兵，杀死当地的州牧和郡守，然后自称将军，也用汉朝的年号，以等待汉朝政府的诏命。当然，虽然此时刘玄是更始政权所立的皇帝，但在许多人心目中，他们仍然在期待，期待着比刘玄更英明的人出现。所以，他们虽然使用汉朝的年号，却并不完全属意于更始政权。

天下义军的群起响应又在一定程度上鼓动了关中的百姓，在李松武关收降邓晔并挺进京师仓之后，关中的豪杰起兵攻打未央宫，王莽被杀，他的首级被传送到宛城。

刘玄听说王莽被杀，非常高兴。他打开木匣，观看王莽的头颅，边看边说："王莽要是不篡夺汉家天下，他的功勋就会比肩霍光等人，受到天下人的尊敬和怀念。"刘玄的宠姬韩夫人在一旁笑着说："如果王莽不那样做，陛下又怎么能得到天下呢？"

刘玄听了之后，心里非常得意，也更加高兴，于是下令将王莽的头颅高高悬挂在宛城的闹市之中，让老百姓用瓦片、石块击打以发泄仇恨。

十月，更始政权的定国上公王匡，在洛阳打败了和他同名同姓的新朝太师王匡。王匡、哀章向更始政权投降；之后，他们被押解到宛城，刘玄下令将他们处死。

打下洛阳之后，刘玄经与群臣计议，打算把都城迁到洛阳。因为宛城虽有"小长安"的美名，但到底不是长安，气象与洛阳也不可同日而语。要当真正的皇帝，就要迁到真正可以建都、龙蟠虎踞的地方去。

迁都是一件大事，经过这样一场战乱，洛阳城里的宫室和殿堂多少有所损毁，有一些殿里还住过新朝的将领、士兵，所以就必须派一个老成持重、办事牢靠的人先去修整、清洁、装饰，然后皇帝再迁过去，方才显得从容不迫、威严有度。

在这个时候，刘玄和他的近臣们不约而同地想到了刘秀。因为其他的将领还要去攻城略地，而让刘秀带兵他们是不放心的。让刘秀去做修整宫室这种事情，不仅能显示出刘玄对他的信任，还可以有效预防刘秀拥兵自重、脱离更始政权的控制，可说是一个一石二鸟的好计策。

于是，刘玄命刘秀代理司隶校尉，派他前往洛阳修整宫殿。

司隶校尉这一职务，初设于汉武帝时期，是负责监督京师和周边地方的秘密监察官，因为率领着由一千二百名各官府的徒隶（即狱卒）组成的武装队伍，所以称之为司隶校尉。司隶校尉拥有非常大的权力，权势远胜后来明代的锦衣卫和东厂、西厂。第一任司隶校尉就是一手造成戾太子刘据冤案的江充，在那之前，他率领着由汉武帝为他组建的一支二千人左右的队伍，受命办理"巫蛊"一案，直接造成了西汉国本的动摇。

到东汉后期，司隶校尉的权势更大，大将军何进谋诛宦官之时，任命袁绍为司隶校尉，最终袁绍尽杀宦官；曹操掌握朝政大权之后，也兼领司隶校尉以自重。所以在两汉之时，司隶校尉一职，被认为是"雄职"（极为重要的职位），宦海中的人，甚至将司隶校尉称为"卧虎"。卧虎比喻执法严峻或作战勇猛的人，后来专指司隶校尉这一职位。

不过在这个时候，刘秀所代理的司隶校尉，既没有后期司隶校尉那样大的权势，也没有当初江充所率的那么多的武装士兵。他的任务只是替杀兄仇人刘玄前去修整宫室，而不是去监察哪一个官员。

但尽管如此，刘秀也知道，刘玄能够做出这样的决定，对他的猜忌之心应该是减弱了一些，他必须把握机会，为以后争取更好的机会打基础。

于是，刘秀与新婚妻子作别，让家将护送阴丽华回新野县老家，自己则带人前往洛阳。

刘秀一向是个办事有法度、有章程的人，虽然只是代理司隶校尉，但他却非常认真地履行着他的职责。他挑选并任命了下属官员，设置了相应的办事机构，起草制订了相关的文件制度，开始从事司察工作，一切都按照西汉时的章程办理。

当时三辅的官员和豪绅士人东来迎接更始帝刘玄及汉方官吏将士，见其他的将领走过，都戴着平民百姓的头巾，有的还穿着抢来的女人的衣服，觉得他们是一群乌合之众。

等到看见刘秀所率的司隶府的僚属官员,都穿得整整齐齐、威严有度,心里都暗自欢喜。一些上了年纪的老吏仿佛看到了西汉末年的汉朝官员,触景生情垂泪说道:"想不到今日,我又见到了汉家官员的威仪。"

从那个时候起,一些有见识的人都开始属意于刘秀,认为他是一个能整顿朝纲、使汉家重兴的人。

刘秀带着他的下属官员,在洛阳极大地提升了更始政权的形象,也非常出色地完成了刘玄交给他的整修宫室的任务。

当刘玄进驻洛阳之后,发现刘秀将一切都打理得井井有条,心里非常高兴,他对刘秀的戒备心理,更为放松。

其时,全国的形势大体如下:

王莽的新政权已经覆灭,更始政权的将领李松、邓晔、赵萌、申屠建等人占据了长安,关中归更始政权所有;黄河以南是原绿林军的活动区域,自然可以看作是更始政权的势力范围;山东一带是赤眉军,他们已经扫清了新朝政府在那里的绝大部分州郡势力;黄河以北是铜马、尤来、青犊、获索等近百万农民起义军,他们占据着河北;隗嚣控制着陇右;公孙述控制着巴蜀。

如果更始政权措施得力,能够招抚赤眉军并控制河北,就算是暂时不能平定偏僻的陇右和险固的巴蜀,但占据整个中原地带,并进而一统天下,也不是没有可能的事情。

这是刘玄、刘秀等人对时局的看法,也是当时许多有识之士的共同看法。基于此,在当时更始政权控制的南方地带,广为流传着这样一则童谣:"得不得,在河北。"可以说是一语道破天机:只要控制了黄河以北,更始政权就可以得到整个天下!因为山东的赤眉军虽然势力很大,却缺乏强有力的政治核心和政治纲领,在政治上没有号召力,根本不足为虑。

在这样的战略思想主导下,刘玄进驻洛阳之后,就派出使者前去招降赤眉军。

赤眉军的首领名叫樊崇,是琅琊郡(今山东省临沂市)人。

王莽天凤元年(公元14年),吕母在琅邪海曲(今山东省日照市西南)起义,前后聚集了好几万部众。天凤五年(公元18年),樊崇也在城阳国的莒县(今山东省日照市莒县)起义。最初,他的手下只有一百多人。

樊崇的文化程度不高,他所了解到的最有威望和号召力的官吏和职务,就是乡里主管教化的"三老",于是樊崇就自称是"三老",率领部下百余人转战泰山一带。

当时，青州、徐州发生大饥荒，百姓纷纷逃难，盗贼蜂起作乱。各路盗贼听说樊崇作战勇猛，于是都前来依附他。所以在一年之间，樊崇的军队就达到了一万多人。

樊崇的同郡老乡逄安，东海人徐宣、谢禄、杨音都各自起兵，他们的部众合起来有好几万人，不久之后也全部归附到樊崇麾下。

樊崇于是带着这好几万军队回乡攻打莒县，结果因莒县城防坚固，未能攻下，于是大军转战至姑幕县（今山东省安丘市）。在那个时候，王莽的翼平郡连率田况刚刚被王莽调换，樊崇于是带着他的部队攻打原田况的队伍，结果大获全胜，杀死新朝军队一万余人。樊崇得胜之后，带着大军向北进入青州地界，一路上，他的部属掳掠百姓，军纪很不严明。

之后，樊崇带着大军返回了地势险要、易守难攻的泰山，而留下一部分兵力屯守南城县（今山东省临沂市平邑县境内）。

返回泰山休整之时，樊崇对进军的路上部下劫掠的事情有所感触，开始考虑加强队伍的纪律性。因为最初，他们都是因为贫穷饥饿才被迫做盗贼的，只想着能够吃饱肚子并活命，并没有攻城略地的打算。等到这个时候兵力达到好几万人，如果不加强管理，那就非常容易出现内部火并、残害百姓并为黎民百姓所憎恶唾弃等事情。

于是樊崇和徐宣、谢禄、杨音等人商议，制订了这样一条法令，并在军中公布：杀人者处以死刑，伤人者赔偿受伤者的损失。

不过，樊崇等人虽然制订了这样一条纪律，却并没有形成书面律令，这条法令只是在队伍之中口耳相传。将领们管理下属，只是用语言来约束，并没有公文卷宗，也没有别于其他农民军的旗帜，没有划分明细的部队建制，更没有自己的政治纲领和口号。

所以在这种情况下，这支队伍的管理体制仍然非常混乱，他们把最高首领称为三老，其次称为从事，再次称为卒史，总之，把他们笼统地称呼为"巨人"。这个"巨人"没有什么特殊的含义，既不指德才高超的伟人，也不指身躯庞大的神人，只是单纯地对队伍中首领的一种称呼。三老、从事、卒史都是些西汉时期比较低级的乡官的官号，赤眉军用来称呼自己的首领，一方面表现出了这支队伍的淳朴，他们没有官本位思想；但另一方面也暴露出，这支队伍的首领们确实没怎么见过大世面，不知道该怎样有效管理这支庞大的队伍。

公元22年，王莽派王匡和廉丹攻打樊崇所率的起义军。在接仗之前，为了防止自己的士兵和新朝士卒混在一起不分敌我，樊崇想出了一个主意，他下令让军中全体将士都在眉毛上涂上朱砂，以方便己方的将士识别。自此以后，樊崇所率的这支队伍就被称为赤眉军，以与其他的起义军相区别。

那一战，樊崇一战成名，大破新军并杀死了久历战阵的廉丹，王匡战败逃走。

樊崇带领着得胜之军回击莒县，将莒县围攻了好几个月，却一直没有打下来。有人就劝他说："莒县可是您的父母之国，怎么能攻打呢？"樊崇虽然识字不多，但也略知大义，听了之后下令撤围。

其时，在海曲县起义的女领袖吕母病死，她手下的好几万起义军大部分投奔了赤眉军，其余部分投奔了黄河以北的青犊军、铜马军。

因为吕母已死，东海郡大部分地区没有起义军活动，于是樊崇带领赤眉军攻打东海，但在那里，赤眉军被新朝沂平郡的大尹（郡守）打得大败，死了好几千人。

战况不利，樊崇于是带领队伍转战彭城、沛郡（今安徽省淮北市濉溪县）、汝南（今河南省驻马店市上蔡县）、颍川（今河南省许昌市禹州市）、陈留（今河南省开封市）等地，攻克了鲁城（今山东省济宁市曲阜市），之后又转战到濮阳（今河南省濮阳市濮阳县）。

而在这个时候，更始帝刘玄派出的前去招降赤眉军的使者也到了。

樊崇和他手下的将领确实都是些很淳朴的人，他们没有什么大志向，也从来没有产生过自立为帝的念头。现在见更始政权打的是汉家的旗号，并且立了刘姓宗室为皇帝，于是想当然地认为自己必须听从更始政权的号令。

樊崇把军队留在濮阳，带着手下的高级将领二十多人，随同更始政权的使者前往洛阳，朝见刘玄。

刘玄见樊崇前来，非常高兴，于是下令把樊崇等二十多人全部封为列侯。

但是，刘玄及朱鲔等亲信对赤眉军毕竟有着很深的戒心，没办法一下子就信任他们。并且，刘玄也缺乏应有的帝王之术，不知道该怎样在心理上征服樊崇等人，让他们从此死心塌地地跟着他。所以，樊崇等人虽然封了侯，却并没有得到封地，也没有得到更始政权的信任，遭受着别人很不友好的冷眼和仇视。并且，他们留在濮阳的大军之中，又有不少人开始叛乱逃亡，在这种情况下，樊崇等人觉得他们也就没有继续留在洛阳的必要了。

于是，樊崇等人仍旧带着自己的二十多个手下，偷偷逃出洛阳，返回了自己的军中。之后，樊崇带领赤眉军进入颍川，然后将军队分为两部分，一部分由他和逄安率领，另一部分由徐宣、谢禄和杨音率领，开始转战南阳等地，攻打原更始政权控制的区域。

还是在当时樊崇带着手下的二十多个高级将领来到洛阳的时候，更始政权的君臣在兴奋之下，立即就想到了"得不得，在河北"那则童谣。

是啊，如今关中已经占领，中枢洛阳也已占据，赤眉军又来降顺，那么只要抚平河北，不就可以得到整个天下了吗？

当时的客观实际，确实如此。但是，想要镇抚河北，就必须派一个非常得力的人前去。如果所派非人，镇抚工作做不好，河北的农民起义军与更始政权公开反目，北上与更始政权争夺天下，那将会给更始政权带来非常大的麻烦。

派谁去？如果自己的亲信才能出众，当然最好是派亲信去。但纵观朱鲔、李轶等人，显然谁都没这个能力。让他们镇守一两座城池或许还勉强能够胜任，但让他们去开拓一片险地，这显然超出了他们的能力范围。

就在刘玄为此一筹莫展的时候，刘赐向他推荐了一个人。

刘赐也是汉室宗亲，按辈分，他和刘縯、刘秀都是堂兄弟。刘赐年轻时为报仇杀死朝廷命官，和侄子刘信亡命江湖，直到遇到大赦才回乡居住。

刘縯、刘秀兄弟起兵之时，刘赐也带着刘信参加了舂陵兵，并一直跟随刘縯。刘玄被拥立为皇帝之时，刘赐被任命为光禄勋。刘縯打下宛城，大封宗室将领，刘赐被封为广信侯。刘縯因功高震主被刘玄所杀之后，刘赐被任命为大司徒，以接替刘縯。实际上从那个时候起，刘赐就一直非常同情刘縯，并希望有朝一日能够对活着的刘秀有所回馈。

公元23年，刘秀在昆阳大战中击败王邑、王寻后不久，汉朝宗室刘圣（又名刘望）在承阳县（今湖南省邵阳市邵东县一带），收留兵败后前去投奔他的新朝将领严尤、陈茂等人，于当年的八月自立为帝，自称是"大汉嗣元皇帝"，也沿用汉朝国号，试图与更始政权分庭抗礼。

卧榻之畔，岂容他人酣睡！对在自己的势力范围内另建政权的事情，更始政权当然不能容忍。于是，刘玄派刘赐带兵前去攻打刘圣。

刘赐还没有打败刘圣，刘玄就打算迁都洛阳，想和刘赐谋划这件事情，于是就拜刘赐的侄子刘信为奋威大将军，让他前去接替刘赐，让刘赐返回。刘赐走后，刘信率大军击杀刘圣，一并杀了严尤、陈茂等人。

刘赐回朝之后，刘玄立即和他商议迁都之事，并最终迁都洛阳。

从刘玄的角度来说，他杀了刘縯，并把刘赐任命为大司徒，这充分体现了他对刘赐的信任。而从刘赐各方面的表现来看，刘赐也确实没有辜负刘玄对他的信任。因为刘赐是个忠诚、正直之人，并且是个忠厚的长者，他只希望做好应做的事情，并尽自己所能，帮助那些需要帮助的人。

在这一方面，刘赐所做的一件事情，很能证明他的这一性格特征：刘赐跟随刘縯围攻宛城，宛城守将岑彭最终献城投降。入城之后，一些汉军开始劫掠。一名汉军士兵看到降兵队伍里有一名将领穿着崭新而鲜艳的衣服，就想把那个降将杀掉并夺取他的衣服冠带。但又担心杀人的时候鲜血溅出来弄脏了衣服，于是就逼迫那个将领先把衣服脱下来，之后再准备杀死他。这一幕刚好被路过的刘赐看到了，刘赐见那名即将被杀的将领相貌堂堂、镇定自若，不像个毫无见识的一般将士，颇有长者之风，于是就出面干涉，并把他救了。刘赐所救的这个人叫任光，任光此后所做的一件事情，在很大程度上印证了刘赐的眼光和判断，那件事情几乎可以说是襄助了东汉的国运，也使中原的老百姓提前结束了饱受战火摧残的日子。任光确实不是个等闲之人，刘赐救他，救得太值了。这是后话，后文再讲。

因为刘赐是个忠厚长者，不耍阴谋诡计，所以，刘玄对他非常信任，有许多事情，常常征求他的意见。

刘玄拿不定主意派谁去河北，刘赐就向他郑重地推荐了刘秀。

刘赐说："刘姓宗室子弟之中，只有刘秀有这样的才能。"

但刘赐的这个建议一提出，就立马遭到了以大司马朱鲔为代表的人的强烈反对。他们反对倒不是说刘赐推荐的刘秀没有能力，而是恰恰相反，刘秀太有能力了。而最最重要的是，当初绿林诸将在拥立皇帝之时，都一边倒地拥立了刘玄，而撇过了刘縯、刘秀兄弟，并且，在后来主张杀刘縯的时候，尤其是朱鲔、李轶等人，都起了推波助澜的作用。他们怕一旦派刘秀出抚河北，那就是放虎归山、养虎遗患，将来刘秀如果羽翼丰满秋后算账，那么他们这些人都不会有好下场。

在一片反对声中，刘玄也非常犹豫，是的，朱鲔等人说得一点都没错，如果刘秀到了河北，势力壮大后脱离了更始政权，那么自己就真是放跑了潜在的政治敌手，亲手为自己掘开了坟墓。但如果不派刘秀前去，河北被其他的强劲之敌占领，再加上刚刚恼羞而去的赤眉军在东方、南方作乱，那么更始政权就会陷入更大的危险之中。

在刘玄犹豫不决的这段时间里，政治素养极高、政治敏锐性极强的当事人刘秀早就从中嗅出了不同寻常的味道。能不能离开更始，直接决定了他将来能不能闯出一番天地，老被人家捏在手心里，就算是再有能力，那也是英雄无用武之地。

光有一个刘赐劝刘玄显然不够，还得多几个关键的人物一起进言才行。在这个时候，刘秀的心腹之将冯异，及时地向刘秀出了一个好主意。

冯异是颍川父城人，他自小喜欢读书，精通《左氏春秋》和《孙子兵法》，深明经学，深谙君臣之道，在与同僚及上下级的相处中得心应手、游刃有余；同时他在带兵作战的过程中，不仅具备了一个将领所应有的理论资质，而且在实战中不断地提高自己，是一个非常优秀的将领。

王莽末年，各地起义军蜂起之时，冯异以颍川郡郡掾的身份监管下属的五个县，和父城县令苗萌一起守卫父城，为王莽抵御汉朝军队。

刘秀在昆阳大败王莽军队之后，乘胜率军推进到颍川，攻打父城县却没有攻下，于是把军队屯扎在父城县的巾车乡。

为了解各县的战况，冯异乘休战期间出城，巡视下属各县，不料却被刘秀手下的侦察兵抓获。当时，冯异的堂兄冯孝，以及他同郡的丁綝、吕晏都在刘秀军中，他们见冯异被抓，一则和冯异非常熟，二则非常了解冯异的才能，于是一起向刘秀推荐冯异。

刘秀是个求贤若渴的人，听到大家异口同声地推荐冯异，于是立即召见了他。但在见面之后，冯异却提出了一个条件，他说："对于此刻的将军来说，我冯异只是很普通的一个人，对于您的事业并没有决定性的作用。我的老母亲尚在城中，如果您放我回城，让我把老母亲安顿好，那么我愿意献出我监管的五座县城，带着手下的全体将士效忠于您，以报答您的恩德。"

古往今来，有一些人之所以能成大事，在某些方面他们可说是天赋异禀。纵观成大事的所有开国皇帝、领袖，他们所具备的禀赋之中，有这样一条显得异常重要，那就是知人。当他们面对一个降将，或是一个陌生人，怎样判断他说的话是真是假，这恐怕不仅仅是人生阅历的问题，只能用天纵之才来解释。

就像其后的孙策，知道太史慈回去之后就一定会回来，也就像此时的刘秀，知道冯异进城之后就一定会带着下属来归降。

于是刘秀非常痛快地答应了冯异，然后放走了他。

冯异回城之后，对父城县令苗萌说："如今各地起兵的将领，大都是武艺高强的壮士，为人残暴蛮横，这些人之中，只有刘将军是个例外，他的军队无论到了哪里，都没有纵兵抢掠之事。我通过观察他的言谈举止，发现他确实不是个平庸之人，这是一个值得我们托付终身并为之效忠的人主。"

苗萌平时本来就对冯异特别佩服，听了冯异所说的话，立即赞同地说："我和你之间早就同生死、共命运，我愿意听从您的教导，您说怎么办，我就怎么办。"于是带领下属五县全部投降了刘秀。

刘縯被杀之后，刘秀丢下他在颍川的兵马前往南阳宛城，之后被夺去兵权。自那以后，更始政权路过父城、攻打父城的将领前后有十几批，但冯异都坚守城池不肯投降。等到刘玄任命刘秀为司隶校尉，前往洛阳修整宫室路过父城之时，冯异却马上大开城门捧着酒肉迎接，以示对刘秀的忠贞不贰。刘秀于是任命冯异为主簿、苗萌为从事。冯异乘机向刘秀推荐他的同乡铫期、叔寿、段建、左隆等人，刘秀都一一收在麾下，把他们任命为掾史，带着他们一起去了洛阳。

正当刘玄为是否派遣刘秀前往河北犹豫不定之时，洞悉人情世故的冯异，及时地向刘秀献上了一条拨云见日的好计策："左丞相曹竟的儿子曹诩，现在宫中担任尚书。他们父子二人，居中显贵用事，您为什么不通过曹竟、曹诩父子，让他们为您美言呢？"

一语惊醒梦中人，刘秀于是备了厚礼与曹竟、曹诩父子交结。有刘赐之前的铺垫，再加上曹竟父子的劝说，还有当时赤眉军将会渡黄河北上的传言，于是刘玄最终打定主意，派刘秀前往河北。

公元23年十月，刘玄让刘秀以破虏大将军、代理大司马的身份，持节北渡黄河，前去镇抚河北之地。

刘秀这一去，正如某些通俗的评书或演义小说上所说的："蛟龙脱却金钩去，摇头摆尾再不来。"

刘秀前往河北之时，身边并没有军队，只有朱祐、冯异、铫期、王霸、祭遵、臧宫等几十个人。这些人，都是对刘秀忠心耿耿的铁杆追随者。

朱祐自小就对刘秀及其大哥刘縯非常熟悉，关系非常密切。刘縯被杀之时，就是朱祐只身前去向刘秀报的信。此次刘秀出抚河北，立即任命亲信朱祐为护军，让他监护诸将。

铫期是颍川郡郏县（今河南省平顶山市郏县）人，他的父亲铫猛曾担任过桂阳郡的太守。父亲死后，铫期按照古礼，整整为父亲服丧三年，乡邻们为此都非常敬重他。在刘秀担任代理司隶校尉前往洛阳之时，铫期就受冯异的推荐投奔到刘秀门下。刘秀之前早就听说过铫期的忠孝之名，见了之后非常欢喜，立即任命铫期为掌管缉拿盗贼的贼曹掾。铫期在任上做得非常出色，并很快成为刘秀的心腹将领。

王霸是颍川颍阳（今河南省许昌市西）人，他的父亲担任郡中的决曹掾，受父亲的影响，王霸自幼非常喜欢法律，年轻时也曾担任监狱的狱吏。那个时候的王霸，虽然知识还不渊博、阅历不怎么丰富，却有很大志向，常常感叹不愿担任低级的小吏。他的父亲听了之后觉得他很不一般，于是就送他到长安去求学。刘秀在舂陵起兵后，路过颍阳之时，王霸带着他手下的门客一起去拜谒刘秀，他对刘秀说："将军大兴义兵，我不自量力，非常仰慕您的威德，愿在您的军中效力。"刘秀见王霸说话谦逊有礼，心里非常高兴，于是回答他说："我做梦都想与贤士一起共成大业，这与您的想法，又有什么两样呢？"于是王霸就投到了刘秀的门下。之后，王霸曾经跟随刘秀参加昆阳之战。昆阳之战胜利后不久，刘縯被杀，刘秀前往宛城，于是王霸又回到了老家，在老家休息。刘秀被任命为代理司隶校尉前往洛阳修整宫室之时，再次路过颍阳。王霸得知消息之后，经与父亲商议，立即跟着刘秀去了洛阳。等到此时刘秀持节北渡，王霸被任命为功曹令史。那些最初和王霸一起前来投奔刘秀的门客在艰苦的条件下，渐渐萌生去心，于是接二连三地开了小差，只有王霸丝毫不为所动。刘秀非常感动，鼓励他说："那些颍川跟我来的人都走了，而只有先生留了下来。继续努力吧，疾风知劲草。"王霸也因此成为刘秀的患难之交。

祭遵和王霸一样，也是颍阳人。祭遵从小就喜欢读书，对书中所描写的那些圣贤非常推崇。虽然家境富裕，但他却非常谦恭、俭朴。祭遵还是个孝子，他的母亲过世后，他背着一个筐，一筐一筐背土为母亲起坟，受到乡人的敬重。祭遵曾经被一个小吏所欺凌，没有忍气吞声、逆来顺受，而是暗中结交宾客，然后杀了那个小吏。他做的这件事情让县里的人全都大吃一惊，因为以前人们都以为他是一个柔弱的人，没想到他会如此勇烈。从此以后，县里的人都有些怕他。刘秀在昆阳击败王寻、王邑之后，路过颍阳，祭遵以县吏的身份，多次进见刘秀。刘秀对容貌清秀、知书达理的祭遵非常喜欢，于是任命他暂为门下史。刘秀前往洛阳并北渡河北，祭遵也一路随行。

臧宫字君翁，颍川郏县（今河南省平顶山市郏县）人。年轻的时候，曾经担任县里的亭长、游徼；王莽末期，臧宫带着他的宾客加入了绿林军中的下江兵，在军中担任校尉。下江兵与舂陵兵会师之后，臧宫开始跟随刘秀四处征战，作战

第十章 东汉 | 045

非常勇猛,刘秀身边的将领都非常佩服他。刘秀经过观察,发现臧宫做事勤奋却话语不多,所以非常器重他,把他引为心腹亲随。

当然,除了冯异、王霸、祭遵、臧宫等在刘秀北渡前就跟随他的人,还有听说刘秀出抚河北,就立即快马加鞭追着前去投奔他的人。这些人里面,以邓禹和傅俊最有代表性。

傅俊字子卫,是颍川襄城县(今河南省许昌市襄城县)人。刘玄被拥立为皇帝之后,刘秀与王常等人带兵攻打颍川一带。当刘秀路过襄城县的时候,傅俊决定响应更始军队,于是以亭长的身份前去迎接刘秀,被刘秀任命为校尉。襄城县的县令听说傅俊投降了刘秀,非常生气,下令把傅俊的母亲、弟弟和族人全部抓起来,然后杀了他们。此后,傅俊跟着刘秀,参加了昆阳大战,因为在昆阳城下大破王寻等人,升任为偏将军。此后,刘秀又派遣傅俊进攻洛阳以东的京县(今河南省郑州市荥阳市东南)、密县(今河南省郑州市新密市)二城,全都攻了下来。刘秀非常高兴,特意派遣傅俊回家乡,收葬被杀害的亲属。等到此时刘秀北渡河北,傅俊听说之后,立即带着他的十多个宾客一路追赶,直到邯郸才追上了刘秀。刘秀对傅俊的忠诚至为嘉许,特意把最精锐的颍川兵交给傅俊带领,以示对他的格外器重和信任。

邓禹字仲华,是南阳新野人,和刘秀的妻子阴丽华是老乡。邓禹自小非常聪明,他十三岁时,就能把整部《诗经》背下来。后来,他到长安去学习,在那里遇到了同在长安游学的刘秀。那个时候他们都非常年轻,邓禹比刘秀要小三岁,但邓禹一见到刘秀,通过和他进行短暂接触,就知道他不是个一般人,于是对刘秀特别尊敬,并和他建立了非常亲密的关系。几年之后,邓禹回到了家乡。等到刘縯、刘秀等人起兵反莽,更始帝刘玄被拥立为皇帝,许多认识邓禹的英雄豪杰都向刘玄推荐邓禹,但邓禹凭他的判断,知道刘玄不是成大事之人,所以坚决不肯归附刘玄。等到此时邓禹听说刘秀受命镇抚河北,他立即骑快马向北渡过黄河,一路追赶刘秀,并最终在邺县追上了他。

刘秀见昔年长安游学的同窗邓禹前来归附非常高兴,就问他:"我现在有独立封侯拜将的权力,你从那么远的地方赶来,难道是想做官么?"

邓禹回答:"我并不想做官。"

刘秀好奇地问:"那么,你想做什么呢?"

邓禹说:"我只希望明公的威德广施四海,有我略效的尺寸之功,最终在史书上留下名字,流传后世。"

刘秀听了之后大笑不已，心里非常高兴。因为邓禹的这一番话，极大地激发了刘秀的野心。英雄之间，从来都是惺惺相惜，邓禹知道刘秀不是一般人，同样地，刘秀也知道邓禹不是一般人。

于是，刘秀留邓禹和他同住，并和他谈论时事。

邓禹见刘秀非常看重他，知道自己确实是投对了人，自己之前对刘秀的认识和判断，也一点都没有错，于是他正色对刘秀说：

"更始帝虽然建都函谷关以西，但现在山东却并没有安定，赤眉、青犊这些起义军，随便哪一支都有上万人，关中三辅的豪杰也都自立名号，常常聚集兵力。更始帝既没有打败过谁，又不能在听取情况后亲自做出明智的决定，他手下的大部分将领，都是一些平庸无能的人，这些人的心思全在钱财上，争相使用并炫耀他们的权力，每天自己贪图快乐罢了，根本没有一个深明事理、深谋远虑，想着尊崇君主、安抚百姓的忠良之士。更始帝控制下的政权马上就会分崩离析，这种形势在目前就可以预见。明公您虽有攻城略地、辅助更始帝的功劳，但仅有这些，还不足以使您成就更大的功业。当今之计，不如招纳英雄贤才，努力争取民心，重建高祖皇帝的基业，挽救天下万民的性命。像明公这样的人来考虑天下大事，天下不费多大气力便可平定。"

邓禹的这番话，真可以说是说到了刘秀的心坎上。邓禹对时局形势的判断、对更始帝刘玄才能的判断、对更始政权大臣们志向的判断、对刘秀才能的判断，都非常准确，真可以说是一语中的，这让刘秀非常认同。同时，邓禹还向刘秀提出了招揽英雄、广收民心的政治路线，也非常切合刘秀当时的处境和实际。所以，刘秀对邓禹的才能立即有了更深刻的认识。于是刘秀下令，让左右人等全都尊称邓禹为邓将军。从那以后，邓禹经常住在刘秀的住处，和刘秀商讨大计。

到达河北之后，其实不仅仅是邓禹向刘秀提出了这样的意见，冯异也不止一次地向刘秀提出了这样的建议。

那个时候，刘秀虽然已经离开了更始帝刘玄的驻地，不再受到刘玄的严密监视，但他身边还没有形成自己的势力，在河北也还没有站稳脚跟，所以他一点也不敢麻痹大意。自从大哥刘縯被杀，刘秀的内心深处其实极度悲痛，但他在别人面前却丝毫不敢显出悲伤之色。只有此时到了河北，夜深人静，一个人独处之时，才会情不自禁地流泪哭泣，每天早晨起床，枕头上都布满泪痕。吃饭的时候，也是只吃一些素饭素菜，以寄托对大哥的哀思。

随行的一些心腹将领观察到了这个现象，却不知道该怎样去劝解刘秀，只有冯异单独叩头求见，并不住地宽慰刘秀。刘秀生怕冯异说到动情之处让自己情绪失控失态，于是制止冯异说："卿不要再说了，我知道你想说什么，但请不要说出来。"

冯异于是转了个话头说："如今天下人都怨恨王氏，思念刘姓汉室已经很久了。现在更始帝的将领们横行暴虐，每到一个地方，就没有不抢夺劫掠的，这让黎民百姓非常失望，内心深处一点也不信任他们、亲附他们。现在主公在河北有专命一方的权力，所到之处，无不向吏民施行恩德。人们都说：有桀、纣那样的暴乱，才会显示出汤、武那样的功劳；一个人长时间处在饥渴之中，能够吃到一点点东西就很容易觉得满足。如今之计，主公应该赶快分派官吏下属，前去巡行河北的各郡县，处理长期以来积压的冤案，并向百姓布施恩德。"

邓禹和冯异所说的这些话，都与刘秀的想法高度吻合，于是刘秀坚信，自己的判断是非常正确的。

到达邯郸之后，刘秀立即派遣冯异、铫期二人，乘坐驿车巡行抚慰所属的各县。冯异和铫期不负刘秀所托，他们每到一县，都认真审查关押的囚犯，逐个问明他们的罪状，有罪的判罚，冤枉的释放；同时慰问鳏寡老人，安排抚养孤儿弱童；那些之前因犯罪而亡命江湖的人，只要是自觉前来自首的，一律赦免其罪行，既往不咎。

在做好这些吊死问疾、存恤孤独的事情的同时，冯异又额外做了一件对刘秀非常有益的事情。他和铫期通过日常接触和试探，暗暗地记下了河北各郡中那些二千石以上的官吏，哪些愿意归附刘秀、哪些不愿意归附刘秀，并把名单呈送给了刘秀。这就使得刘秀在此后的镇抚之中，有了更强的针对性和主动性。愿意归附他的，进一步拉拢以示恩遇；不愿意归附他的，想尽办法争取；实在争取不成，那就果断杀掉；即使是不能杀掉，那也至少要有所防备，不要让人家在背后下了黑手。

在派遣冯异、铫期抚慰所属各县的同时，刘秀也亲自到各郡县巡视。他每到巡视的郡县，必定要亲自会见二千石以上的郡县官吏，以及乡里的三老、僚属，直到各部门的佐史，考察他们的政绩优劣并予以相应提拔或是降免，就像州牧巡视监察所属的郡、县那样。此外，刘秀还下令释放那些因王莽的苛刻法令而犯法入狱的平民百姓，并宣布废除王莽的法令。

因为王莽在改制中将官名改得非常复杂，光是郡守的名字，就有好几个不同的称呼，如前队大夫、河南大尹、翼平连率等，给官吏和百姓带来了极大的不便，刘秀也宣布废除新朝的官吏名称，仍旧恢复成之前汉朝的官名。

刘秀和冯异、铫期这些卓有成效的做法，使他们得到了许多官吏百姓的倾心拥戴，一些官吏百姓争相带着美酒菜肴前来慰劳他们，以示支持。

照理说，刘秀如此极大地争取民心，应该很快就能平定河北，但事实上不是，在河北的地面上，还有一些庞大的势力，他们不仅不会归附刘秀，而且还给刘秀带来了极大的障碍甚至是生命威胁。

第四节　河北遇险、逃脱虎口

刘秀到达邯郸之时，见到了原西汉赵缪王的儿子刘林。刘林就向他出主意说："如今赤眉军在黄河东岸，只要决开黄河的大堤，赤眉军的百万大军，顷刻之间就会变成鱼虾。"

其时，赤眉军的真实动向其实并不是像当时传闻的那样要渡河北上，而是转向了南阳一带，河东只有少量的军队。纵观刘秀的戎马一生，他指挥作战，从来不用火烧、水淹等这样的残酷计策，大部分情况下，他都是用计迫降，能少杀一个人，就尽量少杀一个人。也因为此，被誉"用兵如神"的毛泽东，盛赞刘秀是最有学问、最会打仗、最会用人的皇帝。

此时刘林说赤眉军的百万之军在河东，建议决河灌淹，刘秀对此嗤之以鼻，别说是赤眉军的主力不在河东，就是赤眉军主力真在河东，刘秀也不可能采取这样的下下之策。因为那样一来，或许打败了赤眉军，却会使黄河沿岸的百姓遭遇水患大难。刘秀刚刚在河北的官吏百姓中树立起的威望，就会折损殆尽。这样的事情，刘秀是断然不会做的。刘林这个年轻人，虑事轻率不切实际，和这样的人最好还是保持距离。所以对于刘林的提议，刘秀什么也没说，之后离开邯郸去了真定（今河北省石家庄市正定县）。

刘林满以为自己提出了一个非常高明的主意，但谁知道刘秀竟然一言不发就离开了，这让他碰了一鼻子灰。

在每个人的心理层面，都无不希望自己的倡导、提议、言行甚至是某一细微的表情动作，能得到对方的及时回应，而对方一旦没有什么表示，那么这个人的自尊就会受到伤害。而像刘林这样年轻气盛、胸无城府的鲁莽青年，就更是如此。

所以，当刘秀走后，自认为伤了自尊的刘林，立即站到了刘秀的对立面。他利用他们家族在河北的势力，拥立了一个叫王昌的人为皇帝，并开始公开缉拿刘秀。

那么这个王昌是什么来头，竟然让刘林等王族子弟心甘情愿地拥立他为皇帝呢？

王昌又叫王郎，是赵国邯郸人。

王昌并非出身于皇室，也不出自贵族世家，更不出自地方的世族大家，通俗来说，他就是一个算命先生，平素以占卜看相为业。

因为常常游走四方为他人占卜看相，所以他非常熟谙当时盛行的天文、历法等，根据他掌握的这些知识，王昌据此认为黄河以北有天子之气。

刘林平时就对望气术、占星术、谶纬之学等非常感兴趣，他在赵、魏之地凭着自身的勇气和积累的钱财多做仗义行侠之事，结交了很多强横狡猾的豪绅游侠，也因为此，他结识了能言善谈的王昌。对于王昌所说的这些东西，刘林打心底里非常佩服，并且也深信不疑。

在王莽建新代汉之时，长安城里有人自称是汉成帝的儿子刘子舆，王莽当然不允许突然之间冒出来一个对他帝位造成威胁的人，于是以冒充皇族子弟之罪杀了那人。

这件事情在当时曾产生非常大的震动，因为众所周知的是：当年的汉成帝是没有儿子的，他生前专宠赵飞燕、赵合德姐妹，与其他妃嫔所生的儿子，又全都被赵合德所杀，所以最后迫不得已，才把帝位传给了定陶王刘欣。现在突然间冒出来一个自称是汉成帝之子的人，怎么不令人震惊？所以这件事情在当时很快就传遍了天下。

王昌因此见缝插针，抓住这个传闻做文章。他说：当初王莽杀掉的那个自称汉成帝儿子的刘子舆，确实是假冒的，他才是真正的刘子舆。他说他的母亲原来是汉成帝身边的歌女，有一天进入大殿，突然间全身僵直倒在地上，过了一会儿，有一股黄气从上而下，笼罩在他母亲身上，足有半天时间才散去。之后，他的母亲便有了身孕，住进了后宫。赵飞燕姐妹得知消息后，想要加害他们母子，他的母亲赶快私下里找了个别人家的小孩子把他替换出来，这才得以免遭赵氏毒手。刘子舆到十二岁时，知天命的郎中李曼卿保护着他一起去了蜀地；十七岁时,去了丹阳;二十岁时,悄悄地返回长安;之后辗转到中山,来往于燕、赵等地,以等待天时来临。

因为王昌说得有鼻子有眼,所以他的这番鬼话,竟然把刘林等人骗得一愣一愣的,感觉似乎真有那么回事。

正巧这个时候刘秀拒绝了刘林,于是刘林就与赵地的豪绅李育、张参等人一起谋划,打算共同拥立王昌为天子。

他们拥立王昌的事情还没有最后决定,结果河北之地到处开始疯传赤眉军将要渡河的消息。赤眉军一来,自然要侵害到刘林等人的切身利益,所以刘林等人为了抵制赤眉军,就必须拥立一个皇帝,树起一面政治大旗,就算是不能让赤眉军臣服,那也至少要让河北的老百姓知道该拥护谁支持谁,然后在这个人的指挥下共同把赤眉军赶出河北。

所以在这种情况下,王昌到底是不是汉成帝的儿子刘子舆已经不重要了。

于是在公元23年的十二月,刘林等人率领数百名骑兵,在某一天早上耀武扬威地进了邯郸城,然后住进了邯郸城中原赵王的宫殿,拥立王昌为天子,国号也是"汉"。为了将这一个政权与更始政权的"玄汉"相区别,后世把这一政权称为赵汉(因建都于原赵都邯郸)。之后,刘林被任命为丞相,李育被任命为大司马,张参被任命为大将军。

令人意想不到的是,就像当初的刘林等人相信王昌是真的刘子舆一样,河北的大多数官吏百姓竟然真的相信王昌是汉成帝的儿子刘子舆。

看到民意基础如此之好,于是王昌分兵派将,命人先后攻下了幽州、冀州。

在占据这两个大州之后,王昌又向各州郡发出檄文,他在檄文中再一次向各地的人宣扬自己是汉成帝的儿子,用来欺骗百姓支持拥护他。王昌在游历各地的过程中,早就觉察到百姓思念汉室、思念刘氏,并且多次表达了希望翟义还活着的愿望,所以在檄文中,王昌假称翟义还活着,以顺应百姓的期盼。

王昌的这封檄文,可以说在很大程度上迎合了河北等地老百姓内心最朴实的愿望(因为黄河以南的百姓,早就已经归心于更始政权的刘玄)。于是,从原赵国故地以北到辽东以西,全都闻风而降,归附王昌。

一个高明的算命先生之所以能够让他的主顾心甘情愿地爽快掏钱,就是因为他能在最快的时间内察言观色,抓住顾客的心理特征,之后说出主顾最希望听到的话。所以,基本功扎实的王昌,通过多年历练,早就摸透了天下百姓的心思,并在此刻以天子的口吻说出了黎民百姓最希望听到的话,一下子就让许多老百姓感觉到他确实是真的皇子,是真命天子,心系天下苍生,并转而信任他、拥护他。

刘林立场的突然变化及拥立王昌的行为,给刘秀带来了非常大的麻烦和困扰。因为这标志着之前河北无主、老百姓不知道拥护谁的局面已经结束,刘秀想要争取这一地区官吏百姓的支持,已经产生了非常大的变数,因为有相当多的官吏和拥有地方武装的世族已经倒向了王昌。

邯郸附近的势力都宣布效忠王昌,再加上还有世家刘林的支持,一时之间使王昌的势力显得异常强盛。刘秀知道短时间内无法与王昌争锋,于是立即离开真定,前往蓟县(今北京西南丰台区一带),以躲避王昌。此时,已经到了公元24年的正月。

通常情况下,一个普通的并不愚笨的人,大体上都知道自己真正潜在的敌手是谁。既然刘秀知道王昌、刘林会对自己不利,那么王昌和刘林自然也知道刘秀会给他们带来什么样的威胁。于是,王昌特意颁布诏书,悬赏十万户封邑捉拿刘秀。

当时的蓟县,是原广阳国的旧址。原西汉广阳王的儿子刘接响应王昌,在蓟县城内起兵。

刘接起兵,使蓟县城内一片混乱,城内的吏民人人惊恐不安,纷纷传言说王昌从邯郸派出的使者就要到达城内,品级在二千石以下的官吏都要出城迎接。

形势极为紧急,如果不立即采取有效措施应对,那么刘秀等人很有可能会被王昌派出的人在蓟县城中瓮中捉鳖。

刘秀派王霸等人前往闹市中募兵,准备用来抗击王昌。王霸到了闹市之后,向闹市中的人群大声地说希望大家能够从军,跟着他一起前去攻打王昌。当时的王昌势如中天,河北各郡群起响应,老百姓大都相信他是真的皇子,而刘秀却被画影图形,悬赏缉拿,四处奔逃如丧家之犬。在这样的情势下来出来为刘秀募兵,可想而知一向随大流的老百姓对此持什么态度了。所以,王霸说出这番话后,闹市上的人立即哄堂大笑,举着手嘲弄他,王霸一个人也没有募到,不得不惭愧而归。

刘秀见情势如此不利,于是召集众官属商议离开蓟县后该何去何从。其他人都主张离开蓟城后赶快南下,但当时刘秀身边的少年英雄耿弇(音眼)却建议刘秀继续北上。

那么耿弇又是什么来历,为什么其他人都力主离开蓟县南下,而他却要坚持继续北上呢？

耿弇字伯昭，是扶风茂陵（今陕西省咸阳市兴平市东北）人。耿氏祖籍在河北巨鹿，西汉武帝时代，因为他们的先祖到京城担任二千石级的官职，所以就把家从巨鹿迁徙到了茂陵。耿弇的父亲名叫耿况，年轻时因通晓经术而担任宫中的郎官。耿况曾与王莽的堂弟王伋在著名道家学者安丘望之（当时尊称为安丘先生）那里学习道家经典《老子》。因为与王伋的同学关系，后来耿况被王莽任命为朔调连率（即上谷郡太守）。

因为出身于官宦世家，具备良好的家庭条件和学习环境，所以耿弇自小非常勤奋好学，跟着父亲学习为官之术。有这样的便利条件，每年九月郡中举行都试，耿弇都能跟着父亲在现场亲自观摩学习，跟着那些骑兵、勇士学习交战、骑射等基本技艺。长时间地熏陶，使耿弇深深地喜欢上了运兵作战，并常常研习兵法，希望自己能成为一个合格的统兵将帅。

王莽被杀，更始政权建立，刘玄一边派将领攻城略地，一边派使者巡行各郡国，宣言道："先投降的恢复之前的爵位。"因为自己是王莽任命的，所以耿况心里非常不安，于是就带着颇受他信任和器重的郡功曹寇恂前往郡界迎接刘玄的使者。

见到使者之后，按照受降的礼节，耿况向使者献上了上谷太守的印绶，以表示归服更始政权。按照之前更始政权的声明，那么使者在代表皇帝刘玄答礼之后，就要把印绶归还耿况，让他继续担任上谷太守。

可是，使者在收下耿况的印信之后，过了整整一夜，却没有把官印还给耿况的意思。

在当时，更始政权派出去的许多将领和使者，凭借手中专制一方的权力，更换之前由新朝王莽任命的郡守、郡尉、县令等郡县的高级官吏，借此安插自己的亲信，或是大肆勒索，受贿渔利。

而耿况此时遇到的情况，恰是此类。

耿况不敢前去力争，而寇恂却十分不平，他带着手下的武士进入使者馆驿，神色庄重地请求使者，让他们把太守之印还给耿况。

使者态度十分强硬，不但不归还印信，还威胁寇恂。

寇恂也不是吃素的，他上前据理力争，斥责使者背信弃义，使者依旧不为所动。寇恂大声地命令自己带来的武士，让他们以使者的名义召见候在外面的耿况。

耿况来了之后，寇恂不管三七二十一，上前取过印绶，佩在了耿况身上。使者万万没有想到自己会遇到寇恂这样的厉害角色，想要发作，但自己身边又没有像项羽那样力拔山兮气盖世的勇士，无法像当年的项梁杀殷通一样控制局面。如果要硬来，依寇恂的性格，他绝对会带领手下的武士奋起抗命，那么到时候死于非命的，恐怕就只有使者自己了。

使者无法，只好按约以皇帝的名义下诏，让耿况继续担任上谷郡的太守。耿况接受诏书之后，在寇恂的陪护下返回上谷。

回到上谷之后，耿况越想越后怕，虽说是因为寇恂拿回了太守之印，但使者没有从自己这里得到好处，怎肯善罢甘休。再者说，自己也没有同更始政权的哪个高官结识，那么自己被裁撤，还不是早晚的事情吗？

为了保住自己的职位，耿况决定派亲近的人带着厚礼，前去朝见刘玄，好让自己继续留任。

接受这个任务的就是耿况的儿子耿弇。耿弇当时年方21岁，他辞别父亲，带着一封奏书，以及准备上贡的特产方物等，准备前去拜谒更始帝刘玄。

耿弇从上谷郡出发一路南下，走到宋子县（治所在今河北省石家庄市赵县东北宋城村）的时候，恰好碰到王昌诈称汉成帝之子刘子舆在邯郸称帝。跟随耿弇南下的上谷郡吏孙仓、卫包二人对此深信不疑，他们商议后打算去投靠王昌，于是就在路边对耿弇说："刘子舆是孝成皇帝的儿子，他才是汉家正统。为什么我们不去归顺刘子舆，反而要舍近求远呢？"

耿弇听了之后大怒，他按剑怒斥二人说："刘子舆不过是个冒名顶替的流寇，他早晚有一天会成为阶下囚。我到长安，向朝廷报告渔阳、上谷两郡兵马的特殊用处，回来时经过太原、代郡两郡，往返不过数十日。回去后派出上谷、渔阳的精锐骑兵前来，攻打王昌的这些乌合之众，就像摧枯拉朽那样容易。现在看你们这些人，不知道哪里该去、哪里不该去，你们如果不听我的，那么你们离灭族就不远了。"但孙仓、卫包二人并不认为耿弇说得正确，他们趁着天晚偷偷地离开耿弇，前去投奔了王昌。

因为王昌在邯郸起兵，一路上的大部分郡县都投靠了王昌，所以耿弇南下之路变得困难重重。他听说刘秀当时在卢奴县，于是就折回身往北，快马加鞭前去投奔。卢奴县在西汉时设置，相传城里有一个水池，池水呈黑色而不流动，当地把黑色的水称为"卢"，把不流的水称为"奴"，所以就称该县为"卢奴"。治所在今河北省定州市。

耿弇见到刘秀之后，说明来意，刘秀非常高兴。刘秀见耿弇少年英雄，聪明机警，于是就留在身边，让他暂时担任门下吏。耿弇想立即返回上谷郡，从父亲耿况那里带兵前来为刘秀助阵，但因为刚刚来到刘秀身边，不方便向刘秀直接提出，于是就通过刘秀非常信任的亲信护军朱祐，向刘秀提出了这个建议。

刘秀听了之后对耿弇非常赞赏，他笑着称赞耿弇："你这个年轻人，没想到竟然有如此大的志向！"之后多次接见他，加以恩赐和抚慰。

此时蓟县城中刘接起兵响应王昌，形势异常危急，刘秀于是召集其他的将领商议该何去何从，其他的将领们都纷纷建议刘秀离开蓟县迅速南下，耿弇见状站出来大声地说："如今王昌的兵马南边而来，明公您南下，正好碰上王昌的大军，所以切不可南行。渔阳太守彭宠是南阳宛城人，是明公您的老乡；上谷郡太守，就是我的父亲。我们光是发动这两郡的兵马，就有一万多精锐骑兵，邯郸根本不足为虑。"

此言一出，刘秀身边其他的将领们纷纷反对，他们说："我们的家乡都在南方，就是死，也要头朝南方而死，为什么要朝北而行钻到人家布好的口袋里去呢？"

刘秀指着耿弇大声地说："这是我的北道主人啊，你们为什么不相信呢？"但其他的将领就是不敢相信，因为耿弇初来乍到，不知底细，谁知道前往上谷是不是请君入瓮。再者，如果上谷、渔阳两郡不愿归顺，等到王昌的大军在路上堵截，那么他们就会插翅难飞。不如趁着现在王昌的大军还没有完全集结，河北各郡都处在一片混乱之中，趁此机会离开蓟城赶快南下。

众意难违，刘秀权衡再三，觉得不能为了耿弇一人而拂逆众人之意，于是决定率众南下。

这个时候，耿弇知道自己随刘秀等人逃亡已经没有多大意义，于是便与刘秀分别，取道昌平县（今北京市昌平区一带）去他父亲那里搬兵。

刘秀知道蓟城之中不可久留，于是急忙带着随行人员，驾车准备出城。

蓟县城中的老百姓听说刘秀在邯郸方面的追捕下准备出逃，都围在路边看热闹，把路堵得死死的，根本就无法通过。

此时可不是刘秀表示亲民的时候，时间上稍稍迟上那么一点儿，说不定刘接派出的追兵就到了。如果再不采取有效措施让围观的老百姓把路让开，那么刘秀等人十有八九都会成为王昌的阶下囚。

在这个十分危急的时刻，自洛阳时就跟随刘秀的贼曹掾铫期挺身而出，他骑在马上，手持铁戟，圆睁双眼，朝围观的老百姓大声呼喊："跸！"

在封建时代，皇帝出行之前，专车刚一动，左右随从就会大声地传话说："警！"意思是皇帝马上就要出来了，所有人都要注意。皇帝的专车一出殿，左右随从就会大声地喊："跸！"意思是皇帝就要出行了，路上的无关人员一律躲避，不得占道。否则，轻则挨顿皮鞭，重则按刺驾论处。普通老百姓别的不知道，这一点还是知道的。

此时围观的老百姓猛然听见铫期传跸，又见他表情凶恶，手持利刃，马速很快，还以为真的来了皇帝，立即吓得躲到了路的两边。身后的刘秀见状，立即带领众人迅速打马奔驰，向城门方向跑去。

可是等刘秀他们跑到蓟县南门之时，城门已经被戒严并关闭。大门两边，全副武装的士卒加强守卫，随时准备盘查貌似刘秀的人。

关键时刻，还是铫期，他纵马赶到大门边，当场砍翻了几个守军，身后其他人一拥而上。城门守卫见铫期等人勇不可当，于是立即四散奔逃。铫期等人上前取下门闩，打开大门，放下吊桥，刘秀等人立即夺门飞驰而出。

逃出南门之后，刘秀等人不敢停留，飞速一路向南奔逃。先是到达曲阳（今河北省保定市曲阳县），之后又前往饶阳县（今河北省衡水市饶阳县）。一路上，不论是白天黑夜，刘秀等人都不敢进入沿途的城邑吃饭休整，只得在大路旁草草住宿、匆匆做饭，生怕被刘接的军队抓捕。

到达饶阳县的时候，随从们携带的食物都吃光了，人人饥寒交迫。随行的人都望着刘秀，希望他能想一个周全的办法，让大家解脱灾厄。

于是，刘秀心生一计，诈称是从邯郸来的使者，然后带着随行的将领们大摇大摆地住进了饶阳县的驿站。

看刘秀的风度，那确实是比皇帝的使者还要威严几分，不由得驿站的驿吏不信。于是驿吏把他们迎进传舍，安顿他们住下，然后给他们上了酒食。

令那些驿卒没有想到的是：这些堂堂的皇帝使者，刚刚把酒菜端上来，居然你争我抢起来，吃相非常狼狈，全然没有使者所应有的矜持和修养。

驿吏们之前不知道接待过多少次使者，所以一看这种情形，马上就起了疑心，怀疑刘秀及其随从是假使者。

为了验证自己的判断，驿吏把传舍之外的鼓敲了数十下，然后大声地喊话："邯郸将军到了！"借此观察刘秀等人的反应。

刘秀手下的人听了，尽皆胆寒失色，担心被前来的邯郸将军捕获。刘秀刚开始也非常慌张，准备赶快乘车逃跑，但转念一想，如果邯郸将军真来了，自己想跑也跑不掉。那倒不如镇静面对，认真地和他谈一谈，能争取就尽量争取过来，力争为自己所用。他刘秀自昆阳大战之后，名满天下，争相前来归附他的英雄豪杰不计其数，谁又能保证，邯郸将军就一定要与他为敌呢？

于是刘秀又慢慢地坐了回去，异常镇定地对驿卒说："请邯郸将军进来！"

邯郸将军当然不能进来，但驿吏通过这一试探，却马上判明了刘秀等人的真实身份——他们确实是假冒的使者。

传舍之外的人再没有下一步的举动，子虚乌有的邯郸将军也没有进来，那么刘秀再在传舍待下去，就似乎是坐以待毙了。于是，刘秀下令驾车离开饶阳城。

驿吏见刘秀等人驾车离开，远远地向守门的门吏喊话，叫他们把大门关上，不要让刘秀等人跑了。

但守门的门吏倒是个有见识的人，他早已在心里对刘秀、王昌做了比较，所以他平静地对身边的门卒们说："天下到底归谁所有还说不定呢，怎么能把尊贵的长者先关起来呢？"最终没有下达闭门的命令，让刘秀等人从容地从饶阳城里逃了出去。

从饶阳城中逃出之后，刘秀等人取道广川国（今河北省衡水市），准备迅速前往巨鹿一带，在那里寻求一些并没有顺从王昌的郡县的支持。

一路上，他们冒着风寒霜雪，日夜兼程前行，再不敢进入沿途的县城觅食，也不敢进入县城休整。当到达芜蒌亭（故址在今衡水市饶阳县滹沱河边）时，已经是深夜。所有的人都又冷又饿，并且都疲惫不堪，却既没有温暖的房舍可以御寒，又没有热乎的饭菜可供充饥。就在所有人一筹莫展之时，随行的冯异却拿着从百姓家里讨来的半袋豆子，然后煮了一锅热气腾腾的豆粥，供应给刘秀等人。

在这个缺衣少食的寒夜里，恐怕再没有比这一锅热气腾腾散发着诱人香味的豆粥更让人心里熨帖舒畅的了。吃完之后，几乎每一个人近乎绝望的心底，又渐渐升腾起了希望。所以在次日一早，刘秀不无感慨地对众人说："昨夜吃了冯异所煮的豆粥，饥饿和寒冷一扫而光。"以此嘉奖冯异并勉励其他的将领。

刘秀等人在芜蒌亭将就了一夜，于次日继续骑快马南下。到达南宫县（今河北省南宫市，因西周南宫适分封于此而得名）的时候，又遇到了大风雨，刘秀带着随行的将领们到路旁的空房中避雨。其他的将领都坐地休息，只有勤恳的冯异没有懈怠，从路旁的其他房舍中找来半干的柴火，和邓禹就在房中生火，并将寻来的麦子煮了一锅粥。

在风雨和寒冷之中，人们的心情往往会跌入最失望的低谷，而令人重新燃起希望的，莫过于一堆熊熊燃烧的火和一锅能令人食欲大增的饭。围着火堆，刘秀等人一边燎烤被大雨浇得透湿的衣服，一边等待饭熟。

疾风知劲草，板荡识诚臣。冯异在逆境之中不屈不挠、勇于改变现状的出色表现，给包括刘秀在内的所有人留下了非常好的印象。

第二天一早，刘秀率领众人继续向南。由于昨夜的一场大雨，使本就气温较低的天气变得更加寒冷，一些衣服单薄的随从，脸上都有了冻疮。

马上就要到呼沱河（今发源于山西省、流经河北省的滹沱河）了，前面派出的侦察兵回来报告，说呼沱河还没有封冻，河水流得湍急，却没有渡河的船只。

当时传闻王昌的追兵就在他们身后，随行官吏们的心里都异常恐惧。可是当他们听到河水没有封冻却没有渡船的时候，却又迟疑着不再向前。

紧急之下，于是刘秀派王霸先到呼沱河岸边去，看河水到底结冰了没有。

王霸虽然上次在闹市中募兵没有成功，但他却是个有谋略的人，其时寒风呼啸，几乎滴水成冰，从侦察兵到河边观察到返回此地需要一段时间。而众人赶着马拉的大车到呼沱河，也需要一段时间，有了这个时间差，河水虽然湍急，但结成一层冰应该不成问题。如果在这段时间不当机立断迅速渡河，而是想找其他的路口，那么迟疑耽搁，追兵马上就会迫近。于是，王霸从众人的临时驻地出来之后，只往前走了几步，就马上返回来向刘秀报告说："我去看了，河水已经结冰了，非常结实，可以过去。"

其他人听王霸这么说，都非常高兴。

王霸的这一消息，给其他人带来了逃出生天的巨大信心。以刘秀的精明，他怎么会不知道王霸到底走了多远，所以对于王霸的通权机变，刘秀心领神会，笑着说："侦察兵果然是在胡说。"于是下令赶快往河边赶。

等众人到达河边的时候，果如王霸所预料的那样，河水结冰了。虽然没有王霸所说的那般结实，但骑着马渡河，还是没有问题的。

于是刘秀命令王霸指挥众人渡河。等到大部分人都安全过了河，还剩下走在最后的几辆大车的时候，没有冻结实的冰面在重压之下破裂了，大车立时陷入冰窟之中。驾车的马嘶鸣着挣脱缰绳逃脱，而大车及车上的物资却沉入了河中。

见此情景，刘秀不无庆幸地对王霸说："让我的部众安心地渡河并逃脱灾厄，是爱卿你的功劳啊！"王霸谦逊地辞谢说："这是明公您的圣德感动了上天，因此神灵保佑我们。就算是当年周武王渡河时的白鱼之兆，也比不上今天河水封冻这样的祥瑞啊！"

刘秀因此当着所有人的面称赞王霸说："王霸做事通权达变，他的权宜之计让我们全部安全渡河，这可真是上天降下的吉祥之兆啊！"于是任命王霸为军正，封他为关内侯。

刘秀带着众人继续南行，到达下博城（今河北省深州市东南下博镇）西面的时候，包括刘秀在内的所有人都没了主意，不知道接下来该往哪个地方去，因为他们实在不知道当时的郡县之中，还有哪个没有投降王昌。

就在他们一筹莫展的时候，路边一个穿着白衣的老年人从刘秀等人的衣着打扮上猜到了他们的身份，于是他远远地指着正南方向对刘秀说："将军，您努力吧。信都郡还在为长安的汉家镇守，距离此地有八十里远近。"

这一幕，与当年的西楚霸王项羽垓下突围之后在阴陵问路的情景何其相似！只不过，当年项羽在阴陵问路的时候，那个老父欺骗了他，让他陷入了沼泽之中，导致被汉军追及未能脱身。而此时的刘秀，明明处于劣势之下，可饱经世事的老父却给他指了一条明路。

民心的得失，是一个长期积累的过程，而成败生死，却不过是刹那之间的事情。关键时刻的成败，都是自己平时民心得失的最终反映。得民心者得天下，诚哉斯言不虚！

听了老父的话，刘秀大喜过望，于是谢过老父，带领部下快马加鞭，向信都（郡治在今河北省衡水市冀州区）方向疾驰而去。

那么此时镇守信都郡的是什么人，他为什么没有像其他人那样投靠王昌，而是继续忠于更始帝刘玄所代表的汉家政权呢？

镇守信都郡的这个人，就是当初在宛城之中差一点儿被抢劫的士兵枉杀而被刘赐所救的那个任光。

任光是南阳郡宛城人，他在年轻的时候，就因忠厚而受到乡亲们的喜爱。成年之后，任光先后担任了乡里的啬夫、郡县吏等职务。

王莽末年天下大乱，任光作为县里的官吏，和岑彭等人一起镇守宛城。刘縯破城之时，任光因为穿着将吏的官服，差一点儿被劫掠的士兵所杀。幸得路过的刘赐见任光气宇不凡，出手救了他。

获救之后的任光出于感激，带着他的属下跟随了刘赐，之后被任命为安集掾，做了许多卓有成效的工作。更始建政后，经刘赐推荐，任光被任命为偏将军，职位几乎可以追比其时的刘秀。

再之后，因为刘秀和王邑在昆阳城下决战，刘赐所部受命紧急前往昆阳支援刘秀，任光得以和刘秀一起参加击败王邑、王寻的昆阳大战。

在那场载于史册的大战之中，任光亲眼见证了刘秀的果敢、睿智和勇武，从那以后，任光牢牢地把刘秀记在了心里，认定他是一个能成大事的人、一个值得追随终生的人。

刘玄从宛城到达洛阳之后，任命任光为信都郡太守。在刘林等人支持王昌称帝、河北各郡望风倒向王昌的时候，任光没有像其他人那样随风倒，而是选择了坚守。因为他知道，刘秀就在河北。只要那个值得他信赖的人还活着，他就必须要坚持到底，为他守住哪怕是最后一座城池。

打定主意之后，任光于是和都尉李忠、信都令万修、功曹阮况、五官掾（郡太守的自署属吏之一，主管春秋两季的祭祀，功曹史或其他曹员出缺时暂时代理）郭唐等人一起盟誓，相约一起为汉家镇守信都，决不投降王昌。

王昌派出的廷掾拿着王昌的檄文来到信都郡，到任光的府上去游说，任光把这个廷掾抓起来，押到闹市之中杀死了。

任光如此鲜明的态度，自然是绝了自己的后路，同时对同僚和郡中的百姓也是一种无声的引导：要忠就忠于汉家，拒绝摇摆不定、骑墙暧昧！

任光公开宣布与王昌处于敌对状态。为了防止王昌发兵攻打信都，任光征调四千精兵，加强了对信都县城的防守。

信都在邯郸之北，而邯郸以北的其他郡县基本上都宣布归附王昌，极个别的县城虽然没有明确表态要归降王昌，但也并没有说要继续忠于更始政权。所以在这种情况下，任光、李忠等人所守的信都城，俨然成了一座孤城（当时和成郡也拒绝投靠王昌，但任光等人并不知晓）。他们不知道敌军来攻时能不能守住城池，也不知道刘秀什么时候能来到信都。

在这种局势下，刘秀前来信都，实际上成了任光、刘秀双方都非常期待的事情。一方面，刘秀需要到信都进行休整，暂时喘口气，然后以信都为根据地，树起旗号、招兵买马，与王昌进行对抗；而另一方面，任光等人也需要刘秀这个旗帜和精神支柱来给信都的官吏、百姓打气，让所有人坚定信心，继续抗击王昌。

所以，当任光等人听到刘秀到了城下之时，不禁大喜过望，立即大开城门，带着李忠、万修、阮况、郭唐等人前去迎接刘秀。

信都城中的军吏百姓见到刘秀进城，全都信心大振，他们高呼万岁，以示庆贺。毋庸置疑，刘秀的到来，就像离开躯体的灵魂恰如其分地回归，使所有人都有了强大的精神寄托。每一个人都相信，刘秀绝对会有高超的谋略，带着他们一起走出困境！

刘秀对任光等人孤城坚守等待他归来的举动非常感动，他必须对这些归附他的人有所表示才行。任光这边没什么，一方面族兄刘赐救过他的命，另一方面，在昆阳大战中他曾和刘秀一起并肩作战，也可以说是刘秀的老朋友了，他能力主坚守信都并等待刘秀归来，就足以见证其忠诚。而李忠、郭唐这些人，他们之前和刘秀从未有过交集，所以刘秀必须晓示恩宠，以示亲近拉拢。

李忠有着非常好的德行，平素就以喜爱礼仪、品行端正而在同僚之中有着较好的名声。王莽时期，李忠担任新博郡的属长（实际上就是信都郡的都尉），郡中的官吏百姓都非常尊敬、信任他。王莽败亡之后，刘玄派使者巡行各郡国，新博郡恢复了汉时信都郡的名称，宣布归顺更始政权，李忠也因此得以继续担任信都郡的都尉，与刘玄派来的太守任光、信都令万修共同镇守信都。

在这几个人里面，实际上其他人都是外来户，而李忠才是信都郡的老主人，信都城内的基层官吏及平民百姓也非常信任他、支持他，只要取得李忠的支持，那就算是掌控了整个信都。

在了解清楚这些情况之后，刘秀立即任命李忠为右大将军，封为武固侯，并把自己佩戴的绶带解下来，亲自给李忠戴上，以示对李忠的格外恩宠。

当然了，虽然刘秀来到了信都，任光等人也盼来了刘秀，但一个不容置疑的事实是：当时王昌的势力非常大，大多数人都对前途感到灰心失望，对战胜王昌信心不足。这个时候，要不是有个人站出来及时地发表与众人不同的反对意见，那么刘秀在河北的事业很可能会就此夭折。

这个发表反对意见的人叫邳彤，是信都郡信都县人。王莽时期，邳彤担任和成郡的卒正。和成郡是王莽从巨鹿郡中划分出来新设立的一个郡，郡治在下曲阳县（今河北省晋州市境内）。和成郡卒正，实际上就是和成郡的太守。

在刘秀刚刚渡河北上到达下曲阳之时，邳彤就率领和成郡全体官吏归降了刘秀。刘秀任命邳彤继续担任和成郡太守，在停留几天之后，继续北上。当刘秀到达蓟县之时，王昌称帝并派出使者四处招降，其他郡县都向王昌的将领投降，而只有任光和邳彤坚守城池，拒绝听从王昌的号令。

当邳彤听说刘秀从蓟县城中逃出，并且随行的少量军队也在奔逃途中失散，知道刘秀的处境非常危难，于是立刻派出五官掾张万、督邮（一郡的重要属吏，代表太守督察县乡，宣达政令兼司法等）尹绥，带着挑选的两千名精骑兵，沿着大路前去迎接刘秀。

张万、尹绥在路上没有等到刘秀，此时的刘秀已经到了信都。邳彤听说之后，立即前往信都去拜见刘秀。

刘秀见到邳彤，心里非常高兴，这样一来，在邯郸以北，王昌的势力范围之内，就有两个旗帜鲜明地支持他的郡了。

而刘秀虽然得到了信都、和成二郡的支持，但两个郡的兵力加起来只有六千多人，并且还分散各地没有集中起来，难以形成强大的战斗力。

在刘秀召集的军事会议上，大多数将领主张让信都的兵马护送刘秀离开河北，西去长安，因为在那个时候，更始帝刘玄已经迁都到长安。

这些人出这样的主意，自然是不想跟着刘秀再担惊受怕，只要刘秀在河北一日，他们就要与王昌对抗一日，如果半路背弃刘秀，那弄不好就会自毁前程，背上叛逆的恶名，受到天下人的唾骂；而刘秀一旦离开了，王昌大军压境之下，他们就可以选择献城投降，因为连刘秀都跑了，他们还硬撑什么呢？这样一来，他们不仅在道义上，而且在精神、物资等各个方面，都会减轻不少的压力。并且，他们还有保护天子特使的美名，何乐而不为呢？

刘秀从蓟县逃亡以来，一路上风声鹤唳、草木皆兵，可说是受了不少的惊吓，也确实很有些悲观失望。现在见诸将这么说，知道大部分的人都顾念妻子家室，只想自保，不愿拼命。军心不定，还怎么能跟王昌抗衡呢？

所以一时之间，刘秀也有些动摇。

一同参加会议的邳彤见状，站起来大声地说：

"刚才那几个人说的都是错的。天下百姓唱歌吟诗思念汉室已经不是一天两天了。所以更始皇帝一称尊号便天下云集响应，长安三辅的官吏百姓自发地修整宫殿、清扫道路前去迎接他。一个人举戟大呼，则千里之外的守将要么弃城逃遁、要么匍匐请降。就是自上古以来，也没有感物动民达到这种程度的。

"在邯郸称帝的王郎，其实不过是一个算命先生而已。他借百姓思念汉家的时机，趁机假号称帝，只不过聚集了一帮乌合之众，就使整个燕、赵之地震恐不已。明公您只要率领和成、信都二郡的兵马起来讨伐王郎，河北各地一定会群起响应，以这样的威势去攻打王郎，哪一座城池不会被攻克，又有哪一支军队敢不降服呢？

"如果听了刚才几位的话，明公您抛弃已有的这些有利条件离开河北，就不仅仅是白白丢失河北的问题，甚至要惊动三辅，使明公您的威严和英名毁于一旦，这根本就不是一个好计策。如果明公没有继续征伐的想法，那么就是连信都的兵马也难以聚合。为什么这么说呢？因为您一旦西去长安，那么邯郸城内的百姓一来不愿意抛弃父母，二来不愿意背叛城主，而到千里之外去护送您，那么他们离散逃亡，就是必然之中的事情了。到那个时候，恐怕就回天无力了。"

邳肜的这番话，是让刘秀惊出了一头冷汗。是啊，如果今天自己丢下河北的这一点根基逃回长安，那么轻则会让天下人轻视嘲笑，重则会被刘玄身边的人借机发难，到时候自己的处境，恐怕还不如在河北来得强。自己好不容易才脱离更始政权的控制来到河北，又怎么能重新回到那种备受猜忌、郁郁不得志、随时都有生命危险的状态中去呢？

再者，也正如邳肜所说的那样，王昌在河北，未必就获得了全部官吏的一致拥戴。那些有远见的官吏和百姓，根本就未曾对他真正心服，比如蓟县城内劝他继续北上的耿弇，比如下博城那个给他们指路的老父，比如此时的任光、李忠，还有邳肜。

于是刘秀下定决心，绝不能回长安，必须在河北打开局面。就是战死在河北，那也比回到长安被刘玄所杀来得强。

第五节　河北定基

但是,慷慨陈词易,直面艰险难。要想打败王昌,绝不像嘴上所说的那般容易,必须尽快找到一个迅速扩充兵源的办法。

于是在会议结束之后,刘秀召来任光,和他商议:"伯卿(任光的字),现在我们势单力薄,我想带着你们一起投奔到城头子路、力子都的军中,您看怎么样?"

刘秀所说的这个城头子路名叫爰曾,字子路,是东平(今山东省泰安市东平县)人,王莽末年,他与肥城(今山东省泰安市肥城市)的刘诩起兵于卢县(今山东省济南市长清区西和德州市齐河县西南部一带)城头,所以,人们就把他的军队叫作"城头子路"。爰曾自称为"都从事",刘诩自称为"校三老",带领他们的军队在黄河、济水一带的广大区域间劫掠,部众很快发展到二十多万人。刘玄即位后,派使者拜爰曾为东莱郡(今山东省烟台市一带)太守,拜刘诩为济南郡(治东平陵县,今山东省章丘市西)太守,都以代理大将军的身份,署理东莱、济南二郡的事务。后来,爰曾被部将所杀,军中共同推举刘诩为首领,于是更始帝封刘诩为助国侯,让他罢兵回本郡。

力子都,是东海郡治县(今山东省临沂市郯城县西南)人,王莽末年,他和乡邻在家乡起兵,之后转战徐州、兖州地界(今江苏省北部和山东省西南部一带),部众达到六七万人之多。更始建政后,刘玄同样派使者前去,拜力子都为徐州牧。但不久之后,力子都也被部将所杀。力子都死后,他手下的军队并没有散去,而是重新聚集起来,与其他地方的起义军相会于檀乡(今山东省济宁市兖州区），最终合为一部。之后，这支起义军就被称为"檀乡军"。檀乡军的首领董次仲最初起于茌平（今山东省聊城市茌平县），之后，他带着檀乡军渡过黄河，进入了黄河以北的魏郡（郡治邺城，今河北省邯郸市临漳县西）清河县（今河北省邢台市清河县一带），与黄河以北的当地农民起义军"五校"军会合，部众达到十多万人。

此时刘秀兵力不足，病急乱投医，想要前去投奔这些起义军，准备借助这些农民起义军的力量来攻打王昌，于是就征求任光的意见。

任光不像刘秀那样刚刚经历了一场被政敌追捕的劫难，在惊魂初定之下缺乏周全的考虑。任光在这段时间里，有足够的时间冷静思考，像"檀乡军""五校军"这些农民起义军，军纪不严不说，也缺乏更高的理想和追求，内讧频繁，自相残杀，爱曾和力子都被部下所杀，就是最好的例证。这些人不讲信义、唯利是图，如果刘秀在强盛之时前去招抚，他们说不定还可以投诚，此时窘急之时前去投奔，谁知道他们会不会在贪图巨额赏格之下把刘秀抓起来。

于是任光直言不讳地对刘秀说："这些人根本不值得信任，明公您不能去。"

刘秀问："可是爱卿你的兵力太少，能抵挡得了王昌的大军吗？"

任光向刘秀出主意说："目前我们两郡的兵马确实很少，用寻常的方法，在短时间内根本募不到兵。目前来说最有效的办法，就是招募奔命之兵，出城攻击信都周围不服从我们的各县。在攻打之前，我们可以先发出檄文，明确告诉各县，要是不开门投降，一旦城破，就放纵士兵任意抢掠。许多人生来就非常贪图财物，听到这样的消息，就一定会前来投效，这样一来，我们就一定会招募起一支数目可观的军队！"

任光所说的奔命之兵，是指在当时朝廷为了应对突发的重大军事事件，让各郡国推荐材官和骑士；材官就是山区或少马地区的步兵，而骑兵就是平原或多马地方的骑卒，这些材官、骑士基本上都是些非常剽悍的勇士，平时国家供给俸禄，一旦国家有急难，就发布命令召集这些人为国家效力。这些人"闻命而奔赴急难之地"，所以称之为"奔命之兵"。

不可否认，任光的这个建议符合当时信都郡的实际，因为他在信都郡任职已经有一段时间，了解信都的情况。所以刘秀听了之后，立即就采纳了任光的建议。

于是刘秀拜邳彤为后大将军，继续担任和成郡太守，让他带着兵马在前开路。又拜任光为左大将军，封为武成侯；拜万修为偏将军，封造义侯。

同时，刘秀拜冯异为偏将军，让他到河间（今河北省河间市一带）去募兵；任命铫期、傅宽、吕晏为裨将，都归邓禹节制，由邓禹带领他们出城招募奔命兵。

邓禹的手下也没有兵，于是邓禹就命令铫期、傅宽、吕晏三人分头去征兵。铫期到防子县（今河北省高邑县西南）一带，从那里征来了几千人马，邓禹见铫期成果不凡，认为他非常有才能，于是就任命铫期为偏将军，分拨给他二千人，而让傅宽、吕晏各带数百人。

回到信都之后，邓禹向刘秀报告了铫期的出色表现，刘秀非常高兴。铫期在蓟县城中就给刘秀留下了非常好的印象，此时表现又如此上佳，怎不令刘秀刮目相看。于是，刘秀命令铫期北上攻打真定（今河北省保定市正定县）、宋子（今河北省石家庄市栾城区东）等县，同时在那里征集兵马。铫期不负刘秀所望，在那里连续攻克了乐阳（今河北省石家庄市西北）、槁县（今河北省石家庄市东南）和肥累（今河北省石家庄晋州市西）等地。

且说在邓禹、铫期等人走后，刘秀对信都的人事做了一个调整，他让一直跟随他的南阳老乡宗广暂代信都太守之职，镇守信都，而自己则带着任光、李忠、万修等人，带兵攻打周边各县。

这样的人事安排，表面上看起来，是对任光、李忠、万修等人的高度信任，把他们带在了身边。但实际上，从这件事情上，极大地体现了刘秀作为一个潜在的帝王所应有的权谋之术：任光等人虽然宣布效忠于他，但毕竟是在猝然见面之下，难以探知真假。另外，李忠、万修等人会不会和任光一条心，会不会是在迫于任光的压力之下选择了投诚，也非常难说。最重要的是，如果自己带兵在外战败，狼狈回城之际这些人会不会反水伏击自己，凡此种种都难以预料。所以，大本营必须交到最可靠的人手里。而任光等人则必须留在身边，一则可以随时观察他们的行为、监视他们的行动，以便掌握他们的才能高低并了解他们的真实意图；二则也可以在朝夕相处之中拉近距离，增进互信，培养感情，把陌生人变成自己的心腹猛将。

所以，刘秀最终能够成功，难道只是偶然的吗？毛泽东评价他是最会用人的皇帝，难道是虚言吗？

之后，邳彤受命带兵先行出发。到达堂阳县（今河北省邢台市新河县）的时候，发现堂阳县已经归降了王昌，于是邳彤就让张万、尹绥前去警告堂阳县中的官吏百姓，说大司马刘秀当天晚上要从堂阳县经过，如果刘秀路过，一定要开城投降，并出城迎接。

任光的建议取得了很好的效果，短短几天之内，就招募到了四千"奔命兵"。因为这些"奔命兵"来之不易，并且是邓禹招募的，所以刘秀就让邓禹亲自率领这支有生力量。

"奔命兵"的战斗力自然是非常之强，但破坏性也是相当之大。刘秀虽然希望自己能尽快在河北打开局面，但如果手下的军队劫掠过度，也会大失民心无法在河北站稳脚跟。

为了提前给手下的将领们打预防针，于是在到达苦陉县（今河北省定州市南邢邑镇）的时候，刘秀会合手下诸将，然后问他们劫掠到了哪些财物。其他的几路军队都各有掳获，但只有李忠所率的军队没有劫掠任何东西。

刘秀于是当着所有将领的面，赞扬李忠说："我想对李忠行特别之赏，其他的各位将领，你们应该不会有什么不满吧？"于是亲自解下自己所骑乘的大骊马，以及绣被衣物，赐给李忠。

导向正确，就会最大限度地匡正行为！

当时的情况，不仅是君择臣，而且臣也择君。所以，能够认同刘秀并誓死跟随他的人，那就绝对不是一个目光短浅的人。刘秀如此特赐李忠，给其他的将领带来的心理震撼可想而知：他们的主公刘秀，是一个真正能够体恤老百姓的人，也是一个能成大事的人；跟着他，将来一定有奔头。但是，眼前的困难还要想尽一切办法克服。办法要自己想，胜仗要自己打，但不能惊扰百姓、残害无辜。

刘秀的一个亲信仆从犯了重罪，依法当斩。担任军市令的祭遵依法将这名亲信侍从处死了。刘秀得知自己的近侍被祭遵所杀，非常恼怒，于是命令把祭遵抓了起来。刘秀身边的主簿陈副就向他进谏说："您经常命令军队要遵守纪律，如今祭遵严格执法，不避亲疏，这正是按照您的命令行事啊，为什么要抓他呢？"于是刘秀就赦免了祭遵，并任命他为"刺奸将军"。刘秀对身边的将领们说："你们要小心祭遵啊，我身边的近侍犯了法，尚且被他处死，你们如果犯了法，他也决不会徇私情的。"

通过这些措施，刘秀不断整饬军纪，不仅提高了队伍的战斗力，也提高了队伍的凝聚力、向心力。

兵力充足了，思想统一了，底气有了，那么接下来，就需要一场胜利来给己方阵营的将士鼓劲提气了。

第一仗是非常重要的，如果打胜了，就会极大地激励士气，吸引越来越多的人前来投效；但如果打败了，那就会变得非常被动，不仅会让那些徘徊观望的人迟疑不前，更会让对手借机做文章。

为了给打好第一仗营造最好的战斗氛围，给敌手带来最有力的震慑，刘秀经与任光商议，炮制了一篇令人闻之色变的檄文，大意是说："大司马刘公已经率领城头子路、力子都手下的百万兵马从东方而来，他将要攻打那些附逆于王昌的人。"之后，派人骑快马进入由王昌控制的巨鹿地界，并将檄文传告各县。

这样的手法，早在当初昆阳城下准备进攻王邑、王寻之时，刘秀就已经使用过一次，并取得了最理想的效果。这样做的结果是：己方将士的信心将会被最大限度地激励，而对方将士的军心，将会被最大限度地瓦解。

那些已经宣布归降王昌的官吏及治下的百姓见到檄文非常吃惊，纷纷议论这件事情，消息迅速在更广的范围内传播开来。

刘秀见已经达到了预期的效果，于是就在当天傍晚和任光率军进入了堂阳县地界。他命令骑兵人人拿着火把，各骑之间拉开距离，之后布满了整个沼泽。远远从城里望去，田野之中到处都是火光，前不见首、后不见尾，真不知来了多少军队。

堂阳县城里的守军和百姓见状无不惊恐万状，于是就在当天晚上，堂阳县的守军开城投降。随后，贳县（今河北省辛集市）守军也献城投降。

短短不到十天，随着越来越多的人前来投效，刘秀的军队数量猛增，达到了好几万人。在当时的河北来说，已经是一支非常雄厚的力量了。

在这些前来投效的人里面，刘植和耿纯非常具有代表性。

刘植字伯先，是巨鹿昌城县（今河北省邢台市巨鹿县境内，衡水市冀州区西北）内的大族豪强。王莽末年天下大乱，刘植于是和弟弟刘喜、堂兄刘歆带着宗族子弟和手下的门客，聚集了好几千兵马，占领昌城县城自保。

王昌称帝后，刘植并没有投靠王昌，而是继续拥兵自保。此时刘秀来到信都，并发奔命兵征讨周边各县，刘植立即宣布听从刘秀的命令，并开城主动出迎刘秀。刘秀于是任命刘植为骁骑将军，刘喜、刘歆授偏将军之职，兄弟三人都封为列侯。

耿纯字伯山，是巨鹿宋子傅家庄（今河北省邢台市新河县）人。耿氏是巨鹿的大姓豪族，耿纯的父亲名叫耿艾，在王莽时代，曾经担任济平郡（即原济阴郡，郡治定陶，今山东省菏泽市定陶区）太守。耿纯年轻的时候，前往长安学习，因为才能出众而担任纳言士。

王莽被杀之后，刘玄派已被封为舞阴王的李轶前往各郡国招降，耿纯之父耿艾宣布归顺更始政权，被任命为济南郡太守。

当时，李轶兄弟在朝中掌握大权，又受命专管一方，所以权势赫赫，气焰很盛，前来游说并向他求官的人非常多。因为这个缘故，李轶变得更加傲慢，对一些职位低、名声小而前来拜见他的人，常常拒而不见。

耿纯连续多次求见得不到通报，过了很久才被召见。他对李轶说："大王您以龙虎之雄姿，适逢风云之际会，迅速拔地而起，一月之内兄弟称王，可是士人百姓却并不知道您有什么好的德行，您也没有对百姓宣示过任何恩德，恩宠和爵禄突然得到，这是明智的人所忌讳的。兢兢业业、警惕自持，尚且担心得不到好下场，更何况是骤然之间得高位呢，这恐怕不是长久之计吧？"

对耿纯的这番言论，李轶非常惊奇，因为之前前来求谒他的人，无不是对他阿谀奉承、恭顺无比的，哪有像耿纯这样直言不讳的呢？了解到耿纯是巨鹿郡的豪族大姓，李轶也想借此机会结交耿氏，于是就以皇帝的名义拜耿纯为骑都尉，授以符节，让他前去安定镇抚赵、魏之地。

那个时候，正赶上刘秀渡河镇抚河北。于是耿纯就前去谒见刘秀，刘秀知道耿氏家族在河北很有势力，并且耿纯很有才能，就以非常重视的态度接待了耿纯，想要把他收为己用。耿纯谒见完刘秀退出之后，发现刘秀手下的将官们带领军队法度严格、井井有条，与更始军中其他将领很不相同，据此认为刘秀是一个非常有才能、能成大器的人。

良禽择木而栖，贤臣择主而事。具备非凡才识的耿纯，立即就知道他跟着谁可以干出一番事业了。于是，他献给刘秀数百匹好马和细布，请求和刘秀结交。刘秀非常高兴，收下了耿纯进献的财物，然后让耿纯留在老家邯郸，自己则带着其他随员继续向北去了中山。

刘秀在王昌称帝后从蓟县疾驰南下，耿纯得知消息后和堂弟耿䜣、耿宿、耿植等人，带着宗族子弟、门客两千多人，前去迎接刘秀。族里上了年纪的老者，以及那些身体有病的人，都在车上拉着棺材，以示他们誓死追随刘秀的决心。

耿纯和他的族人在育县迎到了刘秀，对于这种雪中送炭的行动，刘秀非常感动，于是当即拜耿纯为前将军，封为耿乡侯，同时拜耿纯的堂弟耿䜣、耿宿、耿植都为偏将军，让他们继续与耿纯一起，率领手下的宗族宾客担任军队前锋。

当时，各郡国的一些豪强大族为了保住自己的名爵、地位、财产，大都选择了向势力强盛的王昌投降。耿氏的宗族子弟,虽然大部分跟着耿纯前来投效刘秀,但其中摇摆不定的也有很多。耿纯担心自己的本家子弟不对刘秀忠心耿耿,所以就派耿䜣、耿宿回去,一把火把老家的房舍烧了个干净,以示破釜沉舟、断绝后路,让这些人一心一意地跟随刘秀。

刘秀得知这个消息后非常惊讶,就问耿纯为什么要这么做,耿纯回答:"我见明公您单车只身来到河北,身边并没有带什么可以重赏诸将的金钱和财物以聚集众人,仅仅是以恩德来怀柔,所以那些有远见、有抱负的人都非常乐意前来归附您。现在王昌在邯郸假名自立,邯郸以北的各州郡都疑惑狐疑、摇摆不定,我虽然带着全族的子弟前来归附明公,不管是年老的还是年幼的都一起随军,但即便如此,还是担心族人和宾客之中有左右摇摆、不同心思的人,所以我烧掉了房舍,以断绝这些人摇摆、反悔的希望。"

刘秀听了叹息不已,同时也被耿纯的忠诚所深深地感动。

在刘植、耿纯等生力军马的鼎力支持下,刘秀很快攻下了宋子县、下曲阳县,之后攻打中山,攻占了卢奴县。所过之处,刘秀就像之前任光建议的那样,发奔命兵,并向边境各郡发出檄文,鼓动边郡的官吏带兵随他一起攻打邯郸,得到了一些边郡的响应。

在下曲阳往西推进的过程中,刘秀遇到了一股非常强劲的势力,这股势力就是真定王刘扬。

刘扬和广阳王子刘接,和刘秀一样都是汉景帝的直系后代。刘扬的直系先祖是景帝与王儿姁之子常山宪王刘舜,刘接的直系先祖是景帝与程姬之子江都易王刘非,而刘秀的直系先祖是景帝与唐姬之子长沙定王刘发。说起来三个人有同出一祖的血缘关系,但因为传嗣了六七代,也就不那么亲近了;况且,在政治斗争上,还有同室操戈兄弟阋于墙的不少先例,刘秀又怎么能奢望刘扬、刘接等人义不容辞地支持自己呢?

在当时,关于河北的割据势力,有"河北三王"的说法。是指在黄河以北,有三个原西汉时期的诸侯王国,分别是原赵缪王的儿子刘林、原广阳王的儿子刘接,再就是真定王刘扬。而无一例外的是,这三个"王"都已经倒向了王昌一边。

刘扬与刘接、刘林不同的是,他手下的兵马有十几万,是河北地区一支绝对不可小觑的军事力量。并且,刘扬在年龄上也比刘接、刘林要长,人生的阅历自然比两个年轻人要丰富,经验也十分老到,虑事比较周全,行事自然不会像两个年轻人那样鲁莽草率。

并且，刘扬投靠王昌，投靠得并不那么彻底，既没有像刘林那样亲自带兵到邯郸城中拥立王昌登基，也没有像刘接那样在蓟县城中发兵追捕刘秀，而是保持着一种相对独立的立场。既然刘扬态度暧昧如此，那就说明他和王昌之间，还算不上亲密无间、相互信任，实际上还是骑墙观望的成分更多一些。

既然刘扬和王昌之间若即若离，那么刘秀为什么不去鼎力争取呢？如果能够争取到刘扬的支持，那么刘秀就有了一个相当稳固的大后方、根据地，击败王昌就会十拿九稳；反之，如果刘扬铁了心支持王昌，刘秀别说是攻破邯郸，就是想在河北站稳脚跟，都不是一件容易的事情。

因为刘植是昌城县的豪强大族，与刘扬非常熟悉，相互之间多有往来，于是刘植就自告奋勇地向刘秀建议，希望让他前去劝降刘扬。

刘植的建议深合刘秀之意，刘秀当即就同意了。

因为后来又发生了一些意想不到的事情，所以，刘秀此次派出的特使刘植，与刘扬之间到底谈了些什么，史书上已经是语焉不详。但谈判的效果立竿见影：刘扬答应支持刘秀，并且把自己的外甥女郭圣通嫁给刘秀，通过政治婚姻来加强并巩固这种合作关系。

郭圣通是真定郡藁县（今河北省石家庄市藁城县一带）人。郭姓是真定郡中的大姓，同时也是真定郡中的名门贵族。郭圣通的父亲名叫郭昌，他曾经把价值数百万的田宅和财产让给同父异母的弟弟，乡里乡亲都对他的这种义举表示非常赞赏。郭昌曾经担任真定郡功曹，娶真定恭王刘普的女儿为妻。因为刘普之女嫁给了郭昌，因此人们把她尊称为"郭主"。婚后，郭昌与郭主育有一子一女，一子就是后来的绵蛮侯郭况，而一女就是郭圣通。

郭家虽然有非常大的家业，但郭昌在壮年的时候就早早死了，留下郭主抚养教育两个子女。郭主虽然是出身于诸侯王家的女子，但她并不骄奢，而是非常讲究礼节，生活上也非常节俭，是个非常称职的母亲，有良好的母仪风范德操。

因为郭昌早死，郭主妇道人家有许多事情不方便抛头露面，那么家里的大事，则由郭主的娘家人，也即刘家帮忙决定，甚至是直接做主。

此时刘秀的代表前来谈判，刘扬于是做主，将郭圣通许配给了刘秀。而此时，距刘秀娶阴丽华还不足一年时间。

对于其时的刘秀而言，以娶郭圣通这样的附加条件取得刘扬的支持，是他没办法拒绝的。尽管他内心深爱着年轻时就倾慕不已并于半年前娶为妻室的阴丽华,但此时的政治形势,却容不得他有半点优柔寡断。刘扬和他合作的条件之一就是让他娶郭圣通,这是让刘扬吃一颗定心丸,从而死心塌地地支持他的一块试金石。

如果连娶自己的外甥女都不愿意,还怎么敢指望着他将来兑现承诺呢?再说,郭圣通的美貌在当地也是出了名的,而且当时的男子也不是只能娶一个妻子。如果刘秀不愿意,那就说明他根本就没有诚意。

如果刘秀不答应,让刘扬心理上没有安全保障,把刘扬推到王昌的那一方,使刘扬坚定地站到王昌一边,那么刘秀很有可能就会在邯郸与真定的夹击之下丧师失地,失去最后一块容身之地,要么狼狈逃离河北、要么悲壮殒命沙场。

而这样的结局,显然都是刘秀不愿意面对的。

于是,刘秀非常痛快地答应,表示愿意娶郭圣通为妻。

双方谈判妥当,一切安排就绪,于是刘秀带领心腹猛将,亲自前往真定县郭氏的府邸,就在郭圣通居住的漆里舍(郭府中郭圣通居住的房舍的名称),举行了盛大的婚礼。

古来政治联姻,大都是老夫少妻,男方虽是盖世英雄,但年龄通常都有些偏大,如晋文公之娶怀嬴、刘玄德之娶孙尚香。尽管世人大多将他们的结合传为美谈,但对年轻的女方而言,很显然是一种不幸的婚姻。年龄差距太大、共同语言较少、夫妻生活不谐等,总会让女方内心深处有太多的幽怨。

但对此时的郭圣通而言,这种担忧是不存在的,因为刘秀仅仅二十九岁,正是风华正茂的年纪,长相又非常英俊潇洒,再加上年轻有为,事业蒸蒸日上,哪个年轻女子不为之倾慕呢?所以纵览历史,在诸多的政治婚姻之中,刘秀与郭圣通的婚姻,已经算得上相当地幸福与美满。

在刘秀与郭圣通的婚宴现场,刘扬看着两个才貌、年纪、门第等各方面都非常般配的新人,感到由衷地高兴:既通过婚姻为自己的将来寻求了保障,又为外甥女找了一个非常不错的归宿,自己也不会因此而背上道德的枷锁被别人唾骂,说为了贪图荣华富贵牺牲了外甥女的幸福,试问这样的结局,又有几个人不喜欢呢?

所以,刘扬非常高兴,酒酣之际,他亲自上前击筑(古代弦乐器,像琴,十三根弦,用竹尺敲打,战国末高渐离较擅长),并纵情高歌,使现场的欢乐气氛达到了高潮,几乎现场的每一个宾客,都感受到了刘扬那种发自内心的喜悦。

郭圣通的父亲早死,在很长一段时间里,尤其是郭圣通婚嫁的这样一个现场，实际上，刘扬已经在心理上扮演着郭圣通父亲的角色。既然刘扬与刘秀翁婿之间感情如此融洽，那么，与刘扬站到同一个阵营，并出兵帮助刘秀，那就是天经地义的事情了。

于是，刘扬宣布自己脱离更始政权，之后下令，让自己所属的各县全部归顺刘秀。刘扬的做法起了非常大的示范带动作用，同时也给周边各县带来了震慑。于是，真定周边的新市县（今河北省石家庄市正定县新城铺）、元氏县（今元氏县）、防子县（今高邑县城西南），几乎都在兵不血刃之下，投降了刘秀。

刘秀的势力为此迅速壮大，手下可以直接指挥调度的兵马达到了数万之多，于是，他带着这支队伍，进入了由王昌的将领控制的邯郸地区，准备与王昌一决高下。

但就在刘秀一路势如破竹南下途中，某一天却突然发生了一件极为惊险的事情。刘秀到达鄗县（今河北省邢台市柏乡县）之时，夜宿驿馆之内。不料当天晚上，鄗县城中的豪族大姓苏公竟然悄悄打开城门，把王昌的将领李恽放进了城内。

巡城的耿纯发现之后，立即率军上前与李恽展开激战，其他各部军队闻讯也迅速上前助战，最终大破李恽的军队，并斩杀了李恽。

刘秀并不是一个喜欢杀戮的人，也并不希望每到一座城中就搞清洗。但发生这样的事情，却给他提了一个醒：不仅仅他刘秀得民心，拥护王昌的人也不在少数，他必须时刻提高警惕并保持谦逊。

平定鄗县之后，刘秀继续南下。

当时，王昌的大将李育率大军驻扎在柏人县（今河北省邢台市隆尧县城西），而刘秀手下的前部将领却并不知道。前锋部队的偏将朱浮（西汉末年因替董贤收尸而被王莽诛杀的朱诩之子）、邓禹的部队遭到李育大部队的攻击，被打得大败，粮草辎重全部丢失。

刘秀的中军随后赶到，他一边收拢朱浮、邓禹手下被打散的败兵，一边摆开阵势，指挥大军与李育在县城城门外交战，结果大败李育的军队。李育的军队在击败朱浮、邓禹之后，还没有来得及将朱浮、邓禹丢下的粮草辎重搬进城去，就遇到了刘秀的大军。此时刘秀大胜，于是原封不动地把朱浮、邓禹军失去的粮草和装备拉了回来。

刘秀战胜李育，全军异常振奋，但更令刘秀高兴的是：此时，又有两名非常勇武的将领从黄河以南渡河前来投奔他。

来的这两个人一个叫贾复、一个叫陈俊,都是其时已被刘玄封为汉中王并就国的刘嘉推荐来的。

贾复字君文,是南阳郡冠军县(今河南省南阳市邓州市境内)人。他小时候特别喜欢学习,对儒家经典《尚书》十分精通。他曾经受教于舞阴县的大儒李生,李生对贾复的好学非常惊奇,对周围的人说:"贾君有如此雄伟的容貌却又努力学习,将来一定是出将入相的材料。"

王莽末年,贾复做了冠军县里的县掾,和同僚们一起到河东运盐,结果他们拉着盐车往回走的时候遇上了盗贼。同去的十多个人都丢掉盐车跑了,只有贾复带着盐回到了县里,县里的人都非常佩服他,认为他忠于职事、很讲信用。

当绿林军中的下江兵、新市兵起义之时,贾复也在羽山聚集了好几百人,自称为将军。刘玄被拥立为皇帝之后,贾复带着他手下的兵众归降了时任偏将军的刘嘉,刘嘉于是任命他担任校尉。此后,贾复一直跟随刘嘉四处征战,一直到刘嘉升任大将军,并进位为汉中王。

贾复随刘嘉到南郑就国之后,见更始政权政治混乱,诸将行为放纵,于是就劝刘嘉说:"臣听说图谋尧、舜一样的事业而最终未能如愿的,是商汤、周武王;谋划汤、武一样的事业而未能如愿的,是齐桓公、晋文公;谋求像齐桓公、晋文公一样的霸业而未能如愿的,是战国时的东方六国;制定了国家的规制,想完成而没有成功的,是灭亡了的东方六国。现在汉室中兴,大王以刘姓宗室的身份做了中央的藩辅,天下还没有平定却想守住所拥有的汉中一国,那么您觉得您能守住目前所拥有的这个藩国吗?"

刘嘉听了之后觉得贾复的谋划非常长远,知道自己没有那样的才能而刘秀却有,于是对贾复说:"爱卿你说的事情太大了,这不是我所能胜任的。大司马刘公现在河北,一定能施行你的策略,你最好拿着我的亲笔信去投奔他。"

刘嘉的手下,还有一个名叫陈俊的长史,是西阳西鄂(今河南省南阳市南召县)人,作战也非常勇猛。刘嘉知道贾复和陈俊都是人才,他们跟着自己留在汉中守国,根本发挥不了应有的作用,而刘秀那边开疆拓土,正值用人之际。

于是刘嘉亲笔写信,向刘秀推荐贾复、陈俊二人。写好之后,就让贾复、陈俊带着信前去河北投奔刘秀。贾复和陈俊北渡黄河之后,一路追赶刘秀,并最终在柏人赶上了刘秀。他们先去拜见了很受刘秀信任的邓禹,然后请邓禹引见。

邓禹通过短暂交谈和初步观察,立即就感觉贾复和陈俊不是一般人,于是立即领着他们前去拜见刘秀。

刘秀见了贾复、陈俊之后，也觉得他们确实非同一般人，尤其是贾复，刘秀觉得他真是威风八面，光是看他的相貌就能让人畏惧，再加上一向以知人著称的邓禹也称赞他有担任将帅的才能和节操，于是就暂时委任贾复为破虏将军督察盗贼。陈俊因为初来乍到，还没有立功，于是任命为安集掾，让他安抚百姓。

当时贾复骑乘的战马矮小瘦弱，刘秀觉得与他的威风很不相称，于是就解下自己马车上的左骖马赐给了他。贾复不负刘秀所望，也没有辜负刘嘉的推荐，在行军作战中常常一马当先，非常勇猛，所以过不多久，就被刘秀任命为偏将军。

不过，贾复这个人虽然智勇双全，但平日里却喜欢欺侮、捉弄其他的同僚。刘秀的属官们觉得难以忍受，觉得贾复是个后来者，却不知道尊重此前已经在任的同僚，于是就请求刘秀把他改任到地方让他去守城，不要让他随军。但刘秀却拒绝说："贾督有折冲樽俎、退敌千里的威风，刚刚委任他破虏将军职务，没有犯下重罪不得擅自改任。"

于是贾复和陈俊，都得以常随刘秀身边。

李育被刘秀击败，知道自己不是刘秀的对手，于是率军退入城中坚守不出。刘秀攻打柏人不克，就分兵前去攻打附近的广阿县（今隆尧县城东旧城），并很快攻下。

刘秀攻占广阿不久，突然正北方向尘头大起，哨探快马前来报告说上谷、渔阳二郡的精锐骑兵前来为王昌助战。

刚刚入城的汉军听了之后，尽皆恐惧失色：此时汉军因为攻城已经竭尽全力，如果这个时候渔阳、上谷二郡的精锐骑兵在外猛攻，要是不远处柏人的李育也发兵前来助战，那么汉军能不能守住这一座城防并不坚固的城池都是问题。如若应对不当，被渔阳、上谷二郡的突骑和柏人之兵围在城中，那么刘秀所部弄不好就要全军覆没！

于是刘秀立即做出战斗部署，下令集中优势兵力，在上谷、渔阳二郡兵马南下的必经之路上摆下战阵，防止二郡的精锐骑兵近围之后对汉军造成致命的威胁。

安排部署已毕，城外却传来消息，说是渔阳、上谷二郡的带兵将领请求谒见。

刘秀下令召入，见了之后才发现，来将正是与他在蓟县城中分别的耿弇。

当时耿弇在蓟县城中与刘秀分别，径直前往昌平去找他父亲耿况。而在那个时候，王昌派出的使者也已到达上谷，要求耿况发兵追捕刘秀等人。

耿况有些犹豫，此前曾帮助他夺回太守之印的郡功曹寇恂就和门下掾闵业一起前去劝他说："如今王郎诈称是孝成皇帝之子，在邯郸假名自立，这根本就不能相信。当初王莽还活着的时候，敢公开与他作对的只有南阳的刘縯伯升。我听说大司马刘秀是刘縯的同母胞弟，尊贤下士，那些有才能的人大多归附了他，要投奔就投奔这样的人。"

耿况很不放心地问他："可是邯郸的势力实在是太强了，凭我们一家的力量，能抗拒得了吗？"

寇恂回答："河北其他的郡县大都遭遇了兵祸，而我们上谷郡却完好无损。我们有精锐骑兵上万人，再加上一郡的财产、物资，有这样的条件和资本，我们完全可以从容地选择一个可以依靠的人。我请求前往东面的渔阳郡，劝说太守彭宠，让他和您联合起来，共同对付邯郸。"

正巧在这个时候，耿弇回来了。耿弇见到父亲耿况之后，先是报告了自己出行的经过，然后盛赞刘秀有王者之风，极力劝说父亲投效刘秀。

于是耿况就把寇恂对他说的话对儿子讲了，耿弇听了之后，对父亲说："寇功曹非常有见识，也非常有胆略，之前曾有大恩于父亲，他说的这些，完全可以听从。"

见儿子看法与寇恂完全相同，于是耿况打定主意，派寇恂前往渔阳郡，去联合彭宠。

彭宠字伯通，是南阳郡宛城县人。彭宠的父亲名叫彭宏，在汉哀帝时就曾做过渔阳郡的太守。彭宏容貌生得极为严肃端正，身材魁梧高大，饭量很大，武艺也非常高强，在所镇守的渔阳等边郡，有着非常高的威望。

王莽摄政之时，为了以后替代汉做准备，于是找各种理由诛杀那些不愿支持、归附他的人，于是彭宏和大司空何武、已免官的谏大夫鲍宣同时被下狱致死。

彭宠年轻时，曾经做过郡吏。王莽地皇年间，曾经担任大司空士，跟随王邑出关前往关东围剿绿林军等起义军。到达洛阳时，彭宠听说亲弟弟在汉军之中非常害怕，担心王邑等人知道这个情况后将他诛杀，于是就找到军中的同乡吴汉，和他共同商议该怎么办。

吴汉字子颜，也是南阳郡宛城县人。年轻时家里非常穷，于是就在县里求了个职，做一亭的亭长。到了王莽末年，吴汉与彭宠等人一起，随新朝军队前去征剿东方的起义军，因为手下的宾客犯了法，吴汉非常恐惧。正巧这个时候彭宠来找他，两个人一商议，觉得与其留下来被诛杀，还不如三十六计走为上计，于是结伴逃往边郡渔阳。

到达渔阳之后，彭宠投奔了他父亲当年的那些属下。而吴汉则在燕、蓟等地贩卖马匹，借此交结当地的英雄豪杰。

刘玄即位后派出招抚幽州、并州等边郡官吏的使者叫韩鸿，韩鸿也是南阳郡宛城县人，到达渔阳之后，见到老乡彭宠，自然是分外亲切，于是拜彭宠为偏将军，行渔阳太守事。

彭宠见自己获得任用，立即想起了吴汉，于是向韩鸿推荐说："我们在渔阳还有个老乡，名叫吴子颜，这个人是个奇士，可与他商量大事。"韩鸿于是召见吴汉，和他谈论一些事情。一谈之下，韩鸿对吴汉的见识非常佩服，觉得他确实不是一般人，于是按照出发之前刘玄对他的委托，以皇帝的名义，任命吴汉为安乐县（今北京市顺义区附近）县令。

在此前刘秀到达蓟县之时，曾经发函召请彭宠前来与他相见。彭宠置办牛肉美酒准备前去谒见刘秀，结果还没等出发，王昌的檄文传发到了燕、赵等地，并派出将领前往渔阳、上谷等地，命令的措辞非常严厉，要求征调当地的兵马。

吴汉早就听说过刘秀，知道他颇有长者之风，所以很想归附刘秀。于是他就前去对彭宠说："渔阳、上谷二郡的突骑（即精锐骑兵），天下闻名。您为什么不集合二郡的精锐骑兵，归附刘公攻打邯郸呢？这可是千载难逢的好机会，千万不能失去。"彭宠觉得吴汉说得有道理，心里也想那样做。但因为当时归附王昌的人很多，所以边郡的许多官吏非常恐惧，都希望投靠王昌，所以他们纷纷表示反对。

反对的人太多，彭宠一时之间不能决断。吴汉见状，只好告辞而出，他想找个非常好的办法，一举说服众人支持刘秀。

但吴汉想来想去，也没有想出一个好的主意。于是只好信马由缰，在路边慢慢地走。走了一程，忽见路上有一个儒生模样的老年人在慢慢赶路，于是就请手下把那个老年人请过来，请他和自己一起吃饭，然后问他一路上都有些什么见闻。

那个儒生回答说，他一路走来，都听人们说，刘秀所过之处，郡县归心；而邯郸城中那个老年称尊号的人，根本就不是汉成帝的儿子。吴汉听了非常高兴，于是假造了一封刘秀的亲笔书信，以檄文的形式传送往渔阳郡，让那个儒生拿着去交给彭宠，并让他去了之后把沿途听到的那些事情对彭宠讲一讲。

儒生去后不久，吴汉再次返回渔阳郡府拜见。彭宠已被儒生的话深深地打动，此时又见吴汉来劝，立即下定决心：与上谷郡联合，共同拥护刘秀！

于是彭宠召来上谷太守耿况的特使寇恂，约定与上谷共同发兵南下，随刘秀攻打邯郸。

决定做出之后，彭宠派出了一个强大的军事阵容：以安乐县令吴汉代行郡长史（太守的属官，也称别驾），郡都尉严宣、护军盖延、狐奴县（今北京市顺义区）县令王梁各率一支骑兵，共精锐骑兵二千骑，步军一千人，由吴汉统领，与上谷郡的军队前去会合，会师之后再一齐南下。

再说上谷功曹寇恂，他与彭宠结盟之后，即刻返回上谷。到昌平之时，寇恂发动突然袭击，杀死了王昌派出的邯郸使者，收编了邯郸使者的军队，然后前去见耿况。

听说渔阳派出了二千突骑，一千步卒，于是耿况也派出相同数量的突骑与步兵，由其子耿弇统率，长史景丹、功曹寇恂为副将，与渔阳的军队会合后共同南下。

二郡的兵马会合之后，立即向南征伐。一路上，他们斩杀王昌手下的大将、九卿、校尉以下的将领四百余人，缴获这些高级官吏的印绶一百二十五枚、王昌的符节两根，杀死王昌手下的兵卒三万余人。沿途平定了涿郡（治所在今河北省涿州市）、中山县（今河北省定州市）、巨鹿县、清河县（今邢台市清河县）、河间县（治所在今河北省沧州市献县）等二十二个县，最终在广阿追上了刘秀。

刘秀见到耿弇等人非常高兴，他立即命人设宴款待耿弇、吴汉等人。席间，刘秀笑着对耿弇、景丹等人说："邯郸方面的将领已经不止一次对我说他们征调了渔阳、上谷二郡的精锐骑兵前来攻打我，而你们也果然像他们所说的那样带兵来了，但令他们没有想到的是，各位爱卿所带的骑兵，竟然是为增援我而来，我一定和渔阳、上谷二郡的士大夫们一起完成消灭王郎这项大功绩。"

于是刘秀把耿弇、景丹、寇恂、吴汉、严宣、王梁、盖延七人全部任命为偏将军，让他们仍旧率领本部兵马。同时，刘秀封耿弇、景丹、寇恂、吴汉、严宣、盖延六人为列侯（其时职位最低的王梁在攻下邯郸后被封为关内侯）。

因为耿况、彭宠用他们本郡的精锐骑兵支援刘秀，所以刘秀特意加封耿况为大将军、兴义侯，加封彭宠为大将军、建忠侯，以示对他们的回报。

耿况和彭宠见刘秀如此慷慨，非常感激，于是负责为刘秀供应粮草，一直未曾断绝。

第十章　东汉

而耿弇、吴汉等人见刘秀如此厚待他们的太守，知道刘秀不是个吝惜财物名爵之人，因此跟着他建功立业的信心更加充足。

渔阳、上谷二郡的精锐骑兵一路攻占了二十二个县，刘秀此时又攻下了广阿，那么巨鹿郡算是基本上处于刘秀的控制之下。其时，带领"奔命兵"攻打乐阳县（今河北省石家庄市鹿泉区）的邓禹也已得胜返回，刘秀夜宿城楼之上，意气风发地召见邓禹。

可是刘秀打开地图看了几眼，就立即没有了得胜之后的喜悦，他指着地图对邓禹说："全国的郡国这么多，而我们历尽艰险，如今才得到一个郡。你之前说我谋取天下不会怎么费力，现在怎么说呢？"

邓禹回答："如今全国一片混乱，百姓思念贤明的君主，就像孩子思念慈爱的母亲。历览古代兴邦建国的那些贤王，最后决定他们胜败的，在于他们对百姓恩德的厚薄，而不在于他们最初地盘的大小。"

听了邓禹的这番话，刘秀非常高兴，认为他的说法完全合乎大道。邓禹以他的聪敏与卓识，匹马追赶刘秀到河北并投奔他，足以见证他的能力、水平。也因为此，他得到了刘秀的十足信任。当时刘秀委任将领，有吃不准的地方，就和邓禹商量，而邓禹每次举荐的人，担任的官职都和他们的才能相当，刘秀据此认定：邓禹知人。

此时的吴汉、寇恂等人从渔阳、上谷二郡前来，都和邓禹建立了非常好的私人关系，战斗间隙，他们经常在一起谋划、攀谈，邓禹因此更多地了解到吴汉、寇恂等人的才干，对他们非常赏识。

刘秀带着上谷、渔阳二郡的突骑攻打柏人，仍然无法攻克。有人就对刘秀说，攻打柏人不如平定巨鹿郡（郡治在今邢台市平乡县西南），巨鹿一克，柏人成为一座孤城，也不会有多大作为。刘秀听了觉得有理，决定前去攻打东北方向的巨鹿城。

但汉军还没有出发，意想不到的事情却发生了。王昌派兵袭击刘秀的后方根据地信都，信都城内的豪族马宠等人偷偷地打开城门，迎接王昌的军队入内，信都落入了王昌之手。留守信都的太守宗广及城中汉军的亲属，全部被抓了起来。

被抓的亲属之中，原和成太守、后大将军邳彤的家属最具代表性。邳彤是信都人，他的亲属都在城中，信都陷落，他的父亲、弟弟、妻子、儿女都被王昌新任的信都王囚禁起来。

王昌的信都王逼着邳彤的父亲给邳彤写了一封信，信的内容是："如果你投降邯郸，就为你加官晋爵；否则，你的全族都会被灭。"然后让邳彤的一个近亲属把信送到了前方的汉军军营。

刚刚准备开拔邯郸的汉军听到这样的消息，全都大惊失色：柏人没有攻下，巨鹿没有攻下，而己方的大本营却被敌人攻破，如果敌人四面合围，汉军的处境就会极度危险。

邳彤接信之后，大哭不止，他流着眼泪给自己的父亲回信说："我听说为君王效力的人顾不得自己的家庭，我邳彤的族人之所以至今还在信都城中安住，都是因为大司徒刘公的恩德啊。现在刘公正忙于国事，我邳彤不能以私事为念。"

面对这样的事情，刘秀为邳彤的忠心感动万分的同时，也感到非常难过，却无计可施。如果向王昌妥协，那就只有举手投降一条路可走。

而与邳彤的泪洒当场形成鲜明对比的是，信都郡原都尉李忠听到马宠等人叛城迎敌并抓获自己的老母、妻子之时，毅然决然地表达了自己对马宠等人的愤恨。其时马宠的堂弟跟随李忠担任军中校尉，李忠当即召来马宠的堂弟，大声责骂他们背恩反城，骂完之后，一刀砍死了他。

其他的将领们都非常震惊地对李忠说："您的家人还在人家手中，现在您却杀了人家的弟弟，是不是有些太草率了？"

李忠回答说："如果我放纵叛贼而不杀死他，那我对主公就是有贰心了。"

刘秀得知消息之后，非常赞赏李忠的行为。他对李忠说："目前我们的军队已经可以投入作战了，将军可以先回信都去救你的老母、妻子、儿女，你可以自行悬赏，让信都城中的官吏百姓营救他们。如果有人能救得你的家人，都可以赐钱千万。让他们只管救人，然后到我这里来领取赏金就可以。"

李忠为了不使刘秀有更重的愧疚心理，反而安慰刘秀说："承蒙明公的大恩，一直想为明公效命，实在不敢顾及自己家属。"

如果强行派李忠回信都，结局就有可能是不但救不了李忠的家属，反而还会打击李忠的积极性，于是刘秀改派任光带兵回救信都。

因为王昌一方的势力实在太大，所以任光刚刚走到半路，他手下的士卒就开始涣散或是投降了王昌。任光成了光杆司令，只好无功而返。

就在刘秀等人一筹莫展之际，后方却突然传来了好消息。刘玄派遣尚书仆射谢躬带兵前往河北攻打王昌。谢躬的军队攻破了信都城，王昌手下的将领战败逃走，李忠、邳彤等汉将的家属因此得以幸免。

信都重回汉军手中，刘秀知道信都没有一个得力的武将镇守是万万不可的。

而刚猛忠诚的李忠则恰好表现出了镇守信都最为合适的一面。于是刘秀派李忠带兵回信都，代理信都太守职务。

李忠回到信都之后，立即开始搜捕郡中那些归附王昌的豪强大姓，诛杀了好几百人。等到任光回到信都之后，李忠仍然恢复他原来的职务，继续担任信都都尉。

稳定信都之后，刘秀下令杀牛宰羊，多上美酒，大飨士卒，让将士们好好吃了一顿饭，然后率军开赴巨鹿城。

巨鹿城防坚固，当年的秦国名将章邯、王离攻打躲在巨鹿城中的赵王歇、张耳，结果未能如愿，生生地等来了战神项羽，把他们全部击败在巨鹿城下，致使大秦帝国的命运瞬间被改变。那么，此时的刘秀攻打巨鹿城，会出现奇迹吗？

这一次奇迹没有发生！

巨鹿城由王昌任命的太守王饶镇守，刘秀的军队接连攻打了一个多月，也没有攻下来。

汉军攻城不利，而邯郸方面派出的援军却到了。

巨鹿城是邯郸的重要门户，巨鹿若失，邯郸就会完全暴露在汉军的兵锋之下。深知巨鹿重要性的王昌，派大将倪宏、刘奉率领数万人马，前来救援巨鹿。

经过通盘考虑，刘秀决定围城打援。他留下部分军队围困巨鹿，而自己亲率步兵与上谷、渔阳的突骑，前去截击倪宏、刘奉的援军。

双方军队在巨鹿城南相遇，各自摆开阵势，准备接仗。

倪宏、刘奉的兵力数倍于刘秀，刘秀知道如果按照常规战法跟倪宏、刘奉对阵，就必败无疑。那么要想取胜，就非得采取新的战法不可。

而这个战法，就是预备队。春秋末期的齐、吴艾陵之战中，吴王夫差创造性地使用预备队，全歼十万齐军。公元前331年，欧洲马其顿国王亚历山大在高加米拉之战中建立并适时投入预备队，以四万多兵力击败十万多波斯军队，灭亡波斯帝国，建立起了一个横跨欧亚的庞大帝国。

生活在古老中国的刘秀，自然不知道先他三百多年、万里之外的亚历山大使用预备队的战例，但吴王夫差使用预备队，以及孙膑提出的"斗一、守二"的思想，刘秀是绝对熟谙于心的。

所以，刘秀决定使用预备队战术，对抗倪宏、刘奉军。

他命令一贯作战勇猛的铫期率领步兵，前去与倪宏、刘奉的大军对敌，而命令景丹率领渔阳、上谷二郡的突骑，隐蔽在密林中，准备伺机杀出。

刘秀一方的步兵军力明显少于对方，所以倪宏、刘奉一方仗着人多，上前猛攻猛冲，铫期尽管英勇无比，但还是渐渐落了下风，他在亲手斩杀五十多名将校之后，额头上中了一枪。铫期忍着疼痛，在副将的掩护下迅速扯下头巾，将伤口包扎一下，继续上马复战。其他的将士见铫期毫无退缩之意，也继续奋力战斗。但到底兵力不占优势，在对方的猛攻之下，开始退却。

刘秀见预备队出击的时候已经成熟，于是命令景丹率领骑兵杀出。

不论是行兵打仗，还是做其他的什么事情，参与者在心理上通常都有一种自我分配任务的先入性。比如说，倪宏方面有五万步兵，对阵铫期方面的五千步兵，那么倪宏的步兵在心理上自我分配的任务就是：我们十个人打一个，绰绰有余，每人只需要出十分之一的力气就行！

如果这种比例自始至终没有变化，那么倪宏击败铫期，可能是一个定局。但现在情况起了变化，景丹带着骑兵杀出来了，倪宏方面的将士心理上是什么反应呢？

这种反应就是：我们的任务是十个人打一个人，现在突然冲出来这么多骑兵，加重了我们的战斗任务。况且，步兵怎么能打得过骑兵呢？一定是打不过的，既然打不过，那还不赶快跑！

于是，在这样的心理作用驱使下，倪宏、刘奉手下的士卒立即弃阵而逃，景丹带着骑兵在后紧追，一直追杀出十余里，斩杀数千人。倪宏、刘奉之军大败而溃。

景丹收兵回营，刘秀高兴地对他说："我听说渔阳、上谷的突骑是天下少有的精兵，今日见其出战，果真是名不虚传！"

王昌的援军虽然在外围被击败，但巨鹿城仍然无法攻克。耿纯见再这样下去，汉军就会极度疲惫，如果到那个时候，王昌再派一个像项羽那样的人前来增援，那会怎样？

于是耿纯对刘秀说："王饶长时间坚守不出，我方的士卒疲惫不堪，不如把大量的精锐部队集合起来前去攻打邯郸。如果杀死邯郸城中的王郎，那么王饶失去效忠的对象，就会不战而降。"刘秀深以为然，于是留下将军邓满围困巨鹿，而自己则带着大军前去进攻邯郸，驻扎在邯郸城的北门。

此时，刘秀之前派出去到各处招兵的将领如冯异等陆续带兵返回，与刘秀会师于邯郸城下。受命于刘玄的尚书仆射谢躬带着六名将军，也早已进驻于邯郸城下，并对邯郸发动了多次进攻。

汉军对邯郸的合围，已经形成。

王昌见大军压境，非常惊慌。因为他不像刘秀，在处于劣势之时还有边郡的支持力量源源不断地前来，如果他不能迅速击败围攻邯郸的汉军，别说是之前宣布归附他的那些郡县会趁机脱离他的控制，那些尚在观望的郡县，一定会倒向刘秀一边。

于是王昌多次开城派兵出战，却没有取得胜利。汉军对邯郸城的围攻，越发紧急。王昌无奈，只好派他的谏议大夫杜威出城，手持他的符节向刘秀请降。

到了刘秀营中之后，杜威仍然极力坚持说王昌确实是汉成帝的遗腹子，希望在投降之后，能够享有应该享受的待遇。那就是说，王昌投降之后，至少要封王。

这怎么可能呢？自己率领将士一路风餐露宿、披坚执锐、亲冒矢石，许多冲锋陷阵立下大功的将领尚且还没有封侯，一个假冒汉成帝遗腹子的反贼怎么能封王呢？再者说，斩草不除根，就必定会留下无穷后患。所以，刘秀断然拒绝说："就算是孝成皇帝复生，他都不可以得到，更何况是冒名刘子舆的人呢！"

杜威见王昌封王不成，于是又请求刘秀封王昌为万户侯，以作为王昌投降的条件。刘秀再次拒绝说："只要能保全性命就可以了。"

杜威见刘秀丝毫不让步，于是负气说："我们栖身的邯郸城虽然不够坚固、物资虽然不够丰富，但如果竭尽全力坚守城池，支持一个多月还是没有任何问题的，我想我们最终的结果，恐怕不是只能保住一条性命这么差吧。"于是愤愤告辞而去。

纵观刘秀对王昌的态度，可以说是极为坚持原则，不留任何讨价还价的余地：留你性命可以，但是封你为王，门都没有。刘秀十多年前曾到长安学习《尚书》，确实没有白学，他确实掌握了经术大义，深明其中的道理。国家混乱到这种地步，别说是假冒的汉成帝的儿子，就是汉成帝死而复生，那也不允许你当皇帝！这就是经术大义，这就是作为一个政治家必须坚持的最基本的原则。就像汉昭帝时的京兆尹隽不疑毫不客气地逮捕冒充卫太子刘据的成方遂那样，绝对没有任何含糊！今天封你为王，改天你又说自己是汉成帝的儿子，起兵争夺天下，谁愿意做这种养虎遗患的事情？

刘秀拒绝杜威之后，知道王昌在走投无路之下一定会负隅顽抗，于是下令部下猛烈攻城，二十多天后，王昌的少傅李立与汉军里应外合，打开城门放汉兵入内，邯郸城破。

王昌见汉兵入城,知道落入汉军之手凶多吉少,于是趁夜突围,逃出邯郸城。王霸发现王昌出城,于是带着臧宫、傅俊等人在后紧追,最终王昌被追兵所围,王昌无处可逃,被追兵所杀。王霸砍下了他的首级,然后连同缴获的玉玺、印鉴等,一起送回了邯郸。

此时是公元24年五月,至此,河北最具政治影响力、最能煽动人心的赵汉政权宣告灭亡。

第六节　巩固势力

邯郸城被攻破之后，缴获了王昌的大量物资财产，当然，这里面也包括汉军之中的许多将领写给王昌的往来书信。这些书信有的请求与王昌交结，有的在里面说刘秀的坏话，加起来足有上千封。当心腹将领前来向刘秀报告这件事情的时候，刘秀并没有去看那些信件，而是召集所有的将领，当着他们的面将那些信件付之一炬，他说："让那些坐卧不安的人心里踏实一点吧。"

刘秀的这一做法，此后在官渡之战后被曹操所效仿。此举的一个重要意义在于，他明确告诉诸将：不管你们之前做了什么，我都既往不咎；你们写的东西我一把火烧了了事，我不录黑名单，也不秋后算账，你们尽管放心。我对得起你们，也希望你们能对得起我。以后如果再做这样的事情，那就不是我的不对，而是你们的不对了。

毋庸置疑，刘秀的手腕非常高明，此举不仅消除了那些曾经左右摇摆暗生叛心者的恐慌心理，也在心理上使这些人更加惭愧，最大限度地团结了部众、凝聚了人心。刘秀最终能够取得成功，绝非偶然。他用他的宽阔胸襟和帝王气度，一下子征服了在场的所有人！

王昌被灭，河北的一些重要郡县被以刘秀为代表的更始政权控制，那么接下来，就该分配胜利果实，激励凝聚人心，封赏功臣宿将了。

其时，因为路上陆续有人带兵前来投奔刘秀，并且在打下邯郸城之后，又收降了不少士卒，所以很有必要对原来的军队建制和带兵将领进行一个调整改编，让才能出众的将领带更多的兵，做到人尽其才、物尽其用。不过在分配士卒之时，却发生了一件非常有趣的事情，那些即将被调换或分配的士卒，都声称愿意到大树将军的军中去效力。

那么大树将军又是谁呢？大树将军就是冯异！

原来冯异为人非常谦虚谨慎，走在路上与其他将领相遇，他通常都是命令车夫把自己的车避在一旁，让他人先过，避免与他人起不必要的冲突。他带领军队出征，不论是前进还是撤退，都有明确的号令标志，把整支部队整饬得非常有纪律性，也非常有战斗力。这种相类于西汉名将程不识却迥异于李广的带兵方式，能最大限度地避免伤亡，给手下的将士带来最大限度的安全感。从此前刘秀逃难时发生的一系列事情也可以看出，冯异非常勤恳，到哪里都不会偷懒，后勤保障做得非常好。将士们跟着他，就算是不能打胜仗立功，至少也不会糊里糊涂丢掉性命，更不会饿肚子，试问这样的主帅，谁不愿意跟随他呢？可是尽管冯异有如此令人称道的美德，但他却从来不去和其他的将领争抢功劳，大军每到一地，其他的将领都坐在一起争嚷谁的功劳大，只有冯异一个人坐在大树下，不去与别人争长短，时间一长，军中送了他一个"大树将军"的雅号。

此时刘秀改编部队，分配士卒，听到将士们都说要到冯异的麾下去，心里非常高兴，因此对冯异更加器重尊敬，将冯异封为应侯。

吴汉因成功劝说渔阳太守彭宠发兵而被封为建策侯；任光返回信都，继续担任信都太守；邳彤因信都失守亲人被捕时的坚定表现，被封为武义侯；在战斗中常常冲锋陷阵、拼死力战且非常平易近人的朱祐拜偏将军，封安阳侯；在巨鹿城南拼死力战，为击败倪宏、刘奉援军立下战功的铫期升任虎牙大将军；斩杀王昌的王霸封王乡侯；勇猛的偏将军贾复升任都护将军；从渔阳郡南下而在广阿没有受封的王梁赐爵关内侯，等等。

但刘秀在封赏自己的亲信将领之时，发生了一件让他感到非常反感、痛恨的事情。

当汉军攻破邯郸城的时候，刘秀的部属全部按照刘秀的命令，严守纪律，没有抢劫、没有掳掠。可是，尚书仆射谢躬的部将却纵兵在城中大肆抢掠。事情发生之后，谢躬不仅没有责备裨将，也没前来向刘秀说明情况。刘秀对此非常愤怒，认为谢躬故意跟他唱对台戏，纵容部将违反军纪，损害他好不容易在百姓之中树立起来的好名声。

并且这还不是最致命的，最致命的是，刘秀历经千辛万苦在河北打开了局面，站稳了脚跟，更始帝却派侍御史送来了一纸诏书：拜刘秀为萧王，命令刘秀把河北的兵马交出来，带着他手下的那些有功之臣全部回长安领赏。曾鼎力支持刘秀的渔阳、上谷二郡的太守，也被刘玄撤换，刘玄任命苗曾为幽州牧、韦顺为上谷太守、蔡充为渔阳太守，这些人已经随着使者一起出发，北上到各部去就任。

只要是稍微有点政治嗅觉的人，都明白刘玄的这一征召意味着什么。在刘秀最困难的时候，他吃不上饭，睡不了觉，一路上被人追着跑，在那个时候，有人曾劝他离开河北回到长安，但刘秀在短暂地动摇之后选择了坚守。而在那个时候，刘玄并没有派遣得力干将前来协助刘秀。现在见刘秀在河北大得民心、大得人助，马上就要打下邯郸，这才派谢躬前来协助，然后命令已经得胜的刘秀回长安，并派人全面接管河北，这不是典型的"摘桃子"是什么，这不是图现成是什么？这能令人心服口服吗？

如果刘玄是一个具有帝王之才的皇帝，他的才能比刘秀要高，那么刘秀也许就乖乖认命，接受这样的安排回到刘玄的身边去了。可是刘玄偏偏不是这样的皇帝，不仅不是，而且还内政不稳，把长安搞得一团糟。在这种情况下，刘秀为什么要放弃辛辛苦苦打下的基业，跑到长安去任人宰割呢？

所以对这样的安排，刘秀说什么也无法接受。

但在礼仪和程序上，刘秀必须拜受圣旨。因为毕竟册封萧王在前，要求回长安在后。先受萧王之封，拿到合法的法律手续，进一步提高自己的政治地位，为扩大政治影响打下基础，至于回不回长安，那还要另说。所以，刘秀先把使者送进馆驿，然后开始紧急考虑对策。

刘秀当时住在邯郸的宫中，大白天躺在温明殿里，心理斗争非常激烈。耿弇入宫来到他的床边，请求和他单独交谈，乘机劝他说："现在更始帝朝纲不振，君臣淫乱，诸将在京城内外擅命专权，权贵皇亲横行于京师。天子的命令，出不了城门，各地的牧守，擅自被更换，连普通百姓都不知道该听谁的，吏士和民众没有一个能够心安的。盗贼蜂起抢劫财物、抢掠妇女，携带金银宝物的人，甚至不能活着回家。百姓非常失望，甚至开始怀念王莽的新朝。另外，铜马、赤眉之类的军队几十批，每批少则几十万多则上百万，可是更始帝却没有能力去平定，他们的失败想一想也不会太久。明公您首先在南阳起兵，在昆阳城下打败百万人的军队，现在又平定了河北，占据了这样的天府之地。以大义征伐，发出号令都得到了各地的呼应，现在天下完全可以传檄而定。国家政权是最重要的，绝对不能让别人得到它。听说更始帝的使者从长安而来，要明公罢兵，这绝对不能听从。如今将士官吏伤亡逃跑的人多，我愿意重回幽州，再次征集精兵，鼎力支持明公克成大业。"

实际上不仅仅是此时的耿弇这么劝说刘秀，偏将军朱祐和虎牙大将军铫期也曾在此前多次劝说刘秀。以至于刘秀拿他们在蓟县逃亡铫期开道喊的那一声"跸"来开铫期的玩笑："爱卿你想让你当初喊的那一声'跸'成为现实吗？"

而到了此时，耿弇的劝说，则不仅分析了更始帝刘玄失政的弊端、天下百姓不服更始思念明君的愿望和期盼，更分析了河北义军众多的形势，刘秀所拥有的城池、军队等有利条件，并且提出要再次北上渔阳、上谷，加强边郡与刘秀的联盟，帮助刘秀召集更多兵马来协助刘秀，这怎不叫刘秀心花怒放呢？

早在刘玄的使者到达邯郸之前，刘玄就曾征召代郡的太守赵永，让赵永到长安去觐见他。耿弇的父亲耿况得知消息后，劝赵永不要到长安去，而是让他到邯郸去拜见刘秀。赵永对耿况的劝说心领神会，这关系到阵营、派系和站队的问题，于是就径直到邯郸去拜见刘秀。刘秀见赵永没有去长安而是来谒见自己非常高兴，大加抚慰和赞赏之后，让他仍旧回去当代郡太守。但赵永在回代郡的过程中，却出现了非常大的波折，忠于刘玄的代县县令张晔趁赵永外出，趁机发动了兵变，控制了代郡，阻止已向刘秀效忠的赵永回代郡。不仅如此，张晔还联络匈奴、乌桓方面，从他们那里取得了援助，打算据城与刘秀分庭抗礼。形势非常危急，耿况一边派人迅速把情况报告刘秀，一边派自己的另一个儿子耿舒率领军队前去攻打张晔。刘秀对耿况的做法非常满意，立即任命耿舒为复胡将军，让他们父子全权处置代郡事宜。过不多久，耿舒击杀了张晔，赵永顺利回到了代郡。过不多久，河北的五校流民军二十多万人，攻打耿况等人所在的上谷郡。耿况与儿子耿舒再次率军迎击，在数战皆胜之后，将五校军击退。

河北的严峻形势大抵如此，但耿弇在他的劝说之中，却把刘秀所忧虑的问题全都考虑到了。此前上谷、渔阳二郡鼎力支持刘秀，皆因为他们知道王昌是个假冒的刘子舆，而刘秀代表着更始汉家。那么此时刘玄派使者前来征召刘秀回长安，渔阳、上谷等边郡到底是支持他刘秀还是支持更始帝刘玄？这大概就不太好说了。还有其他的那些郡，他们是什么态度，谁都说不准！再者说更始帝已派苗曾、韦顺、蔡充等人前去接管幽州、上谷、渔阳，如果幽州各郡被苗曾等人控制，眼皮子底下还有带领数万大军的谢躬在虎视眈眈，刘秀想与更始政权决裂，有足够的把握吗？

此时耿弇客观分析刘玄、刘秀双方的优劣，宣布愿意效忠于刘秀，并表示要再次北上征集精兵；如此一来，以耿弇的勇武和智谋，他一定可以处理好上谷、渔阳乃至幽州的事务，妥善解决苗曾、韦顺、蔡充等人带来的问题，进一步加强对边郡的控制，巩固刘秀在河北的势力，还有什么可让刘秀疑虑的呢？耿弇的忠诚，从他上次到上谷、渔阳带领突骑协助刘秀之时就可以见出，如今再派他去，绝对没有任何问题！

但是，让耿弇一个人前去，还是有点势单力薄了。因为与更始决裂是迟早的事，但消灭河北的其他起义军并彻底在河北站稳脚跟才是最主要的，必须再派一个帮手前去，方才显得万无一失。于是刘秀就连夜征求邓禹的意见，看派谁去最合适。

邓禹推荐说："我曾经与吴汉多次接触，这个人非常勇猛，并且很有智谋，诸将之中，很少有人能比得上他。"

于是刘秀当机立断，拜吴汉、耿弇为大将军，让他们持节北上征调幽州十郡的突骑，准备用征调来的兵马镇压在河北的其他起义军。

耿弇、吴汉走了，接下来就是如何打发长安使者的问题了。

刘秀当然不能明确地告诉长安使者，说自己不愿意回长安，以免过早与更始政权撕破脸。那就必须找一个借口，一个冠冕堂皇的理由，让刘玄及其身边的幕僚抓不到攻击他的口实。当时的事实情况确实就像耿弇所说的那样，河北最大的政治势力王昌虽然已被消灭，但在河北的地面上，还分布着大大小小数十支农民起义武装，这些武装力量之中，有些军力甚至比之前的王昌还要强，只不过由于缺乏鲜明的政治纲领而没有形成像王昌那样的政治影响力罢了。

于是，刘秀对刘玄的使者说：河北还没有完全平定，他不能半途而废回长安！

虽说是没有公开撕破脸，但抗旨不遵，实际上已经跟撕破脸没有什么实质区别了。史书上记载说刘秀"自是始贰于更始"。事实上，在刘玄杀他的大哥刘縯的时候，刘秀就已产生了复仇之心、决裂之意，却因为势力不雄厚、时机不成熟而不得不选择了暂时隐忍；等到刘秀受命持节北渡抚慰河北的时候，他就更是坚定了要脱离更始政权而自立门户的念头。所以这个时候刘玄派人送来的一纸诏书，不过是促使刘秀与更始政权提前决裂的一剂催化剂，使刘秀原本隐秘的意向一下子变得明朗起来了而已。

掌握主动权的要诀实际上就是看谁在最恰当的时机站在了道义的立场上，在这个时候刘玄的一系列做法，天下人理所当然地认为刘秀受了委屈，那么刘秀不再听命于更始，也就显得顺理成章而不被谴责！

既然你不仁，那就休怪我无义！于是，刘秀开始着手肃清更始政权在河北的势力。

从本质上来说，此时被刘玄派到河北的谢躬、苗曾、韦顺、蔡充等人，和几个月前被刘玄派到河北的刘秀并没有什么不同，都是在别人的势力范围内插足并试图生根发芽。但能不能立足，就全看他们个人的本领和影响力大小了。当初刘秀被王昌的兵马一路追着逃亡，但最终他依靠信都的任光、真定的刘扬、上谷的耿况、渔阳的彭宠站稳了脚跟，打开了局面。而此时的谢躬、苗曾等人，有刘秀那样的本领和影响力吗？

显然没有！

耿弇到达上谷之后，即刻带兵前去搜捕韦顺、蔡充两个人。耿弇的军事行动自然而然是得到了父亲耿况和彭宠的鼎力支持。如果不杀掉韦顺和蔡充，耿况的上谷太守和彭宠的渔阳太守就算是做到头了。最终，势单力孤的韦顺和蔡充二人，很快被耿弇所率的军士擒获，耿弇毫不犹豫地杀掉了他们。

那么幽州牧苗曾那边的情况又是怎样的呢？

当时的幽州刺史部，下辖渔阳、上谷、涿郡、右北平、辽西、辽东、玄菟、乐浪等十个郡，是北方一个非常大的行政区域。不过，苗曾这个幽州牧官再大，在刘秀这个萧王面前还是低好几个等次，从理论上来讲，只要刘秀没有离开河北，苗曾就必须听从持节镇抚河北的刘秀的命令。

但是，就像刘秀暗中抗命不回长安一样，苗曾也不想执行刘秀的命令，试图通过自己的努力千方百计为刘玄夺取幽州的实际控制权。

刘秀想要征发幽州十郡突骑的消息传到幽州，苗曾立即暗中下发命令，严令各郡都不得接受刘秀的征调，就是一兵一卒也不允许让刘秀调走。

但暗中斗法归暗中斗法，表面上的礼仪还是要遵守的，该履行的程序还必须履行，就像此前的刘秀必须迎接刘玄派来的使者一样，苗曾也必须迎接刘秀派来的使者吴汉。

当时吴汉身边只带着二十名骑兵，一路到达幽州牧的驻地无终县（今天津市蓟州区）。苗曾听说吴汉只带了二十名骑兵，立即放松了戒备心理，以为吴汉根本没有做好攻击他的准备，于是就带领兵马出城迎接。

但邓禹之所以推荐吴汉，就因为吴汉不是一般人。他见苗曾带兵出城迎接，立即命令随从的骑兵上前就地格杀了苗曾，并搜缴了他的兵符印信等物。

第十章　东汉

跟随苗曾出迎的下属官员哪里能想到吴汉会在这样的场合发动突袭，全都骇得说不出话来，而那些兵将没有得到命令，全都不敢轻举妄动。

吴汉虽没有当年的项羽在会稽郡府中以一杀百的天生神勇，但他的勇武也足以震慑在场的每一个人。

吴汉拿出萧王刘秀的命令大声宣读，宣布幽州牧苗曾不听调遣延误军机罪无可赦，之后宣布接管幽州，幽州的各级官吏听了之后，大气都不敢出一口。因为苗曾是更始帝任命的，萧王刘秀也是更始帝任命的，再加上刘秀有专制方面的权力，所以在这样的场合，谁的官大，就要听谁的。当初更始帝刘玄杀大司徒刘縯，不也是利用了这样的规则吗？

于是吴汉轻而易举地夺取了幽州的兵马，并接管了幽州。消息传出，幽州各郡全都震恐不已，无不望风而从，听凭吴汉调遣。

吴汉妥善安排好幽州的事务，然后带着征调来的幽州兵马，与耿弇一起南下，到清阳县（今邢台市清河县东南）与正在攻打铜马军的刘秀会师。

其他的将领们见吴汉征调来的兵马非常强盛，心里非常羡慕，都想让刘秀把这些兵马调拨给他们一些；但他们却又认为吴汉想独自带领那些兵马，于是纷纷猜疑说："他会把那些兵马分给别人吗？"

刘秀带领众将回到幕府之后，吴汉向刘秀呈上了征调来的军士名册，请刘秀分配这些军士。诸将见状，都请求刘秀多给他们调拨一些。刘秀笑着对这些将领说："你们之前不是说人家不会把这些兵马交出来吗？怎么现在又想多分兵马呢？"那些之前说过吴汉不肯分兵的将领听了，全都非常羞惭。

吴汉征调来的幽州突骑到达之后，刘秀实力大增，他开始狠下重手，征剿在河北的其他起义军，准备先平定整个河北，然后由近及远，逐步平定各地的割据势力。

当时，虽说是绿林军拥立了更始帝刘玄，并且刘玄也已入主帝都长安，但天下想当皇帝的人却并不会因此而停止他们的欲望。再加上刘玄本身就不具备作为一个帝王应有的才能，更始集团也不具备强有力的控制手段，所以全国各地割据称王的非常多。梁王刘永把他所在的梁地变成了独立王国，不再听从更始帝的号令，虽然他的梁王之位是由刘玄下令册封并恢复的。公孙述在巴蜀称王，李宪自立为淮南王，秦丰自号为楚黎王，张步在琅琊起兵，董宪在东海起兵，延岑在汉中起兵，田戎在夷陵起兵，他们分别任命官吏将帅，攻打周边的郡县。另外，又有称为铜马、大肜、高湖、重连、铁胫、大抢、尤来、上江、青犊、五校、檀乡、五幡、五楼、富平、获索等名称的起义军，各自带领他们的将士，少则几万，多则几十万，合起来不下百万之多，在他们所在的区域攻城略地，劫掠百姓。

既然更始帝不具备讨平这些地方武装的能力，那么刘秀就必须责无旁贷地承担起这个责任，为了他个人的野心，同时也为了天下苍生。

刘秀首先选择攻伐的就是河北地区起义军人数较多的铜马军。只要打败了人数较多的铜马军，兼并了他们的力量，壮大了自己的势力，那么其他的义军，随后就会被各个击破。

在吴汉北上幽州征调兵马之时，刘秀已经带兵到达铜马军的势力范围，此时吴汉到来，使本就胜券在握的刘秀，更加胸有成竹。

铜马军仗着人多势众，试图用优势兵力将刘秀所部围歼。刘秀怎会犯这样的错误，于是他坚守营寨，不出应战。铜马军多次挑战，刘秀只是加固营垒，坚壁自守。

铜马军想要速战的意图不能实现，由于人数太多，时间一长，粮草供应自然出现了问题，于是就派出小分队到附近的村落去劫掠粮米。刘秀等的就是这样的机会，见铜马军外出劫掠，立即指挥精锐部队将这些劫掠者消灭。就这样，铜马军的粮道被断绝了。

过了一个多月，铜马军的粮食吃尽，无法再耗下去，只好趁着黑夜逃走。刘秀察觉后立即带兵追击，一路追到馆陶县，将铜马军打得大败。无路可逃的铜马军首领，只好带着手下的败兵向刘秀投降。

刘秀还没有完全受降战败的铜马军，高湖、重连这两支起义军又从东南而来，和逃走的铜马军余部会合。

如果高湖、重连所部与铜马余部会合后得到休整，然后重新做出战斗部署，那对刘秀所带的汉军来说，又将是一场旷日持久的战争。所以，当务之急就是不能让这支重新集结的军队得到喘息之机，必须趁其立足未稳、还没来得及磨合重组，迅速将其打散打垮。

于是，刘秀立即指挥幽州突骑，猛烈冲杀高湖、重连的阵地，在蒲阳（今河北省保定市顺平县）把这股军队打得溃不成军。高湖、重连及铜马余部再也无力应战，想要出逃那就只会落个被幽州突骑赶尽杀绝的下场，万般无奈之下，只好下马向刘秀投降。

高湖、重连及铜马军虽然被刘秀打得大败，但实际上只是他们的战阵被汉军冲垮冲散了，总体实力尚存。所以为了将铜马、高湖、重连义军全部受降改编，让这些义军心甘情愿地追随自己，刘秀决定施行攻心战术，从心理上感化他们。

对于投降的义军首领，刘秀立即宣布，全部封他们为列侯。但这些首领心里仍然非常不安，担心刘秀只是在施缓兵之计，不久就会用其他的手段杀死他们。

刘秀是何等聪明之人，马上就觉察到了这些人心里的真实想法。于是他决定身涉险地，让这些人彻底心服口服。

刘秀下令身边的将领们全部带兵回营休整，而自己则一身轻装，只带着几个随从，打马进入了刚刚投降的义军阵地，巡视他们的战阵。

受降的人眼见刘秀轻装进入了他们的阵地，全都惊呆了。这个时候，如果有人要刺杀刘秀，别说是阵前的那些大将了，就是几个小小的兵卒上前，都可以轻而易举地将刘秀砍为肉泥。可是，刘秀居然就这样走在这些刚刚还在和他拼死力战的人的面前，镇定自若，毫无惧色，面带笑容。这是什么样的人才能做出的事情啊！

生活在公元24年的刘秀，应该是无论如何也不知道1950年后才发现的"斯德哥尔摩综合征"的，但他却在心理上把这种斯德哥尔摩效应运用到了极致！

无论是铜马、高湖还是重连，尤其是铜马，他们一直都被刘秀压着打、围着打、追着打，他们在心理上所能承受的恐惧，都已经达到了极限。眼前的刘秀虽然是个小个子，但他在这些人的眼中，却分明像天神一样，是那样的不可战胜、是那样的无坚不摧、是那样的令人胆寒！所以此时刘秀稍施恩德，这些人就立即对他产生了前所未有的好感和依赖心。

所以，这些受降的首领都在面面相觑之后议论说："萧王待人，就像把他的心掏出来放进我们的腹中一样（'推心置腹'出处），他如此信任我们，我们还有什么理由不为他效死力呢？"所以全都心悦诚服，从此死心塌地地跟着刘秀。

武力的征服只是暂时的，但心理的征服却是永久的！一个能在心理上征服对手的人，试问还有谁会是他的对手呢？

刘秀把受降的铜马将士全部分配给手下的将领，兵力立即达到了数十万之多，一跃而为当时河北最大的军事势力。刘秀消灭铜马义军的消息传到函谷关以东，立即使函谷关以东长安一带的吏民震怖万分，于是人们送给刘秀一个"铜马帝"的称号，以寓意他消灭并兼并了整支铜马军队。

此时，赤眉军的一支偏师部队和大肜、青犊、上江、铁胫、五幡军的十多万人驻扎在射犬县（今河南省沁阳市东北），刘秀于是带领得胜之军前去攻打，前将军耿纯作为前锋部队驻扎在离中军大营数里远的地方。

当天晚上,赤眉等军发兵突袭耿纯所部,箭像雨点一般射进营中,耿纯所部士卒多有死伤。大军遭遇夜袭,最忌乱动。耿纯于是严令所部将士不得轻举妄动,各自在所在的营区内坚守。待营寨内的各部全都恢复秩序之后,耿纯挑选了敢死队员两千人,命令他们全都拿着硬弓,各配备三支箭,让他们衔枚(冷兵器时代,军队行军时士卒嘴里衔着像筷子一样的东西,防止说话,防止出声,以免被敌军发觉)悄悄行动。这两千人偷出营寨,绕到敌军之后,突然之间击鼓呐喊,硬弓齐射。顷刻之间,敌兵被射死不少,其余全部受惊而逃。耿纯指挥军队在后追击,打败了这股偷袭之敌。

耿纯得胜之后,立即派骑兵快马前去向刘秀报告。第二天一早,刘秀带着其他将领来到军营,慰劳耿纯说:"昨夜没被贼兵所困吧?"

耿纯回答说:"依靠明公的威严和大德,幸而得以保全。"刘秀向他解释:"大军不能夜间开拔,否则就有可能中敌人的调虎离山之计,所以未能救援你们。营中的将士进退不定,爱卿你的宗族家人不能全留在军中,那样会非常危险。"于是任用耿纯的族人耿伋做蒲吾县令,让他带着全部亲属居住在蒲吾县里。

刘秀击败射犬的十多万农民军之后,率兵乘机进入河内郡(郡治怀县,今河南省焦作市),以威势接收由更始政权控制的河内各县。

河内太守名叫韩歆,他听说刘秀带兵前来强行接管河内郡,于是召集属下官吏,准备加强防守,抵抗刘秀。岑彭劝韩歆不要与刘秀为敌,但韩歆却没有采纳。

那么岑彭又是什么时候到了河内太守韩歆这里的呢?

当初岑彭归降之后,被封为归德侯,就在刘縯麾下效力。刘縯被杀之后,岑彭改属于大司马朱鲔,在朱鲔手下担任校尉。此后随朱鲔攻打王莽的荆州牧李圣,并杀了李圣,平定了淮阳郡(中心地区在今河南省周口市淮阳县一带)。

因为平定淮阳的功劳,朱鲔对岑彭非常赏识,上书推荐岑彭为淮阳郡都尉。其后,更始帝派遣立威王张昂、将军徭伟前去镇抚淮阳,不承想到达淮阳之后,徭伟却背叛了更始政权,并以反叛之军掉转枪口攻打张昂,张昂猝不及防,被打得大败,不得已引兵退走。

岑彭得讯之后,立即带兵前去攻打徭伟,最终将徭伟击败,再次平定了淮阳之地。岑彭因功被任命为颍川郡太守。

但就在岑彭带着几百名士卒前往颍川郡赴任的途中,颍川郡却被舂陵起兵的刘茂攻占。势单力薄的岑彭没办法进入颍川,只好带着几百名亲兵前去投奔了同是南阳人的河内太守韩歆。

岑彭投奔韩歆之后,不时听到长安更始帝那边的不利消息。与之形成鲜明对比的是,镇抚河北的刘秀那边则是将士归心、上下和睦、百姓乐附,形势一片大好。联系之前对刘秀的了解和耳闻,岑彭的心里,早就对刘秀和刘玄孰优孰劣做了一个清晰的对比,并且对何去何从有了一个明确的意向。

此时刘秀击败青犊军进入河内,韩歆想要率兵抗击,岑彭知道昏聩无能的刘玄已经不值得效忠,而刘秀才是真正能成大事的一代英主,于是就劝说韩歆投效刘秀,但韩歆却死守大义不愿听从。

刘秀进军的速度非常快,大军很快就从射犬到达怀县,韩歆眼看大势已去,抵抗只有死路一条,被逼无奈之下,只好开城向刘秀投降。

刘秀入城之后,才知道韩歆之前想要带兵抵抗自己,勃然大怒,下令把韩歆捆绑起来放在门外鼓下,准备要杀死他。

之后,刘秀召见河内郡其他高级官吏,一一询问他们的去留,客居的岑彭也在召见之列。岑彭于是趁机为韩歆求情说:"如今赤眉军已进入函谷关,长安的更始政权非常危险,他身边的权臣假传圣旨胡作非为,贤士进谏之路塞阻,四方兵乱并起,群雄竞相驰逐,百姓无所归依。我早就听说大王平定了河北,开创了帝王基业,这确实是苍天保佑汉室,是全天下士人百姓的福分啊。我岑彭之前承蒙大司徒刘公救命,还没有来得及报答他的恩德,他就被害了,心里为此一直感到怅恨。如今我在这里遇上大王,是我的幸运,我愿意为大王效犬马之劳,希望大王能够赦免韩歆。"

刘秀已经了解到岑彭之前曾劝韩歆投降,此时又被他的话语深深地打动,于是对岑彭好言抚慰,待之如上宾。岑彭于是借机推荐韩歆,说韩歆出身于南阳的世家大族,同时也是一名研究古文经学的名士,可以任用。

刘秀于是赦免韩歆,让他做了邓禹的军师。

受命于刘玄的大将军吕植带兵驻扎在淇园,岑彭又到淇园劝降了吕植,刘秀非常高兴,于是拜岑彭为刺奸大将军,让他专门督察各营,监督军中的纪律。

消灭了铜马、青犊等军,基本控制了河内郡,于是刘秀腾出手来,开始对付刘玄在河北的代表——尚书仆射谢躬。

从个人道德品质上来讲,谢躬这个人,除了在攻克邯郸城后纵容他的部将进行过一次掳掠之外，再没有其他大的毛病，不仅没有大的毛病，相反还非常勤政，这在以奢侈享乐著称的更始政权诸多高级官员之中，委实是不多见的。

所以刘秀与谢躬共事后不久，就以他独到的领袖眼光察识到谢躬是个出色的人才。刘秀有意要拉拢谢躬为已所用，但谢躬却不为所动；不仅不为所动，还时时处处跟刘秀对着干，并且想要带兵袭击刘秀，只是由于畏惧刘秀手下兵强将勇而不得不作罢。

因为谢躬不愿辜负刘玄的嘱托，又不愿奉行"良禽择木而栖，贤才择主而事"的人生哲学，所以尽管当时他与刘秀都驻扎在邯郸城中，但两家兵马却不得不分城而居。

刘秀确实是那种大肚能容有城府的人，尽管当时他与谢躬已经闹得水火不容，但他还是不时地派人前去慰问安抚谢躬，希望谢躬能够回心转意，为他效力。谢躬对他的职事非常勤奋尽责，刘秀就常常夸奖他说："谢尚书可是一名真正用心做事的官吏啊！"谢躬误以为刘秀对他是一番好意，所以对刘秀一点防备都没有。

谢躬的妻子虽说是一个妇人，但她的见识却一点也不比那些大丈夫差，她早就看出刘秀对谢躬不满，于是常常告诫谢躬说："相君您和刘公长期不和，却轻信他的假话不加防备，您这样下去，早晚会遭大祸的。"

但谢躬却认为刘秀还没到那个程度，所以妻子的话一点也没有听进去。

过不多久，刘秀见谢躬仍然与自己作对，在邯郸城中公开为更始帝收买民心，所以他知道想要拉拢谢躬是不可能的了，于是决定痛下杀手，除掉谢躬。刘秀大摆宴席，邀请谢躬赴宴，准备在酒宴现场除掉他。但因为陪同谢躬赴宴的几名将军也非常勇武，再加上随他一起来的马武和刘秀还是故人，所以刘秀最终未能下手。

马武字子张，是南阳郡湖阳县人，是刘秀母亲樊娴都的同县人。他年轻时为了躲避仇家，一直在江夏客居。王莽末年，马武先是参加了竟陵的义军，后来到了绿林军中。刘玄被立为皇帝之后，马武被拜为侍郎。在那一场使刘秀一战成名于天下的昆阳大战中，马武曾与刘秀并肩作战，因此结下了深厚的友谊。

此前马武随谢躬一起来讨伐王昌，被刘玄拜为振威将军。

刘秀拉拢谢躬不成，就开始拉拢马武这位故人。席散之后，刘秀邀请马武登上一旁的高台，然后从容地对他说："我得到渔阳、上谷二郡的精锐骑兵，想请将军统帅，你看怎么样？"

来自上谷、渔阳二郡的突骑，那可是刘秀身边精锐中的精锐，刘秀对这支精骑的倚重，那可说是尽人皆知。如今刘秀郑重地提出要让马武统率这支队伍，可想而知马武心里有多么地震撼了。

但马武也不是那种轻浮之人，不可能刘秀略一试探就立即表现得迫不及待，所以他谦虚地推辞说："我天性驽钝怯懦，没有方略，恐怕带不好这么精良的队伍。"马武的谦让让刘秀很高兴，于是他激励马武说："将军带兵已经不是一天两天了，熟谙军事，怎么会没有方略呢？比我手下的那些书呆子掾史不知道要强多少倍！"

人生在世，不就是希望得到别人的高度认可吗？不就是追求个人价值的体现吗？马为策己者驰，士为知己者死。刘秀的这句话一说，立即就深深地打动了马武，使马武萌生了归顺刘秀的心思。

不过马武虽想为刘秀效力，但就当时的情况来说，谢躬仍然是他的主帅，若非产生大的变故，马武也不可能立即骑着马就跑到刘秀的军营里去。所以刘秀和马武双方，都需要等待一个机会的来临。

谢躬和刘秀在邯郸城中分城而居并且矛盾不断，长期下去也不是办法，于是在一段时间之后，谢躬带着他手下的几万人马离开邯郸，驻扎到了邯郸以南的邺城。

谢躬移兵邺城之后，不再受其掣肘的刘秀派吴汉、耿弇迅速北上征调来了幽州突骑，消灭了当地势力最大的铜马军。

消灭铜马军、击败射犬的青犊军并占领河内郡，在认真分析敌情形势之后，刘秀萌生了一个绝妙的主意：既然谢躬一直不愿向他靠拢，那为什么不趁此机会，把谢躬也除掉？

于是刘秀派人对谢躬说："我追击贼兵到射犬这个地方，就一定会打败他们。尤来军驻扎在山阳的兵马听说青犊军战败，就必然会在惊惧之下逃窜。如果凭借您的威力，攻打这些逃散的兵众，就一定会把他们彻底消灭。"

刘秀的计划看上去天衣无缝，谢躬经过考虑之后也认为真是高妙至极。虽然谢躬代表着更始帝，并不愿意为刘秀效力，但刘秀提出的这个计划，在表面上看来，却是个双赢的计策，不仅刘秀可以击败青犊军，谢躬也可以击败尤来军，双方都可以大获全胜，都可以扩大各自的地盘，增强各自的实力，真是没有比这更划算的了。基于这样的分析，于是谢躬很痛快地答复刘秀说："好。"

见谢躬答应出兵，于是刘秀立即带兵前去攻打青犊军。

驻扎在射犬的青犊军作战非常勇猛,刘秀率兵黎明时到达,还没有吃早饭就开始对阵,但一番苦战从早晨一直打到中午,青犊军的军阵还是异常稳固,无法击溃。刘秀见状,于是派人传令给冲锋陷阵的都护将军贾复说:"将士们都非常饥饿,可暂且休战,等吃过早饭再战不迟。"贾复急了,他回复刘秀说:"一定要先打败敌人,然后才能吃饭。"于是他把羽旗背在背上,策马猛冲青犊军阵地,很快将敌方阵地撕开了一个缺口,其余将士见贾复奋不顾身地冲开敌阵,立即士气大振,跟着贾复冲了进去。青犊军的阵形被冲乱,再也无法坚持,于是纷纷败阵而逃,刘秀一方大获全胜。

青犊军被击败之后,果如刘秀所预料的那样,尤来军闻讯向北逃往隆虑山(今河南省林州市西)。谢躬见尤来军逃往隆虑山,考虑了一番之后觉得自己追击尤来军一定会万无一失,刘秀远在射犬,绝对不会给自己造成什么威胁,于是留下大将军刘庆和魏郡太守陈康一齐守卫邺城,而自己则带着手下的几名将军前去攻打尤来军。

俗话说穷寇勿追,军事天赋异于常人的刘秀明白这个道理,所以他用败逃的尤来军给谢躬挖了一个陷阱;而谢躬却没有深切领会这个道理,掉进了刘秀布的陷阱里!

谢躬将败逃的尤来军追进隆虑山之后,无路可逃的尤来军发现,如果他们不回头力战,就有可能被谢躬全部杀死,于是他们回身力战谢躬。当年韩信背水一战置之死地而后生的场景,在此刻重演!

谢躬轻骑来追逃兵,哪里想到尤来军会回身拼命,于是被尤来军打得大败,光是战死的就有好几千人。

螳螂捕蝉,黄雀在后。

刘秀给谢躬抛出一个诱饵,让谢躬心甘情愿地离开了邺城。等谢躬走后,他立即派吴汉、岑彭二人前去袭击邺城。

所以,无论谢躬前去是消灭了尤来军,还是他被尤来军击败,都已无法逃脱被刘秀偷袭暗算的命运。邺城在今河南省邯郸市临漳县一带,而隆虑山所处的林州市,距邺城至少一百公里。在马匹作为最快交通工具的时代,这么远的距离,注定了无论发生什么紧急情况,都是来不及救援的。

两年后刘秀派游击将军邓隆攻打造反的彭宠,结果邓隆把大军驻扎在离友军朱浮一百里之外的地方,刘秀在千里之外的洛阳一看战报就怒骂邓隆是个混账,必败无疑,结果邓隆果然被彭宠击败。从这件事情上来看,此时刘秀诱骗谢躬到两百多里之外的隆虑山去追击尤来军，实际上早就已经把谢躬算计死了！

吴汉和岑彭率兵到达邺城之下，立即派舌辩之士前去劝陈康说："听说拥有上等智慧的人，不会身处危险之中却侥幸希望无事；中等智慧的人，会把危险转化为成功；而那些愚笨的人，身处危险的境地不自觉而最终自取灭亡。危险和覆亡的到来，都由人所引发，不能不认真体察。现在京城腐败混乱，天下动荡，这都是您所听闻过的。萧王拥有强大的军队，士民百姓也乐于归附，河北地界，已全部归顺于他，这都是您所亲眼看到的。谢躬在内背逆萧王，在外大失人心，这都是您所知道的。您现在据守一座危险的孤城，等待灭亡的灾祸降临，没有什么义举等待您去建立，也没有什么气节能够让您保全。不如打开城门迎接萧王的军队，这样就可以转祸为福，避免遭到愚笨之人的失败，建立中等智慧之人的功劳，这是最好的计策了。"

吴汉说的未尝不是实情，陈康看信之后，立即就被说服。于是他下令逮捕了留守的刘庆和谢躬的妻子儿女，然后打开城门，把吴汉等人的大军迎进了城内。

之前谢躬离开邺城时特意留下刘庆和陈康一起守城，为了就是防备、监视并非自己嫡系、心腹的陈康。但他的水平比起当初离开信都时把任光等人全部带在身边而留下心腹宗广守城的刘秀来说，确实是差了不是一星半点。

而这样的差距，注定了谢躬远非刘秀的对手！

再说谢躬，他在隆虑山被尤来军击败之后，狼狈不堪地带着败兵回到邺城。谢躬在战败之后，似乎连最起码的警惕心也丧失了，他压根儿都不知道陈康已经背叛了自己。于是把大军驻屯在城外，带着几百名骑兵轻率地驰入了城中。

而在邺城中，吴汉的大军早已厉兵秣马、设好埋伏在等待着他。谢躬入城之后，伏兵立即蜂拥而起，谢躬吃惊不小，还没来得及考虑该如何应对，就被飞马而来的吴汉一刀斩落马下。

谢躬的部将谁不认识刘秀的大将吴汉，谁不知道谢躬与刘秀之间的矛盾，此时见谢躬已死，知道再拼下去也是很不明智地赔上自己的性命，于是全部向吴汉投降。谢躬的妻子、儿女等，全部被吴汉所杀。

谢躬没有听从妻子的劝告，最终落了个极为凄惨的下场，就算他认为妻子的话不可听，那么吴汉、耿弇北上斩杀了苗曾、韦顺、蔡充等人，还不足以引起他的警惕之心吗？真是可悲可叹啊！

刘秀杀谢躬，是历史上极为悲怆的一幕，无关乎道义、无关乎品德。因为刘秀不杀谢躬，谢躬就会杀刘秀。

毋庸置疑，谢躬是个人才。但人才若不为我所用，那就必须将之除掉。当年的魏国国相公叔痤临死前向魏惠王推荐奇才商鞅未获采纳，于是建议魏惠王杀掉商鞅。魏惠王昏聩没有听从，后来商鞅果然给魏国带来了深重的灾难。前事不忘，后事之师，政治天赋极高的刘秀，怎么会犯同样的错误呢？

驻扎在城外的马武听说谢躬被吴汉所杀，他没有进城投奔近在眼前的吴汉，而是骑快马飞速前往射犬去投刘秀。

刘秀见马武赶来投奔自己，非常高兴，于是把他留在身边。每次刘秀慰劳宴会诸将，马武常常起身端起酒杯，上前给刘秀敬酒，刘秀更为高兴。

邺城是马武曾经驻扎过的地方，马武对那里较为熟悉。于是刘秀命令马武带着他的部队前往邺城，马武立即跪地叩头，极力推辞说不愿意去。马武虽说是已经投奔了刘秀，并且对刘秀非常忠诚，但让他带兵再到曾经驻扎过的邺城去，到他的旧主谢躬被偷袭杀戮的地方去，显然超出了他做人做事的底线！

刘秀对马武的做法更为满意，认为他是一个具备优秀品质的人，于是把马武留在身边，让他跟着自己平定河北的其他起义军。此后，马武在刘秀身边常常充当先锋，打起仗来都是奋不顾身。既然他未能保护旧主而投了新主，那就要用他的行动来表明，他并不是苟且偷生的怯懦之辈，也不是贪图富贵的势利之辈！

谢躬被杀之后，更始帝刘玄在河北的最后一个钉子也被刘秀拔除了。

那么对刘秀的这些行为，刘玄是如何应对的呢？

刘玄一点办法都没有！

因为那个时候的刘玄，已经到了自顾不暇、火烧眉毛的危险境地。

那么在刘秀离开洛阳前往河北之后，更始帝刘玄和他身边的大臣们又做了些什么事情呢？

第七节　更始乱政

　　刘秀于公元23年（更始元年）十月北渡之后，刘玄于次年二月由洛阳西进长安，并把都城迁到了长安。

　　按照当时迷信的说法，刘玄出发之时，就极为不吉利。他在刚出发时，由平定长安的丞相司直李松在前面导引车驾，结果驾车的马不知什么缘故受惊狂奔，撞在北宫的铁柱门上，三匹马全都撞死了。联想到西汉时临江王刘荣进京前马车车轴突然断裂而没有生还的征兆，那么刘玄这一去，似乎也是极为不祥的兆头。不过在当时，却并没有哪个人敢大着胆子议论这件事情。

　　刘玄入主长安之后，就住在了长乐宫中。当初王莽被杀之时，长安城中的宫殿，其实只有未央宫被焚毁，其他的宫室馆驿大部分都是完好的。后宫的好几千宫女仍然住在掖庭，宫内的钟鼓、帷帐、皇帝御用的马车、器物、服饰、粮仓、武库、府库、街市等，都没有改变旧的形制。

　　刘玄升殿朝会，殿内的郎官及官吏们依次站在殿中。庄严的场面使刘玄如坐针毡、面露惭色，冕旒都快垂到坐着的席子上了，也不敢抬起头来直视一下站在殿中的那些将军。

　　朝会的将领们之中有迟到的，刘玄既没有训斥，也没有安慰，而是问他们抢掠到了多少东西。

　　殿中的侍卫和一些官员在刘玄到来之前，都已经当了较长时间的差，什么样的世面没见过，他们听到刘玄这样问话，都惊讶得面面相觑，不知道他怎么会说出如此有失体统、大损君王威仪的话来。作为一个皇帝，不知道去保护他的百姓,却问他的将领抢劫了多少百姓!

此时刘玄迁都长安,从表面上看起来,似乎就像当年的汉高帝刘邦入主长安一样,马上就要天下太平了。既然要四海升平、八方宁靖了,那么是不是意味着需要大封功臣了?

于是,李松与棘阳人赵萌(岑彭同乡)向刘玄进言,把所有的功臣都封王。

所有功臣都封王,这是什么概念?王爵可不是一张白纸,说封就封,王爵过多过滥,不仅会导致权力分散、尾大不掉,而且会给黎民百姓造成非常沉重的负担。当年刘邦与项羽争衡,最为艰苦的时候,为了拉拢和争取诸侯,也只封了那么几个王,最多只是封侯,建政后第一功臣萧何,也只是封为酂侯。

如今李松和赵萌建议刘玄将所有功臣都封王,这简直就是一个混账十足的提议。为了自己也能封王,根本不顾天下苍生,这样的重臣、这样的政权,不遭覆亡简直说不过去。

关键时刻,还是朱鲔有主见,他反对全部封王。但朱鲔又没办法说服刘玄到底封谁不封谁,也就是说,没有充足的理由来反驳李松和赵萌等人,从而断绝众人的封王之心。到了最后,朱鲔只好也抬出了祖宗家法,也就是当年刘邦的"白马之盟":非刘氏而王,天下共击之。

刘玄就算是被拥立为皇帝,那也是刘邦的嫡系子孙,大臣们再厉害,也不敢推翻太祖刘邦的约定。不能在寻求天下百姓支持时就说是刘氏子孙,而在封爵时就把刘氏高祖的约定丢在一旁,天底下没有这种双重标准的事情。

于是,朱鲔一抬出"白马之盟",大臣们都没办法再反对。

但是,刘玄对封王的危害根本认识不清,还是希望按照李松和赵萌的建议,封功臣为王,想用这种办法安抚功臣,并巩固自己的帝位。

为了替分封外姓王做铺垫,于是刘玄就先封刘姓宗室为王。

太常将军刘祉封为定陶王。

刘祉按辈分是刘秀的堂侄,其族叔刘崇起兵反莽失败被杀,其父刘敞为了交结外援,为他娶了翟义的侄女为妻,谁知不久翟义也起义,不仅刘祉的妻子被杀,刘祉也受牵连下狱。其后虽被赦免,却被王莽禁止做官。刘縯、刘秀起兵之时,刘祉和他的兄弟先后从军,他的其他家属因此被甄阜关进宛城狱中。在"小长安"那场汉军大败的战事中,不仅仅是刘秀的二姐等人被杀,刘祉的母亲、弟弟、妻子、儿女也被甄阜杀死。

刘玄被拥立为皇帝之后,拜刘祉为太常将军,诏封他为舂陵侯。此时刘祉随刘玄西入长安，于是被改封为定陶王。

担任丞相并一直深受刘玄信任的刘赐被封为宛王。

刘庆被封为燕王。刘庆是刘祉的叔叔。刘庆的儿子叫刘顺，从小和刘秀住在同一个里巷，和刘秀的关系非常要好。

刘歙被封为元氏王。刘歙也是刘秀的同族堂叔。

大将军刘嘉被封为汉中王，担任扶威大将军，持节就国。刘玄被拥立为帝之时，刘嘉被拜为偏将军，后封兴德侯，升任大将军。其后，刘嘉受命带兵前往冠军县，去攻打在那里割据的筑阳县（今湖北省襄阳市谷城县）人延岑，并迫降了延岑。此时随刘玄西行入关，也是因功受赏。

刘赐的侄子刘信，因平定汝南的刘望而被封为汝阳王。

封赏完这些立功的刘姓宗室，接下来就轮到了刘玄的亲信诸将和那些绿林军中最初的首领。

定国上公王匡封为比阳王，成国上公王凤封为宜城王，朱鲔封为胶东王，卫尉大将军张卬封为淮阳王，廷尉大将军王常封为邓王，执金吾大将军廖湛封为穰王，西屏大将军申屠建封为平氏王，尚书胡殷封为随王，柱天大将军李通封为西平王，五威中郎将李轶封为舞阴王，水衡大将军成丹为襄邑王，大司空陈牧为阴平王，骠骑大将军宗佻为颍阴王、尹尊为郾王。

封赏完毕，其他人都对受封王爵没有任何异议，只有朱鲔推辞说："我不是刘姓宗室，我不敢违犯典章制度。"坚决推辞不愿受封。

朱鲔推辞，一方面是因为他感到痛心，他不愿意看到一个刚刚建立的政权就这样因为大封功臣而为将来埋下深重的隐患；另一方面，则是坚持他此前的原则，避免给外人留下一个表里不一的坏印象。怎么？你朱鲔刚刚不是说非刘氏不能封王吗？怎么现在封你为王你又接受了？所以，朱鲔只能坚决地推辞。

因为朱鲔的坚持，也因为朱鲔能够坚持原则，做人做事有底线，所以，朱鲔尽管没有封王，但他的结局却比上面绝大多数受封的异姓王都要好。其中例外的是西平王李通，例外的主要原因是早在刘秀宛城卖粮的时候，他就已经认识到刘秀天赋帝王之资而向刘秀效忠，并且在后来娶了刘秀的妹妹刘伯姬；此外还有邓王王常，因为他早在汉军"小长安"兵败之后，刘縯带着刘秀前去下江军中寻求支持之时，就表现出了卓异于其他将领的识断，力排众议而与刘縯结盟，这才迎来了汉军大败梁丘赐、甄阜的胜利。除此之外，其他的异姓王大都死于非命。

所以，那些在大是大非上坚持原则的人，那些早早就看清天下大势并做出选择的人，上天难道会轻易辜负他们吗？

朱鲔固辞王爵，于是刘玄改任朱鲔为左大司马，让他与刘赐、李轶、李通、王常等人共同前去镇抚关东。

因为原任丞相刘赐受封宛王，所以丞相之位出缺，于是首倡封王的李松进位为丞相，与他一同进言的赵萌进位为右大司马，由他们两人共同执掌朝政。

赵萌的女儿颇有姿色，被刘玄纳为夫人，很受宠爱。于是，中国历史上极其常见的一幕再度上演：刘玄把政事委托给赵萌，而自己则与妃嫔们日夜在后宫饮酒作乐。大臣们有什么紧急事情想要向刘玄报告，刘玄常常是喝得酩酊大醉无法接见。有时候事态紧急到了非见不可的地步，就让侍中躲在帷帐里，假装成他与大臣们说话。

刘玄讲话是什么声音，那些将领曾经和他朝夕相处，怎么会听不出来。他们见刘玄耽于酒色不理政事，于是出宫相互抱怨说："胜负还没定，怎么就堕落、放纵到了这个地步呢？"

刘玄的另一个宠妃韩夫人特别喜好喝酒，每当她陪着刘玄饮酒之时，只要看到中常侍前来奏事，就发怒生气说："皇帝正在和我饮酒，你们非要挑在这个时候前来奏事吗？"说着站起来狠拍案几，有一次力道大得把书案都拍坏了。

刘玄不理政事，权力自然而然被赵萌把持，赵萌因此仗着威权作威作福。

有些忠诚的郎官不忍见政事怠误，也非常反感赵萌的嚣张跋扈，于是就向刘玄报告赵萌的这些无状之行，哪知刘玄不听则已，一听之下拔出剑来就去砍那个郎官。

经历了这样的事情，郎官们也学聪明了。他们渐渐地意识到了，刘玄和当年的秦二世不过是一丘之貉，等待他的只有灭亡一途。于是在那之后，就再也没有人向刘玄说真话了。

赵萌因为一个侍中忠诚且不替他在刘玄面前说好话为自己行方便，心里非常憎恨，于是就公然在宫中要把那名侍中绑出去杀掉。刘玄知道那个侍中非常忠诚贴心，于是就为他求情，哪知赵萌竟然不答应，最后硬是把那个侍中拉出宫去杀了。

经历了这样的事情，刘玄内宫之中的侍中、侍卫、侍从们心里更加恐惧。当他们冒着生命危险为之忠诚的对象再也无法保证他们的安全之时，他们还有什么理由要忠诚于这个人呢？

当皇帝没有能力掌控下属之时，下属往往就会利用手中的职权胡作非为。长安城中的赵萌等人如此，三辅的王匡、张卬也是如此，被派往关东的李轶、朱鲔等人更是如此。

刘玄最初封王的那些人，再怎么说，也确实是跟着他身经百战的绿林宿将，虽说封王有滥封之嫌，但还多少算得上名实相符。但到后来，更始朝廷授予官职的那些人，却都不是具有美好德行和卓越才能的人。没有严谨规范的官吏选拔机制，那么投机钻营就会大行其道，一些手里积攒有银两的屠夫、商贩、财绅等，趁机贿赂各级官吏，以求取官爵。屠夫和商贩并不是生来就不能做官，也不是生来就品格低下，但读书的多少，确实在一定程度上决定着一个人境界的高下、见识的高低、廉耻的遵背、仪容的威卑等，这一则关系到全体官员的形象问题，二则关系到整个官僚系统的整体素质。试问满大街都是满嘴俚语、面相猥琐、毫无威仪、不遵规范的官吏，还叫黎民百姓怎么信任他们、服气他们，并进而支持他们呢？

所以，当京城的老百姓看到更始政权的那些官吏身穿绣花外衣、锦缎裤子、短襟上衣甚至妇女穿的大襟上衣，在大街上高声叫骂或是嬉戏喧哗丝毫不成体统之时，无不失望地编唱歌谣讥讽他们：“灶下养，中郎将。烂羊胃，骑都尉。烂羊头，关内侯。”"灶下养"是对厨工的一种辱称，经此之后，用来借指无能的武将，又简称为"灶养"。而"烂养胃"“烂羊头"在此则借指屠户等地位卑下者被滥授官爵，后来就喻指为贪官污吏。

军师将军李淑实在看不下去了，于是就上书劝谏，说许多人才不配位，才能只配担任亭长和缉捕盗贼等类小官，却让担任了辅佐朝纲的尚书等重任，实在是好比攀到树上捉鱼、登上高山采珍珠（缘木求鱼、升山采珠）。

昏聩的君主，通常都是听不进逆耳忠言，李淑的这番话，理所当然地让刘玄非常生气，于是他下令把李淑关进监狱。

李淑不过是百官黎民试图使刘玄纳谏改过的最后一块试金石，李淑因谏入狱，公卿百官知道刘玄已是无药可救，所以人心离散、怨恨背叛。那些受命出征各方的将领，也因此借助手中的权力随意任免官吏，凭自己的喜好设置刺史、郡守等。而不同的人任命的同一州郡的官吏也不相同，别说是普通老百姓，就是那些级别较低的官吏，都不知道该听谁的。

但这样的情形并没有持续多久，因为就在当年的十二月，赤眉军就进入了关中。

赤眉首领樊崇曾经带着二十多个手下到洛阳归顺更始政权，但因为没有得到一个好的承诺，又不见容于更始群臣，所以樊崇随后逃回军中。之后，樊崇带领赤眉军向南进入颍川，然后将军队一分为二：一部分由他和逄安率领，另一部分由徐宣、谢禄和杨音率领，开始转战原由更始政权控制的南阳等地。

樊崇和逄安率领所部攻占了长社县（今河南省长葛市），之后又向南攻打宛城，斩杀了更始政权在那里设置的县令。

徐宣、谢禄、杨音所率领的另一部军队也攻打了阳翟（今河南省许昌市禹州市），带兵到了原梁国旧地（今河南省开封市一带），斩杀了河南郡太守。

赤眉军的军队虽然多次打胜仗，但是，他们既没有自己固定的根据地，也没有自己的政治纲领，更不知道休整军队，所以他们的士卒非常疲惫，军中弥漫着厌战情绪。

赤眉军中的绝大多数士卒都是青、徐一带近海的百姓，他们远离故土亲属，而战事却并没有结束的迹象，让他们丝毫看不到一个可以实现的目标，比如说拥立一个皇帝建立一个政权，然后许多人就地封侯或是划地而治等，所以许多人都日夜忧愁哭泣，想返回东边的家乡。

军心如此，樊崇、逄安等人经过商议，觉得如果带领军队向东，那么到了家乡，除了极少数无家可归的人，其他士卒就一定会一哄而散各回各家。到了那个时候，别说是更始政权的大部队前来攻打了，就是一个小小的亭长，都会把樊崇等人轻易捉拿。最后，樊崇和逄安决定率兵继续向西进军，然后攻打长安。

公元24年冬天（即更始二年十二月），樊崇、逄安一路从武关出发，徐宣、谢禄、杨音一路从陆浑关（故址在今洛阳市嵩县东北）出发，两路兵马同时入关。

赤眉军如此浩大的阵势，使官吏百姓对本就混乱不堪的更始政权失去了所剩无几的希望和信心。

公元25年正月，平陵县（汉昭帝死后葬于平陵，所以因汉朝制度设置平陵县，在今陕西省兴平市东北）人方望见更始政权极为腐败混乱，认定刘玄必败，于是对安陵县（汉惠帝死后葬于安陵，在今陕西省咸阳市渭城区韩家湾乡）人弓林等人说："之前被王莽分封为定安公的孺子婴，是汉平帝的后代。虽然汉家天下被王莽篡夺，但他曾经是汉室之主。如今天下人都说刘氏将会重新接受天命，我们为什么不拥立孺子婴做皇帝，共立大功呢？"弓林等人听了都很赞成。

于是，方望等人前往长安找到了孺子婴，然后把他迎到临泾城（今甘肃省庆阳市镇原县），共同拥立他为皇帝。方望自封为丞相，弓林为大司马，他们手下的拥护者有好几千人。

方望等人拥立孺子婴的消息传到长安，刘玄大为震怒，于是立即派丞相李松和讨难将军苏茂带领大军前去讨伐。

方望等人军力弱小，可以说是不堪一击，很快被李松、苏茂击败。孺子婴、方望、弓林等人都被杀死。

更始政权虽然诛杀了不自量力的方望等人，但就在这个月，赤眉军的两路兵马也同时到了弘农郡（郡治弘农县，今河南省三门峡市灵宝市东北黄河沿岸）。

更始政权君臣闻讯十分惊慌，于是派刚刚得胜的讨难将军苏茂带兵前往弘农迎击赤眉军。

赤眉军势力颇大，苏茂军被打得大败，光是战死的就有一千多人。

苏茂战败，刘玄又派丞相李松带领大军，与大司马朱鲔一齐前去拒敌。此时是公元25年三月，更始的军队与赤眉军在荔乡（今河南省三门峡市灵宝市北）展开大战，李松、朱鲔被赤眉军打得大败，李松不得不弃军而逃，士卒被斩杀者多达三万余人。

当时，更始政权的定国上公王匡、襄邑王成丹、抗威将军刘均等人带兵分别据守在河东郡、弘农郡，想要阻止赤眉军入关，却无法打败人多势众的赤眉军。

赤眉军对更始军队连战获胜，士气大振，前来投奔他们的人也越来越多。樊崇于是制定了新的军队建制，以一万人为一营，把三十万人总共划分为三十营，每营中设置三老、从事各一人。之后，赤眉军的三十万大军挺进到湖县（今河南省灵宝市西北），并迅速到达华阴县（今陕西省华阴市）。

还是在公元24年十二月赤眉军刚刚入关之时，刘秀就预料到赤眉军将来必定会攻破长安，更始政权必定会覆亡。而政治上不成熟的赤眉军，在长安也必定难以立足。所以，为什么不趁此机会，因两家之弊，攻占关中呢？

但在当时，刘秀正在征讨山东等地的其他义军，无法抽身前去，那就必须派一个才能出众的大将带兵前去，西行入关。

刘秀经过综合衡量，认为邓禹深沉有大度，足以担此重任，决定派邓禹带兵前去。于是拜邓禹为前将军，持节。刘秀手下的四万精兵一分为二，让邓禹带去二万。同时，刘秀给予了邓禹极大的自主权，让他自由选择可以随他一齐西征的偏将、裨将。

最终，刘秀任命原河内郡太守韩歆为军师，李文、李春、程虑为祭酒，冯愔为积弩将军，樊崇（与赤眉军樊崇同名不同人）为骁骑将军，宗歆为车骑将军，邓寻为建威将军，耿䜣为赤眉将军，左于为军师将军，跟随前将军邓禹，带兵西征关中。

公元25年正月，在赤眉军的两路兵马到达弘农县的时候，邓禹也率军翻越了太行山，从箕关（今河南省济源市邵原镇一带）进入河东郡。河东郡的都尉带兵紧守关口，邓禹连续攻打了十天，才破关而入，缴获了一千多辆战车，缴获粮草无数。

之后，邓禹乘胜进兵，包围了由更始政权控制的重镇安邑（今山西省运城市夏县），但围了好几个月，还是未能攻下。更始政权的大将樊参率领数万人马，渡过大阳县（今山西省运城市平陆县）想要攻打邓禹，邓禹派遣手下诸将前去迎击，大败樊参的军队，樊参被邓禹斩杀。

更始政权驻守在河东的王匡、成丹、张卬、刘均等人见邓禹来势凶猛，于是合兵攻打邓禹，邓禹兵少无法抵挡，被王匡等人打得大败，骁骑将军樊崇战死。

当时天色已晚，两军各退。军师韩歆和其他将军见己军战败士气低落，都劝邓禹趁夜撤走，但邓禹却没有听从。刘秀任命他为前将军，分一半的精兵给他，目的是要让他占领关中，现在他刚到河东就吃了败仗，还怎么去攻占长安呢？

于是邓禹坚持留了下来。

第二天是癸亥日。古代用天干地支来纪日，六十个干支日的最后一天是癸亥，古人讲迷信，认为这一天不吉利，所以就把癸亥日称作"六甲穷日"。

既然是"六甲穷日"，那么王匡等人自然不能在如此不吉利的日子出兵。所以邓禹抓住这一时机，对部队进行了休整，然后做出了新的战斗部署。

第三天一早，王匡等人指挥大军，对邓禹军全线出击，邓禹通过观察，发现王匡一方毫无章法可言，只是想凭着人多势众来赢得战斗，所以他立即有了应对之策。而这个应对之策，实际上也就是春秋时鲁国曹刿的"一鼓胜三鼓衰"。

邓禹下令，面对王匡等军的进攻，一律不得轻举妄动。等到王匡的大军鼓噪着攻到营寨之下，自然是因壁垒坚固而无法攻入，因此王匡军的锐气立即受挫。

邓禹等的就是这个机会，他立即下令众将擂响战鼓，全力出击。

王匡的军队没有想到一直坚守不出的邓禹军会突然杀出，立即大惊而逃，全军立时溃败。王匡等人无法掌控败局，情急之下只好弃军而逃。

邓禹率领轻骑兵在后紧追，大败更始军，俘获了抗威将军刘均、河东太守杨宝、持节中郎将弭强。

邓禹下令将他们全部斩首，收缴他们所持的更始符节六枚、印绶五百枚、兵器仗甲不可胜数，河东郡因此被邓禹平定。

王匡、张卬等人被邓禹击败，狼狈逃回长安。张卬和将领们商议："赤眉军近在郑县（今陕西省渭南市华州区境）和华阴之间，早晚会到达这里。现在只有长安还在我们的控制之下，不过被攻占也是很快的事情。为今之计，不如带领将士抢劫城中的财产物资，然后撤出长安，向东回到南阳去，在那里可以夺取宛王刘赐等人的军队以自保。如果最后还是不能取胜，那我们重新进入山林湖泽做盗贼也不失为一条出路。"

申屠建、廖湛等人都认为张卬的意见很对，与其坐以待毙，不如转移求生。于是就一起到宫里劝说更始帝刘玄。

刘玄听了之后非常生气，一句话也不说。这就意味着，刘玄不同意这件事情。到了这个时候，张卬、王匡这些人开始品尝到了拥立窝囊之主的恶果。如果在太平年景，他们拥立一个懦弱无能的人，可能更有利于他们享乐弄权，可是到了生死关头，一个窝囊废就足以将他们全部送上死路。有时候面对危局，战略转移是不二之选，这也是"三十六计走为上计"的精髓所在。

刘玄不同意战略转移，并且非常生气，所以大臣们都不敢再提这件事情，因为谁劝谁就会人头落地。打又打不赢，走又不让走，大臣和将领们都普遍感到非常沮丧、泄气。

更始君臣在长时间地踌躇观望之中，错过了战略转移的最佳时机。而在这段时间里，赤眉军却在政治上实现了一个巨大的飞跃——他们也拥立了一个皇帝！

赤眉军中的大部分士卒都是齐地人，所以，军中常有齐地的巫师击鼓跳舞祭祀城阳景王，以求保佑。城阳景王就是西汉时的朱虚侯刘章，他在杀死诸吕夺回汉家政权的过程中立下大功，所以在齐地有着非常高的威望。

这个巫师在祭祀刘章的过程中，极为癫狂地说城阳景王对赤眉军的所作所为非常生气，城阳景王发怒说："你们应该当皇帝，为什么要做盗贼呢？"

军中的几个士卒都讥笑那个巫师胡说八道，结果很凑巧地，笑话过巫师的几个人病倒了，士卒们一传十、十传百，都对巫师的话感到非常惊异。从这一点上来看，不排除政治上已经有所觉醒的某些赤眉军首领刻意安排这样场景的可能。

那个因拥立孺子婴而被刘玄所杀的平陵人方望，他有个弟弟叫方阳，此时也来到了赤眉军中。他非常怨恨刘玄杀了他哥哥，于是就怂恿樊崇等人说："更始帝政治腐败，政令不通，所以才让将军得此境地。今将军拥有上百万的军队，向西攻打帝都，却没有皇帝的称号，在名分上还是盗贼，这怎么能长久呢？不如立刘姓宗室之后为帝，凭借道义来诛伐无道。如此号令，还有谁敢不听从呢？"

樊崇等人听了之后，认为方阳说得非常对。而在那段时间里，那个齐人巫师的狂言也越来越厉害。于是在到达郑县之后，樊崇与其他的将领们商议说："如今已迫近长安城，而鬼神的旨意也是这样，我们应当寻求刘氏后人，共同尊立他为天子。"于是，他们拥立有宗室血统的刘盆子为皇帝，自定年号为建世元年，此时为公元25年六月。

那么，刘盆子又是什么人，他立下过什么卓越功勋，会被赤眉军拥立为皇帝呢？

刘盆子是泰山郡式县（今山东省泰安市境内）人。当初，赤眉军路过式县时，把刘盆子和他的两个哥哥刘恭、刘茂全部掳掠，然后把他们都安置在军中。刘恭小时候曾经学习《尚书》，略知大义。后来，刘恭跟随樊崇等人一起到洛阳投降刘玄，随即被刘玄封为式侯。因为刘恭通晓经术，所以他多次上书言事，被拜为侍中，跟随更始帝到了长安。

而没读过多少书的刘盆子和刘茂则继续留在赤眉军中，隶属于右校卒史刘侠卿。日常的工作就是放牛，军中把他们称作牛吏。

此时樊崇等人想要拥立一个皇帝，因为城阳景王很受齐人敬重，且巫师又说是奉了城阳景王的命令，所以拥立刘章的后代，就显得格外顺天应人。于是，樊崇等人就在军中寻找刘章的后代，结果找到七十多个人，但从血统上来比较，只有刘盆子、刘茂、刘恭兄弟以及前西安侯刘孝与刘章更亲。

刘恭在更始朝中任官不在军中，那么赤眉军就要从剩余的三人之中选择一个拥立为皇帝。

如果说，赤眉军真想在政治上有所作为，那么在这个时候，他们就要从更始政权那里吸取教训，拥立一个真正有才能的人来当皇帝。但赤眉军的首领和当初的绿林军首领并没有什么两样，他们都缺乏长远打算，也是想拥立一个能被自己掌控的傀儡，以方便自己继续掌握实权。基于这样的认识，无论是更始政权还是此时的赤眉军，他们没能走得更远，也就是情理之中的事情了。

孔夫子说"三人行必有我师"，从三个里面选一个，就算是三个都不中意，那至少有一个应该是差强人意的，选贤而立，不失为一种优化配置，但赤眉军的首领们仍然没有选择这么做。

他们选择的方式是：抽签。抽到谁算谁！

樊崇和徐宣等人商议说："听说古时的天子带兵作战就称为上将军。"于是在一个木札上写上"上将军"字样,又和两个空木札一起放在竹筒中,在郑县某地的北面设立坛场,隆重地祭祀了刘章。

之后,三十个营中的三老、从事都整整齐齐地站在台下,让刘盆子、刘茂、刘孝三人站在中间,按照年龄大小的顺序依次上前去抽签。年纪大的刘孝、刘茂都抽到了空木札,年纪最小的刘盆子最后抽签,他抽到了那个写有"上将军"字样的木札。

从年纪最小的刘盆子最终抽到木札的结果来看,就是这样看似向天问命的随机抽签,似乎都被赤眉军的首领们做了手脚。

当刘盆子从竹筒中抽出那个象征着皇帝之位的木札之时,他身后站着的将领们包括樊崇、徐宣等人在内,都赶快跪倒在地向他叩头称臣。

刘盆子当时只有十五岁,蓬头垢面赤裸着脚,穿着破烂衣服,由于平时在军中从事非常低劣的工种,在户外牧牛遭受风吹日晒,所以脸上布满红血丝,也就是俗称的红脸蛋。他见那些平时威势赫赫的将军都向自己跪拜叩头,心里恐惧再加上正值夏季天气炎热,禁不住汗流满面,不自在得几乎都要哭出声来。

刘茂毕竟年纪大一些,知道这一场把放牛娃拥立为皇帝的看似闹剧的仪式对他们来说意味着什么,于是郑重地对弟弟刘盆子说:"你要把那个有字的木札好好地收藏起来。"

但刘盆子哪里会有这样的认识,他不听则已,一听立即把那根木札咬断扔掉,之后又回到了右校卒史刘侠卿的手下。

刘侠卿哭笑不得,但好歹刘盆子之前是自己的下属,也算是有一点同僚之谊,于是赶快为他制作了深红色的单衣,半头的红色头巾,有边子、带花纹的丝织鞋子,然后把他送上了皇帝专乘的大马轩车,让他去履行一些必须由皇帝出面履行的仪式。

但是,刘盆子毕竟不是皇帝之材,虽然被赤眉的将领们拥立为皇帝,但他仍然与他之前的伙伴——那些牧童在一起玩耍。

既然拥立了皇帝,那就必须任命相应的官吏,以便符合礼制。

樊崇虽然作战非常勇猛被众人推举为赤眉军的首领,但他却没有读过多少书,不懂经术、数术。而徐宣之前曾经担任过县中的狱吏,并且通晓《易经》。于是众人经过商议,推举徐宣担任丞相,樊崇做了御史大夫,逄安担任左大司马,谢禄担任右大司马,从杨音以下,都是列卿。

赤眉军拥立刘盆子为皇帝,给更始政权带来了更大的压力。于是刘玄派王匡、陈牧、成丹、赵萌率军驻扎在新丰（今陕西省西安市临潼区新丰街道），李松在掫城（今陕西省西安市临潼区东北），以抵抗赤眉军。

赤眉大军压境，更始兵力不占优势，这样下去长安早晚会被攻破。于是在长安留守的张印、廖湛、胡殷、申屠建等人和御史大夫隗嚣一齐谋划，准备找机会劫持更始，突出长安。

当时有这样一项制度，称之为貙膢（音出楼），就是在立秋之日，皇帝要出外射猎，然后用射获的野兽来祭祀宗庙。张印等人打算在立秋日刘玄出猎那天伺机劫持他，然后威逼他带兵一齐离开长安。

侍中刘能卿得知了张印等人的计谋，立即把这件事情报告给了刘玄。刘玄知道一旦被手下将领劫持，那必定会凶多吉少。先发制人，后发制于人，于是，刘玄决定先下手为强，杀死张印等人。

刘玄虽然才能不高，但当了这么长时间的皇帝，帝王权谋之术多少还是懂得了一些，远的不说，秦王子婴诛杀赵高之事，可以说是尽人皆知。作为一个皇帝，想要诛杀大臣，那利用宫禁进出不便的有利条件，几乎可以玩弄任何大臣于股掌之间；当然，那些可以自由出入宫禁且宫中遍布自己眼线心腹的权臣除外，比如之前的霍光、比如之后的曹操等人。

于是刘玄托病不出，然后召见张印等人。

张印等人不知是计，于是立即入宫。刘玄想将他们全部处死，但左等右等，只剩下隗嚣一个人怎么也不来。刘玄很想将这些人一网打尽，所以因隗嚣未到而犹豫不决，让张印、廖湛、胡殷、申屠建四人在内宫之外的厢房中等候。张印和廖湛、胡殷知道自己做过什么事情，所以自然而然起了疑心。他们知道自己再等下去就只有死路一条，于是立即突出皇宫，奔向自己的军营，只留下申屠建一个人在宫里。

刘玄听说张印等人突出宫外，知道事情已经泄露，于是立即杀了申屠建。

如果说张印等人之前还只是在猜测的话，那么此时申屠建的被杀，立即使他们的担心得到了印证，于是张印、廖湛、胡殷立即带着自己手下的军队抢劫了长安城内的东、西两个集市，之后趁着黄昏放火烧毁宫门，杀进了皇宫，与刘玄的亲兵在宫中进行了激战。刘玄手下的卫兵毕竟数量不占优势，所以很快被张印等人的大军杀得七零八落。刘玄眼见不妙，第二天一早，带着妻子儿女和一百多辆车骑，向东到新丰去投奔驻扎在那里的赵萌。

惊魂初定的刘玄，怀疑王匡、陈牧、成丹和张印等人同谋，于是召他们一

第十章 东汉

起入见。陈牧、成丹并不知道刘玄召他们入见的具体原因，以为只是正常的朝会或是军事部署，于是就毫无戒备地先到了。陈牧和成丹到了之后，刘玄立即杀了他们。

在后的王匡得知陈牧和成丹被杀，吓得魂飞天外，他不敢入见刘玄，带着手下的兵马径直去了长安，然后与张卬等人会合。

李松一直以来就是更始帝刘玄的心腹，所以并不担心刘玄会怀疑自己，于是带着他的兵回到了刘玄的身边，然后与赵萌合兵，一齐攻打长安城内的王匡、张卬。内讧持续了一个多月，王匡等人最终战败逃走。刘玄这才得以进入长安城内，之后移居到长信宫。

赤眉的军队到达高陵，王匡、张卬等人于是投降了赤眉军。之后，王匡、张卬等人与赤眉合兵，一起向长安进兵，攻打东都门。

这个时候，刘玄身边已经没有了可以使用的战将，于是他不得不亲自守卫长安，然后让李松前去迎战。更始政权本来就兵力上不占优势，再加上李松又不是骁勇惯战之将，只一战就被赤眉军击败，死了两千多人，李松本人也被赤眉军生擒。当时李松的弟弟李汎（音泛）担任城门校尉，樊崇于是派人对李汎说："你只要打开城门，我就可以饶你兄长不死。"

一边是败局已定，一边是哥哥的生命，李汎经过思考，最终选择了献城投降。

时为公元25年九月，赤眉的军队进入了长安。刘玄听说李松战败被擒，赤眉军入城，手下已经无将可使，只好单枪匹马只身出逃。

刘玄选择从还未被赤眉军占领的厨城门出城，他身后的妃嫔、宫娥在后面连声高叫说："陛下，下马谢城。"

刘玄听到后立即下马，对着城池拜了几拜，之后上马逃走。

当初赤眉军立刘盆子为天子之时，侍中刘恭因为刘盆子是他的亲弟弟，所以就命家人把自己捆绑起来，然后进了关押钦犯的牢狱。此时听到刘玄战败逃走，刘恭立即从牢狱里走了出来，徒步去追赶刘玄，一直追到高陵才追上，一起住进了驿站。

右辅都尉严本担心刘玄从自己这里逃走将来赤眉军会找自己算账，于是就带兵包围了刘玄所住的馆驿，借口保护他，实际上把他囚禁了起来。

赤眉军派人送信给刘玄说："刘圣公如果投降，就封他为长沙王。但如果出降的时间超过二十日，就不受降了。"

刘玄知道刘恭是个忠诚忠义之人，不会做那种卖主求荣的事情，于是就派刘恭前往赤眉军中请降。赤眉军见刘玄的使者到了，于是就委派谢禄前往长安城中受降。

公元25年十月，赤眉军入长安城，更始帝刘玄跟随谢禄前往刘盆子所在的长乐宫，赤裸着上身以示虔诚，向刘盆子献上了传国玉玺。赤眉军给刘玄定了重罪，然后把他押到庭院里，准备要杀死他。

刘恭、谢禄觉得此举极为不妥。刘恭前来赤眉军中为刘玄请降之时早就进行过交涉，保刘玄不死是最起码的条件；而谢禄前去受降之时，也觉得刘玄是个诚实的无用之人，现在刘玄已经投降，杀死刘玄不仅在道义上下不去，而且还会让两个使者刘恭、谢禄背上沉重的精神枷锁。

所以刘恭、谢禄见状，立即上前为刘玄求情，却被樊崇等人拒绝。眼看刘玄被拖出去就要问斩，刘恭追出去高声呼喊说："我确实尽了最大的努力，请让我先死吧。"说着拔出腰间的宝剑就要自刎，樊崇等人见刘恭如此刚烈，心里立即对他肃然起敬，于是赶快上前阻止了他。

刘恭的行为给赤眉将帅带来了非常大的心理震撼，于是他们赦免了刘玄，然后封刘恭为畏威侯。

赤眉军之前开出的条件是只要刘玄在二十日之内投降，就封他为长沙王，但如今刘玄在约定的期限内投降了，赤眉军却并没有兑现他们的承诺，所以刘恭据理力争，再一次为刘玄争取。

赤眉将帅对刘恭非常钦佩，所以经刘恭这么一坚持，刘玄最终被封为长沙王。

刘玄虽然受封长沙王，但只要稍有政治头脑的人都知道，绝不能让他脱离控制到长沙去就国。所以，刘玄虽然被赦免并受封，但他仍然被控制在赤眉军中。

刘玄对此也心知肚明，并且也知道自己在赤眉军中唯一可以依靠的是谁，于是常常依附谢禄而居；刘恭也不改初衷，继续一如既往地保护刘玄。

赤眉军入长安之后，治军还和以前一样散漫混乱，没有根本上的起色。樊崇等人虽然拥立刘盆子为皇帝，但实际上完全就是把刘盆子当作一个傀儡，凡事都由着自己做主，根本不把刘盆子当回事儿。

刘盆子居住在长乐宫，赤眉军中的那些将领天天围在一起争论功劳的大小，大声吵闹喧哗，吵到激烈之处，有的甚至拔剑乱砍大殿里的柱子，谁都说服不了谁。这种情形，与当年刘邦刚刚得天下时何其相似，只不过，刘邦是马上皇帝，天下是他带领群臣打下来的,他在大臣们中间有绝对的权威;而现在的刘盆子,在那些武夫中间哪里还有一丁点的威慑力呢?

三辅郡县和各营的将领派遣他们的使者前来向刘盆子进献礼物,但几乎每次都是被赤眉军中的士卒抢走。

赤眉的士兵们又多次劫掠百姓,残暴地对待当地的官吏,所以那些已经宣布归降赤眉军的官吏百姓,重又建造营垒,拿起武器自卫。

到了腊日这一天(当时的腊日是冬至后的第三个戌日,佛教传入后才固定为腊月初八),樊崇等人便设置鼓乐,举行盛大的宴会。皇帝刘盆子坐在正殿,中黄门郎官手持兵器站在他的身后护卫,公卿大臣都按序列坐在殿上。

酒席还没有开始,其中有一个人拿出刀笔,想要上前写几句贺词。其他人见了之后,也觉得在这样一个场合,写贺词可能会更加体现喜庆气氛。可是那些武将平时行军打仗在行,但写字却是外行,于是都站起来围着那个人,请求他代写,颇有些过春节代写春联的意思。这些人围聚在一起,互相背对或面向,全然不顾皇帝刘盆子正坐在大殿,也全然不顾作为一个大臣应有的礼仪。

大司农杨音见状,手按剑柄大声斥责说:"你们这些公卿,可真是些老奴才、糊涂蛋。今日特设君臣之礼,本应该比之前更有秩序,谁知道却比以前更加混乱,小孩子玩耍都不能这样,你们都应该被杀头。"

杨音的弦外之音就是:"本来我们立这个皇帝,就是在做游戏。但请各位注意,玩游戏也要遵守游戏规则;否则,这个游戏就玩不下去了,谁都会死无葬身之地。"

可是其他的那些将领并没有这样的认识,他们听了之后很不服气,于是就开始争辩、打斗,许多将领手下的兵士趁乱越过宫墙,砍断门闩,进宫抢掠摆在桌案上的酒肉,最后因为争夺不公,竟然开始互相残杀。

大殿里乱成一团,在宫外负责警卫的卫尉诸葛稚发现宫内大乱,于是带兵进入殿内,杀死了为争夺酒肉而打斗的一百多人,方才控制了局面。

手下的兵将们混乱如此,手中没有实权的刘盆子根本无力约束,况且以他的年纪、以他的水平,根本不知道该怎样去约束。因此他在惶恐不安之余,只能日夜哭泣,独自与侍奉他的小太监躲在宫里,只是偶尔登上台阁观望,却无法管束外面发生的事情。

赤眉的军纪如此混乱,三辅的官吏百姓都对赤眉军失望透顶,开始怀念起更始帝刘玄来。相比之下,刘玄虽然昏聩无能,但对百姓还不至于如此残暴。

更始旧将张印等人为此非常担心，他们对谢禄说："现在各营的将领，大都想夺取刘圣公并重新拥立他。我们一旦失去刘圣公，那么这些人就会联合起来进攻您，所以，将军您留着刘圣公，不是要自掘坟墓吗？"

一语惊醒梦中人，谢禄虽然也想尽量讲求道义，但赤眉军整体上是什么状况，谢禄还是非常清楚的，所以，在自己力所能及的范围内讲道义是对的，但如果因此而送掉自己的性命，那就太迂腐了。

于是谢禄决定杀死刘玄以绝后患，他暗中嘱咐几个心腹随从，让他们与刘玄一起到郊外去牧马，然后趁机缢死刘玄。

刘恭得知刘玄被谢禄所杀，趁着黑夜前往郊外，为刘玄收了一具全尸。远在河北的刘秀听到刘玄的死讯感到非常悲伤，下令在长安附近的邓禹把刘玄埋葬在霸陵。

刘玄有三个儿子，名叫刘求、刘歆、刘鲤，他们在落难之时，都无一例外地前去投靠刘秀，刘秀不计前嫌，全部把他们封为侯爵。

应该说，虽然刘玄被刘盆子的属下所杀，但刘盆子不过是个傀儡。并且，刘恭自始至终都对刘玄非常忠诚，多次拼命保护刘玄，并在刘玄死后冒着生命危险为他收尸。可后来发生的事情，却超出了所有人的想象。刘玄的儿子刘鲤觉得，是刘盆子杀死了他的父亲，想报复刘盆子不得，于是派人刺杀了刘恭。这可真是以怨报德，刘玄若是泉下有知，真是无颜面对刘恭。

所以说刘玄和他的儿子一样，都是不知感恩的人。他们分不清谁是真正的敌人，也分不清谁是真正的朋友，缺乏作为王侯的基本肚量，也缺乏做人的基本识断。

刘玄杀了刘秀的大哥刘縯，但刘秀得势之后，却没有选择冤冤相报，而是选择了用政治手段来处理这件事情，这么做的结果，无疑在很大程度上体现了他的帝王气度，也在最大限度上争取了民心、凝聚了民意，为他成为一个成功的帝王奠定了胜利的基础。

人与人之间才能品格的优劣高下，难道还很难区分吗？

第八节　刘秀登基

当初赤眉军入长安、更始帝败亡之时,皇宫里的宫女还有上千人。刘玄投降赤眉之后,她们都被关闭在宫中,失去了生活来源。这些宫娥饿得没有办法,只好挖掘宫院里种的萝卜,并捕捉池塘里的鱼来吃。但宫中的萝卜和池中的鱼毕竟是非常有限的,并且还是以观赏性的居多,所以没过多久,这些宫女就没有了食物,相继饿死于宫中。

还有一些之前在甘泉宫的乐工,他们虽然饥饿,却仍然在竭力维护他们的尊严,穿戴着整齐华丽的衣服,一起击鼓唱歌跳舞。这些乐工见到刘盆子,知道他是新拥立的皇帝,于是就一起向他叩头求援说非常饥饿。刘盆子非常怜悯他们,于是派中黄门太监赏给他们每人几斗谷米。但随着后来刘盆子离开长安,这些乐工也全部饿死在了宫里。

刘恭眼见赤眉军内部极为混乱,知道他们将来必定会失败,心里非常担心他们兄弟将来都会遭受祸患,于是就暗地里叫刘盆子把皇帝的玉玺、印鉴归还给赤眉军首领,并教他练习着说辞让帝位的话。

公元26年正月初一,樊崇等人按照惯例,在宫中举行盛大朝会。刘恭见机会非常合适,于是对樊崇等人说:"承蒙各位将军共同拥立我的弟弟为皇帝,对我们兄弟的恩德,实在是太深厚了。但是我的弟弟被立为天子将近一年时间了,混乱却一天比一天严重,实在不足以成就一番大业。我们担心就是死了也没有任何好处,所以愿意退位做一个平民,还请各位将军认真考虑一下,重新寻访更贤明的人立为皇帝。"

樊崇等人见刘恭这么说，只好谢罪说："这都是我樊崇等人的过错。"

但刘恭想要的却并不是一句请求，他是真的想让自己的弟弟退位，以便保住他们兄弟的性命，所以一再坚持请求。

赤眉军的一些将领可不想这么快就让抓在手里的傀儡跑掉，于是威胁刘恭说："拥立天子这样的大事，不该是你式侯刘恭说的啊！"

说话的人显然是一个熟悉宫廷规制、明白政治规则的人，刘恭听了之后，非常害怕，只好惶恐地站起来退下。

刘盆子见哥哥刘恭没能让赤眉军将领就范，于是按照刘恭事先教他的，立即从龙床上下来，解下皇帝的玺绶，跪在地上朝殿里的大臣叩头说：

"如今虽然拥立了皇帝，但是做贼盗的习气还和以前一样。官吏百姓前来贡献物品，常常被士卒抢劫，这些事情天下尽人皆知，凡是听说的人没有不怨恨的，也不再有人信任、向往朝廷。这都是因为立了不应该立的人当皇帝所造成的，真诚地希望各位将军能留我一条性命，我会自动地让出皇位，让那些贤能圣明的人来即位，如果一定要杀死我刘盆子才能给天下人一个交代，那我也绝不会有任何的逃避。真诚地希望各位将军能够体谅我、怜悯我。"

说着，刘盆子不禁涕泪齐下，唏嘘痛哭。

刚刚刘恭说要让弟弟退位，赤眉军的个别将领就拿政治规则来压制他，认为以他的身份和地位不适宜说那样的话。那么这个时候，名义上是皇帝的刘盆子再这样说，等于立即把球踢了回去。身为式侯的刘恭说话你们认为不应该，那么现在我皇帝说了，应该不应该？

所以刘盆子话一说完，赤眉军的那些将领个个目瞪口呆，他们一时之间都想不明白，平日里什么都不懂的一个放牛娃，怎么会突然间说出这么一段大有水准的话来？

能让台下的观众继续掏钱看戏的前提是台上的演员愿意继续演下去，但目前面临的问题是台上的主要演员不想演了，想脱掉戏服罢演，试问这怎么能行呢？以后还怎么欺骗观众并向他们收门票呢？

于是樊崇等人及与会者的几百名大臣，都赶快装出一副悲伤痛苦的表情，赶快离开座位，跪在地上向刘盆子叩头说：

"都是我们这些大臣做得不对，辜负了陛下的圣恩。从今以后，我们一定会管好属下，不敢再放纵。"于是共同上前抱起刘盆子，又让他坐回龙床，并替他戴上了玺绶。

刘盆子大声哭叫不停，但事情的进展根本由不得他掌控。

朝会已毕，那些将领出宫回营，都关闭大营，严令自己营中的将士不许外出劫掠。于是京城地段立即恢复了平静，消息传出，三辅的官吏百姓都称赞皇帝聪明。百姓们以为赤眉军的面貌发生了极大的改观，于是争相返回长安，城里和街巷差不多都住满了。

但刘盆子表现出来的，毕竟不是自己的真实水平，而其他赤眉将领所表现出来的，也不是他们的真实态度。所以才过了二十多天，懒散并贪财的赤眉军又开始故态复萌，再次出营到城中进行大肆抢掠。

城里存储的粮食都已经吃完，于是赤眉军也和当初的更始将领张印所提议的那样，开始战略转移，他们掠取城中的奇珍异宝装上大车，之后放大火焚烧了宫殿房屋，向着长安以西的地方进军。

当赤眉军经过南郊并举行祭祀仪式时，经过清点人数，赤眉军无论兵力、武器、装备，还是车马，都达到了鼎盛，所以号称百万大军。

刘盆子乘坐皇帝专坐的王车，三匹马驾着辕，跟在他后面的骑兵护卫有好几百名。赤眉军的大军从南山转而攻掠周边的城邑，与更始政权的旧将严春在郿县（今陕西省宝鸡市眉县）之地展开大战。严春兵少，所以赤眉军不费吹灰之力就打败严春并杀死了他，随后进入安定、北地等郡。

此时已到公元26年正月，正是寒冬季节。赤眉的大军在路过阳城（今甘肃省平凉市华亭县境内的山峡）和番须（今甘肃省平凉市华亭县马峡镇，从今马峡镇到平凉市庄浪县的罐子峡，称为番须道）途中遭遇了大雪，在低洼的峡谷之地，到处都积满了雪，军中的士兵有很多都被活活地冻死了。樊崇等人见再往西进弄不好会全军覆没，于是赶快挥师东返，又回到了长安。

回到长安之后，赤眉军开始放纵士兵盗掘皇家陵墓，盗取墓中陪葬的金玉财宝。

西汉时大名鼎鼎的吕雉所葬身的长陵，被赤眉军的士兵掘开，因为吕后的尸身是被玉匣装殓的，并且当时的防腐技术已经非常高超，所以吕后虽然死了已经两百余年，可是她的容貌看上去还像活着时那样美丽，个别的赤眉军将领，因此毁损了吕后的尸体。

凡是被赤眉军所盗掘的陵墓，和吕后那样有玉匣装殓的女性，她们有的也被赤眉将士所毁损。

公元26年九月，赤眉军再一次进入长安，驻扎在桂宫（长安城内除未央宫、长乐宫、建章宫"三宫"之外的另一处重要皇家宫室，在未央宫以北偏西）。

当时，汉中王刘嘉的部下延岑、李宝带兵出散关（又名大散关，原为周朝散国的关隘，位于今陕西省宝鸡市南郊秦岭北麓，是自古以来的"川陕咽喉"，此前韩信"暗度陈仓"就从大散关经过），驻扎在杜陵，窥伺长安。为了击退延岑，赤眉军派逄安带兵十余万前去攻打延岑。

延岑、李宝兵力只有几万，很快被逄安击败，李宝被逼投降。

其后，李宝与延岑取得联系，在逄安外出与延岑接仗之时，将逄安营寨中的旗帜都换成了白旗，逄安退军回来以为营寨已被汉兵所占，大惊败逃，赤眉将士死者高达十多万人，最终，逄安只带着几千人逃回了长安。

其时京城三辅发生大饥荒，粮食供应不足，出现了人吃人的惨景，城中的百姓都已逃亡一空，放眼望去，白骨遍野。那些选择留下来的人，往往聚在一起修建坚固的堡垒自守，赤眉军攻打多次，都因对方坚守而难以攻下。

粮草断绝，又没有地方可以掠夺，再在长安待下去那就只有死路一条，向西被延岑等人所阻，那就只有带兵东返。

公元26年十二月，樊崇等人决定带领剩余的赤眉军主力返回东方，因为赤眉军中的大部分士卒，都是关东一带的人。其时，赤眉军的兵力仍有二十多万人。从鼎盛时的号称百万到当下的二十万，赤眉军损失极为惨重。但这还不是最悲惨的，在他们东返的过程中，一路上又有士卒不断地逃亡。并且，一个早已布好的大口袋，正在前方等待着他们钻进去。

这个布下口袋的人，就是刘秀！

那么在更始帝刘玄政治混乱以至于战败被杀到赤眉军祸乱长安的这段时间里，在河北的刘秀又做了哪些事情呢？

刘秀在击败铜马、青犊、大彤并收编这些起义军兵马壮大自己的实力之后，决定带兵北上，扫平燕、赵等地的其他起义军。同时派邓禹带兵西征，趁赤眉军与更始军斗得两败俱伤之际趁机夺取关中。

其时，更始帝派遣舞阴王李轶、廪丘王田立、大司马朱鲔、白虎公陈侨率领大军，对外号称三十万，与河南太守武勃一起守卫洛阳。

刘秀担心自己带兵北上之后，李轶、朱鲔等人会乘虚而入进军河北。因为当时在河北的广大区域，只有魏郡、河内郡没有遭受兵乱，城池完好，粮草丰足，兵源充足，是别无他选的最好根据地、大后方，所以刘秀决定挑选智勇双全之人镇守河内、孟津，以对抗李轶、朱鲔。

刘秀对河内太守的人选一时犹豫不定，想到了一向以知人著称的邓禹，于是就征求他的意见。

邓禹回答说："之前高祖任用萧何镇守关中，不再有担心四方的顾虑，因此得以专心对付山东的项羽，最终成就了大业。如今河内依靠黄河天险，百姓殷富、人口众多，北边直通上党郡，南边紧靠洛阳城。寇恂这个人是个文武全才，具有管理百姓、统领众将的杰出才能，除了这个人之外，我再想不到有其他更合适的人选。"

刘秀最终敲定了这一人选，于是拜寇恂为河内太守，行大将军事，让他镇守河内。刘秀叮嘱寇恂说："河内城池完备、人民富裕，我要依靠河内来起事。从前高祖留萧何镇守关中，我现在把河内托付给你，你要坚守城池，做好运输，为军队供应足够的粮草，率领和操练好士卒兵马，阻止其他军队，不要让他们北渡黄河。"

寇恂知道镇守河内责任重大，刘秀把这个任务交给他，说明对他无比信任，于是郑重地答应了下来。

之后，刘秀又任命王梁为野王（今河南省焦作市沁阳市）县令，北守天井关（也叫雄定关，在今山西省晋城市境内，太行山最南部，是通往河内郡即今河南省焦作市的关隘，史称"太行八陉之一"，因关前有三眼深不可测的天井泉而得名），防止上党等地的军队进入河内；冯异为孟津将军，统率河内、魏郡两个郡的兵马，驻守在黄河边上，与寇恂互为犄角，互相策应，共同防御在洛阳的李轶、朱鲔。

安排妥当之后，邓禹带着六将军西征，刘秀也即刻带兵北上。

征剿尤来、大抢、五幡等农民起义军的过程艰难曲折，但总体上也算顺利。

在右北平顺水河北岸与尤来军接仗中，刘秀遭遇了战马被刺、本人差一点战死的险情，幸得幽州突骑将领王丰让马，才得以逃脱。

都护将军贾复征战素来奋不顾身，在攻打五校军的过程中，浑身上下受了多处战伤，伤势非常严重。士兵们将他抬回军营之后，几乎跟死人没两样。刘秀得讯之后大惊失色地说："我以前之所以不让贾复担任某一方面军的主将配合主力部队作战，就是因为他仗着自己勇猛常常轻敌。今果不其然，使我失去了一位名将。听说他的妻子已经有孕在身，如果将来生的是女儿，我就让我的儿子娶她；如果生的是儿子，那我就将我的女儿嫁给他。总之，我不想让他在临走之前为他的妻子、儿女担忧。"但贾复却奇迹般地活了过来，不久就恢复健康，很快回到了军中。

破虏大将军叔寿甚至在其后攻打五校军时战死，代价不可谓不大！此战一直持续到公元26年，吴汉率领杜茂、王梁、贾复、阴识、刘隆等九将军前去围剿，在邺东漳水之上把五校军、檀乡军打得大败，迫降十万多人。又清剿盘踞在魏郡、清河、东郡三郡的农民军，将五校军、檀乡军所部彻底击溃，使三郡清静，道路畅通。

因为刘秀手下将士用命，所以刘秀牢牢地控制了河北，使河北成了他稳固的大后方。

刘秀本人并没有参与清剿尤来、五校等军余部。在将尤来、五校等军主力击溃之后，刘秀留下吴汉带领陈俊、耿弇、马武、景丹、盖延、朱祐、邳彤、耿纯、刘植、岑彭、祭遵、王霸、坚镡等人继续追击，而自己率中军回师南下。

再说在河内留守的寇恂。刘秀走后，寇恂不负众望，制订文书下发到郡内各县，操练士卒，演习骑射，砍伐淇园的竹子制造了一百多万支箭，饲养军马二千匹，征收粮谷四百万斛，之后全部运送到前线，保障了刘秀大军的征伐不受影响。

冯异知道朱鲔等人早晚会渡河来攻打河内，所以为了争取并瓦解敌方阵营，于是就给李轶写了封劝降信，信中列举微子启弃商归周、项伯叛楚归汉、周勃迎立刘恒、霍光迎立汉宣帝等事例，说长安朝政败坏，而刘秀手下却英才云集，希望李轶能够看清成败，转祸为福，以免追悔莫及。

当初，李轶和刘秀首先谋划起兵反莽，他们之间曾经关系非常亲密，可是事情在刘玄被拥立为皇帝后起了变化，李轶竟然枪口调转，亲自参与了谋害刘縯。从那以后，李轶也深知刘秀对他恨之入骨，所以彻底倒向刘玄，并对刘秀高度戒备。

刘秀离开河内北上之前，安排一位名叫刘隆的骑都尉跟随冯异，与冯异共同防御洛阳的朱鲔、李轶。刘隆的父亲刘礼也是南阳的刘姓宗室，当初安众侯刘崇在南阳起兵讨伐王莽事败，刘崇、刘礼兄弟全族被灭，当时的刘隆因为年龄还不到七岁，所以按照当时的法令得以活命。刘隆成年后，到长安去求学。更始的军队入长安之后，刘隆因为是刘姓宗室，再加上读书明礼，于是刘玄就任命他为骑都尉。没过多久，刘隆请假回老家南阳，然后把妻子、儿女接到洛阳，并把他们安置在那里。之后，因为长安更始政乱，所以刘隆没有再回长安。等到刘秀带兵到达河内之后，刘隆闻讯，立即前往河内去投奔刘秀，并在射犬见到了刘秀。刘秀见刘隆来投自己，非常高兴，于是任命刘隆仍旧为骑都尉，并让他与冯异一起守卫孟津。

李轶听说刘隆离开洛阳前去投奔了刘秀，心里非常痛恨，认为他对更始不忠，于是就把刘隆的妻子儿女全部抓起来杀了。

所以在冯异的书信到来之前，李轶可以说是铁了心要继续与刘秀为敌的。

可是此时冯异的一封来信，却立即使李轶方寸大乱。李轶不是个愚笨之人，他几乎不用思考，就知道冯异信中所言句句属实。长安的更始帝刘玄已经不值得辅佐，但如果选择向刘秀投降，那么远有谋害刘縯之计，近有杀害刘隆家属之事，刘秀又怎么会宽恕他呢？硬抗下去，结局如何是可以预料的。所以思来想去，李轶心里十分不安。不过最终，李轶的侥幸心理还是占了上风，他觉得只要自己选择为刘秀出力，那么刘秀将来也许会放过自己。所以为了替自己留退路打好基础，于是他给冯异回了一封信说：

"我李轶本来和萧王首先谋划重建汉室，缔结了同生共死的盟约，制定了荣辱与共的计策。如今我守卫洛阳，将军您镇守孟津，都把守着战略要地，这种情形可以说是千载难逢，如果团结起来，可以发挥巨大的力量。希望将军把我的意思转达萧王，我愿意进献并不高明的计策，以辅佐国家、安定百姓。"

李轶自从和冯异通信之后，就不再和冯异交兵，所以冯异得以向北出兵天井关，攻取了上党郡的两座县城，又向南攻下了河南郡城皋以东的十三个县。附近各处聚集的更始军队，全部被冯异击败，前后向冯异投降的更始军队有十多万人。对于冯异的军事行动，李轶全都是视若无睹、坐视不理。

河南太守武勃见郡内各县向冯异投降，非常生气，于是率领一万余人，攻打各处背叛的人，想重新收复那些地区。

冯异见武勃出兵，便带兵渡过黄河，和武勃的军队交战于士乡亭下（士乡亭属河南郡），最终大败武勃之军，并杀死了武勃，斩首五千余级。

武勃和冯异在河南境内大战，就在李轶的眼皮子底下，但李轶却继续袖手旁观、闭门不救。

冯异大获全胜之后，见李轶确实按照他信中所讲的那样信守承诺，于是就将情况详细地上报给刘秀，同时请示下一步该怎么办，是招降李轶还是另有安排。

刘秀收到冯异的奏书，心里一阵冷笑。李轶这个人，阴谋杀害他大哥刘縯和杀死刘隆妻儿并不是不可原谅的，彼时桀犬吠尧各为其主，但关键的问题是李轶这个人品行不端，这个人就像其后三国时的吕布一样，见谁强就跟着谁跑，不问品质不问来路，毫无忠诚信义可言，在主人最困难的时候，率先反水的就是这种人。所以，刘秀的态度非常明确，这样的人，留着也是祸害，不如早一点除掉为好。

刘秀决定借刀杀人，于是他命令冯异："李季文这个人阴险诡诈，他的话一般人都不能得其要领，无法令人相信。要把他的书信抄送给各地的太守、都尉，让他们提高警惕，加强防守。"

刘秀这一招太狠了，狠得连身边的将领们都看不下去了，都认为他不该故意泄露李轶的信件。毕竟李轶之前谋杀刘縯、杀害刘隆的亲属，都是所属阵营不同所致，如今李轶有意归附，那就不该将他的私信公布于众，把他送上绝路。

冯异收到刘秀的命令之后，也非常痛苦无奈，首先招降李轶是他的主意，是他给李轶写的信，李轶听了他的话选择了合作，而刘秀却下令要公开他的信件。这就等于说，李轶没有辜负冯异，但冯异最终却辜负了李轶，尽管那不是他的本意。

但一饮一啄，莫非前定，李轶遭此下场，也是他之前做事过分出格所致。再加上王命难违，冯异只好依照刘秀的命令行事。

于是，李轶给冯异的私密信转瞬之间成了公开信，在洛阳城内传得沸沸扬扬。和李轶一同镇守洛阳的朱鲔得知李轶与刘秀的将领暗通款曲，并且坐视武勃兵败被杀，十分震怒，于是他立即派人前去，刺杀了李轶。

李轶认为刘隆不忠，所以杀死了刘隆的妻子儿女；朱鲔认为李轶不忠，所以杀死了李轶，那么李轶之死，就一点也称不上冤枉！

站在一个公平公正的立场上评价李轶，他还是有一定才华的，不然，他身边也不会聚集那么多拥护他、追随他的人。李轶被杀之后，李轶的追随者们非常怨恨，担心因此受牵连而被朱鲔所杀，于是选择了出城向冯异投降。

冯异在背后搞的这些小动作令朱鲔十分恼怒，朱鲔知道刘秀北上带走了一半的精兵，邓禹西征又带走了另一半精兵，所以河内一定空虚无备。于是他派遣讨难将军苏茂、副将贾强，率领三万余人从巩县（今河南省郑州市巩义市）北的五社津（黄河东过巩县北，有五社渡，称之为五社津）渡过黄河，去进攻河内的温县。

同时，为了配合苏茂的军事行动，朱鲔亲率数万人攻打平阴（今河南省洛阳市孟津县东），以牵制冯异。

温县守军的告急文书传送河内郡城，寇恂立即率领军队急行出城，并传送文书，命令所属各县，让他们的军队迅速赶到温县城下会师。

寇恂属下的军吏担心大军还没有集齐而单独随寇恂前去会白白送死，于是纷纷劝谏他说："如今洛阳的军队渡过黄河，前后连绵不断，我们最好等各路部队全都会集齐了，才可以出击。"

寇恂反驳说："温县是郡城的重要屏障，如果丢了温县，那么郡城就守不住了。"于是带领兵马急行军开赴温县。

第二天一早，寇恂的军队与洛阳的军队在温县城下相遇，双方列阵完毕，准备交战。而在那个时候，冯异派出的校尉护军所率的救兵以及郡内各县的军队正好赶到，各路兵马从四面八方奔赴而来，旗帜招展，遮天蔽日。

寇恂是一个极有胆略的人，邓禹推荐他，确实没有推荐错，再加上长时间跟随刘秀，所以灵活应变的本领也变得越来越强。他意识到各县的兵马在此刻从四方会集是一个绝佳的打击敌方士气的机会，于是命令许多大嗓门的士兵爬上城楼击鼓大声呼喊说："萧王刘公的军队来了！"

苏茂军中的将士听到刘秀回军，全都震恐不已，列好的战阵出现了动乱，寇恂见状，乘机指挥大军全线出击。

苏茂的军队在胆寒之下全无战心，被寇恂打得大败。寇恂一路追到洛阳城下，并在那里斩杀了苏茂的副将贾彊。

苏茂军中的将士为了逃命，跳入黄河想要泅渡却被淹死的就有好几千人，被生擒的有一万多人。

在寇恂带着兵马大败苏茂之军的这个时间段里，冯异带着兵马趁机渡过黄河，迎击前去攻打平阴的朱鲔。

朱鲔本想通过苏茂来牵制冯异，哪知冯异不仅没有被牵制，反而分兵应敌，和寇恂大败苏茂；朱鲔眼见战局不利，只好撤军回洛阳。冯异带领兵马一路追杀，一直追到洛阳城下，绕城一圈之后才回军。

自此以后，洛阳的朱鲔震恐不已，城门大白天都不敢打开。

当时的传闻都说是朱鲔攻破了河内，刘秀其时正在率军回蓟县的途中，他听到消息后担心不已。不久寇恂的捷报送到，刘秀非常高兴地说："我就知道寇子翼是足以胜任的。"于是身边的将领们都一齐上前向他祝贺。

在那个时候，刘秀手下兵强马壮，战必胜，攻必取，河北已经扫平，洛阳亦成孤城，所以刘秀手下的将领们都对未来充满信心。他们在商议之后，都希望刘秀能够尽快称帝。因为当皇帝这种事情，太早了不行，太早了会成为众矢之的，最终死得很惨，比如陈胜、项羽；但太迟了也不行，因为如果别的人拥立了比较贤明的君主，天下人都信服、归心，那个时候名分已定，再称帝会成为镇压的对象。

其他的将领们素来畏惧刘秀的威严，所以都不敢向刘秀提这件事情，而马武由于在谢躬被杀后及时前来投奔刘秀，再加上说话做事很对刘秀的脾气，所以众人都公推马武先上前劝进。

马武没有推辞，上前对刘秀说："如今天下没有贤明的君主，如果有圣人趁着天下大乱的机会兴起，使天下大定、百姓安顺，那么到了那个时候，即使有孔子那样的圣贤担任丞相、有孙武那样的谋士作为大将，恐怕也不会扭转乾坤。就像泼出去的水收不回来一样，后悔也来不及了。大王您虽然坚持谦虚退让，但您又怎么对得起大汉的先帝祖宗和江山社稷呢？您最好还是返回蓟城即皇帝尊位，然后再商议征伐的事情。现在皇帝是谁？盗贼是谁？都很难说，而您驰骋疆场又是在攻打哪个贼人呢？"

刘秀听了之后吃惊地说："将军你怎么能说出这种话来呢？说这话可是要斩首的啊！"

马武回答道："诸位将军都在这么说。"

刘秀于是派马武出外向其他的将军们宣布他的命令，以后再不能说这种大逆不道的话。之后，刘秀率军继续南下，返回蓟城。

时为公元25年初夏四月，公孙述在蜀中称帝。

公孙述称帝，再一次牵动了刘秀身边那些将领本就敏感脆弱的神经。他们这样抛家舍业，跟着刘秀出生入死，图个什么？跟着刘秀打下了天下，如果刘秀当了皇帝，那他们就能出将入相，享受富贵荣华，艰辛的付出也算有了回报。可是刘秀如果不愿意当皇帝，将胜利成果拱手相让，那么他们岂不是在白白牺牲自己和家人的幸福、性命？

所以，将领们很不甘心，准备瞅准时机，再次劝进。

刘秀带着大军从蓟城出发继续南下，路过范阳县时，命令军士收聚并安葬那些在征战中死去的官吏、将士。一个集体的凝聚力、向心力如何，除了来自平时的并肩战斗，更多的还来自这个集体怎样对待生者、怎样对待死者、怎样对待平民百姓，甚至于怎样对待世间万物。试问刘秀这样告慰死者、安慰生者的举动，怎么能不体现对生者的尊重、对死者的敬畏呢？又怎么不令将士们更加归心呢？

大军行进到中山之时，众将又沉不住气了，于是再次向刘秀劝进说：

"汉朝遭受了王莽之祸，使刘氏宗庙废绝，对此天下豪杰愤怒，黎民百姓遭难。大王和长兄刘伯升首先举义兵，更始帝却凭借他的平庸占据了帝位。可是他根本就没有能力继承汉朝的大统，相反却败乱了纲纪，使得盗贼日渐增多，天下生灵涂炭。大王最初征伐昆阳之时，王莽军队自行溃败；随后又占领了邯郸，北方各州很快平定；三分天下而您已经占有了二分，横跨好几个州郡占据着辽阔的疆土，拥有带甲的精兵百万人。论武力没有哪个人能与您相抗，谈文德没有谁敢与您论辩。我们听说皇帝之位不能长久地空缺，上天的意志不可以谦逊地拒绝，希望大王为国家考虑、为天下万民考虑。"

将领们劝进归将领们劝进，但作为刘秀，他必须沉得住气，不能表现得迫不及待，至少在表面上，他还要继续推让，因为天下的公理就是欲速则不达、欲扬则须先抑，能够在时机不成熟时控制住自己的欲望，那就能牢牢地把握住成功的先机。所以，刘秀再一次拒绝了将领们的劝进。

当大军行进到南平棘（今河北省石家庄市赵县城南）之时，将领们再一次坚决地请求刘秀登基。刘秀依然推辞说："各处的盗贼还没有完全消灭，我们还处于四面受敌的区域，何必急着要自称天子即帝位呢？各位将军请暂且退出。"

耿纯进言说："天下的士大夫之所以抛下亲属、离开家乡，跟随大王冒着刀箭檑石冲杀，他们的打算本来就是想要能攀龙鳞、附凤翼飞黄腾达，以实现自己的愿望罢了。现在大功即将告成，无论是上天之意，还是万民之心，都无不向着大王。可是大王却一再推辞，违背众人的意愿，迟迟不正名号，不即帝位，我担心士大夫的愿望和打算落空，就会产生背离的念头，不再做这种遥遥无期而又使自己困苦不堪的事情了。众人一旦离散，就难得再次聚合。所以说，即位的时间再不可以拖延，众人的愿望也绝不可以违逆。"

耿纯的话说得非常恳切，刘秀听了之后，也深受触动。是啊，在这个时候，做不做皇帝，其实已经不是他刘秀一个人的事情了，纵然他还想潜龙几年，等机会再成熟一些、风险再小一些时再正名号，但他手下那些将士渴望成就功业、光耀门楣的迫切之心，却是说什么也不能阻遏的，于是他松口说："我会考虑这件事情。"

当皇帝不是一件随随便便的事情，天下想当皇帝的人不在少数，宣布当皇帝的人也不在少数，但最后的结局非常明朗：皇帝只有一个，那些轻率宣布自立为帝的人，最终的下场都非常惨。

此时的刘秀，如果不考虑除他之外的其他人，那么相对而言，他当皇帝的条件已经完全具备：第一，他有作为一个帝王的才能；第二，在官吏百姓之中有着较高的声望，官吏百姓拥护；第三，有自己控制下的根据地、大后方；第四，有征讨四方、巩固政权的足量军队。

那么刘秀迟迟没有表态称帝，是什么原因呢？

主要的原因就是：他是从更始帝那一个派系出来的，不管他立下了多么大的功劳、取得了多么大的成就，也不管天下的百姓如何拥护，之前他在更始帝驾下俯首称臣却是无法改变的事实。现在刘玄还活着，而刘秀却突然宣布自立，这在道义上没办法向天下人交代，同时在政治上也是一个绝大的败笔！

那么这么说来，只要刘玄活着，刘秀是不是就没办法称帝了？

也不是，办法有三种，或者说，有上、中、下三种策略。

第一种，下策：不管更始帝态度如何，也不管天下人的态度如何，硬性宣布称帝。那么这样一来，就会像当年的项羽在楚怀王熊心还活着的时候自封为西楚霸王一样，被政敌抓住把柄，不停地被天下人口诛笔伐。

第二种，中策：采取一种措施，神不知鬼不觉地把刘玄杀掉，然后自己无可争议地当皇帝。这就像后来的明太祖朱元璋命人暗杀韩林儿一样，归咎于上天，堵住天下人的口。但这样一来，也会被后人议论。

第三种，上策：找到一条法律依据，证明刘秀当皇帝比刘玄当皇帝更具合法性，让全天下所有的人都无话反驳、无话可说。那么这样的法律依据怎么寻找？刘玄和刘秀的关系不是海昏侯刘贺与汉宣帝刘询之间的关系，只需要权臣拿着太后的一纸诏书就可以废掉另立，并且在那个时候连个太后都找不到。怎么办呢？那就要借助上天的口，让神来降旨，说刘秀是皇帝。当初的王莽，不就是这么做的吗？

当时的人们，都深信那些预言未来的"图谶"。而刘秀称帝，实际上也就是缺一道上天让他当皇帝的"图谶"。而这道法律手续，马上就被人送到了刘秀的眼前。

刘秀当年在长安求学之时，有一个名叫强华的太学生，和他同住一间宿舍。如今，这个昔日的同窗，从关中长安，手捧一本名叫《赤伏符》的图谶，前来给刘秀进献。《赤伏符》上明确地写着，要让刘秀当皇帝。

《赤伏符》是新朝末年的谶纬家所造的符箓，是一本"神秘预言书"。所谓"赤"，就是指汉太祖刘邦，因为当年刘邦斩白蛇起义，说老妇人告诉他自己是"赤帝"之子；"伏"指暗藏天机之意；"符"指符瑞。那么《赤伏符》，就是汉家皇室的老祖宗刘邦在天上传给人间的"天旨"了。

刘邦的"天旨"，人间的官吏百姓自然是要人人遵从并执行了。

那么强华送来的这本《赤伏符》图谶上面，到底写了什么呢？上面写的内容是："刘秀发兵捕不道，四夷云集龙斗野，四七之际火为主。"

"刘秀发兵捕不道"，意思非常浅显，就是一个名叫刘秀的人起兵征伐那些无道之人，无道之人包括王莽，也包括盗贼；"四夷云集龙斗野"，古代把中原之外的其他少数民族统称为东夷、西戎、南蛮、北狄，也就是四夷。这句的意思是四方的各夷狄民族云集，像群龙那样搏斗于原野；"四七之际火为主"，四七二十八，从公元前202年刘邦称帝到公元25年，是228年，这就是"四七之际"，汉朝按照五德终始说，属火德，那么，这句的意思就是：从汉高祖建立汉朝228年后，仍旧由汉朝的刘氏后人当皇帝。

好了，有了这本《赤伏符》，刘秀当皇帝，就自然是受命于天了，别说是其他人不能不听，就是刘秀自己，也绝对不能抗拒。

那么，参考历史上许多的类似事件，这本《赤伏符》图谶，是不是刘秀派人做出来的，或者是某些像哀章那样的趋炎附势之人做好了送给刘秀以攀龙附凤呢？

这次还真不是。因为早在刘秀还在乡下务农的时候，这样的图谶之说就出现了。当时的说法是："刘秀当为天子。"刘秀年轻时和大哥刘縯、姐夫邓晨及学过谶纬之学的蔡少公在一起吃饭时，蔡少公就专门提到过。其时的人们都认为那个刘秀是王莽的国师公刘歆，因为当时刘歆深受王莽器重，同时他把自己的名字改为了刘秀。而刘秀则开玩笑说怎么就知道那个刘秀不是他呢？为此惹得赴宴的人哈哈大笑。

"刘秀当为天子"的谶语，在当时传得沸沸扬扬，普天之下不知道的人可以说是凤毛麟角。毋庸置疑，这条谶语对刘秀赢得天下人的支持和拥戴，起了十分重要的潜移默化的作用。

那么这本《赤伏符》中刘秀应该做皇帝的谶语，到底是谁制造出来的呢？史书无载，不好妄言，反正不是刘秀本人。刘秀没有派人做这本图谶，但他很好地利用了这本图谶，这倒是事实。

所以，当刘秀带领大军行进到鄗县（今河北省邢台市柏乡县固城店镇）之时，强华把《赤伏符》献给刘秀之后，刘秀手下的将领立即心花怒放，乘机再一次向刘秀上奏说："接受天命的符瑞，以有人事应验的为大，天下的物象正与符命相合，所有人的心思不谋而合，就是周武王的白鱼之瑞，又怎么能和今天的这种情况相比呢？现在万民之上没有天子，四海之内混乱不堪，上天在人间降下的符瑞完全应验，这是人所共知的，应该立即回报天神，不要让心怀愿望的黎民失望。"

上天的旨意有了，法律上的手续齐备了，刘秀撇弃刘玄另立为帝，便显得更加顺天应人。并且，图谶上将刘秀必须在公元25年做皇帝的时间都规定得清清楚楚，再不容刘秀推脱。

其时，在洛阳城下大败朱鲔的冯异也被刘秀召到了鄗县。冯异一向以谨慎自重而被刘秀看重，所以刘秀要向他了解一些洛阳以东的情况，并顺便征求他的意见。

冯异说："更始帝手下淮阳王张卬、穰王廖湛、随王胡殷反叛攻打更始，更始帝战败出逃，前去投奔赵萌。如今天下无主、宗庙有难，这一切都取决于大王了。大王应该听从大家的提议，上为国家，下为百姓。"

刘秀有些不放心地说："我昨天夜里做了一个梦，梦见自己乘坐一条红色的龙上了天，梦醒之后，感觉心中惊悸。"

冯异于是走下座席，朝刘秀拜了两拜，并向他祝贺说："这是天命生发于大王的精神之上，大王感觉心悸，这正是大王一贯谨慎本性的体现啊！"

刘秀听了之后，颇觉安心，于是命令手下的官吏们在鄗城南面的千秋亭五成陌设立祭天的祭坛和场所。

公元25年六月己未日，刘秀在鄗城登基做了皇帝。祭坛上用柴火燃起大火，以祷告上天，又敬祀"六宗"（古所尊祀的六神。有天、地、春、夏、秋、冬和水、火、风、雷、山、泽等说法），并遥祭四方群神。

刘秀登基的祝文内容如下："皇天上帝，后土神祇，眷顾我们而降下天命，把百姓托付给刘秀，让他做天下臣民的父母，刘秀实在不敢承当这个重任。可是所有的文武百官，都不约而同地说：'王莽篡夺皇帝之位，刘秀因此发愤兴兵，在昆阳击败了王寻、王邑，在河北诛灭了王郎、铜马，平定了天下，四海之内的百姓都蒙受了他的恩惠。上应皇天后土之意，下被百姓衷心拥护。'谶记说：'刘秀起兵捉拿无道之人，刘氏修养德行当为天子。'刘秀还是坚决地推辞，可是众人根本不同意，他又再次推辞，第三次还是推辞。文武官员都说：'上天的重大旨令，绝对不可以耽搁。'所以刘秀不敢不敬承天命。"

于是立年号为建武，大赦天下，并把即位的鄗城改名为高邑。

第九节　赤眉之败

刘秀即位的时间，是公元25年六月。而那个月，也正是赤眉军将刘盆子拥立为皇帝的月份。

刘秀自己当了皇帝，那么接下来，就要按照一整套的礼仪和制度，设置将帅，拜官封爵，对那些鼎力支持自己的官吏将帅进行政治上的回报。

刘秀称帝的次月，下诏拜正在西征长安的前将军邓禹为大司徒，拜野王令王梁为大司空，大将军吴汉为大司马，偏将军景丹为骠骑大将军，大将军耿弇为建威大将军，偏将军盖延为虎牙大将军，偏将军朱祐为建义大将军，中坚将军杜茂为大将军、乐乡侯。

同为刘姓宗室的刘茂自号为"厌新将军"，率领他手下的将士向刘秀投降，刘秀封他为中山王。

称帝之后，刘秀带着大军一路南下，来到了河内。

朱鲔守卫的洛阳，仍是刘秀的心腹大患。刘秀于是派耿弇率领强弩将军陈俊驻屯在五社津，以防卫荥阳以东。又命吴汉率领王梁、朱祐、右将军万修、廷尉岑彭、执金吾贾复、骁骑将军刘植、积射将军侯进、扬化将军坚镡、偏将军冯异、祭遵、王霸等十一位将军，把朱鲔死死围困在洛阳。

公元25年八月，刘秀进驻河阳县（今河南省焦作市孟州市），驻扎在那里的更始政权的廪丘王田立向刘秀投降，至此，朱鲔镇守的洛阳实际上已经成了一座孤城。九月，赤眉的军队打进了长安，更始帝刘玄仓皇出逃。刘秀为了使刘玄免遭非人道的杀戮，下达了一则诏书说："刘玄战败，弃城逃走，他的妻子儿女无人照顾，流离失所，朕非常怜悯他们。现在封刘玄为淮阳王，天下的官吏百姓，有谁敢加害于他的，以大逆不道之罪论处。"

但刘秀的这道诏书对于当时势头正猛的赤眉军来说，无疑是一纸空文。所以，刘玄在选择向赤眉军投降之后，仍然难逃被赤眉军缢杀的命运。不过，那是一个多月以后的事情了。当时刘秀面临的最大问题，就是怎样攻占洛阳，拔掉朱鲔这颗钉子，然后扫平通往关中的障碍。

此时田立已降，洛阳再无外援，于是刘秀命令吴汉等人发起攻击。洛阳守军被围数月，军心动摇、士气低落，守卫洛阳东门的守将决定向汉军投降，于是与围困东门的坚镡相约，于第二天黎明偷开城门，放汉军入城。

坚镡得到洛阳东门守将的投诚邀约，一时之间无法确定真假，所以不便向刘秀报告，于是联络同在东门的朱祐，只等城中的内应打开城门，便一齐杀入一探究竟。

次日一早，天刚蒙蒙亮，东门守将果然传递约定信号，并打开了城门。于是坚镡、朱祐立即率军杀了进去。正在城中督战的朱鲔听说汉军入城，赶快调度其他防区的军队赶来支援。双方在洛阳武库下展开大战，战事极为惨烈，双方死伤都非常惨重。一直打到吃早饭时分，城中从其他防区赶来的援军越来越多，坚镡、朱祐等人寡不敌众，只好边打边退出了洛阳城。

城中的守将暗中向刘秀一方献城，虽然没有得逞，但发生的这件事情，却足以使朱鲔对继续坚守失去了信心。

而刘秀一方围城数月未能攻克洛阳，也对靠武力夺取洛阳产生了疑虑。

刘秀知道廷尉岑彭曾经和朱鲔颇有渊源，岑彭随朱鲔攻杀王莽的荆州牧李圣之后，朱鲔曾经在刘玄面前鼎力推荐他出任淮阳都尉。所以说朱鲔不仅非常赏识岑彭，也对岑彭有知遇之恩。

于是刘秀就派岑彭前去劝降朱鲔。

岑彭到了城下之后，说明来意，于是朱鲔也到城头上和他搭话。朱鲔见到这个曾经的老部下，岑彭见到这个曾经的老上级，都感觉分外亲切，于是相互嘘寒问暖，就像他们当年并肩作战时那样。

岑彭对朱鲔说："我岑彭之前曾经得以手持马鞭在您身边效力，承蒙您推荐提拔，常想找机会来报答您的大恩。现在赤眉军已经攻占了长安，更始帝被三王背叛攻打而出逃，我皇陛下上受天命，平定燕、赵，尽占幽、冀两个大州的土地，百姓归心，贤才云集，这次亲率大军，前来攻打洛阳。天下之事，过去的已经过去了。您即使环城固守,又将等待什么呢?"

朱鲔说:"大司徒刘縯当年被害的时候,朱鲔我曾经参与了那次谋划,之后又劝更始帝不要派萧王北伐,我确实知道自己罪孽深重啊!"

对于这样的事情,岑彭也不敢打包票,于是立即返回,将朱鲔的顾虑详细地告诉了刘秀。刘秀说:"建大功做大事的人,不忌恨小的仇怨。朱鲔如果现在投降,连他的官职和爵位都可以保留,还怎么会惩罚他呢?我以黄河水起誓,绝不食言。"

得到刘秀的承诺,于是岑彭又去告诉朱鲔,让他放心出降。

朱鲔见岑彭如是说,仍然有些不太放心,他从城墙上垂下一根绳子说:"如果你们确实信守承诺,那么你就攀着这根绳子上来。"

岑彭二话不说,靠近绳索就准备要攀缘而上。朱鲔通过察言观色,并且凭着他之前对岑彭的了解,立即就知道刘秀想要招降他是诚心诚意的,而岑彭此来,也是坦荡无私的,于是立即许诺,他将于五日后出降。

五天以后,朱鲔带着几名轻装骑兵前去面见岑彭。见了岑彭之后,他回头命令手下的其他部将说:"你们一定要坚守洛阳,等我返回。我如果不回来,那你们就径直率领大军到辕辕(险要关隘,在辕辕山上,今河南省洛阳市偃师市东南,因山路有十二曲,盘旋往还而得名,形势险阻,历代为兵家控守要地)去投奔郾王尹遵。"

之后,他当着岑彭的面把自己捆绑起来,然后和岑彭一起到河阳去见刘秀。

刘秀见朱鲔来降,赶快亲自上前解开了他的绳子。刘秀和朱鲔进行一番畅谈之后,朱鲔心头的疑虑尽解。尽管朱鲔是杀害刘縯的主谋,又曾极力反对更始帝派刘秀持节渡河镇抚河北,但在那个时候,不过是桀犬吠尧,各为其主。事实证明,朱鲔这个人,做事还是有底线有水准的,他不像其他的那些绿林军将领一样,唯利是图,反复无常,也不像李轶那样见风使舵、背信弃义。因为此,刘秀断定,朱鲔这个人,忠诚,信义,坚持原则,值得信赖。

但是此时刘秀面对的事情,却并不是朱鲔投降这一件事情。朱鲔已经同意归降,但洛阳城中的其他将领有没有其他的想法,这却无法保证。时局瞬息万变,如果朱鲔没能按时回去,那其他的将领乘机在城中生出其他变故或是前去投了郾王尹遵,那可就得不偿失了。鉴于此,刘秀命令岑彭连夜把朱鲔送回了洛阳城。

朱鲔回洛阳之后,第二天早晨,就带着城中的全体将领及军队出城投降。刘秀拜朱鲔为平狄将军,封扶沟侯。朱鲔后来官至少府,他的封爵传了好几代。从刘秀对待朱鲔这件事情来看，后人评价刘秀是最有肚量、最有气度的帝王，可以说是当之无愧。因为他没有像后来的曹丕逼死张绣那样，最终选择秋后算账。你信任我，那我就绝不辜负你对我的信任，对此，刘秀不仅为朱鲔兑现了承诺，也为所有了解那段恩怨的人阐释了什么叫"君子一言，驷马难追"。

朱鲔投降之后，当年冬十月，刘秀入洛阳，住在洛阳南宫的却非殿（洛阳南宫的前殿），并最终定都洛阳。

此后，古史中关于东汉的都城，载记为"雒阳"。东汉建都洛阳之后，按照当时流行的五德终始说，汉朝是火德，忌水，所以就把"洛"旁的"水"去掉而加了"隹"，于是"洛阳"就成了"雒阳"。等后来曹氏建魏，因为魏国的行次（五行的位次）为土，五行土克水，水得土而流、土得水而柔，所以又把"雒阳"改回了"洛阳"。后文为了行文的统一，一律把"雒阳"写为"洛阳"。

收降朱鲔，入主洛阳之后，刘秀派贾复、阴识、刘植前去攻伐郾县，连败洛阳以南的更始军队。一个多月后，郾王尹遵向刘秀投降，郾县附近全部被平定。

之后，贾复乘胜引兵东进，攻打更始政权的淮阳太守暴汜。暴汜投降，淮阳下属各县全部平定。当年秋天，贾复向南攻打召陵、新息，都攻了下来。第二年春天，贾复因功升任为左将军，带兵攻打新城、渑池之间的赤眉军，都取得了胜利。

再说受命西征的前将军邓禹。

邓禹于公元前25年六月平定河东以后，按照刘秀的意见拜裨将李文为河东太守，然后把河东所属各县的官吏全部进行了更换，以便于控制河东。刘秀在鄗县称帝之后，拜邓禹为大司徒。刘秀在颁赐的诏书上高度评价邓禹，认为邓禹就像当年孔子的学生颜回那样，自从有了他，就让所有的将领都相互亲近了起来。刘秀肯定了邓禹斩将破敌、平定河东的功绩，并封他为酂侯，食邑一万户。

遥想当年汉初分封，萧何也被封为酂侯，食邑万户。刘秀比照当年的萧何来分封邓禹，显然是对邓禹抱有很高的期望，希望他像当年的萧何辅佐刘邦那样来辅佐自己，并平定关中，以成大业。

而这个时候的邓禹，年仅二十四岁。

之后，邓禹带兵渡过汾阴河（今山西省运城市万荣县境），进入夏阳（今陕西省渭南市韩城市）。

更始政权的中郎将、左辅都尉公乘歙，率领他的十万军队，和左冯翊的军队在衙县（今陕西省渭南市白水县彭衙村一带）境内一起抵御邓禹。邓禹击败了公乘歙等人，而在那个时段，赤眉军也攻入了长安。

赤眉军进入长安之后，更始军队连吃败仗，而获胜的赤眉军却又军纪不严，走到哪里抢掠到哪里，所以三辅的百姓都非常失望，既没有办法依靠更始政权，也不想去归附赤眉。

与此形成鲜明对比的是，邓禹的军队保持着非常严明的纪律，所过之处，非但不掳掠百姓，相反还慰问老人儿童，安抚黎民。京城的百姓闻讯之后，奔走相告，纷纷前来投奔邓禹。每天前来归降的多达上千人，时间不长，前来投奔邓禹的百姓就达到了数十万，因此号称降者百万。

邓禹每到一处，就停下车来竖起刘秀所赐的符节，以劝慰那些前来归顺的百姓。无论是老人还是儿童，都深深地被邓禹的行为打动。他们站在邓禹的车下，心里既感激，又喜悦，都希望像邓禹这样的军队能够平定三辅，他们才有好日子过。邓禹因此名震函谷关以西。

对于邓禹的所作所为，刘秀听了之后非常高兴，多次赐玺书嘉奖他、赞扬他。当然了，刘秀的这个举动，又多么像他当年的老祖宗刘邦，身在荥阳前线，却派人去慰劳关中留守的萧何那样啊！

邓禹手下的将领、谋士和豪杰们都认为邓禹已得民心，劝他直接攻取长安。

但邓禹却反对说："不行。现在我们虽然人数众多，但能上阵打仗的非常少，前面没有可供仰仗的存粮，后边没有可以运送的物资。赤眉军刚刚攻下长安，财货充足，士气旺盛，他们的锋锐不可以抵挡。不过像赤眉军这样的盗贼，他们结群而居，根本没有长久的打算，所以钱财谷物虽然很多，但遭遇的变故也非常多，又怎么能安心坚守呢？上郡、北地、安定三个郡，那里土地广阔，人口稀少，谷物富饶，牲畜兴旺，我们应该暂且北上休整部队，到粮食充足的地方休养士兵，等到赤眉军疲困松懈，到时候就可以乘机攻打他们了。"

于是，邓禹率领军队北上到达栒邑（今陕西省咸阳市旬邑县），大军所过之处，攻破了赤眉军将领所守的营垒，沿途各郡县都开门向邓禹投降。西河太守宗育派他的儿子捧着文书前来投降，邓禹派他径直去了都城洛阳，以示地方官归降来自刘秀的圣明，而不是他邓禹的感召。

其时刘秀虽然定都洛阳，控制了河北，但作为形胜之地的关中却一直没有平定，缺乏对周边其他势力强有力的钳制，所以心里非常着急。而邓禹北上到安定郡等地休整部队，好长时间没有进兵，所以刘秀就下诏书催促邓禹说：

"邓禹司徒，你就是当年消灭残害的唐尧，而赤眉盗贼，就是暴虐百姓的夏桀。长安城中的官吏百姓全都惊慌失措,无处可以归依。你应该乘此机会,迅速进军讨伐赤眉军,镇抚西京,让黎民百姓心有所系。"

邓禹还是认为时机不成熟,坚持之前的意见。于是分派将军攻伐上郡的各县,又大量征发士卒,运输粮草谷物,送到大要县储存起来,准备等一切齐备,乘赤眉之弊发动攻击。

邓禹出发之前,安排积弩将军冯愔、车骑将军宗歆守卫枸邑。

但素以知人著称的邓禹,这次的人事安排却出现了非常大的失误。邓禹走后,冯愔和宗歆两个人为争夺权力竟然相互攻击,最终冯愔杀了宗歆,然后带领驻守枸邑的军队攻打邓禹。

出现这样的事情,真可说是邓禹始料不及的。邓禹没有执行刘秀迅速进兵关中的命令,而冯愔取得枸邑军队的控制权后开始反击邓禹,那么冯愔到底是为了维护刘秀在反对邓禹,还是他彻底发动了叛乱,这让邓禹一下子失去了判断。所以邓禹不敢攻击冯愔,而是赶快派使者把发生的这件事详细地报告给了刘秀,看刘秀到底是什么意见。

而刘秀的态度非常明确:如果冯愔发动了叛乱,那当然要毫不犹豫地把他拿下。而如果冯愔反对邓禹是为了维护皇帝刘秀的旨意,那也不行,因为将在外,君命有所不受。邓禹作为方面军的最高统帅,因地制宜做出了某项决定,手下的将领就必须全部听从他的指挥,除非其中的某人得到了他刘秀的密旨,否则,就绝对不能搞内讧。而显而易见的是,冯愔并没有得到刘秀这方面的授权。

刘秀于是问邓禹的使者:"冯愔平时最信任亲近的人是谁?"

使者回答:"是护军黄防。"

刘秀以一个帝王的水准,立即就断定,处在变乱之中的冯愔和黄防,他们二人绝对不可能长时间地和睦相处,随着外部压力的增大和周边环境的影响,将来就一定会产生非常尖锐的矛盾。

于是刘秀派全都告诉邓禹说:"将来抓捕冯愔的,一定是黄防。"

之后,刘秀选派自北渡黄河时就一直跟随自己并且颇得自己信任的尚书宗广,拿着符节前去招降黄防。

冯愔的威望怎么能和刘秀相比?冯愔的能力水平又怎么能和刘秀相比?而宗广素来颇得刘秀的信任,当初刘秀在河北被王郎的军队追得狼狈奔逃,当任光等人把他迎入信都城之后,刘秀出兵前安排守城人员之时,居然安排了宗广,由此可见,刘秀是多么地信任器重宗广。

所以宗广此来，完全代表着刘秀，他说的话，就是刘秀的旨意。

黄防几乎没怎么考虑，就知道该何去何从了。

所以一个多月以后，果如刘秀所预料的那样，黄防经过筹划，把冯愔扣押并绑了起来。之后，他率领冯愔的高级将佐前来向宗广投降认罪。宗广招降任务完成，于是带着黄防、冯愔回洛阳。

更始旧将王匡、胡殷等人听说宗广来到栒邑，知道宗广深得刘秀的信任，如果宗广能够在刘秀那里替他们美言，那么他们就一定可以保住爵位和富贵，于是也到宗广那里去投降，然后跟着宗广一起前往洛阳。

但走到安邑之时，王匡和胡殷却突然改变了主意。他们之前曾对刘秀很不友好，当初拥立皇帝之时，就极力阻止立刘縯而立了懦弱的刘玄，所以到这个时候投降，担心刘秀会像对待李轶那样对待他们，于是半道上就想逃走，像之前他们和张卬商议的那样，重新回到深山老林之中，再做强盗。放虎归山，最终会贻害无穷，政治经验极其丰富的宗广当然不会让王匡、胡殷逃走，于是他当机立断，命人斩杀了王匡、胡殷。

冯愔随宗广回到洛阳之后，出乎所有人意料的是，刘秀竟然赦免了他的罪行，没有诛杀他。

关于刘秀不杀冯愔的缘由，历史没有明载，许多人暗中猜测，觉得冯愔是不是有什么特殊的背景，从而使刘秀有所顾忌，无法痛下杀手。其实不然，刘秀对待叛乱的人，向来深恶痛绝、毫不手软。当初刘秀面对王郎前来议降的使者，曾经说过一句名言："就算是汉成帝复生，他也不能得到天下，更别说是他假冒的儿子了。"

那么，冯愔得以不死的真正原因，正如之前邓禹所顾虑的那样，并不是冯愔真的背叛了刘秀，而是他想执行刘秀迅速进兵关中的命令，想要维护刘秀的权威，所以他发动了旨在反对邓禹的军事行动。冯愔的行为虽然给军队造成了非常大的损失，但他在政治上站对了队，并且到达洛阳之后，他把自己的想法详细地向刘秀进行了报告，所以刘秀最终赦免了他。

而邓禹在冯愔叛乱之后没有选择立即回兵镇压，而是选择了迅速向刘秀报告，也从另一个侧面佐证了他政治上的成熟和谨慎。纵观邓禹的一生，他在军事上远远逊色于吴汉、冯异、耿弇、岑彭等人，但他在战略上，却是比刘秀还要出色的大家，所以他能够受封酂侯、食邑万户，享受和萧何一样的待遇。在为人处世上，他更是少有的低调和谨慎，所以，他的家族在东汉一朝显赫无比，这是其他任何人都无法比拟的。

几个月后,也就是公元26年春,因为刘玄已被赤眉军所杀,刘秀当皇帝的合法性已经不再受任何质疑,再加上吴汉等人在邺东大败檀乡军,所以刘秀在洛阳大封功臣,把立下军功的将领都封为诸侯。诸侯们封邑大的有四个县,小的也有一两个县。刘秀在分封时下达诏书告诫他的功臣们说:

"人的欲望一旦得到满足,就会放纵享乐,为了得到短暂的快乐,就会忘记保持谨慎,就会忘记遭遇惩罚。诸位将领功业远大,如果真想长久地传给子孙后代,那就应该如临深渊、如履薄冰,战战兢兢,一天比一天谨慎。对于那些立下大功而还没有封赏,名册上也还没有注录的,主管此事的大鸿胪要尽快统计上报,我将分别予以封赏录用。"

对于刘秀如此慷慨豪爽的赏赐行为,博士丁恭进谏说:"古代的帝王,封给诸侯的地方一般不超过一百里,所以分封诸侯,是取法于雷声能震惊百里之意,其目的是增强主干、削弱枝叶,封侯的领地不可过大,所以治理天下才可以行之有效,否则就会尾大不掉。现在封给诸侯四个县,不符合古代的法度。"

对此,刘秀说:"古代国家的灭亡,都是因为国君无道造成的,没有听说哪个国家因为给功臣多封了地导致灭亡的。"于是派谒者分赴各地,把诸侯的印绶颁给那些受封的将领。刘秀在策书上再次告诫功臣们:"居于上位而不骄纵,虽然位高却危险不会降临;谨慎地遵守法令制度,虽然满盈却不会漫溢。你们要深怀敬畏之心,时时警惕、戒备。把爵位传给你们的子孙,永远作为汉家的屏藩。"

邓禹在此次封赏之中,被改封到更为富庶的梁地,为梁侯,食邑四个县,远远超过了之前的万户。他没有很好地执行刘秀的命令,但刘秀仍然对他安抚有加。邓禹是知书达理之人,所以他知道该怎样回报刘秀。

其时,正值赤眉军在长安城中大肆劫掠后率军向西,于是邓禹乘虚向南进兵,进入长安,屯兵于昆明池(汉武帝在长安西南郊开凿操练水军的湖沼),然后大飨士卒。

因为赤眉军撤出长安前往邓禹之前休整的安定、北地郡,所以邓禹得以从容地收集西汉十一个皇帝的牌位,派使者送往洛阳。

赤眉军在西进途中遭遇大雪,士卒被冻死无数,不得已又东返长安,挖掘皇家陵墓。邓禹于是派兵前往郁夷县(治今陕西省宝鸡市陇县固关镇)攻打赤眉军,结果反被陷入绝境的赤眉军打败。邓禹战败,于是带兵撤退到云阳县(今陕西省咸阳市淳化县西北）。

赤眉大将逢安率十万精兵前去攻打驻屯在杜陵的汉中将领延岑之时，邓禹经过分析，认为逢安带领赤眉军的精兵在外，长安城内只有刘盆子和一些老弱残兵，前去攻打一定会取得胜利，于是就亲自带兵前去攻打赤眉军。

正当邓禹攻城胶着之时，赤眉军的将领谢禄带领一支兵马前来救援，邓禹的军队与谢禄的军队连夜在槀街（长安城中的一条街）中激战，邓禹兵少，被谢禄击败，邓禹只得率领残兵退走。

而逢安在被诈降的李宝和延岑里应外合击败之后，赤眉军实力大耗，自此一蹶不振。

且说延岑在打败赤眉军之后，势力急剧壮大，实力壮大后的延岑，再次选择了脱离汉中王刘嘉自立。

那么延岑与汉中王刘嘉之间，到底是什么渊源呢？

延岑是南阳郡筑阳县人。王莽末年，天下大乱，延岑也乘乱起兵，攻取了冠军县，成为一支反莽的武装力量。

绿林军拥立刘玄为帝之后，刘玄派大将军刘嘉率军前去征剿南阳郡内活动的其他起义军，公元23年六月，延岑在冠军县被刘嘉击败，被迫率败兵向刘嘉投降。

刘嘉这个人，本质上是一个非常善良的人，权谋之术也浅，但延岑这个人，却是个枭雄。所以，从二人的秉性和天赋上来看，刘嘉是没有能力驾驭延岑的。所以，对于这种人，刘嘉要么就不要收留，要么就立即杀掉，最低的限度，收留了之后也应该安排在闲散的职位上，绝对不能让其掌握军权。但刘嘉不仅收留了延岑，还让他继续率领之前的部队。

刘玄迁都长安之后，开始大封同姓宗室，刘嘉被封为汉中王，而延岑作为刘嘉的部将，也自然而然地随着刘嘉去了汉中郡（都城南郑，在今陕西省汉中市汉台区）。

刘嘉虽然从小是被刘秀的父亲养大的，但他的性格却与刘縯、刘秀兄弟大不相同：刘縯、刘秀兄弟的血液之中，天生流淌着一股征服欲、统治欲，不甘居人下；而刘嘉则不然，他性格温顺，喜欢安于现状，没有什么大的追求。

所以，受封汉中王之后，刘嘉就再没有什么长远的打算。当他手下颇有才能的贾复向他进献治国大计之时，刘嘉直截了当地告诉贾复，自己不是那块料，并写信推荐他们去投奔刘秀。

从这一点上看，刘嘉还是有一定的自知之明和识人之才的，可是，刘嘉却没能看穿延岑这个人。

公元26年春，当赤眉大举进攻更始之时，延岑也趁机再次起兵，包围了汉中的都城南郑，然后带领手下旧部进攻汉中王刘嘉。

延岑有备而来，刘嘉仓促应战，所以双方一场大战，刘嘉被打得大败，被迫率领残部撤退，汉中于是落到了延岑的手中。

刘嘉败走之后，延岑于是自立为武安王，然后率军向西，准备攻打武都郡（治今甘肃省陇南市成县西）。在进军的过程中，延岑与更始政权的柱功侯李宝相遇，双方展开大战，延岑被李宝击败，撤退到天水郡（治所冀县，今甘肃省天水市甘谷县东南）。

延岑败走之后，蜀中的公孙述派大将侯丹夺取了南郑，占领了汉中。

刘嘉收集败散的兵卒，又聚集了数万人，势力有所恢复。刘嘉准备收复汉中，于是拜李宝为相国，然后从武都郡南攻打侯丹，结果被侯丹击败，只得败退到河池（今甘肃省陇南市徽县）、下辨（今甘肃省陇南市徽县、两当县一带）。

之后，刘嘉指挥军队，与同样驻扎在那里的叛将延岑交战，延岑战败，向北进入大散关，到达陈仓，刘嘉率军在后紧追，把延岑打得大败。

延岑的前面，是已经投降赤眉军的原更始政权穰王廖湛，其时被赤眉军封为邓王，率领十八万大军堵在前面。而延岑背后，则是紧追不舍的旧主刘嘉。败军之将延岑，这一次可以说是插翅难逃。

按照通常的逻辑，此前延岑曾经背叛刘嘉，那么在这个时候，他就应该去投降廖湛才对，但令所有人都没有想到的是，延岑却选择了再次向刘嘉投降。

而刘嘉为了在接下来与廖湛的对决中占据优势，竟然也接受了延岑的归降。延岑此人反复无常，强横而狡诈，刘嘉已经吃过他的一次亏，这次却再次选择了受降延岑，真是令人大感意外。看来延岑也确实是摸准了刘嘉的性格脾气，才会行此险棋而安然无恙。

刘嘉收编延岑之后，随即与廖湛所率的赤眉军对阵。双方在谷口（今陕西省咸阳市淳化县西北）大战，刘嘉率军拼死力战，击败廖湛所率的十八万赤眉军，亲手斩杀了廖湛。

一场大战下来，刘嘉虽然获胜，但粮草短缺、士卒疲惫，亟须休整部队。于是刘嘉命令李宝、延岑率军进驻右扶风，驻扎在杜陵，准备伺机进军长安，而自己则率领中军前往云阳县补充粮草军需。

赤眉军得知李宝、延岑进驻杜陵，于是派逄安前来迎击，结果被李宝打得大败。

延岑得胜之后，他在军中和关中的声望迅速攀升。当时关中各处都有人数不等的割据势力，他们都自称将军，手下兵马多者有一万多，少者有好几千，互相攻击，谁也不服谁的管辖。这些人分别是：王歆占据下邽（今陕西省渭南市临渭区下邽镇），芳丹占据新丰，蒋震占据霸陵，张邯占据长安，公孙守占据长陵，杨周占据谷口，吕鲔占据陈仓，角闳占据汧县（故治在今宝鸡市陇县城关镇东南），骆延占据盩厔（今作周至，今西安市周至县），任良占据鄠邑（今西安市户县北），汝章占据槐里。

延岑接连取得两场胜利之后，野心急剧膨胀，大肆招兵封官，这些割据势力纷纷依附于他，延岑的实力在短时间内得到了极大的扩充。延岑见形势对自己极为有利，想长期占据关中，以为帝王基业，于是再次背叛刘嘉，自称武安王，任命各地的地方官吏，并率领本部人马进驻蓝田。

延岑再次背叛，李宝只好带着自己手下的兵马到云阳县和刘嘉会合。

且说邓禹见赤眉军被延岑击败，延岑进驻蓝田，于是带兵与延岑在蓝田作战，结果没有取得胜利，只好再次退回云阳补充粮草。

刘嘉因为延岑的背叛，此时正显得势单力孤，再加上他从来就没有想自己干一番事业的打算，并且和刘秀自小就非常亲密，所以见邓禹退回云阳，就想去投奔邓禹。

但李宝却提出了不同意见，他素来也是个野心不小的人，他劝刘嘉说："天下大事尚未可知，大王应拥兵自守，坐观成败。"刘嘉见李宝反对，只好暂时将此事搁置起来。

邓禹刚开始听到刘嘉要来投奔自己，后来又一直不见动静，于是就派人把情况报告给刘秀。刘秀收到报告，派使者叮咛邓禹说："刘嘉这个人，素来谨慎善良，很小的时候，就和我亲如手足。他现在犹豫彷徨，一定是长安城内的轻薄之徒误导他造成的。"

邓禹得到刘秀的回书，于是立即派人与刘嘉联系，向他传达了刘秀的旨意。刘嘉见刘秀已有旨意，不敢再迟疑，于是派丞相李宝为代表，让自己的妻兄来歙陪同，到云阳去拜谒邓禹，商议归降的问题。

其时因为邓禹对赤眉作战连战皆败，而刘嘉一方虽然延岑脱离，但至少打了两个大胜仗，所以在双方会见之时，李宝对邓禹态度非常傲慢。邓禹对此非常生气，不杀一杀刘嘉一方的嚣张气焰，那接下来的受降就会变得一波三折。以邓禹的决断力，只要不属己方阵营的人，不需要向刘秀请示，就立即会做出相应的处理。这一点与优柔寡断的刘嘉有本质的不同，所以，邓禹当机立断，命人斩杀了李宝。

李宝被邓禹所杀，李宝的弟弟极为愤怒，他收集李宝部下的将领，带领士卒攻打邓禹的军队，把邓禹打得大败，斩杀了邓禹手下的赤眉将军耿䜣。

出现这样的变故，刘嘉归降之事自然而然受到了影响，不得不暂时搁置。

自从冯愔背反，邓禹的威望就受到了极大的损害，此时受降刘嘉不成反被李宝之弟击败，还损失了一员大将，再加上缺乏粮草，所以前来归附他的那些人渐渐四散而去。

赤眉军自从逢安战败退入长安，长安城内可以说是满城皆空。邓禹想趁此机会击溃赤眉军，但赤眉军的军力仍然十分强大，邓禹连战皆败，所以一路败退到高陵。

其时邓禹军中已经粮食紧缺，将士饥饿不堪，都吃野枣野菜。刘秀得知邓禹军中的情况，命令邓禹立即班师撤军。

其时刘秀已对消灭赤眉军有了非常成熟的谋划，他派破奸将军侯进带兵驻屯在新安（今河南省三门峡市渑池县东），耿弇带兵驻扎在宜阳（今河南省洛阳市宜阳县），兵分两路，截断了赤眉军向东、向南转移的路。之后，刘秀命令全体将领说："贼军若是向东逃跑，宜阳的军马就要迅速北上，前来与新安的兵马会合，共同合围；贼军若是向南逃跑，那么新安的军队就要马上南下，前去会合宜阳的军队，共同合围。"

刘秀部署完毕，只等邓禹返回，赤眉向东或向南转移，就拉开大网围剿。他在给邓禹的诏书中说："赤眉军已粮草断绝，他们一定会向东方转移。我自会做出妥善的安排，请各位将军不要为此感到担心，不要再贸然进军。"

但邓禹是个要强的人，他为自己接受了西征关中的任务而没能完成感到惭愧不已，所以屡次率领饥乏之卒向赤眉军挑战，却总是无法获胜。

刘秀经过慎重考虑，决定派平素爱恤士卒、能得众心的冯异接替邓禹西征。刘秀亲自乘车把冯异送到黄河以南，赐给他乘坐的马车和镶嵌宝石的七尺宝剑，以示对他的重视和恩宠。

刘秀叮嘱冯异说："京城三辅先后遭受了王莽、更始的祸乱，再加上赤眉、延岑的残暴，百姓困苦涂炭，无处归附倾诉。这次征伐，不一定非要占地杀人，关键在于平定安抚百姓。其他的将领并不是不善于征战，却喜欢纵兵抢劫。爱卿你本来善于统御将士，此去一定要整顿好队伍，不要给郡县的官吏百姓造成痛苦。"

对于刘秀的告诫，冯异心领神会，于是顿首接受命令，领兵西进。冯异所到之处，都用恩德的信义来提高威望和信誉。冯异本来就极得众人拥护，所以此时他的做法立即为更多的人所称道。到达弘农郡之后，弘农周边称将军的义军十多批，先后都带着部下前来归降冯异。

冯异所率的汉军与赤眉的军队在华阴县相遇，双方相持六十多天，交战数十次，迫降了赤眉军刘始、王宣等五千多人。

因为战功卓著，公元27年春，刘秀派遣使者，拜冯异为征西大将军。

其时，恰好赶上屡战屡败的邓禹率领车骑将军邓弘等领兵返回，和冯异的大军相遇。

邓禹、邓弘约请冯异共同攻打赤眉军，冯异不同意，就劝邓禹说：

"我和赤眉军相持了已经好几十天，虽然多次俘虏他们的猛将，但剩余的还有很多。我们可以慢慢用恩信来诱使他们投降，难以短时间内用兵攻破。皇上这次派其他的将领们屯兵渑池，阻止他们向东逃窜，而我带兵向西攻打他们；只要假以时日，形成合围之势，就可以一举将他们歼灭，这才是万全之策。"

但邓禹、邓弘已经迫不及待，他们迫切需要一场胜利来为自己正名，急切地想要跟赤眉军决战，所以对冯异的话，一点也听不进去。

邓禹此时的心态，已与他带领西征军初入长安时大不相同，变得急功近利、不切实际。

在湖县（今河南省三门峡市灵宝市西北），邓弘带领手下饥卒和赤眉军交战，双方打了很久也未分胜负。赤眉军决定利用邓禹一方求胜心切的心理来诈败取胜。于是他们假装战败，之后丢下辎重逃跑。

赤眉军丢下的大车上都装着土石，表面上覆盖着豆子，邓禹的士兵非常饥饿，看见赤眉军丢下了装着豆子的大车，于是纷纷上前争抢，阵形因此大乱。

赤眉军见邓弘军的阵形已乱，于是立即回头复战，邓弘的军队被击溃。在不远处掠阵的邓禹见状，立即和冯异合兵来救邓弘，赤眉军才稍稍退却。

冯异觉得邓禹的士卒已经长时间饥饿疲惫，建议邓禹暂且停战休整。但邓禹却不听，接着又和赤眉开战，结果又被赤眉军打得大败，死伤三千多人。邓禹死战得脱，冯异也丢下战马，徒步登上回溪阪（今河南省洛阳市洛宁县境内的东崤山阪），才和几名部下回到了营寨。

自此，邓禹从河北带来的数万人马，全部战死或败散。最终邓禹只带着二十四骑前去谒见刘秀，邓禹惭愧之余，向朝廷请罪并交还了大司徒和梁侯的印绶。

对于一个曾经立过卓越功勋但遭遇局部失败的功臣，刘秀说什么也不忍褫夺他的名爵。但赏必行、罚必果，是激励和劝勉下属、凝聚和团结部众不可或缺的手段，所以，不对邓禹做出处罚，就无法再号令其他的将军。于是，刘秀免去了邓禹的大司徒职务，但归还了他梁侯的印绶。

邓禹撤走之后，赤眉军东出函谷关。他们打听到刘秀的大军驻扎在新安，于是带兵向南，准备前往南阳一带。

冯异带兵坚守壁垒，不断收集之前邓禹一方败散的士卒，又招集那些归降他的割据势力好几万人，势力渐渐恢复。之后，冯异派人前去向赤眉军挑战，并约定了交战的时日。

到了约定交战的前一天，冯异选派军中的壮士，让他们穿上与赤眉军相同的服装，然后趁夜埋伏在大路两边。

第二天一早，赤眉军派一万人攻打冯异军的前部，冯异也派出为数不多的兵力上前救援。赤眉军见冯异一方兵力少，于是全军倾巢而出攻打冯异，冯异也下令剩余的将士全军出击，与赤眉军展开大战。

双方一直大战到太阳西斜，赤眉士气开始衰落，冯异见时机已到，于是猛挥红旗，示意伏兵杀出。

埋伏在道路两旁的伏兵见冯异下令攻击，于是猛然杀出，攻击正在混战的赤眉军。由于双方穿的衣服相同，冯异一方早有准备而赤眉一方无法分辨，他们压根儿不知道和他们身着同样服装的汉军到底有多少，所以立即惊恐溃散。

冯异见赤眉军溃败，立即下令追击，于是大败赤眉军于崤山谷底，最终向冯异军投降的赤眉军有八万多人。

赤眉军一部分被冯异迫降，剩余的还有十多万，取道宜阳，准备转战东南地区。

刘秀得知消息后，立即调度新安等地贾复等人所部前往宜阳会合，刘秀本人也亲自前往宜阳，准备在那里指挥大军，与冯异等人前后夹攻，彻底歼灭赤眉军。

再说樊崇等人，带领战败的赤眉军惊慌失措地逃到宜阳之后，才无比震惊地发现，刘秀的大军早已等在那里。此时的赤眉军，饥饿乏食、精疲力竭，就像一个病入膏肓的老人；而势力正强的刘秀，就像一个青壮年小伙，只需要一根手指头轻轻一戳，就可以把这个老人打倒在地。

往后再退已是绝无可能，因为冯异的大军就在那里，只要赤眉军一退，刘秀指挥大军在后如虎驱羊，冯异在前以逸待劳，那么赤眉军就会死无葬身之地。

所以到了此时，赤眉军除了投降一途，已经再没有其他路可走。

樊崇等人经过商议，最终决定派刘恭为使前往刘秀那里议降。樊崇等人选择刘恭，原因大体如下：首先，刘恭是刘盆子的哥哥，他明习宫廷礼仪，为人忠诚信义，就算是他不为赤眉诸将考虑，也一定会为刘盆子考虑；第二，刘恭原系更始旧臣，遇事坚持原则，恪守为臣之道，在更始落难之时，仍能不离不弃尽自己所能保护更始，更始被杀后又不顾生命危险为他收尸下葬，确实是一个值得托付之人；第三，刘恭不是那种面对压力就会放弃原则卖友求荣之人，再加上他与刘秀曾经同为更始旧臣，没有什么劣迹，所以，派他去最为合适。

刘恭拜见刘秀之后，立即说明来意，并为刘盆子争取投降条件说："刘盆子率领百万军队投降，请问陛下会以什么样的方式对待他？"

刘秀回答说："可以免你们不死。"

刘秀受降，素来十分坚持原则，关乎方向性的政治问题，从来不做任何让步。前有邯郸城中的王昌，后有此时的刘盆子。王昌和刘盆子都是僭越称帝之人，他们和铜马军、五校军、青犊军等人有着本质的区别。所以铜马军的首领投降之后，都可以封侯，但对于王昌、刘盆子这样的"皇帝"，刘秀唯一能够给出的条件就是：留一条命足矣，其他的一概免谈！所以王昌无法接受这样的苛刻条件拒绝投降，最终城破被杀。那么此时的刘盆子，会接受这样的条件吗？

刘盆子接受了，因为刘盆子本人根本无所谓，他早就知道自己不是当皇帝的材料，是樊崇等人硬逼着他当了这个傀儡。在经历了长安城中的多次混乱、杀戮之后，刘盆子早已明白：能够平平淡淡地活下去，对他们兄弟而言，才是最重要的。

对于赤眉军的实际首领樊崇而言，这样的条件他也必须接受：再打，打不赢；想逃，无处逃，左右都是被杀一条路。而如果带着刘盆子投降，就算刘秀要杀人，那也完全可以拿刘盆子当替罪羊，跟他樊崇没有关系。再加上刘秀向来说话算数，所以，向刘秀投降，身家性命还是有保证的。

于是，樊崇带着皇帝刘盆子及丞相徐宣以下三十多名建世政权重臣，裸露着上身前往刘秀的军营投降。

樊崇等人向刘秀献出了传国玉玺、原更始帝刘玄的七尺宝剑和玉璧各一件。

在归降之后，赤眉军全部被解除了武装。赤眉军的兵器、盔甲等物，全部被堆放在宜阳城西，堆得几乎和熊耳山一样高。这样震撼的场景，真可以说是前古未有。通过这样的方式，刘秀再一次激励了己方将士的士气，也再一次瓦解了敌方将士的军心。

之后，刘秀下令给赤眉军的十多万人全部供给饮食。赤眉军的士兵们在忍冻挨饿几个月之后，终于吃了一顿饱饭。

第二天早晨，刘秀在洛水岸边举行盛大的阅兵仪式，让汉军士兵布成壮丽的军阵，然后命令刘盆子君臣列队观看。

刘秀对刘盆子说："你自知是否该死？"

刘盆子回答说："盆子自知罪该万死，但还是侥幸地请求皇帝能够怜悯我，并赦免我的死罪。"

或许是刘恭早就多次教习过弟弟该怎样回答刘秀的问话，所以在此时的刘秀听来，刘盆子的回答显得极为聪明而得体。所以刘秀听了立即哈哈大笑，他对刘盆子说："你这个娃娃非常狡黠，看来我们刘姓宗室，没有愚笨的人。"

刘秀转过头又对刘盆子身后的樊崇等人说："你们该不会后悔向我投降吧？我现在可以让你们返回营中，整顿兵马，和我军再一次击鼓相攻，以决定最终的胜负，我可不想强迫你们向我投降。"

樊崇本来是个英雄人物，一向做首领习惯了，所以心里对被迫向刘秀投降既不乐意，也不心服，只是迫于形势，不得不投降罢了。但是，刘秀说让他回营整顿军马继续再战，可能吗？赤眉军与汉军从长安较量到宜阳，最终的结果是无路可逃被迫全军出降。刘秀在战略上明显棋高一着，樊崇不是对手，那还有什么可重新决一死战的呢？就算樊崇侥幸赢得一两场战役，但对整个战局的走向，影响也是微乎其微的。再者说，刘秀这么说，是不是在试探、是不是一个陷阱，也是不能不让樊崇等人深思熟虑的。所以，基于这些原因，心里憋着气的樊崇，没有回答刘秀。

而担任丞相的徐宣却是个聪明人，他虽然没有樊崇那样的英雄气概，但他读过书，思路清晰，对当时整个天下大势的判断，对许多政治人物贤愚优劣的识别，还是非常清楚而独到的。所以，他遇到刘秀之后，就知道天赋异禀的刘秀，远非昏庸的刘玄、粗拙的樊崇等人可比，他有远大抱负，他不滥杀无辜，他心里装着天下苍生，他已是天命所归，再和这样的人为敌，岂不是自寻死路，显得自己非常无知？

于是徐宣立即跪地叩头，其他人见状，也赶快跪倒，樊崇见其他人都跪了下去，只好不情不愿地跪了下去。

徐宣说："我们自从出了长安东都门，君臣之间就商议要归命于圣德的陛下。至于普通黎民百姓，他们可以和我们共同享受功成后的快乐，却难以参与共同谋划大事，所以前来向陛下投降这件事情，我们没有向百姓宣告。今天能够向陛下投降，我们就像离开虎口回到慈母的身边一样，实在是非常欢喜，还有什么值得悔恨的呢？"

对于徐宣的应答，刘秀非常满意，心里非常高兴，于是对徐宣等人说："你们这些人，就是人们常说的软钝的铁器里面比较锐利的、平庸的凡人之中比较出色的啊（铁中铮铮、庸中佼佼）！"

随后，刘秀又责备樊崇等人说："你们暴虐无道，做了许多坏事，所过之处连老人小孩都不放过，还糟蹋社稷宗庙、污脏水井和炉灶，真可以说是罪不可赦。但尽管这样，你们还有三点值得肯定之处：第一是你们攻破的城池遍及天下，但并没有抛弃原来的糟糠之妻；第二是立国君能用刘姓宗室；第三是其他强盗立国君，往往到了危急关头，就会砍下国君的头颅前去投降，以此作为自己的功劳，只有你们把毫发无伤的刘盆子交给了我。"

随后，刘秀下诏祭祀汉高帝刘邦的神庙，并遍赐天下。

刘秀让建世政权的重臣们都与他们的妻子、儿女在洛阳城中居住，每人赐给住宅一所、土地二顷。赤眉军的普通士卒都被重新改编。

但樊崇、逢安对窘急无奈之下投降刘秀始终心存芥蒂，所以一直快快不乐。他们在赤眉军中当首领习惯了，猝然之下失去权位，说什么也心有不甘，于是二人密谋脱离刘秀，重入山湖为盗，以图东山再起。

樊崇、逢安二人的密谋被监视他们的兵卒及时察觉并上报，刘秀知道留着这两个人迟早是心腹之患，于是下令将他们处死。

在赤眉军入长安后，更始政权的许多官员遭到赤眉军杀害，刘秀之叔刘良因赤眉军中的大司农杨音庇佑而安然无恙，所以刘秀对他非常感激，再加上杨音懂礼节、守规矩，堪称赤眉军建世政权中人臣的典范，所以刘秀赐给他关内侯的爵位。他和徐宣后来都平安还乡养老，得以善终。连玩游戏都遵守规则的人，看来上天是绝对不会亏待他们的啊！

还有一个重要人物刘恭，因为赤眉军的谢禄暗杀了更始，所以刘恭为了替他报仇，刺杀了谢禄，然后自我绑缚到监狱里投案自首。对于刘恭这样的忠义行为，刘秀必须进行鼓励弘扬，所以下令特赦刘恭无罪。

对于赤眉军拥立的傀儡皇帝刘盆子，刘秀也知道他情非得已，所以对他非常怜悯，对他的赏赐十分丰厚。刘良从长安逃到洛阳之后，刚开始被刘秀封为广阳王，后来改封为赵王，而刘盆子就被任命为赵王刘良的郎中。后来刘盆子因病失明，刘秀下诏赐给他荥阳的均输官地，让他可以在那里开设商铺酒肆，以便终生收取赋税养活自己，刘盆子最终也得以善终。

在迫降赤眉军之后，刘秀没有忘记在崤底大败赤眉军并迫使赤眉军东逃的冯异，他下诏书慰劳在前方的冯异说："赤眉军被彻底打败消灭，将士们辛苦了。刚开始你虽然失利于回溪阪，但最终能够在渑池振作获胜，可以说是失之东隅、收之桑榆。正在对你进行论功行赏，以回报你的卓越功勋。"

其时的关中，虽然赤眉军已经撤出并向刘秀投降，但剩余的割据势力还非常强大。延岑仍然驻守在蓝田，王歆、芳丹、蒋震、张邯、公孙守、杨周、吕鲔、角闳、骆延、任良、汝章等人仍然占据着他们之前占据的地方，相互攻击不停。

冯异边走边打，一直打到上林苑，然后驻扎在那里。

延岑本想在击败邓禹、赤眉军之后独占关中，谁知此时冯异的到来使他的计划受到了干扰，于是他联合张邯、任良等人，与他们合兵一起攻打冯异。

冯异作战向来以讲究谋略著称，所以延岑等人被冯异打得大败，损折一千多人，长安城中各营堡原来归附延岑的都前来归附冯异。

延岑在战败退逃的途中进攻析县（今河南省南阳市内乡县）。因为原更始政权投降汉军的复汉将军邓晔、辅汉将军于匡都是析县人，熟悉当地的情况，所以冯异就派邓晔、于匡二人率军前去拦击延岑，再一次把延岑打得大败，降服了他手下的将领苏臣等八千多人。延岑夺路而逃，从武关逃到南阳。

当时的关中，因为连续遭遇更始、赤眉、延岑等乱，所以粮食非常紧缺，百姓饥饿不堪，人吃人的惨景随处可见，黄金一斤只能换得豆子五升。

冯异打进关中之后，运输粮草的道路被沿途的势力阻断，运送的给养无法到达，士兵们无奈之下都采摘野果充饥。刘秀下诏拜任南阳郡的赵匡为右扶风，让他率兵前去帮助冯异，并押送布匹粮草到军中，几乎断粮的将士们见到粮食，兴奋之余都高喊万岁。

冯异解决了部队的粮食问题，于是开始征伐诛戮关中那些不听命令的豪强，褒奖前来归附或立下功劳的人，并把前来归附他的那些地方势力的首领全部派往京城洛阳，然后解散他们手下的士卒，让他们回乡务农。通过这样的措施，冯异在关中树立起了很高的威信，除了吕鲔、张邯、蒋震三人派使者入蜀投降公孙述以外，其余的势力全部被冯异平定。

令刘秀一直担忧的关中，自此得到了非常有效的控制。

第十节　彭宠、刘扬之乱

在刘秀调遣大军合围赤眉军的那段时间里，还遭遇了彭宠、刘扬之乱。那么问题就来了，原渔阳太守彭宠，和身为上谷太守的耿弇之父耿况，关系非常亲密，曾经在刘秀平定河北的过程中立下大功，他又因为什么缘故背叛了刘秀呢？

几乎尽人皆知的是，当初刘秀在河北遭到王昌的追捕，在刘秀最困难的时候，彭宠听从吴汉等人的建议，义无反顾地支持刘秀，派出了以吴汉、严宣、盖延、王梁等人为主将的三千精锐骑兵，并派人源源不断地把粮草护送到刘秀的军前，可说是为刘秀平定河北立下了汗马功劳。

彭宠的行为，可说是雪中送炭之举，当时的刘秀也非常感激，于是封彭宠为建忠侯，赐号为大将军，让他继续担任渔阳太守。

人与人之间的感情，确实非常奇妙。人们常常会对近在身边的人产生更为深厚的感情，而对距离自己较远的人产生疏远、防备等心理。所以一千多年后，一个名叫苏麟的杭州巡检，因为未获升迁，而向时任杭州知府的范仲淹献上了两句诗："近水楼台先得月，向阳花木易逢春。"范仲淹看了之后，立即会意地提拔了苏麟。

曾经鼎力支持过刘秀的彭宠，心怀不平之下，大概是很想提前吟出千年后苏麟写的那首诗吧！

刘秀打败王昌之后，率军追击铜马军，一直向北追到蓟县。

当时彭宠听说刘秀到了蓟县，于是就非常高兴地前来谒见刘秀。他自恃曾经鼎力支持过刘秀，立下非常大的功劳，所以在谒见刘秀之前，怀着非常高的期望值。

哪知彭宠见了刘秀之后,刘秀只是以很平常的礼节召见他,并没有如他想象中那般大加礼遇,彭宠的内心因此非常失落,感觉很不平衡。

后来刘秀知道了这件事情,于是就问幽州牧朱浮。

朱浮的父亲就是西汉末年的朱诩。朱诩曾经在汉哀帝时的大司马董贤手下当差,当董贤被逼自杀之后,没有人敢为董贤收尸,而朱诩却挺身而出,上书自我弹劾自己,弃官为董贤买棺木收尸下葬。朱诩的行为最终惹怒了王莽,愤恨不已的王莽找借口将他杀死。

当王莽后期的暴行激起所有人反感的时候,曾经敢于拂逆王莽之意而仗义报恩的朱诩,在天下人眼里就显得难能可贵。

朱诩死了,而他的儿子朱浮还活着,所以,重用朱浮,就是向天下人宣告:那些正直的人、那些敢于向残暴做斗争的人,他们的子孙,就一定会有一个好的结局。

最初,刘秀以大司马身份持节北渡黄河,朱浮因为颇有文才,所以担任大司马主簿,在刘秀身边掌管文书并办理各类事务。因为朱浮具备较高的处理政务的能力,所以很快获得刘秀信任,不久之后,他就被改任为偏将军,一直跟随在刘秀身边,直到刘秀攻破邯郸,平定河北。

之后,朱浮就像尚书宗广一样,也得到了刘秀的高度器重。不同的是,沉稳的宗广一直跟随在刘秀身边,而朱浮则在吴汉杀死幽州牧苗曾之后,被刘秀任命为幽州牧。

朱浮被任命为彭宠的上司,这对彭宠来说,显然是极不公平的。因为彭宠有大功于刘秀,而朱浮却除了会写文章,没做出过其他像样的事情来。让他带兵,他就没打过一次胜仗。

但这就是刘秀的性格,他不轻易相信任何人,尤其是那些刚刚投降他的带兵之人,包括信都的任光,也包括渔阳的彭宠。若非经过好长时间地磨合,他绝对不会轻易把权力交给这些人。

所以许多人和刘秀经过朝夕相处,获得了他的信任;但也有许多人,因为长时间不在刘秀身边,和刘秀之间有了裂痕。

所以说,"近水楼台先得月,向阳花木易逢春",这难道仅仅是两句怀才不遇的隐喻诗吗?这里面暗藏了多少人与人之间的亲疏玄机啊!

彭宠对刘秀接待他的态度不满意,刘秀就问朱浮是怎么回事,朱浮也确实很有洞察力，就把彭宠心怀不满的原因一五一十地给刘秀做了分析：

"之前吴汉带兵向北进发之时，大王把自己的佩剑赠送给彭宠以示恩宠，又把他当作北道主人，多次在众人面前提起这件事。所以这次大王前来，彭宠满怀希望，以为大王一定会亲自迎出门外，亲热地握着他的手向他致意，与他非常欢洽地并肩而坐。但大王没有按他期望中的那样去做，所以他感到非常失望。"

从这一点上来说，朱浮的分析是非常对的。如果朱浮是个厚道人，这个时候他就应该赶快建议刘秀恩遇彭宠、厚赏彭宠，让彭宠心理上有所安慰，让彭宠巨大的付出得到相应的回报。可惜朱浮不是这样的人，他和他的父亲朱诩的品质相去甚远。

朱浮说着话锋一转："王莽当时加号为'宰衡'时，甄丰不论早晚都去他的住处出谋划策，甚至半夜里都在和王莽商议，非常受王莽的信任器重，所以当时有人评价说'夜半客，甄长伯'。等到王莽篡位以后，甄丰因为没有得到更高的官职，所以内心感到很不平衡，最终被王莽所杀。"

刘秀听了以后哈哈大笑，认为他和彭宠之间，还不至于出现像王莽和甄丰那样的结局。

等到刘秀即位当了皇帝，吴汉、王梁、盖延等人，都是彭宠曾经的下属，他们都是受彭宠的派遣而前去帮助刘秀的，但吴汉、王梁位至三公，其他将领各有封赏，唯独彭宠再没有任何的加官晋爵，彭宠心里越发感觉不是滋味，快快不得志，感叹地说："以我的功劳，应当封王，之所以仍然是老样子，难道是陛下忘了我吗？"

彭宠也遭遇了当年西楚霸王项羽分封诸侯时燕王韩广那样的困境：燕王韩广派手下的猛将臧荼前去帮助项羽，因为臧荼协助项羽一起救赵，之后又跟随项羽入关，所以项羽改封臧荼为燕王，把原燕王韩广改封到了偏远的辽东。

韩广没有帮助项羽吗？他帮助了！可是他得到了什么下场呢？被贬到了更远更贫瘠的地方！

彭宠没有帮助刘秀吗？他帮助了！可是他得到了什么下场呢？没有升官。

所以相比之下，刘秀做得还算是不错了，因为"近水楼台"，真的是人之常情，是人与人之间相处的铁律。

臧荼、韩广的前车之鉴不远，彭宠对此应该有足够深刻的认识，可是，彭宠显然没有时间去深入考虑这个问题。

当时的北方各郡，因为饱受战乱的摧残，所以基本上都破败不堪，只有彭宠守卫下的渔阳，勉强算得上完整。渔阳郡有一个以前设置的盐铁官营机构，彭宠心想自己升官无望，那还不如经营好渔阳的经济，掌管一个富裕的郡，总比掌管一个贫穷的郡要好吧。

于是他利用这个盐铁官营机构来买卖粮食，囤积珍奇宝物，比起以前来更加富有。

而当时的幽州牧朱浮，却在做着和彭宠截然相反的事情。朱浮于公元前6年出生，比刘秀小一岁，所以当他被任命为幽州牧时，只有三十岁，非常年轻。

因为年轻，所以他非常崇拜战国末期收养三千食客的孟尝君、信陵君等人，也想磨砺自己的风度操行，赢得天下士人的支持，同时提高自己的名声。

于是他征用州里的著名学者如来自涿郡的王岑等人，把他们用为自己的属官。还有王莽时期担任过二千石级的旧官吏，他也都安置在自己的幕府，给予这些人非常优厚的条件，用州郡仓库里的粮食谷米来供养这些人的妻子儿女。

在当时那种情况下，刘秀派兵四处征战，许多部队的军粮常常难以为继，可是朱浮却在做着和西汉初的陈豨一样的事情。

所以身为渔阳太守的彭宠就劝告朱浮说，天下还没有完全平定，目前四处征战的军队正是用粮用钱之际，不应该设置那么多的属官并给予如此高的待遇，那样做会耗费本就非常紧张的军用物资，颇有些主次不分。

朱浮有朱浮的理由，彭宠有彭宠的考虑。朱浮的做法，在客观上起到了为国家保护人才的作用，但有些过了；而彭宠则更注重眼前、更注重实际，在事实上为刘秀储备了粮草物资，做好了后勤保障。

本来两个人的做法大体上都没有错，但错就错在双方没能进行很好的沟通。

朱浮认为彭宠作为下属恶意诽谤自己，眼界小，器量窄；而彭宠却认为朱浮是在不顾大局浪费财力、大肆招揽宾客、收买人心。

朱浮这个人，本来就仗着自己有几分才华并且深得刘秀信任，所以颇有些自以为是、骄傲自大，再加上性格急躁，所以一听彭宠说这些话，立即勃然大怒，于是写了一封措辞严厉的公文，狠狠地把彭宠教训了一番。

而彭宠也是个性格很倔强的人，再加上他自负曾经立下大功，所以对于朱浮的批评，心里极为不服。

在官阶上，彭宠是下属，在对话中处于弱势的一方，彭宠向朱浮提了意见，彭宠的责任尽到了；朱浮作为上司，在对话中处于相对有利的一面，但他的解释和沟通工作却没有做细致、没有做到位。

所以，两人各不相让，矛盾和积怨越来越深。

朱浮在恼怒之下，于是暗中向刘秀打小报告，说彭宠派遣小吏从老家迎来了他的妻子，却没把他的母亲接来，肯定是为了以防不测，并且，彭宠还收取他人的财物货品，杀害自己的友人，四处招兵买马，不停地积聚粮食，真是居心叵测。

在这种情况下，应该说，彭宠也应该上书说明情况，为自己辩解。军旅之中，如果把老母亲接来安全性难以保证，不收取货物，怎么筹办军需？不招兵买马，怎么用来打仗？不积蓄粮草，怎么供应军队？镇守一个大郡，不杀伐决断怎么行？

但是，彭宠没有，他相信清者自清，刘秀应该能理解自己。

可是，刘秀只信任朱浮，不信任彭宠。立下大功的彭宠未见升迁，而朱浮却被封为舞阳侯、食邑三个县，这让彭宠心里更加不满。

公元26年春，刘秀下诏征召彭宠到京城洛阳。

彭宠知道是朱浮在刘秀那里说了自己的坏话，于是就向刘秀上书，表示自己可以到洛阳去，但朱浮必须和自己一起去。

在上书的同时，彭宠又写信给自己以前的老部下吴汉、盖延等人，在信中对朱浮的所作所为进行了详细的描述，然后请吴汉、盖延等人在刘秀面前替自己说情，希望能让他和朱浮一起到洛阳去质证。

吴汉和盖延可不像彭宠这样不谙为臣之道，他们可以在刘秀面前为他说情，但如果皇帝已经起了疑心，那他们说了也不起作用。所以，吴汉、盖延二人所起的作用非常有限。

对于刘秀来说，他是皇帝，绝对不允许有人和他讨价还价，皇权绝对不容许受到任何的挑战。彭宠就是有冤屈，也必须先奉诏，之后再到朝中说明情况，而不是抗旨跟皇帝讲条件。

所以，刘秀当即就拒绝了彭宠的要求。

被刘秀拒绝之后，彭宠近乎绝望。自己一个人到京城洛阳，没办法和朱浮当面对质，那去了之后岂不是要被刘秀白白诛杀。

而在这个关键时刻，彭宠的妻子又开始火上浇油。彭妻性格非常刚烈，素来不愿意忍受任何的压抑和委屈，所以对于丈夫所受的这些窝囊气，她觉得真是受够了。她强烈反对自己的丈夫，坚决不让他前往洛阳。

妻子的反对实际上并不能左右彭宠的最终决定，彭宠能在乱世之中守住一

第十章 东汉

个完整的渔阳，就证明他不是个等闲之辈，在这一点上，光看他之前的手下吴汉、盖延、王梁等人就可以证明。但自身的安全问题却是彭宠不得不认真考虑的问题，荣华富贵固然重要，但如果一不留神人头落地，那再高的权位、再多的富贵，也会顷刻之间化为泡影。

彭宠认真考虑一番，觉得自己并没有做错事，刘秀应该不会冤枉自己，可是一时之间又拿不定主意，于是又和几个平时非常信任的下属官吏商量，让他们替自己拿个主意。

彭宠手下的这几个官吏，平时都对朱浮的所作所为非常痛恨，所以他们出于个人私怨，一个个都失去了理智，没有一个人劝彭宠受诏前往洛阳。

所以彭宠最终下定决心，不去洛阳。

彭宠久不动身，刘秀自然也就感觉到了彭宠心中的疑虑，为了打消彭宠的顾虑，于是就派当时在洛阳当人质的彭宠堂弟子后兰卿前去规劝他。

子后兰卿知道刘秀虽然对彭宠失去了信任，但还远没有到杀死彭宠的地步，所以到达渔阳之后，他就规劝彭宠前去洛阳朝见刘秀。

彭宠本来心里忐忑不安，听了堂弟的话之后，立即证实了朱浮上密折告自己黑状的事实，他越发觉得刘秀召自己前去是一个圈套，为了引诱自己上钩，把自己在洛阳当人质的堂弟都派来了。

如同刘秀不信任彭宠一样，彭宠也不信任子后兰卿。所以彭宠扣留了子后兰卿，之后发兵反叛，任命各路将帅。

彭宠被迫走上绝路发兵叛乱，朱浮显然是罪魁祸首。所以彭宠起兵之后，首先攻打的就是驻扎在蓟县的朱浮。不仅发兵攻打，而且是自己亲自带领二万兵马前去。

彭宠已经对朱浮忍无可忍，所以他必须出这口恶气。

朱浮见彭宠发动叛乱，起兵攻打自己，立即感觉到了前所未有的压力。他手下没有那么多兵将，并且他的军事才能比起彭宠来说，也要逊色一些。

可是朱浮有一样本事，却是彭宠不具备的，那就是写文章。

所以颇具文才的朱浮，大笔一挥，立即写下了一篇文章，这篇文章就是《为幽州牧与彭宠书》。

朱浮在信中这样说：

人们说智者顺应时势而谋划，愚者违背常理而行动。我常常私下悲叹当年的共叔段，因为他不知足并且没有好的贤人辅佐他，终于自败自弃于郑国啊！

伯通（彭宠的字）你凭着良好的名声主持一郡政事，立过辅佐皇帝成就大业的功劳，接近百姓亲自处理政事，为了国家爱惜仓库中的粮食军饷。

而我朱浮掌握着整个幽州征伐的重任，录用这些名士也是为将来做打算，我和你的做法，都是为了这个国家呀！

就算你怀疑我诬陷你，那么你何不亲自到朝廷去说明真相，却做出这种灭族的事情来呢？朝廷对你伯通，恩情算是非常地优厚了，把渔阳这么大的一个郡交给你，把太守这么重要的职务交给你，办事情把你视为国家的中流砥柱，论情谊把你视为刘家皇室的子孙。

那些百姓之家的汉子和妇女，吃了别人的一顿饭尚且知道用性命来报恩，哪里有佩戴着三颗印绶（建忠侯、大将军、渔阳太守），主管着一个大郡，却不顾恩义而心生叛乱的呢？以后你伯通和属下的官吏、治下的百姓讲话，还有威信吗？行走跪拜之时，还有威仪吗？坐卧起居的时候想一想，心里的滋味好受吗？拿起镜子来照一照，觉得自己的面目和善吗？以后如果想要有所作为，你又依靠什么来做人？

真是可惜呀，你丢弃了美好的名声，做出了像吃掉母鸟的猫头鹰那样的恶谋，抛弃传家传世的福泽，自招亡身亡家的灾祸，平时和别人高谈阔论着尧、舜等人的圣贤之道，却不肯约束像桀、纣那样的残虐之性，活着被世人耻笑，死了也为成为一个愚鬼，岂不是太可悲哀了吗？

你伯通和耿况几乎是同时起兵辅佐皇上，同样受到国家的恩宠。耿况非常谦逊，言谈举止非常谦恭；可你伯通却骄傲自满，自以为功高天下。

以前的时候，辽东有头猪，生下个一个猪崽子，头上的毛是白色的，主人觉得非常稀奇，于是就想贡献给朝廷。可是等他走到河东，才发现那里的猪都是白色的，于是抱着猪崽很羞惭地回家去了。若是拿你那点功劳到朝廷上去议论，就像是辽东的那头白颜色的猪崽啊！

现在你愚昧妄为，自比以前的东方六国。六国之时，每个国家的势力都很强盛，各自拓地数千里、精兵上百万，所以能据守一国而传袭好几代人。现在你的天下有几里地方，郡县有几座城池，怎么能用一个小小的渔阳郡来和拥有天下的皇帝结怨呢？这就像那黄河边上的人，想捧一把黄土堵塞住孟津渡口，又是多么地不自量力啊！

如今天下刚刚平定，海内人人期待太平，士人不论有无才学，都想立名于当世。而只有你伯通就像发了疯病似的狂走乱闯，自暴自弃于这样的大好盛世。你在内听信你那悍妻的错误计策，在外听信群小的奸邪谗言，长久地成为百官公卿的恶例，永远地成为功臣勇士的鉴戒，难道不是太荒谬了吗？定海内成大业的人没有私仇，可不要被过去的事情误了前程，望你能稍稍留意，多想想你的老母和幼弟。无论做什么事情，都不要让亲近的人感到痛心，而让仇视的人所感到畅快啊（"亲者痛仇者快"的出处）！

朱浮这封信写得好不好呢？单从辞藻上来看，真是再好也没有了，气势磅礴，排比对仗，文采斐然，华丽无比；从内容上来看，似乎也非常好，通篇都是在规劝彭宠不要造反，不要自不量力自取灭亡。

可是，仔细推敲，这封信却写得恶毒至极！这哪里是什么规劝人息兵偃武的信，这分明就是激将着让人彻底造反的信。

第一，朱浮把彭宠比作当年的共叔段，说彭宠不知满足，自暴自弃，言外之意是想要篡夺国政，类比就极为不善；

第二，朱浮说自己招揽人才和彭宠积蓄粮草都是为了国家，这可就奇怪了，既然都是为了国家，为什么要在刘秀那里告彭宠的黑状？早干什么去了？

第三，朱浮说既然你说我说了你的坏话，那你为什么不到朝廷去辩解？事情到了那个地步，彭宠敢去早去了；

第四，朱浮讽刺彭宠是吃母鸟的猫头鹰，极为恶毒；

第五，朱浮拿耿况与彭宠做对比，说耿况就很谦虚，彭宠能和耿况比吗？耿况的儿子耿弇就在刘秀的身边，极受刘秀的信任和器重，耿况就算是立地就死，他也知道刘秀绝不会亏待自己的儿子。那让没有儿子的彭宠怎么办？

第六，朱浮把彭宠比作辽东的白头猪，自以为稀奇，估计气量小一些的都会气得当场吐血身亡；

第七，朱浮痛斥彭宠愚昧、奸邪、昏聩，言辞非常激烈。

纵观朱浮的这封信，字里行间充斥着偏激、侮辱和咒骂，所以说，这样的信，根本起不到消除矛盾、缓和仇恨、团结众人的作用，只会起到更坏的反作用。

果不其然，彭宠看到这封信之后，更加恼怒，攻打朱浮也更加紧急。到了第二年，涿郡（今河北省涿州市）太守张丰也举兵反叛。

其时两个郡叛乱，彭宠又派兵分别攻打广阳郡（治今北京市房山区良乡镇东）、上谷郡（治今河北省张家口市怀来县东南）、右北平郡（治今辽宁省朝阳市凌源县西南）的各县，企图将朱浮团团包围。

为了加强己方的同盟力量，彭宠又决定拉拢耿况和自己一起造反。因为他觉得当初耿况和自己一同支持刘秀，立下大功，但刘秀称帝后对他们二人的赏赐都很微薄，那么耿况心里也一定会和自己一样，憋着一肚子的委屈。所以，彭宠多次派遣使者前去约请、引诱耿况，请求耿况也一同起兵。

但耿况毫不犹豫地拒绝了彭宠，彭宠每次派去的使者，都被耿况斩杀。耿况心里明镜似的：第一，或许他的功利心没有彭宠这么强，厚赏薄赏都无所谓，既然已经选择了归顺刘秀，那就要为自己的选择负责，现在刘秀正处在困难时期，等以后渡过难关，再说封赏的事情不迟；第二，最主要的，他的儿子耿弇在刘秀那里颇受器重，自己一旦起兵，不是把儿子耿弇推进了火坑吗？第三，虽然他耿况得到的赏赐很微薄，可他的儿子耿弇得到的赏赐非常优厚啊，拼着老命打天下，不就是为儿孙挣一份功名家业吗？现在儿子这么出息，自己还有什么可求的呢？

在这一点上，耿况的头脑远比彭宠要清楚，所以，耿况守住了他家的功名富贵，而彭宠却走上了不归路。

虽然上谷的耿况没有和彭宠一同造反，但同时两个郡造反，还是给北部的各州郡造成了非常大的压力。

幽州辖境发生了这么大的事情，朱浮觉得刘秀说什么也会亲自带领精兵前来平叛，但正如朱浮自己所说的那样，其时的幽州，在刘秀那里真的就像辽东的那个白头小猪崽那样。刘秀当时正在忙着部署兵力合围劲敌赤眉军主力。赤眉军久不东返，刘秀于是率军亲自征伐附近的五校军残部。再加上那个时间段里，虎牙大将军盖延攻打刘永的战事正紧，一起出征的更始旧将苏茂又阵前反戈一击令盖延部大败，让刘秀焦头烂额。所以说，朱浮要是一个识大体、顾大局的臣子，那就说什么也要给刘秀全力维护一个稳定的大后方，让刘秀不要为此分心，可是，他终究给刘秀带来了非常大的麻烦。

刘秀抽不出身来，所以只派了游击将军邓隆带兵悄悄地前去帮助朱浮。

朱浮听说派来的兵很少，心里非常害怕，以为刘秀懒于作战，不能救他，于是就赶快向刘秀送去了一封求救信。

在信中，朱浮列举楚庄王因为宋国囚禁使者而发兵、信陵君因为朋友邀请而带兵抗秦的例子，说当年的汉高帝刘邦天下平定之后还亲征英布，而刘秀却在海内没有完全平定的情况下贪图逸乐，之后诉苦说自己如何地辛苦，然后请求刘秀发兵。

第十章 东汉

朱浮的求救信很快就送到了刘秀的手中，若是换了其他人，面对一封不知羞耻、自以为是、卖弄文采的信，恐怕早就拍案而起了：让你镇守幽州，你却不顾大局，缺乏宽容，搬弄是非，讽刺僚属，硬是逼反了彭宠，你以为别人都是闲着没事做在吟诗作赋吗？关乎到国家安危的军国大事，在你朱浮的眼里，楚庄王出兵只是为了一个使者，信陵君出兵只是为了一句承诺，儿戏如此、见识如此，怎能不败？高祖皇帝就很勤快，我刘秀就很懒惰？

但朱浮是刘秀任命的，是刘秀信任的，刘秀不能说自己用错了人。并且，刘秀也不愧是在历史上有着大度美誉的皇帝，修养好、有见识。彭宠已经反了，再苛责朱浮没用。如果刘秀也是和朱浮一样性格的人，估计此时的朱浮，就会死无葬身之地。

所以，刘秀耐心地给朱浮做解释工作说：

"之前赤眉军横行于长安，我知道他们缺粮之后一定会向东撤退，现在他们果然前来归降了。现在我已经认真分析了这支叛军，他们绝对不会长久，内部一定会有自相残杀的事情发生。况且现在军中粮草物资都不充备，所以要等到秋收以后。"

朱浮收到刘秀的来信，才知道刘秀比起他来，面临的处境更为艰难，根本腾不出手来救他。所以迫不得已，朱浮只好继续带兵坚守。

再说刘秀派出的游击将军邓隆。

当年秋天，游击将军邓隆率兵挺进蓟地，救援朱浮。到达之后，邓隆把营寨驻扎在潞县南，而当时朱浮的军队驻扎在雍奴县（今天津市武清区境内）。两个人的营寨，相距有一百里远。

安营扎寨完毕，按照惯例，邓隆立即命人把营寨及扎营的方位画成图形，然后派手下的军吏回去向刘秀报告军情。

刘秀乍一看邓隆送回的军书，立即勃然大怒，他生气地对邓隆的军吏说："两座营盘相距一百里远，一旦有紧急军情，怎么能相互帮助呢？等到你返回的时候，邓隆的军队一定会被彭宠打败。"

刘秀被后世称为最会用兵的皇帝，他的预料何其准确！

只要是久经沙场的宿将，他们对军事常识的把握大体不差。刘秀能够一眼看出邓隆的破绽，彭宠自然也不会被蒙在鼓里。

彭宠看到邓隆在距朱浮的营寨一百里开外的地方扎下营寨，立即就知道邓隆是个草包。于是他命令一部分精兵在黄河沿线正面抵抗邓隆、牵制邓隆，以吸引邓隆的视线，而私下里却另外派出三千名轻骑兵，渡过黄河绕到邓隆军队的后面，偷袭邓隆。而被围的朱浮的军队因为相隔太远，无法及时判明邓隆军的情况和彭宠大军的动向，所以根本不敢轻举妄动。

邓隆的军队正与彭宠的军队在黄河沿线大战，孰料背后竟然毫无征兆地出现了敌方的骑兵，腹背受敌之下，立即大败。

而朱浮的军队却因为距离邓隆太远，根本来不及救援。邓隆因此一败涂地。

邓隆被击败，朱浮的最后一线希望破灭，于是他只好带着为数不多的军队仓皇离开战场，回城而守。

时间不长，城中的粮食就吃完了，城中的士卒饥饿不堪，甚至发生了人吃人的事情。眼看朱浮就要被困死在城中，恰好就在那个时候，上谷太守耿况派出的救兵到了，朱浮在混乱之中杀开一条血路，才得以脱身。

朱浮逃出之后，向南逃奔到良乡（今北京市房山区良乡镇），他的部下发动了叛乱，上前拦住他的去路。朱浮担心自己不能脱身，更担心妻子落入敌人之手会遭到污辱，于是跳下马刺杀了自己的妻子，之后只身夺路而逃。朱浮的几个亲兵与叛军短兵相接，朱浮得以顺利逃出，他惶惶无处可去，只好大着胆子前去见刘秀，良乡县的守军随后投降了彭宠。

彭宠击败朱浮之后，攻占了右北平、上谷郡的好几个县。之后，他派出使者，向匈奴单于送去美女和丝绸，与匈奴方面结好和亲。单于收到彭宠送来的礼物非常高兴，于是命左南将军率领七八千名骑兵，往来于边境地区，作为机动部队支援彭宠。

与匈奴结好的同时，彭宠又派出使者，与南面的张步，以及平原的富平、获索等义军首领结好，互相交换人质，结为同盟。

笼络好周边的这些势力之后，彭宠最终攻占蓟城，自立为燕王。

刘秀率领大军离开的时候，把好好的一个幽州交到朱浮手上，但最终却被朱浮弄得丧师失地、一团乱麻。所以正直威严的尚书令侯霸就弹劾朱浮："败乱幽州，造成了彭宠背叛朝廷的大罪，白白耗费了不少的军队钱粮，战败之后还不能以死殉国，其罪当诛。"

但刘秀不忍杀死朱浮，不仅没有杀，还让朱浮代替贾复做了执金吾，并改封他为父城侯。刘秀不杀朱浮的原因，大概是这样的：第一，朱浮虽然行事差池，但他对刘秀的忠诚是彭宠比不了的。他之前和刘秀在朝夕相处之中建立的深厚的私人感情，也是彭宠比不了的。第二，刘秀为人确实宽厚，从来没有杀败军之将的先例。

朱浮，实在是太幸运了。并且，他在刘秀当皇帝期间，一直非常幸运。当然，朱浮也并非一无是处，他也有一些他人莫及的勇气和才华。

刘秀对任命的地方郡守多不信任，只要这些地方官稍有一点过失，立即就会被罢免。长此以往，官吏更换过于频繁，老百姓也不得安宁，于是朱浮就上书劝谏刘秀，说欲速则不达，应该给这些官员一些时间，否则人人都会造假，朝中的其他官员也非常赞同朱浮的意见。因为他说得非常在理，所以刘秀立即就采纳了，各地很快恢复了平静。

在刘秀之前，按照惯例，地方官是否称职都要由三公来讨论、考察，并决定其升迁、任免，但刘秀却派一些察举之吏前去考察，这样造成的结果就是，二千石级的官员，常常会因为一些几百石级官员的一句话而丢官或罢爵，造成了吏治腐败。朱浮针对这个问题再次进谏，刘秀也采纳了。

此外，朱浮在担任太仆之后，上书建议广选博士，刘秀非常赞同，于是国学大兴。

但朱浮仍然像之前他对待彭宠时那样，喜欢挖苦、欺压、凌辱同事，刘秀尽管心里非常不满，但因为爱惜朱浮的才华，所以不忍心加罪于他。

但刘秀死后，朱浮就没有那么幸运了。有人上书揭发朱浮，汉明帝刘庄早就对朱浮忍无可忍，立即就下令赐死了朱浮。朱浮死后，有人对汉明帝说，之前的唐尧，诛杀四凶时都是让天下人先知道他们的罪行，然后才对他们处以极刑。现在朱浮的罪行虽然非常明确，但天下人却都不知道，应该交给廷尉审理之后，将他的罪行告知于天下，然后再杀死他不迟。汉明帝一听，立即就感到非常后悔，后悔没有审判朱浮后再杀死他。但朱浮已死，不能让他活过来再审判，于是只好作罢。让继任的皇帝痛恨到这个分儿上，可想而知，朱浮过分到了什么程度。

再说自告奋勇前来攻打彭宠的耿弇。

耿弇在刘秀称帝之后，升任为建威大将军，之后，他与骠骑大将军景丹、强弩将军陈俊一起攻打厌新义军于敖仓，并很快击败了厌新军。刘秀称帝的第二年，耿弇被封为好畤侯，食邑好畤（今陕西省咸阳市乾县）、美阳（今陕西省宝鸡市扶风县法门镇）两个县。公元27年，先后被冯异在长安，被邓晔、于匡在析县打得大败的延岑从武关夺路而逃，逃到南阳，攻下了好几座城池。

公元27年六月，耿弇率军与延岑在穰县对阵，大破以骁勇善战著称的延岑，斩杀延岑手下的将士三千多人，生擒五千多人，光是缴获的大小将军印，就有三百多枚。延岑大败之下，只带着几名骑从逃往东阳县。

之后，刘秀亲自带兵前往堵阳（今河南省南阳市方城县）征讨邓奉、董䜣等人，耿弇、王常等人随征。击败邓奉、董䜣等人之后，刘秀去了一趟故乡舂陵，耿弇也跟着一齐去了。

在舂陵，耿弇向刘秀畅谈了他的宏伟计划。他自告奋勇请求北上，带领上谷郡中那些没有出征的将士前去平定渔阳的彭宠和涿郡的张丰，之后，带着得胜之军攻打平原的富平、获索起义军，之后继续南下，攻打齐地的张步，最终平定齐地。

当时的刘秀，颇有些自顾不暇，他压根儿就没有信心在那么短的时间内先后击败彭宠、张步等人。当然，士气宜鼓不宜泄，耿弇的表现，一直以来都让刘秀感到非常满意。之前在河北的时候，耿弇说要回渔阳、上谷带突骑来帮助刘秀，结果他果然带来了渔阳突骑，最终击败王昌，平定了河北。现在，耿弇再次主动请缨，刘秀当然不能打击耿弇的积极性，于是非常欣慰地答应了。

耿弇见刘秀答应了，于是兴冲冲地带领大军，一路北上。

时间到了公元28年正月。刘秀正式下诏，命令耿弇率军进攻渔阳。耿弇实在是太年轻了，之前年轻气盛没有考虑太多的问题，直到这个时候，他才突然反应过来：他的父亲耿况，和彭宠可以说是异体同功之人，两人都为刘秀立下大功，而两人都没有得到刘秀更多的封赏。现在，彭宠被逼造反了，那他的父亲耿况……

之前刘秀信任耿况而不信任彭宠，因为有他这个亲生儿子在刘秀身边效力，也可以说是另类的一个人质。可是现在，耿弇再没有兄弟在刘秀身边，而他却带兵前去攻打一个和他父亲一样的长辈，这怎么能行呢？

想到这一层，耿弇立即迟疑起来，他不敢再独自进军，于是向刘秀上书，请求回到洛阳刘秀的身边。

耿弇的顾虑，刘秀立即就考虑到了，耿弇能考虑到这一层，正说明他没有私心，于是刘秀给他回复说："将军一家人都在为国家效力，所到之处，敌阵尽破，功劳甚大，有什么嫌疑，要请求回洛阳？请与王常一起屯兵涿郡，一起商议破敌之策。"

和耿弇一同出征的这个王常，就是原来绿林军下江兵中的王常。在关键时刻，王常力排众议，义无反顾地支持了刘縯、刘秀兄弟，共同合兵杀死了甄阜、梁丘赐，为刘縯赢得了喘息之机。更始建政后，王常被任命为廷尉、大将军，封知命侯。又与刘秀在昆阳城下大破王邑、王寻。更始迁都长安以后，任命王常代理南阳郡太守，受封为邓王，食邑八个县，赐姓刘氏。王常在更始政权的高级官吏之中，也是个另类，他生性谦恭勤俭、遵守法度，受到治下百姓的称赞。更始失败后，王常失去了效忠的对象，因为他之前接触过刘秀，知道刘秀是能成大事之人，所以他带着妻子亲自前往洛阳去投奔刘秀。到了之后，裸露着上身，以示恳请刘秀宽宥他之前追随更始的罪过。

刘秀见王常前来归附他非常高兴，立即上前慰问他，对他说："王廷尉太辛苦了。我常常想起从前，和你一起经历艰险，没有哪一天能够忘记。可是你和我一直没有往来，岂不违背了从前说过的话吗？"

王常向刘秀叩头谢罪说："我能够得到天命的诏示，得以拿着马鞭追随陛下。刚开始相遇在宜秋，后来会战于昆阳，很幸运地依靠您的英明神武，最终取得了那场大战的胜利。更始不嫌我愚笨，把我任命在南方州郡。赤眉攻入长安后，我丧失信心，非常失望，以为天下又一次失去了纲纪。听说陛下在河北登基，我立即心明眼亮，现在能见到陛下，就是死了，也没有什么遗憾了。"

刘秀听了更加高兴，笑着说："我刚刚不过是和廷尉开玩笑罢了。我现在见到廷尉，就再也不担心南方了。"于是召集公卿将军以下的大臣开朝会，对大臣们说："当初王常以平民身份起义兵，能够明确判断天下大势，知晓天命，所以被更始封为知命侯。和我在军队中相遇，关系非常密切。"刘秀对王常厚加赏赐，拜为左曹，封为山桑侯。

此后，刘秀又在一次大会中指着王常对大臣们说：王常很早以前就率领下江兵辅佐汉室，心如金石那样坚定，是一个真正的忠臣。于是当天升任王常为汉忠将军，让他带兵向南征伐邓奉、董䜣，让诸将听从王常的调遣和节制。

此次刘秀派耿弇和王常共同前去平定渔阳，两人都是独自带兵，互不相隶属，也丝毫没有让王常监督耿弇之意。总之，刘秀对两个人都非常信任、放心。

但是，越靠近渔阳地界，耿弇就越显得不自然。

他的父亲耿况听说儿子上书请求回洛阳，心里也极为不安。为了让刘秀放心，于是派另一个儿子耿国前往京城洛阳，到刘秀身边入侍。

刘秀对耿况、耿弇父子的行为非常赞许，于是加封耿况为隃麋侯。

为了使耿弇不会有更大的压力，于是刘秀命令耿弇和建义大将军朱佑、汉忠将军王常等攻打望都（今河北省保定市望都县）、故安县（今河北省保定市易县高陌乡）城西义军的十多个营寨，全部攻破。

当时，征虏将军祭遵受命攻打叛乱的涿郡太守张丰。

张丰平时喜好方术，对当时流行的图谶之说，也深信不疑。有一个道士投其所好，于是就对张丰说，他将来能做天子，并把一块石头用五彩的绸袋包起来，系在张丰的胳膊上说，那个石头里面有玉玺。张丰也不验证石块的真假，立即信以为真，于是就带着郡兵造反了。

祭遵到达涿郡之后，带领大军猛烈地攻打张丰的所部，张丰所部大败，张丰手下的功曹孟厷（音宏）抓住了张丰，然后向祭遵请降。

张丰被押赴刑场即将被斩首之时，还心有不甘地对祭遵说："我胳膊上的石块之中，有玉玺。"对于张丰的执迷不悟，祭遵非常惊讶，于是决定让他死个明白。于是命属下拿来铁锥，当场给他锥破了那个石块。石块碎成一堆小石子，中间哪里有什么玉玺！

张丰这才知道自己受了道士的欺骗，他痛恨自己愚昧无知，仰天长叹说："我真是咎由自取，死了也不该埋怨谁。"

平定涿郡之后，祭遵受命驻扎在良乡县，和驻扎在阳乡县（今北京市房山区境内）的骁骑将军刘喜一起抵御彭宠。

祭遵派护军傅玄袭击彭宠的大将李濞，在潞县大败李濞，斩杀一千余人。

彭宠吃了败仗，派他的弟弟彭纯带领匈奴的二千多名骑兵为一路，而自己亲自带领数万人马为一路，兵分两路来攻打祭遵、刘喜。

当彭纯带领匈奴骑兵经过军都县（今北京市昌平区西南）之时，耿舒带兵突袭，打败了彭纯所带的匈奴兵，杀死了匈奴的两个王。彭纯战败，彭宠一路军马势孤，只好退走。耿况于是和耿舒一起攻打彭宠，占领了军都。

彭宠在军事上接连失利，这给他和他的家人在心理上带来了非常大的压力。

在那一段时间里，彭宠的妻子经常做噩梦，还多次在家里见到怪异之事。一些占卜和望气的人都说有刀兵之灾可能要从内部发生。

彭宠据此怀疑曾经在洛阳做过人质的堂弟子后兰卿，觉得子后兰卿是不是要趁机发动兵变，于是就让子后兰卿带兵居住在城外。

彭宠没有儿子，只有一个女儿，这样一来，他的身边就没有了可以依靠的亲近之人。

公元29年春，彭宠祭祀斋戒，一个人居住在一个较偏僻的房间之中。留在他身边侍候他的有三个奴仆，其中一个叫子密。

子密眼见彭宠已经开始走下坡路，知道彭宠将来一定会失败，就想杀死彭宠，劫掠他的财物之后再去向刘秀邀功请赏。于是子密和另外两个奴仆密谋，商议了一个非常周密的计划，然后开始付诸实施。

子密等三人瞅准时机，趁着彭宠在偏房中熟睡的时机，一起动手把彭宠绑在了床上。之后，他们出来告诉门外的护卫和官吏说："大王在斋戒，命令官吏们全都放假休息。"

骗走护卫之后，子密又假传彭宠的命令，把偏房中的奴婢们全都捆绑起来，分别关押在各处。

这样一来，替彭宠向外传递消息的人就一个都没有了。一切准备停当，子密就以彭宠的名义去叫他的妻子。

当彭宠的妻子进入偏房之后，看到彭宠被绑在床上，立即大吃一惊。彭宠担心妻子在受惊之下惊叫或是做出其他反抗的举动激怒子密招来杀身之祸，于是赶快对妻子说："赶快给各位将军置办行装。"

在这个时候，彭宠仍然相信，子密等三个奴仆只是为了求财，而不会伤害他们夫妻二人的性命，只要他们拿到了钱，就一定会放过他们。

彭宠的妻子知道没有第二条路可走，于是在两个奴仆的挟持下去取贵重财物，只留下一个年轻的仆从看守彭宠。

彭宠见子密出去了，就对那个看守他的年轻仆从说："你这个孩子，我平时一直很喜欢你，我知道你是在子密的胁迫下才这样做的。你放了我，我就把我的女儿彭珠嫁给你做妻子，家中的财物也全都归你。"

那个年轻的仆从听了，一想到平时彭宠待自己不错，杀人越货到底不是好事；如果救了彭宠，说不定真有荣华富贵，于是就想上前解开捆绑彭宠的绳索。

但就在他刚要下手之时，下意识地看了看门外，却发现子密正在门外监视着他，并听到了他们的谈话。

年轻的仆从非常害怕，于是就放弃了营救彭宠。

子密让彭宠的妻子给他们收拾了金玉和贵重衣物，然后到彭宠住的地方包裹好，又让准备了六匹快马，之后让彭宠的妻子缝制了两个口袋。彭宠的妻子并不知道，她亲手缝的这两个口袋，竟然就是他们夫妻二人的裹尸布。

天黑以后，子密解开彭宠的手，胁迫他写一封亲笔信给守城门的将军说："现在派遣子密等人到子后兰卿那里，请尽快打开城门让他们出去，一刻也不要耽搁。"

彭宠被人家抓住，只好写下了亲笔书信。书写完毕，对子密来说，彭宠的利用价值也就没有了。

于是，子密杀死了彭宠和他的妻子，砍下他们夫妇的头，装入由彭宠妻子缝好的那两个口袋里，然后拿着彭宠的手书飞奔出城，前去洛阳向刘秀请降。

从礼法和道义上来说，子密作为奴仆，杀害自己的主人卖主求荣，是十分令人不齿的恶劣行径，但对于刘秀来说，子密毕竟杀死了一个造反的敌人。于是，刘秀封子密为不义侯，既表彰他的军功，又向天下人告示他的不义，也算是在对子密进行赏赐的同时对他的一种精神挞伐吧。

子密等人出城之后，第二天早晨，手下的官吏们见彭宠的房门还是关着的，从外面推却推不开，不得已翻墙而入，却看见了彭宠夫妻的尸体。

彭宠手下的官吏们都非常惊慌，也为此感到非常恐怖。

彭宠所封的尚书韩立等人，为了报答彭宠对他们的知遇之恩，于是共同拥立彭宠的侄子彭午为王，并让彭宠的堂弟子后兰卿做了将军。但彭宠的这一个团队人心离散却已是不争的事实，所以，有人拥护就有人反对，国师韩利刺杀了彭午，砍下他的头颅，前往祭遵的军营中投降。

彭宠的其他部众随即被祭遵等人消灭，彭宠的宗族也被诛灭了。

彭宠死了，一个曾经对刘秀有过大恩却令刘秀十分反感的人死了。

那么刘秀怎么做，才能彰显彭宠的不义和自己的知恩图报呢？

非常好办，厚赏和彭宠同功异体的耿况就可以了。

于是，刘秀特意派光禄大夫手持符节前去上谷，隆重地把耿况迎接到洛阳，然后赐给他一座甲等府第，赐予奉朝请的特权（即参加朝会的资格）。之后，刘秀又封耿况的另一个儿子耿舒为牟平侯。

历史很少对刘秀和彭宠之间的恩怨进行过评判，但无论如何，刘秀应该是对彭宠有所亏欠的，难道不是吗？

看看曾经大力支持过刘秀的真定王刘扬，难道不也和彭宠一样吗？

刘秀平定河北之时，经和刘扬关系密切的巨鹿郡大姓刘植牵线，刘秀娶刘扬的外甥女郭圣通为妻，和刘扬缔结了政治婚姻。之后，刘扬带着他的十万兵马倒向刘秀，并让自己下属各县都归降了刘秀，为刘秀击败王昌、平定河北起了非常重要的作用。

当时刘秀派刘植前去劝降刘扬时，向刘扬提出了什么条件，历史上没有记载；刘秀和刘扬会晤之时，向刘扬许下了什么诺言，史书也没有记载，但可以肯定的是，刘秀当时为了争取刘扬的支持，肯定对刘扬有所承诺，因为天下没有白吃的午餐，刘扬不可能毫无条件地支持刘秀还搭上自己的外甥女。

并且，刘秀给刘扬开出的条件，非常优厚。所以刘扬义无反顾地支持了刘秀。

可是，在登基做皇帝之后，刘秀答应刘扬的条件，却并没有兑现。或许在刘秀看来，自己还没有完全平定天下，论功行赏，有些为时过早，但在刘扬和彭宠等人看来，刘秀就是想赖账。刘秀对身边其他的将领都各有封赏，食邑都有所增加，大到四县，小到一县，但对刘扬和彭宠，封赏丝毫没有增加。

所以，刘扬对刘秀也非常不满意。

当时天下大乱，谁有资格做皇帝，大体上要符合三个条件：第一，是刘姓之后，普通百姓支持。在这一点上，刘秀符合条件，刘扬也符合条件；第二，要有一定数量的军队。在这一点上，刘秀已经具备条件，但刘扬早就具备了条件。要是刘扬早有争夺天下之心，当时他不支持刘秀而自己起兵，刘秀最终能不能击败王昌等人还是未知数；第三，要有天命昭示。在这一点上，刘秀有了，那就是他的太学生同学强华送来的《赤伏符》图谶。

刘秀凭图谶"顺天应人"做了皇帝。那么这样的图谶，要是别人也有呢？

于是，刘扬也为自己制造了一个谶记说："赤九之后，瘿扬为主。"

关于刘扬所造的这个谶记，要解释一下："赤"和"火"是一样的，指按照"五德终始说"，汉朝是火德，所以称之为"赤"。"九"，是指刘秀是汉高祖刘邦的九世孙。"瘿"，在中国古代的中医学中，是指长在脖子上的一种囊状的瘤子，实际上就是甲状腺肿大的大脖子病。而刘扬刚好就患有瘿病。而"扬"，自然就是指刘扬了。

那么综合起来，刘扬所造的这个谶记，意思就是：刘秀当皇帝之后，就该患有瘿病的刘扬当皇帝了。

造出这个谶记之后，刘扬所具备的条件，就和刘秀一样了，那么到底谁能成为最后的赢家，就让各自的实力来说话吧。

刘扬做好舆论准备之后，派人到不远处的绵曼县（今河北省石家庄市鹿泉区）去联络当地的其他起义军，准备等时机成熟后起兵。

刘扬的所作所为自然而然很快传到了刘秀耳中，对于刘扬的行为，刘秀当然不能容忍，哪怕他是妻子的舅舅、哪怕他是曾经大力支持过自己的功臣！

公元26年春，在称帝半年之后，刘秀派遣骑都尉陈副、游击将军邓隆带兵前去征召刘扬。

刘扬当然知道他们因何而来，自然不会上这样的当，于是他紧闭城门，不让陈副等人进城。

陈副等人无可奈何，只好回报刘秀。

刘扬不接待陈副等人，刘秀只好另想办法。

刘秀身边的猛将、前将军、高阳侯耿纯是真定王室的外甥；耿纯的母亲，是刘扬的堂姊妹。有了这层亲戚关系，刘扬一定会放松警惕，刘秀决定派耿纯前去突袭刘扬。

于是刘秀派耿纯手持符节，以到幽州、冀州颁行赦令并慰劳王侯的名义北上。

临行前，刘秀向耿纯下了一道密令说："刘扬如果前来见你，你要立即把他抓起来。"

耿纯心领神会，领旨北上。为了不引起刘扬怀疑，耿纯特意只带了一百多名骑兵作为随从，在元氏县与陈副、邓隆相会，然后一起到了真定，在传舍住了下来。

耿纯到了之后，刘扬自然也和上次一样，称病不肯前来谒见耿纯。但因为耿纯是他们真定王室的外甥，于公不见，于私却不能不顾亲戚情义。

于是刘扬就派使者前去给耿纯送信，打算和他见一面。刘扬之意，见了耿纯之后，一来和耿纯叙叙亲戚情义，二来在耿纯那里探听一些刘秀那边的消息。

收到刘扬的来信，耿纯欲擒故纵，他派人回信给刘扬说："我作为皇帝的使者，奉旨北上冀州、幽州，前去慰劳各地的王侯牧守，不能先去见您，您如果想和我见面，那就到我住的传舍里来。"

当时，刘扬的弟弟临邑侯刘让和堂兄刘细，手下各有一万多兵马，再加上刘扬原有的十多万兵马，可以说是兵强马壮，所以对于只带了百余人的耿纯，刘扬根本不相信他敢轻举妄动。

经过反复权衡，刘扬觉得无论如何，耿纯都不敢对自己有所举动，于是放心地带着手下的属官前去传舍谒见耿纯。

到了之后，刘扬、刘让、刘细各带为数不少的轻兵驻在门外，在为自己壮胆的同时也向耿纯示威。言外之意就是：如果你敢对我们不利，那这些兵将马上就会杀进去！

之后，刘扬一个人进去见耿纯。见了之后，耿纯以外甥之礼拜见刘扬，只叙家常，不说国事，非常谦卑恭敬。

刘扬大放宽心，觉得这个外甥绝对不会对自己有其他的企图。

耿纯接待刘扬的时候，当得知刘让、刘细都随刘扬前来的消息后，立即非常客气地对刘扬说："为什么不请两位舅父也进来一起坐坐呢？"

刘扬丝毫也没有觉察到这里面有什么不妥，于是欣然命弟弟刘让、堂兄刘细进传舍一坐。

进传舍叙亲，自然不能带兵入内，于是刘让、刘细只带着几个随从入内。

等他们进门之后，按照耿纯之前的安排，传舍内的大门立即关上，然后伏兵齐出，当场将刘扬、刘让、刘细三兄弟杀死。

之后，耿纯命人手持三人的项上人头，带着手下的兵士全副武装而出。

当初耿纯在河北归降刘秀之后，曾经在鄗城亲手斩杀被内应放进城内的王昌大将李恽，之后又在射犬县大败赤眉、青犊、大肜等夜晚前来劫营的十多万义军，是一位声名非常显赫的勇将、骁将，河北谁人不知。

所以耿纯斩杀刘扬三人后带兵一出传舍，立即就把刘扬等人带来的亲兵吓得肝胆欲裂，没有一个人敢轻举妄动，乖乖被耿纯上前接管。

消息传出，真定一郡官吏百姓极为震惊恐怖，没有人敢表示任何的异议。

刘扬谋反案，事还未发，就被耿纯迅速平定。

耿纯回报刘秀，刘秀觉得刘扬、刘让等人的谋反还没有来得及实施就被诛杀，再加上他们是郭圣通的舅舅，立即又起了恻隐之心，于是在四个月之后，封刘扬的儿子刘得为真定王，恢复了他的封国。

相比彭宠，刘扬的结局应该说是好了许多吧！

第十一节　平定山东、消灭南部群雄

在刘秀合围赤眉军并平定彭宠、刘扬之乱的那段时间里，汉军的其他将领也在不停地征讨四方。

赤眉军固然是当时绿林军之外实力最强的起义军，但赤眉军之外，还有为数不少的割据势力。这些人或者僭越称王，或者自立为帝，一个个也试图逐鹿中原，成就帝业。

但天无二日、地无二王，在通常情况下，某一地域某一时段，只允许一个政权存在，这样才能确保将国家的内耗降到最低，才能确保国家在满目疮痍之下尽快恢复元气，才能确保饥寒交迫的老百姓吃饱饭、穿暖衣、有太平日子过。谁有能力做皇帝，那上天就会把权杖交到谁手上，而他也必须当仁不让地接过这根权杖，并去消灭其他那些不适合做皇帝却割据一方耗费资源阻碍百姓过太平日子的人！

既然事实已经证明刘秀是具备这样能力的人，那他就必须去消灭那些不适合做皇帝却搞内耗的割据势力，为了他自己，也为了天下苍生。

刘秀消灭的其他地方割据势力，有刘永、张步、董宪、李宪、秦丰、田戎、公孙述、隗嚣等人。

刘永是西汉时梁孝王刘武的八世孙。梁国传国到刘永的父亲刘立之时，因为刘立与汉平帝生母的家族卫家关系密切，被王莽借机杀死。之后，刘永被剥夺了继承梁王封爵的权利。

更始帝刘玄到洛阳之后，刘永立即前去谒见，请求恢复他的封爵。刘玄于是按照旧制，让刘永承袭了他父亲的爵位，建都睢阳。

更始帝迁都长安之后，朝政极为混乱，无法对地方形成有效的控制，刘永于是凭借封国起兵，任命弟弟刘防为辅国大将军，幼弟刘少公为御史大夫，加封鲁王。然后招揽各地的豪杰如周建等人，任命他们为将军，先后攻下了济阴郡（郡治定陶，今山东省菏泽市定陶区）、山阳郡（郡治昌邑，今山东省菏泽市巨野县东南）、沛郡、楚郡（郡治彭城，今江苏省徐州市）、淮阳郡（中心地区在今河南省周口市淮阳县一带）、汝南郡（郡治平舆，今河南省驻马店市平舆县北），共夺取了二十八座城池。

为了扩大影响，增强同盟力量，刘永又派遣使者任命盗贼头目佼强为横行将军，同时拜占据东海郡（郡治郯县，今山东省临沂市郯城县）的董宪为翼汉大将军（自立后封海西王），平定齐地的张步为辅汉大将军（自立后封齐王）。

董宪是东海郡当地人，当初绿林军、赤眉军先后发动起义之时，他乘机拉起了一支队伍，响应就近的赤眉军，却始终未归入赤眉军的大军，所以被称为赤眉军别部。董宪最大的战绩莫过于在昌邑击败王莽朝的太师王匡并击杀更始将军廉丹的那一场战役了，在那之后，董宪占据了整个东海郡。

张步字文公，是琅琊郡（今山东省临沂市）不其县（今山东省青岛市即墨区一带）人。新末天下大乱，各地群雄并起之时，张步聚兵数千，攻打附近的县城，攻占了几座城池，自号为五威将军，并最终占据了琅琊郡。

更始帝被赤眉所杀之后，刘永自立为帝。

从公元26年开始，刘秀先后派虎牙大将军盖延（率马武、刘隆、马成、王霸、苏茂等）、建威大将军耿弇（率骑都尉刘歆、泰山太守陈俊等）前去攻打刘永、张步，并征召大司马吴汉、汉忠将军王常、前将军王梁等，亲自参与了对董宪的合围。其间，虽然遭遇了苏茂（与朱鲔同守洛阳同时投降的更始将领）、庞萌（谢躬被杀后归降的更始将领）的背叛，也遭遇了伏隆的被害（因劝降张步被囚杀），却基本平定了山东之地。其中刘永在败逃途中被部将庆吾所杀；刘永之子刘纡随后被拥立为梁王，又在战败后被其军士高扈所杀；董宪在途穷来降的路上被吴汉手下校尉韩湛所杀；庞萌在败逃中被方与人黔陵所杀；张步杀苏茂后归降（三年后复叛被陈俊所杀）。

公元30年初，刘秀基本平定山东之地。

在平定董宪、张步等人的那段时间里，刘秀还派兵平定了相比董宪等人活动区域更南一些的割据势力李宪。

李宪是颍川郡许昌县（今河南省许昌市）人，新朝末年，李宪担任庐江郡（治今安徽省合肥市庐江县）的属令（即郡都尉）。

当时，起义军首领王州公在庐江境内发动起义，拥有部众达十多万人，攻取掳掠周边的各郡县。王莽于是任命李宪为偏将军、庐江连率（即太守），让他率领军队讨伐王州公。李宪受命之后，很快就击败了王州公。王莽死后，李宪据庐江郡自守。更始元年，李宪见天下群雄蜂起，于是自称淮南王，设置并任命将帅，然后派兵攻占周边的郡县。

建武三年（公元27年），李宪在庐江郡自立为帝，设置公卿百官，拥有九座城池，手下的部众也达到了十多万人。

公元28年八月，刘秀亲赴寿春（今安徽省淮南市寿县），派遣扬武将军马成，率领诛虏将军刘隆、振威将军宋登、射声校尉王赏三位将军，征调会稽、丹阳、九江、六安四个郡的兵马攻打李宪，在舒县（今庐江县西南）包围了李宪。

李宪从公元28年九月被围，到公元30年正月，被围一年四个月。最终舒县城中的粮食用尽，军心尽解，城池被破。李宪突围之际，被手下一个叫帛意的军士追斩。帛意被封为渔侯，李宪的妻子、儿女都被诛杀。

李宪死后，他的手下淳于临等人又聚集了好几千人，驻扎在潜山县（今安徽省安庆市潜山县西部），攻打并杀死了安风县（治今安徽省六安市霍邱县城关镇许集村）的县令。

扬州牧欧阳歙手下有个从事名叫陈众，乘单车，驾白马，劝降了淳于临。

因为陈众兵不血刃使淳于临投降，潜山县的老百姓免遭战火涂炭，所以当地的老百姓非常感激他，特意在他活着的时候为他立了生祠，称他为"白马陈从事"。

淳于临投降之后，江淮地区全部被刘秀平定。

在着力攻打山东的张步、董宪之人之时，刘秀还同时派出军队，前去攻打南部的割据势力秦丰、田戎等人。

秦丰是南郡人，王莽末年，颇有雄气的秦丰起兵占据黎丘（今湖北省宜城市西北），自称为楚黎王，他率兵先后攻占了十二个县，兵力很快达到数万人，成为当地一支不可小觑的起义力量。

公元26年八月，堵乡县（今河南省南阳市方城县东）人董䜣聚众起兵，在宛城抓获了南阳郡太守刘驎，据城而叛。许邯在杏聚（当地乡名）起兵，声援董䜣。除此之外，南阳郡的其他城池还在更始政权的将领们掌控之下。

南阳形势十分危急，如果不尽快平叛，那么南阳郡就会落入他人之手，而南阳却是刘秀等人的老根据地。为了收复南阳，刘秀迅速派出精兵强将，特意任命大司马吴汉为主将，扬化将军坚镡、右将军万修为副将，率领十万汉军南下，前往南阳平叛。

吴汉等人到达南阳之后，迅速平定宛城、涅阳（今河南省南阳市镇平县侯集镇南）、郦县（今河南省南阳市内乡县西北）、穰城、新野等县。但与此同时，吴汉犯了老毛病，他竟然纵容部下抢掠当地的乡民。

当初刘秀在河北信都之时，手下没有兵将，也没有地盘，所以发"奔命兵"，允许将士在破城后掳掠。但那不过是非常时期的非常之举，现在刘秀已经称帝，就绝对再不能那么做。

所以，汉军的做法，让南阳的官吏非常愤怒，他们纷纷联合起来，抵抗汉军。

刘秀手下的破虏将军邓奉，是刘秀二姐夫邓晨的侄子。他当时刚好从洛阳请假回家乡探亲，可是他到达老家新野之后，才发现老家已经被汉军抢劫得不像样子了。

邓奉非常愤怒。刘秀的原配夫人阴丽华就是新野人，就算汉军不顾及他邓家的薄面，那也应该顾及阴家的颜面啊！

愤怒之下的邓奉，看到自己的乡亲们被汉军蹂躏的惨状，立即无法忍受，他竟然率领新野的乡民，发起了反击汉军的行动。

邓奉也是一位有着较高军事才能的将领，他带着一帮乡民起义，竟然袭破吴汉，夺取了汉军的粮草、辎重，然后驻扎在淯阳（即前文之育阳）。

如果邓奉有一定的政治头脑，那么这个时候，他就应该赶快把吴汉治军不严纵容下属劫掠百姓的情况上报刘秀，然后请刘秀来裁决。如果刘秀支持吴汉而反对邓奉，那么从邓奉的角度来说，他确实不该拥护一个不顾天下苍生的皇帝，那么到那个时候再造反，也为时不晚。但遗憾的是，邓奉没有那么做。

他击退吴汉之后，开始联系南阳周边的其他汉军死敌，比如延岑，比如董䜣，比如秦丰，和这些人结成了联盟。

邓奉就算对吴汉不满，也不应该背弃刘秀，完全走到刘秀的对立面！

吴汉所率的汉军被邓奉击败之后，由于粮草断绝、辎重被劫，所以不得不率军撤走。

当时，扬化将军坚镡在宛城组织敢死队破城并击退了董䜣之后，就驻守在宛城。而很不巧的是，在那个非常关键的时刻，右将军万修又病死了，坚镡只好一个人独守孤城。

宛城的南面是刚刚造反的邓奉，北面是试图反扑的董䜣。所以，在宛城之中的坚镡，压力非常大。

其时，廷尉、归德侯岑彭受命攻打荆州之地，先打下了犨县（今河南省平顶山市鲁山县张官营镇西）、叶县（今河南省平顶山市叶县）等十多座城池。但因董䜣、许邯等人相互联兵，再加上邓奉反戈一击，汉军在南阳一带遭受重创，所以岑彭无法继续南征，只得先平定南阳附近，试图援救被困的坚镡。

公元26年秋，岑彭率军攻破杏聚，迫降了许邯。这样一来，堵乡的董䜣就失去了外援，成了孤军。

看到岑彭打开了局面，刘秀颇感欣慰，于是升任岑彭为征南大将军，然后派朱祐、贾复和建威大将军耿弇、汉忠将军王常、武威将军郭守、越骑将军刘宏、偏将军刘嘉、耿植等八位将军，前去支援岑彭。

援军到达之后，岑彭即刻率八将军合力攻打堵乡县，董䜣告急。邓奉见董䜣情况紧急，亲自率领一万多人前去援救董䜣。

董䜣、邓奉的部队都是南阳精兵，岑彭等人率领汉军接连不断地攻打，但几个月过去，还是未能取胜，建义大将军朱祐甚至被邓奉生擒。

朱祐与邓奉以及邓奉的叔叔邓晨都是南阳老乡，他们在起兵之前就相识。起兵之后不久，又同在刘秀帐下效力。所以这次朱祐被俘，邓奉也自然没有杀害他。

在汉军攻打邓奉、董䜣及朱祐被俘的那段时间里，宛城之中的坚镡一直在率军坚守着。

从公元26年到公元27年，足足一年多时间，坚镡和他的部属面对道路阻隔、粮草不至的艰难困境，一直守卫着宛城。粮食匮乏之际，坚镡与将士们同甘共苦、和衷共济。敌兵攻城紧急之时，坚镡常常亲冒矢石，奋勇杀敌，身上先后受了三处战伤，始终毫无惧色。手下的将士们都被坚镡的精神所鼓舞，与坚镡矢志同心，共守孤城。坚镡的这支队伍，在宛城之中奇迹般地存活了下来，有力地牵制了董䜣、邓奉等人。

公元27年夏，刘秀在指挥大军全歼赤眉之后，终于腾出手来，亲自带兵前往南阳征讨造反的邓奉等人。

刘秀带兵到达叶县之时，董䜣派出的偏将带着数千人马拦在路上，刘秀一度不得前行。岑彭等人见皇帝刘秀的车驾被拦,非常着急,于是率军紧急出击,大败董䜣等人的军队。

汉军获胜,刘秀顺利到达堵阳。邓奉连夜逃回淯阳,董䜣向刘秀投降。

岑彭再接再厉,与耿弇、贾复以及积弩将军傅俊、骑都尉臧宫等人,率军一路追击邓奉,一直追到宛城。

刘秀率领诸将亲自参战,汉军士气大振,大败邓奉。邓奉战败之后,士卒涣散,粮草断绝,再也没办法坚持下去,于是决定向刘秀投降。

之前邓奉没有杀朱祐,此时朱祐刚好派上了用场。于是他请朱祐出来,然后把自己绑起来,由朱祐押着他前往刘秀的军营中去投降。

刘秀考虑到邓奉以前是功臣,在淯阳有保护阴丽华的功劳,并且他造反也是因为吴汉有错在先,所以念及旧情,想赦免邓奉。

但岑彭和耿弇却坚决不同意,他们一齐劝谏刘秀说:"邓奉背弃皇恩叛乱,使汉军奔波在外,白白打了一年多的仗,导致贾复身负重伤、朱祐被擒。如果他真有悔改之意,那么在陛下来了之后,就应该立即下马归降。可是他不仅没有这么做,还亲自指挥军队与陛下交战,直到兵败才投降。如果不杀邓奉,以后就没办法再惩治叛逆的臣子。"

刘秀想想也是,于是就杀了邓奉。

而对于战败被俘的朱祐,刘秀并没有责备他处罚他,而是厚加赏赐和安慰,对他继续信任如初,让他继续追随在自己身边。

董䜣投降,邓奉战败,于是宛城之围自解。坚守一年时间的坚镡和他的下属,终于迎来了大获全胜的这一天。

击败董䜣、邓奉,汉军的兵锋直指荆州。

其时,在关中被冯异打得大败,又在析县被匤、邓晔拦住大杀一阵的延岑逃到了南阳。延岑到达南阳后,得到穰县人杜弘的接应和支援,攻克了好几座县城。随后,延岑又召集了当地的不少流民军,势力得到了很大程度的恢复。

为了不让延岑形成气候站稳脚跟并与秦丰结成联盟,公元27年六月,在击杀邓奉两个月之后,刘秀命令建威大将军耿弇率兵攻打延岑。延岑听说耿弇带兵前来,素以善战著称的他根本没有把耿弇放在眼里,于是在穰县城外与耿弇交战。

延岑一方所率的南阳兵,素来以精锐著称,却全都是步兵,而耿弇所率的是闻名天下的渔阳突骑。所以当延岑的步兵遇上耿弇的骑兵,先是阵形被冲乱,然后就遭到砍瓜切菜般的大屠杀。再加上带兵的主将耿弇骁勇难挡,所以延岑一方被打得大败，光是在战场上被斩杀的士卒就有三千多人，投降的有五千多人。杜弘战败，只好向耿弇投降，而延岑则继续发扬他善于跑路的特长，带着几名亲随，向南一路逃到荆州的南郡境内。

延岑进入南郡之后，立即投靠了楚黎王秦丰，打算与秦丰共同抗击刘秀的军队。

当时的秦丰面对汉军的步步进逼，也是深感力量不足，对于延岑这样背信弃义的人，秦丰丝毫没有嫌弃，立即收罗了他，并把自己的亲生女儿许配给他，以示信任、亲近。

之后，秦丰命令延岑率军驻扎在邓县（今湖北省襄阳市北）附近的东阳，与大将张成共同守卫东阳。秦丰的另一名大将蔡宏率军据守在邓县，与东阳的守军互为掎角之势，共同阻止汉军南下。

岑彭带领的大军随后就到了。

岑彭与傅俊、臧宫、刘宏三名大将，带领汉军约三万余人，一起攻打秦丰。秦丰一方也非常强悍，他和大将蔡宏在邓县力阻汉军，使岑彭等人几个月的时间无法南下一步。

刘秀见岑彭无法取胜，于是派建义大将军朱祐、征虏将军祭遵率部南下支援岑彭等人。朱祐、祭遵的到来，使汉军士气大振。岑彭等人得以在邓县专门围攻秦丰，而朱祐和祭遵得以专门进攻东阳。

邓县、东阳之间被汉军楔入，在东阳城内的延岑、张成所部立即成了孤军。

公元27年十一月，延岑、张成率军想要突围出城，与朱祐、祭遵所率的汉军在东阳城下展开大战。张成在阵中被汉军所杀，延岑奋力杀开一条血路，前去投奔秦丰。

朱祐大获全胜，光是收缴的印绶就有九十七枚。之后，朱祐、祭遵又率军攻打黄邮聚（今河南省南阳市白河和唐河交汇处一带），并很快攻了下来。

朱祐所部汉军节节胜利，步步推进，刘秀非常高兴，特意下旨赏赐给朱祐黄金三十斤，以示褒奖。

但岑彭方面，仍然没有取得丝毫进展，秦丰和蔡宏死守邓县，汉军仍然无法前进一步。

刘秀感到有些不可思议，觉得岑彭无论如何都会取得一些进展，于是就派人责问岑彭是怎么回事。

对于皇帝刘秀的责问，岑彭感到非常紧张，也非常恐惧，如果不能尽快打开局面，大军在外久战，一定会让四处征战的刘秀感觉压力陡增、捉襟见肘。

岑彭于是决定用计智取秦丰，他连夜整顿部队，在军中宣扬称，第二天一早要往西攻打山都县（今河南省南阳市邓州市构林镇）。之后，岑彭暗中命人放松对俘虏的看守，让俘虏趁机逃出。

听逃回的士兵说岑彭将要带领汉军西击山都，秦丰立即带领部队出发，准备在岑彭西进的路上截击汉军。

岑彭听得秦丰大军出动，知道秦丰中计，于是暗中派兵渡过沔水（汉水的上游），攻打秦丰驻守在阿头山（今湖北省襄阳市隆中山）的张杨所部，把张杨打得大败。

岑彭夺取阿头山之后，命令汉军在河谷之间砍伐树木开辟道路，直接袭击秦丰的大本营黎丘，打败黎丘周边驻扎的秦丰军队。

秦丰在前去设伏的路上听说岑彭并没有西去山都，而是取道阿头山攻打黎丘，极度吃惊，于是率领大军，急行军回援黎丘。

岑彭听说秦丰率军返回，于是立即占领有利地形，把营寨安扎在东山之上。

汉军扎营东山居高临下，对秦丰极为不利。秦丰到达之后，立即和蔡宏攻打岑彭。岑彭以逸待劳，早就做好了战斗准备，出兵迎战秦丰、蔡宏。占据有利地形且士气高昂的汉军越战越勇，大败秦丰的军队。秦丰战败退走，蔡宏率军在后掩护秦丰，被汉军所杀。

岑彭大胜秦丰，派人向刘秀报捷。刘秀非常高兴，对岑彭大加赏赐，改封岑彭为舞阴侯。

秦丰战败，秦丰所拜的相国赵京镇守宜城（今湖北省襄阳市宜城市），于是举城投降汉军。刘秀拜他为成汉将军，与岑彭一起围攻黎丘的秦丰。

赵京降汉，在某种程度上起了一定的连锁效应，在夷陵（今湖北省宜昌市、荆州市一带）割据的田戎听说秦丰被围，担心刘秀的大军很快就到，于是也想向刘秀投降。

田戎是汝南郡西平县人，王莽末年天下大乱之时，他与同乡的陈义在南郡的夷陵聚集群盗起兵，田戎自称扫地大将军，陈义自称黎丘大将军。

田戎与陈义带兵攻打夷陵周边各郡县，自封官吏，拜置将帅，割据一方，手下的兵力很快达到好几万人。

当秦丰的大将蔡宏被岑彭斩杀，秦丰被围困在黎丘的时候，田戎非常恐惧，就想向刘秀投降。

田戎的妻兄辛臣得知田戎要投降刘秀，于是就前去劝田戎说："如今，天下各地的豪杰各自占据所在的郡国起事，刘秀的洛阳朝廷，不过是块巴掌大的弹丸之地，我们先不要急着投降，不如按兵不动保存实力静观其变。"

田戎反驳说："不对，以秦丰的强悍和善战，都被岑彭打得大败，如今被围黎丘，无法脱身。更何况是不如秦丰的我们呢？我归降汉朝的计划非常坚决，你不要再说了。"

公元28年春，田戎命令辛臣留守夷陵，而自己则带兵沿长江而上，取道沔水去黎丘投奔包围秦丰的岑彭大军，只等和岑彭约定日期，就向汉军投降。

可令田戎没有想到的是，他这个妻兄辛臣却是个很不地道的人。他当着田戎的面劝田戎不要投降，可田戎前脚刚走，他立即就盗劫了田戎留在城内的金银珍宝，然后带人抄小路前去投降了岑彭。

投降岑彭之后，为了在汉军面前显示自己的诚意和能耐，他又给田戎写了一封亲笔招降信，送给田戎。

再说田戎，他还在前去投降岑彭的半路上，却突然之间接到了妻兄辛臣的劝降信，感觉莫名其妙。对照辛臣前后的言行一思考，田戎觉得辛臣一定是把自己出卖给了汉军，并且在汉军那里说了自己的坏话。那么自己在这个时候前去投降，岂不是白白送死吗？

这么一想，田戎说什么也不敢前去向汉军投降了。于是他改变主意，带领大军迅速向黎丘推进，不是去投降岑彭，而是去救援被岑彭围攻的秦丰。

辛臣，是一个多么无义而无耻的人啊！

对于黎丘被围的秦丰来说，此时田戎的来援，无异于雪中送炭。秦丰非常高兴，也像对待延岑那样对待田戎，把自己的亲生女儿嫁给田戎，以示信任和器重。

岑彭围困秦丰数月，眼看迫降秦丰在望，偏偏在这个时候，出了田戎这样一个岔子。

如果岑彭知道田戎最终改变主意的真相，说不定会把辛臣剁为肉酱。即使是不杀死辛臣，那么岑彭再写一封亲笔信或是刘秀写一封亲笔信，就完全可以劝降田戎，而不必大动干戈。

可是这一切最终没有发生，岑彭还是要按照战争的规则来应对田戎，那就是"围城打援"！

岑彭于是兵分为二，一部分继续把秦丰围在黎丘城中，另一部分则猛攻田戎的军队。双方相持几个月之后,岑彭最终把田戎打得大败。田戎的大将伍公前往岑彭的军营投降,而田戎则只好带着残部逃回大本营夷陵。

岑彭打跑了田戎,同时也惊走了延岑。

延岑在东阳被朱祐、祭遵击败之后,逃回黎丘与秦丰会合,但汉军的攻势越来越猛,黎丘成为一座危城孤城,颇能判断形势的延岑知道再在黎丘守下去就是死路一条,于是决定另谋出路。公元28年二月,延岑从邓县出发,顺着丹江一路北逃,一直逃到南阳郡顺阳县(治今南阳市淅川县南),想取道武关再次进入汉中。

刘秀得知消息,迅速命令右将军邓禹率复汉将军邓晔、辅汉将军于匡从宛城出发前去拦截。双方的军队在顺阳相遇,随即展开一场大战,延岑的军队被击败。延岑无法,只好率领败军撤退。邓晔、于匡在后追击,追到武当(今湖北省十堰市丹江口市境内),大败延岑。

延岑被击败之后,进入关中的梦想破灭,只好率领残部突破邓禹的防线,逃回了汉中老巢。逃到汉中之后,延岑立即投靠了蜀地割据的公孙述,与公孙述联合起来,共同对抗刘秀。

再说岑彭这边。岑彭击败田戎之后,刘秀非常欣慰,于是亲自到黎丘慰劳军队,为将士们鼓劲打气,封赏岑彭及手下有功的将士一百多人。

这一次,岑彭围攻秦丰差不多有一年多时间,但黎丘城城防异常坚固,再加上黎丘城北江水湍急,护城河极深,城墙高大坚固,所以岑彭费尽气力,还是没能攻破黎丘城。

到了公元28年十一月,秦丰手下的士卒,只剩下一千人。并且,黎丘城里的粮草也几乎断绝了。

秦丰势力变得极度微弱,他最终困死城中或是被迫出降,已经是迟早的问题。于是刘秀命令建义大将军朱祐、破奸将军侯进、辅威将军耿植代替岑彭继续围困秦丰,而让岑彭和积弩将军傅俊带兵继续南下,攻打夷陵的田戎。

岑彭、傅俊到达夷陵之后,再次大败田戎的军队,攻克夷陵城。田戎战败,向西向蜀地逃奔,岑彭在后紧追,一直追到秭归(今湖北省宜昌市秭归县)地界。最终,田戎只和几十名骑兵逃入蜀地。他的妻子、儿女和所剩的几万名将士全部被俘。

田戎逃到蜀地之后,也和延岑一样,投靠了公孙述,为公孙述效力。

田戎、延岑先后被击败逃走之后,黎丘城内的秦丰彻底失去外援。朱祐、侯进、耿植加大攻势，拔除了黎丘城外秦丰的另外一个据点蔡阳（今湖北省枣阳市琚湾镇以西），斩杀了蔡阳守将张康。

此时的黎丘，已经完全成了一座死城。刘秀决定前往黎丘，亲自劝降秦丰。

公元28年十二月二十日，刘秀到达黎丘。他派御史中丞李由为使，手持玺书前去招降秦丰。

但秦丰不仅不愿投降，而且口出恶言，辱骂刘秀不止。

谈判不成仁义在，就算是不接受投降，那也不应该辱骂对手。相反，刘秀亲自前来黎丘劝降，还是非常敬重、尊重秦丰这个对手的。现在秦丰拒绝投降并口出恶言，使刘秀极为恼怒而失望。一时半刻攻不破黎丘，所以刘秀决定先回洛阳。临走之前，他向朱祐面授破城机宜，又特意叮嘱朱祐：破城之后，对秦丰可就地处决，并灭其三族。

刘秀走后，朱祐率军竭尽全力攻城。公元29年六月，在汉军连续两年的攻击之下，秦丰再也无力支撑，只好袒露上身，带着他的母亲、妻子、子女九人出城向朱祐投降。

早先宁死不降骂人不止，如今又降何必当初！

生性善良的朱祐不忍杀死向他投降的秦丰，所以将秦丰及其家属押进囚车，然后送到洛阳，由刘秀亲自发落。

秦丰被送到洛阳之后，刘秀下令杀死了他。

朱祐从洛阳返回之后，与骑都尉臧宫合兵，一起攻打由延岑部将控制的阴县（治今湖北省老河口市傅家寨）、酂县（治今湖北省襄阳市谷城县固封山北）、筑阳三县，并很快平定。

至此，洛阳南部的割据势力基本被刘秀平定。

第十章 东汉

第十二节　平定陇右、窦融归汉、马援定边

先后平定东方和南部之后，刘秀开始集中力量，对付陇右的隗嚣和巴蜀的公孙述。

隗嚣是天水郡成纪县（今甘肃省天水市秦安县）人，属于陇右的大族。他年轻的时候，就在郡中做官，以通晓经书而闻名陇上。

当时的大学者刘歆担任王莽的国师，听到隗嚣的名声之后，于是就把他推荐为士，担任自己的属官。

刘歆因为密谋背反王莽而被杀后，隗嚣返回了成纪老家。隗嚣有个叔父名叫隗崔，是一个性情颇像刘缜的人，为人十分豪爽，所以很得众人的拥护。

隗嚣回乡后不久，绿林军拥立刘玄为更始帝，而王莽的军队却接连失败。于是隗崔和哥哥隗义、上邽县（今甘肃省天水市秦州区）人杨广、冀县（今甘肃省天水市甘谷县）人周宗商议，想要起兵响应更始帝刘玄。

隗嚣制止说："战争是极为不祥的凶险之事，如果你们起兵，就一定会给族人带来大祸，我们的宗族有什么罪过，要遭遇这样的劫难呢？"

可是隗崔并不认为隗嚣说得有道理，时势造英雄，谁敢说他隗崔就一定不能成事呢？于是他聚集了数千人，然后带着这些人前去攻打平襄（今甘肃省定西市通渭县西北），杀死了王莽的镇戎郡（王莽把天水郡改为镇戎郡）大尹。

隗崔初战告捷，觉得要想成就一番大业，就必须拥立一个首领，否则，群龙无首，部队不好统率，而自己又显然没有那么大的号召力。经和杨广等人商议，他们一致认为隗嚣在陇右素有名望，并且通晓经术，有非常杰出的能力，所以就

共同推举隗嚣为上将军。

隗嚣刚开始百般辞让，但众人坚持不肯。隗嚣辞让不过，于是对众人说："承蒙各位父老和贤士们抬举，要想让我当你们的首领也可以，但你们一定要听我的话，这样我才敢从命。"

隗嚣可不像赤眉军拥立的傀儡刘盆子，既然众人要推举他当首领，那就必须服从自己的命令；否则，这样的首领宁可不当。

对于隗嚣的要求，众人全都答应了。

隗嚣之前曾经和平陵人方望有过交往，知道这个人很有才华，也很有一些方略。所以他在被众人拥立为首领之后，就派遣使者前去聘请方望，让他做自己的军师。

方望到了以后，劝隗嚣为汉太祖刘邦建庙，然后以臣子的礼节祭祀汉高帝，这样才有号召力，隗嚣听了觉得有理，于是采纳。为汉朝皇帝修建了宗庙，然后祭祀高帝刘邦、太宗刘恒、世宗刘彻，并与一起起事的三十一名将领盟了誓。

与诸将盟誓之后，隗嚣命人传檄各郡国，宣扬王莽篡夺皇位的罪恶，攻击王莽改制导致天下大乱，陈述自己起兵的正义性和合法性。

之后，隗嚣统率十万大军，前去攻打雍州，杀死了王莽的雍州牧陈庆。获胜之后，隗嚣乘胜而进，准备攻打安定郡。

安定郡的大尹名叫王向，是王莽的堂弟、平阿侯王谭的儿子。王向和他的父辈一样，有非常出色的行政才能，他对治下的州县控制极为严密，威风行于邦内，所以他属下的各县，没有一个背叛王莽的。

隗嚣知道王向是个人才，攻打安定肯定是一场恶战，于是就写信给王向，劝王向投降，但王向并不听从。

隗嚣知道王向不会向自己投降，于是进兵攻打安定。经过一番苦战，在兵力上大占优势的隗嚣击败王向并生擒了他。

隗嚣知道王向在安定郡中有很高的威信，如果要彻底征服安定，那就不仅仅是在军事上取得胜利，还要在心理上彻底摧毁支持他的官吏和百姓。

于是，隗嚣命人押着王向在大街上游行示众，然后在闹市中杀死了他。

隗嚣的这一做法，极大地震慑了安定郡的吏民，所以安定下属的各县全部投降了他。

王向被杀之后，隗嚣分兵派将，攻打陇西郡（郡治今甘肃省定西市临洮县南）、武都郡（治今甘肃省陇南市成县西）、金城郡（治今甘肃省兰州市西）、武威郡（治姑臧，今甘肃省武威市凉州区）、张掖郡（治觻得县，今甘肃省张掖市甘州区西北）、酒泉郡（治福禄县，今甘肃省酒泉市）、敦煌郡（今甘肃省敦煌市），把这些地方全部攻了下来。这样一来，隗嚣就占据了自长安以西陇上的大片区域。

公元24年，更始帝迁都长安之后，派遣使者前往陇右征召隗嚣和他的叔父隗崔、隗义等人。

因为更始帝奉汉家为正统，并且就当时看来，手下将多兵广，于是隗嚣就打算前往。方望认为刘玄前途未卜，跟着刘玄不会有一个好结果，坚决阻止隗嚣前去，但隗嚣却没有听从。

方望是个很有野心的人，他希望自己能够辅佐的，是一个有自己独立领域的君主，而不是一个甘愿听命于他人的臣子。所以他见隗嚣执意要去长安投降更始帝，知道自己跟着隗嚣已经没有多大的意义，于是便写下一封书信，辞别而去。

隗嚣并不因方望的离去而改变自己的主意，他与隗崔、隗义一同来到了长安。隗嚣前来归顺，标志着隗嚣控制下的陇右，已经纳入更始政权的版图。

因为隗嚣原来的名号是"上将军"，到了更始政权之后，地位显得非常尊贵，超过了许多更始旧将。所以刘玄为了使隗嚣显得职位相当，重新拜隗嚣为右将军，而白虎将军隗崔、左将军隗义都用原来的名号。

因为更始不能有效地控制朝政，全国各地也没有平定，隗崔、隗义看出刘玄并不是理想的君主，甚至还不如他们自己，于是就想叛离更始，回到他们的旧地。

隗嚣知道一旦决定投降一个政权，那就绝不能再三心二意，否则会败坏自己的政治名誉。再者降而复叛，更始政权首先就不会放过他们。隗嚣担心隗崔、隗义的举动会给自己招来杀身之祸，于是把隗崔、隗义阴谋叛归的事情报告了刘玄，隗崔、隗义被更始政权处死。

隗嚣能够检举自己的叔父，使刘玄觉得他非常忠诚，所以拜他为御史大夫以示感念。

第二年春年，离开隗嚣的方望拥立了被王莽所废的西汉末帝孺子婴，被刘玄派兵击败，方望和孺子婴全都被杀。

但更始政权每况愈下，公元25年夏天，赤眉的军队进入关中，京城三辅极为混乱，刘秀在河北即位的消息也迅速传到了关中。隗嚣知道再这样下去，刘玄就会成为赤眉军和刘秀两边共同的靶子，于是就劝更始帝把政权交给刘秀的叔父刘良,但刘玄哪里肯听。

情况越来越紧急,张卬、廖湛、胡殷、申屠建等人于是和隗嚣合谋,想劫持刘玄重入湖泽为盗,结果机事不密,密谋之事被侍中刘能卿告到了刘玄那里。

刘玄又惊又怒,决定把隗嚣等人全部抓起来杀掉。于是他派人前去征召张卬、隗嚣等人。

张卬、廖湛、胡殷、申屠建等人听说更始帝征召,还不知道他们密谋之事已经泄露,立即就去了,只有隗嚣知道前去凶多吉少,于是装病没有前去。

隗嚣称病不去,刘玄没有下手,结果张卬、廖湛、胡殷逃过一劫,最终申屠建被杀。

张卬等人逃走之后,刘玄派执金吾邓晔带兵包围了隗嚣的府第,想把他抓起来处死。

但隗嚣早就预料到了,他召见之前在天水时的门客,明威将军王遵、云旗将军周宗等人,让他们带领兵马,在府内坚守。

隗嚣和邓晔的军队一直对抗到当天傍晚,再加上逃走的张卬、廖湛、胡殷等人带兵在城中劫掠并攻打更始帝,所以隗嚣方面的压力迅速减轻。到了晚上,隗嚣率手下的将士突破重围,与数十名骑兵连夜夺关而出,逃回天水。

回到天水之后,隗嚣重新召集原来的手下和兵将,占领了原来的地盘,然后自称是西州上将军。

等到更始帝失败之时,京城三辅那些年高德劭的老者和士大夫全都前去投奔了隗嚣,因为他们都信任隗嚣、认可隗嚣,一来觉得他有才能,二来觉得他确实能礼贤下士。

隗嚣平素为人非常谦逊,并且十分尊敬那些读书的士人,把他们引为布衣朋友,谦恭地对待他们。王莽时的平河大尹(即清河郡太守)、长安人谷恭很有才能,隗嚣任命他做了掌野大夫(二百里以外至三百里叫作野,泛指郊外),主管近郊的风俗、治安、刑狱等事;平陵人范逡,是方望的老乡,为师友,常备身边切磋顾问;赵秉、苏衡、郑兴为祭酒,掌管祭祀礼仪;申屠刚、杜林为持书,司理书簿;原右将军杨广和王遵、周宗、平襄人行巡、阿阳人王捷、长陵人王元为大将军,主军事;杜陵、金丹等人为宾客,在身边出谋划策。隗嚣因此名震西州,就是崤山以东的广大区域,许多人也都知道他。

公元26年,当刘秀派大司徒邓禹向西攻打赤眉军之时,驻扎在云阳县。邓禹的副将冯愔率领本部兵马反叛邓禹,逃往西边的天水,被隗嚣迎头痛击,在安定郡的高平县（今宁夏回族自治区固原市）打败冯愔，缴获了他的全部辎重。

冯愔因此很快失势。冯愔被擒之后，邓禹按照刘秀的命令，派遣使者手持符节前去，正式任命隗嚣为西州大将军，可以独立地管理凉州、朔方等地的政务军务。

等到赤眉军离开长安，打算西上陇地之时，隗嚣派遣将军杨广带领兵马迎击，攻破了赤眉军，又在乌氏县（治今宁夏回族自治区固原市以南）、泾阳县（今甘肃省平凉市崆峒区西）之间追上并再次打败他们。

隗嚣既已有功于汉室，又接受了邓禹的封爵，可以任命自己的心腹将领。所以隗嚣手下的将领们都劝隗嚣越过邓禹，直接派遣使者到洛阳向刘秀上书。

公元27年，隗嚣派人到洛阳向刘秀上书。刘秀早就听说过隗嚣，所以用特殊的礼节回报，在称呼他时，尊敬地称呼他的字"季孟"，并且用国与国之间的礼仪，慰问和安抚隗嚣的规格都非常高。

当时陈仓人吕鲔拥兵数万人，与巴蜀的公孙述相互结盟。吕鲔侵犯三辅之时，公孙述派遣将领程焉带领数万人出陈仓去帮助吕鲔。征西大将军冯异与右扶风赵匡率军迎击程焉，隗嚣派兵前去帮助冯异，程焉被打得大败，只得率败兵退走汉川。冯异得胜之后，乘胜追击，追到箕谷（在陈仓以东），再次大败程焉。击败程焉之后，冯异又回军攻打吕鲔，吕鲔战败之后逃走。原依附吕鲔的地方势力，向冯异投降的非常多。

汉军大获全胜之后，于是隗嚣派刘秀的使者来歙前去向刘秀报告战斗的情况。

来歙是南阳新野人，和阴丽华是老乡。来歙的父亲娶刘秀的祖姑，所以若论辈分，来歙还是刘秀的表叔。年轻的时候，来歙和刘秀非常亲密，多次和他一起前往长安。

刘氏在南阳起兵之后，来歙因为是刘秀的姻亲，所以被王莽抓起来关进了监狱，后经门客营救才得以免罪。

刘玄即位之后，任命来歙为小吏，之后带着来歙进入关中。来歙多次向刘玄进言，但未获采纳，他知道刘玄不是成事之人，于是借口生病离开了刘玄。

刘玄所封的汉中王刘嘉，是刘秀的族兄，刘嘉的妻子被害之后，娶了来歙的妹妹。刘嘉受封前往汉中，把来歙也迎到了汉中。此后，来歙一直跟着刘嘉。

刘嘉在关中云阳一带和邓禹相遇之时，派相国李宝和来歙前去拜谒邓禹，结果因为李宝傲慢无礼，被邓禹斩杀，刘嘉归降之事只好暂时搁浅。此后，在来歙的劝说下，刘嘉与来歙亲自前往洛阳去谒见刘秀。刘秀见他们来降非常高兴，当即解下自己的衣服给来歙披上，然后拜他为太中大夫。刘嘉一直跟随在刘秀的身边征战，后来被任命为千乘郡（治千乘县，今山东省淄博市高青县唐坊镇）太守。

刘秀此前一直对陇右和巴蜀之地忧心不已，于是就单独对来歙说："现在西州的隗嚣还没有归附，公孙述在蜀中自称皇帝，道路险阻并且遥远，各位将领又专一对付关东，抽不开身。我一直在考虑征服西州的策略，但又不知道派谁去合适，你有什么好的办法没有？"

来歙于是向刘秀主动请缨说："我在长安的时候，曾经和隗嚣共事过。他刚刚起兵之时，以兴复汉室为名。现在陛下圣德隆兴，我希望能奉您的命令，用典籍中圣人的话来开导他，隗嚣一定会束手来降，这样一来，公孙述一家就成灭亡之势，根本不足为虑。"

刘秀认为来歙说得有理，于是派来歙前去劝降隗嚣。

来歙见到隗嚣之后，成功地完成了自己的使命，所以此时，隗嚣请他前去向刘秀报告情况。

刘秀对隗嚣的来信非常重视，亲自给他写回信，措辞非常客气：

"我非常敬慕讲道德、有信义的人，从内心深处很想与您结交。之前的周文王，他三分天下有其二，还服事殷朝。只是人的才力就像驽马那样蹩脚、铅刀那样迟钝，不可勉强扶持（指类似殷商的那些人已经不值得扶持）。承蒙您多次惠顾，就像伯乐看一眼马就能增价十倍一样，使我更受天下人的眷顾；而苍蝇的飞翔，不过数步之远，但假如它能附着在快马的尾巴上，就可以超出它的同类。由于盗贼的阻隔，您我之间的问候，不能经常。将军您为人处世忠诚忠厚，多次解救危困，南面抵抗公孙述的兵马，北面防御羌胡的骚扰，所以冯异西征，使得他的几千人能在三辅停留。没有将军您的救助，那么咸阳早就已经落入别人之手了。现在函谷关以东的寇贼常常聚兵一处，我志在求得广远，一劳永逸地解决这些问题，所以我有很多事情顾及不到，不能在成都排兵布阵，与公孙述比试高低。假如公孙述带兵到汉中、三辅一带，我很希望借用将军您的军队与他较量，因为您的实力与公孙述旗鼓相当。假如您愿意按照我说的话去做，那么承蒙上天赐福，就是聪明的智士计功割地、论功行赏的时候了。管仲曾经说过：'生养我的是父母，而成就我的是鲍叔牙。'从今以后，您我之间直接亲笔书信往来，不要听信旁人那些挑拨离间的言语。"

从此以后，刘秀对隗嚣的恩宠和礼遇规格更高，两人的关系进入蜜月期。

此后，蜀中的公孙述多次出兵汉中，派使者把大司空、扶安王的印绶送给隗嚣，希望隗嚣能为自己效力。

隗嚣自认为陇右和巴蜀是地位相当的国家，公孙述想让自己做他的臣子是一件令他非常羞耻的事情。于是隗嚣杀死公孙述的来使，然后出兵攻打，接连击败公孙述的军队。公孙述遭到隗嚣攻击，知道隗嚣不愿为自己所用，此后不再向北出兵。

其时，关中的将领们多次上书刘秀，多言公孙述的蜀地可以攻打，并讲了许多理由。刘秀也认为可行，于是就把这些建议转告隗嚣，派遣他前去攻打蜀地，以验证他的忠诚。

隗嚣接到刘秀的来信，就派长史前去给刘秀上书，极力辩解说三辅的兵力孤单微弱，卢芳又在北部边境，在这种情况下，自己不适宜出兵攻打蜀地的公孙述。

一切都真相大白，到这个时候，刘秀才彻底明白，隗嚣只是想骑墙观望，保住自己的独立王国，并不想真正为刘秀效力，协助刘秀一统天下。想明白这一层之后，刘秀于是逐渐降低对隗嚣的礼遇，以正君臣之间的名分、礼仪。

隗嚣与刘秀之间，自此出现裂痕。

之前的隗嚣，曾经不顾一切地前去归顺更始帝刘玄，还为此送上了两个叔父的人头。此时的刘秀比起懦弱无能的刘玄来，不知道强了多少倍，毋庸置疑是值得隗嚣效力的，可是，隗嚣却又不乐意了。或许是经历过刘玄那件事情之后，隗嚣最终意识到了当年蹇叔劝说百里奚那句话的可贵了："大丈夫不可轻易委身于人。仕而弃主，则不忠；与之同患难，则不智。"

当然，隗嚣一方面吃一堑长一智，开始变得谨慎；另一方面，开始变得有点盲目自大。

不要轻易决定归顺哪个人，最大限度地保住自己的自主权，将来转圜就会有很大的余地，这是隗嚣变得谨慎的地方；而自大的一面，应该是隗嚣在接触过更始君臣之后，才猛然发现那些称王称帝的人也不过如此，他们身边的幕僚也不过如此，刘秀怎么样他隗嚣没有见过，但刘玄什么水平、他的大臣们什么水平，他算是彻底地领教过了，刘秀估计也就比刘玄强一点点吧。所以，刘玄可以称帝，刘秀可以称帝，公孙述可以称帝，他隗嚣有什么不可以的呢？乱世之中群雄逐鹿，最终鹿死谁手尚未可知，谁又敢说笑到最后的就一定不是他隗嚣呢？

所以，此时的隗嚣也想保存实力，静待时机，并伺机向帝王宝座发起冲刺，因此根本不想早早受制于人。

早先的时候，隗嚣不仅和来歙关系交好，和马援的关系也非常好。

马援字文渊，是扶风茂陵（今陕西省咸阳市杨凌区西北）人。马援的先祖是战国时赵国的将领赵奢，因为赵奢名号为"马服君"，再加上赵括兵败给赵国带来耻辱，所以他的其他子孙就以"马"为氏繁衍了下来。当然也有一种说法，说马援是降汉并被同化的匈奴人。

汉武帝时，马援的祖上因为是二千石级的官员，所以从邯郸迁徙到了茂陵。马援的曾祖父名叫马通（也叫莽通）。在那场著名的巫蛊之祸中，莽通因为捕获了前去征调胡人骑兵以支持太子刘据的如侯，因功被封为重合侯。后来汉武帝开始挨个惩处那些参与攻打戾太子刘据的人，莽通和兄长莽何罗非常恐惧，预谋刺杀汉武帝。莽何罗在行刺时被金日磾及时发觉并阻止，莽何罗被灭族，莽通受牵连被处死。

莽通被杀，他的儿子马实因为年幼逃过一劫。在汉宣帝时期，马实担任郎官，持节，号为"使君"。马实的儿子名叫马仲，后来官至玄武司马。马仲生有四个儿子，分别是马况、马余、马员、马援。

马援的三个哥哥都很有才能，在王莽时期，都担任二千石级的官员。

马援十二岁的时候，他的父亲就去世了。但马援年纪轻轻就有很大志向，他的三个哥哥都认为他是个不一般的人。马援曾经学习《齐诗》，但他意识到自己不能静心于学问，于是就辞别长兄马况，想到边境的郡县去种地放牧。

马况说："你有大才，一定会大器晚成。好的玉工不会把没有经过雕琢的玉给人看，现在还不是展示你才华的时候，所以你喜欢干什么，就去干什么吧。"

但马援还没有动身，马况就去世了，马援为他服丧一年，未曾远离过墓地。他恭敬地伺候寡嫂，不把帽子戴得端端正正就不敢进屋。

后来，马援做了扶风郡中的督邮，押送囚犯到长安的司命府受审，囚犯犯有大罪，但马援非常同情囚犯，于是就私自放了囚犯，然后自己逃到了北地郡。后来遇上大赦，于是马援留在北地郡放牧，不断有四方的宾客赶来归附他，最后归他管理、役使的有几百户人家。

马援游历于陇汉之间，常常对他的宾客说："大丈夫立志，困穷时应当更加坚强，年老时应当更加豪壮（'穷且益坚，老当益壮'出处）。"于是住在当地种地、放牧。过不多久，他的牛、马、羊就繁殖到了几千头，粮食谷米就积累了几万斛，他不禁慨叹说："凡是经营获取财产的，贵在能够施舍、赈济别人；否则，只不过是个守财奴罢了。"于是他把财产全部分给那些穷困的堂兄弟、朋友等，而自己则身穿羊皮做成的衣裤，日子过得非常俭朴。

王莽末年，天下大乱，兵戈四起。王莽的堂弟王林担任卫将军，为了镇压各地的起义军，王林广招四方雄俊英才，于是聘任马援和他的同乡原涉为佐助官吏，并把他们推荐给王莽。王莽任命原涉为镇戎郡大尹（即天水郡太守），马援为新成郡大尹（即汉中郡太守）。等到王莽失败，马援的三哥马员当时担任增山郡连率（即上郡太守），和马援一起离开所任的郡城，之后避居到凉州之地。

刘秀即位之后，马员先到洛阳去归降，刘秀恢复了他的职位，派马员到上郡去做了太守，马员就在上郡太守的任上去世。

马援没有合适的机会见刘秀，于是就暂时留在西州。隗嚣非常敬重马援，拜马援做了绥德将军，常常与他谋划决定大事。

公元25年四月，刘秀称帝的前两个月，公孙述在蜀地称帝。于是隗嚣派马援为使，前往蜀地去观察动静。

马援和公孙述也是同乡，原来关系非常密切。马援本以为，自己到了蜀地之后，公孙述一定会拉着他的手，就像年轻时见了面那样高兴。可是到了之后，公孙述却大讲排场，大陈卫兵，摆好阵势之后，才命人请马援进去。

双方的见面仪式结束之后，公孙述并没有把他留下和他叙谈旧时情谊，而是很快让他去了准备好的馆舍。

公孙述命人替马援做了一种名叫都布（即白棉布）的单衣、一种叫作交让冠的帽子，然后在宗庙里大会群臣百官，为马援设立了老朋友的座位。

之后，公孙述才在高举凤凰牦尾旗子仪仗队的拥簇下，浩浩荡荡地乘坐帝王专用的华盖车，在侍卫沿途清道之后，弯身腰进了宗庙。

这一次，公孙述招待下属官员的筵席非常丰盛，算是因为故人马援来访，所以必须给足马援面子吧。

公孙述当众宣布要授予马援侯爵，拜为大将军。和马援一同前去的宾客一听，都觉得公孙述重视人才，并且不吝官爵，于是都想留下。

但马援本人却无比清醒，他提醒宾客们："天下胜负未定，公孙述没有周公吐哺那样的礼贤下士之心，他听到贤士前来，不是跑出去迎接，和他们谋划成败，而是过分修饰衣着边幅，就像一个穿着华丽衣服的木偶，这样的人怎么能长久地留住天下的贤人呢？"于是坚决地辞别了公孙述，回到了陇右。

回陇之后，隗嚣问马援蜀地的见闻，马援说："公孙述不过是井底之蛙罢了，并且还妄自尊大，我们不如专心属意东方的刘秀。"

公元28年冬天，隗嚣派马援带着他的书信前往洛阳谒见刘秀。

马援到了之后，刘秀在宣德殿接见了他。见面之后，刘秀笑着对马援说："爱卿在两个皇帝之间奔走周旋，今天见到爱卿，爱卿的风度、见识真是让人十分惭愧。"

看到刘秀如此谦恭，马援立即被折服了，于是他向刘秀磕头表示不敢当。之后，马援不卑不亢地对刘秀说："在当今这个时代，不仅仅是君主挑选臣子，臣子也挑选君主。臣和公孙述是同乡，年轻时关系非常要好。臣先前到蜀地，公孙述先安排好持戟操戈的卫士，之后才让我进去。臣和陛下之前从未谋面，现在刚从远方来，陛下怎么就知道臣不是刺客歹人，而毫无防备地接见我呢？"

刘秀非常自信地笑着对他说："爱卿你不是刺客，但你是个说客。"

马援一生奔波，阅人无数，侍奉过繁文缛节自命不凡的王莽，也见过装腔作势华而不实的公孙述，更是常在才能杰出而智识稍逊的隗嚣身边充当智囊，所以见了务实俭朴谦恭有礼的刘秀之后，立即就让他在内心深处有了一种高度的认同感。

于是他对刘秀说："天下混乱，盗用皇帝名号的人不可胜数。今天臣见到陛下，才发现陛下恢廓大度，有高祖的风范，自此知道，帝王自有真的。"

对于马援的这个评价，刘秀非常赞赏，在内心深处也非常认同马援，认为他是一个颇具才能的人，具有独到的眼光，能对事物做出准确的评价。

当时正是朱祐等人紧急攻打秦丰的时候，刘秀前往秦丰的老巢黎丘督战，马援也随刘秀一起去了黎丘，之后又转到东海。回到洛阳之后，刘秀令马援待诏，派太中大夫来歙持节送马援向西回陇右。

马援回到陇右之后，隗嚣非常重视他前去谒见刘秀的过程，吃住都和他在一起，问他东方的情况和刘秀那边的动向。

马援劝隗嚣说："我到洛阳之后，刘秀前后接见我几十次之多，每次接见宴会交谈，从当天晚上到第二天早晨，他的才能、果断、勇气和谋略，不是别人能比的。他和人交谈，都是推心置腹、开诚布公，对人没有什么隐瞒，豁达大度，就像当年的高祖一样。再加上他通晓经术、熟谙政事，在这之前的几世皇帝，都没有人能和他相比。"

隗嚣问："你说他比起高皇帝来怎么样？"

马援回答说:"不如高帝。高帝办事怎么办都行,没有一定的死规矩;而刘秀非常喜欢操持政事,所有的举措都合乎法度,又不喜欢饮酒,严正谨慎。"

隗嚣听了以后,心中很不高兴,就说:"照你这么说来,刘秀反而胜过高帝了啊?"

不过隗嚣虽然不高兴,但还是非常相信马援的认知和判断。

因为来歙、马援和隗嚣关系密切,所以刘秀多次让来歙、马援前往隗嚣那里出使,让他们劝说隗嚣前往洛阳朝廷做官,并给他承诺了显贵的权位和名爵。但这个时候的隗嚣根本不想离开自己的地盘前往洛阳,在他看来,抛弃自己苦心经营已久的独立王国前往洛阳,就像之前他前往长安投奔更始帝一样,是重蹈覆辙,是两次掉进了同一条河。

所以隗嚣多次派使者前去,谦逊地辞让,说自己没有功劳和德行,等待四方平定以后,他会退隐乡里。

对于这些地方割据势力,只要他们还留在旧地,那就标志着刘秀还没有控制这些地方。公元29年春,刘秀又派来歙前往陇右,劝说隗嚣送儿子入朝侍奉,实际上就是入朝为质,取信于中央政府。

其时刘永、彭宠等人都已被杀,隗嚣非常恐惧,于是派马援为使,带着他的大儿子隗恂,和刘秀的使者来歙一起去了洛阳。

此番前去,马援把自己的家属也带到了洛阳。马援在洛阳待了几个月,也没有被委任别的职务。他看到关中三辅土地广阔肥沃,而他所带的宾客又比较多,没办法供养,所以请求前往上林苑中屯田,刘秀答应了他。

隗嚣遣子入侍之后,被任命为胡骑校尉,封为镌羌侯。虽然隗嚣本人没有前往洛阳,但这标志着隗嚣已经归降了刘秀、归顺了朝廷。

但是隗嚣手下的将领王元、王捷常常劝说隗嚣,说天下到底归谁还不知道,不应该一心一意服侍以刘秀为代表的汉室。

王元对隗嚣说:"之前更始帝定都长安之时,四方响应,天下归顺,可以说是太平之时。可是他一旦失败,大王几乎连个安身之所都没有。现在南方有公孙述,北面有刘文伯(即卢芳),长江、五湖、大海、泰山等地,称王称公的有十几个,假如听信那些儒生的游说之词,放弃王侯的基业,寄身于危机四伏的国家,以求保全自己,这是重蹈覆辙,是下下之策。现在天水财民富庶,没有遭遇战乱,兵马强盛,向北攻取西河、上郡,向东攻取三辅,循案过去秦国的疆界,外有华山之险,内有黄河天堑。我王元请求用一枚泥丸似的兵力,替大王到东边封锁函谷关，这是万世功业在此一举的事。就算是大王您目前还不打算这样做，那就姑且招兵买马，占据险要关隘自守。坚持一段时间，以等待天下的变化，即使帝业不能实现，那差一点也可以称霸关中。最重要的一点是，鱼不可以离开深水，神龙失去它所凭借的威势，就和蚯蚓没有什么不同。"

如果刘秀是个像刘玄那样的庸碌之主，或者说当时的皇帝还是刘玄，那么，王元的这番分析就是非常准确的。就算是出现了可以一统天下的雄略之主，等到山穷水尽之时再投降也不晚。

所以，王元的这番话一说出来，隗嚣就极为赞同。虽然他送儿子入朝为质，但仍然可以依仗陇右地势的险要，经营自己的独立王国。

其实，隗嚣在不派儿子入朝为质的情况下，这样做是无可厚非的，但既然已经遣子入侍，表明了态度要归顺刘秀，那么再这样首鼠两端，就是大忌。

所以，一些有见识的游士或长者看穿了这一点，知道隗嚣早晚会自找麻烦，于是渐渐地离开了隗嚣。

公元30年，函谷关以东的地方已经全部被刘秀平定。刘秀苦于长时间战争，又因为隗嚣的儿子入质为侍，公孙述占据了边远的蜀地，便对将领们说："姑且把这两个人置之度外吧。"因而多次传书到陇地、蜀地，向当地的官吏百姓宣讲致祸之道、得福之理。

隗嚣的门客和掾史之中，有很多是文学之士，所以他们起草的文书，辞藻华丽、气势磅礴，有特别强的文学性。隗嚣每次呈送给刘秀讨论时事的奏疏，当时的士大夫都争相诵读。

而对于刘秀的答词，他们就更加刻意，希望能在词句上做到滴水不漏。

过了一段时间，隗嚣派遣使者周游前往洛阳觐见刘秀，周游在途中路过冯异的军营，没想到却被仇家所杀。

刘秀派遣卫尉铫期带着珍宝丝绸前去赏赐隗嚣，没想到刚到郑县就失盗了，那些准备赏赐给隗嚣的财物全部丢失。

刘秀常常对人称赞说隗嚣是个长者，无论如何也想把他召至洛阳朝廷为自己效力，听到这两件事情之后，不禁叹息说："我和隗嚣之间的事情，恐怕是不会有一个好结果了，他派的使者半路上被杀，而我赐给他的财物，又在半道上丢失。"

当时正好碰上蜀地的公孙述派遣军队进攻南郡，刘秀于是就下诏命令隗嚣从天水发兵讨伐蜀地，想用这种办法，试探隗嚣的真实意图。如果隗嚣确实想归顺自己，那么他就一定会出兵；否则，他就一定会找理由推脱。

果不其然，隗嚣接到诏书后随即上书说："白水（长江支流嘉陵江支流的支流白龙江）险要阻挡道路，前往蜀中的栈道已经朽坏。"极言伐蜀的困难，又罗列了许多不便出兵的理由。

刘秀知道隗嚣最终不能为己所用，就想讨伐他。于是下诏派遣建威大将军耿弇、虎牙大将军盖延、征虏将军祭遵、汉忠将军王常、捕虏将军马武、骁骑将军刘歆、武威将军刘尚七将从陇道伐蜀，先派来歙出使，奉玺书前往隗嚣那里传达旨意。

来歙前次出使陇右，把隗嚣的儿子隗恂带回洛阳为质之后，被刘秀拜为中郎将。此番来歙再到陇右，向隗嚣宣读刘秀从陇道伐蜀的旨意，隗嚣一听，立即疑心大起，于是借口要进行准备，让来歙先下去休息。

隗嚣的大将王元听说汉兵要借道伐蜀，立即面见隗嚣，提出了许多可疑之处，劝隗嚣不要奉诏。刘秀的假途灭虢之计，隗嚣自然也是心知肚明。于是他立即调兵遣将，派王元首先占据陇坻（指陇山一带的地方，主要指甘肃东南部的天水一带），砍伐树木阻塞道路，想要杀死来歙后抵抗汉军。

来歙住在馆舍之中，一连过了好多天才被再次召见，心里非常生气。来歙的性格素来刚毅，见面后怒斥隗嚣说："皇上以为您知道好歹、明晓兴亡，所以才写亲笔信向您表达真实心意。您当初也有诚心，派儿子前去做了人质，这是臣子和人主之间互相交往的信用啊！现在呢，您反而要听信小人的谗言，定下招致灭族的计策，背叛君主，辜负儿子，这不是违背忠信吗？吉与凶，您该怎样选择，就在今天。"

来歙说着，想要上前刺杀隗嚣，隗嚣起身进入内室，集合将士想要擒拿并杀死来歙，来歙不慌不忙地拿着符节走到马车旁乘车离去。

来歙的态度令隗嚣更加恼怒，王元劝隗嚣杀掉来歙，并派将军牛邯带兵包围来歙。

隗嚣部将王遵力劝不要斩杀来歙，隗嚣听了之后，一时之间非常犹豫。

因为来歙平时非常注重信誉，言行一致，他每次前来出使时对人所说的话，都可以核实。所以隗嚣手下的士大夫都非常信任敬重他，许多人在隗嚣面前替他说情。最终，隗嚣没有杀来歙，而是把他放了。

在来歙出使隗嚣前后间，在上林苑中屯兵的马援也多次写信给隗嚣，对他言行不一、出尔反尔的行为进行责备和劝说。隗嚣接到书信之后，非常怨恨马援，认为他背叛了自己，因此背离刘秀之心更加坚决。

来歙逃出之后，把隗嚣的情况报告了刘秀。

其时耿弇等七位将军所率的军队已经到达长安，刘秀也随后赶到。刘秀到达之后，随即召集七位将军商议讨伐隗嚣之事。其他人都说："可以暂时稳住隗嚣，加封他手下的将帅，假以时日，隗嚣的手下就自然会分散瓦解。"

但征房将军祭遵却反对说："隗嚣心怀异心，已经不是一天两天了。如果现在我们按兵不动拖延时日，就会使他的奸谋更有利于实现，并且会使蜀地的公孙述警觉起来，增强戒备，所以不如直接进兵。"

刘秀认为祭遵说得对，于是任命祭遵为先锋，下令攻打隗嚣。

祭遵所部立即进军，首战击败王元的军队，一直追到新关。

其他的将军见祭遵得胜，于是分兵进攻，结果被退守的隗嚣军队依仗有利地势打得大败，只得各自引兵退出陇右。

刘秀诏令祭遵驻守在汧县、耿弇驻守在漆县、冯异驻守在栒邑，其他人所部与大司马吴汉的军队，一起回长安。

隗嚣得胜，于是命令王元、行巡率领二万多人乘胜追击，进攻三辅，而在那个时候，冯异、祭遵等人的军队还都没有安营扎寨。

王元、行巡出陇之后，即兵分两路，行巡取栒邑，王元取汧县。

冯异得知消息，立即带兵迅速赶往栒邑，准备在陇兵到达之前，抢先占据栒邑。

冯异手下的将领们都不解地说："隗嚣的军队非常强盛，并且都是乘胜而来，现在万不可与他们争衡。应在便利的地方把军队驻扎下来，慢慢地思考破敌的方略。"

冯异反驳说："隗嚣的军队深入我境，习惯于争夺小利，之后就想乘势深入。如果他们夺取了栒邑，就会使三辅为之震惊动摇，这是令我忧虑的地方。兵法上说'攻者不足，守者有余'。现在我们先占据城池，以逸待劳，并不是与他相争。"于是暗中进城，之后关闭城门，偃旗息鼓埋伏起来。

陇将行巡并不知道冯异已经占据了栒邑，于是就带兵快马加鞭赶往栒邑。冯异乘其不意，骤然击鼓，竖起大旗杀奔而出，行巡的军队万没有想到汉军早就已经入城，立即惊慌失措，大败而逃。

冯异率军在后追击数十里，大败行巡。

而另一路进攻汧县的王元之军，也被祭遵击败。

地势险要之地，一夫当关，万夫莫开，谁进攻谁伤亡惨重，谁镇守谁轻松从容。

陇军战败，北地郡的一些豪杰如耿定等人，都投降了汉军。

冯异立下大功，本应该大书特书此次胜利，但他却不敢夸耀自己的功劳。因为一向低调谨慎，从来不争功求赏的冯异，早就陷入了被他人猜疑诽谤的境地。

公元28年，冯异在陈仓大败吕鲔，并多次打败蜀中公孙述派出的军队之后，得到了远近百姓的热切支持和大力拥戴，因为冯异对待百姓宽和，积极为百姓审理冤案，平反昭雪，所以前来归附他的人非常多。从公元28年到公元30年，前后三年，冯异驻军的上林苑一带就人烟稠密，极为繁华了。

这么长时间驻兵在外，冯异自己也感觉非常不安，于是就向刘秀上书，说他长久在外，非常思慕朝廷，想要回到洛阳，在皇帝的驾前效力。冯异的心思刘秀非常理解，所以刘秀并没有同意。

但时隔不久，不利于冯异的奏章就递到了刘秀面前。有人上书说冯异在关中独断专行，杀了长安县令，威望很高，权力很重，百姓也诚心拥戴他，称他为"咸阳王"。刘秀收到这封奏书之后，立即就派人把奏章原封不动地送给了冯异。

冯异看了之后，极为惶恐害怕，于是上书谢罪说："我本来是个儒生，在战乱中获得任命的机会，得以带兵作战，过分地蒙受恩私，职位至大将，封爵为通侯，并且受任专制方面，以期建立微功，这都来自皇上的谋略，愚臣我怎么能做到这些。我仔细地想了一下，接受诏令来出征，每次都能得到非常好的结果；有时候以私心来决断，就没有不后悔的。皇上见识独到高明，时间长了才显得更为远大，这才知道'人的禀赋和天道，是不可得而听闻的了'。当兵乱刚刚兴起、天下一片混乱的时候，豪杰群起竞逐，迷惑不清的人数以千计，我因遭遇，得以托身圣明皇上的麾下，在以前那种危险混乱的形势下，我尚且不敢有丝毫的过失差错，何况现在天下平定，上尊下卑的秩序已经确立，而我在受爵恩宠的情况下，还能做出什么高深莫测的事情来呢？真诚地希望自己谨慎勤勉，以做到始终如一。看了皇上转给我的奏章，心里非常战栗恐惧。但我想明主是了解我的愚钝品性的，所以才敢于自陈心迹。"

刘秀接到冯异的奏书之后，下诏书答复他说："将军和我之间，义为君臣，恩如父子。有什么嫌隙和怀疑而感到害怕呢？"

但即便如此，冯异还是非常担心。公元30年春，冯异到洛阳朝见刘秀，刘秀召见他并在大臣们面前郑重介绍他说:"冯将军是我最初起兵时的主簿,为我披荆斩棘,平定了关中。"

之后,刘秀命令中黄门太监赐给冯异珍宝、衣服、钱、帛,以示恩宠,并下诏表彰冯异说:"当初河北仓促困窘之下,在芜蒌亭送给我的豆粥,滹沱河送给我的麦饭,如此的深情厚谊,我过了这么长时间也没有报答。"

冯异见状,立即叩头谢恩说:"我听说当年的管仲曾对齐桓公说过:'希望君王不要忘了被我射中衣服带钩的事情,我也不要忘了被关进囚车的事情。'齐国依赖君臣的谨慎奋发而强大。我现在也希望皇上不要忘了在河北时的苦难,小臣我也不会忘记皇上在巾车县赦免我的恩德。"

此后,刘秀又多次宴请冯异,最终和他商议决定了征伐公孙述等一系列问题。冯异在洛阳住了十多天,刘秀命令他带着妻子、儿女一起前往上林苑驻地。

刘秀确实是用人不疑、疑人不用。他了解冯异,所以索性做个顺水人情,让冯异的家属全部跟着冯异去了驻地,希望冯异能够放下包袱,安心带兵。

但即便如此,冯异还是心怀恐惧,极为谨慎。

所以,此时冯异击败陇将行巡,根本不敢自夸功劳,而只是上书说明了击退陇军的情况。

冯异不敢自夸功劳,而其他的将领却想分抢冯异的功劳。刘秀对此非常忧虑,于是下诏责备说:

"诏令大司马吴汉,虎牙将军盖延、建威大将军耿弇、汉忠将军王常、捕虏将军马武、武威将军刘尚:敌将率众从陇地而来,三辅惊恐。栒邑危在旦夕,但北地的各营,却都按兵不动,坐壁观望。现在偏城得以保全,敌兵遭到挫折,使耿定等人复念君臣之义归顺汉室。征西大将军冯异功高如山,还自以为做得不够,与过去的孟之反率兵殿后抗拒齐兵而不自言其功,又有什么区别呢?现在派遣太中太夫赏赐征西大将军麾下官吏将士死伤者以医药、棺材入殓等物,大司马以下的将领要亲自吊唁死者、慰问伤者,以崇尚谦让之风。"之后又派冯异进军义渠(今甘肃省庆阳市宁县),并兼任北地郡太守。

王元、行巡两路大军进攻失利,隗嚣这才知道刘秀的军队并不是那么不堪一击,于是上书向刘秀谢罪说:

"陇右的官吏百姓听说朝廷的大军突然到达,于是惊慌失措地自我保护,下臣隗嚣无法阻止。虽然陇右的军队取得了胜利,但我不敢废弃臣子应尽的礼节,亲自把部队追了回来。上古的虞舜侍奉父亲,大杖则走,小杖则受。我虽然不聪明,但又怎么敢忘掉这个基本大义。现在关于我的生死,全在于朝廷,让我死我就领死、用刑罚处罚我就接受刑罚。如若承蒙皇帝施恩,得以洗心革面重新做人,我至死不忘皇上恩德。"

大臣们看了隗嚣的奏疏,认为隗嚣的言辞傲慢,并且有讽刺挖苦之意,于是请求杀死他的儿子隗恂。刘秀不忍心那样做,决定给隗嚣最后一次机会,于是再一次派来歙前往汧县,送给隗嚣书信说:

"之前的柴将军给韩王信的书信中说:'陛下宽厚仁慈,诸侯中有逃亡反叛之后又归降的,仍然恢复他的职位爵号,没有诛杀。'因为你隗嚣之前做过文官,深明义理,所以再次给你写信。话说得重了好像不客气,话说得轻了又不起什么作用。现在你若束手归降,再把隗恂的弟弟送到朝廷,那么你的职位和名爵都可以保全,将会得到无上之福。我年纪已经将近四十岁了,光是带兵征战就有十年之久,所以喜欢干脆利落,非常讨厌那些虚词假语。如果你不同意我说的话,那你就再不要给我回信了。"

隗嚣看了刘秀的来信,知道刘秀已经看穿了他的诈伪,知道再在刘秀、公孙述两边骑墙观望已经没有可能,那就只有依仗公孙述来抵抗刘秀了。

下定决心之后,隗嚣便派遣使者前往蜀地,向公孙述称臣。

公孙述见隗嚣派人前来称臣,知道和隗嚣结为同盟对双方都有好处。于是封隗嚣为朔宁王,然后派兵前往陇地,支援隗嚣。时为公元31年。

当年秋天,隗嚣率领步兵和骑兵共三万余人攻打安定郡。在那之前,征西大将军冯异兼领北地郡太守。冯异在北地,受降了青山胡兵一万多人,之后,又攻打卢芳手下的将领贾览和匈奴的薁鞬日逐王,都打败了他们。上郡、安定两郡都被冯异控制,冯异又兼领了安定郡太守。此时隗嚣率兵攻打安定,当他的军队到达阴槃县(今陕西省咸阳市长武县西部到甘肃省平凉市泾川县东南部)时,被冯异派出的军队所阻。

隗嚣进攻安定受阻,又命令其他将领带兵从陇右出发南下,在南部的汧县攻打祭遵,但这一路兵马也没有取胜。

隗嚣两路兵马都未获胜,只好率兵撤回。

隗嚣与刘秀反目为仇,这令之前充当中间人的马援感到极为不安。于是他向刘秀上书说:

"我和隗嚣本来的确是很好的朋友。当初,隗嚣派臣来东方,对臣说:'本想归顺汉朝,希望足下去观察一下情况。只要你心里觉得可以,那我就一心归顺了。'等臣返回之后，以真心报告隗嚣，实在是想引导他从善，不敢拿不义的东西来欺骗他。可是隗嚣自己怀有奸心，私下憎恨君主，怨毒之情就归到臣头上了。臣如果不说，就无法让陛下知道。希望能到陛下的行宫，向陛下陈述消灭隗嚣的计策，得以说完心中的话，申明愚笨的计策，然后回到乡下种田，就是死了也没有什么遗憾了。"

刘秀看完马援的奏折之后，知道马援坚定地站在自己这边，于是就召见马援。马援到了之后，详细地陈说隗嚣那边的情况，并为刘秀出谋划策，建议分化瓦解隗嚣的势力，逐个说降隗嚣手下的将领。刘秀听了赞同，于是派马援统领五千突击骑兵，往来游说隗嚣的部将高峻、任禹等人，以及陇右的羌人头领等，替他们陈说祸福，以瓦解隗嚣的党羽。

马援给隗嚣手下的主要将领杨广写了一封信，请杨广规劝隗嚣归顺汉廷，但杨广收信之后，并没有答复马援。

刘秀又让来歙写信招降隗嚣部将王遵，王遵接信之后弃别隗嚣，带着家人来到了京师洛阳。刘秀非常高兴，拜王遵为太中大夫，封为向义侯。

王遵是霸陵人，他的父亲曾经做过上郡太守。王遵年轻时非常豪爽仗义，辩才出众，虽然与隗嚣一起举兵起事，却常有归服汉室之意。他之前在天水曾经私下对来歙说："我奋力杀敌不怕死的原因，难道是为了贪图爵位富贵吗？不，只是因为人都想念旧主人，先父蒙受汉朝的厚恩，想尽量报答罢了。"

之前来歙带着刘秀的玺书前来招降隗嚣之时，王遵就多次劝说隗嚣派遣儿子入侍，每次劝谏言辞都很恳切，但隗嚣并没有采纳他的建议，所以王遵觉得自己和隗嚣道不同不相为谋，于是就离开隗嚣归降了刘秀。

时间推移到公元32年正月，来歙与征虏将军祭遵带兵从一条山路悄悄出发，前去袭击由隗嚣控制的略阳（治今甘肃省天水市秦安县陇城镇）。

走到半路，祭遵病得厉害，只得中途返回，其手下的将士全部由来歙统一指挥，合起来有两千多人。

来歙率领这些将士，凿山开路，从番须道（今甘肃省平凉市华亭县马峡镇到平凉市庄浪县的罐子峡）、回中道（今华亭县境内）径直进军到略阳，斩杀了略阳守将金梁，然后占据了略阳城。

隗嚣得信之后异常震惊，他说："来歙难道有神助不成？"

隗嚣担心来歙的后面还有大部队，于是派王元到陇坻去据守，防止汉军大进，之后派将领行巡把守番须口、派将领王孟到鸡头道（今宁夏固原市隆德县境内）阻击、派将军牛邯驻守在瓦亭（今宁夏固原市泾源县大湾乡境），而自己则亲率数万大军前往略阳，想一举拔掉来歙这颗钉在自己眼皮底下的钉子。

到达略阳之后，隗嚣下令拦山筑起大坝，然后在堤坝中蓄水，等河水涨高之后，决口浇灌略阳城，想用大水摧毁城墙，然后把守城的汉军全部杀死在城中。

面对十分严峻的形势，来歙和守城的汉军并不惊慌，而是拼尽死力固守。城中的箭全部用完了，就把房屋拆了，把屋顶上的大梁、檩子、椽子等全部拆下来，然后锯断制作成木箭，用来抗击攻城的隗嚣军队。

隗嚣出动了手下的全部精锐，蜀中的公孙述见隗嚣情况紧急，派遣他的将领李育、田弇前来协助隗嚣攻打略阳。但是陇、蜀联军从当年春天一直攻打到秋季，竟然都没有把略阳攻下来。来歙与守城的汉军越战越勇，而与此相反的是，隗嚣的将士却陷入了极度的疲困之中。

时间持续到公元32年夏闰四月，刘秀见来歙这支军队牢牢地楔入了陇军之中，于是立即从长安出发，率领诸将西征，分兵几路开向陇地，留下王遵持节监护大司马吴汉镇守长安。

刘秀下定决心向西亲征隗嚣，与掌控着河西五郡的窦融宣布支持汉军也有很大的关系。

窦融是扶风平陵人，他的七世祖窦广国，是汉文帝窦皇后的弟弟。窦融的高祖父，汉宣帝时以二千石的官级从常山迁居到平陵。窦融年纪很小的时候，父亲就去世了。王莽摄政期间，窦融担任强弩将军司马，向东攻打起义的翟义，回师又攻打槐里的义军，靠军功封为建武男爵位。他的妹妹是新莽朝大司空王邑的妾。

窦融住长安城中，出入权贵和皇亲之门，交结城内的豪杰，以行侠仗义闻名；窦融品行极好，侍奉母亲和哥哥，抚养年幼的弟弟，个人修养方面都令人称道。

王莽末年，青州、徐州义兵四起，太师王匡请求让窦融做助军，和自己一起东征。刘縯、刘秀等人起兵之后，窦融又随王邑前往昆阳，结果在昆阳城下被刘秀打败，退回长安。

汉军入关之后，王邑推荐窦融做了波水将军，赐给黄金一千斤，带领军队到新丰抵抗汉军。王莽失败之后，窦融带军队投降更始帝刘玄的大司马赵萌，赵萌任用他做校尉，非常器重他。后来，赵萌推荐窦融做了巨鹿郡太守。

窦融见刘玄刚刚即位，东方还没有平定，不想出关到巨鹿去。而他的高祖父曾经做过张掖郡的太守，从祖父担任过护羌校尉，堂弟也做过武威太守，几代人都在河西，了解那里的风俗民情，于是私下里对他的兄弟们说："天下安危还不能预料，河西殷实富庶，再加上有黄河天险，张掖属国有精锐骑兵上万人，一旦形势危急，切断黄河上的渡口，足可以防守，这是保全宗族子弟的好地方。"兄弟们听了之后都认为他说得对。

窦融于是每天都去向赵萌求情，推让巨鹿太守一职，谋求出任河西的官职。当时赵萌的女儿正受刘玄的宠幸，于是赵萌就替窦融到刘玄那里说情，窦融得以顺利地做了张掖属国的都尉。

属国是当时为了安置归降的少数民族如匈奴而特设的行政区域，通常都是在原郡内割几个县设置属国，与郡同级。

张掖属国都尉就是张掖属国的最高行政、军事长官，品级和西域都护是同一个级别，直属中央，领兵、治民权和郡太守是一样的，并且，张掖属国还有精骑兵一万人。

改任河西之后，窦融非常高兴，立即带着家属前往河西赴任。到达河西之后，他抚慰交结当地的英雄豪杰，又安抚当地的羌人，颇得众人之心，于是河西一带的官吏百姓全都归附了他。

当时，酒泉太守梁统、金城太守库钧（库，音舍）、张掖都尉史苞（郡都尉，和张掖属国都尉不是一回事）、酒泉都尉竺曾、敦煌都尉辛肜，以及各州郡的英才俊杰，窦融都和他们有非常好的交情。

等到刘玄失败之时，窦融和梁统等人商议说："现今天下混乱，不知道该归附谁。河西孤独地处在羌胡之地，大家不勠力同心就不能自保；可是大家权力相当、实力相同，又没有人率领大家。应当推举一个人做大将军，保卫五郡，根据天下的变动再见机行事。"

商议决定之后，这几个人相互谦让一番，最后一致认为：窦融家几代人都在河西做官，在当地吏民之中有较高的威望和号召力，于是就推选窦融代行河西五郡大将军事务。

当时武威太守马期、张掖太守任仲都孤立无援，没有与其他人结盟，窦融、梁统等人就一并送信告知了他们这件事情，马期、任仲二人不愿听从窦融的指挥，但硬抗又担心遭到窦融等人的迫害，于是自解官印而去。于是窦融任命梁统做了武威太守，史苞做了张掖太守，竺曾做酒泉太守，辛肜做了敦煌太守，库钧仍为金城太守。

窦融在张掖属国，仍旧担任张掖属国都尉的职务，然后又设立从事监视金城、武威、酒泉、张掖、敦煌五个郡。

河西之地百姓淳厚，民风淳朴，窦融等人的政令也比较宽和，吏民之间的关系较为和睦融洽，百姓的日子较为富足。

于是窦融等人就整顿军备，操练士卒，练习骑射，设立了烽火警报。羌胡等兵马入侵边塞的时候，窦融就亲自率领兵马和各郡的军队前去救援，一切都按照他们之前盟约的那样去做，所以每次都能打败敌人。时间一长，匈奴骑兵每次都遭受挫败，于是很少再来犯境，而城堡要塞的羌胡人都对窦融非常畏服，全都安心归附。安定、北地、上郡等地因躲避战乱或饥饿逃荒的百姓，都不断地前来归附他。

后来，窦融等人从东边听到消息，说刘秀即位为皇帝，于是就想归附刘秀，因为窦融曾在昆阳城下见识过刘秀的才能。但因为河西距离洛阳较远，中间还有隗嚣等人，道路阻隔，所以没办法联络。

后来隗嚣采用了刘秀称帝后所用的"建武"年号，于是窦融等人也跟着他使用"建武"年号和新历法，隗嚣于是颁给窦融等人将军的印绶。

隗嚣表面上归顺了刘秀，心里却怀有自立的念头，所以他派辩士张玄前去劝说河西的窦融等人说：

"更始帝刘玄明明大业已成，可是很快又灭亡了，这是同一姓氏不会两次兴盛的明证。现在假如有个君主就去依附归顺他，一旦受制于人，自己丢了权柄，以后有危险就是后悔也来不及。现在天下豪杰纷争，雌雄未分，你们应当各自镇守自己的区域，与陇、蜀合纵，情况好的话，就可以像六国的诸侯那样；就算是情况差一些，也可以像赵佗当南越王那样称王一方。"

窦融等人于是召集豪杰以及五位太守商议，那些有智识的人都说：

"汉家继承了尧帝的国运，国祚长远。现在新皇帝的姓名字号出现在《河图》之上，从上几代精通道术的谷子云、夏贺良等，明确说明汉室有第二次承受天命的征兆，说这些话已经很久了，因此刘子骏（即刘歆）改换名字，希望应合这一征兆。到王莽末年，道士西门君惠说刘歆应做天子，于是图谋拥立刘子骏。事情败露被杀，刘子骏押出时对围观的百姓说：'刘秀真的是你们的君主。'这都是近来事情中显而易见，智者所共见。除了说天命，再拿目前的形势来说：现在号称皇帝的有好几个人，而洛阳的土地最广、军队最强、号令最严明。观察符命并考察目前的形势，其他姓的人恐怕最终不能成事。"

各郡太守也都有门客，他们又征求这些门客的意见，但这些门客意见不一，有人赞同隗嚣，有人属意刘秀。

窦融经过深思熟虑，全面考察，最终决定归属刘秀。公元29年夏天，他派长史刘钧带着他的亲笔信到洛阳去给刘秀献马。

在窦融的使者去觐见刘秀之前，刘秀早就听说河西没有遭受战乱，财产完备，人民富足，土地与陇、蜀毗邻，常想招降河西来威逼隗嚣、公孙述，所以也派使者前去给窦融送信。结果，刘秀的使者走到半路，就碰上了窦融的特使刘钧，于是就带着刘钧一起回到了洛阳。

刘秀见到刘钧非常高兴，依礼赏赐并宴请完毕，就派他回去，赐给窦融诏书说：

"诏令行河西五郡大将军事、属国都尉：有劳镇守边远五郡，兵精马壮，仓库有积蓄，百姓富足，外部挫败羌胡，内部百姓享福。将军威德闻于四方，朕虚心盼望相见，但因道路阻隔，令人十分担心。长史所带书信和马匹都已送到，深知将军的厚意。现在益州有公孙述，天水有隗将军，正当蜀、汉相互攻战之际，一切全在将军，将军帮蜀则蜀赢，助汉则汉赢。从这一点上来说，将军想要和朕深交，又怎么会有障碍呢？各种情况都是长史所见的那样，也正像将军所了解的那样。称王的人交替兴起，这样的机会千载难逢。将军想成就齐桓公、晋文公的功业，辅佐弱小的周室，那就应该努力成就功业；将军想和蜀、汉三分天下，鼎足而立，搞连横合纵，也应该根据时机的合适与否再做决定。天下没有统一，我和你不接壤，不是相互吞并的国家。现在谋划献策的人，一定有任嚣让赵佗称王七郡的计谋。称王的人只有划分土地，没有划分百姓的，只是去做适合自己的事情罢了。现在以黄金二百斤赏赐将军，只要对国家有利，将军一切不妨直言。"

随诏书拜窦融为凉州牧。

正如刘秀给隗嚣的信中所说那样，刘秀厌恶虚词假语，一切都是实话实说，没有半点隐瞒。刘秀给窦融写的这封信非常坦诚、非常直白，没有故弄玄虚，也没有刻意标榜自己。你窦融想做齐桓公、晋文公也行；想和我三分天下，只要时机合适，也行；给你去献计的人，有让你学赵佗建南越的，你也自己看着办！

所以，刘秀的诏书到达河西，窦融等人看了之后，立即就震惊了。都觉得刘秀的眼力真是太厉害了，对万里之外的事情，看得一清二楚，对人情世故也极为通达。

于是窦融立即再次派刘钧前去上书说：

"臣窦融早就认真考虑过，我很幸运是先世窦皇后的后代亲属，蒙受汉家大恩做了外戚，几代人做到二千石级的官职。到臣本人，再次忝列朝堂，暂时做了将军，守卫偏远的地方。让臣献身则便于建言献策，让臣效忠也容易竭尽全力。书信不足以深切地表达我的至诚，所以派刘钧亲口陈说我的真心诚意。臣自认为说的都是肺腑之言，没有丝毫的嫌隙。下达的诏书多次谈到蜀、汉两个皇帝，三分天下鼎足而立的可能，任嚣、赵佗的计谋，臣私下非常伤心。臣窦融虽然没有什么见识，但也还懂得利与害的界限、顺应和违逆的区别。臣怎么能背弃真正的大汉的君主，而去侍奉诈伪之人；怎么能废弃忠贞的节操，做出颠覆社稷的事情；怎么能丢掉已经建立的基业，谋求没有希望的利益。这三件事情即使去问那些痴愚之人，也都懂得取舍，而臣怎么会独独做出错误的选择呢？臣恭谨地派同胞弟弟窦友前往朝廷，亲口陈说臣诚挚的内心。"

但不巧的是，窦友刚刚走到高平，就赶上了隗嚣反叛，前往洛阳的道路被阻隔。窦友担心书信落到隗嚣手里，于是骑快马赶了回来，之后，又派司马席封暗中从小路去送信。

刘秀看到窦融的上书，非常高兴，于是又派席封赐给窦融、窦友诏书，尽心、周全地抚慰他们。

窦融通过这两次上书，更深地了解了刘秀的真实意图，于是他就写信给隗嚣并责备他说：

"将军的治下，国家富裕，政治修明，将士归附。亲自遭遇厄运交会之际、国家不利之时，坚守节操没有改变，任职侍奉本朝。后派儿子隗恂委身于洛阳，这是不容怀疑的忠诚，从这一点上就可以得到证明。我窦融和其他人所以欣然佩服将军的高尚行为，愿意追随服从将军的原因，确实也是因为这一点。但将军愤怒之间，改变节操换了主意，君臣纷争，上下交战。抛弃已经建成的功业去做难以成功的事，抛弃合纵的建议从事连横的图谋，百年积累，一朝摧毁，岂不是太可惜了！大概是为将军掌管政事的人贪图功劳提此建议，最终到了这个地步，窦融私下为此感到痛心。如今西州地势局促，百姓士兵离散，易于辅佐别人，难以自立为王。假如迷失了道路而不知自返，别人指明了道路还执迷不悟，那么不是南下和公孙述联合，就是北上和刘文伯（即卢芳）联合了。依靠虚假的交情而不重视强劲的对手，依恃远方的援军而轻视近处的劲敌，没有看到这样做的好处。窦融听说聪明的人不会置众人于危险而行事，仁义的人不违背道义而邀取功名。现在将军以小敌大，让追随你的大众怎么办呢？抛弃儿子邀取功名，道义上怎么过得去呢？况且当初侍奉本朝，叩首而拜，是忠臣的节操；派儿子隗恂入朝，流泪相送，这是慈父的恩情。但不久就背叛朝廷，对官吏将士该怎么交代呢？狠心抛弃儿子，怎么对得起滞留京城的儿子？自从起兵以来，互相攻战，城池都成了废墟，百姓迁移到偏远的山沟。现在那些活着的，不是战乱中幸存的，就是流浪的孤儿。至今创伤的躯体还没有愈合，哭泣的声音还能听到。幸亏靠了天运稍转，可是将军又重新兴难，这是使老病不能最终痊愈，幼儿孤寡将再度流浪，这种悲痛，特别令人哀怜，说起这些来，真是令人鼻酸落泪。那些庸常之人尚且都不忍心，何况仁慈之人呢？我窦融听说尽忠心很容易，但办成一件合适的事情实在困难。替别人担忧超过一定的限度，就一定会好心招致怨恨，我知道我将因为说这些话而得罪将军了。在下所说的这些，还请将军考虑一下。"

隗嚣既已决定反叛，又怎么会听从窦融的劝告。于是，窦融就和五郡太守一起操练军队，然后上书刘秀，请示出兵的日期。

刘秀对窦融的做法非常赞赏，于是就赐给窦融外戚图，还有司马迁所著《史记》中的《五宗世家》《外戚世家》《魏其武安侯列传》，因为这些记载都关系着窦融的家族和身世。

之后，刘秀下诏回复窦融说："朕常常追思外家亲戚，孝景皇帝是窦氏所生；长沙定王，是孝景帝的儿子、朕的祖先。当初因为魏其侯窦婴说的一句话，使皇位继承的大统得以纠正（指西汉时汉景帝曾说要在死后把皇位传给弟弟梁王，结果被窦婴当着窦太后的面顶了回去），窦长君、窦少君敬侍师傅，修成美德，延续到子孙，这是皇太后的神灵，是上天保佑汉室啊！从天水来的人写将军责备隗嚣的信，真是痛入骨髓。那些叛逆之臣看见，应当战栗惭愧；而忠直之臣见了，就应当鼻酸流泪；忠义之士见了，心里明亮就像揭开眼障。不是忠孝诚实的人，谁能说出这样的话来？又哪里是那些德行微薄的人所能担当的？隗嚣自己知道失去河西的帮助，灭族大祸即将来临，所以想用离间的说辞惑乱人心，转而附会捏造，以达成他的奸谋。另外，京城百官不懂得朝廷以及将军的本意，多有听取假话，夸大其词，信口雌黄，使忠孝之士闻之失望，流言违背事实。诽谤与赞扬的出现，都不是凭空而来的，不能不令人考虑。现在函谷关以外的盗贼已被平定，大军现在就要全部向西进发，请将军振奋军威，在约定的时日会师。"

窦融接到刘秀的诏书，便和各郡太守率军进入金城郡，准备进攻陇右的隗嚣。

还是在更始帝之时，先零羌族的首领封何带领各部落杀死了金城郡太守，驻兵并居住于金城郡。隗嚣此时为了对抗刘秀，于是派使者送给封何钱财，和先零羌部落结盟，想动用羌族的军队。

窦融等人乘机出兵，进攻金城的封何，大败先零羌，斩杀一千多人，缴获牛、马、羊一万多头，谷米好几万斛，便在黄河两岸大摆阵势壮扬军威，等待刘秀前来。因为当时汉军没有进发，所以窦融不得不领兵返回。

因为窦融确实诚心想为汉室效力，所以刘秀对他更为嘉许。于是诏令右扶风重新修理窦融父亲的坟墓，用太牢祭祀，规格非常之高。之后又多次派使者轻骑前去，赐给他美味佳肴。

武威太守梁统见刘秀对他们非常诚恳，于是派人刺杀了张玄。这样一来，河西五郡就算是彻底与隗嚣断交了，全都丢弃了隗嚣送来的将军印绶。

公元31年夏，酒泉太守竺曾为了替弟弟报仇，杀人之后离开了酒泉郡，于是窦融奉诏令拜竺曾为武锋将军，改任敦煌太守辛肜为酒泉太守，以代替竺曾。

当年秋天，隗嚣发兵进攻安定，刘秀将要亲自向西讨伐隗嚣，预先把日期告知了窦融。但很不巧的是，当时碰上下雨，道路被水冲断，并且隗嚣的军队也已撤退，所以只好作罢。

窦融率军到达姑臧县（今甘肃省武威市凉州区），接到撤兵的诏令后返回。窦融担心刘秀的大军长期不出战会养虎遗患，于是就呈上奏疏说："隗嚣听说皇上要西征，臣窦融要东下，手下的将士人心骚动，并没有交战的打算。隗嚣的将领高峻等人都想迎降汉朝大军，后来听说大军撤回，所以高峻等人非常狐疑。隗嚣扬言东方发生了变乱，所以西州的豪强又反过去依从了他。隗嚣又任用公孙述的将领，让这些人为他把守城下的小门。臣窦融势孤力单，夹在他们中间，虽然承蒙皇上的威灵，但最好能够从速救援。皇上的大军堵在敌人前面，臣窦融紧逼敌人后面，缓急并用，首尾呼应，隗嚣形势紧迫，进退不得，就一定会打败他。如果大军不早早进发，时间长了一些人就会生疑，那么就会在外助长敌人的气焰、在内显示大军的疲弱，又使谗邪小人有了传播流言的机会，臣心里为此非常担忧，希望陛下能够同情我的处境。"

刘秀对窦融更加赞赏。

公元32年夏闰四月，刘秀亲征隗嚣。

当他到达漆县（今陕西省咸阳市彬县）之时，手下的将领们都觉得刘秀以万乘之尊，不宜亲入险地征战，都劝刘秀不要再随大军西进。因为对于陇右，莫说是刘秀，就是刘秀手下的将领们，也都地形不熟，不抱必胜的信念。而窦融虽然对刘秀鼎力支持，但毕竟被陇右的隗嚣隔在两边，无法进行有效的谋划。所以将领们提出建议之后，刘秀本人也有些犹豫。

就在这个关键时刻，刘秀征召的马援连夜赶来了。刘秀非常高兴，立即接见，详细叙说将领们的意见，请马援评定。

马援给刘秀鼓劲打气说：隗嚣将帅马上就会土崩瓦解，如果大军向前，就一定能攻破他们。马援见刘秀等人还是非常疑惑，知道刘秀和将领们都是因为不熟悉情况而不够自信，于是就邀请刘秀和将领们前往大殿，并叫人抬来一斗米，然后就在大殿里用米粒堆出山谷，画出陇地的地形地势图，然后用手指一一指着米堆，向众人讲解大军该从哪条路进军、该从哪条路撤退，分析路途的远近和攻守的优劣，立即使刘秀和其他的将领们对陇地的形势有了一个非常明了的认识。

刘秀非常高兴地对马援说："所有的敌人都已在我眼中，我对敌军的情况已是清清楚楚。"

隗嚣的大将高峻镇守高平第一城（今宁夏回族自治区固原市固原古城），马援和他相善，于是刘秀就派马援前去劝降高峻。马援不负刘秀所望，到达高平第一城后，高峻立即投降。刘秀命令略阳坚守的中郎将来歙拜高峻为通路将军，封爵关内侯。

前往河西的道路被打通，刘秀和窦融都非常高兴。刘秀于是派人知会窦融，约定双方在高平第一城会师。

窦融得知刘秀率领大军西进，于是率领五郡太守，以及羌人小月氏部落的步兵、骑兵数万人，辎重五千多辆，最终和刘秀的大军在高平第一城会师。

这对于刘秀所建的东汉，绝对是历史性的一刻，因为窦融归汉，河西的广大区域自此重回汉家版图。

窦融在觐见刘秀之前，担心自己会在礼仪上出错，于是先派从事到刘秀那边去问会见的礼节。

因为当时各路军队开拔进退，军中的将领和朝廷的三公都夹错站在大路上，有些背对使者，相互小声交谈。

刘秀听说窦融派人先问礼仪，对窦融的做法非常赞赏，于是大声地把这件事情在文武百官面前进行了宣告。

之后，刘秀摆酒设宴，举行盛大的宴会，向百官引见窦融等人，用隆重的礼节接待窦融等人。

刘秀拜窦融的弟弟窦友为奉车都尉，堂弟窦士为太中大夫。

之后，刘秀与窦融一起进军，把隗嚣的军队打得大败。隗嚣的部众溃逃，一路上的城邑都投降了刘秀。

隗嚣战败，略阳之围不战自解。面对坚守了将近一年有余的来歙，刘秀非常高兴，于是大摆宴席，重赏来歙。为了突出来歙的功劳，刘秀特意命人给他安排了一个单独的座席，位置在其他将领的前面，同时赏赐来歙的妻子细绢一千匹。

之后，刘秀下诏让来歙驻屯长安，与王遵监护长安诸将。

在长安留守的王遵知道隗嚣必定会迎来失败，而他与隗嚣的大将牛邯是多年的老朋友，也知道牛邯有归顺汉室的想法，于是就给牛邯写了封劝降信。

牛邯收到王遵的来信以后，一连考虑了十多天时间。最终，他辞别麾下的将士，到洛阳向刘秀投降，刘秀也拜他为太中大夫。在牛邯的示范效应和汉军的攻打之下，隗嚣的十三名大将、十余个属县、十几万军队，全都投降了刘秀。

隗嚣众叛亲离，实力大损，已经无法再抵御汉军的进攻，于是派大将王元前往蜀地向公孙述求救，而自己则带着妻子、儿女逃到西城（今甘肃省天水市西南），去依靠驻守在那里的大将杨广；而蜀将田弇、李育则驻守上邽（今天水市）。

在这个时候，刘秀仍然没有放弃招降隗嚣的念头，他派人给隗嚣送去诏书说："如果你前来归降，那么你们父子可以相见，我会保全你全族的性命。当年的高祖皇帝曾经对田横说：'田横若来，大者可以封王，小者也可以封侯。'但如果你想像黥布一样非要反叛，那也随你的便。"

隗嚣没有理会刘秀，始终不肯投降。刘秀知道隗嚣没有降顺之意，于是杀了他做人质的儿子隗恂，然后命令吴汉、岑彭包围西城，耿弇、盖延围攻上邽。

汉军大获全胜，刘秀认为窦融在进攻隗嚣的过程中立下大功，于是下诏把安丰县（治今河南省信阳市固始县东南）、阳泉县（治今安徽省六安市霍邱县城西北）、蓼县（故址在今河南省信阳市固始县东北的蓼城岗）、安风县（治今安徽省六安市霍邱县城关镇许集村）四个县封给窦融，并封窦融为安丰侯，其弟窦友为显亲侯。

之后又依次分封河西五郡的将帅：武锋将军竺曾为助义侯，梁统为成义侯，史苞为褒义侯，库钧为辅义侯，辛肜为扶义侯。

因为当时颍川、河东二郡发生了兵乱及反叛之事，情况十分危急，所以刘秀分封窦融等人之后，连夜离开陇地东归。离开时命令窦融等人仍旧返回河西，镇守原来的地方。

刘秀回到洛阳之后，御驾亲征颍川，执金吾寇恂随征，到达之后，叛乱之人全部归降。许多人都以为，之前寇恂就曾担任颍川太守，熟悉颍川的情况，现在颍川刚刚平定，寇恂又立下大功，按照惯例，刘秀一定会任命寇恂为颍川太守，让他镇守颍川并处理后续事务。但出乎所有人意料的是，刘秀却并没有任命寇恂为颍川太守。

颍川的百姓在路上拦住刘秀的车驾，请求将寇恂留下，一些长者的话语非常委婉，他们提出："愿从陛下这里再借寇君一年。"刘秀于是把寇恂留在长社，让他在当地镇抚官吏百姓，并接受其余的归降者。

此后，"借寇"也成为一个典故，以表示地方上挽留官吏，含有对官吏政绩的赞美之意。

再说刘秀离开后的陇右。汉军围攻一个多月，隗嚣大将杨广战死，隗嚣手下再没有可以倚恃的得力将领，所以更加窘迫。隗嚣的大将王捷在戎丘（在西城西北）一场极为激烈的攻城结束之后，登上城楼向汉军喊话说："为隗王守城的将士，都是明知必死而没有贰心的，请你们赶快停止攻城，让我用自杀来证明我说的话。"说完之后自刎而死。

王捷的自杀行为对其他守城的将士来说，无疑是一种极大的激励，同时也向城外传递了这样一种信息：城中的将士对隗嚣极为忠诚，让他们投降是不可能的。

王捷自杀，一方面激励了陇军的士气，另一方面也对汉军的斗志造成了一定程度的瓦解，所以汉军攻城数月，没有攻破城池。

而在这几个月时间里，前往蜀地借兵的王元、行巡、周宗等人带着五千多名蜀兵赶到了。他们通过侦察，发现汉军已经极度疲惫，并且粮草缺乏，又冷又饿，于是他们从地势较高的高坡上迅速冲下，然后击鼓大声喊叫说："百万大军到了！"

围城的汉军听了以后大惊失色，以为后面真有百万大军，所以仓促之下，连阵势都来不及摆开。而在这段时间里，王元等人却率领蜀兵猛冲汉军。经过一番拼死力战，王元带来的蜀兵冲破汉军包围进入西城，然后把城中的隗嚣迎回了冀县。

汉军被王元带来的蜀兵击败，士气极为低落，再加上汉军从初夏的四月征战到严冬十一月，粮草不继，气温又极低，所以吴汉等人迫不得已，只得退兵。吴汉一退，盖延、耿弇、岑彭等人也陆续退军，只有祭遵没有退军。

隗嚣见汉军烧毁大车辎重撤兵，于是派兵在后追击。岑彭见隗嚣出兵追击，率领所部殿后力拒，汉军诸将得以全师返回东方。

汉军撤退之后，先前被汉军占领的安定、北地、天水、陇西等郡各县，又反过来归隗嚣所有。

此前被马援说降的隗嚣大将高峻，此时见汉军撤回，于是重新叛汉，又回到了隗嚣那里，帮助隗嚣镇守城池。

而更令汉军沮丧的事情还在后面，唯一留守的征虏将军祭遵，竟然在军中病死了。

之前汉军与河西的窦融联合起来击败隗嚣军队之后，因为颍川、河东等地发生兵乱，刘秀顾不得多做停留，连夜启程东归。路过祭遵驻守的汧县之时，刘秀驾幸祭遵的军营，慰劳犒赏军中的将士，演奏黄门武乐（指御用宫廷太监、乐师演奏的颂扬武功的舞乐），一直到深夜才散席。之前祭遵和来歙一起前去攻打略阳，半道上因为发病而返回，直到那个时候，病还是没有好。但因为他坚守城池，所以刘秀下诏赐给他厚厚的坐褥，上面覆盖着皇帝才可以用的御盖，以示格外的恩宠和赞赏。

因为当时隗嚣虽然战败，但还是没有被彻底消灭，所以刘秀不敢麻痹大意，因此尽管祭遵病得很厉害，刘秀还是勉励他进兵陇下。祭遵不负刘秀所望，当蜀中的救兵到来之时，吴汉、耿弇等人全都率部撤出陇右，只有祭遵一个人没有退却。

吴汉、耿弇等人作战，素以机动灵活而见长，尤其是耿弇，率领的是精骑兵，在陇右这类山势崎岖之地，极不利于久战久留，所以退却也是保存实力、养精蓄锐的不二之选。而岑彭南归原驻地津乡则是考虑到隗嚣反攻之后，蜀地的公孙述可能会出川，必须赶回去防备。但在其余大军全部退却的情况下，祭遵的坚守，就显得难能可贵。

仅仅过了两个月，公元33年春，祭遵在军营中溘然长逝。祭遵作为一名将军，虽然没有战死沙场，但对汉军来说，他拼死留守却比战死沙场更有价值和意义，因为只要他还驻守在陇地，汉军的旗帜还飘扬在陇地，那就证明汉军还占领着陇地、控制着陇地。

祭遵为人廉洁谨慎，克己奉公，朝廷赏赐给他的财物，他总是全部分给手下的将士，家中没有多余的私财。祭遵生活极为俭朴，身穿粗布衣服或熟皮做的衣裤，盖着粗布的被子。他的妻子作为将军夫人，裙子的边缘也没有纹饰，刘秀为此非常敬重他。

祭遵死后，刘秀为他举办的丧礼极为隆重。祭遵的灵车到达河南县之时，刘秀诏命文武百官先到举行丧礼的地方集合，之后，自己亲自穿着丧服前来吊唁，遥望祭遵的灵位，哭得非常伤心。返回时路过城门，经过送葬的车队，刘秀更是哭得涕泪齐下，不能自已。丧礼结束之后，刘秀又亲自用太牢去祭奠祭遵（太牢是皇帝用来祭祀社稷时的猪、羊、牛三牲，诸侯只能用少牢，即猪、羊二牲），规格就像当年的汉宣帝吊唁霍光那样。刘秀下诏命令大长秋、谒者、河南尹总管祭遵的丧事，所有费用都由大司农供给。

祭遵下葬之时，刘秀又亲前去吊唁，赠给将军印、侯爵印绶，红轮魂轿，甲士排成军阵送葬，谥为"成侯"。下葬之后，刘秀又亲自到祭遵的坟上吊唁，慰问接见他的家属。

以后朝会之时，刘秀常常慨叹说："怎样才能找到像祭遵那样忧国奉公的臣子呢？"

祭遵因为没有儿子，所以他死之后，按照制度，封国被废除。祭遵的兄长祭午后来官至酒泉郡太守；还有个堂弟叫祭肜，也很有名。

祭遵在陇右坚守不退，病死军中，因此得到刘秀最大限度的褒奖。正如博士范升专门上奏折称赞祭遵的那样，刘秀这么做，是在激励其他的将领。

汉军的一时失利，并没有给隗嚣带来长久的胜利。祭遵死后没几天，隗嚣也病倒了。

当时，陇地严重缺粮，隗嚣又病又饿，出城吃干粮之时，越想越气，一怒之下，竟然气死。

隗嚣死后，王元、周宗等人拥立隗嚣的小儿子隗纯为王。

因为汉军刚刚败退出陇，所以征调大军再次入陇显得仓促而无备。在长安驻屯的来歙于是向刘秀上书建议说：

"公孙述凭借陇西、天水作为屏障，所以得以苟延残喘。现在这二郡都已经平定，那么公孙述就智尽计穷了。我们应该广选兵马，积蓄物资粮食。从前高祖带兵征讨叛乱的陈豨，陈豨的将帅多是商人出身，所以高祖出重金收买他们，最后用这个办法击败了陈豨。现在西州刚刚被击破，士卒百姓疲惫饥饿，如果我们用钱财谷物来招募他们，那么西州之人就可以会集起来。我知道国家所要供应的地方不止一处，物资粮草极度缺乏，但目前这么做，实在是迫不得已。"

刘秀收到奏书之后，认为来歙的计策非常好，于是下令大规模转运粮食到陇右。

当时祭遵死后,刘秀下令让安定一带的冯异代理征虏将军职务,并接管祭遵的军队。冯异因此成为陇地汉军的最高统帅,率军驻扎在冀县。蜀中的公孙述派遣将领赵匡前去援救隗纯,刘秀又任命冯异代理天水太守。

因为来歙提出了用粮食瓦解争取西州官民的办法,于是刘秀下诏,命令来歙为总帅,率领冯异、耿弇、盖延、扬武将军马成、武威将军刘尚进军天水,在那里攻打公孙述派来帮助隗氏的将领田弇、赵匡。

冯异、来歙等人围攻赵匡等人一年多时间,最终斩杀了赵匡、田弇。冀县城中的隗纯等人成为孤军。

击败蜀中的援军之后,来歙、冯异等人继续率军围攻冀县,却一直未能攻下。其他的将领们都商议说要暂时撤兵,冯异却说什么也不同意,其他人不敢强退,于是汉军继续围攻冀县。

公元34年夏,冯异和来歙等人攻打落门。落门还没有攻下,冯异突发急病,最终和祭遵一样,病死于军中。冯异死后,谥为"节侯"。

当年十月,来歙、耿弇、盖延、马成、刘尚等人率军攻陷落门,周宗、行巡、苟宇、赵恢等将领带着隗纯向汉军投降,天水的其他属县也全部向汉军投降。

其他的陇将相继向汉军投降之时,之前降而复叛的陇将高峻占据着高平第一城,他担心自己再次投降后会被杀死,因此一直坚守不降。

耿弇率领窦士、梁统等人包围高峻,围了足足有一年多时间,还是没有攻下。

刘秀回到关内,听说高峻坚守不降,准备亲自征伐高峻,随驾的寇恂就劝阻他说:"长安位居洛阳和高平中间,接应路近而方便,皇上坐镇长安,安定、陇西等地必定震恐不已,这样就可以从容地占据一个地方并制服四方。现在我们人困马乏,正在经历不少险阻,这不是陛下安邦的良策,前年颍川之事,可以说是最好的教训。"

但刘秀不听,非要率军亲征。进军到汧县,高峻还是没有攻下,刘秀商议派使者招降他,就对寇恂说:"爱卿之前劝阻我不要亲征,现在替我走一趟。如果高峻不肯立即投降,就带耿弇等五营攻打他。"

寇恂带着刘秀的诏书到达高平第一城,高峻派军师皇甫文出城前来谒见。皇甫文见到寇恂之后,言辞倒是非常有礼貌,但就是推辞不肯投降。

寇恂大怒，要杀皇甫文，其他的将领们都劝阻说："高峻手下有精兵一万人，大多手执硬弓强弩，拦在通往河西的陇道上，连年未能攻下。现在想招降他却又杀了他的使者，恐怕会坏事吧？"

寇恂没有接受其他人的意见，执意杀了皇甫文。之后，派皇甫文的副使回去告诉高峻说："你的军师无礼，我已经把他杀了。你如果想投降，那就赶快降；如果你不想投降，那你就死守，等待我们来攻打。"

高峻非常害怕，当日打开城门向汉军投降。

其他的将领都来向寇恂祝贺，并且不解地问他："请问杀了他们的使者却使他们全城投降，是什么道理呢？"

寇恂回答说："皇甫文是高峻的心腹，是帮他出谋划策的人。皇甫文来的时候，言辞之中不肯降服，一定是没有投降之心。保全他的性命，皇甫文的计策就成功了；杀了他，高峻就闻风丧胆，所以投降了。"

其他的将领都佩服地说："这不是我们所能够想得到的。"

之后，高峻被寇恂用驿车传送回洛阳。

陇将归降之后，周宗、赵恢及其他隗氏子弟被分别安置到洛阳以东的地区，而隗纯与行巡、苟宇等人被安置到弘农。

王元当时则随蜀兵逃到了蜀地，成为蜀将。后来汉军攻蜀之时，王元势穷之下最终降汉。后因垦田不实犯罪，入狱而死。

公元42年，隗纯与手下的宾客几十个人从弘农逃亡，想要逃到匈奴，逃到武威地界之时，被汉军捕获，最终处死。

击败陇右的隗嚣之后，西部的羌患问题也到了必须面对、解决的时候。

还是在王莽末年之时，西羌的游牧部落多次侵犯金城、陇西等边境县城，最后甚至进入塞内，并居住了下来，金城郡下属的各县，大多被羌人占领。

隗嚣病死之后，陇右的势力衰微，由于马援对陇右、凉州一带比较熟悉，所以刘秀就拜他为太中大夫，协助来歙监护其他将领平定凉州。

来歙在陇西经过实地调查之后，向刘秀提出建议说：陇西受到战争和羌人的侵犯，城池残破，要想使那里恢复安定，非马援不可。

公元35年夏天，刘秀下诏拜任马援为陇西太守。马援受任之后，征发步兵骑兵共三千人，在临洮打败了先零羌，杀死羌兵好几百人，缴获马、牛、羊一万多头，没有来得及逃走守卫关塞的各部羌人有八千多人，到马援的军营向汉军投降。

羌人各部落有几万人，聚集起来攻战抢劫，据守在浩亹（音伟，水名。浩亹，也叫阁门河，即现今的大通河。源出祁连山脉东段托来南山和大通山之间，东南流经甘肃、青海边境，在青海省民和县享堂入湟水）关隘。

马援、马成攻打守关的羌人，于是羌人带着他们的妻子、儿女、辎重转移到允吾谷（今青海民和县马场垣乡一带）阻拦。马援见状，派兵暗中从小路包抄，奔袭羌人的军营。羌人见汉军突然出现在他们后面，非常吃惊，于是又远远地迁移到唐翼谷（民和县境内）中，马援再次率兵在后追击。

羌人带领精兵聚集在北山之上，马援面向山布下军阵，而后分派几百名骑兵，绕道背后袭击羌兵，乘夜放火，击鼓呐喊，羌兵惊慌之下，被打得大败，再次向西败逃。此一役，马援共杀敌一千多人。

马援因为兵少，不能穷追，于是收集羌人的粮食、畜产而回。在战斗中，马援小腿上中了一箭，腿肚子都被射穿了，但他仍然坚持战斗，最终取得胜利。

战况报到洛阳，刘秀非常高兴，下诏慰问马援，把缴获的牛、羊赐给他几千头，而马援则把这些牛、羊全部分给了宾客、将士。

当时，朝中的许多大臣对于西羌有许多不同的意见，认为金城郡破羌县（治今青海省海东市乐都县东）的西边，路途遥远，并且有很多盗贼，攻打那里代价较大，但收益甚微，都建议要放弃那里。

马援上书说，破羌县以西城池大多完整牢固，容易据守；并且那里土地肥沃，利于灌溉种植。如果让羌人继续居住在湟中，那么羌人就会继续为害，所以破羌以西不能放弃。

刘秀认为马援说得对，于是下诏给武威太守，命令他让客居武威避难的金城人全部回去。结果回到金城的有三千多人。马援让他们各自回到了原先居住的村镇，之后，又上奏为他们设官吏，修整城郭，建造土城，开垦水田，鼓励他们耕种、放牧。通过这些措施，郡中百姓逐步安定下来，人人安居乐业。

马援又派羌人头领杨封前去劝说塞外的羌人，于是羌人都来和汉民和亲并和睦相处。另外，武都郡的氐人也背叛公孙述前来投降汉军，马援都上书请求恢复他们侯王君长的地位，赐给官印。

因为马援的这些建议非常切合当地的实际，并且利于民族团结和边郡的稳定，所以刘秀全都采纳了。此时马成的军队留在那里已经没有用处，于是被撤回。

公元37年，武都郡的参狼羌和塞外的各部落联合起来入侵边塞，杀死了当地的官吏。马援率领四千多人前去征剿参狼羌，到达氐道县（今甘肃省天水市南）时，马援发现羌人已占据山头。于是命令大军占据有利地形，切断了参狼羌的粮道、水道，却不和羌兵交战。羌人被困在山上，欲战不得、欲守不成，羌人首领只好带着几十万户羌人突围而出，逃至塞外。剩余的各部落一万多人全部向汉军投降，从此陇右获得了安定。

马援为人很讲信义，恩遇他人，宽厚地对待下属。马援为政有一个非常显著的特点，就是一些小事情，全部交给手下的官吏们去处置，自己只管那些涉及大原则的事情。这样一来，马援就有很多的时间用来交游，所以他的宾客和朋友，一天天增多。

手下各官署时常前来向马援报告政务，马援总是说：“这是长史、掾吏就可以做主的事情，哪里值得来问我呢。请稍微体谅一下老夫，让我能游乐休闲一下。大户侵凌小百姓、狡猾的羌民想聚众抵抗，这才是我太守应该管的事情。”

当时曾经发生这样一件事情，足以证明马援的睿智和明识：周边邻县有一个前去找仇家报仇的，因为阵势较大，所以县里的官吏百姓都非常害怕，都传言说羌人造反了，外面的百姓纷纷逃入城里。狄道县的县长飞速赶到马援的府前，请求关闭城门派出军队。

马援其时正和宾客喝酒，听了之后大笑着说：“羌人怎么敢跑来侵犯我。告诉狄道县县长，回去住在他的官署内，如果实在害怕极了，可以在床下趴着。”

后来事情平息，事情果然就像马援预料的那样，所以郡中的吏民都很佩服他。

马援在陇西郡的任上颇有政绩，边郡不受侵扰，官民和睦相处，人人安居；没有辜负来歙对他的信任，也没有辜负刘秀对他的信任，他使陇西安定了下来。

第十三节　　得陇望蜀

在消灭陇右的隗氏，使陇西的羌患趋于缓和，陇西逐渐稳定下来之后，刘秀将目光投向了蜀地的割据势力公孙述。

公孙述字子阳，是右扶风茂陵县（今陕西省咸阳市兴平市）人。汉哀帝时，由于他父亲公孙仁的缘故，担任了郎官。

后来，公孙仁被任命为河南都尉，而他本人则补任凉州刺史部天水郡清水县（今甘肃省天水市清水县）县长。公孙仁担心公孙述年纪轻没有经验，于是就派遣自己一名得力的属下随他一起去上任。一个多月以后，这名下属辞别公孙述回来了，他对公孙仁说："公孙述不是那种需要教导的人。"也就是说，公孙述太有才能了。

后来，天水郡太守认为他很有才能，于是让他兼管五个县。公孙述不负太守所望，政务处理得井井有条，辖区内的奸邪盗贼几乎绝迹，郡中的人都说是不是有鬼神保佑。

王莽天凤年间（公元14—19），公孙述升任为导江郡卒正（蜀郡太守），居住在临邛县（今四川省邛崃市）。在任期内，因为公孙述治郡有方，贤名传得更远。

王莽失败之后，更始帝刘玄被拥立为皇帝，各地的豪杰分别在各自所在县起兵，以响应汉室。南阳人有个叫宗成的人，自称"虎牙将军"，带兵马攻入汉中；又有商人王岑，在雒县（今四川省德阳市广汉市）起兵，自称"定汉将军"，杀死王莽的庸部牧（王莽把益州改为庸部，部牧驻雒县），以响应宗成，双方的兵力加起来，超过了一万人。

公孙述听说宗成等人兵力壮大，以为宗成是个很有才能的人，于是就派遣使者前去迎接宗成。

宗成等人率军到达成都之后，开始残暴地抢掠、欺凌百姓。公孙述万没有想到，这些人打着反抗王莽的旗号，口口声声宣扬说王莽有多么凶残，可是到头来，却比王莽更凶残。

公孙述为自己识人不明感到非常悔恨，内心深处极为厌恶宗成等人，于是他召集县里的那些英雄豪杰，对他们说：

"天下人都对王莽的政权感到痛苦，思念汉朝的刘氏已经很久了，所以听说汉朝将军到来，都跑到路上去迎接。谁知道现在，那些无辜百姓的妻子、儿女却被这些人抓了起来，房舍被焚烧，这些人是盗贼，不是义兵。我想保郡自守，以等待真龙天子。你们愿意和我齐心协力作战的就留下，不愿意的可以离开。"

那些豪杰早就对宗成等人的行为极为愤慨，此时见公孙述这么说，全都向他叩头说："愿为将军效死力。"

公孙述于是让人假称是从东方来的汉朝使者，授予公孙述辅汉将军、蜀郡太守兼益州牧的印绶。之后选拔精兵一千多人，向西攻打宗成等人。

一路上，百姓听说公孙述要去讨伐宗成等人，自发参战者极多。等队伍到达成都时，兵力已经达到几千人。

公孙述于是带着这支队伍攻打宗成，一边是同仇敌忾，一边是贪残不仁，所以宗成虽然兵力占优，却被公孙述打得大败。宗成手下的将领垣副杀死了宗成，带着他部下的人马投降了公孙述。

此一战，公孙述打出了气势、打出了威风，在蜀地官吏百姓之中树立了非常高的威望。

公元24年（更始二年）秋天，更始政权派柱功侯李宝、益州刺史张忠，率领兵马一万多人攻打蜀地和汉中。

之前宗成等人的所作所为，早就令公孙述深恶痛绝，所以此时的公孙述，不再相信除自己以外的任何人。

凭着蜀中险要的地势和当地官吏百姓对他的支持，公孙述自然而然地产生了自立为王的念头。于是，公孙述派他的弟弟公孙恢带兵在绵竹县（今四川省德阳市绵竹县）攻打李宝和张忠，把他们打得大败而逃。

因为此，公孙述威震益州部。

公孙述的功曹李熊趁机劝公孙述称王，公孙述采纳，自立为蜀王，定都在成都。

蜀地自先秦以来，就因为土质肥沃、物产富饶而闻名。此时，因为公孙述兵强马壮、施政有方，所以远方的士人和周边的百姓有很多前去归附他，邛、筰等国的君主都来向他进献贡物。

李熊又劝公孙述称帝，公孙述心里也有称帝之念，但嘴上却在不断地推辞。

在那段时间，公孙述做了个奇怪的梦。他梦见有人对他说："八厶（同私）子系，十二为期。"意思就是，公孙氏有十二年的天命。

公孙述醒来之后，感觉梦境给了他非常明确的昭示，于是对妻子说："梦中预示荣华富贵可以达到极致，但是时间非常短暂，该怎么办？"

他的妻子倒是一个敢作敢为的女性，她回答说："早晨明白了一个道理，晚上就是死了都可以（朝闻道夕死可矣），何况有十二年呢！"

正遇上那几天有人看到有龙一样的东西出入他的府殿之中，夜间有光亮闪耀，公孙述认为此是祥瑞吉兆，所以就在他的手掌中刻下了"公孙帝"三个字。

公元25年四月，也就是在刘秀称帝前两个月，公孙述自立为天子，国号为"成家"。颜色尚白，建立年号为龙兴元年。任命李熊为大司徒，任命弟弟公孙光为大司马，公孙恢为大司空。改益州为司隶校尉部，蜀郡为成都尹。

越嶲郡（治邛都县，今四川省西昌市东南）的蛮夷首领任贵杀死王莽的大尹据郡自守，自立为邛谷王，后向公孙述投降。公孙述于是命令将军侯丹开白水关（位于今四川省广元市青川县营盘乡五里垭），向北守卫南郑；将军任满从阆中县（今四川省阆中市）到江州（今重庆市北嘉陵江北岸），向东占据扞关，就这样，公孙述占有了全部益州之地。

更始帝败后，刘秀忙于征讨山东的刘永、董宪、张步等人，无暇西顾。而关中的那些豪杰，比如吕鲔等人，他们每个人手下都有好几万军队，却不知道该去归附谁，所以大多人都归附了公孙述，公孙述将他们全都任命为将军。

之后，公孙述大建营垒，排兵布阵，练习攻射，聚集了甲兵几十万人，在汉中地区囤积粮食，在南郑筑造宫殿，建造了十层赤楼帛兰船。刻制了大量全国各地州牧、太守的印绶，并安排了公卿百官。派遣将军李育、程乌率领数万军队出陈仓，与吕鲔共同攻打三辅。公元27年，冯异在陈仓攻打吕鲔、李育。吕鲔、李育被打得大败，败退汉中。公元29年，投靠秦丰的延岑被汉军打败，逃到蜀地投降了公孙述，公孙述封他为汝宁王；想去投降岑彭的田戎因为被妻兄出卖，也逃到了蜀地，被公孙述封为翼江王。

公元30年，公孙述派遣田戎与将军任满出江关（今夔门，即瞿塘峡南岸），顺江而下，前往临沮（今湖北省襄阳市南漳县境内）、夷陵（今湖北省宜昌市夷陵区）一带，招抚田戎原来的部下，想借此攻取荆州各郡，但都没能攻克。

在那个时候，公孙述下令废弃原来流通的铜钱，设置铁官铸造新钱，这样一来，老百姓手中原有的货币就不能流通了。

公孙述这么做的结果，导致蜀地出现了一则童谣。童谣的内容是："黄牛白腹，五铢当复。"黄牛白肚皮，五铢钱会再次被使用。许多好事的人就在私下里说，王莽崇尚"黄色"，公孙述崇尚"白色"，而五铢钱，是汉朝的钱币，那么这则童谣的意思，就是说天下会归于一统之后交还给刘氏。

无独有偶的是，公孙述也喜欢符命、鬼神等祥瑞应验一类的事情，胡乱引用典籍之中的记载当作谶语。他认为孔子写作的《春秋》，记载了鲁国十二代君主期间的历史，暗示汉朝国运也只有十二代，说明从汉高祖到汉平帝正好是十二代，所要经历的年数已经够了，同一个姓氏，不能两次接受天命。

公孙述又引用谶纬之书河图《录运法》中的记录："废昌帝，立公孙。"谶纬之书《河图括地象图》的记录："帝轩辕受命，公孙氏握。"谶纬之书《孝经援神契》中的记录："西太守，乙卯金。"就是说西方的太守将会断绝卯金刘氏的统治。五德运行的规律是，黄色接替赤色，白色继承黄色，金属西方为白德，西方取代王氏，刚好符合五德正常的变化顺序。又说自己的掌心有奇异的手纹，有建元龙兴的祥瑞。

找到这些有利于他的符瑞之后，公孙述就多次派人带着这些谶纬前往中原，在各地传发，希望能够让中原地带的人们认为他才是真命天子。

刘秀见公孙述这么做，感到非常忧虑。因为他称帝的符命是《赤伏符》，只有一个，而如今公孙述却找出了这么多的符命，似乎受命于天的证据更加确凿，真是令刘秀又急又恼。

刘秀和公孙述都把谶纬作为上天授命的依据，所以公孙述不能说刘秀的谶纬是假的，刘秀自然也不能说公孙述的谶纬是假的。不过，关于谶纬中的"公孙"，刘秀却有不同的看法，并且前朝也已有了定论。汉宣帝当皇帝之前，名叫刘病已，在汉昭帝时期，上林苑中有一棵僵死的柳树重新发芽，树叶被虫子吃成了文字形，上面的文字是："公孙病已立。"其后，汉宣帝果然继承大统。所以，当时谶纬界的公论，都认为"公孙"是指汉宣帝，而不是其他人。

于是刘秀就给公孙述写信说："图谶中所说的'公孙'，是指汉宣帝。谶语说：'代汉者当涂高。'你难道是当涂高吗？又认为手掌上的手纹是祥瑞，这是王莽早就用过的伎俩，怎么能值得仿效呢？你不是我的乱臣贼子，天下大乱之时，群雄起事都想做皇帝，有什么可以责备的呢？你年龄已经渐渐大了，而妻儿还很弱小，应当及早做出正确的选择，可保身后事无忧。天下帝王神器，是不可凭借武力来争夺的，应该深思。"

信的末尾，刘秀署名为"公孙皇帝"，以示自己是汉宣帝的合法继承者。

对于刘秀的这封信，公孙述没有回复。

这一场发生在刘秀和公孙述之间的宣传舆论战，最终没有结果。那么到底谁做皇帝，还得靠军事实力来决定。

当陇右的隗嚣被刘秀识破真面目，不得已向公孙述称臣之后，公孙述的骑都尉——来自平陵县的荆邯眼见东方即将平定，刘秀的军队马上就要向西攻打蜀地，于是劝公孙述出兵开拓疆域，尽快和刘秀争夺天下。

公孙述听从荆邯的建议，打算派遣全部的北军驻屯士卒和崤山以东的客兵，派延岑、田戎分两路出兵，与汉中各将领合兵并势。

蜀地吏民和公孙光认为不应该把国家的军队全都派到千里之外作战，试图通过一次作战决定成败，在公孙述面前争辩。公孙述不得已，只好取消了命令。

投奔公孙述的延岑、田戎多次请求作战，但此时的公孙述狐疑不定，最终没有同意出兵。

公孙述的性格苛刻、细微，在小事上要求极为苛细，敢于杀戮却不知道有关大局的道理，和王莽一样，也喜欢更改郡县的名称和官职名称。

不过，公孙述年轻的时候在宫廷做过郎官，明晓汉家的礼仪，所以他进退出入都排列法驾、仪仗，举着绣有鸾鸟的旗子，前面有骑兵开道，在宫殿和台阶两侧排列着持戟的卫士，然后车辇才能走出宫闱。

公孙述册封他的两个儿子为王，食邑犍为郡、广汉郡好几个县。大臣们多次向他劝谏，认为最后的成败还不可知，将士们还在旷野中风餐露宿，匆忙之中重赏没有功劳的皇子，表明没有大的志向，使征战的将士寒心。但这些意见，公孙述一点也听不进去。

朝中的大权，也掌握在公孙氏家族的人手中，因此其他的大臣们都怀怨望之心。

公元32年刘秀攻打隗嚣之时，公孙述派李育率领一万多人前去援救。隗嚣失败之后，李育的军队也一齐被消灭，蜀地人听到之后，都非常震惊。公孙述也感到害怕，就想要想个办法稳定人心。

成都的外城之外，有一个秦朝时的旧粮仓，公孙述改名叫白帝仓。那个粮仓，自王莽时期就一直空着。

于是公孙述派人到外面大肆宣扬说：白帝仓产出的粮食堆积如山。老百姓听了之后，非常惊奇，全都从城里跑去观看，结果自然是什么也没有。

公孙述大会群臣，问他们："白帝仓竟然出粮食了？"

大臣们都回答说："没有。"

公孙述说："谣言当然不可相信，说隗王已经失败了的话也是如此。"想借此告诉官吏百姓，说陇右的隗嚣失败、李育全军覆没，和白帝仓出谷一样，是不可信的谣言。

但公孙述说完这些话不久，隗嚣手下的将领王元就前来蜀地投降，令公孙述的谎言不攻自破。公孙述任命王元做了将军。

公元33年，公孙述命令王元与领军将军环安据守河池，防止汉军从陇右南下蜀中。又派田戎和大司徒任满、南郡太守程汛率军沿江而下，攻打由汉军控制的荆州一带。

还是在公元29年之时，汉将岑彭在攻克由田戎占据的夷陵，并迫使田戎逃往蜀地之后，就开始积极为伐蜀做准备。

岑彭认真研究了周边的山川地理形势，发现长江两岸粮食供应困难，三峡一带河道险阻，难以通过水路运输粮草、物资等，所以留下威虏将军冯骏驻军江州，都尉田鸿驻军在夷陵，领军李玄驻军在夷道（今湖北省宜都市），而自己则领兵回守津乡（今湖北省荆州市江陵县境内），占据了荆州要害。

之后，岑彭派人通告荆州周边的各部蛮夷，归降汉朝的人上奏朝廷，封赏他们的君长首领。当初，岑彭和交阯郡（治今越南河内）的牧守邓让交情非常好，于是写信给邓让，陈述刘秀的声威和美德，又派偏将军屈充递送檄文到江南，颁布诏命。岑彭的策略取得了非常好的效果，于是邓让和江夏郡（治西陵县，今湖北省武汉市新洲区境内）太守侯登、武陵郡（治今湖南省怀化市溆浦县）太守王堂、长沙国（治今湖南省临湘市）国相韩福、桂阳郡（郡治在今湖南省郴州市区）太守张隆、零陵郡（治今湖南省永州市零陵区）太守田翕、苍梧郡（治广信县，今广西梧州与广东封开一带）太守杜穆、交阯郡太守锡光等，相继派使者上朝进贡，都被封为列侯。

这些郡太守之中，有人还派自己的儿子率兵协助岑彭征战。这样，荆州以南的各郡，就归附了东汉。也就是从那个时候起，江南的珍宝才开始再一次向中原地区流通。

公元30年，因为伐蜀时机不成熟，所以岑彭被征召前往京师洛阳，受到刘秀的重赏和厚遇。之后，岑彭再次返回津乡驻守。路过老家南阳棘阳，刘秀特意下诏让他回去祭祀祖坟。此外，大长秋奉旨在每月的初一、十五前去问候岑彭的母亲，以示对岑彭的格外恩宠。

公元32年，刘秀亲自带兵前往天水攻打隗嚣之时，岑彭率部随军。在击败隗嚣并把隗嚣包围在西城之后，因为颍川一带发生变故，所以刘秀返回东方。

刘秀临走之前，给岑彭留下了一道诏书说："上邽、西城两座城池如果被攻下，那就可以率兵直接向南攻打蜀地的公孙述。人苦于不知满足，平定陇地后，又想得到蜀地。每次一出兵打仗，头发胡子都要白一些。"（典故"既得陇，复望蜀"来历，简称"得陇望蜀"，含义后世也偏向贬义，比喻人心不足、贪得无厌。）

但岑彭并没有亲眼见到得陇的那一幕，因为刘秀走后不久，蜀中公孙述派出的救兵就到了，汉军除祭遵部之外，全部撤出陇右。

果如岑彭所预料的那样，汉军退出陇右之后，公孙述立即派任满、田戎、程汎率数万兵出蜀，攻取江关（即扞关），打败汉军镇守江州的威虏将军冯骏、都尉田鸿、领军李玄等人，攻下巫县（今重庆市巫山县）和夷陵、夷道，占据了荆门、虎牙（今湖北省宜昌市东南隔江相望之二山）二山。

任满等人得胜之后，横跨江面搭建起浮桥、敌楼，在江中打下巨大的木柱，以阻断水道。之后，大军扎营于荆门、虎牙两座山上，居高临下，支援水路，以抵御汉兵。

岑彭带兵多次发起进攻，却无法取得胜利。于是开始装备、建造直进楼船、冒突（船名，利于水上冲锋）、露桡（船名，顾名思义，人在船内，楫露于船外，安全性较高，主要用来袭击敌船）等作战船只数千艘。

看到南线与蜀军的战斗已经打响，公元35年（建武十一年）春，刘秀立即派大司马吴汉、诛虏将军刘隆、辅威将军臧宫、骁骑将军刘歆南下支援岑彭。调集南阳、武陵、南郡三郡兵士和桂阳、零陵、长沙三郡的棹卒（水手），总兵力有步兵六万人，骑兵五千人，在荆门会师。

吴汉觉得桂阳、零陵、长沙三个郡的棹卒多费粮草，建议将他们解散。而岑彭则认为蜀军势大，并且以水军为主，所以力主留用棹卒。

但因为吴汉是大司马，职务比岑彭高，岑彭必须服从吴汉的指挥。可是现在吴汉的决策不符合实际情况，于是岑彭立即将情况上报给刘秀，奏请刘秀定夺。

刘秀知道蜀中水军不可轻视，于是下诏说："大司马习惯于用步兵和骑兵在陆上作战，不懂得水战，荆门的战事，全部由征南将军岑彭为主。"

由于岑彭与吴汉意见分歧，所以二将兵分两路，分别取蜀。吴汉独率一军，而岑彭继续节制刘隆、臧宫、刘歆三将。

与吴汉分兵之后，岑彭开始指挥汉军进攻蜀军，时为公元35年闰三月。

要想击败蜀军，必须派兵攻占由蜀军控制的浮桥。为了确保胜利，岑彭下令在军中招募敢死队员，明令先攻上浮桥的人受上等奖赏。

偏将军鲁奇积极应募，愿攻浮桥。其时狂风大作，风向朝着蜀军方向，鲁奇的船顺风逆流而上，直冲浮桥，但行至浮桥近前，他的船却被蜀军钉在水中的木桩钩住，无法前进。

鲁奇等人见船无法靠近浮桥，于是一边乘势拼命与护桥的蜀军死战，一边把浇了燃油的火把投向浮桥。火借风势，立即猛烈地燃烧起来，浮桥和敌楼很快被大火烧毁崩塌。

蜀军的浮桥和敌楼被烧毁，岑彭立即指挥大军顺风全线出击，蜀军无法抵挡，立即大乱，溺水而死者数千人。

蜀将王政见蜀军大败，于是斩下大司徒任满的首级，向岑彭投降，成家政权的南郡太守程汎被生擒，田戎逃回江州据守。之前被田戎、任满所占领的城邑，全都打开城门向汉军投降。

岑彭上书保奏刘隆为南郡太守，而自己则继续率领臧宫、刘歆二将三万余人，水陆并进，出垂鹊山，取道秭归，长驱直入到达江州。岑彭严令军中不得抢劫，所过之处，当地百姓都献上牛肉和美酒欢迎慰问岑彭军队。岑彭接见各县那些有名望的长者，对他们说大汉哀怜巴蜀百姓长期被奴役，所以兴兵远征，讨伐有罪的人，为民除害，并极力辞让，不肯接受百姓的牛和酒。

岑彭的做法为他搏得了当地官吏百姓的极度好感，为汉军赢分不少。老百姓都非常高兴，争相开门归降。

刘秀得知岑彭得胜并且恤民有方，于是下诏任命岑彭兼领益州牧，岑彭所攻占的郡，就让他代理太守事务。

因为田戎据守的江州城固粮足，难以马上攻破，于是岑彭留下冯竣围攻江州，而自己和臧宫乘胜沿涪水（今涪江）直指垫江县（今重庆市合川区），攻破平曲（今重庆市合川区东），收缴那里的粮米几十万石，汉军缺粮的问题得到缓解。

汉军顺水路大进，公孙述非常恐慌，于是派延岑、吕鲔、王元及公孙恢带领全部兵马，据守广汉（今四川省遂宁市到遂宁市射洪县之间），防止汉军从涪江入成都；据守资中（今四川省资阳市），防止汉军从沱江入成都；又派遣大将侯丹率二万人守卫黄石（今重庆市江津区），防止汉军从岷江挺进成都。

岑彭见蜀军在汉军进击成都的水路上布下防线，于是命令臧宫与护军杨翕，率领降卒五万人，多张旗帜，设立疑兵，牵制率领蜀军主力的延岑，而自己则率精兵返回江州，之后溯江而上，袭击驻守在黄石的侯丹。时间已经推移到公元35年八月，黄石一役，岑彭大败侯丹。

兵贵神速。击败侯丹之后，岑彭知道他与臧宫分兵且打败侯丹的消息还没有传到成都，所以决定出其不意、攻其不备，打公孙述一个措手不及。于是他丝毫没有停留，率领大军日夜兼程，取水路岷江径往成都。

岑彭分兵北下江州之事也不为延岑所知晓，他只以为汉军的主力要取道涪江北上平阳乡（今四川省绵阳市附近），而后南下进攻成都，所以延岑在沈水（今涪江中游青岗河）陈设重兵，抵御汉军。岑彭分兵走后，臧宫方面的境况变得异常艰难。他手下的人多粮食少，运输又跟不上，补给非常困难。臧宫手下的绝大多数士卒都是之前投降汉军的蜀中降卒，没有完全归心，都想找机会叛变或逃散。郡内各县的地方势力见此情形，也再次聚集自保，观望成败。

臧宫所部的情况越来越艰难，臧宫想要率军撤回，又担心手下降卒阵中反戈，并且会遭到延岑所部的追杀。

正在一筹莫展之时，刘秀派遣谒者给岑彭增援的七百名骑兵到了。于是臧宫当机立断，假传圣旨，把这些兵马全部留在了自己的麾下，以壮大自己的声威。

几乎是岑彭在黄石大败侯丹的同时，臧宫也发动了对沈水延岑所部的攻击。为了打压敌方士气并提振汉军打气，臧宫决定智取延岑。他命令大军晨夜行军，并故意打出许多旗帜，登上山头擂鼓呐喊。行军之时，左岸是步兵，右岸是骑兵，中间护引着战船呼啸前进，将士的呼喊声震动山谷。

延岑不明就里，以为汉军后援的大部队到了，并且到得如此突然，于是登上山峰瞭望，看到汉军阵容强大、旗甲鲜明，立时震惊异常。

汉军士气大振，臧宫于是乘势纵兵出击，大败延岑。延岑部众被斩首和落水溺死者一万多人，江水都为之变色浑浊。

延岑大败之后，弃军逃回成都，他手下的将士全部向臧宫投降，蜀军的兵器、马匹、珍宝、辎重等，全部被汉军缴获。之后，臧宫乘胜追击，向他投降的多达十万余人。

大败蜀军之后，臧宫一路进军到平阳乡（今四川省绵阳市境内）。之前投降公孙述的陇将王元，在走投无路之下，只好率领败兵向臧宫投降。

再说岑彭，因为他在黄石击败侯丹后星夜兼程行军，连续行军两千多里，所以很快到达并攻克了武阳县（今四川省眉山市彭山区）。

之后，岑彭水陆并进，派精锐骑兵进击广都（今成都市双流区），离成都只有几十里。汉军的速度之快、攻势之凌厉，都是前所未有的，所到之处，蜀兵尽皆溃散。

之前，公孙述听说汉军在平曲，所以派大军前往平曲抵挡。等到此时岑彭军队出现在武阳，绕道出现在蜀军主力延岑的身后，令蜀地的军民极为惊骇。

公孙述说什么也没有想到岑彭大军会击败侯丹后取远路从岷江方向而来，所以极为吃惊，用手杖敲着地面说："岑彭怎么会这么神速啊？"

随着汉军兵临城下，刘秀的劝降信再一次送到了公孙述的案前。在信中，刘秀向公孙述讲了趋福避祸的道理，表示只要公孙述投降，那么他绝对不会亏待公孙述，他之前说过的话就像丹青一样永不变色。

公孙述看完书信之后一再叹息，把书信给亲近的太常常少、光禄勋张隆看。张隆和常少都劝他投降。但公孙述却说："是兴旺还是衰败，这都是命运决定的。怎么能有投降的天子呢？"他身边的人听了，都不敢再劝他。

再说汉军北线。

公元35年六月，在南线的汉军与蜀军作战之时，北线的来歙也率领盖延、马成、刘尚，在河池、下辨攻打蜀将王元、环安，将蜀军打得大败。

来歙取胜之后，乘胜大进。环安极为恐惧，为了阻止汉军南下，于是派刺客前去行刺来歙。

环安派去的刺客一刀刺中了来歙的要害，之后脱逃而去。来歙被刺中要害，知道自己很快就会死去，于是立即派人驰快马前去征召他营的盖延。

盖延到来之后，看到被利刃刺中的来歙，极为震惊，他跪倒在地，悲伤得不能自已，连抬起头来看一眼来歙都无法做到。

但人之将死，其言也善。对于自身的遭遇，来歙倒是表现出了看破生死的坦然。他担心盖延因悲伤而不能振作，耽误汉军的平蜀大事，于是斥责盖延说：

"你怎么敢这个样子！如今我被刺客刺中，不能报效国家了，所以叫你前来，想把军事托付给你，你不仅不振作起来，怎么反而像个小孩子那样，哭哭啼啼呢？虽然刀已经刺中我身，但我就不能下令杀了你吗？"

见来歙如此坚强镇定，盖延知道在这个时候，一定要表现得更加坚强，不能让军心涣散、不能让来歙死不瞑目。于是他收住眼泪，强忍悲痛起身，听取来歙的安排。

于是来歙忍着疼痛亲自写奏章说："我在夜深人静之时，不知道被什么人刺伤，中了要害。我不敢痛惜自己，只是深恨没有尽到职责，给朝廷带来羞辱。治理国家以能够任用贤才为根本，太中大夫段襄，正直刚强，可以重用，希望陛下量才委用。此外我的兄弟不贤，最终恐怕会因此而获罪，还请陛下可怜他们，时常教诲、监督他们。"

来歙写完奏章，丢下手中的笔，拔出刺客刺在身上的刀子，顷刻血流如注，气绝而死。

刘秀得知来歙被刺的消息，极为震惊，一面看奏章，一面伤心流泪。之后，刘秀赐给来歙的家属策书说："中郎将来歙，征战多年，平定羌人、陇右，忧国忘家，忠孝显著。现在遭遇不测被人杀害，朕很是伤心！"派太中大夫追赠来歙中郎将、征羌侯印绶，谥号节侯，派谒者统管丧事。来歙的遗体被送回洛阳，刘秀身穿孝服亲自前去吊唁、送葬。因为来歙有平定羌、陇的功劳，所以改来歙的封邑汝南郡的当乡县（今河南省漯河市召陵区万金镇或青年乡）为征羌国。

来歙死于可鄙的行刺之后，按照来歙生前的安排，盖延接替他成为北线汉军的最高指挥官。但不巧的是，此时盖延也得了病。于是刘秀下诏，让盖延撤回关中。盖延退兵之后，被拜为左冯翊，继续节制所部将士。

之后，刘秀诏令扬武将军马成接管来歙所部兵马，率兵平定武都郡，武威将军刘尚则率领所部兵马继续按原来的计划和方向入蜀。刘秀本人则亲自挂帅出征，准备取道长安，从北线入蜀征伐公孙述。

环安派刺客刺杀了一名汉军大将，使刘秀的一支大军顷刻之间失去主帅，这一行为给了焦头烂额的公孙述极大的灵感。于是，公孙述决定派人前去刺杀汉军南线的最高指挥官岑彭。

其时，岑彭所部汉军到达一个叫彭亡（今四川省眉山市彭山县城东北江口古镇）的地方，正赶上天黑，于是大军就地安营扎寨。安下营寨之后，作为最高统帅的岑彭，照例询问向导官该地叫什么名字。当听到扎营的地方名叫"彭亡"之时，岑彭心里掠过一丝极为不祥的感觉。因为古人迷信，凡事讲求吉利，"彭亡"之名，岂不是预示着岑彭要"阵亡"吗？

岑彭心里对这个地方极为厌恶，打算让大军移营，可是天黑了下来，大军夜动是致败之道，所以岑彭只得作罢。

而十分凑巧的是，当天晚上，公孙述派出的刺客到了，他假装是蜀地的逃奴，请求汉军收留。

其时，每天向汉军投降的蜀地官吏、将士、百姓不计其数，所以汉军的将领都没有起疑心，就收留了这个刺客。

夜深人静之时，就像刺杀之前的来歙一样，这个刺客悄悄潜入到岑彭的营帐之外，杀掉了帐外的侍卫，然后入帐刺死了岑彭。

刺杀岑彭的刺客比刺杀来歙的刺客更为凶狠，来歙被刺中之后，还坚持着交代完了后事，留下了遗言，而岑彭却当场惨死，什么都没有留下。

岑彭被刺的消息被快马报到刘秀那里，刘秀极为震惊，急令大司马吴汉为主将、武威将军刘尚为副将，率领三万大军，急行军前去接管岑彭所部兵马。

岑彭被杀之前，因为他军纪严明，秋毫无犯，所以极得当地少数民族势力的信赖和拥戴。越嶲郡的邛谷王任贵之前归附公孙述，此时闻听岑彭的威信，从数千里外派人前去迎降。任贵的使者到达之时，岑彭刚好遇刺身亡，刘秀于是下令把任贵进贡的财物全部赏赐给岑彭的妻子、儿女，并谥岑彭为"壮侯"。蜀地的官吏百姓对岑彭之死深感痛惜，于是在武阳给他立庙，按季节祭祀。岑彭死后，其子岑遵继承了他的爵位，改封为细阳侯。两年后，刘秀追思岑彭的功劳，又封岑彭的另一个儿子岑淮为谷阳侯。

且说岑彭率军长驱直入成都之后，留守夷陵的大司马吴汉开始装备入蜀的水师部队，之后带领南阳郡兵和解除刑具募集而来的士兵三万余人，顺着岑彭入蜀的路线，沿江溯流而上。

公元36年正月，在岑彭被刺近三个月之后，吴汉率领舟师到达鱼腹津（今四川省眉山市岷江渡口），打败在岑彭死后反攻汉军的蜀将魏党、公孙永等部，之后进围武阳。公孙述派他的女婿史兴率领五千人前去援救武阳，遭到吴汉的迎头痛击，史兴的援军被全歼，吴汉顺利进入犍为郡地界。

郡内各县都坚守城池，于是吴汉进军广都，顺利攻克。随后，吴汉派轻骑兵焚烧成都市桥（今四川省成都市南郊），汉军的进逼使成都感受到了巨大的压力，武阳城以东的各小城全部向汉军投降。

在吴汉所部取得重大胜利的同时，后方也再次传来捷报。公元36年七月，围攻江州一年多时间的威虏将军冯骏终于攻克江州，守将田戎被斩杀。

江州被汉军攻占之后，汉军入蜀的水路已经畅通无阻。而在成都城下进军的吴汉所部，也不再有太多的后顾之忧。

刘秀担心吴汉轻敌，于是下诏告诫吴汉说："成都城内有十多万人，绝对不能轻视。只需要坚守广都，让敌人主动来进攻以疲敌，不要主动和他们去交战。如果敌人不敢前来，你可转迁营寨逼他们前来，等到他们精疲力竭，就可以攻打他们了。"

但吴汉在获胜之后，求胜心切，没有听从刘秀的劝告，而是亲自率领步兵骑兵二万多人向前进军，直逼成都。在离城十多里的地方，以江北为险安营扎寨，然后搭建了浮桥，又派副将刘尚率领一万多人屯扎在江南以为犄角，两军相距二十多里。

刘秀得知吴汉如此部署兵力，大惊失色，派快马下诏指责吴汉说：

"我告诫你千条万条，为什么事到临头就要乱来？现在你已轻敌深入，又和刘尚另建军营，相距那么远，如果发生紧急军情，根本来不及相互救援。贼人如果出兵牵制你，然后用大部队攻打刘尚，刘尚所部一旦被攻破，那你就失败了。所幸现在没有发生别的事情，你赶快领兵返回广都。"

毛泽东评价刘秀是最会用兵的皇帝，真是何其传神！

当初邓隆率兵前去救援朱浮，安的营寨距离朱浮一百里，刘秀一看就说不等使者返回，邓隆就会失败，预料何其神也！如今看到吴汉如此扎营，再次预感吴汉会被战败，那么这一次，战局会朝着刘秀料想的方向发展吗？

果然不出刘秀所料，他的诏书还没有到达，公孙述就派他的将领谢丰、袁吉率兵十多万，分为二十多个营，一起出兵攻打吴汉。之后，又派别部将领率领一万多人前去进攻刘尚，使他们互相不能救援。

吴汉率部与蜀兵大战一天，结果被蜀兵战败，不得已只得退入营寨。蜀将谢丰获胜，立即指挥大军包围了吴汉所部。

两处军队被敌军分割包围，如果不能尽快想出对策，那么吴汉和刘尚都会被蜀军各个击破。

吴汉是个性格十分要强的人，以前每次跟随刘秀出征，刘秀还没有安顿下来时，他总是站在一旁，陪刘秀说话，给刘秀打气。其他的将领见战况不利，有的人便立即面露惶恐、畏惧之色，言行举止失常。但吴汉就不一样，他还和以前一样镇定自若、面不改色，继续整理武器军械，激励手下士卒。刘秀心里有时候没底，就时常派人去看吴汉在干什么，去的人回来报告说吴汉正在整理准备攻战的武器装备，刘秀不由得叹息说："吴公真是特别能振奋人的意志，他的威望敌得上一国军队。"（成语"差强人意"出处，后含义有变化，指勉强能令人满意。）

"差强人意"的吴汉，他确实就是这样的人，即使战败了也不灰心，而是赶快想办法，采取补救措施挽回局面。

吴汉召集手下的各位将领，激励他们说："我和各位跨越艰难险阻，转战千里至此，每到一处，都能斩杀俘获敌军，于是深入敌军腹地，逼近敌军城下。现在我们和刘尚所部都被包围，看形势已经无法相互接应，即将有什么样的灾祸等着我们，真是难以预料。如今最好的办法，就是我们秘密进兵到江南，与刘尚所部合兵，联合起来共同抵御敌人。如果我们能同心合力，人人主动奋战，那么大功就可以建立；如果我们不这样做，那么我们战败后一定会被杀得一个不剩。成败的关键，就在此一举。"

其他的将领也都是跟着吴汉身经百战的宿将，知道这场战争的胜负对他们来说意味着什么，打胜了就意味着进军成都，立功受封；如果战败了，就会死无葬身之地，使汉军的灭蜀计划为之搁浅，于是齐声答应说："好。"

吴汉于是大宴士卒，喂饱马匹，关闭营门三天不出，又在营寨中竖起许多旗帜，让烟火燃烧不使熄灭，给蜀军造成要坚守的假象。

做好一切准备之后，到了深夜，吴汉命令大军人衔枚、马裹蹄，悄悄地离开营寨，前去和岷江南岸的刘尚部会合。

蜀将谢丰、袁吉等人不知道吴汉等人已经于夜间潜师突围，所以第二天白天，还分出大量兵力继续包围江北的汉军空营，之后亲自带兵攻打岷江南岸的汉军。

吴汉见蜀军来攻，于是率领全军出营迎战，从天亮一直打到黄昏时分，最终大败蜀军，斩杀蜀将谢丰、袁吉，斩首五千多级，其余蜀兵尽皆败散。

时为公元36年九月。

吴汉得胜之后，于是带领大军返回广都，留下刘尚所部抵御公孙述，然后把战斗的经过详细写下来报告给刘秀，深深地自我责备。

吴汉采取有效措施避免了吃败仗，这倒是刘秀所未能预料的。所以刘秀也就没有必要责备吴汉了，他回复吴汉说："你回广都，真是非常得当，公孙述必定不敢越过刘尚前去攻打你。蜀军如果先攻刘尚，那你从五十里之外的广都率全部兵马前去救援刘尚，乘蜀兵危急疲惫之际，就一定能打败他们。"

对于刘秀的指令，吴汉是心领神会。自此，刘尚这颗钉子扎在前方，吴汉则率领大军驻屯在后方，公孙述打刘尚，吴汉就前去夹击；公孙述想来打吴汉，又不敢越过刘尚。

就这样，吴汉带领汉军与公孙述的军队在广都、成都之间连续作战，前后八战八胜，把大军推进到了成都城外。

再说臧宫。

臧宫在受降王元之后，率军进击绵竹（今四川省德阳市北）。在吴汉斩杀蜀将谢丰、袁吉的同月，臧宫所部攻破绵竹、涪县（今四川省绵阳市涪城区），斩杀了公孙述之弟公孙恢。之后，又攻克了繁县（今四川省成都市彭州市西北）、郫县（今四川省成都市郫都区）。

臧宫连战皆胜，前后光是缴获的节杖就有五条，印绶多达一千八百枚。

公孙述的弟弟公孙恢、女婿史兴先后兵败被杀，使蜀地的将领闻之胆寒失色。越来越多的蜀将，开始背叛公孙述，不论白天晚上，不时地有人前去向汉军投诚。

公孙述极为震怒，为了惩戒背叛者，公孙述痛下杀手，凡是背叛者一律灭族，但还是无法阻止手下人的背逃。

刘秀特别想让公孙述归降，于是再次给公孙述下达诏书劝他说："往年连续给你下诏书，多次开导你并示以恩信，你不要因为刺杀了来歙、岑彭这两件事情而担心。假如你能按时亲自来降，那么你的家人和族人都可以保全；倘若你执迷不悟，那就好像把肥肉喂进虎口，虽然疼痛可又有什么办法呢？你的将帅都已疲惫不堪，悲观厌战，士卒都非常怀念家乡，不愿意继续屯扎驻守，我亲手写的诏书，不可多次得到。请你认真考虑一下，我不会食言。"

但公孙述考虑再三，还是没有投降的意思。

其时，臧宫在连克繁县、郫县之后，已乘胜向成都进军。眼见成都就会被汉军从南、北两边夹击，公孙述极为惊慌，于是就向素以善战著称的延岑讨教说："现在情况如此紧急，我们该怎么办？"

延岑对公孙述说："男子汉大丈夫，应当在死中求生，怎么能坐以待毙呢？财物是容易得到的，绝对不应该吝惜，我们应该散发钱财来招募死士。"

事情到了这一步，公孙述再没有更好的办法，于是采纳延岑的建议，散发全部的金银财物，招募了死士五千多人，前去市桥配合延岑的行动。

公孙述的敢死队到位之后，延岑在前方假竖旗帜，击鼓挑战，以吸引吴汉所部汉军的注意力，而暗中却派遣一支奇兵出现在吴汉军队的后面。汉军没料到蜀军会突然出现在他们后方，腹背受敌之下，立即大乱。蜀军猛攻败乱的汉军，汉军被打得大败，身为主帅的吴汉掉进了江水之中，靠抓住马尾才得以逃脱上岸。

延岑击败汉军之后，夺取了汉军的粮草辎重。吴汉战败，几乎都想撤退。蜀郡太守张堪（张衡的祖父）知道臧宫马上就要逼近成都，极力劝说吴汉继续坚持，吴汉这才硬挺了下来。

臧宫连续大胜，军威大盛，十月底，臧宫与吴汉在成都顺利会师。为了炫耀军威，臧宫率军进入小雒城门（今广汉市雒城镇），大摇大摆地从成都城下路过，前往吴汉的军营，与吴汉会合。

吴汉见到臧宫，非常高兴。两人饮酒高会，许久才散。

不过，来歙和岑彭的死对每一个汉军将领来说，教训实在是太深了，所以臧宫在返回时，吴汉就劝他说："将军过来的时候经过敌城之下，震慑了敌兵，宣扬了威力，行走如风，照耀如电。然而穷寇难以估量，回去时希望你改行他道。"

但其时的臧宫，并不认为垂死的蜀军敢对他怎么样，所以还是耀武扬威地从原路返回。成都城内的蜀军见状，对他无可奈何，不敢出城拦截。

十一月，臧宫率军进驻成都北面的咸门，与吴汉所部进一步缩小了对成都的包围圈。

面对汉军的步步紧逼，公孙述决定组织一次反击。出兵之前，他查看了一本占卜的书，只见书上写着："敌人死于城下。"公孙述非常高兴，以为书中所说的这个"敌人"，一定指的是吴汉和臧宫。

于是他亲自带着数万人前去攻打吴汉，而让延岑带兵前去抵挡臧宫。

延岑与臧宫在咸门展开大战，双方三次交兵，延岑都取得了胜利，汉军的冲锋被击退。

公孙述这边，吴汉命令护军高午、唐邯带领数万精兵与蜀军对阵。蜀、汉两军从早晨开始交战，一直打到中午，还是未分胜负。在一场战役的关键时刻，主帅指挥才能的高低往往能决定该场战役的胜利与否。

其时双方的士卒都没有吃饭，并且经过半天的激战，都已经非常疲惫。吴汉见状，立即命令担任预备役的精骑兵杀出。

又饿又累的蜀兵，哪里能挡得住汉军骑兵的冲锋，立时被冲得七零八落。蜀军阵形大乱，士卒奔逃，一旁观阵的公孙述立即失去了屏障，于是高午冲进战阵，一枪刺中公孙述的胸口。

公孙述中枪，坠落马下，他身边的亲兵急忙上前护卫，并将他抬回城中。

延岑见公孙述受伤，无心恋战，于是赶快撤兵回城。

公孙述胸部所受的伤是贯通伤，伤势非常严重。他知道自己回天无力，于是把后事全部托付给延岑。当天晚上，公孙述伤重而死。

公孙述死后，蜀军军心尽解。延岑知道成家政权大势已去，于是在第二天早晨，出城向吴汉投降。

吴汉受降入城之后，把公孙述的妻子儿女全部杀死，并族灭公孙氏。

向汉军投降的延岑，吴汉也丝毫没有手下留情，杀死他并灭了他的族。之后，吴汉纵容士兵大肆抢掠，放火焚烧公孙述的宫室。

刘秀得知吴汉的行为后非常生气，下诏书谴责吴汉，又责备副将刘尚说："成都已经投降三天时间了，官吏和百姓都已顺从，老幼妇孺，人口有一万多，一旦放任士卒抢掠纵火，听到此事的人都会因此而流泪酸鼻。你刘尚是刘氏的宗室子孙，曾经担任吏职，怎么能忍心做这种事？你抬头看看朗朗青天，低头看看茫茫大地。你不觉得愧对天下吗？过去，秦国人西巴心怀慈爱，不忍母鹿的哀鸣，而将捕获的小鹿放回山林。晋国人乐羊为了打下中山国，却喝下了自己儿子做成的肉羹。你说这两个人，究竟谁更仁义？你们这样做，真是失去了'斩杀敌将悲悯百姓'的大义！"

刘秀如此责备刘尚，刘尚真是有冤无处诉。难道刘秀不知道刘尚只是吴汉的副手，需要服从吴汉的命令吗？

其实此时，吴汉屠城，刘秀虽然觉得过分，但他也知道，吴汉和其他汉军将士一样，心里充满了对公孙述刺杀来歙、岑彭的愤怒，将公孙述、延岑灭族并大肆抢掠、纵火烧城，正为泄愤。

所以，刘秀下诏责备吴汉、刘尚，不过是为了安抚蜀地的官吏百姓罢了。

为了尽快使蜀地稳定下来，刘秀开始封赏成家政权的原有官吏。

之前，担任公孙述太常的常少和光禄勋张隆曾经劝说公孙述投降刘秀，但公孙述没有采纳，后来，这两个人都因此忧郁而死。

刘秀于是下诏追赠常少为太常、张隆为光禄勋，认可了他们的官职和身份，并按汉朝的礼制改葬了他们。其他那些忠诚、节烈、有志、仁义之人，也都受到了表彰。原公孙述手下的将领程乌、李育因为有出色的军事才能，所以刘秀都提拔任用了他们。

通过这些措施，刘秀最大限度地消弭了公孙述旧官吏对汉军的仇恨和抵触情绪，并争取到了蜀地吏民对汉家的支持，稳定了蜀地。

其后，臧宫被拜为广汉太守，率兵镇抚蜀地。而吴汉则于公元37年正月率领所部军马班师。路过宛城之时，刘秀特意下诏，让他回老家祭祖，并赏赐谷米二万斛。

公孙述所建的成家政权，从公元25年到公元36年，历时十二年，最后灭于东汉。

刘秀用这十二年的时间，用武力平定了天下，结束了国家四五分裂、百姓背井离乡、生灵饱受涂炭的局面，统一了整个中国。所以，公孙述最终以一个地方割据势力的身份，成为历史的匆匆过客，而刘秀却以一个大一统王朝缔造者的身份，垂名于青史书帛。

第十四节　卢芳客死、匈奴分裂、马援南征、马革裹尸

刘秀在平定河北、关东、关中、陇右、蜀地之后，名义上已经统一了全国，但事实上，在当时的北部边境，还有一个被匈奴扶持的政权，一直没有被消灭。

卢芳字君期，是安定郡三水县（今宁夏回族自治区吴忠市同心县）人，居住在三水县的左谷之中。王莽时期，因为改制及一系列政策不当而引发天下大乱，天下百姓苦不堪言，都怀念之前的汉朝，卢芳见有机可乘，于是假称自己是汉武帝的曾孙刘文伯。

为了让周边的老百姓都相信他说的是真的，卢芳煞有介事地为自己编造了一个显赫的身份。卢芳说：他的曾祖母是匈奴谷蠡浑邪王的姐姐，后来成为汉武帝的皇后（混淆卫子夫的身份），生有三个儿子。后来遭遇江充之乱，太子被杀（指刘据），皇后也因此受牵连而自杀，二儿子次卿逃到了长陵，小儿子回卿逃到了左谷。后来，霍光将军拥立次卿为皇帝（指霍光拥立汉宣帝之事，实际上汉宣帝是太子刘据的孙子，而不是弟弟），并想迎接回卿。回卿不想到朝廷去，于是就长期居住在左谷，生了儿子孙卿，孙卿又生下儿子文伯。

卢芦所说的这个刘文伯，就是他自己。卢芳对外也自称是刘文伯，因此外间的人都称他为刘文伯。

卢芳利用普通的官吏百姓不清楚宫廷礼制及皇家谱系，所以经常用这样的谎言，去蛊惑、欺骗安定郡一带的百姓。谎言重复一万遍就成了真理，说得时间长了，安定一带的百姓都开始相信卢芳确实是汉武帝的曾孙。

王莽末年天下大乱，兵戈四起，卢芳便和三水县的属国胡人共同起兵，成为

当地的一支割据势力。

更始二年（公元24年），刘玄迁都长安之后，征召各地军阀，拜卢芳为骑都尉，授命他镇抚安定以西的地方。

同年冬天，为了缓和与匈奴的关系，更始政权派遣使者前往匈奴，试图结好匈奴。

王莽末年，王昭君的长女须卜居次和丈夫须卜当，还有须卜居次和须卜当的儿子须卜奢都在新朝宫廷，须卜当病死之后不久，起义军攻入长安，王莽被杀，须卜居次、须卜奢母子都死于乱军之中。

更始帝新即位，中原还没有平定下来，所以必须用怀柔之策结好周边的匈奴等国，以防内外交困。于是更始政权派归德侯刘飒（一说是王昭君的侄子展德侯王飒）、大司马护军陈遵出使匈奴。

在王莽时期，为了降低周边少数民族政权的政治地位，王莽先后把匈奴的国名改为"降奴""恭奴"，先后把单于的名称改为"服于""善于"，把匈奴单于的印绶也由"匈奴单于玺"改为"新匈奴单于章"，令匈奴大为光火，中原与匈奴，最终势同水火，关系决裂。

更始帝派人授给呼都而尸单于汉宣帝时期的旧制印玺，以及王侯以下的印绶，使匈奴在王莽时期降低的政治地位，又恢复了正常，同时，汉朝使者还把须卜居次、须卜当还活着的亲属及他们的亲贵随从都护送回了匈奴。

但那个时候的呼都而尸单于却极为傲慢，因为中原汉家被王莽所灭，匈奴却依旧保持着此前的强盛，所以他对陈遵、王飒说："匈奴和汉朝本为兄弟之国，匈奴之前遭遇了战乱，汉朝的孝宣皇帝拥立了呼韩邪单于，所以匈奴臣服于汉朝。现在汉朝遭受了内乱，政权为王莽所篡，我们匈奴出兵攻击王莽，使北部边境为之一空，让天下骚动思念汉德，最终王莽很快失败而汉朝复兴，我为汉朝复国出了大力，现在汉朝也应该臣服于我。"

陈遵等人当然不会同意呼都而尸单于的说法，于是和他据理力争，但呼都而尸单于始终不肯让步，因为他知道更始帝当时还没有控制整个中原，所以有恃无恐。

陈遵等人交涉无果，于第二年夏天返回中原。而在那个时候，赤眉军已经打进了长安，更始帝很快失败。

更始帝败后，卢芳所在的三水县的豪杰共同商议，认为卢芳是刘氏的子孙，应该承继汉家的宗庙，于是共同拥立卢芳为上将军、西平王，之后派遣使者前往西羌、匈奴结亲和好。

呼都而尸单于接见卢芳的使者时，所持的立场仍和接见更始帝的使者时一样，坚持认为当年呼韩邪单于由汉朝支持拥立，呼韩邪单于臣服了汉朝，现在汉朝刘氏子孙前去归附他，那么汉朝也应该臣服于匈奴。而那个时候的卢芳，其实根本代表不了中原汉家正统，为了取得匈奴的支持，于是答应做儿皇帝。

呼都而尸单于见卢芳答应，于是下令让句林王带领一千名骑兵前去迎接卢芳，于是卢芳和他的哥哥卢禽、弟弟卢程都到了匈奴。

呼都而尸单于立卢芳为汉朝皇帝，让卢程担任中郎将，率领匈奴骑兵回到安定。

在早一些的时候，五原人李兴、随昱，朔方人田飒，代郡人石鲔、闵堪，各自都聚众起兵，自称为将军。

公元28年是东汉建武四年，在这一年里，在关东一带，刘秀派遣盖延在关东攻打周建、苏茂、董宪等人；之后亲临寿春，指挥马成、刘隆等人围攻李宪；岑彭率领汉军把楚黎王秦丰死死地包围在黎丘城中，而田戎则投奔汉军不成，最终投降了秦丰；陇右的马援作为隗嚣的特使前去洛阳谒见刘秀；征西大将军冯异在陈仓打败吕鲔及蜀中的兵马，努力平定关中。而就在那一年，在渔阳造反的彭宠和匈奴联兵，给中原带来了极大的压力。

趁着刘秀四处征战无暇北顾的有利时机，呼都而尸单于派遣无楼且渠王进入五原塞，与李兴等人结亲和好，并告诉他们，匈奴打算让卢芳返回汉地做皇帝。

公元29年，李兴、闵堪带领兵马前往匈奴的王庭迎接卢芳，然后和他一起进入塞北，定都在九原县。他们攻占了五原、朔方、云中、定襄、雁门五个郡，都设置了郡守县令，并与匈奴联兵，侵扰中原的北部边境。

公元30年，刘秀派归德侯刘飒出使匈奴，呼都而尸单于也派使者前来洛阳。其时的刘秀，因为还没有平定中原，无暇北顾，于是再派中郎将韩统带着大量金银宝货，前去结好匈奴，打算实施远交近攻之策，稳住匈奴，平定中原。

呼都而尸单于觉得刘秀也不过和之前的刘玄一样，连统一中原都有难度，短时间内根本不能给匈奴带来威胁，所以对汉朝使者仍然十分傲慢，他自比冒顿单于，继续说了之前对更始使者、卢芳使者所说的话，要求汉朝向匈奴称臣。

使者回报，刘秀对呼都而尸单于的傲慢之词不予理睬，但也没有跟匈奴翻脸，继续待之如初。

在那段时间里，卢芳并没有停止对刘秀所控城池的攻打。他手下的将军贾览率领匈奴骑兵取东线攻打代郡，刘秀任命的代郡太守刘兴率兵应战，在高柳县（今山西省大同市阳高县）与贾览及匈奴骑兵接仗，汉军势弱，刘兴竟然战死在阵中。

同年十二月，兼领北地太守的征西大将军冯异率军出击，在西线安定一带，击败贾览及匈奴奥鞬日逐王。上郡、安定二郡境内原效力于卢芳的势力全都投降了汉军。

李兴等人几乎和卢芳同时起兵，迫于匈奴方面的压力最终做了卢芳的臣子，但彼此都不熟悉，缺乏相互信任的基础。

公元31年冬，卢芳借故杀了五原太守李兴兄弟。兔死狐悲，当年和李兴一同起兵的朔方太守田飒、云中太守桥扈因此非常恐惧，于是背叛卢芳，带领全郡吏民投降了刘秀。为了表示对田飒等人的信任并让他们继续对抗卢芳，刘秀受降之后，让他们仍旧担任原来的职务。

公元33年六月，大司马吴汉率领骠骑大将军杜茂、横野大将军王常、建义大将军朱祐、破奸将军侯进、讨虏将军王霸五名将军，统领五万余人前往北部边塞攻打卢芳。

公元34年正月，吴汉等人在高柳县攻打贾览、闵堪，但因为匈奴派来了援军，所以吴汉等人攻战多次，战事前后持续好几年，都没有取得胜利。

汉军连战不胜，而匈奴兵的气势却越来越盛，在边塞大肆烧杀抢掠。于是刘秀命令王常驻屯在涿郡，朱祐驻屯在常山郡，侯进驻屯在渔阳郡，任命王霸为上谷太守，在北部边郡增兵好几千人，修筑亭障、烽火台加强防御，以阻止匈奴兵入塞。

公元36年，即汉军消灭公孙述的那一年，卢芳和贾览统兵一起攻打云中郡，却长时间没有攻克，卢芳的将领随昱镇守都城九原，想要发动政变，扣留卢芳之后胁迫他投降。

公元37年二月，刘秀派捕虏将军马武率兵驻屯滹沱河，以防备匈奴兵南下援助卢芳。卢芳一方渐渐转入劣势，他在平城的将领尹由也被雁门人贾丹、霍匡、解胜等所杀。贾丹等人杀死尹由之后，前去向雁门太守郭凉投降。郭凉把情况上报朝廷，贾丹等人都被封为列侯。刘秀见形势好转，于是下令输送金帛前去赐给郭凉、屯田的杜茂及平城的降民。那些原受卢芳控制的城邑，都逐渐开始向汉军投降。

雁门太守郭凉不仅武艺高强，并且通经术、多智略，他以前曾随幽州牧朱浮攻打彭宠，有丰富的作战经验，熟悉边事，在北方边郡非常知名。郭凉见卢芳逃走，其余城邑陆续投降，于是立即扩大战果，诛杀了平城之内对汉军怀有贰心的豪强大族如右郇氏等，镇抚羸弱，过不多久雁门一带就恢复了平静。

卢芳眼见汉朝不断向边境增兵，并且自己身边的将领已经开始背叛，知道再留在九原就会成为俘虏，于是丢弃辎重，带着十多名骑兵取道五原逃入了匈奴。卢芳逃走之后，他的军队全部归附了随昱。随昱便跟随汉朝的使者程恂前去朝廷拜谒刘秀。于是刘秀拜随昱为五原太守，封他为镌胡侯，随昱的弟弟随宪封为武进侯。

卢芳逃入匈奴之后，汉朝重金悬赏捉拿，赏金高得让呼都而尸单于也为之心动不已。呼都而尸单于贪图汉朝的金玉财帛，于是就命令卢芳回去向刘秀投降，指望着汉朝能给予匈奴重赏。

东汉建武十六年（公元40年），卢芳回到高柳县，和闵堪的哥哥闵林派使者前往洛阳请降。卢芳把归降汉朝说成是自己的意愿，想把这桩功劳揽在自己身上，只字不提匈奴方面为贪图财货而对他施加的压力。不知内情的刘秀，于是立卢芳为代王，拜闵堪为代相，闵林为代太傅，赏赐缯帛二万匹，并派他前去和匈奴修好。

卢芳见归降获准，于是上疏向刘秀谢罪，并希望能入朝见驾。

卢芳想要入朝见驾，这倒是除之前的窦融之外很少有过的情形。主动请求入朝，说明归降之心是真的，心里没鬼，不怕被杀，于是刘秀下诏让卢芳于第二年正月入朝。

但是，卢芳把投降的功劳揽在自己身上，使呼都而尸单于想要受赏的愿望为之落空，所以呼都而尸单于极为愤恨。呼都而尸单于为自己之前想出这样的蠢主意感到羞耻，于是继续出兵入塞劫掠。

卢芳归降了，刘秀重赏他并让他前去结好匈奴。可是在受降之前还好一点，受降之后，匈奴方面却开始变本加厉，卢芳也不加制止，这使刘秀立即感觉到中间有问题。

所以当年冬天，卢芳在北上入朝到达昌平县之时，刘秀给他的诏书又到了。刘秀命令他停止入朝，改到下一年再入朝。

卢芳不得已，只好返程回代。卢芳本来想在匈奴、汉朝两边都当好人、落好处，始终心怀恐惧，在接到这封诏书之后，心里更加忧虑恐惧，担心刘秀会对他采取措施，于是降而复叛。

卢芳反叛，被汉朝任命为相国的闵堪、闵林兄弟却不干了。他们本是中原代郡人，之前迫于匈奴方面的压力不得不拥立卢芳为皇帝，背叛自己的父母之邦臣服于匈奴本就有些不满，现在好不容易归降了中原，得到了汉朝的册封，可是卢芳又出尔反尔，再次叛变。这让闵堪、闵林兄弟难以接受，于是他们拒绝听从卢芳的命令，而是出兵攻打他。

双方互相攻打了好几个月，卢芳渐渐落了下风，呼都而尸单于觉得保留卢芳这样一个棋子还有用处，于是派出数百骑兵，把卢芳和他的妻子儿女迎接到了匈奴。

卢芳到了匈奴之后，再也没有机会返回中原，在匈奴居住了十多年，最终病死。

当初，安定属国的胡人和卢芳都起兵成为当地的割据势力，到卢芳失败以后，胡人返回安定属国乡里，又长时间地被县里的徭役所苦，心里非常怨恨。胡人之中有个叫驳马少伯的人，性格素来十分刚强。东汉建武二十一年（公元45年），驳马少伯率领本民族人反叛，与匈奴联兵一处，驻扎在青山。于是刘秀便派遣将兵长史陈䜣，率领三千骑兵前去攻打。驳马少伯无法抵御汉军，于是向陈䜣投降。朝廷把他们迁徙到冀县，安定属国最终趋于安定。

在驳马少伯起兵叛乱的前一年，匈奴骑兵先后到达上党、扶风、天水等郡。驳马少伯起兵的当年，匈奴骑兵再次入侵上谷、中山，杀伤、掳掠极多，当时的北部边境，真可以说是没有一天太平日子。

但这样的情形并没有持续下去，因为一方面中原已经统一，东汉政府虽然不愿意主动出击匈奴，却有足够的精力应对匈奴；另一方面，则是匈奴方面再一次发生了一个大事件——匈奴再一次分裂了。

匈奴第一次分裂，是汉宣帝时期，其时呼韩邪单于为南匈奴，他的哥哥郅支单于为北匈奴，屠耆单于、呼揭单于、车犁单于、乌籍单于、闰振单于为西匈奴，伊利目单于为东匈奴。

其后，随着呼韩邪单于归降汉朝，西匈奴五单于自相残杀，东匈奴为郅支单于所灭，郅支单于于公元前36年为陈汤、甘延寿所灭，匈奴重新归于一统。

而到了这个时候，匈奴再一次走向了分裂。分裂的原因，主要是因为王昭君的儿子被杀而引起的。

当初呼韩邪单于临终之前，留下遗嘱，让自己的儿子们轮流当单于。呼韩邪单于死后，他的几个儿子也确实是按照年龄大小，兄终弟及，依次即位。

但到了呼都而尸道皋若鞮单于的时候，情况起了变化。呼都而尸单于即位之后，王昭君与呼韩邪单于所生的儿子伊屠智伢师按顺序应该为左贤王。左贤王实际上就是匈奴的储君，单于死后，如果不出意外，那么通常都是左贤王继位为单于。

但是，呼都而尸单于在这个时候却起了私心，他想把单于之位传给自己的儿子，于是就杀了伊屠智伢师，让自己的儿子做了左贤王。

伊屠智伢师的被杀，激起了另外一个人的极大不满。

这个人是呼都而尸单于和伊屠智伢师的侄子，呼韩邪单于的孙子，乌珠留若鞮单于的儿子，姓挛鞮，名比，当时任右薁鞮日逐王，统领当时匈奴的南部边境地带及乌桓。

挛鞮比见伊屠智伢师被杀，于是就口出怨言说："如果说单于之位是兄弟相传，那么右谷蠡王伊屠智伢师应该做单于；如果是父子相传，那么我是前单于的儿子们之中年龄最大的，我应该做单于。"

挛鞮比又愤恨又害怕，担心会遭到不测，所以自那以后，很少前去王庭参加会议。

挛鞮比的行为，让呼都而尸单于对他产生了怀疑，于是就派两名骨都侯前去监视他统领的军队。

东汉建武二十二年（公元46年），呼都而尸道皋若鞮单于死，他的儿子左贤王乌达鞮侯被立为新单于。乌达鞮侯单于即位后不到一年就死了，他的弟弟左贤王蒲奴又成为单于。

挛鞮比最终未能当上单于，心里更加愤恨。那段时间里，匈奴国内连续几年出现干旱和蝗虫，方圆几千里的土地变成赤地，草木全都枯死，百姓和牲畜缺乏粮草，全都瘦弱不堪。再加上又发生了瘟疫，人口和牲畜死亡、损耗率超过一半。

蒲奴单于担心汉朝会借这个时机出兵攻打匈奴，于是就派遣使者到渔阳请求和亲。

从王莽改制到刘秀统一全国，中原经过近二十年的战乱，人口锐减，百姓疲弊，田地荒芜，所以刘秀主张安兵息民。匈奴前来求和，正合刘秀之意。于是刘秀派中郎将李茂回访匈奴。

挛鞮比听说蒲奴单于派使者前去向汉朝求和，心里十分惊慌。因为蒲奴单于一旦归降汉朝，那么他和汉朝军队南北夹击挛鞮比所部，挛鞮比所部的处境就会非常艰难。挛鞮比经过考虑，觉得蒲奴单于能向汉朝求和，那么他为什么不能向汉朝求和呢？投降谁不会？于是暗中派属下一个名叫郭衡的汉人拿着匈奴的地图，于公元47年到西河太守处，请求归顺汉朝。

两位监视挛鞮比的骨都侯渐渐察觉出了挛鞮比的意图，正好他们两个人五月份在龙城举行祭祀，于是就趁机向蒲奴单于报告说，右薁鞬日逐王一直以来都想做对匈奴不利的事情，如果不把他杀掉，那就会给匈奴带来祸乱。

蒲奴单于对挛鞮比的动向有了更深的了解，于是就想对他采取措施。其时，挛鞮比的弟弟渐将王就在蒲奴单于的身边，他听到这个消息以后，立刻驰快马向兄长挛鞮比报告情况。挛鞮比听了之后，非常害怕，担心蒲奴单于会派人前来擒杀自己，于是决定先下手为强，先杀死两个监视他的骨都侯，然后脱离蒲奴单于的统治后自立。

主意打定之后，挛鞮比聚集自己统管的南部边境八部人马四五万人，静等两个骨都侯从龙城返回，只等他们一到，就杀死他们。两个骨都侯快要到达之时，发现了挛鞮比的计谋，于是只身骑快马逃走，将情况报告了蒲奴单于。

蒲奴单于听说挛鞮比起兵反叛，于是派一万骑兵南下攻打挛鞮比，结果到了之后，才发现挛鞮比人多势众，区区一万人马根本不是四五万人马的对手。蒲奴单于的兵马不敢前进，只好退了回去。

公元48年（建武二十四年）春，挛鞮比所统领的八部首领一同商议，拥立挛鞮比为呼韩邪单于。因为挛鞮比的祖父呼韩邪单于曾经归顺汉朝而使当时的南匈奴得以安宁，所以他们打算让挛鞮比袭用呼韩邪单于的名号。

于是挛鞮比带人来到五原塞下，表示愿意向汉朝称臣，做汉朝的屏障，抵御北部的匈奴人。刘秀接见挛鞮比的使者，然后召集大臣们商议，五官中郎将耿国建议接受挛鞮比的投降，刘秀同意了他的建议。

得到汉朝的首肯，于是在这年十月，挛鞮比自立为单于，是为醢落尸逐鞮单于。

至此，匈奴再次分裂。北部的称为北匈奴，蒲奴单于称为北单于；南部的称为南匈奴，醢落尸逐鞮单于称为南单于。

公元49年春，醢落尸逐鞮单于派弟弟左贤王莫率领一万多人前去攻打北部蒲奴单于的弟弟薁鞬左贤王，生擒薁鞬左贤王。又打败了蒲奴单于帐下的军队，迫降了蒲奴单于手下的将士，有一万多人，获得七千匹马、一万头牛羊。

蒲奴单于极为惊恐，向北退却了一千里。

早先的时候，刘秀制造了一种战车，可以用几头牛来驾车，车上造有望楼，放置在边塞之上，用来抵挡匈奴。当时见到战车的人相互谈论说："谶语说汉朝到第九代时将会使北狄退却千里，难道说的就是这个吗？"等到这个时候，蒲奴单于率领他的部众向北退却一千里，汉朝的疆域扩大，人们觉得当初的谶语果然非常灵验。

醢落尸逐鞮单于的势力越来越大，北部的奥鞬骨都侯与右骨都侯率领三万多部众前来投奔他，醢落尸逐鞮单于再次派使者前往汉都洛阳，以藩国之礼向汉朝称臣，献上镇国的珍宝，请求派使者监护南匈奴。同时，醢落尸逐鞮单于派儿子到朝廷侍奉，像以前他的祖父那样，缔结了之前的盟约。

公元50年（建武二十六年），刘秀派中郎将段郴、副校尉王郁出使南匈奴，召见醢落尸逐鞮单于。

南单于的王庭距离五原西部边塞有八十里远。汉朝使者进入南单于的王庭，准备宣读诏书。醢落尸逐鞮单于作为东道主，上前热情地迎接汉朝使者，汉朝使者对他说："单于应当趴在地上跪拜接受诏书。"

醢落尸逐鞮单于感到非常难为情，做人家的臣子，原来也是这么地难。他左顾右盼了好一阵，心里不想跪拜，可是又不愿放弃在汉朝支持下已经得到的地位；想要跪拜，可是又实在是有伤尊严，并且担心大臣们会耻笑他。

所以过了好一会儿，他才趴在地上，跪地称臣。站起之后，单于就让翻译对汉朝使者说："单于刚刚即位，这样做会让他在手下人面前感到极为羞惭，希望使者以后不要当着众人的面让单于屈尊。"在单于身边侍立的骨都侯等匈奴大臣听到单于亲口对翻译这么说，都难过地流下了眼泪。

段郴等人回来复命，刘秀于是下诏，让南单于住进云中郡。醢落尸逐鞮单于再次派使者向刘秀上书，献上两头骆驼、十匹毛色有纹彩的马，以示对汉朝感恩戴德。

到了夏天的时候，发生了一件令醢落尸逐鞮单于极为震惊的事情。

之前他俘获的北匈奴奥鞬左贤王，竟然带着原来的部众，和南匈奴的五位骨都侯，共三万多人，叛变北归，南匈奴的力量遭到了极大的削弱。

叛逃的三万余人在距离北单于王庭三百多里的地方停了下来，共同拥立奥鞬左贤王为单于。但仅仅过了一个多月，他们就开始互相攻击，五位骨都侯都死了，奥鞬左贤王也选择了自杀，几个骨都侯的儿子各自拥兵自守。

秋天，醢落尸逐鞮单于派他的儿子入朝侍奉，并向汉朝奉上奏章。刘秀下诏赏赐醢落尸逐鞮，又从河东郡转运了二万五千斛米面、三万六千头牛羊，用来接济南匈奴。

之后，刘秀又下令，在中郎将下面设立安集掾史，由安集掾史带领五十名被解除刑具的囚徒，拿着兵器、弓箭到单于所居住的地方，参与处理诉讼案件，协助侦察北匈奴方面的动静。

每到一年年终，醢落尸逐鞮单于总是派人向洛阳朝廷呈送奏章，并送儿子入朝侍奉；汉朝政府也派谒者护送前一个入朝侍奉的单于之子返回单于王庭，双方在半道上相遇，以示侍子的正常轮替。每年的正月初一，朝廷举行朝拜庆贺，在拜祭陵墓和宗庙以后，汉方就派遣匈奴单于的使者回去，命令汉方谒者护送，赐给单于一千匹彩色丝帛、四端锦帛、十斤金，还有太官为皇帝制作的酱以及橙子、橘子、龙眼和荔枝等；赐给单于的母亲和各位阏氏、单于的儿子和左右贤王、左右谷蠡王、骨都侯中有功德的人各种彩色丝帛，合起来有一万匹。

汉朝政府每年赏赐匈奴，都是这个标准。表面上看起来，东汉政府每年赏赐匈奴的财物数目不菲，但比较下来，如果要跟匈奴开战的话，花费就会数十倍、数百倍于此。所以综合考虑下来，还是与匈奴相互和好，让久经战火的中原得以休养生息，是上上之策。

匈奴的习俗，每年有三岁祠，通常在正月、五月、九月的戊日祭祀天神。醢落尸逐鞮单于既已归顺了汉朝，所以就同时祭祀以前的汉朝皇帝，并趁那个机会，召集各部，商议国家大事。之后举行赛马和赛骆驼比赛，一来以此为乐，二来继承和发扬匈奴尚武的传统。

其时，经过长时间演变，匈奴的官制相比于西汉时期，又有了一些变化。单于以下的大臣之中，按照尊卑贵贱的顺序排列，先是左贤王，其次是左谷蠡王，再次是右贤王，其四是右谷蠡王，这四位尊贵之臣称为"四角"；其五是左右日逐王，其六是左右温禺鞮王，其七是左右渐将王，后面这六位大臣称为"六角"。"四角"和"六角"都是由单于的儿子或者兄弟担任，按照顺序，他们将来都是有资格当单于的人。

异姓大臣之中，有左右骨都侯，其次是左右尸逐骨都侯，还有日逐、且渠、当户等各种官号，各以权力的大小、部众的多少确定职位高低和次序。

单于的姓氏是虚连题（也就是此前所说的挛提氏，提，题，读音均为"低"），异姓有呼衍氏、须卜氏、丘林氏、兰氏四个姓，他们是匈奴国内的名族，经常与单于家族通婚。呼衍氏为左，兰氏、须卜氏为右，他们负责判决案件，受理诉讼。

每当发生案件，一般的案件四姓就可裁决，但如果是重大案件，四姓就将判决的轻重口头报告单于，由单于裁决。与中原相对完备而系统的法律体系相比，匈奴没有法律文书和记事的簿册，所以在文明的发展方面，匈奴长期落后于中原。

到了公元50年（建武二十六年）冬，之前叛变的五位骨都侯的儿子又率领部众三千多人，前来投奔南匈奴。北匈奴的蒲奴单于发觉之后，派遣骑兵追击，把他们全部抓了起来。南匈奴的醢落尸逐鞮单于闻讯，急忙派军队前去迎接抵御，却迎战不利。

看到南匈奴的境况有点紧张，于是刘秀又下诏，让醢落尸逐鞮单于迁到西河的美稷县（今内蒙古准格尔旗西北）居住，并派中郎将段郴和副校尉王郁留在西河保护单于，同时为单于设置官府、从事、掾史。又命令西河长史每年率领二千骑兵、五百名被解除刑具的刑徒，帮助中郎将护卫单于，冬天驻守，夏天撤防。自此以后，这也成为一个常例。

东汉政府这样做，导致的结果就是北部边境开支非常大，为了不使北部边郡加重负担，刘秀于是下诏免去了沿边八个郡的租税和劳役。

南匈奴的醢落尸逐鞮单于住进西河以后，也设置各部侯王，帮助汉朝抵御戍边。之后，南单于又派遣韩氏骨都侯驻守在北地郡，右贤王驻守在朔方郡，当于骨都侯驻守在五原郡，呼衍骨都侯驻守在云中郡，郎氏骨都侯驻守在定襄郡，左南将军驻守在雁门郡，栗籍骨都侯驻守在代郡，这些人都统领各自的部众，替汉朝的郡县充当耳目，侦察北匈奴的动静。

对于南单于的这些做法，北单于非常惶恐。因为汉军如果想要攻打匈奴，对匈奴方面显然不够熟悉，还要寻找向导；而匈奴人要是打起匈奴人来，那可是知根知底，知道得一清二楚。

所以北匈奴的蒲奴单于非常惊恐，担心汉朝会在南匈奴的带领下前去攻打他们，于是赶快送还了之前被掳掠而去的许多汉人，向汉朝示好。北匈奴出来抄掠的军队每次经过南部附近，回头经过汉兵侦察敌情的岗亭，总是向汉军道歉说："我们只是在攻打我们匈奴逃亡的薁鞬日逐王（南单于之前在匈奴的官职），并不敢侵犯汉人。"

公元51年（建武二十七年），北单于派遣使者，到就近的武威郡请求和亲。事关两国外交，武威太守不敢怠慢，赶快把这一情况如实报告到洛阳朝廷。刘秀召集公卿大臣在朝会上讨论，大臣们议论纷纷，意见不一，决定不下来。皇太子刘庄说："南单于刚刚归顺，北匈奴害怕被我们攻打，所以不停地窥探动静，争着想要归附大汉。现在朝廷不能出兵攻打，却反而和北匈奴往来，臣担心南单于听到之后，将会生出贰心，而一旦到了那个时候，想要投降的北匈奴也就不会再来投降了。"

刘秀听了之后，感觉很有道理，于是就告知武威太守，不要接纳北单于的使者。

北匈奴的蒲奴单于被拒绝之后，仍不死心。到了公元52年，又一次派使者到洛阳朝廷，进献马匹和皮裘，再一次乞求和亲，并请求得到中原的乐器，又请求率领西域各国的胡人一同前来进贡朝拜。

北匈奴如此执着，兹事体大，刘秀觉得还是不能草率应对，于是将此事交给三府去讨论，由三府草拟最佳的答复之词。

司徒掾班彪因此上书并呈上了他草拟的答复北匈奴蒲奴单于的诏书。

班彪起草的答词中，既回顾了汉、匈两国的传统友谊，又指出了匈奴国内空虚困苦的事实，有警告、有安抚、有赏赐，可以说是恩威并行，极其得体、妥帖。所以刘秀看了之后，极为赞赏，全盘采纳了班彪的意见，并采用了他起草的诏书。

公元53年，刘秀赐给南单于几万头羊。公元55年，北匈奴又像前一次一样派来了使者，刘秀仍然以玺书回复蒲奴单于，赐给他彩色丝帛，仍然不派使者。

奉鞮比立为单于九年后逝世，此前出使的中郎将段郴率领兵马前去吊唁、祭奠，并分派兵马护卫南匈奴。奉鞮比的弟弟左贤王奉鞮莫立为南单于，称为丘浮尤鞮单于。刘秀派使者带玺书前去镇抚慰问，授给他单于印绶，赠给帽子和头巾、三套深红色的单衣、一把童子佩刀和一根绲带，又赐给四千匹彩色丝帛，让赏给各王和骨都侯以下的官员。

自此以后，每当单于去世，汉朝去吊唁祭奠、慰问赏赐，都遵循这个标准。

因为刘秀一贯坚持以"柔道"治国，大力修正王莽时期的大民族主义，对周边的少数民族政权采取友好、互助的政策，讲求以德治边，较大地缓和了民族矛盾，所以在此后较长一段时间里，东汉政府都和南匈奴保持着友好相处而和北匈奴保持着若即若离的关系，汉、匈之间，再一次进入一个相对和平共处的时期。

在刘秀平定北部的卢芳所部，并防御匈奴南下的那段时间里，岭南一带也发生了叛乱。

东汉建武十六年（公元40年二月），交阯郡（今越南北部红河流域）发生叛乱。发生叛乱的起因说简单也很简单，说复杂也很复杂。秦始皇统一六国之后，派任嚣、赵佗率兵南下，征服了岭南和今越南北部、中部的广大区域。秦末天下大乱，赵佗割据岭南，建立南越国。西汉建立以后，汉高祖刘邦派陆贾出使南越，使南越臣服于汉朝。公元111年，南越国被汉武帝朝伏波将军路博德、楼船将军杨仆所灭，使统一的中国开始直接统治岭南。

但当时一个毋庸置疑的事实却是，相比于中原，岭南地区还没有开化，当地土著居民的风俗与中原的民情殊异，很多的部落还处在母系社会后期，过着刀耕火种的日子，不知道什么是国家、什么是政权，更不知道什么是皇帝、什么是法律，对于征收的赋税和近似强迫的劳役，就更是很不适应。所以，中原的官吏来到岭南以后，像中原那样正常征收赋税、征发劳役，就遭到了当地百姓的抵制和反抗。遇到清廉平和的官吏，矛盾可能还缓和一些，但如果遇到贪婪粗暴的官吏，那么矛盾随时就可能会激化。

交阯郡麓泠县（音弥凌，今越南河内市西北）有个女子叫征侧，是雒越族（越族一支，主要分布在今广西邕江流域和越南红河流域一带）一个部落首领的女儿。

征侧从小在首领之家成长，所以和她的妹妹征贰一样，都喜欢骑射，骁勇善战，勇猛异常。成年后，征侧嫁给朱䳒县（一作朱鸢县，今越南西河省、河南省地区）人诗索为妻。公元40年，诗索因为犯法，被交阯郡太守苏定所杀。在朝廷和官方看来，诗索被杀是因为触犯刑律，而在当地的土著居民看来，诗索被杀完全是地方官横征暴敛。所以征侧愤怒之下，为了替夫报仇，和妹妹征贰一起起兵造反。

征侧、征贰姐妹起兵，附近的九真郡（在今越南北部）、日南郡（今越南中部）、合浦郡（郡治徐闻，今广东省雷州市域）的蛮夷族民都纷纷起来响应。征侧、征贰姐妹率军攻打九真、日南、合浦等地，一共攻占了六十五座城邑，征侧被拥立为"征王"。因为叛军势力很盛、朝廷的兵马较少，所以交阯部的刺史和各郡的太守仅仅只能自守。

军情被快马报到洛阳，朝廷为之震惊，刘秀下诏命令长沙郡、合浦郡、交阯郡等边郡准备战车、船只，修筑道路桥梁，打通道路障碍和河流水路，储备谷物粮食，准备派兵平叛。

在物色前去平叛的将领之时，刘秀想到了马援，因为马援有在金城、陇西成功平定羌乱的丰富经验。

再说马援，他在陇西太守的任上充分发挥卓越的军事才能，很快就剿除了羌患，使陇西一带趋于稳定。公元41年，即征侧、征贰叛乱的次年，担任了六年陇西太守的马援被召回洛阳，担任虎贲中郎将。

马援入朝之后，立即想到了他之前所上的一个奏折。马援不仅在军事上颇有建树，对政事也有独到的见解。马援发现自王莽之乱后，各地流通的货币都不一致，常常是布、帛、金、粟混杂，百姓极不方便。于是他就上书朝廷，说应该像西汉时那样，铸造五铢钱，方便货物流通。奏折递上去之后，刘秀把事情交给三府研究。三府商议之后，上奏说铸造五铢钱多有不便之处，于是这件事情就被搁置了下来。

此时等到马援回朝，他从公府中找到了三府的奏议，发现当时反对造五铢钱的意见有十多条，于是马援就在奏折上逐条解释，另上了一封详细的奏折。刘秀认真考虑之后，认为马援的意见正确，于是就下令铸造五铢钱，用于流通，结果极大地方便了黎民百姓。

马援自从回到京城，多次被刘秀召见。马援长得仪表堂堂，须发明晰，眉目如画，擅长回答皇帝的策问，特别善于叙述前代的事情，常常谈到三辅有德行的人、下至乡里有志气的少年等事情，都值得一听。皇太子、各位侯王身边的侍从听他讲述这些事情，没有一个不倾耳细听的。

马援特别善于运用军事策略，刘秀常常说："马援和我谈论军事，和我的意见相吻合。"马援每次有什么计谋筹划，刘秀几乎没有不采纳的。马援显露出的这些卓异的军事才能和政见，使刘秀对他越来越器重，内心深处认为他是前去岭南平叛的不二人选。

马援入朝后不久，带兵击败并斩杀了在皖城（今安徽省安庆市）一带造反的"南岳大师"李广。

刘秀于是下诏拜马援为伏波将军，让扶乐侯刘隆做他的副将，率领楼船将军段志等人，南下攻打交阯。

历史上第一位伏波将军是汉武帝朝的卫尉路博德，他在一百五十年前平定了南越。现在，马援又被任命为伏波将军，踏着之前路博德的脚步，再一次前去平定岭南。刘秀对马援寄予的厚望，可想而知。

进军的路上一切顺利，但汉军到达合浦之时，楼船将军段志却染急病而死。临阵更换水军将领，似乎多有不便，于是刘秀下诏，让马援一并统领原由段志所率的水军。

逼近岭南之后，马援开始考虑前往交阯郡的最佳路线，这一条路线，既不能极为险要，还不能为征侧、征贰的军队所阻。于是马援带领汉军，水陆齐进，水军乘船沿海前进（即沿着现今北部湾越南的海岸线前进），陆军就在海边的山上凿石开路，打通山路一千多里。

公元42年春，汉军主力到达浪泊（今越南河内市东方的北宁省仙游县、慈山县一带），和征侧、征贰所部军队交战，汉军大胜，斩杀了好几千人，投降的有一万多人。

征侧战败，率领败兵逃走。马援率军在后追击，一直追到禁溪（今越南永富省安乐县），多次打败征侧、征贰，征氏姐妹手下的部众不断溃散逃跑，征侧、征贰的势力越来越微弱。

公元43年正月，征侧、征贰姐妹弹尽粮绝，再也无力应战，被汉军擒获斩杀，随后，她们的首级被传送到洛阳朝廷。

马援成功平定岭南，刘秀非常高兴，封马援为新息侯，食邑三千户。诏书到达军中，马援于是杀牛筛酒，犒劳军士。

酒酣耳热之际，马援从容地对军中的将士们说："我的堂弟马少游，常常讥笑我慷慨有大志向，他说：'士人活一世，只求衣食刚好足够，坐着那种可以在沼泽中行走的小车，驾着走得很慢的马，做郡县的掾史，守着祖宗的坟墓，乡邻称赞是个好人，这就行了。追求多余的东西，只是自找痛苦罢了。'当我到达浪泊、西里之间，叛军还没有消灭的时候，脚下有积水，头上有云雾，毒气层层蒸腾，仰头看飞鹰掉进水中，躺着想少游平时对我说的话，心里就想，哪里能轻易做到我平时所说的那些呢？现在，靠众位贤士大夫的力量，承蒙朝廷的大恩，我能够侥幸在各位前面佩带金印紫绶，真是感觉既高兴又惭愧。"

将士们都被马援这一番真诚的言语所感染，全都伏倒在地，称颂万岁，期盼着有一天，也能像马援那样立功封侯。

之后，马援乘胜而进，统领水军大小两千多艘战船、将士两万多人，进军攻打九真郡的叛军余部征侧的余党都羊等人，从无功县到居风县，杀死、俘获五千多人，叛军被全部剿灭。向汉军投降的一些叛军将领，与他们的家人共三百多人，被迁徙到零陵郡居住。

至此，岭南被完全平定。马援见交阯郡西于县地域辽阔，县内有三万二千户百姓，最远的地方离县治有一千多里，于是上书请求把西于县分为封溪、望海两个县。奏书递上去之后，刘秀立即批复同意。

马援路过交阯郡的每一个地方，都根据当地的实际情况，为郡县整修城池，开渠引水，灌溉农田，以造福当地百姓。

马援发现，越地的一些律令与汉朝的律令有一些不同，相互矛盾的有十多条，这会让越民无所适从。于是马援逐条上奏朝廷，修改越地法律，与汉朝的法律相一致，之后向越地百姓申明新法，以约束众人。从此以后，骆越都遵循马援所修订的法律，称之为"奉行马将军故事"。

为了纪念攻伐"二征"胜利对汉朝的重大意义，马援特意立了一个铜柱，作为汉朝南部疆界的标志，并在铜柱上镌刻了"铜柱折，交阯灭"的铭文。

公元44年秋，马援整顿远征军班师回国。经统计，从出征到凯旋，军士因为不适应南方的气候，感染瘟疫而病死的十有四五，损失十分惨重。

马援回朝之后，刘秀下诏赐给他兵车一辆，上朝的时候，马援的位置仅次于九卿。

马援平定"二征"叛乱的功绩，完全可以跟当年的陈汤灭郅支相媲美，甚至可以跟路博德灭南越相比肩。前往交阯平叛，道路险阻不通，后勤补给线非常之长，加上人生地疏，地势险要，许多地方是茂密的原始森林，北方的汉军士兵极不适应南方的气候，感染疫病的较多，正如马援自己所说，脚下是水，头上是雾，毒气就在空气中弥漫，连疾飞的鹰隼都会被毒气所熏坠入水中，更何况是平凡的人呢？而"二征"手下的将士却是本地土著居民，熟悉本地物候，擅长攀缘飞奔。本来马援南征交阯，是一件非常可怕的事情，但是，马援却凭着他出色的军事才能，打赢了这一仗，从而名垂青史，让后人永远地记住了他的事迹。

可是，功勋如此卓著的马援，最后却在死于沙场之后遭人诬陷，受到了极不公正的对待。

马援特别喜欢骑马，并且善于辨别名马，有相当出色的相马技能。他在征伐交阯时得到骆越的一面铜鼓，于是就熔铸成马的形状，回朝后献给了刘秀。

马援可不是毫无缘由地向刘秀献马，因为他想通过献马，让刘秀重视马匹在军事中的作用。马援所献的铜马高三尺五寸、长四尺五寸。刘秀收到铜马，下诏命令把铜马放在宣德殿下，作为名马的式范。

当时马援远征交阯得胜回朝之时，许多朋友和故人迎到半道上前去慰问他。有个名叫孟冀的平陵人，平素以有计谋闻名，他在座中向马援祝贺。马援对他说："我期望着您会有更好的建议，谁知道却和大家说了些一样的话呢？从前伏波将军路博德开拓疆域，为国家增设了七个郡，才受封几百户；如今我只立了一点小小的功劳，却愧受大县，功薄赏厚，怎么能保持长久呢？先生用什么来帮助我呢？"

孟冀说："我没有考虑这么多。"

马援对他说："如今匈奴、乌桓还在侵扰北部边境，我想主动请缨前去攻打他们。男子汉大丈夫，就应当战死于边野，以马皮裹尸回葬，怎么能守着妻子、儿女老死于床上呢？"（"马革裹尸"出处。）

孟冀听了之后赞同地说："如果真是壮士，就应当如此。"

马援回朝之后一个多月，正赶上匈奴、乌桓寇掠扶风。马援因为三辅受到侵犯，匈奴骑兵已经逼近了汉家先皇的陵墓，于是就请求带兵出征，刘秀答应了他。

马援从九月到京城洛阳，十二月又出兵屯守襄国。刘秀下诏，命百官为他在出兵之日饯行。

饯行宴上，马援看到他的两个子侄辈，同时也非常显贵的人，分别是梁松、窦固。梁松是梁统的儿子，而窦固则是窦融的侄子。但这还不是重点，随着窦融归汉，刘秀为了结好这帮河西的归附势力，于是把女儿舞阳长公主刘义王嫁给梁松，而把与阴丽华所生的另一个女儿涅阳公主刘中礼嫁给了窦固，与梁、窦二家都结了亲。其时的梁松和窦固两个年轻人，都是皇帝的乘龙快婿，又同时担任黄门郎，所以真称得上是春风得意。

马援以一个长辈的身份，善意地告诫两个晚辈说："一个人如果地位尊贵了，还应该使自己保持着能过贫贱日子的本色，如果你们不想重返贫贱，那么你们处在高位时就要掌控好自己，请考虑并记住我说的话。"但梁松、窦固两个年轻人，哪里会体会到马援的良苦用心，所以后来，梁松果然因为极贵而致祸，窦固也差一点儿死于非命。

第二年秋天，马援率领三千骑兵从高柳出发，行经雁门、代郡、上谷的障塞。乌桓的侦察兵见汉军到了，于是赶快将情况报告主帅，敌军紧急撤离，马援最终无功而回。

公元47年（建武二十三年），南方的武陵郡（治临沅，今湖南省常德市）内五溪蛮夷发动了叛乱，攻打郡县，情况非常危急。

五溪蛮，也叫"武陵蛮"，是对当时分布在现今的湖南省西部和贵州省、重庆市、湖北省三省交界的沅江上游若干少数民族的总称。因为武陵郡内有雄溪、樠溪、辰溪、酉溪、武溪五条溪流而得名。如今的土家族、苗族、瑶族、侗族、仡佬族等，都与当时被称为五溪蛮的少数民族有渊源。

被称为五溪蛮的少数民族居民，自先秦时期就在那里居住着，与中原的汉民语言不同，风俗也不同。西汉时期，政府在武陵郡少数民族地区施行羁縻政策，也就是笼络、安抚政策，所以民族矛盾比较缓和。赋税也相对较轻，一年之内，成年人上缴一匹布，未成年人上缴二丈布，是成人的五分之一，这种赋税称为"賨布"。当地的少数民族虽然时有反抗，但规模都比较小，不足以给郡国造成危害。

到了西汉末年，随着王莽改制的失败，大量的汉人流入少数民族区域，与当地少数民族居民杂居，五溪蛮的势力，渐渐壮大了起来。此后，随着刘秀统一中原，武陵郡的五溪蛮自然也归附了东汉政府。东汉政府为了加强统治，提高了赋税，并开始征发徭役，这样一来，官府与当地少数民族之间的矛盾就激化了。

五溪蛮把他们的首领称之为"精夫"，当时的精夫名叫相单程。因为一场大旱，乡民的生活出现困难，而官府的赋税却没有降低，所以这一不可调和的矛盾，自然转化为了一场战争。

公元47年十二月，相单程率领乡民，据守险要，攻打郡内县城，郡内各县的少数民族居民闻风响应，一时之间，相单程的兵力达到了好几万。

少数民族蛮夷叛乱，自然就要派将领前去平叛。当时的东汉朝廷，有那么几个将领，在中原的野战和攻城战中，表现平平，战绩一般，但对山区的少数民族作战，却很有经验，也战功卓著，几乎可以说是战必胜、攻必取。马援是其中一个，另外一个，就是武威将军刘尚。

此次五溪蛮造反，刘秀首先想到的，是武威将军刘尚，而不是马援。

刘尚于公元36年作为吴汉的副手平定蜀地，受到刘秀的嘉奖。不料到了公元42年二月，镇守蜀郡的将军史歆竟然在成都发动了叛乱，自称大司马，攻打太守张穆。张穆猝不及防，危急之下，只好越城逃到广都。之后，史歆把叛乱的檄文发布到郡内各县，宕渠（今四川省达州市渠县）人杨伟、朐䏰（音渠人，治今重庆市云阳县双江镇）人徐容等，各起兵数千人响应。

因为史歆之前是岑彭的护军，具备很强的军事才能，一般的将领前去，根本不是他的对手。于是刘秀派曾经平定蜀地的吴汉、刘尚、臧宫带领万余人前去平叛。吴汉等人到达武都之后，征发广汉郡、巴郡、蜀郡三个郡的郡兵，包围了成都，攻城一百多天，最终攻破城池，斩杀了史歆。平定成都之后，吴汉与刘尚、臧宫带兵乘船沿江下巴郡，杨伟、徐容等人闻讯非常惊慌，各自逃散。吴汉兵到，抓捕跟随杨伟、徐容等人造反的首领二百多人，诛杀了他们，并把他们的家属、党羽数百户人迁徙到南郡、长沙一带，以防止他们再次聚众叛乱。

随着益州守将史歆的造反，西南方的少数民族首领栋蚕与姑复、连然、滇池、建伶、昆明等地的土著居民也发动了叛乱，杀掠汉朝的官吏和当地百姓。益州太守繁胜与栋蚕等人交战，结果却未能取胜，只好撤退到朱提（音书十，今云南昭通市一带）据守。

公元43年九月，刘秀派遣刘尚率兵前去平叛。刘尚征调广汉郡、犍为郡、蜀郡的郡兵及朱提的少数民族将士，总兵力共一万三千多人，攻打栋蚕等叛军。

经过越巂郡的时候，刘尚还平定了越巂郡太守、邛谷王任贵的叛乱。之后，他率领汉军渡过泸水（即金沙江），进入益州境内。

各部族造反的土著夷兵听说汉朝的大军到了，于是都放弃堡垒逃走了。刘尚的军队俘虏了很多老弱夷人，并缴获了许多粮食、牲畜。公元44年十二月，刘尚带兵与栋蚕部落叛军继续交战，战斗持续了好几个月之久，连战皆胜。公元45年正月，刘尚追击叛军到不韦县（今云南省保山市），斩杀了栋蚕，斩获夷兵首级七千多级，生擒五千七百人，缴获战马三千匹、牛羊三万多头。至此，西南夷地区的叛乱被平定。

刘尚平定西南夷的叛乱之后仅仅两年，公元47年正月，南郡的潳山蛮雷迁等又发动了叛乱，侵犯掠夺百姓，刘秀于是继续派刘尚率领一万多人前去平叛。刘尚不负所望，打败了雷迁，将潳山蛮部落的七千多人迁移安置到江夏郡内。

有了上面的这些战绩，刘尚看起来确实是征伐叛乱的少数民族部落很有一套、战必胜，攻必取，也积累了丰富的经验。

所以武陵蛮造反，刘秀第一个想到的，仍然是刘尚。因为在地理位置上看，武陵蛮和西南夷都在洛阳之南，似乎在生活习惯和风俗民情上多有相似之处。

但地理位置相似，却并不等于地理环境相似，刘尚这一次出征，遭遇了他人生之中最大的滑铁卢，因为他遇到了一个略懂兵法的少数民族将领，最终血染疆场。

刘尚征调南郡、长沙郡、武陵郡的郡兵，总兵力一万多人，乘船逆水沿沅江行进，取道武溪攻打武陵蛮夷。有了前几次攻打少数民族部落取胜的经验，刘尚变得极为自负，他自以为此次攻打武陵蛮，也会旗开得胜、马到成功。所以带兵长驱直入，进入险地。但越往里走，山势越深，并且水流也非常湍急，由于是逆水而上，所以再往上游，舟船就没办法行进了。

与刘尚之前对付的少数民族将领不同的是，相单程是个略懂兵法的首领。他也许没有读过兵法，但他却知道"以逸待劳""避其锐气，击其惰归"等兵法精要。他知道汉军来得匆忙，带的粮食不多还深入险地，又不知道路径，所以他吩咐手下的蛮兵，只是把守险要，不与汉军交战。

刘尚所带的汉军既无法前进，又不能与蛮兵交战，时间一长，粮草用尽，不得不向后撤退。

相单程等的就是这样的机会，这和当年的项燕破李信、王翦灭项燕等战役，都是同样的战法。他见汉军食尽而退，于是下令沿途伏击汉军，刘尚的军队被打得大败，一路上不知道遭遇了多少次埋伏，最终，刘尚战死，一万多汉军全军覆没。

武威将军刘尚阵亡、汉朝大军全军覆没的消息传到洛阳，满朝为之震惊。一向不服输的马援坐不住了，他主动请求前往武陵平叛。

这一年马援已经六十二岁了，刘秀觉得他这么大年纪，一则率军远征非常辛苦，二则年老体弱精力欠佳，去了弄不好就要打败仗，所以没有答应他。马援见刘秀不同意，于是坚持请求说："我现在还能身穿铠甲骑马。"刘秀于是命令他试一试。

卫兵把马牵来之后，马援扶着马鞍左右看看，以表示自己还可以胜任。刘秀被马援的壮心打动，笑着说："真精神啊，这个老头儿。"

于是刘秀派马援率中郎将马武、耿舒、刘匡、孙永等人，统率从十二个郡招募来的士兵及除去刑具的因犯，共四万多人，征伐武陵蛮。

马援连夜启程，临行时与前来给他送行的人告别，他对担任谒者的朋友杜愔说："我受国家大恩，年纪大了，剩下的时日已经不多，常怕不能为国而死。现在得到机会，甘心瞑目，只是担心权贵子弟有的留在皇上身边，有的跟着我，特别难调停，心中担心的只有这件事了。"

马援率领大军迅速南下，很快到达下隽（今湖北省咸宁市通城县）。要向五溪进军，在汉军面前有两条路可以选择：一条路取道壶头山（位于今湖南省怀化市沅陵县东北高坪乡水田村内，因形似壶头而得名），路近，但是水流湍急，河道险要；另一条路，取道充县（今湖南省张家界市永定区），路途相对平坦易走，却绕了一个大圈子，比较远。军报到达朝廷，刘秀也很疑惑，拿不定主意。

汉军一路前进，还是没有拿定主意。到了不得不选择道路的时候，耿舒想取道充县前进，而马援则觉得走充县费时费粮，不如从壶头山前进，那样可以扼住敌人咽喉，充县的叛军就会不攻而自破。

主将与副将意见产生严重分歧，于是就报告给朝廷，请刘秀定夺。刘秀考虑来考虑去，觉得马援曾经有过多次独自带兵平叛的经历，并且都取得了胜利，有自己一套独特的办法和丰富的经验，觉得马援提出要从壶头山走，那么就一定有他的道理。于是，刘秀听从了马援的计策，让汉军取道壶头山方向前进。

道路决定之后，于是汉军取道壶头山方向，向纵深推进。公元48年春，汉军到达临乡（今湖南省常德市桃源县兴隆街乡），正碰上武陵蛮攻打县城，马援于是率军迎头痛击，把蛮夷叛军打得大败，斩杀两千多人。武陵蛮夷见汉军来势凶猛，于是立即四散而走，逃入了竹林之中。

汉军初战大捷，于当年三月顺利进军至壶头山。汉军远道而来，利在速战，但相单程却知道，他手下的土著战士，如果与汉军在平坦的地方交战，绝对不是对手；而如果是在竹林里打游击战，那么汉军就只能是望洋兴叹，像之前的刘尚一样铩羽而归。

于是相单程下令，让手下的叛军们占据有利地形，在高处守住隘口，使汉军无法上去。水流从高处往低处流，十分湍急，而且落差非常大，船只根本无法上去。

这样一来，马援所率的汉军再一次重蹈刘尚的覆辙。当初马援与耿舒争道的核心问题，在这个时候完全暴露了出来。

当时正赶上暑天，气温非常高，北方的士卒多不习惯南方的酷暑，很多都染了疫病死掉了，作为主帅的马援也扛不住高温和毒气，身染重病。

汉军再一次被困在武陵，为了避免大军在高温和瘟疫中覆没，于是马援下令，在岸边开凿巨大的石洞，让将士们全部住进石洞，以躲避炎热。

相单程见汉军凿洞而居，担心汉军坚持到天凉之时会发动大的攻势，于是就不停地骚扰汉军。只要汉军入洞休息，他们就登上高处，擂鼓呐喊，以疲汉军。

每逢蛮兵骚扰汉军，马援都抱病起身，拖曳着腿出洞察看敌情。将士们看见马援如此，都被他的精神所感动鼓舞，无不为他感慨流泪。

本来当初汉军在马援的坚持下选择从壶头山进军，就让坚持从充县一路进军的副将耿舒很不高兴。如今汉军兵困武陵，使年轻气盛的耿舒越发觉得窝火。耿舒把这一切都迁怒于主帅马援，然后给自己在朝中的哥哥好時侯耿弇写了封信说：

"先前我向皇帝上书，建议大军应该先进攻充县。选择从充县进军，粮草虽然运送起来难度较大，但兵马能施展开来，有用武之地，几万名士卒都争着想要出击立功。现在选择从壶头山一路进军，大军最终一步也不能前进，全军将士待在炎热之地，沉闷得要死，说起来真是可惜。

　　"之前大军在临乡的时候，贼兵无故自来，如果乘夜攻击，就可以全部消灭。伏波将军马援就像那些西域的胡商，走到一个地方就停下来，大军因为这个原因痛失良机。如今困在这里进退不得，又遭遇了瘟疫，一切都像我之前所说的那样。"

　　耿舒出于对马援的愤恨，把马援病重无法前行之事竟然描述成马援像胡商一样走走停停，直接将马援推入了万丈深渊。

　　耿弇接到耿舒的来信，才知道汉军被困在武陵进退不得，但他却对马援病重之事毫不知情，于是就把弟弟的来信原样上报给刘秀。刘秀对汉军所遭遇的困境，也是非常吃惊。吃惊之下，刘秀对马援的态度，也来了一个180度的大转弯，由之前的尊敬、信任，变成了埋怨、痛恨。因为马援的坚持，让他这个最会打仗的皇帝，下了那道让汉军从壶头山进军的诏令。那么实际上从这一点上来说，汉军被困，刘秀也负有不可推卸的责任。所以，马援筹划失误，让刘秀大失颜面。刘秀对马援由敬转恨，也并不完全是耿舒进谗的结果。

　　在对马援极端痛恨之下，刘秀派他的女婿、虎贲中郎将梁松乘驿马前去责问马援，并让他代监马援的军队。

　　朝中能征惯战的优秀将领不计其数，真不知道刘秀这个时候派毫无征战经验的年轻人梁松前去，是出于一个什么样的目的。如果刘秀觉得马援不可用，那么下令换将就可以了，或者是临阵换将兵家大忌，那么派另外一个大将前去增援也不失为一条上计。其时虽然大司马吴汉已死，但贾复、耿弇等战神都还活着，随便派一个前去，也比派梁松前去要强。

　　要知道，梁松和马援之间存在过节，刘秀这次派梁松前去监军，明显就是要让马援难堪。

　　马援当初在隗嚣手下的时候，和梁统、窦融等人都关系非常好，算是老朋友了。作为梁统之子的梁松，自然而然就是马援的子侄辈，这是毫无争议的。马援之前出征匈奴之时，也曾善意地提醒梁松和窦融的侄子窦固，让他们富贵了不要忘记贫贱，时刻保持做人的本色。但梁松和窦固并没有听进去，不仅没有听进去，心胸狭小的梁松，还和马援结下了仇怨。

马援曾经生病,梁松前来问候他,一个人拜倒在床下,马援没有给梁松回礼。梁松离开之后,马援的儿子们就赶快问他:"梁松是皇上的女婿,位重朝廷,公卿以下没有人不怕他,父亲您为什么不给他回礼呢?"生性耿直的马援说:"我和梁松的父亲梁统是朋友,梁松虽然地位高,但在我面前也是小辈。怎么因为地位高就乱了尊卑长幼的次序呢?"

可是,心胸狭小的梁松却这么看,因为这件事情,他非常憎恨马援,觉得马援轻视他、不尊敬他。

还有一件事情。

马援的两个侄子马严、马敦,与梁松、窦固一样,都是贵族公子,都非常骄傲自满,喜欢讥刺、议论别人,并且和那些有不法行径的侠客交往。那个时候的马援还在交阯郡平叛,就写信告诫两个侄子说:

"我要你们听到别人的过失,就如同听到父母的名字,耳朵可以听,但嘴里却不能说。喜欢议论别人的优缺点,轻率地讥刺时政,这是我最讨厌的,宁死不愿听说马家的子弟之中有这样的行为。你们知道我非常讨厌这些事情,之所以再次提到,就是要教育你们,重申父母的告诫,想使你们不要忘记罢了。我认识两个人,都是京兆的,一个是龙伯高,一个是杜季良。你看龙伯高这个人,他忠厚谨慎,嘴里没有不恰当的议论,谦虚节俭,廉洁公正而有威信,我喜欢他、敬重他,希望你们向他学习。而杜季良这个人,为人豪侠仗义,忧别人之忧,乐别人之乐,和他交往的什么样的人都有,他的父亲去世之后办丧事,来的宾客有好几个郡的人,我也喜欢他、敬重他,但我却不希望你们学习他。因为学习龙伯高不成,还可以成为谨慎、严肃的人,就是人们说的雕刻天鹅不成还能像鸭子。可是学杜季良不成,就会沦落为天下轻浮的浪荡子,这就是人们说的画虎不成反类犬了啊!到现在为止,杜季良还不知会有什么结果,可是他所在郡的将军一到任就对他恨得咬牙切齿,州郡把这事情报告给朝廷,我常为之寒心,因此不愿子孙学习他。"

杜季良当时担任越骑司马。杜季良的仇人见到马援的这封书信之后,立即上书,控告杜季良"行为轻浮,惑乱百姓,伏波将军马援从万里之外写信回来告诫侄子别学他,而梁松、窦固却和他交往,要助长他的轻浮、虚伪,败乱我各地的政事"。

这封奏书呈上去之后,刘秀看了非常生气,于是召见并责备两个女婿梁松、窦固,同时把告状信和马援告诫侄子的信给他们看。梁松、窦固非常恐惧,不停地在地上叩头，直至额头流血，方才被刘秀赦免。刘秀于是下令，免去杜季良的官职。

而备受马援称赞的龙伯高，其时任山都县令，刘秀立即擢升他为零陵郡太守。

因为这两件事情，梁松对马援可说是恨之入骨。

此时梁松奉命前往武陵督责马援，可是等他到达的时候，马援已经病死于军中。面对一个马革裹尸的可敬的战士，梁松依然没有放下他旧日的仇恨，而是借机陷害马援。

当初马援在交阯平叛的时候，经常吃薏米。因为薏米性凉，吃起来略带甜味，有利尿、健脾、清热排脓的功效。并且，在南方那样毒气蒸腾的地方，常吃薏米，还可以压住瘴气。交阯的薏米颗粒较大，马援就想带回来做种子。所以平息"二征"叛乱之后，马援回朝之时，装了一大车薏米。

回朝之后，许多人看见，以为马援带回来的是南方的珍奇异宝，权贵之家都想得到。可是当时因为马援刚刚平定交阯，在刘秀面前正受宠，所以没人敢把这件事情报告到刘秀那里。

等到这个时候马援兵败五溪并命殒疆场，于是就立即有人上书说他的坏话，说他当时从交阯拉回来的，是一车珍珠和珍贵的犀牛角。马援征伐五陵的旧部马武，还有於陵侯侯昱等人，都上书向刘秀报告马援带回的物品的形状。大意就是，马援带回的确实是名贵的珍珠。

这些人不负责任地上书，与梁松报告的情况相互印证，使刘秀一下子对马援厌恶到了极点，觉得马援此人，不仅贪婪嗜财，就连人品都很成问题，教育起别人来大义凛然，但实际上却做着见不得人的勾当。所以，刘秀是越想越气，于是下令，追缴马援的新息侯印绶。

马援的新息侯印绶被追缴，这就意味着，马革裹尸的马援，他的所有待遇都被剥夺，失去了职位，也失去了爵位，更失去了封地。在那个视政治荣誉高于一切的时代，许多人奋斗一生，就是为了封侯，也就是封妻荫子。子不见飞将军李广，扬名敌国而终生未能封侯，最终以悲情的一剑结束了自己满怀不平的一生。已死的马援被褫夺侯印，可以说是一件令他的家属及族人倍感耻辱的事情。

马援的妻子、儿女闻讯之后，都非常害怕。他们甚至都不知道，皇帝刘秀为什么要发怒，为什么对马援如此绝情。所以，他们都不敢把马援归葬于他的祖坟，只是在城西买了几亩地草草埋葬了事。

马援生前的宾客和朋友，没有人敢前来吊唁马援。侄子马严和他的妻子、儿女都用草绳把自己绑在一块儿，到朝上去请罪。

刘秀见马援的家属来请罪了，于是就拿出梁松的奏书给他们看，意思就是：你们自己看看，马援干的好事！

直到这个时候，马援的家属才知道马援受了别人的诬陷，于是他们赶快上书诉冤，前后上了六次书，言辞极为恳切悲伤，刘秀似乎感觉马援遭受了别人的诬陷，但又无从查起，因为薏米早就吃完了。

刘秀的气消了些，于是下诏让马援归葬乡里。但是，他仍然余怒未息。

有一个名叫朱勃的人，是马援同郡的老乡，曾经担任过云阳县的县令，小时候就是神童，当时已经六十多岁了，他很为马援鸣不平，于是就替马援写了一封鸣冤信，然后上奏给刘秀。

朱勃的奏书递上去后，刘秀也颇有感触，他在奏折上批了个"闻"，意思是知道了，但是，他仍然没有为马援平反。直到汉章帝时，马援被追谥为忠成侯，他的名誉才算是基本恢复。

马援在征战中不幸病死疆场，但汉军的平叛行动还要继续。

令人意想不到的是，马援和刘尚这两个久经沙场的名将没有平息的叛乱，竟然让一个名不见经传的人轻易地平息了。

这个人名叫宋均（也叫宗均，字叔庠）。

宋均是南阳郡安众县（治今河南省南阳市邓州市元庄乡、汲滩镇一带）人。二十多岁的时候，曾担任辰阳县（故城在今湖南省怀化市辰溪县西）县长，后入朝做了谒者。

当武陵蛮夷造反，包围武威将军刘尚的时候，刘秀命令宋均前往江夏，征发奔命兵三千人前去救援。

可是等宋均带着兵马到达时，刘尚已经战死。正赶上伏波将军马援的兵马到达，于是刘秀下诏让宋均监督军队，与马援等将领一起进军。

马援病死于军中之时，军中的将士有许多人得了温湿疾病，死去的人超过了半数。宋均担心这支汉军会像武威将军刘尚所率的那支汉军一样全军覆没，于是就和其他将领们商议说：

"现在路途遥远，士卒多病，失去了战斗力，我想假借皇帝的命令设法让贼兵投降，你们看怎么样？"

众人一听宋均想要矫诏，都伏在地上不敢应声。

宋均见众人都不敢响应，于是大义凛然地说："忠臣在外，只要有办法使国家安定，就可以自专做主。"

其他的将领一听，都觉得不失为一条便宜之计，如果真能降伏叛军让大军安全返回，并且矫诏的风险还会由宋均来承担，对于其他人来说，是没有坏处的。所以，其他的将领都没有反对。

于是，宋均假传刘秀的命令，派伏波将军的司马吕种负责守卫沅陵县，然后命令吕种前往叛军的营中宣读诏书，向叛军宣称奉了皇帝刘秀的旨意，只要他们全部归降，就一律赦免他们。

吕种前脚出发，宋均后脚就带着大军紧随其后。那些武陵蛮夷看到汉朝大军竟然跟在使者的后面，全都震惊恐怖，以为汉军要剿杀他们。

为了自保，那些小的首领联合起来刺杀了他们的精夫相单程，然后向汉军投降。于是宋均进入叛军大营，遣散那些随同叛乱的土著居民，让他们回归各自所在的郡县，任命县长和官吏管理他们，然后自己带领剩余的汉军返回朝廷。

在回京之前，宋均上了一道奏书，弹劾自己假传圣旨的罪行。但刘秀并不是一个昏聩的皇帝，他非常赞赏宋均通权达变的能力，也非常认可宋均所说的那句话："只要能够使国家安定，就可以自己做主。"所以刘秀不仅没有怪罪宋均，并且还重重地赏赐了他，派人前去迎接宋均并赏赐他金帛，让他经过家乡时上坟祭祖。

宋均在担任九江太守之时，曾经做过一件事情，足以和当年的西门豹相媲美。

浚遒县（故城在今安徽省合肥市肥东县龙城乡）有唐、后两座山，当地的百姓共同祭祀。县里的一些巫神从中发现了生财之道，于是借口每年都要为山神娶百姓的女儿为妻，当地的老百姓非常害怕，正常的婚嫁受到了非常严重的影响。虽然这是一件明显坑害百姓的事情，但前后换了几任太守，都不敢禁止。宋均上任之后，得知这件事情，下达命令说："从现在开始，给山神娶的妻子，都要从从事巫术的人家中选娶，千万不要打扰百姓。"

宋均的命令下达之后，当地为山神娶媳妇的恶习，立即禁绝。

第十五节　息民安国、善待功臣

从公元22年底开始到公元36年，刘秀起舂陵、战昆阳，出河北，灭王郎，并铜马，吞赤眉，扫平关东，得陇望蜀，前后用十四年的时间，使新莽末年以来分崩离析、百姓流离、生灵涂炭的中原，重新走向了和平、统一。其后，刘秀又和辑匈奴，克获雒越，与周边的少数民族政权保持着一种相对和睦、友好的关系，使东汉这一个新生的政权，呈现出欣欣向荣、百废待举之态。刘秀，也开始以他独特的方式，治理他一手缔造的这个国家。

刘秀起于寻常百姓之家，对最底层的老百姓有着非常深刻的了解，所以，他体恤百姓、爱护黎民。平定中原之后，就致力于恢复元气、休养生息，力争让民生凋敝、百业萧条的中原，早日焕发生机；让艰难困苦的百姓，早日告别饥寒。如果不是遇到非常紧急的情况，一般情况下不主张动用武力。皇太子曾经问他一些攻战之事，刘秀回答说："过去，卫灵公曾求教列阵用兵之事，但孔子没有作答。所以说，这些事情你再不要问了。"以此向皇太子传递一种偃武修文的新态度新思路。

当时匈奴再次分裂，许多大臣都主张趁机出兵匈奴，趁匈奴衰弱之际消灭匈奴，建立能够万世刻石流传的功绩。比如郎陵侯臧宫，在刘秀征求他的意见时，就主动请缨说："请陛下拨给我五千骑兵，我会带着这五千人横扫匈奴。"

臧宫确实是勇气可嘉，和西汉时的樊哙一样。况且，西汉初的匈奴，正处于冒顿单于统治下的强盛时期，而其时的匈奴，早已今非昔比。如若臧宫带兵前去，获胜的可能性显然是非常大的。

但是，刘秀却笑着否决了，他对臧宫说："常打胜仗的人，很难同他们讨论对敌的万全之策，我会自己考虑这件事情。"

公元51年，南单于已经投降汉朝，北单于也派人到武威郡请求和亲之时，臧宫和杨虚侯马武为此专门上书，请求抓住机会出兵攻打北匈奴。

但刘秀头脑却无比清醒，北匈奴不是没有被汉朝消灭过，但过不多久，又会从南匈奴分裂出去一个北匈奴，汉军费尽力气，耗费钱粮，加重百姓的负担，打来打去仍然是一场空。再说，从新朝末年天下大乱到刘秀最终统一中原，黎民百姓因为战死、疫病或饥饿而死的不计其数，据统计当时的人口，十个人里面，活下来的只有两个人，高达百分之八十的人，在那场战乱中丧生了。

所以刘秀并没有同意，他下诏回复臧宫、马武说：

"《黄石公记》中曾有这样的说法：'柔能制刚，弱能制强。'柔就好比是恩德，刚就好比是伤害人的武力，弱者容易得到仁爱的辅助，而强者则容易成为众矢之的。有德的国君，会拿自己所喜欢的来使别人快乐；而无德的国君，会用自己所喜欢的来使自己快活。使别人快乐的人自己的快乐就长久，使自己快活的人不久就会灭亡。舍弃近而图谋远的，常常会劳而无功；舍弃远的而图谋近的，就会轻松而有结果。轻松的政局多出忠臣，劳繁的政局多出乱臣。所以说一心想扩大地盘的人，最终会使土地荒芜；而一心想要推广恩德的人，就会不断强盛。保有自己所得的人会心安，贪图他人东西的人会遭殃。残酷暴虐的政治，即使得逞也必定会失败。如今国家没有推出更好的政策，灾害和变乱从未停止，老百姓连日子都过不下去，为什么要在那么远的国境之外用兵作战呢？孔子说：'我恐怕季孙的隐患，不在颛臾，而在萧墙之内。'况且北狄还具备一定的实力，而屯田警备的军队大多上报没有根据的传闻之事，基本上不属实。果真能用天下的一半力量来消灭大敌，难道不是我最大的愿望吗？但如果时机还不成熟，那还不如让百姓休养生息。"

臧宫、马武等人的奏议被刘秀驳回，大臣们见刘秀态度如此，知道刘秀意在息民，于是开始转变思路，不再专注于军旅，而是把更多的思考投入到了怎样抚民垦田、恢复生机上，于是历史的车轮，便开始朝着有利于普通百姓安居乐业的方向前进。

刘秀知道许多农民因为贫穷、疾病或战乱而失去了土地，甚至是卖身为奴为婢，所以多次下发释放奴婢和禁止残害奴婢的诏书。

早在建武二年，刘秀就下诏，民间那些因不得已把女儿卖给他人做妻子、把儿子卖给他人做奴隶的，如果他们想要返回父母身边，要完全听从他们的意愿，不得阻拦。如有谁敢于阻拦、拘禁，就要以法律来惩罚。

建武三年，刘秀再次下诏，禁止擅自处罚下级官吏。俸禄不满六百石的官吏，直到地方上的县令、县长，诸侯国的国相等，犯罪之后，都必须奏请朝廷，申明罪状，才能治罪。男子八十岁以上、十岁以下，以及那些受连坐的妇女，如果不是犯有大逆不道之罪，或者说是朝廷的诏书中指名道姓要逮捕的，各地都不允许逮捕。所有认为有犯罪行为的，该查问的应当即前往查问，有罪的罚、无罪的放，避免让无辜的人坐监狱。妇女如果犯罪，那就让她出钱雇人，到山里伐木折抵罪行，本人可以释放回家。

建武六年十一月，刘秀下诏，凡是在王莽时期，被没入为奴婢的官吏和百姓，不合以前（主要指西汉）旧法的，一律免为庶民。

建武十一年二月时，刘秀更是下诏，说天地之间的性灵，以人最为宝贵，所有杀害奴婢的罪犯，一律不得减罪。

八月，刘秀发布诏令，对所有用私刑烧灼奴婢、残害奴婢肢体的行为，都依法论罪，凡是烧灼奴婢的人，都要免为庶民。同时，刘秀下诏，取消之前奴婢如果射伤人就要被判弃市的法令，从而在法律的层面，让下层百姓有了公平保障。不因为是奴婢就课以重刑，也不因为是贵族就可以肆意伤害奴婢。

建武十三年冬十二月，刘秀下令，凡是益州的百姓，从建武八年以来，即征伐公孙述的前一年，被掳掠为奴婢的，一律赦免为庶民。那些依托别的人家，成为别人妻妾的，如果想要回故乡，也一律遵从她们的意愿。对于敢滞留不放的人，比照青州、徐州两个刺史部，以抢掠人口的法令处罚。

建武十四年十二月，刘秀再次下诏：益州、凉州的奴婢，自建武八年以来自己申诉在案的，一律赦免为庶民；卖身为奴的人，不必把当初卖身的钱还给买主。

这些诏令，可能在客观上损害了极少数人的合法权益，比如一个出身于中产阶级家庭的青年，买了个别人家的女儿做妻子，可是诏令一下，如果他的妻子要离开他，那么转眼之间，他的妻子就没了，而卖方却并不需要把当初卖身的钱还给他，这对他来说，也是很大的损失。

但这些诏令，却在很大程度上使许多奴隶恢复了自由之身，使战乱之后大量荒芜的土地有了开垦耕种的足够劳动力。

天下平定了，仗打完了，军资、钱粮没有以前那么耗费严重了，就要赶快减轻百姓负担、减轻刑罚。否则，就会给百姓造成一种错觉，觉得新建立的政权，怎么和之前的新朝一样，甚至是不如新朝。所以，刘秀多次下发诏书，减轻刑罚，减少租赋徭役，同时裁撤官吏，合并郡县，最大限度地减轻百姓负担，取得了非常好的效果。

刘秀早在起事之初就发现，各地的监狱里关押着不少的囚犯，而这些囚犯，大多是普通百姓，仅仅是因为违反了王莽繁苛的法令，就被关进了监狱，并遭受严酷的刑罚。所以在他即位之后，先后十多次下发诏令，大赦天下罪人，并减轻刑罚，不让百姓动辄得咎。

建武五年夏四月，发生了旱灾和蝗灾。刘秀下诏，认为是牢狱之中多有无辜，从而上天降下了警示。命令京城各官署、三辅、各郡国都释放牢中的囚徒，只要犯的不是死罪，一律不再追究；正在服刑的，一律免为庶人。

建武六年正月，刘秀下诏，让各郡国发放粮食慰问缺衣少食的老人，鳏、寡、孤、独以及病重体弱、没有家属贫穷而不能自养的人。五月，因为隗嚣造反，下令天水、陇西、安定、北地四郡，因为隗嚣反叛而受到连累的官吏和百姓，还有三辅遭受赤眉军之难犯下滥杀无辜罪行的人，凡是判处斩首以下刑罚的，一律赦免释放。九月，赦免那些在乐浪郡谋反而犯下大逆不道之罪、判处斩首以下刑罚的人。

建武十八年夏四月，刘秀下诏废除了边郡盗谷五十斛就判处死刑的刑罚，认为这样的法令，为残酷官吏任意杀人提供了方便之门。这样的法令，在战争时期为确保军粮不被偷盗起了一定的作用，但在战争结束以后，则成为贫困百姓的噩梦，刘秀下令废除，并与内地各郡采取相同的处罚标准，是一种宽缓而有效的措施。

建武十八年秋七月，在吴汉斩杀造反的蜀郡守将史歆并平定成都之后，刘秀下令赦免在益州所属地区犯斩首罪以下的囚徒。

公元二十八年和三十一年，刘秀下了两道相同的诏令，那些犯死罪而在押的囚徒，全部下蚕室处以腐刑，女子施以宫刑（通常的说法是指用重物敲击妇女腹部使子宫脱落）。死刑改判宫刑，虽然令人耻辱，并且对人的身心也是非常大的残害，但这比起剥夺一个人的生命来说，仍然显得仁慈和积极，就像当初的司马迁，他忍辱接受了腐刑，却写出了创世巨著《史记》，为后人留下了宝贵的财富。那些普通的官吏百姓，虽然贡献没有司马迁那样巨大，但他们也用残存的躯体，为当时的社会创造了财富。

在精简机构、裁撤官吏和减轻赋税方面，刘秀于建武六年六月下诏说："设置官府、任命官吏的初衷，是为了更好地管理百姓。现在百姓遭难，人口锐减，而以前所设县官吏员的职位仍然非常多，现在命令司隶、州牧分别核实自己辖区的官吏设置，减少官吏人数。将那些不足以设长吏而又可以合并的县和诸侯国，上报大司徒府和大司空府。"各地接到诏令以后，立即上报，合并减少了四百多个县，官吏职位的设置也减少了，约为以前官吏职位的十分之一，可以说是最大限度地精简了机构。

十二月，刘秀下诏施行西汉景帝时的三十税一的田税，并解释说，之前之所以施行十分之一的田税，是因为国家一直在打仗，耗费很大，国家的财力不足。如今战争已经结束了，士卒们都开始屯田，粮食有了一定的节余和储备，所以按照旧制，收三十税一的田租。

建武七年三月，刘秀下诏，说国家拥有众多的军队，并且大多都是精锐，非常勇猛，所以暂时撤销轻车、骑士、材官、楼船等非常规兵种，还有军中临时设置的那些军吏，让他们全部还乡为民。这样一来，大大地减少了军费开支，增加了直接创造社会财富的劳动力。

通过这些有效的措施，天下百姓得到了很好的休整，社会经济开始慢慢地复苏，农业生产得到恢复，社会经济开始发展，百姓的生活渐渐好了起来，国家也开始显露出欣欣向荣之态。东汉，开始慢慢地繁盛起来。

如同大多的开国之君一样，刘秀也是一个非常勤勉的皇帝。他每天早上准时上朝，召集大臣们讨论、处理政务，直到太阳偏西才散朝。散朝之后，又经常和公卿、郎官、将领们讨论经典、辨析义理，直到夜半时分才就寝。

皇太子见刘秀勤苦劳累而从不懈怠，于是就瞅准一个时机对刘秀说："陛下您有商汤和大禹的英明，却不能像黄帝、老子那样享受修身养性的福气。希望陛下能保养精神，抽时间多休息放松，以颐养天年。"

刘秀知道皇太子的意思，他回答说："我自己非常乐意做这些事情，不觉得疲惫。"是啊，刘秀把做这些事情当成是一种享受，在享受行使权力带来的愉悦之时，那种成就感，其实比一般的休闲和游戏还要快乐。作为储君的皇太子，又怎么能体会得到呢？

刘秀一直是个非常谨慎的人，虽然做了皇帝，平定了天下，但他仍然兢兢业业，不敢有丝毫放松。他能明智、审慎地处理政务，总揽大权。办什么事情，都能做到审时度势、量力而行，所以几乎很少发生重大的失误。

和许多开国皇帝大肆屠戮功臣不同的是，刘秀厚待功臣。对待功臣的态度，比宋太祖赵匡胤那个"杯酒释兵权"还要令人称道。

打下天下之前，刘秀和他的功臣们同患难；打下天下之后，刘秀又选择了和功臣们共富贵。

但凡多少了解一点历史的人都知道，各个朝代皇帝和大臣同患难容易，但能够共富贵的却实在是凤毛麟角、寥寥无几。而刘秀，就是其中一个，并且，也是做得最好的一个。

屠杀开国功臣，是中国封建时代巩固皇权的不二法宝。远的不说，单说离东汉不远的西汉，刘邦为了与项羽争夺天下，分封了八个异姓王，但这八个异姓王，在刘邦还活着的时候就杀了五个，张耳早死（其子张敖差点儿被杀），跑了一个卢绾，只剩下一个没有什么势力的长沙王吴芮。其后的明太祖朱元璋，杀戮功臣，手段更是极其残忍，可以说是亘古未有，连史家都不忍评论。宋太祖赵匡胤做得比较好一些，将武将全部解职，却造成了文强武弱使国家长期边防不宁的局面。唯有刘秀，没有诛杀一个功臣，全部保全了他们的爵位，与功臣共始终，受到后世史家的一致称赞。

刘秀之所以能够驾驭功臣，并与功臣和睦相处，一个非常重要的原因就是他对待臣下能够"推心置腹"，就像当初那些被他击败并迫降的高湖、重连首领评价他的那样。

当然了，刘秀对大臣们"推心置腹"，有一个很重要的前提就是他一直牢牢掌握着军事指挥权，很少让某一个大将像他镇抚河北时那样长时间专制方面。因为刘秀是个战略家，具有较高的军事指挥才能，所以他分兵派将出外征伐，很少让某个将军长时间驻军某地，只要战事结束，立即收回兵权，比如大司马吴汉，除了平灭蜀地的公孙述一役，其余时间通常是以机动队伍的身份出现。总之是不给他们形成较高威望的机会，避免让他们成为新的地方割据势力。

另外，与其他各朝代不一样的是，刘秀封了许多杂号将军，这些杂号将军，看上去职位都很高，都是大将军，但其实都不在常设正牌将军的品级范围之内。按照当时的将军品秩，自西汉以来，品级最高的是大将军（汉武帝为了尊宠卫青、霍去病，又在大将军之上加了大司马的官号），接下来是骠骑将军、车骑将军、卫将军（汉文帝时为了让亲信宋昌掌握实际军权而增设），之下是前、后、左、右将军。

但一个令人称奇的现象是，刘秀一朝，除了吴汉担任大司马大将军，景丹、杜茂先后担任骠骑大将军，再没有拜过车骑将军、卫将军，也很少设前、后、左、右将军（邳彤曾拜后大将军，任光曾拜左大将军，不能算数，贾复拜左将军，万修、邓禹拜右将军），有的就是"征南大将军"（岑彭）、"征西大将军"（冯异）、"建义大将军"（朱祐）、"建威大将军"（耿弇）、"虎牙大将军"（铫期、盖延）、"横野大将军"（王常）等这些看上去似乎品级非常高，但实际上却并不是正牌将军的大将军（需要说明的是，东汉时"四征将军"还未正式设立，所以岑彭、冯异所担任的征南、征西大将军算不得数）。这些将军名号恐怕算是刘秀的首创了，杂号将军的名称滥觞，应该也要从刘秀这里算起。

等到公元36年冬消灭公孙述统一中原之后，大司马吴汉于次年四月带领得胜之兵从成都返回，刘秀大飨将士，第二次大封功臣，增加功臣的封邑，册封的功臣达到了三百六十五人。之后，刘秀开始收缴功臣们的兵权。

功臣们之中，骁骑将军刘植已于公元26年在密云阵亡，骠骑大将军景丹、右将军万修也于同年在军中病死，左大将军任光于公元29年病死，积弩将军傅俊于公元31年病死，征虏将军祭遵于公元33年病死于汧县军中，征西大将军冯异、卫尉铫期于公元34年病逝，虎牙大将军盖延于公元35年在河池与蜀军交战失利被改任为左冯翊，征南大将军岑彭于公元36年伐蜀时遇刺身亡，横野大将军王常、雍奴侯寇恂于同年病逝。

当时还活着的功臣之中，除了大司马吴汉继续担任军职，骠骑大将军杜茂率军在楼烦屯田，讨虏将军王霸协助杜茂备边担任上谷太守，辅威将军臧宫镇守蜀地担任广汉太守，泰山太守陈俊镇守关东，在朝的左将军贾复、右将军邓禹，都被免去军职。在朝的建威大将军耿弇、建义大将军朱祐、诛虏将军刘隆、捕虏将军马武等人，先后上缴大将军或将军印绶，以列侯身份列席朝会或是按封就国。

其实让功臣们前往封国，最早可以追溯到耿纯。

早在公元26年，即刘秀称帝的次年，耿纯斩杀图谋叛乱的真定王刘扬回到洛阳之后，就趁机请求外放，希望能让自己当一个郡的太守。

当时刘秀感觉非常惊奇，因为耿纯在他的印象之中，似乎是一介武夫，而治郡，应该是文官擅长的事情。但刘秀并没有拒绝耿纯，而是拜任耿纯为东郡太守。

当时东郡还没有平定，耿纯到任后仅仅几个月，境内的盗贼就销声匿迹。公元28年，刘秀诏命耿纯攻打更始帝的东平太守范荆，范荆投降。又攻打泰山、济南和平原一带的盗贼，都很快平定。但因为发生的一起意外事件，竟使耿纯坐罪免职。公元29年，在东郡任职四年的耿纯，发现发干县（今山东省聊城市冠县东部）的县长有罪，耿纯在查明罪行、派人将判决上奏朝廷的同时，担心发干县县长潜逃或是投敌，于是带兵包围了发干县县长。但朝廷的批复还没有下达，发干县县长就自杀了。耿纯因此坐罪免官，被召回洛阳，以列侯的身份奉朝请。

其后，刘秀攻打董宪，耿纯随征。路过东郡的时候，东郡的好几千老百姓跟在刘秀的马车后面哭泣，请求让耿纯继续当他们的太守。刘秀大为吃惊，对身边的大臣们说："耿纯年轻的时候，不过是一个身披甲胄的军吏罢了，现在他治理地方，居然能让老百姓这样怀念吗？"刘秀最终还是没有同意让耿纯继续做东郡太守。

公元30年（建武六年），耿纯被定封为东光侯（东光县即今河北省沧州市东光县）。他在前往自己的封国之前，去向刘秀辞行。

刘秀对他说："当年，孝文帝曾对周勃说'丞相是我所器重的，你为我带领诸侯去封国'，现在也是这样啊！"耿纯知道刘秀想让他在功臣们中间带这个头，于是接受诏令而去。

耿纯走到邺县的时候，刘秀下诏赐给他谷物一万斛，以示对他的褒奖。到了封地之后，耿纯吊死问疾、存亡恤孤，封国内的老百姓都非常爱敬他。两年后，东郡、济阴郡的盗贼结群而起。刘秀派大司空李通、横野大将军王常前去平剿。刘秀知道耿纯在卫地一带特别有威信，于是派使者拜任耿纯为太中大夫，命令他和大军在东郡相会。耿纯前往东郡的消息传出，东郡的盗贼九千多人全部前往耿纯所在之处投降，李通、王常所率的大军不战而还。刘秀从中看到了耿纯在安定地方中的巨大威力，于是下诏，再次任命耿纯为东郡太守，一郡的官吏百姓，个个都心悦诚服。五年后，耿纯在东郡太守任上病卒，他的儿子耿阜嗣封。

刘秀还有一个历史上其他帝王难以企及的地方，那就是他不念旧恶、不秋后算账。最初对朱鲔，他说只要投降，之前杀害兄长刘縯的事情一笔勾销，朱鲔投降后，他说到做到，从来没有找过朱鲔的麻烦。也未像其他帝王那样授意继承人报复朱鲔，确实是襟怀坦荡、光明磊落。

与不念旧恶相互映衬的是，刘秀赏罚也十分严明，就算是他的仇人，只要有功，那就一定要赏赐；就算是他的亲属，只要有错，那也必须惩罚。

赏罚分明，规矩和制度就被立了起来，刘秀恪守为君之道，是开明君主，而大臣们遵守为臣之则，也是贤德之臣。

所以，东汉的开国功臣都能善终，并不仅仅是作为皇帝的刘秀宽容，而是大臣们也很有自知之明，他们互相理解、相互体谅，共同营造了一个君谨臣恭、君明臣贤，共荣华、同富贵的良好政治环境。

在那些谨慎谦逊的大臣之中，不仅有吴汉、邓禹、贾复这样的军事元戎，还有和刘秀有着姻亲关系的李通、邓晨、阴兴，更有和刘秀自小就关系密切的朱祐等人，他们用自身谦和自律的言行，为其他的功臣们树立了非常好的榜样。

吴汉作为大司马大将军，军职最高的将领，每次出征，早晨接到诏令，傍晚就带兵上路，从来没有迁延时日为自己办理行装。正因为此，吴汉能在众多功臣之中，一直担任军职直到离世。等到征战结束，退兵回到朝廷之时，吴汉就显得更加谨慎小心，时刻表现于形体动作和相貌神态上。曾经有一次，吴汉带兵出外征战，妻子在他走后买了一批田产。吴汉回来后知道了，责备妻子说："军队在外，将士费用不足，为什么多买田地房屋呢？"硬是把买的田产全部分给了族里的兄弟及妻家姻亲。

公元44年，吴汉病危。刘秀亲自前去探望他，并问他有什么想要交代的后事。吴汉回答说："臣愚昧无知，只希望陛下慎重不要轻易赦免罪犯而已。"吴汉去世后，刘秀赐谥号为忠侯，并发北军五校、兵车、甲士为吴汉送葬，葬礼非常隆重，规格一如西汉时的大将军霍光。

邓禹的行为也和吴汉差不多相似。

公元37年，当蜀中的公孙述被灭之后，刘秀为各功臣增加封邑，定封邓禹为高密侯，食邑有高密、昌安、夷安、淳于四个县。刘秀因为邓禹功劳大，又封邓禹的弟弟邓宽为明亲侯。其后，刘秀下诏罢免邓禹担任的右将军职务，邓禹以特进身份奉朝请。邓禹很有修养，为人光明磊落，有敦厚朴实的美德，侍奉母亲极为孝顺。其时中原已经大定，所以他常想急流勇退，远离名利场和权力中心。邓禹有十三个儿子，他让他们每个人都掌握一门可以谋生的技艺。邓家有着严谨的家风，即便如此，邓禹还不时地整顿家族，教养子孙，他的不少做法，都可以作为后世人的榜样。所有受赏得到或封国内取得的物资财产，邓禹都用于国事，而不是为自己积蓄家财。因为邓禹有这些美德，所以刘秀更加器重他。

打起仗来不要命的贾复，在和平时期，也表现出了与西汉时的灌夫等人截然不同的一面。

刘秀大封功臣之时，贾复定封胶东侯，食邑郁秩、壮武、下密、即墨、梃、观阳六个县。贾复知道刘秀想要息武修文，不想让功臣们在京城拥兵自重，于是就和邓禹一起放弃兵权，潜心研究儒学。刘秀对他们的行为非常赞许，于是免去贾复担任的左将军职务。贾复也以列侯的身份留在京城，加位特进奉朝请。贾复为人刚毅正直，颇有气节。退职之后，闭门谢客，加强个人修养。后来，朱祐等人推荐贾复，说贾复应该担任宰相，但那个时候，刘秀正严令三公整顿吏治，所以功臣都不再任命为高级官吏。不过虽说如此，邓禹、贾复和李通三人，仍然与其他公卿一起参议国家大事。

李通最初在宛城和刘秀首谋起兵，二人结下深厚的情谊。

更始被拥立为皇帝之后，那时李通的堂弟李轶、李松正受更始宠幸，李通被拜为柱国大将军，封为辅汉侯。李氏三兄弟跟随更始到达长安之后，李通升任大将军、封西平王，李轶被封为舞阴王，李松被任命为丞相。李氏三兄弟，可以说是权势赫赫，炙手可热。但相比于李轶和李松，李通毕竟不是更始的心腹，所以过不多久，更始就派李通持节南下，镇抚荆州。

因为李通在起事之初，他的家人和妻室都被王莽政权的官吏所杀。所以到了荆州之后，李通娶刘秀的妹妹刘伯姬（后来封为宁平公主）为妻。这样一来，李通就成了刘秀的妹夫，在密友的基础上，又添了一层姻亲关系，二人的关系更加密切。刘秀称帝之后，把李通征召回朝，拜为卫尉，让他负责宫城的警卫事宜。第二年，封为固始侯，拜为大司农。

因为刘秀对李通非常信任，所以刘秀每次率师出征，都让李通在京城留守，负责安抚百姓、修建宫室、起造学校等事务。

天下初定之后，李通觉得自己身为皇亲，又颇受刘秀信任，恩宠太盛，就想避嫌。于是就借口有病，上书请求辞去职务。

这让刘秀非常为难：批准吧，会冷了李通的心；不批吧，自己又在提倡让功臣们退居二线，担心其他的功臣们会有意见。为了把自己撇开，于是刘秀把此事交给大臣们讨论。

大司徒侯霸等人说："王莽篡夺汉家政权，扰乱天下。李通身怀像伊尹、吕尚、萧何、曹参那样的谋略，提出了旁人莫及的谋略，扶持陛下成就了帝业，为了国家毁了宗族，侍奉主公忘了自己，有扶危存亡的功德和大义，功劳最大，天下没有人不知道。现在李通因为天下平定了就谦让辞官，想回封地，这不能听从。不能因为我们现在安定了就忘记曾经的危险，最合适的做法，就是让李通带职治病。"

侯霸的提议正合刘秀之心，于是刘秀下诏命令李通一边好好养病，一边按时处理政务。夏天之时，又提任李通为大司空。

李通刚开始也是一介平民，却是最早以谶言劝刘秀起事的人。刘秀最后能够成功，李通功不可没。再加上李通是刘秀的妹夫，所以特别受刘秀的亲近器重。

人以类聚，物以群分，有什么样的皇帝，就有什么样的大臣。刘秀谨慎自律，所以在年轻时就和他能走到一起的人，自然也是谨慎而谦逊的人。所以，李通身居高位，常想借病退隐。那个时候李通已经患有消渴病（糖尿病的中医称谓），所以就借口病重不理政事，连年请求辞职。刘秀知道李通的心思，心里越发赞赏他的做法，于是对他更加优待尊宠，命令他带职回府养病。可这样的结果，仍然不是李通想要的，所以他再次坚决推辞。这样又过了两年，刘秀才同意他交还大司空印绶，不过同时却赐位特进，定期参加朝会。其后大臣们奏请分封皇子，刘秀想到当初是李通首先鼓动他应谶起兵，于是当天封李通的小儿子李雄为召陵侯。并且刘秀每次到南阳，都派使者用太牢的标准到李通父亲的坟上祭奠。李通死后，赠谥号为恭侯，刘秀和皇后亲自到他家中去吊唁，并为他送葬。

邓晨和刘秀之间，既有郎舅之亲，又有君臣之义，并且自小关系就非常密切。

最初，在那一场由刘縯、刘秀兄弟及蔡少公参加的宴会现场，其他人都认为"刘秀当为天子"之中的刘秀是当时的国师公刘秀，而邓晨却因为刘秀一句"怎么就知道不是我呢"的戏谑之语而对刘秀刮目相看，并在此后鼓励刘秀起兵。汉军兵败"小长安"，邓晨的妻子、女儿都被王莽的军队所杀，他的府宅也被污损，祖坟被挖掘，面对族人的责难，邓晨始终一言不发，并不后悔跟着刘秀起兵造反。

更始被拥立为皇帝之后，邓晨被任命为偏将军，和刘秀一起前去攻打颍川，参加了昆阳大战。更始帝北上建都洛阳之后，邓晨被任命为常山太守，前往常山郡赴任。邓晨前脚赴任，刘秀后脚也出抚河北。在蓟县城中，王昌派人捕拿刘秀，刘秀一路北逃，前往信都。邓晨获悉之后，赶快抄小路前去见刘秀，最终在巨鹿城下追上了刘秀。

见面之后，邓晨请求留在刘秀身边，说要跟着刘秀攻打邯郸。但刘秀却没有同意，他对邓晨说："你一个人前来跟随我，不如用一个完整的常山郡，做我北方征途中的主人。"仍旧让邓晨回了常山郡。

是啊，邓晨待在刘秀的身边，充其量不过是一个普通的将领，所起的作用非常有限，而当时刘秀所急需的，却是兵源、粮食、地盘。控制整个常山郡，并以常山郡为根据地，为刘秀补充兵员、运送粮食，这才是刘秀想要的。

此后刘秀追击铜马、高胡等义军到达冀州，果如之前所期望的那样，邓晨派兵、运粮鼎力支持，为刘秀平定河北出了大力。刘秀称帝之后，封邓晨为房子侯。看到邓晨，刘秀自然而然就想到了死于乱兵的二姐刘元，于是追封刘元为新野节义长公主，在新野县西建庙。封邓晨的大儿子邓汎为吴房侯，以奉公主的祭祀。

建武三年之时，刘秀征召身为房子侯的邓晨返回京师洛阳。因为邓晨和刘秀的亲密关系，所以邓晨回京之后，刘秀多次设宴接见他，一起谈论他们过去的那些老朋友和往事。说到高兴之处，双方都哈哈大笑。

有一天，邓晨想起了当初他们和蔡少公一起参加的那个宴会，于是就不紧不慢地对刘秀说："仆竟然做到了。"刘秀乍听之下愣了一下，但马上就会意，当场大笑不止。当初在那个宴会上，其他人都问蔡少公谶纬预言将要做皇帝的刘秀是不是国师公刘秀，刘秀开玩笑的原话是"何用知非仆耶"，"仆"，是古代男子对自己的谦称。现在邓晨说"仆竟办之"，短短四个字，立即将刘秀的思绪拉到了当初那个野心萌发、蠢蠢欲动的时刻，以及起兵称帝的种种过往，使刘秀感觉到了前所未有的成就感、满足感。

何谓知音？恐怕这就是了吧！

邓晨喜欢担任郡太守一类的官职，刘秀也就在精神上回馈他，让他故地重游，再一次担任中山太守。邓晨并没有因为自己是皇帝的姐夫而嚣张跋扈，相反，他在任上非常勤勉，政绩卓著，所以当地的官吏百姓都称赞他，在冀州刺史部的考核之中，邓晨常常名列前茅。其后，邓晨先后被改封为南䜌侯（䜌，音变），调任为汝南太守，征召为廷尉，重新外任为汝南太守，最后定封为西华侯，复征入朝，奉朝请。邓晨死后，刘秀下令将他与新野节义长公主合葬，并与皇后亲自前去送葬，谥为惠侯。

阴兴更不必说了，他是阴丽华的同母胞弟。

阴兴生得特别健壮，气力过人。刘秀称帝后不久，他担任黄门侍郎，代理期门仆射，带领骑兵跟随刘秀征伐，凡是刘秀前去平定的郡国，阴兴差不多都跟着去了。

阴兴每次跟随刘秀出入，经常亲自手持伞盖，不顾道路泥泞，为刘秀遮避风雨，率先开通道路。刘秀每到一处，阴兴都是率先进入清宫，确保刘秀驻跸之地安全、干净，因此很受刘秀的亲近和信赖。

阴兴虽然经常施舍贫困之人、结交侠义之人,但他的门下,却并没有豢养侠客。他和同郡的张宗、上谷的鲜于裒(音掊)并没有多少交情,但知道他们很有才能,于是推荐他们出任了官职;他的朋友张汜、杜禽跟他关系非常好,但阴兴却认为二人华而不实,所以只给他们钱财,始终不在刘秀面前推荐他们。因为阴兴的这些做法,当时的人们都赞扬他做事公平、忠正。他的住宅,只求完好,能够遮风避雨就行。

建武九年之时,阴兴被升任为侍中,并被赐爵关内侯。刘秀召来阴兴,准备封赏他,把印绶都摆了出来。

但阴兴却坚决推辞不肯接受,他说:"我并没有冲锋陷阵的功劳,但家里的好几个人都蒙恩受封,让天下人都感到不满意而怨恨,月盈则亏,水满则溢,我承蒙皇上及贵人(阴丽华)的深厚恩宠,富贵已极,不能再增加了,所以诚恳地请求陛下不要再加封我。"刘秀对阴兴的谦让非常嘉许,于是没有再勉强他。

阴丽华对弟弟的谦让感到有些不解,于是就问他什么缘故,阴兴反问她说:"贵人您没有读过书吗?《易经》上说:'亢龙有悔。'越是在高位越容易遭受灾厄。如果外戚之家的人苦于自己不知进退,嫁女就想要配侯王,娶媳妇就盼着能娶公主,所以我心里感到实在不安。富贵也会有个极限,而做人应该感到知足,夸耀奢华更为天下舆论所排斥。"

阴丽华对弟弟的这番话深有感触,从此更加自觉地克制自己,始终不为家族的亲友求官请爵。

建武十九年,阴兴升任九卿之一的卫尉,与同时升任代理执金吾的兄长阴识共同辅导刚刚成为皇太子的外甥刘庄。

第二年,有一段时间刘秀突然病得非常厉害,头晕目眩,昏昏沉沉,自我感觉可能好不了了,于是阴丽华立即让阴兴担任侍中,让他到云台的广室里去接受刘秀的遗诏。但过不多久,刘秀就病愈了。刘秀召见阴兴,想让他代替刚刚病故的吴汉出任大司马一职。

大司马是什么官职?西汉时的卫青、霍去病是大司马,霍光是大司马,王莽是大司马,权倾朝野,炙手可热,天下注目。刘秀让阴兴出任大司马,更多的还是从巩固新任皇太子刘庄的地位出发,避免发生像当年戾太子刘据那样无人扶持最终遭人陷害身死的悲剧。

但在阴兴看来,他作为一个外戚,没有军功,贸然出任这样的高位,会使天下之士为之寒心,更会使阴氏一门成为众矢之的。于是他叩头流泪,坚决辞让说:"我并不敢爱惜自己的生命,实在担心有损陛下的圣德,不敢随便冒领高位。"

阴兴说得非常诚挚,句句发自肺腑,即使是刘秀身旁的人听了,都深受感动。于是刘秀答应了他的辞让,让曾经跟随吴汉平定川蜀、跟随马援平定交阯的宗室刘隆出任了大司马。

阴兴虽然如此谨慎谦逊,但他并不高寿,年仅三十九岁就去世了。阴兴在生前与他的堂兄阴崇关系不睦,但阴兴却并没有因此而怨恨阴崇,而是非常敬重他的威仪,并在临死前向刘秀推荐了阴崇。

阴兴死后,刘秀感念他的勤劳之功、谦让之德,封他的儿子为鲖阳侯(治今安徽省阜阳市临泉县鲖城镇,当时属汝南郡)。

刘秀厚待功臣,并且明察秋毫,特别能照顾人的情绪。当初分封骠骑大将军景丹的时候,刘秀特意对景丹说:"你在关东的旧封国,虽然有几个县,却不超过栎阳的万户封邑。人们常说:'富贵不回故乡,如穿着锦绣衣服在夜里行走,并没有几个人知道。'所以,把你的故乡栎阳封给你。"

景丹听了之后,非常感动,立即向刘秀叩头拜谢。

衣锦还乡,作为一个正常的人来说,实在是内心深处最本能的愿望。当初项羽放弃表里山河的关中没有建都,硬是回到了故乡彭城;刘邦称帝之后回老家沛县,在家乡邀请父老欢宴并高唱《大风歌》;刘秀在即位的第六年,就下令比照刘邦的故乡丰邑及沛县,免除老家舂陵世世代代的徭役,让家乡的百姓不再为徭役而发愁,并把舂陵改为章陵县。在公元41年,更是带着几个儿子前往章陵。其后,维修陵园宗庙,祭祀先日旧宅,观看田间庐舍,设置酒宴舞乐,然后赏赐家乡的父老。筵席之上,老家的那些婶母喝酒喝畅快了,就借着酒兴对刘秀说:"文叔小时候谨厚忠信,不跟旁人应酬,仅仅以坦诚柔和待人罢了。没想到今天,竟然能当上皇帝!"刘秀听了之后,大笑着说:"我治理天下,也要用柔和的方法来施行政策。"

刘秀在老家足足待了一个多月,才回到洛阳,超过了他的老祖宗刘邦在沛县停留的时间。

项羽衣锦还乡了,刘邦衣锦还乡了,刘秀也衣锦还乡了,现在,他封赏景丹,也把家乡赐给他,试问作为受赏者的景丹,内心深处作何感想呢?除了以死来报答刘秀,还有其他的选择吗?

就在景丹受赏的公元26年秋,景丹和吴汉等人随刘秀出征五校军,取得胜利。而在那个时候，正赶上陕县豪杰苏况攻破弘农，郡太守都被他生擒活捉。景丹当时正生病，刘秀因为他是久经沙场的北地名将，想命令他勉强支撑着起身，担任弘农太守并前去平乱，于是就连夜召他进宫，对他说："弘农离洛阳很近，贼人逼近京城，只凭将军的威望，病卧在床就足以镇住他们了。"

景丹当时虽然重病在身，却不敢推辞，于是勉强支撑着起来接受命令，之后率领大军前往弘农，结果十多天之后，景丹在弘农的军中病逝。

马为策己者驰，士为知己者死。或许刘秀勉强景丹前往弘农有迫不得已之处，但景丹最终没有辜负刘秀！

另外，东汉的开国功臣都能带着爵禄善终，有一个很重要的原因也不容忽视。那就是这些功臣之间，很少有勾心斗角和互相倾轧。这其中最重要的原因，倒不是功臣们之间能够相互谦逊礼让，而是刘秀驾驭群臣的手法已经达到登峰造极、炉火纯青的地步。

在经历了朱浮和彭宠那场惨痛的教训之后，刘秀开始有意无意地调和将领们之间的关系，矛盾已经产生但还没有浮到表面的，立即调整关防或驻地，使双方很少有正面接触的机会；矛盾已经严重激化的，立即为当事双方调处矛盾，使双方握手言欢。

最有代表性的当数公元30年发生在夏冯异和吴汉等众将军之间的那场矛盾。

其时汉方的军队在攻打陇右之时被隗嚣击败，汉军败退，隗嚣派兵在后追击，结果被冯异打得大败。冯异上书说明了战斗的状况，却不敢自夸功劳，而吴汉等人听了之后，却想分冯异的功。

按说军队打了胜仗，给将士们记功表彰无可厚非，但冯异谦让，吴汉等人相争，这就使将领们之间产生了矛盾。当时隗嚣还没有打下，而前方的将领却在闹分歧，这样下去，汉军就会产生内讧。

刘秀当机立断，一方面下诏责备争功的吴汉、盖延、耿弇、王常、马武、刘尚六人，另一方面在诏书中表扬冯异，并让吴汉等人前去慰问冯异的军队。

但随后，刘秀就做出了一个让所有人瞠目结舌的决定：虚报军情想要争功的吴汉等六人刘秀没有动，而立下功劳的冯异却被刘秀一纸诏书派到了边远的义渠，矛盾双方被调开。

奇怪吗？其实一点也不奇怪。冯异只是一个人，而吴汉一方却是六个人，反正冯异也受了表扬，让他受点委屈没有什么，而吴汉等绝大多数人的气却是宜鼓不宜泄。刘秀采取这种常人莫及的方法，很快平息了双方的矛盾，消解了几个方面军之间的摩擦,保存了汉军的战斗力。

此外,刘秀为寇恂和贾复调解的那一场矛盾,也备受人称道,被称为东汉时期的"将相和"。

寇恂作战虽然比不上贾复勇猛,但他非常有智略。

刘秀在击败王昌后打下河内,接受邓禹的建议让寇恂出任河内太守,之后自己带兵出外征战。其时汉军的军粮非常紧缺,寇恂就负责为刘秀的大军运输粮草,前后络绎不绝。尚书给文武百官分发禄米,都是一斗一升地计量,力求精确,生怕前面发得多了导致后面的人不够。

那个时候的寇恂,其角色就像是汉初在关中的萧何一样,负责镇守后方,为前方大军输送粮草,所以刘秀多次下策书嘉奖慰问寇恂。

刘秀在前方忙于征战,却不时地下策书慰问后方的寇恂,这个有悖常理的举动立即引起了寇恂同窗董崇的警惕。

董崇就劝寇恂说:"皇帝刚刚即位,天下还没有平定,而郡侯您在这个时候占据大郡,内得郡内百姓之心,外破更始政权苏茂,威名震慑邻近的敌军,功名闻于周边的郡县,这正是奸邪之徒侧目窥视您、怨恨诬陷您的时候。以前萧何镇守关中,采纳鲍生的建议而高祖大喜。如今你率领的,都是刘氏宗族兄弟,还是要以前人为鉴戒啊!"寇恂听了董崇的话,深以为然,于是称病不理政事。后刘秀回军将要攻打洛阳,先到达河内。寇恂于是赶快去面见刘秀,请求追随在刘秀身边,但刘秀却以河内事务重要为由拒绝了他。寇恂多次请求,但刘秀说什么也不听。寇恂于是派侄子寇张、外甥谷崇带领当初从渔阳带回来的部分精骑兵,充当刘秀攻城的前锋部队。

寇恂此举,与萧何当年派萧家子弟上前线随刘邦征战如出一辙,刘秀非常赞赏,把寇张、谷崇二人都升任为偏将军。

但好景不长,刚到第二年,寇恂就因囚禁上书的人而被免职。其时,颍川人严终、赵敦聚众一万多人,与密县人贾期联兵,寇掠郡县。刘秀知道寇恂很有才能,于是就起用寇恂为颍川太守,让他与破奸将军侯进率兵前往攻伐。寇恂、侯进用了几个月的时间,击败贾期等人,并斩杀了贾期,平定了颍川郡。寇恂因功被封为雍奴侯,食邑万户。

寇恂平定颍川之后,特别注意维护当地的法纪,因为颍川素来民风剽悍,豪族横行乡里,所以不用铁的纲纪,就根本没办法治理这个地方。

当时执金吾贾复在汝南征战,他的一个部将在颍川杀人,寇恂立即把他逮捕并关进了大牢。其时刘秀即位不久，诸事草创，所以军营里的将士犯法，将领们大多能包容，最不行也会让戴罪立功，很少有按律处斩的。但是，寇恂却把贾复的这个部将在闹市中处决了。

贾复对此深以为耻，为此愤恨喟叹，班师路过颍川，对左右将领说："我和寇恂同殿为臣，并列将帅。可是现在，我被他陷害，大丈夫哪里有被人欺凌心怀怨恨而不与他一决高低的呢？这次见到寇恂，我一定亲手用剑杀了他。"

寇恂得知贾复所说的话，就不想与贾复相见。外甥谷崇就劝他说："我是您身边的将领，可以带剑陪在您旁边。就算到时候有不测之事发生，那我也足可以抵挡。"

寇恂说："不是那个道理。从前蔺相如不怕秦王却避让廉颇的原因，是为了他们的国家。一个小小的赵国，尚且有人懂得这样的大义，我作为大汉王朝的臣子，怎么可以忘记这个呢？"于是命令所属各县大设酒食器具，多准备酒浆。

等贾复的军队进入颍川郡，寇恂下令为每一位军士都供应了两份酒食。按照礼节，寇恂出城在路上迎接贾复的军队，但刚走到半道上，他就借口有病返回了城内。

贾复没料到寇恂会提前返回，带兵就要追赶寇恂，但他手下的将士都喝醉了，没办法骑马快追。贾复无可奈何，只好带领大军过境回京。

贾复离去之后，寇恂立即派谷崇把情况向刘秀进行了报告，于是刘秀召见寇恂。寇恂到达洛阳之后，被传令引见，可是等他入殿之后，才发现贾复已经坐在那儿了，于是起身就想回避。

刘秀阻拦他说："天下还没有平定，两虎怎么能私自争斗？今天我来替你们和解。"于是拉着他们二人一同入座，席间极尽欢乐，最后两人共乘一辆车出宫，结为朋友后各自回家。

刘秀发现两个将领之间结了怨，于是亲自出面为他们和解，最终使两位大臣尽欢而去，结为好友，最大限度地避免了臣僚之间的争强斗狠、自相残杀，既保全了功臣，也维护了政局的稳定。君不见，汉武帝一朝，窦婴和田蚡争权，再加上灌夫的推波助澜，使几个显赫的大家族瞬间烟消云散。所以，相比于他的前辈祖宗，刘秀的做法难道不令人赞许称道吗？

刘秀虽然让功臣们交出了兵权，但在感情上却不仅没有疏远他们，反而较以前更加亲近密切，让功臣们在失去权力的失意之下，能够体会到一种来自老朋友、老战友的关怀和温暖，以此在心灵上有所慰藉，不致产生仇恨和怨气。

刘秀对待自己的发小朱祐的一件事，就很能说明这一点。

刘秀和朱祐自小关系亲密，二人曾同在长安求学，一次刘秀生病，没钱买入药的蜂蜜，朱祐于是为他买来了蜂蜜入药。刘秀有一天想起此事，就赐给朱祐一石白蜜，并问他说："这蜜和我们在长安时一起买的蜜相比怎么样啊？"使朱祐瞬间感受到了一种来自老朋友的精神回馈，心理上应该是非常满足吧，觉得刘秀虽然当了皇帝，但还没有忘记他。

朱祐刚到长安求学的时候，刘秀有一次去找他，等了他好长时间，可是朱祐回来后并不是马上接待刘秀，而是先去经堂上课。刘秀一直没有忘记这件事情，有一次他到朱祐的家里去看望朱祐。朱祐听说皇帝到来，不敢怠慢，提前站在门口迎驾，刘秀见到他就开玩笑问："主人不会再次丢下我，去经堂上课了吧？"说得朱祐很不好意思。

因为他们之间亲密无间的关系，所以刘秀多次赏赐朱祐。

对待其他的功臣，刘秀同样也是如此。

有一天刘秀宴请功臣、诸侯们，酒宴之上，刘秀趁着大家高兴，就问大臣们："诸位爱卿要是遇不到建功立业的机会，自我估计最高会做到什么官位？"

高密侯邓禹首先回答说："臣年轻时曾经做学问，可以做到郡里的文学博士。"

刘秀听了说："为什么说话那么谦虚呢？爱卿是邓氏的子孙，志向操守都非常美好，为什么不可以做到掾功曹？"

其他的功臣们见邓禹都如此谦虚，于是也都谦虚地按次序回答，答案并没有什么出彩之处。轮到马武的时候，马武趁着酒兴说："臣凭着勇猛的武力，可以做一郡的郡尉，负责督捕盗贼。"

刘秀听了之后，立即大笑着说："你只要自己不做盗贼，到亭长那里去自投罗网，就已经非常不错了。"

在座的功臣们听了，全都哈哈大笑，宴会上的欢快气氛，一时之间达到了最高潮。

马武平时喜欢喝酒，为人又十分豁达，想起什么说什么，也不怕得罪同僚，经常在刘秀面前喝醉酒后取笑捉弄其他大臣，说他们的长短优劣，没有什么回避和顾忌。刘秀觉得也不失为一种调节气氛的办法，于是就故意放任马武，以此开玩笑取乐。

对于功臣，刘秀常常能够宽容他们，饶恕他们的小过失。那些从远方贡来的珍贵食物和美味，刘秀总是先命人挨个儿赐给功臣们，然后才轮到自己，而通常情况下，赐完功臣，刘秀那里就所剩无几了，但刘秀却并不以此为意。

大臣们出外征战立下军功，刘秀通常都是通过增加他们的封邑来表示赏赐，而不再任命他们担任高级官吏，因此，刘秀一朝的功臣们最终都保全了他们的爵禄，没有被诛杀或贬谪的。

刘秀通过重赏功臣并解除他们的军权，使开国功臣们在完成自己的使命之后，光荣地退出政治舞台，找到了一个非常好的归宿。这在封建时代"狡兔死、走狗烹，飞鸟尽、良弓藏，敌国破、谋臣亡"的铁律下，无疑是一个令人叹为观止的罕世奇迹！

第十六节　中央集权、白璧微瑕

"退功臣"之后，刘秀开始"进文吏"。

刘秀将那些通儒术、信谶纬、没有功臣和国戚背景的文臣调整进了高层官吏队伍，以确保无人敢居功自傲违抗法令，使国家的政令得到最大限度地畅通。

此后，刘秀又充分吸取王莽以大司马身份最终篡权的教训，将大司马、大司徒、大司空这"三公"变成虚化的职务，把权力集中到了由他直接指挥的尚书台，独揽国家大权。尚书台设在中朝，也就是汉武帝时期的内朝，设尚书令一人、尚书仆射一人、六曹尚书各一人。一切政事都由尚书台直接报告他，由他直接裁决。此后，所有政事都由尚书台直接禀报皇帝，由皇帝决定之后，再下发三公府执行。这样做的结果，就是使尚书台成为凌驾于百官之上的特权机构，尚书台的尚书虽然品秩不高，却成了至关重要的人物。

同时，刘秀还采纳朱祐的建议，对"三公"的名称进行了更改。朱祐说古来人臣受封，不加王爵，可以把受封的王爵改为公爵。另外，大司马、大司徒、大司空的职位名称，都应该去掉前面的"大"字，以合乎经典。虽然这在本质上和王莽把"匈奴单于"改为"降奴服于""恭奴善于"等做法也有相似之处，但毕竟不算太离谱，并且也有复归之意，因为最初"三公"的职务名称前面确实没有"大"字。

退功臣，进文吏，权归尚书台，刘秀将权力牢牢地掌控在了自己手里。

对于功臣故旧，刘秀可以宽容、可以优待、可以和他们举杯欢宴一叙旧情，但对于亲自选拔任命的文官新吏，刘秀却是毫不客气，对他们要求非常高，法令非常严。对此，历史上也出现了令人瞠目结舌的记载：朝廷内外的官员，每天处理的事务非常繁重，十分辛苦。尚书等近臣，甚而至于在朝堂上被刘秀鞭打或是被拖曳到自己跟前，大臣们噤若寒蝉，没有人敢上前劝谏。

可以想象，在这样的严格管理和严明法令之下，又有谁敢怠政，又有谁敢懒政，又会有谁敢欺上瞒下。

掌控权力之后，就要最大限度地化解土地兼并和人口买卖等严重的社会矛盾，确保新生政权的稳定。于是刘秀下令，开始度量天下土地，采取措施抑制豪强势力，巩固来之不易的政权。

建武十五年（公元39年）六月，刘秀下诏，让各州郡清查丈量土地，核实户口，以加强朝廷对全国土地和人口的控制，便于更公平地征收赋税，保护普通百姓的利益。

命令下达之后，不仅遭到各郡地方官吏的极力阻挠，也遭到各地豪强地主的强烈抵制。各部的刺史、太守碍于辖区内的诸侯和豪强，不敢得罪权贵，对拥有土地多的诸侯或地主，土地丈量比较宽松，而对那些没有势力的中农或贫农，土地丈量反而比较严苛。并且上报的人口数量和人员年龄结构，一次跟一次不一样。

做事明显有失公平，这就使许多百姓的利益受到了不法侵害。于是许多百姓前往上级官府告状，甚至拦路喊冤。

消息传到朝廷，刘秀的心情非常沉重。如果土地丈量不确实、人口核查不清楚，那么长期以来土地兼并、贫者愈贫、富者愈富的局面就不能从根本上得到改观。刘秀是开国皇帝，拥有特别高的威望，政策都推行不下去，那让继任的皇帝怎么办。于是，刘秀决定排除困难，想尽一切办法推行。

当时，各地的州郡都定期派使者前往京城洛阳，亲自向刘秀汇报土地丈量和人口核查的情况。有一天，刘秀偶然发现来自陈留郡的一个官吏，他带的简牍上写着一些莫名其妙的文字，仔细看时，只见上面写着："颍川、弘农可问，河南、南阳不可问。"

由于牵涉几个重要的州郡，刘秀立即感觉这里面有问题，于是追问这个小官简牍和文字的来历。可是任凭刘秀怎么逼问，小官就是不肯吐露实情，他抵赖说是在长寿街上捡到的。

刘秀非常生气，但又一时不知道该怎样戳穿这个小官。当时汉明帝被封为东海公，年仅十二岁，在帷幕后面听到后说："这个小官接受命令丈量土地，这是他们想互相提醒丈量土地时应该要注意的事项。"

刘秀问儿子："既然如此，为什么要说河南、南阳不可问？"

儿子回答说："河南是京师，有很多皇帝身边的近臣。而南阳是皇帝的故乡，有许多皇帝的近亲。他们的田宅都超过朝廷的规定，地方官上报的，大多都不准。但吏人不敢以制度去要求权贵，否则得罪了皇亲近臣，他们可承受不起。"

刘秀如梦初醒，于是命虎贲将盘问小官，这个小官迫不得已，只得从实招认。果如东海公所说的那样。

刘秀大怒，于是派谒者前去考察核实，很快查明了各地弄虚作假的情况。为了以儆效尤，刘秀下令将度田不实的河南尹张伋及十多个郡太守下狱处死。

担任大司徒的欧阳歙，因为查明在汝南担任太守时度田不实，贪污受贿一千多万钱，立即被抓起来投入狱中。

欧阳歙入狱之后，立即在全国上下引起轩然大波。

欧阳歙是当时的大学者，刘秀称帝后，他出任第一任河南尹，被封为阳侯。他在担任汝南太守期间，曾经推举任用贤明有才干的人，被认为政绩突出，并且，他在郡内还教授学生，前后教授了有好几百人。在担任九年的汝南太守之后，因为政绩突出，欧阳歙被征召担任大司徒。

欧阳歙的八世祖是西汉的欧阳生，曾跟随著名的伏生学习《尚书》，因而成为西汉今文《尚书》欧阳学说的开创者。自欧阳生治《尚书》起到欧阳歙，欧阳家一共经历了八世，都在做博士。因为他们家代代相传，所以把他们称为"欧阳八博士"。

欧阳歙入狱的消息传出，来到洛阳守在宫门口为欧阳歙求情的人超过一千人，甚至还有自罚髡剔之刑的人。有一个名叫礼震的平原人，当时刚刚十七岁，他得知欧阳歙在狱中将要被定罪处死，于是快马从家乡驰赴京师，走到河南尹获嘉县时，自投狱中，上书请求代替欧阳歙去死。

可是当奏章递到刘秀案前时，欧阳歙已经死在狱中。欧阳歙的佐吏陈元上书为他追诉，言辞十分恳切，令人十分感动。其时欧阳歙已死，刘秀的目的已经达到，于是赐给欧阳歙棺木，赠送印绶，然后赐给家属三千匹丝帛。

欧阳歙之后，下狱的第二个重臣是原诛虏将军、受封竟陵侯的功臣刘隆。

刘隆在和吴汉、臧宫共同平定蜀地之后，上缴诛虏将军印绶，受封为竟陵侯，以列侯身份奉朝请。其时刘秀下令彻查在度田中弄虚作假的权贵人物，刘隆也因阻碍度田之罪被投入狱中。

刘秀念在刘隆曾经立下大功，所以特地赦免刘隆的罪行，把他贬为庶人。刘秀毕竟念旧情，到了第二年，再次封刘隆为扶乐乡侯，以中郎将的身份，担任伏波将军马援的副将，前去交阯征伐叛乱的"二征"。刘隆分兵在禁溪口打败叛军，俘获叛军首领征贰，斩杀敌军一千多人，受降二万多人。回朝之后，改封到大县，为长平侯。后来等到大司马吴汉逝世，刘隆又被拜为骠骑将军，代理大司马一职。

刘隆因为是功臣，所以被刘秀赦免，并在此后得到了一个非常好的归宿，但其他人可就没那么幸运了。

当时和刘隆一起因度田而下狱的十多个人，都被刘秀毫不客气地处死。

刘秀想要守住自己的江山，而那些诸侯和大地主也想守住自己的土地。矛盾尖锐到了不可调和的时候，战争自然而然地就爆发了。

各郡国的豪族大姓纷纷起兵反抗，普通百姓为了躲避兵乱，不得不逃进深山或湖泽做了盗贼。起兵的豪强地主兴兵攻击抢劫所在的地区，袭杀地方官吏。郡县派兵去追剿，盗贼们就各自涣散，但官兵一离开，就又再次聚拢。起兵反抗的地区之中，以青州、徐州、幽州、冀州四个州最为严重。

刘秀戎马半生，剿平了多少悍匪，击溃了多少强盛的武装势力，所以对于这些叛乱的盗贼，有的是办法。

公元39年十月，刘秀派遣使者到各郡国去传达诏令。宣称只要强盗们互相检举揭发，五个人一起杀掉一个盗贼的，就可以免除他们的杀人罪。郡县的地方官吏之前追捕盗贼不及时，或者故意回避、放纵盗贼的，一律不予追究，但是最后，要看他们抓获了多少盗贼；那些州、郡、县的长官，如果犯下不缉拿境内强盗的罪行，以及因为畏惧强盗而弃城失守的人，都暂且不追究他们的责任，但最终也要以捉拿强盗的多少来区分他们的高低优劣；那些包庇、窝藏盗贼的人，要抓起来治罪。

这样的诏令一下，各地的地方官见不追究之前的罪行，盗贼们也有赎身之道，于是官府竞相追捕，盗贼纷纷解散。

此后，刘秀并没有将捕获的盗贼头目杀死，而是将他们迁徙到其他的郡县，分给他们土地和粮食，让他们能够有生产资料。

刘秀的这些措施，很快平息了这些因度田而引发的动乱，核查清楚了全国的人口和土地，使豪富之人无法逃避税赋，贫穷之人也不至于被重重盘剥，缓和了社会矛盾，增加了国库收入，为发展社会生产、巩固王朝统治，创造了非常有利的条件。

到刘秀统治的末期，全国的人口数量恢复到了二千一百多万，比建政初期增长了一倍还多，社会经济也得到了非常大的发展。东汉，开始进入了一个非常繁盛的时期。刘秀统治的这段时期，也被称为"光武中兴""建武盛世"。又因为刘秀在统治期间大兴儒学、推崇气节，所以东汉一朝也被后世的史学家诸如司马光、梁启超等人推崇为中国历史上"风化最美、儒学最盛"的时代。

当然，刘秀虽然取得了如此重大的功勋，并有许多令人称道的美德，但他所做的一件事情，也备受后世诟病，那就是将谶纬神学作为官方的意识形态，并抬到了前所未有的高度。

但这件事情似乎也怪不得刘秀，因为自西汉末年起，王莽就利用"告安汉公莽为皇帝""赤帝行玺刘邦传予黄帝金策书"等谶纬符命一步步登上了皇帝宝座。刘秀即位之时，也利用了"刘秀当为天子"的谶语和《赤伏符》中"刘秀发兵捕不道"等谶纬。所以，在刘秀看来，谶纬之说是他称帝的天命，他必须将此合法化。正因为此，刘秀将图谶公开宣布于天下，使图谶成为合法的东西。

不过，刘秀利用图谶做皇帝是对的，这是出于现实政治的需要，任何人都概莫能外。但如果事事按照图谶来进行，那就非出乱子不可。

刘秀即位之后，按照图谶的说法任命平狄将军孙咸为大司马。并因为《赤伏符》上有"王梁主卫作玄武"的谶语，所以擢拜野王令王梁为大司空，封为武强侯。破格越级提拔王梁，刘秀的看法是：野王县原属卫地，玄武是水神的名称，而司空原本是主管水利、营建的水土之官。以此解读，任命王梁为大司空非常合适。

王梁的功劳，虽然无法和吴汉、耿弇等人相比，但他与吴汉、盖延等人一齐从渔阳南下支援刘秀，并取得了邯郸之战的胜利，算是老资格了，擢拜为大司空也勉强可以说得过去。可是孙咸没立过多少功劳，骤得大位，让那些跟着刘秀亲冒矢石、斩将夺旗、冲锋陷阵的功臣怎么能够心服！

如果必须按图谶来任命官员，那就和当初王莽任命卖大饼的王盛为公卿没有什么区别。赏罚不明就会众心不服，众心不服就会离心离德，那么，新莽政权崩盘的情形很快就会重演，刘秀怎么可能不明白这个道理。

于是刘秀下诏，让大臣们推举可以担任大司马的人。大臣们推选的人选之中，吴汉和景丹得票最多。刘秀见状说："景丹是北方名将，确实是担任大司马的合适人选，但吴汉有建大策之功，又诛杀了幽州牧苗曾、尚书谢躬，功劳非常大。按照旧制，骠骑大将军的职位与大司马的职位是相当的。"于是，刘秀任命吴汉为大司马，景丹为骠骑大将军。

这一任命，总算是平息了众怒。

刘秀相信谶纬，但就有人不相信谶纬。那么不信谶纬的人，自然而然就遭到了刘秀的疏远和打击。

当时有一位名臣叫桓谭，是一位经学家，同时，也是一位思想家。桓谭认为精神是不能离开人的躯体而独立存在的，就比如蜡烛的烛光不能离开烛体而独立存在一样。这一"以烛火喻形神"的著名论点，对此后无神论思想的发展，有非常重大的影响。

桓谭曾多次上书言事，提出要重农抑商，重赏有功的将士，另外指责刘秀"一事殊法，同罪异论"，也就是说，对于同一件罪行，刘秀的处罚尺度不一样，有人处罚得重，有人处罚得轻，甚至会被赦免。

因为桓谭的观点不合刘秀的心意，所以刘秀看了之后，很不高兴。

桓谭又上书指责刘秀相信谶纬是严重错误，建议刘秀摒弃这些荒诞不经的东西。刘秀看了之后，越发不高兴。

后来，刘秀下诏，让大臣们商议建造灵台的地方。当时的灵台，是用来观察天象的地方，刘秀对谶纬笃信不疑，所以非常重视灵台的选址修建事宜。

之后，刘秀就对桓谭说："我想用谶纬来决定这件事情，你看怎么样啊？"

桓谭沉默了好长时间，然后对刘秀说："我不读谶书。"

刘秀很不高兴，就问他是什么缘故。桓谭当着刘秀的面，再一次极力劝说刘秀，说谶书不是儒家经典，是骗人的把戏，不可相信。

刘秀听了简直气冲斗牛，他大怒说："桓谭非议圣贤无视国法，给我推出去斩了。"

桓谭知道自己触怒刘秀，于是向刘秀叩头，把额头都磕破了，鲜血直流，刘秀还是怒气未消，过了好一阵儿，才下令赦免桓谭。但随即，桓谭就被贬出京师，担任六安郡丞。桓谭被贬，心情十分郁闷，在赴任途中病死，年七十余岁。

此外，刘秀对待鲍永、冯衍的态度，也似乎没有表现出与他具备的美好令名相匹配的宽容大度。

冯衍小时候就是个神童，非常博学，王莽时坚辞不仕。后被更始将军廉丹征辟为从事，攻打山东赤眉军，王莽下诏迫责廉丹，意思是让他不战死不得回朝，廉丹非常恐惧，冯衍因此劝廉丹割据自立以待时变，但廉丹没有听从。廉丹战死后，冯衍逃命河东。

更始二年，刘玄派尚书仆射鲍永行大将军事，镇抚安集北方。冯衍于是向鲍永献策，劝鲍永严肃军纪、选贤任能、征发精锐，建立不朽功业。鲍永本来就非常尊重冯衍，于是立即采纳其策，并任命他为立汉将军，领狼孟县县长，屯兵太原，与上党太守田邑等人共同守卫地方。

刘秀即位之后，派刘延前去攻打天井关（今山西省晋城市南太行山最南部），但与田邑连接数仗，却都被田邑击败，刘延无法前进。田邑派人去接他的母亲、弟弟及妻子，结果被刘延抓获。刘延因此劝田邑投降，但田邑不为所动。

后来，田邑得知刘玄战败被杀，于是向刘秀投降，仍被任命为上党太守。田邑于是派出使者，前去招降鲍永、冯衍。鲍、冯二人无法确定刘玄死讯的真伪，因此对田邑背约十分憎恨，冯衍甚至写信谴责田邑。

之后，鲍永、冯衍二人确认刘玄已死，才去向刘秀投降。出降之前，鲍永封存了他的大将军印绶，解散了他的军队，然后才带着他的亲信将领幕僚去见刘秀。刘秀问他的人马去了哪里，鲍永回答说他不愿意以人多势众来为自己谋求富贵，所以将人都解散了。刘秀听了非常生气，因此对鲍永很不信任，此后总是派他到前线作战。不过鲍永靠着他在绿林军中较高的威望，说服绿林所置的河内太守归顺刘秀，并且平定鲁地的割据势力，因此刘秀先后任命担任扬州刺史、司隶校尉、兖州刺史等重任。在司隶校尉任上，鲍永敢于弹劾横行霸道的皇叔刘良，并征辟鲍恢为都官从事，打击惩治京城的皇亲国戚。刘良是什么人呢？他对小时候的刘秀有养育之恩，对刘縯被杀后的刘秀有庇护之德，更在刘秀称帝后受封赵王。这样的人鲍永都敢弹劾，还有谁他不敢弹劾呢？因此刘秀对皇亲贵戚们说："贵戚且宜敛手，以避二鲍。"

不过，因为正直的鲍永非常支持那些敢于直谏的人，后来大司徒韩歆因直言进谏而获罪，鲍永不惧危险为他求情，因而触怒刘秀，被贬为东海国国相。后因度田不实被征，半路上被刘秀赦免，改任兖州刺史，鲍永在三年后死在任上。

而冯衍就更惨，归降后较长时间未被重用。鲍永就劝他说刘秀是明主，让他不要忧虑，继续等待时机。而冯衍说了一则典故讽刺刘秀，从而使"邻女詈人"这个故事，流传更为广泛。

冯衍说的这个故事出自《战国策》，说是一个人去调戏邻居的大老婆，结果被邻居的大老婆臭骂一顿，然后他又去勾引邻居的小老婆，结果小老婆就和他好上了。后来邻居死了,这个人就娶了邻居的大老婆。有人就不解,问他说:"你怎么娶骂你的大老婆,而不娶和你相好的小老婆呢?"这个人回答说:"如果她是别人的老婆,我当然希望她和我相好,现在做我老婆了,我当然希望她为我骂人了!"

冯衍以大老婆自比,以邻居比刘玄,而以娶妻的男子比刘秀,说自己是守道之臣,没有什么可畏惧的。

不久,冯衍被刘秀任命为典阳县令,平定了当地的叛乱,杀死首领郭胜,降服五千多人。论功应该封侯,却因为有人说坏话而未能如愿。

后来,因为阴兴、阴就非常敬重冯衍,于是冯衍和他们交结。不久刘秀惩治外戚宾客,受牵连者数千人,冯衍也因此获罪,不过刘秀下诏赦免了他。冯衍回乡之后,闭门不出。汉明帝即位之后,冯衍又上书,但也未获任用,最终潦倒而死。

另外,刘秀对待董宣的态度,也让许多人感到困惑,他到底是执法严明不避亲贵,还是为了私情也会践踏法律?

董宣,字少平,是陈留郡圉县人。起初,董宣由司徒侯霸推荐任用,多次因政绩突出而被举荐,一路晋升,担任北海相。在北海相任上,董宣任命当地的豪族大姓公孙丹为五官掾。

公孙丹新建了一座宅第,在启用之前请人占卜,结果卜师说,这座宅子里会死人。公孙丹心想这还不容易,于是就派儿子到路上杀了一名行人,然后将行人的尸体放在宅子里,以为这样就可以抵消所谓的灾祸。

这件事情传到董宣耳朵里,董宣勃然大怒,立即派人将公孙丹抓起来后处死。公孙丹的宗族、亲戚、党羽三十多人,拿了武器到相府鸣冤哭喊。

董宣因为公孙丹从前曾经跟随过王莽,担心他们和海上的盗贼勾结,于是就将他的宗族、亲戚全部抓起来关进监狱,派门下负责文书的佐吏水丘岑将他们全部杀死。

青州府经过会商,认为董宣滥杀无辜,于是上书告发董宣并拷问水丘岑。奏折递上去之后,董宣被征召前往朝廷,接受廷尉府的审讯。

入狱之后,董宣毫无忧惧之色,每天早起晚睡诵读经典,学习不辍。等到即将被押赴刑场,按照规定,监狱的官吏拿来酒食,想让他吃饱喝足后不留遗憾地受刑。但董宣却厉声说:"我董宣生来不曾吃别人的东西,更何况是要死的时候呢!"坐上车就走。

当时和董宣同时受刑的有九个人,按次序该轮到董宣时,刘秀派侍从飞马赶来赦免董宣的死罪，让他先回监狱。

刘秀派使者盘问董宣为什么要滥杀无辜，董宣将事情的经过一一做了回答，直言水丘岑是受他的安排杀了公孙丹的族人，水丘岑犯罪并不是由他本人造成的，他董宣情愿以死换回水丘岑的性命。

使者把情况回报给刘秀，刘秀下诏书将董宣降职为怀县县令，并且命令青州府不要再给水丘岑定罪。后来，水丘岑官至司隶校尉。

再之后，江夏郡有巨盗夏喜等人在郡内兴兵作乱，于是刘秀任命董宣为江夏太守，让他前去征剿。董宣到达江夏郡后，发布公告说："朝廷因为我能擒拿奸贼，所以让我出任太守。现在我在边界统率军队，檄文到时，请你们认真考虑自救之策。"夏喜等人得知董宣被任命为江夏太守，都非常害怕，于是立刻投降或是逃散，盗贼不剿自平。

但董宣在江夏太守任上没多久就被免职，原因是当时皇后阴丽华的族人担任郡都尉，可是董宣却对阴氏轻视怠慢。因为这个原因，董宣被免去官职。

其时刚刚建政不久的东汉，面临着和其他朝代一样的困境，那就是京城的权贵，都倚仗权势不遵法律，京城的治安非常乱。在这种情况下，刘秀想到了董宣，于是特地征召董宣，任命他为洛阳令。

董宣出任洛阳令之后，就遇到了一件非常棘手的事情：

刘秀姐姐湖阳公主刘黄家的一个奴仆，青天白日、朗朗乾坤之下，竟然在热闹的西市杀人，杀了人之后，官府派人去捉拿，但这个奴仆却躲在公主家里不出来，差役们不能冲到公主的府里去拿人，眼看着这个奴仆就要逍遥法外。

董宣毕竟不同于其他的那些地方官，其他的地方官畏惧权贵，但他却并不畏惧，否则，他也就不是鼎鼎大名的董宣了。

有一天，湖阳公主外出，让那个杀了人的家奴陪乘，董宣得知消息后，就在夏门亭等候。湖阳公主的马车到达之后，董宣就拦住车子跪在马前，拿着刀在地上比画，大声数落湖阳公主的不是，然后呵斥那个杀人的家奴下车，随后就在车下杀死了他。

家奴被当着自己的面杀死，湖阳公主觉得自己受了非常大的羞辱，于是立刻回宫，跑到当皇帝的弟弟面前哭诉，说董宣不将她放在眼里。

刘秀听了之后大怒，立即派人召来董宣，准备用棍棒将他打死。董宣叩头说："请让我说一句话再死。"

刘秀怒不可遏地说："你想说什么？"

董宣说:"陛下圣明有德,使大汉中兴,但放纵奴仆杀害平民百姓,那以后拿什么来治理天下呢?臣不需要等待杖击,请允许我自杀。"说着一头撞向大殿中的柱子,撞得满脸流血。

刘秀没想到董宣这么刚烈,看看董宣没有撞死,于是让小太监把董宣扶起来,就想让董宣给湖阳公主叩头道歉后作罢。

但董宣说什么也不肯,他坚持认为自己没有做错,所以坚决不肯给湖阳公主道歉。在董宣看来,天下确实是刘秀的家天下,君要臣死,臣不得不死,也是当时的普遍法则,没有人表示异议。他董宣死了没有什么,可是你刘秀的江山怎么办?你如果真不需要纲纪之臣来维护,那么你的天下,也就会很快失去!

但刘秀在气头上,并没有想那么多。他只想着尽快让董宣给姐姐道个歉,然后自己好下台,于是就让小太监按着董宣的脖子,想强行让他叩头。但董宣用两只手死死地撑在地上,始终不肯低头。

湖阳公主见状,不禁恼羞成怒地挖苦刘秀说:"文叔你当年做一般百姓时,藏匿逃亡和犯死罪的人,官府的差役们都不敢上门。现在你当了皇帝,却反倒连一个县令都管不了吗?"

刘黄这句话,真可以说是一语惊醒梦中人,当年是平头老百姓,天下是别人的天下,怎么做都可以,现在自己是皇帝了,天下是自己的天下,自己的一举一动皆为天下人的表率,怎么能想做什么就做什么呢?

当年的赵王武臣,因为他的姐姐无礼于大将李良,顷刻之间被伤了自尊的李良所杀,武臣也因此丢了性命。前事不忘,后事之师,刘秀怎能在这种小事上犯糊涂呢?

虽然刘秀和姐姐刘黄的感情非常好,他们兄妹六个,最终只活下来三个,大哥刘縯被更始帝所杀,二哥刘仲和二姐刘元被王莽的军队所杀,活下来的只有小妹刘伯姬、刘秀,再就是大姐刘黄。试问在这种情况下,刘秀又怎么能不迁就姐姐而让她伤心呢?

可是,既然做了皇帝,那就是天下人共有的天子,而不再单单是某个人的弟弟。诚如他自己所说的,使别人快乐的人,自己的快乐就会长久,使自己快活的人不久就会灭亡。

想到这一点,于是他笑着向姐姐赔不是说:"做了天子,就再不能和普通老百姓一个样。"随即下令让"硬脖子的县令"(强项令)出去,以缓和现场的气氛。

董宣出去之后，湖阳公主没有了发泄对象，只好作罢。

为了表彰董宣不畏权贵的可贵精神，刘秀特地赏给他三十万钱。董宣收到赏钱之后，把钱财全部分给了手下的官吏。

当时的广汉太守蔡茂非常喜欢刚正的董宣，于是就向刘秀上书，说外戚骄纵，他们的门客放肆，建议执法部门大力惩治罪犯，并任用像董宣这样的人来维护法纪，刘秀立即就采纳了。

"强项令"董宣，自此名震天下。

之后，董宣严厉打击京城为非作歹的豪强势力，豪强势力对他无不畏惧、战栗。连皇帝自小长大的亲姐姐他都不畏惧，试问他还会畏惧谁呢？京城洛阳的人因此送给他一个外号，称他为"卧虎"，比喻执法严峻的人，并且为此而歌唱说："董宣的衙门前，永远没有击鼓鸣冤的人。"

董宣前后担任洛阳令五年，在七十四岁的时候，老死于任上。刘秀下诏派使者前去探视丧事，只见董宣家中家徒四壁，一床粗布被子盖着董宣的遗体，他的妻子、儿女相对而哭。家中所剩的财产，仅仅是几斛大麦、一部破旧的车子。

刘秀得知内情后非常伤感，叹息说："董宣如此廉洁，一直到死的时候才让人知道！"因为董宣曾经担任过二千石级的太守，于是刘秀下令赐给二千石以上官吏所用的绿绶，以大夫的礼仪安葬了。又任命董宣的儿子董并为郎中，董并后来官至齐国相。

刘秀当着自己姐姐的面强迫让无罪的董宣认罪，招致了无数人的非议，认为他是一个徇私枉法的皇帝。而实际上，相比较而言，在封建帝王之中，刘秀已经算得上是做得非常好的了。其他大多数的混账帝王，恐怕根本就不是像刘秀这样按着大臣的脖子让他们给自己的亲人道歉，而是会不由分说砍下直臣的脑袋。

刘秀最终不仅没有怪罪董宣，反而赏给他三十万钱，也算是用自己的实际行动，表达了对守法之臣的褒奖吧。从打天下时的祭遵到治天下时的董宣，刘秀哪一次不是先怒后喜，并给予他们极大的尊重和肯定呢？所以，为什么要对刘秀如此苛求呢？他是个特别有人情味的皇帝，毕竟先要想到自己的家人和近臣，然后才又会想到天下的百姓，从逻辑上来推理，他是个心智非常正常的人，不是个偏激的人。所以，尽管他有这样的白璧微瑕，但他比起那些表面上看起来能维护法纪，却动辄大开杀戒让无辜之人深受其害的皇帝来说，不知道要强多少倍！

而刘秀的这个姐姐刘黄，历史上别的记载没有，流传下来有记载的只有两件事情。而这两件事情，对她本人无一例外都是负面的，但对涉事的两个男性当事人，却都无一例外让他们流芳千古。这两个男人，一个是董宣，而另一个，则是千古称颂的好丈夫宋弘！

宋弘字仲子，是京兆长安人。宋弘的父亲名叫宋尚，汉成帝时代，官至少府。汉哀帝即位后，宋尚因为不愿阿附大司马董贤，最终因违逆董贤而获罪免官。

宋弘年轻的时候，性格柔和，为人温顺。汉哀帝、汉平帝年间，宋弘担任侍中，王莽时期，宋弘担任共工（实际上和他父亲一样，还是少府）。

赤眉军攻入长安之后，派使者前去征召宋弘。宋弘不想投奔赤眉军，但又不敢违抗，于是硬着头皮前往。走到渭桥之时，宋弘自投于渭水之中。随同的家人见状，赶快跳入水中将他救出。宋弘正好借此装死，骗过了赤眉军。

刘秀称帝之后，征召宋弘并拜他为太中大夫。建武二年，取代王梁出任大司空，封栒邑侯。封国内所得的租赋财产，他全部分给族人，家中略有剩余，以品行清新雅致而受到世人称道。不久，改封为宣平侯。

刘秀知道宋弘品行高洁，于是让宋弘推荐学识渊博之人，宋弘就推荐了桓谭，说桓谭学富五车、见多识广，几乎能与西汉时的扬雄、刘向父子相比。

于是刘秀召见桓谭，任命他为议郎、给事中。

桓谭这个人，可以说是让刘秀既讨厌又喜欢：说讨厌他，是因为桓谭反对谶纬，而喜欢，则是因为桓谭的琴弹得非常好。刘秀每次设宴，都让桓谭弹琴，喜欢听他弹奏那种繁杂的乐声。

而宋弘听说之后很不高兴，非常后悔向刘秀推荐了桓谭。等到桓谭从内宫出来，宋弘就穿好朝服坐在官衙内，派小吏去召见桓谭。

桓谭到来之后，宋弘并没有为他设座，而是责备他说："我之所以推荐你，是想让你用高尚的道德来辅助皇上，但是现在，你却多次弹奏郑地轻佻的音乐来扰乱《雅》《颂》这些正音，你不是一个忠诚正直的人。你能自己改正吗？还是让我依法来治你的罪呢？"

桓谭听了之后，不住地向宋弘磕头道歉。一直过了许久，宋弘才放他出去。

后来，刘秀再次大会群臣，又让桓谭弹琴，桓谭看到席上坐着宋弘，立即发挥失常。刘秀感觉非常奇怪，于是就问桓谭是怎么回事。

宋弘见问，于是赶快离席脱帽向刘秀道歉说："我推荐桓谭的目的，是希望他能以忠诚正直来引导皇上，但他却使皇上沉迷于淫靡的郑乐之中，这是我的罪过。"

刘秀听了之后，脸上的笑容立即消失了，他这才知道，自己原来和商纣这些人一样，喜欢听靡靡之音，于是正色向宋弘道歉，然后让桓谭换回衣服，从此不再让桓谭担任给事中。

此后，宋弘又向刘秀推荐贤士冯翊、桓梁等三十多人，这些人有的一直做到了公卿的高位。

有一天，刘秀宴请宋弘。宋弘去了之后，刘秀坐在新的屏风前，屏风上画着漂亮的仕女像，刘秀多次回过头看屏风上的美女图。宋弘见状，于是就正色对刘秀说："未见好德如好色者。"

"未见好德如好色者"，意思是没有见过喜好美德像喜好美色那样的人。这句话是当年的孔夫子对卫灵公说的。如今刘秀猛然听了宋弘说出来，突然之间觉得自己和卫灵公之流，似乎也没有多大差别。

惭愧之下，刘秀立即命人撤掉了屏风，然后笑着对宋弘说："听到符合道义的话就服从，可以吗？"

宋弘见刘秀撤了屏风向自己道歉，于是回答说："陛下能够加强自己的品德修养，我感到非常高兴。"

当时，刘黄的丈夫刚刚过世。刘黄作为皇帝的姐姐，当然不想一个人孤苦伶仃地生活，于是就想再嫁一任丈夫。

刘秀知道了，就想在朝中的大臣们之中为她挑个好丈夫，于是就和刘黄一起谈论朝中的大臣们，想知道刘黄到底喜欢谁。

结果刘黄说："大司空宋弘品德高尚、容貌威严，我看朝中的大臣们，没有人能比得上他。"

刘秀一听，知道姐姐刘黄心属宋弘，于是就说："让我来想想办法。"为了打探宋弘的真实想法，刘秀就下令召见宋弘，并让刘黄坐在屏风后面偷听。

宋弘到了之后，刘秀就问他说："人们常说，地位尊贵了，就会更换朋友，家中富裕了，就会换娶老婆，这是不是人之常情？"（贵易交，富易妻，人情乎？）

宋弘听了之后，回答说："我听说贫贱之知不可忘、糟糠之妻不下堂。"（典故"糟糠之妻不下堂"的来历，简称糟糠之妻）。也就是说，贫贱之时交的那些朋友，不能够忘记；贫穷时一起吃糠咽菜、共过患难的妻子不能抛弃。

刘秀听了之后，立即觉得宋弘说得实在是太对了，于是回头对屏风后面的刘黄说："这事办不成了。"

宋弘的这句话，现在常被用为"贫贱之知不可忘，糟糠之妻不下堂"，并且脍炙人口、耳熟能详。"知"和"交"一字之差，含义也略微起了变化，由夫妻对婚姻的忠贞延伸到对朋友旧时情谊的怀念重视，不仅对许多富贵后滋生更多想法的人起到了一定的劝诫作用，也对一些修身自持的人起到了良好的鉴戒作用。

倒霉的刘黄，只不过是丈夫死了想另找个老伴，谁知道却因宋弘一句话，被历史传为笑柄。其实，从现代的眼光来看，也没有什么可讥笑的，刘黄想找个优秀的丈夫，真的是人之常情。所以从这个角度来看，刘黄，为什么不可以说是宋弘的发现者、推崇者和心灵知己呢？事实难道没有证明，刘黄的眼光非常独到并且没有看错人吗？

刘黄想仗着皇帝弟弟的威风杀死令自己颜面扫地的强项令董宣，结果被当皇帝的弟弟规劝一句之后，便非常知趣地收手，此后也再没有找机会报复董宣，这在皇权至上的时代，是非常罕见的。她爱慕庄重威严的宋弘，被严词拒绝之后，没有凭借威权强迫，而是选择了一个人孤老一生。董宣之事，体现了她在跋扈之外的一种自律，而宋弘之事，则体现了她在蛮横之外的一种自重。

历史上常常把湖阳公主作为反面教材，想用她来反映那个时代的黑暗，但恰恰相反的是，综合考量历史，这两件事情不仅没有抹黑刘秀所执政的那一个时期，反而从另一个侧面反衬了刘秀执政期间对皇族亲贵的有力约束，以及他为了维护纲纪而不惜委屈至亲的"直柔"风格。

这对刘秀来说，同样是白璧微瑕。作为一个开国之君，他没有屠杀开国功臣，时刻保持自我警醒；晚年没有昏聩，不好色，不淫乱，无不良嗜好。纵观整部中国历史，为君而能为此者，实在是极为罕见。正因为此，许多人将他奉为完美之君的化身，并不是没有道理的。

公元57年（建武中元二年）二月初五，刘秀在洛阳南宫前殿逝世，享年六十二岁。临死之前，他留下遗诏说：

"我无益于百姓，后事都照孝文皇帝制度，务必俭省。刺史、二千石长吏都不要离开自己所在的城邑前来吊唁，也不要派官员或通过驿站邮寄信件吊唁。"

他既是开国之君，还是中兴之主，他做得比汉文帝刘恒更值得称道；他在临死之前，仍然保持着对先祖的敬畏和尊重，仍然没有忘记天下苍生。他确实是一个值得尊敬和怀念的人，即使到了今天，他的修养和品行也毫不落伍，仍然堪为世人楷模！

刘秀死后葬于原陵，庙号为世祖，谥为"光武"皇帝。

第十七节　光烈皇后、明帝刘庄

刘秀死后，太子刘庄继位，是为汉明帝。

刘庄能被立为太子并最终当上皇帝，一方面固然是因为他非常聪明，但另一个更为重要的原因，则因为他是阴丽华的儿子。

公元23年六月，长兄刘縯被杀、受更始政权猜忌的刘秀，为了韬光养晦、示无大志，于二十九岁之年，迎娶了他一直倾慕并小他十岁的阴丽华。婚后不久，刘秀被想要迁都的更始帝派往洛阳打前站。刘秀出发之前，为了防止阴丽华在自己走后遭遇意外或是有所闪失，于是让担任偏将军的妻兄阴识护送阴丽华回老家新野县，然后自己踏上了北上之路。而这一别，就是将近两年时间。

阴识护送妹妹阴丽华返回新野之后，因为刘秀二姐夫邓晨的侄子邓奉也在家乡起兵并占领距新野不远的淯阳，所以阴识就带着阴丽华及刘秀的姐姐刘黄、妹妹刘伯姬等人，前去邓奉的军中寻求庇护。

因为邓、阴两家都是新野的大户人家，算得上是世交，所以邓奉热情地迎接阴家兄妹，让他们住在自己的府邸里，然后派重兵加以保护，使阴丽华在兵荒马乱的年代，能够安心地生活而不受任何侵扰。相应地，为了支持保护他们的邓奉，阴识也成为邓奉手下的一名将领，辅助邓奉征讨乱兵或守卫城池。阴识因功被更始帝封为阴德侯，行大将军事。

刘秀称帝之后，邓奉、阴识随即响应刘秀，成为刘秀的支持力量。而刘秀派遣时任侍中的傅俊，前往南阳迎接阴丽华，并征召阴识前往洛阳。

于是阴识和傅俊共同保护阴丽华、刘黄、刘伯姬等人前往洛阳。

阴丽华与刘秀分别近两年时间，两年前走的时候，他还是更始政权的司隶校尉，而此时见面，他却已经成了皇帝。而对阴丽华来说，变化更大的，则莫过于他的身边，又多了一位容貌倾城的夫人，那就是郭圣通。并且，郭圣通还先于她有了儿子刘强。

在娶她之前，刘秀恨不能使全天下人都知道："仕宦当作执金吾，娶妻当得阴丽华。"可是刘秀娶她不久，就在真定又娶了郭圣通，而那个时候，刘秀和她新婚才刚刚半年。

但是，作为一个皇帝，莫说是像普通百姓娶三妻四妾，就是三宫六院坐拥三千佳丽，也是皇家的定制。阴丽华不是个善妒争宠的人，所以对于这个现状，她能够理解，也能接受。

郭圣通在刘秀即位之初，就已被封为贵人，她的弟弟郭况因为为人小心谨慎，年仅十六岁，就被刘秀拜为黄门侍郎。此时阴丽华到来之后，也被封为贵人，哥哥阴识被任命为骑都尉，改封为阴乡侯。

两位夫人都到了，皇子也降生了，按照皇家的礼仪制度，那就该册封皇后并立太子了。

毫无疑问，阴丽华是刘秀的最爱。虽然郭圣通也很得刘秀的宠爱，但是阴丽华性格雅静宽仁，一举一动都令刘秀觉得舒适自然，二人在心灵上的默契程度很高，因此在册封皇后这件事情上，刘秀更侧重于选择阴丽华。

虽然刘秀属意于自己，但阴丽华却知道，郭氏及郭氏的舅家刘扬，对刘秀登基起了非常重要的作用，郭家的势力雄厚，那不是阴家能够相比的。再说，郭圣通已经为刘秀生下了一个儿子。如果阴丽华不辞让，那么矛盾就会立即因此而起，这不仅对阴氏不利，也对刘秀巩固皇权不利。

所以，阴丽华态度坚决地推辞了。

刘秀本来就在心里感觉愧对阴丽华，此时其实也在为立阴氏还是郭氏发愁，见阴丽华如此通情达理，立即感觉非常熨帖。她不仅貌美，而且善解人意，完全可以母仪天下。但就当时的情况来说，刘秀立郭氏，确实可以缓和各方矛盾，团结郭氏背后的力量，为统一天下集中更多的力量。

但意想不到的是，郭圣通的舅舅——曾经鼎力支持过刘秀的刘扬，却在那个时间段里做出了不应该做的事情，他制造谶文并与绵蛮贼交通试图谋反，被刘秀派耿纯诛杀。

或许在许多人看来，郭圣通的皇后之位，将会因刘扬的谋反而搁浅，但在那个时间段里，刘秀似乎并不想辜负郭家。刘秀不仅诏封刘扬的儿子为真定王，并在五个月之后下诏册封郭圣通为皇后，郭圣通所生的儿子刘强被立为太子，郭圣通的弟弟郭况被封为绵蛮侯。

郭圣通母仪天下，儿子备位储君，弟弟荣耀封侯，表弟承袭王爵。在那段时间里，郭家的门楣，不仅没有因造反事件而黯然失色，相反，却散发出更为耀眼的光芒。

刘强还小，但郭况已经成年了。作为刘秀的一个外戚兼臣子，郭况身上兼具其他那些功臣所有的优点——谦虚谨慎、礼贤下士。因此，投奔他的门客一天比一天多。郭况恭敬地对待这些门客，并且不断施惠于那些贫寒士子，因此在士人之中积累了非常好的名声。

照这个趋势下去，似乎将来刘强顺利继承皇位，将是水到渠成的事情。但是，许多事情往往不像表面上看的那样一帆风顺。

因为第一，阴丽华也很快生下了儿子。

公元28年，刘秀前去征伐叛乱的彭宠，阴丽华随征。走到元氏县之时，阴丽华生下了一个儿子——刘阳。

刘阳自小特别聪明，年刚十岁，就已通晓《春秋》，并且有自己独到的见解，这让以通经著称的刘秀，也不得不对这个儿子刮目相看。

在那场著名的度田事件中，面对各地官吏的欺上瞒下，就连一个陈留小吏，在刘秀面前都可以上下其手、信口雌黄。而年仅十二岁的刘阳，却一眼洞悉其奸，令小吏不得不认罪服法，从而使阻挠度田的力量受到惩戒，度田得以顺利推行。

公元43年，巫人维汜的弟子单臣、傅镇等人再次聚众造反，攻入原武城中，劫持城里的官吏，自称将军。刘秀派遣太中大夫、朗陵侯臧宫率领北军及黎阳营的几千名官兵前去围剿。但由于城中粮食充足，所以臧宫率军攻了好久，也没有破城，攻城的士卒死伤众多。

刘秀召集大臣们商议对策，其他的大臣们都建议通过重金悬赏来破城。

只有刘阳回答说："妖巫的弟子相互劫持而造反，根本不会长久，他们之中一定有心生悔意而想逃走的人，只因为城外包围得紧，不能逃走罢了。现在只要稍稍放松对城池的包围，让他们能够逃走就可以了。到那个时候，只需要一个亭长就可以抓获他们，何必用大军攻城呢？"

刘秀听了，非常赞赏，于是命令臧宫撤去包围让单臣等人突围而出。

果不其然，造反之众出城之后，立即一哄而散，朝廷兵马不费吹灰之力，就斩杀了单臣、傅镇等人。一场貌似非常艰难的叛乱，很快被轻而易举地平定。

通过这几件事情，刘秀对这个儿子的才能和智慧，更加心服。

刘阳师从博士桓荣，通晓儒家经典《尚书》，比起乃父刘秀，可以说是青出于蓝胜于蓝。对于这样的儿子，刘秀能不属意吗？

第二，刘秀始终对阴丽华心怀歉意。并且，这种歉意伴随着一些事情的发生，又在逐渐加深，让刘秀在内心深处，更加怜爱阴丽华。皇后的天平，越来越向着阴氏倾斜。

公元33年，阴丽华的母亲邓氏及弟弟阴䜣，竟然在路上被强盗劫杀。消息传来，阴丽华哭成一个泪人，刘秀也为此感到非常悲伤。

阴丽华还在七岁的时候，父亲就过世了。那个时候，就算是刘秀想要保护阴丽华一家，也没有能力。可是现在就不一样了，现在的刘秀贵为皇帝，君临天下，威加四海，还是没能保护好阴丽华的家人，这就让刘秀感觉更为内疚。所以刘秀下诏给大司空说：

"我在微贱之时，娶阴丽华为妻，因为带领兵马四处征伐，于是不得不和她暂时离别。非常幸运的是，没有遭遇兵乱，最终脱离了虎口。阴贵人有母仪之美，应该立为皇后，然而她却坚决推辞，不敢承当，最终列于媵妾之位。我非常称赞她的义举和谦让，早就想分封她的诸位兄弟。但还没有来得及给他们爵位封国，她们家就遭逢了祸患，母子同时殒命，使我心中怜悯伤感。《诗经·小雅》说：'担惊受怕的时候，我和你共同承担。安享快乐的时候，你却抛弃了我。'诗人的告诫，难道不值得令人谨慎吗？追封爵位和谥号：追封阴贵人的父亲阴陆为宣恩哀侯，其弟阴䜣为宣义恭侯，让她的弟弟阴就承袭宣恩哀侯的爵位。趁着灵柩还停留在堂上，派太中大夫拜授印绶，一切参照在国列侯的礼仪。死者的魂魄如果有灵，一定会对这种恩宠和荣耀感到欣慰！"

刘秀下诏分封阴氏，当然是想要对阴氏有所弥补。可是，这样的弥补，在刘秀看来，仍然是不够的。他在贫贱之时，阴丽华选择了义无反顾地嫁给他，那么他就一定不能辜负阴丽华，必须对得起她的倾心属意。

第三，似乎相比于阴丽华，郭圣通不仅善妒，脾气也倔强了一些。

通常情况下，如果皇帝精明强干，而皇后性格上不够温婉、为人上不够大度，那将是致命的。当年汉景帝所立的第一个太子刘荣，就是这样被废掉的。

刘秀对阴丽华心怀愧疚，所以在与阴丽华重逢之后，比起郭圣通，给阴丽华的宠爱更多了一些。郭圣通为此十分愤恨，并且形于颜色。本来刘秀当初立郭圣通就是为了在阴、郭两家之间搞平衡，对委屈阴氏就很有些不高兴，如今见郭圣通如此，立即下定了废立的决心。

公元41年十月，刘秀下诏给三公说：

"皇后郭圣通心怀怨恨，多次违反教令，不能很好地照顾抚育其他的皇子，教诲皇子亲疏有别。皇家的宫闱之内，似乎出现了像鹰隼猛禽一样的凶狠之人。没有《关雎》所歌颂的后妃之德，却有高祖吕后、宣帝霍后的风格，怎么能够将幼小孤弱的孩童托付给她，让她来恭敬地承担国家祭祀呢。现在派遣大司徒戴涉、宗正刘吉持符节前去，命她上交皇后的玺绶。阴贵人出身于乡里良家之女，在我微贱之时嫁给了我，正像《诗经》里所歌咏的那样'自我不见，于今三年'（《诗经·豳风·东山》）。非常适宜尊奉宗庙祭祀，为天下之母。主管这件事情的人员，要详细参考以前的典章，择时加上皇后尊号。皇后废立，是异常的事情，不是国家好的福瑞，不得上寿庆贺。"

郭圣通的皇后之位，就这样被废。

郭圣通被废之后，刘秀倒并没有像他的先祖汉景帝那样，对她赶尽杀绝，而是给予了她应有的尊重。她的二儿子刘辅由右翊公晋封为中山王，相应地，郭圣通被废为中山王太后。把常山郡并增入中山国，以扩大中山国的国土。已升任城门校尉四年的郭况改封到大国，为阳安侯。郭圣通的堂兄郭竟，在骑都尉任上征战有功，封为新郪侯，后来官至东海相。郭竟的弟弟郭匡为发干侯，后来官至太中大夫。郭圣通的叔父郭梁过世得早，没有儿子，他的女婿是南阳郡的陈茂，因为郭圣通的缘故，被封为南䜌县侯（南䜌县在巨鹿郡，䜌，音须）。

郭圣通被废之后，虽然刘秀在不停地安抚郭氏一门，但作为皇太子的刘强，却早就从刘秀的一系列举动之中，敏锐地觉察到了刘秀的真实想法。古来母凭子贵，但同时也子凭母贵。母亲的皇后之位被废，那么他的皇太子之位，还能长久吗？如果新立的皇后没有儿子也就罢了，但偏偏阴后就有一个异常聪慧的儿子刘阳，这让刘强作何感想呢？另外，谁又能说得清，刘秀是不是为了刘阳才改立皇后的呢？

刘强的心里，既悲戚，又不安。古来宫廷喋血、父子相残、兄弟操戈，刘强也不是没有丝毫听闻。在这种情况下，主动地让出太子之位，或许还能逃脱一死，不给自己的兄弟姐妹招来灭顶之灾，也不给已经受屈的母亲再一次带来耻辱。

刘强的老师郅恽也劝导他说:"你长久地处在被人猜疑的位置上,对皇上来说,可能有违孝道;对自己来说,也非常危险。当年的商王朝,商高宗武丁是明君,他手下的大臣吉甫也是贤臣,可是一旦他和儿子之间发生了一些细小的嫌隙,就放逐了孝顺的儿子('武丁逐孝己')。按照《春秋》的经义,母以子贵,太子您应当通过皇帝身边的左右近臣和其他皇子,向皇上求情及早引退,一方面可以奉养母亲,另一方面也显得皇上对您教育得好,不让天下人议论这件事情。"

郅恽的建议从外部印证了刘强的疑虑,于是刘强多次委托宫廷近臣及王侯向刘秀陈说心迹,表示愿意退出太子之位,前去诸侯国当一个藩王。

别人既然已经扬起了刀,总归是难逃一死,那还不如主动伸出脖子,一次性来个痛快,早死早超生。

既废其母的皇后之位,再废其储君之位。所以对于刘强的主动让位,刘秀反倒感觉十分不忍,一直拖了将近两年,才勉强答应。

公元43年六月,在郭圣通的皇后之位被废一年八个月之后,刘强的太子之位也被废黜。

刘秀在诏书中说:"按照《春秋》的经义,立太子要讲求出身的尊贵。东海王刘阳,是阴皇后的儿子,适宜备位东宫。皇太子刘强执着谦让,愿意到诸侯国为王。父子之情,使我难以长久地违背他的意愿。现在封刘强为东海王,立刘阳为皇太子,改名为刘庄。"

刘强和刘阳,刚好调了个个儿,皇太子刘强成了东海王,而东海王刘阳成了皇太子,并改名为刘庄。

公元44年,刘强的二弟刘辅被改封为沛王,郭圣通相应地成为沛太后,郭况被升任为大鸿胪。为了安抚失意的郭家,刘秀多次前往郭氏府宅,大会诸侯公卿及皇亲,赏赐金钱丝绵,赏赐的数目极为丰厚。在京城之中,郭况的家里被称为"金穴",意思是聚集财富之地。

郭圣通自己被废,但刘秀却在不停地弥补她的弟弟。这就让郭圣通有怨无处诉,想争取舆论同情都没有可能。因为刘秀已经用这一笔又一笔的丰厚封赏,堵死了天下人想要为郭氏申冤的口。

公元50年,郭圣通的母亲郭主去世,刘秀亲自前去吊丧,文武百官全部聚集送葬。刘秀又派使者前去,迎回郭圣通父亲郭昌的灵柩,与郭主合葬,追赠郭昌阳安侯印绶,谥为阳安思侯。

手心手背都是肉，当初立郭圣通为皇后之时，刘秀觉得对不起阴丽华。现在废郭圣通立阴丽华，刘秀又觉得对不起郭圣通。

所以，对于自己心怀愧疚的一方，刘秀总是想尽一切办法弥补。

而与郭圣通不同的是，阴丽华对于刘秀所做的这一切，总是默默地接受，从来没有说过半个不字。

给我，我先是谦让，谦让不过，就接受；不给我，我不强求，从不赌气，从不怨恨。并且，谨慎、谦恭地对待每一个人，不喜游逸玩耍，更不会旁若无人地嬉笑打闹，时刻保持着作为一个皇后的矜持和仪容。

阴丽华的父亲在她七岁那年去世，虽然好几十年过去了，但每每提起父亲，阴丽华都是泪如雨下，悲伤不能自已。或许阴丽华痛哭是既为父亲的早死感到悲伤，也为自己和儿子的命运感到担忧，但在刘秀和其他人看来，她的悲戚，就是一种善良孝道和无助的哭泣，这是一种值得推崇的美德。所以刘秀每次看见，都叹息不已。

男人的那种怜香惜玉之情，在这种情况下，达到了顶点。作为普天之下最成功男人的刘秀，在那些时刻，或许只有一次比一次更加坚定信心——绝对不能辜负眼前人、绝对要保护好眼前人，不让她再受丝毫的伤害，也不能让她再有丝毫的悲伤！

阴丽华能够笑到最后，难道是偶然的吗？

而被废的郭圣通，在阴丽华这种无懈可击的防守之术下，也再没有等到翻盘的那一天。公元52年，她在忧郁、悔恨之中去世，被葬于北芒。

郭圣通之死，本来也是一件极为寻常的事情。但令人意想不到的是，郭圣通的死，竟然掀起了一场血雨腥风，好几千人因此而死。

事情还要从郭圣通的次子沛王刘辅说起。此前刘辅虽然被改封为沛王，但并没有前往沛县就国。而郭圣通虽然被封为沛太后，自然而然也没有随儿子前往封国。其时，郭圣通和她的儿子们都居住在北宫，她的这些儿子都非常喜好宾客，竞相提高自己的声望，争先礼遇从各地来的宾客儒生。

寿光侯刘鲤，是更始帝刘玄的儿子，很得刘辅的信任。结果刘鲤利用这一层关系，结交刘辅手下的侠士，刺杀了原式侯刘恭。

刘恭是什么人？当年更始帝投降赤眉之后，樊崇当即就要杀死他，刘恭不惜以自刎相逼，最终使刘玄得以苟活。后来刘玄被谢禄所杀，又是刘恭为他收的尸，并杀死谢禄为他报仇。虽然那个时候，刘恭的弟弟刘盆子被赤眉军拥立为皇帝，但普天之下稍有辨识能力的人都知道，他不过就是个傀儡，杀死刘玄，根本不是刘盆子的责任。

可是刘鲤却觉得他父亲刘玄的死，是由刘盆子造成的，于是派侠客杀死了刘恭、真是恩将仇报、愚蠢至极。

此外，王莽的堂兄平阿侯王仁有个儿子叫王磐（字子石），是已故伏波将军马援哥哥的女婿。王莽被杀之后，除王莽的儿子之外，更始政权和东汉政权为争取天下人的支持，下令赦免王氏，所以王磐得以平安无恙地继续居住在他的封国内。凭着封国之前积累的巨额财富，王磐继续像他的先辈一样，招揽士人，乐善好施。再加上他崇尚气节、非常仗义，所以在江淮一带，非常有名气。本来作为前朝的宗室，能够活下来就已经是一种幸运，但他仍然在政治上如此高调，实在是犯了大忌。但是王磐不仅没有因此而警觉，反而做出了对他更为不利的事情。

或许是王磐觉得江淮之地已经不能施展他的才能，于是他来到了京城洛阳。

到了洛阳之后，王磐很快和担任卫尉的国舅阴兴、大司空朱浮、齐王刘章等人交往，关系非常密切。

当时马援还活着，他就告诫姐姐的儿子曹训说："王氏，是前朝被废黜的人家。王磐他应该隐居起来闭门谢客，乖乖地守在他的封国内。如今他不仅不这样做，反而游历京师，与王侯交通，凭自己的意气行事，欺凌、折辱别人，他马上就会大祸临头的。"

果不其然，仅仅过了一年多（公元46年秋七月），因为司隶校尉苏邺放任豪强作恶，被下狱处死，王磐也因此牵连到苏邺案件之中，死于京城的监狱。

应该说，发生这样的事情，王家的人说什么也要吸取教训才对。可是没有，王磐的儿子王肃仍然不知收敛，继续出入郭氏居住的北宫及京城的其他王侯府邸。

马援就对他手下的司马吕种说："建武之元，号称天下再兴。从今之后，天下会一天比一天安定。我担心皇上的儿子们都很年轻，而不许私自结交宾客的规矩又没有确立，如果结交太多的宾客，那么大案就会出现。你们可一定要小心啊！"可是吕种等人并没有把马援的话听进去。

等到郭圣通去世，她的儿子们结交的那些宾客，都来为她送葬，阵势之大，让许多大臣见了非常担忧。

于是有人趁机上书，说王肃等人是被诛杀的罪人的后代，他们仗着是诸王的宾客，总爱在京城惹是生非，如果再放任这样下去，恐怕会出现当年贯高预谋刺杀汉高祖刘邦那样的变故。

当年的贯高，因为刘邦对他的国王张敖态度不好，就想刺杀刘邦；当年的刘恭，为了保全更始帝几乎当庭自刎，可是却被更始帝的儿子恩将仇报杀死！

如今刘秀废了郭圣通的皇后之位，那么她儿子的这些宾客接下来可能会做些什么，还需要说得更明确一些吗？

上书的人一句话就敲到了刘秀内心深处最担心的那个点，所以刘秀非常生气，于是下诏让各郡县搜捕京城诸王的宾客，宾客们相互牵连，为此连坐而死者，前后达好几千人。

不仅王肃等人被杀，就连当年被马援告诫过的吕种，也被牵连到其中。吕种当初在马援病逝后跟着宋均平定武陵蛮夷，立下大功，如今却因这样的事情送命，真是非常可惜。他在临死之前，想起马援曾经告诫过的那些话，叹息着说："马将军可真是神人啊！"

虽然杀了郭圣通之子的宾客，但对于郭圣通的儿子，还是要宽恕的，因为那毕竟也是他自己的亲生儿子。但即便如此，沛王刘辅仍被投入诏狱，三天之后，才被刘秀赦免释放。

诸王的宾客们闹出这样大的动静，刘秀知道，不是太子的儿子们，再也不能让他们留在京城了。于是，被废为东海王的刘强，被派往他的封国东海。

刘强不是因做了什么错事而被废去太子之位，并且言行举止都没有怨恨迹象，始终保持着一种坦率、磊落和自然，所以刘秀特意增加了他的封地，把鲁郡也增封给他，封国的辖境共增加到二十九个县。同时，刘秀特赐他使用皇帝出行时仪仗队伍中的虎贲旄头骑兵，宫殿里可以设置皇宫中才可以悬挂的钟，还可以乘坐只有皇帝才可以乘坐的车马。

对于这样的优待，刘强显然感觉极不自安。到了封地之后，他几次通过皇太子刘庄上书坚决辞让东海的封地。

可是在刘秀看来，那些赏赐都是他废黜刘强太子之位之后对他的补偿。如果刘强接受，那就两不相欠，而如果刘强一味推辞，那就是对他这个父亲有意见。

所以，刘秀没有答应刘强的辞封。

刘秀如此重赏刘强，或许在外界看来，似乎当初赵武灵王、赵何、赵章父子之间宫廷喋血的悲剧马上就要重演。但历史在刘秀、刘强父子这里，出现了一个鲜有的例外。

被废的刘强始终谦让谨慎，不像当初的赵章那样心怀不满怨天尤人。或许，刘强正是由于了解过那段历史，才会选择了这样的处世态度吧。

郭圣通死后五年，刘秀也离开了人世。

刘秀死的次年，东海王刘强英年早逝。他死的时候，年仅三十三岁。史书记载他因病而死，却没有一个人仔细探究他早死的真正原因。其实他并不是死于疾病，他死于长期以来的焦虑、不安和恐惧。精神上的折磨，让他早已不堪重负！死，对他来说，或许真的是一种解脱。

不过，成为新皇帝的刘庄，似乎对这个哥哥并无猜忌之意。相反，他对刘强非常礼遇。刘强病重之时，还特意派太医前去诊治，同时诏令刘强的同母弟沛王刘辅、济南王刘康、淮阳王刘延前去探望。但这一切，都显得无济于事，刘强病入膏肓，很快就死了。

刘强死后，刘庄为他办了隆重的丧事，诏令楚王刘英等人前去参加会葬，可以说是备极哀荣。考虑到刘强生前谦逊节俭，刘庄不想违背刘强平素的意愿让他背上恶名，于是下令为刘强节俭办丧，不得奢华。

而刘庄的一生，也如同此时下的这道诏令一样，浸透着简约、俭朴，并和他的父亲刘秀一样，勤勉、务实。

如果说，刘秀此前对皇亲国戚监管得比较严格的话，那么成为新皇帝的刘庄，则对皇亲和外戚管束得近乎严苛，对于臣下则更是严酷。

通常情况下，任何一个新皇帝即位，他总要发出一些信号，他喜欢什么、厌恶什么、他的施政方向是什么，给予大臣们明确的提醒或暗示，如果大臣们政治嗅觉灵敏，能够迅速辨别风向，那就乖乖地顺着新的方向走，否则，那就会在政治这面无形的墙上撞得头破血流。

西汉时汉宣帝即位后面对大臣们册封皇后的提议，说要让大臣们寻找自己以前失落的一把旧剑。面对汉宣帝的"古剑情深"，聪明的大臣们立即随声附和议立许平君，就是令人"芒刺在背"的霍光，也不敢强立自己的女儿霍成君为后。

刘秀平定中原之后，打算退功臣、进文吏，于是趁皇太子问教攻战的有利时机，以"卫灵公问阵孔子"的往事，明确地暗示了想要以"柔道治国"的施政方略，从而使大臣们不再热衷于武事，而是开始研究学问。

而此时的刘庄也一样，登基之后，也需要向大臣们晓示新的执政理念，他想做什么、他不想做什么，政策是宽是严、是急是缓，都要让大臣们有一个明确的认识，才好同心同德，君臣协力，一齐推动帝国的车轮向着自认为好的方向前进。

刘庄即位后两个月，就立即诏告天下，表示自己继承汉家天下非常惶恐，不敢荒废懈怠、贪图安逸，普天之下最重要的，就是黎民百姓。在为所有的男丁赏赐一级爵位的同时，刘庄也很注意照顾那些更贫苦的人，比如未经户口登记的流民，只要愿意自归为民，也一律赐爵一级；鳏寡孤独及体弱多病的人，每人赏赐粮食十斛；减轻刑罚并赦免罪犯，让囚徒通过缴纳绢帛、丝绸的方式赎罪；那些在边境因为战乱而被掳掠到内地强嫁为人妻的妇女，根据她们的意愿，仍旧遣返到边郡；中二千石以下的官员，被贬官或用金钱赎罪的，一律恢复原来的官职并归还赎金。

其他的帝王刚刚登基之后，也会发布类似的诏令。但通常情况是，这些皇帝刚开始还能自我约束，过不多久，就会慢慢放松，甚至骄奢淫逸。而刘庄，却一如既往地践行着他的承诺，从无改变。在他的任期内，他多次下诏减免赋税，减轻刑罚，劝课农桑，存恤贫病，使百姓安居乐业，继续休养生息，社会经济得到了很好的发展。

应该说，刘庄的这些诏令，就是他执政的风向标。他施政的方向，和他父亲刘秀的大体一致，体恤百姓，善待功臣，轻徭薄赋，不重刑罚。但更有一点，刘庄做得比他父亲还要彻底，那就是严防外戚，不让外戚参与政治。

刘庄不允许外戚参政的信号，来自功臣入选"云台二十八将"。

永平三年（公元60年），刘庄感念东汉政权来之不易，追忆跟随他父亲建国的那些功臣宿将，于是命画工画了二十八位功臣的肖像，悬挂在洛阳南宫云台阁。因为他们的画像放置在云台阁，所以后世把这二十八位功臣称为"云台二十八将"。

又因为二十八这个数字与传说中的二十八宿相对应，所以后世一些人便把这二十八位将领，与天上的二十八宿相附会。

入选"云台二十八将"的功臣如下：

东方青龙七宿：邓禹、吴汉、贾复、耿弇、寇恂、岑彭、冯异；

南方朱雀七宿：铫期、王霸、任光、李忠、万修、邳彤、刘植；

西方白虎七宿：马武、刘隆、马成、王梁、陈俊、傅俊、杜茂；

北方玄武七宿：朱祐、祭遵、景丹、盖延、坚镡、耿纯、臧宫。

二十八将之外，又画了四个人的画像，分别是：王常、李通、窦融、卓茂，共三十二人。

入选云台二十八将的这些功臣，都是刘秀在建政的过程中，建立了卓越战功的重要将领。

但也有几名立下大功的将领,没有入选,比如伏波将军马援。刘庄的同母胞弟东平王刘苍为此感到不解,于是就问刘庄说:"为什么不画伏波将军马援的像?"

刘庄笑了笑,没有回答。

因为在那个时候,马援的女儿已被立为皇后。刘庄为了避嫌,所以特意没有画马援的像。

马皇后是马援的小女儿,在她还很小的时候,父亲马援和亲生母亲都逝世了。没过多久,她同父异母的哥哥马客卿又早夭。接连遭到丧夫、丧子的打击,马客卿的母亲蔺夫人伤心欲绝,引发疾病,神情恍惚。

当时马皇后年仅十岁,但是少年老成,担负起了管理家庭的重任。她管理府里的仆人,处理整个马府的事务,从内到外,听取下人们办事的请示和报告,处理起来就像一个大人一样。起初,别人都不知道这些情况,后来听说以后,都感到非常惊异,并由衷地感到赞叹。

有一段时间,马皇后曾经长时间患病,她的祖母非常担心,于是就请人给她占卜。结果卜者说:"这个女孩子虽然现在有病,但她将来必定会大贵,其兆可以说是贵不可言。"

太夫人半信半疑,后来又叫来相面的人给马府的女孩子们占卜,结果相面的人见到马皇后,大惊失色说:"我将来必定会向这个女子称臣。然而她虽然尊贵,却少有子嗣,但如果养育别人生的孩子得力的话,就会比自己亲生的孩子还要强。"

在马援逝世后的那段时间里,马家因为遭到梁松、窦固等人的毁谗,所以愈加失势。那些权贵见马氏子弟遭到打压,便开始有意无意地欺凌马家。马皇后的堂兄马严不胜忧愤,于是禀告太夫人,绝了之前和窦家约定的婚姻,并请求将马家的女孩子们进献给掖庭,太夫人同意了。

于是,时年十三岁的马皇后被选入了太子宫。

马皇后入宫之后,刚开始侍奉阴皇后,并经常接触刘秀的其他妃嫔。由于她从小受过良好的教育,再加上待人非常有礼,所以凡是和她接触的人,没有不称赞她的。

阴丽华本来就是一个对自己要求非常严格的人,所以见到对自己要求更为严格的马皇后,心里特别喜欢,于是非常宠爱她,让她居住在后堂。

刘庄即位以后，先立马皇后为贵人。当时马皇后异母姐姐的女儿贾氏也被选入后宫，生下一个儿子刘炟（后来的汉章帝）。刘庄因为马皇后没有儿子，于是就让她来抚养刘炟，并对她说："人不一定要自己生儿子，只担心是不是能够精心爱护养育而已。"

马皇后于是精心抚养刘炟，所付出的辛劳，比照顾自己亲生儿子所付出的还要多。好在刘炟并不调皮，性格温顺，和马皇后的感情很好，所以他们虽然没有血缘，但感情却比亲生的母子还要好，没有产生一点儿隔阂。

因为刘庄所生的儿子并不多，所以马皇后为此非常担忧，常常推荐左右那些可以侍奉皇帝的女子，唯恐不及。后宫嫔妃有进见皇帝的人，她每每安慰、接纳。如果有哪位妃嫔多次得到皇帝的宠爱，她总是提高那位被宠爱的嫔妃的待遇。

永平三年春，主管礼仪的官员上奏议立皇后，刘庄没有明确表示。皇太后阴丽华说："马贵人的德行在后宫之中是最好的，她就是皇后的最佳人选。"于是马皇后被立为皇后。

马皇后被立为皇后以后，待人越发谦逊恭敬。她身高七尺二寸，合今一米六五，方而秀丽的嘴，一头秀发，可以说是既具备作为皇后的美德，又兼备作为皇后的仪容。

值得一提的是，马皇后还被誉为中国历史上第一位女史学家。因为她根据皇帝刘庄日常的言行，编撰了《显宗起居注》，这是中国历史上最早的专门记录皇帝日常言行的著作，也为后世开创了"起居注"这一新的史书体例。从那时起，后世便专门有人（通常是太监），从事皇帝起居注的编撰工作。因为马皇后写史比东汉的女史学家班昭补写《汉书》要早二十多年，所以后世把她称为中国第一位女史家。

马皇后有着非常良好的史学修养，她能够背诵《易经》，喜好读《春秋》《楚辞》，尤其喜欢《周礼》和《董仲舒书》。

马皇后生性俭朴，时常身穿粗布衣服，衣裙都没有边缘修饰。每逢初一和十五其他的妃嫔和公主们前来朝见她，远远地望见她穿的衣袍粗疏，还以为她穿了什么贵重的丝绸，等到靠近了看时，才不由得哑然失笑。

马皇后借口对其他的嫔妃和公主们说："这种丝绸特别适宜染色，因此才穿用。"

其他的嫔妃们听了，无不叹息。

皇帝刘庄经常出宫到附近的苑囿离宫，马皇后总是提醒他注意天气变化，以防止遭受风寒影响健康，说出的话和所要表达的意思诚恳、周备，大多能被刘庄详细采纳。

刘庄曾经到濯龙园中游玩，把众才人都召集来，下邳王（刘庄第六子刘衍）以下的人都在一旁邀请马皇后一同游乐。刘庄笑着说："她生性志趣不喜欢游乐，即使来了，也不一定玩得高兴。"所以说，凡是皇帝的出游娱乐之事，马皇后很少伴随参与。

永平十五年，刘庄拿出地图翻看，准备分封诸位皇子，而封给他们的封地都只有其他诸侯国一半大。

马皇后晋见之后说："诸位皇子的封地只有几个县，从制度上来说，是不是过于节俭了？"

刘庄说："我的儿子怎么能享受与先帝儿子同等的待遇呢？每年得到的供应两千万就足够了。"

当时，因为楚王刘英（刘庄异母弟）被人告发有谋逆迹象，案件连年不断，囚犯互相指证牵连，因罪被捕的人非常多。马皇后担心此案牵连的人过多过滥，有一个偶然的机会向刘庄提起此事，神情非常悲伤。刘庄似有所悟，夜间起来徘徊，思索马皇后说的话，最终赦免了很多人。

当时许多将领上书言事以及公卿大臣公开讨论难以评定的问题，刘庄就多次征求马皇后的意见，看她是什么看法。马皇后每每为刘庄一一分析其中的旨趣、道理，都能探求到各种意见背后的真实情况。每当服侍刘庄的时候，马皇后总要谈到国家政事，对刘庄的决策多有辅助，但从来不曾为自己娘家的私事请求刘庄。所以刘庄对她的宠爱和尊敬日益加深，始终不衰。

马皇后亲自撰写的《显宗起居注》，里面特意删去了她的哥哥马防为皇帝掌管医药的事务。汉章帝十分不解，就为马防求情说："担任黄门郎的舅父旦夕操劳，侍奉皇帝近一年，既没有褒扬过他，又不记录他的勤劳，是不是有些太过分了？"

马皇后回答说："我这么做的目的，是不想让后世的人听到先帝多次亲近后宫的外家，所以特意删去了这些内容。"

其后，汉章帝想分封马皇后的几个哥哥，但马皇后说什么也不同意。过了一年，天下大旱成灾，有关官员为此事展开讨论，说这都是因为没有分封外戚，才发生了这样的事情。于是官员们纷纷上书，请求按照以前的典章制度，分封马皇后的几个哥哥。

马皇后一眼就看穿了这些人的真实用心，她下诏说："所有议论这件事情的人，他们都是想要献媚、讨好我来求得好处而已。当年田蚡、窦婴这些外戚，倚仗着皇室的恩宠和高贵，恣意横行，遭受倾败覆灭之祸，这都是天下尽人皆知的事情。所以先帝在世时，就对外戚的事情小心提防，不让他们占据重要的地位。我怎么可以上负先帝的意旨，下损我马氏祖先的德行，而重蹈西京败亡的祸患呢？"坚决不允许给外戚封爵。

马皇后死时年仅四十多岁，被谥为"明德"。谥法上的"明"，有"照临四方"之意，她的美好德行，真的可以照耀整个天下！

马皇后谦逊明礼、俭朴勤劳，对汉明帝、汉章帝两朝的政治有非常重要的影响。因为她的缘故，当时的外戚们都非常小心，极少有出格的举动。明代邵正魁所著的《续列女传》称赞她说："在家则可为众女师范，在国则可为母后表仪。"可以说是贴切至极。

马皇后有如此令人敬佩的美德，显然与她父亲马援从小的教诲有莫大的关系。但就是这样一个令人敬佩的皇后、一个身着布衣堪为天下楷模的皇后、一个被誉为中国第一位女史家的皇后、一个留下成语"车水马龙"的皇后，她曾经平定交阯之乱立下大功的父亲，却未能入选"云台二十八将"。

刘庄就是想要通过这样的举动，向众臣和皇亲传递严防外戚的信号，让他们安分守己，不要插手政治。

对于刘庄上任后更严厉的政治风向，绝大多数的官吏，都在认真遵守并执行，但也有一些贵族，心存侥幸，不以为意。

首先撞到枪口上的是窦氏子弟，接下来是阴就的儿子阴丰，还有大名鼎鼎的梁松。

第十八节　严防外戚、严苛待下、善待宗室、尊师重教、佛入东土

当年，在平定陇右的隗嚣之时，窦融立下大功，被封为安丰侯，食邑四县，弟弟窦友被封为显亲侯。刘秀东归之时，仍让窦融西还故地，镇守河西。

窦融是个政治鉴别力和政治敏锐性极强的人，所以他能在第一时间认定刘秀是真命天子并效忠于他，所以最后隗嚣身死，而窦融却被封侯。

窦融因为自己和弟弟都被封侯，又长时间在河西地区专制一方，所以心里非常恐惧，极不自安。一方面担心长时间远离朝廷，有人会在刘秀面前说自己的坏话；另一方面，自古以来，在外镇守的将领，都会受到皇帝的猜忌，下场极其悲惨。窦融极具政治素养，怎么会不明白这个道理呢？

所以窦融多次上书，请求辞职，好让别人来代替自己镇守河西。但刘秀却并没有答应，窦融不是隗嚣那样的人，这刘秀还是清楚的。所以，刘秀回复窦融说："我和将军，就如同一个人的左右手一样，将军多次执意谦退，为什么不明白我的意思呢？努力巡抚士民，不要擅自离开所辖之地。"

窦融见刘秀态度十分坚决，知道刘秀暂无撤换自己之意，再加上那段时间，刘秀正在指挥大军攻打蜀地的公孙述，需要一个稳固的河西。所以不再坚持己见，而是按照刘秀的意思，认真加强河西的防务，不要出现什么闪失。

公元36年，刘秀平定蜀地的公孙述之后，下诏让窦融与河西五郡太守一起前往京城奏事。窦融知道自己在河西策应刘秀的使命已经完成，于是按照刘秀的诏令，与河西五郡太守（武锋将军竺曾、武威太守梁统、张掖太守史苞、金城太守

库钧、酒泉太守辛肜）一起前往京城洛阳。

　　前往洛阳之时，窦融和五郡太守带着他们的下属重要官员、宾客，驾着一千多辆马车，赶着满山遍野的马、牛、羊，大有远行的游子携财归乡之意。到达洛阳之后，窦融等人候在城门之外，向刘秀缴还了凉州牧、张掖属国都尉、安丰侯的印绶，然后听候刘秀的发付。

　　将兵在外的州牧、将军、诸侯，回朝之后，向皇帝上缴印绶，在当时几乎已成为一种惯例，在刘秀一朝，更是成为定例。如果皇帝同意让某人继续担任某职，那么马上就会派使者返还印绶，或者是部分返还。大多数情况下，皇帝会留下将军印而返还侯印及其他职官印信，以示对该官员会继续信任、器重。但如果皇帝已经猜忌某人，或是某人已经犯了大罪，那么，皇帝也很有可能会借此收缴全部的印信。

　　此时，窦融所担任的凉州牧，虽然还不是其后汉灵帝所设的十三刺史部的真正州牧，但实际上，却与东汉末的州牧没有什么区别，因为窦融确实掌管着凉州刺史部的军事、行政、民政等所有大权。此时刘秀刚消灭陇右的隗嚣和蜀地的公孙述，自然不允许让窦融这样的割据势力继续存在，成为中央政权的威胁。所以，天下平定之时，窦融上缴凉州牧印绶，可以说是正中刘秀下怀。

　　窦家好几世都在河西，窦融的高祖就曾担任张掖太守，堂祖父为获羌校尉，堂弟为武威太守，窦氏子弟在当地的势力不容小觑。而窦融最终能被推举为行河西五郡大将军事，最根本的原因也在这里；窦融最终能率领河西的军民支持刘秀攻打隗嚣，根本原因也在这里。窦融所领的张掖属国都尉一职，虽然名义上管辖的是归降汉朝的少数民族聚居区域，但其实际的权力，早就超出了原来的设定，因此，说什么也不能再让他担任，否则，既对朝廷不利，对窦氏也是一种纵容和毁灭。所以，窦融上缴张掖属国都尉印绶，也是刘秀所期望的。

　　接下来，是安丰侯的印绶。刘秀在当初分封窦融之时，早就预料到了这一天，把窦融的食邑分封在了远离他势力范围的安丰县。安丰在今河南省信阳市固始县东南，距离河西，有二千多里之遥，窦氏就算是有天大的本事，也不可能将河西的势力原封不动地移植到安丰去。所以安丰侯的印绶，完全可以给窦融留下。

　　于是，刘秀派使者前去，将安丰侯的印绶还给了窦融。

　　之后，刘秀接见了窦融等人，让窦融等人就诸侯之位，赏赐丰厚，恩宠无比，京师为之震动。

无缘无故收回了有功之臣凉州牧、张掖属国都尉的印绶，那么就必须对人家有所补偿。否则，既会让当事人寒心，也会招来天下人的讥议。所以几个月之后，窦融被拜为冀州牧，但还没有来得及去赴任，又马上升任为大司空。

面对刘秀的恩宠，窦融并没有飘飘然，他深知自己并不是刘秀的嫡系，所以在刘秀的那些功臣宿将面前，自己根本没有骄傲的资本。

所以，虽然他来到洛阳之后格外受刘秀的器重，位列其他功臣之上，但刘秀每次召见他之时，他都显得非常谦卑恭敬。因为这个缘故，刘秀更加亲近优待他。

窦融总归是个小心谨慎的人，时间一长，心里更加不安，所以多次上书请辞爵位。并且通过侍中金迁，向刘秀口头转达他的诚意。窦融又呈上奏疏说："臣窦融今年已经五十三岁了。有个儿子十五岁，生性顽劣。我早晚拿经书教导他，不让他观天文、看谶记。真心想使他恭敬谨慎，有所畏惧，恭顺守道，不希望他有过多的才能，更何况是传给他大片土地，享有旧诸侯王国呢！"想趁刘秀空暇时觐见，刘秀知道窦融的真实心理，所以没有答应。

后来一次朝会结束，窦融在席后徘徊，刘秀看到他，知道他又想推辞爵位，于是就派左右近侍传令，让他出宫。

过了几天朝会之时，刘秀当面对窦融说："前些天知道你想辞官回家乡，所以让你大热天暂且自便。今天见面，也是谈论别的事，不得再说辞封之事。"窦融听了之后，果然不敢再提。

建武二十年，大司徒戴涉因为他推荐的一个人偷盗黄金，所以受牵连进了监狱。刘秀因为三公参职要负连带责任，不得已下策书免了窦融的大司空之职。但到了第二年，立即加位特进，让他可以上朝议事。

建武二十三年，窦融代替已死的国舅阴兴担任卫尉，加位特进如旧，又兼领将作大将。弟弟窦友升任城门校尉，兄弟一同掌管护卫皇帝的禁兵。窦融以恩宠太盛，再次请求告老还乡，但刘秀总是赐给他钱帛，太官送来珍贵奇异的物品。等到窦友去世，刘秀怜悯窦融年老，于是派中常侍、中谒者到他卧室内劝他进用酒饭。

窦融的长子名叫窦穆，娶内黄公主（不是刘秀之女，或是宗室之女）为妻，代替窦友为城门校尉。窦穆的儿子窦勋，娶东海恭王刘强的女儿沘阳公主。窦友的儿子窦固，娶刘秀的女儿涅阳公主。

刘庄即位后，任用窦融堂兄的儿子窦林为护羌校尉。这样一来，窦氏家族就有了一公（窦融曾担任三公之一的大司空）、两侯（窦融安丰侯、窦友显亲侯）、三公主（内黄、沘阳、涅阳）、四个二千石（窦穆、窦勋、窦固、窦林），并且这些人都同时活在世上。从祖父到孙子，三世同堂，他们的官府宅第在京城中相连，奴仆数以千计，在皇亲国戚、功臣中没有能和他们相比的。

尽管窦融小心谨慎，不停地辞让封爵，但窦家还是成了京城数一数二的豪族。物极必反，盛极必衰，窦氏一门，自然也未能逃脱这个规律。

窦家的祸端，起于担任护羌校尉的窦林因罪被杀。

当时，居住在黄河以北大允谷（今青海省贵德县）的烧当羌在首领滇吾的率领下，渐渐强盛起来，开始进攻西部要塞，东汉的地方官前去征剿，却打了败仗。永平元年（公元58年），刘庄派中郎将窦固和捕虏将军马武前去平叛，将滇吾打得大败，滇吾引败兵退走，剩余的或者散去、或者投降，最终，东汉政府将七千多受降的羌人迁移到三辅安置。

为了妥善处置羌患，刘庄任命担任谒者的窦林为护羌校尉，居住在狄道（今甘肃省定西市临洮县）。

窦林作为窦氏家族的子弟，本就在当地很有家族背景，再加上措施得当，所以深得当地各部族羌人的信赖。于是，烧当羌人首领滇吾的弟弟滇岸就跑来向窦林投降。

手下的人为了向窦林邀功，欺骗窦林说前来投降的是烧当羌的大头领滇吾，窦林没有细察，立即就相信了，不仅相信了，而且还向朝廷上奏，说烧当羌的大首领滇吾投降了。

刘庄接报非常高兴，于是命令窦林将滇岸封为归义侯，并加封号为汉大都尉。

如果不是发生了后来的事情，那么这件事情也可能就会过去，不会给窦氏带来祸患，可是这件事情偏偏就发生了。

到了第二年，公元59年，滇岸的哥哥滇吾——烧当羌真正的大头领也向窦林投降了。窦林没有意识到问题的严重性，向朝廷上奏说，滇吾是烧当羌的第一首领，带着滇吾一起到朝廷进贡并朝见刘庄。

一个部落先后出现了两个首领，并且还都向朝廷投降了。刘庄对此当然感到难以置信，怀疑窦林在欺骗他，就问窦林是怎么回事。

对于如此显而易见的事实，窦林当然是理屈词穷，无言以对。为了糊弄刘庄，于是他再一次撒谎说："滇吾就是滇岸，滇岸就是滇吾，这是因为陇西一带的方言发音不纯正造成的。"

刘庄哪有那么好糊弄，于是下令彻查此事。一查，前滇岸后滇吾的事情立即查了个水落石出。刘庄大怒，下令罢免了窦林的官职。

正好在这个时候，凉州刺史又上书，告发窦林贪污受贿的罪行。刘庄越发生气，于是下令将窦林下狱处死。

窦林被诛杀之后，刘庄仍然不解气，觉得窦氏子弟为人缺乏诚实，又多贪赃之举，是窦融教导不严所致。于是多次下诏，严厉责备窦融，拿西汉时窦婴、田蚡等人因祸败家的事情告诫他。

窦融非常惶恐，请求告老回乡。刘庄没有同意，而是下诏让他回府第养病。一年多后，同意他上交卫尉的印绶，赐给他牛、酒。

窦融在宫廷宿卫十多年，年纪已经很大了，对家族子弟约束得不是很严格，以至于子孙放纵，多有犯法的。

窦融没有过多的精力管束子孙，所以他的儿子窦穆就开始结交一些轻薄狂妄的人，托付给地方上的郡县，扰乱当地的政事。

因为窦家的封地在安丰等四县，处于原六安故国境内，所以窦穆就想让他家的姻亲全部占有原六安故国。为了实现这一目的，窦穆假称阴太后的诏令，让六安侯刘盱休了他的妻子，然后窦穆将自己的女儿嫁给了他。

对于窦穆的这种恶劣行径，相关的当事人当然不能容忍。永平五年，被刘盱休掉的妻子家人上书告状，揭发了此事。

刘庄非常恼怒，下令将窦穆等人的官职免得一干二净。窦氏子弟之中，凡是做郎官的全部带着家属回老家，只留窦融一个人在京城。

可是等窦穆等人向西走到函谷关之时，刘庄又觉得于心不忍，于是下诏将他们全部追了回来。

这个时候恰逢窦融去世，享年七十八岁，谥号为戴侯，刘庄赐给窦家的丧葬费用及物品，极为丰厚。

窦穆虽然被追了回来，允许他继续留在京城的府邸，但刘庄却明显对他不再信任。刘庄觉得窦穆不能修养自身，却拥有大量钱财，并且居住在豪华的府第之中，于是派一名谒者前去监视窦穆。

过了几年，谒者向刘庄报告说，窦穆父子自从失势之后，多次口出怨言，心里愤愤不平。刘庄听了之后，于是命令窦穆带着家属回封地，只有他的儿子窦勋因为是沘阳公主的丈夫，最终得以留在京城。

但窦穆似乎是在劫难逃，因为他贿赂小吏犯法，被郡中逮捕关押，和儿子窦宣一齐死在平陵狱中。留在洛阳的窦勋也未能幸免，最终死于洛阳监狱。又过了好长一段时间，刘庄才下诏，让窦融的夫人和一个小孙子住到洛阳的府中。

窦氏子弟罹祸败家，接下来就轮到了梁家。

公元36年，作为武威太守的梁统，和窦融一起来到洛阳朝见刘秀，受到刘秀的隆重接见。之后，梁统被改封为高山侯（高山县在今安徽省滁州市来安县境），拜为太中大夫。梁统的四个儿子，都被任命为郎官。而尤为梁家感到荣耀的是，梁统的长子梁松，娶了刘秀的长女舞阴长公主为妻，一跃而成为当朝皇帝的乘龙快婿，并很快升任虎贲中郎将。

梁松能成为刘秀的女婿，绝不是刘秀的一时心血来潮或是为了刻意拉拢来自河西的梁氏。在河西五郡归汉的几姓子弟之中，梁松是最有学问的。自然而然，号称史上最有学问的皇帝，刘秀惺惺相惜，把他物色成了自己的东床驸马。

梁松非常博学，深通儒家经典，熟知历史事件，与朝中那些著名的大儒一起修订关于明堂、辟雍、郊祀、封禅的礼仪。就连皇帝刘秀，也经常同他讨论一些国家大事，梁松每每有自己独特的见地，其才能之高，让刘秀为之刮目相看。对他的宠幸程度，在当时几乎无人可比。刘秀死的时候，特意留下遗诏，让梁松辅政。

刘庄即位后，梁松升任为九卿之一的太仆，政治前途一片光明。

梁松这个人，优点确实很明显，但缺点也一如他的优点那样明显。他博学多闻，颇有才学，却心胸狭窄，不能严格约束自己。而这样的弱点在明察秋毫、严防皇亲外戚的皇帝面前，是致命的。

心胸狭窄、报复他人，比如诬陷病死疆场的马援，事后谁也没把他怎么样，就算是普天之下的老百姓都在非议，也无法使他付出实际的代价。但他一旦威胁到事关皇家切身利益的统治，触碰了皇帝的底线，那么他的好日子也就到头了。

梁松多次私下写信给地方郡县的官吏，让他们为自己办私事。当然，这些私事全都是为了满足梁松个人的私欲。公元59年是永平二年，刘庄已经当了两年多时间的皇帝。他发觉了梁松所做的这些事情，一怒之下，免去了梁松的官职。

刘庄在当太子之时，就已经知道梁松卑鄙地诬陷自己岳父马援的事情，所以在此时免去梁松官职，或许多少有些公报私仇的成分在内。但这个公报私仇，却是令人感到多么地快意啊！

梁松从九卿的高位上瞬间跌落尘埃，立即心怀不满，怨恨异常。公元61年冬，梁松用匿名信（当时叫"飞书"）诽谤他人，被逮捕入狱，最终死于狱中。他的封国也被废除。

当年为马援遭受不白之冤而感到万分痛惜的人，总算是看到了梁松倒霉的这一天。才高而德薄，等待他的不是祸患，又会是什么呢？

阴就，是阴丽华的亲弟弟。

因为阴丽华的父亲早死，所以刘秀在建武九年追封阴丽华的父亲阴陆为宣恩哀侯，而让健在的儿子阴就承嗣了阴陆的爵位。

阴就善于谈论，朝中的大臣们，很少有人能比得上他。但阴就与两个哥哥阴识、阴兴性格却大不相同。阴识、阴兴二人谦虚、谨慎，阴就的性格却是刚强傲慢。这样的性格，让其他的朝臣们不乐于和他相处，所以在大臣们之中，阴就的声誉自然也就不怎么好。

刘庄即位之后，阴就升任少府，加位特进。

阴就的儿子叫阴丰，娶了刘秀的女儿郦邑公主刘绶为妻。妻弟的儿子娶了姐夫的女儿为妻，可以说是亲上加亲了。但遗憾的是，阴丰出生于富贵之家，而郦邑公主更是贵为帝女，两人的性格都非常糟糕。

郦邑公主骄横而善妒，而阴丰也性格急躁，这样性格的两个人结合，出事是早晚的。

公元59年的某一天，阴丰和郦邑公主不知道因为什么事情争吵起来，最终争吵的结果是，阴丰把郦邑公主给杀死了。

如果换了相反的结果，郦邑公主杀了阴丰，那郦邑公主作为当朝皇帝的亲姐姐，估计什么事情也没有。但现在阴丰杀了郦邑公主，那性质可就太严重了。因为，郦邑公主姓刘。

阴丰因此被杀，他的父亲和母亲就算是贵为阴丽华的亲兄、亲嫂，照样无法活命，最终全部自杀而死。阴就的封国，因此被废除。

而阴就夫妇能够获准自杀而不是遭受其他的酷刑，还因为他们是当朝皇帝的亲舅舅，算是法外开恩了。这样的结局，与当年的汉文帝逼死舅舅薄昭之事如出一辙，真是令人唏嘘。

刘庄不仅严防外戚，对他们要求十分严格，对待大臣们，也是相当地严厉。

刘庄在位期间，他的舅舅们都是位至九卿，没有一个成为三公的。

馆陶公主刘红夫，是刘庄的姐姐。她在刘庄面前，想替自己的儿子求个郎官做，但刘庄宁可赐给她上千万的钱，也没有同意。刘庄对大臣们说："郎官这个职位虽小，却和天上的星宿一一对应，将来出任地方官，就要主宰百里大小的地方，如果所选非人，那么当地的老百姓就会因此而遭殃，所以我才拒绝了公主。"

有个叫阎章的大臣，才学非常出众，通晓国家的典章制度，在永平年间担任尚书。阎章的妹妹被选入宫中封为贵人，这样一来，阎章就成了国戚。阎章在中枢时间长了，各方面的表现都很突出，理应升任更重要的职位，但刘庄却因为他是后宫妃嫔的亲属，没有任命他，只是让他出任步兵校尉，那是一个级别只有二千石的中上级军官。

有一次，刘庄下诏赐给降汉的胡人细绢，负责此事的人员经办的时候，出现严重失误，把十写成了百，这样一来，赏赐的数量一下子就多了十倍。刘庄见到大司农呈上的簿册，立即勃然大怒，召来办事的郎官，就要鞭打他。

担任尚书的钟离意闻讯之后，赶快进殿叩头谢罪，说自己是尚书，职位高、罪责重，郎官的职位低、罪责轻，如果要处罚，也应该先处罚他，说完便解开衣服前往接受鞭刑的地方。刘庄见令人敬重的钟离意主动出来承担罪责，怒气一下子消了，于是下令让钟离意重新穿戴好并宽恕了郎官。

刘庄性情狭隘，喜欢把派人探听别人的隐私当作圣明，所以公卿大臣多次被诋毁，近臣尚书以下官吏甚至受到拽拉、殴打。

有一天，因为一件事情，刘庄对郎官药崧非常愤怒，就用手杖击打他。药崧倒也好汉不吃眼前亏，就逃到了床底下。

刘庄见状更加生气，朝着床底下大声喊叫："你给我出来，你给我出来！"

药崧在床底下说："天子穆穆，诸侯煌煌（即皇帝应该端庄威严，诸侯应该富丽大方）。没有听说过君王亲自殴打郎官的。"

由于药崧说得既郑重，又不失风趣，刘庄想了想，确实觉得堂堂天子在朝堂上殴打他人不成体统，于是就赦免了药崧。

说起来这个药崧也是个人才，他是河内人，天性质朴忠厚，因为家贫，来到宫廷担任郎官。夜间常常在台上值班，没有被子，就头枕着案几睡觉，早晚都吃很粗劣的糟糠。刘庄每晚前往尚书台，都能在那里见到药崧，于是就问药崧的一些情况。在得知药崧的情况后，刘庄非常赞叹，于是下令，自此以后由掌管皇帝膳食的太官赐给尚书台的尚书及以下官员早餐、晚餐，并供给他们帷帐和黑袍，以及侍史二人。

刘庄这么做，相当于改善了尚书台官吏们的伙食和值班条件，让那些家贫的郎官有了一个安身的地方。药崧后来官至南阳郡太守。

通过药崧这件事情，朝里的官员没有不惊恐害怕的，争着表现出严厉恳切的样子，以避免受到惩罚责备。

因为刘庄谨慎用人，所以当时的官吏基本上都很称职，百姓也安居乐业，无论远近都恭敬顺服，人口有了很大程度的增长。

不过对于刘姓宗室，刘庄对待他们的态度，在严厉之外，还是不乏温情的一面。他的几个弟弟刘英、刘荆、刘康、刘延犯下谋反大罪，但刘庄最后都无一例外全部赦免了他们，没有重责。

刘秀总共有十一个儿子：郭圣通生了五个，分别是刘强、刘辅、刘康、刘延、刘焉；阴丽华生了五个，分别是刘庄、刘苍、刘荆、刘衡、刘京；许美人生了一个，是刘英。因为郭圣通和阴丽华比较受宠，所以她们的儿子也跟着受优待，而许美人不怎么得宠，所以她的儿子刘英相应地也就比较受冷落。

刘秀在世之时，除了准备继承君位的太子刘庄，其他的十个儿子都封了王，不过封地都比较小，与西汉初的皇子有非常大的区别。并且刘秀所封的这些儿子，在郡国内都没有实际掌控权。而刘英母亲不受宠，所以他的封国相比之下也最小、最贫穷。

刘英是刘秀的第四个儿子。

刘庄当太子的时候，刘英作为异母弟，常常独自依附刘庄，因此刘庄非常喜爱他，即位以后，又多次赏赐他。

刘英年少时喜好行侠仗义，交结宾客，到了年纪大一些的时候，更喜爱黄老之学。当时佛教已传入东土，所以刘英也学着做浮屠斋戒祭祀等事情。

永平八年，刘庄下诏，减轻罪犯的刑罚，并命天下犯死罪之人，都可以用细绢赎罪。身为楚王的刘英也派郎中将三十匹绢献给国相说：他在藩国内积累了许多的罪过，要奉上丝帛赎罪。

藩王献上丝绢，国相不敢怠慢，于是赶快将事情上报朝廷。刘庄见到刘英的奏章，虽然震惊，但对刘英的做法还是比较赞赏，于是下诏回复他说：

"楚王诵读黄老的微言大义，崇尚佛陀的仁义祭祀，曾经斋戒三个月，与神为誓，有什么嫌疑，会有如此的悔恨？还是还回赎物，以帮助那些在家受五戒的佛教徒和僧侣。"并将诏书颁布给其他诸侯国中的太傅和国相看。

有了刘庄的这道诏书，刘英感觉好像得到了一把尚方宝剑，于是开始大肆交结那些方术之士，制作金龟玉鹤，在上面刻上文字当作符瑞。

刘英的举动，差不多就是当年王莽造谶的翻版了。所以，永平十三年，有个叫燕广的男子上书告发了他。说刘英与渔阳的王平、颜忠等人制作图谶，有叛乱的阴谋。

刘庄下令调查此事，最终负责调查的官员上奏说刘英招揽、聚集奸猾之人，制作图谶，擅自设置官职，设立诸侯王公将军二千石级的官职，大逆不道，请求诛杀他。

西汉时的淮南王刘长，因为谋反被汉文帝下令迁徙到蜀地，迁徙途中绝食而死。因此民间唱歌谣讽刺说："一尺布，尚可缝；一斗谷，尚可舂；兄弟二人不相容。"使素以贤明著称的汉文帝刘恒，感到了极大的压力。

此时的刘庄，面对犯下与刘长同样罪行的刘英，也不忍心诛杀，于是下令废掉他的爵位，然后把他迁徙到丹阳的泾县，赐给他汤沐邑五百户。而刘英母亲楚太后的身份没有废除，得以继续留住在楚宫里。

第二年，刘英到达丹阳后自杀而死。刘英的谋反案件，拖延了好多年，因为供词涉及较广，所以从京城的皇亲，到各州郡的豪杰，再到负责该案的官吏，互相牵连陷害，被处死、流放的达上千人。

刘英死后，他的封国被废除。不过后来，他的儿子又被诏封，封国一直延续了下去。

刘秀的第八个儿子刘荆，也是阴丽华的儿子，和刘庄是一母同胞。

刘荆其实和刘庄一样，性格上有点刻薄，或许更过分一点，并且也比较急躁。刘荆也遗传了刘秀、阴丽华的那种聪明才智，所以他在刘秀的诸多儿子之中，是比较有才能的一个。

有更高的才能，就意味着有更高的期望值。但是，皇位却只有一个。

自恃有才能却没能继承皇位的刘荆，心里自然而然对自己的父亲有怨气。刘秀死的时候，灵柩停在前殿，儿子们都来哭丧。刘荆虽然在哭泣，却并不哀伤，就像当年的吕后之哭汉惠帝一样。

在刘荆看来，刘秀一死，机会似乎就来了。但如果他想于中取事，那就必须要趁火打劫，浑水摸鱼。而要想有这样的机会，那就必须制造乱机。

刘荆写了一封匿名信，让自己手下的奴仆假称是大鸿胪郭况的手下，然后带着前去东海国找废太子刘强，怂恿刘强造反。

刘强接到刘荆写的匿名信，十分害怕，于是立即逮捕使者，然后将这封匿名信封起来交给了朝廷。

事情很快调查清楚，刘荆犯下谋逆之罪，按照惯例，这是无法赦免的死罪，必须处死。

但因为和刘荆是一母同胞，所以刘庄心里十分不忍、十分同情他，想要赦免他，于是下诏让樊鯈（鯈，同倏，系樊宏之子）与担任羽林监的南阳人任隗一起审理刘荆一案。

樊鯈、任隗审结之后，向刘庄递上报告，奏请对刘荆执行死刑。刘庄有些意外，于是召见樊鯈、任隗等人，朝他们发怒说：“你们这班人，就因为刘荆是我弟弟的缘故，所以就想杀了他。倘若是我的儿子，你们敢这么做吗？”

没想到樊鯈却是个很有胆识的人，他抬起头来回敬说：“天下是高皇帝的天下，不是陛下您的天下。《春秋》的大义是：'对于君主、父母不能有叛反之心，只要有叛反之心，就一定要杀了他。'因此周公杀了亲弟弟、季友毒死了亲哥哥，经传中历来都是表彰的。我等就因为刘荆和皇上是同母兄弟，皇上存有圣人之心，并加以怜悯，所以才敢向皇上请示。如果是皇上的儿子，我们早就按照法律规定把他杀了。"

刘庄听了之后，一时之间竟无言以对，樊鯈因此声名大噪。

不过最终，刘庄还是决定赦免刘荆。他吩咐大臣们压下了这件事情，然后派刘荆到河南宫去居住。

逃过一死的刘荆，并没有从中吸取教训，反而心里更加怨恨。

当时正赶上西羌叛乱，郁郁不得志的刘荆，又希望天下因西羌反叛而发生变化。于是他私下找到几个会星相之术的人，与他们共同商议。

刘庄听说这些事情之后，改封刘荆为广陵王，派遣他到封国去。

刘荆去了封国之后，仍然不死心，他叫来一名相士说："我长得特别像先皇。先皇三十岁得了天下，我今年也三十岁了，可以起兵了吗？"

相士听了之后非常惊恐，立即将这件事情报告了郡国的官吏。刘荆得知事发，极为惊慌害怕，于是赶快自己到牢狱中去投案。

刘庄仍然不忍心杀死刘荆，下令不再深入追究此事，只是下诏令刘荆不得再有臣属吏人，只像过去那样继续享用封国内的租赋。郡国内的相、中尉小心地护卫并监视着他。

到了这个时候，刘荆仍然死不悔改，又派巫师祭祀诅咒。事情很快被官吏们举报给朝廷，官员们请求杀死刘荆，刘荆也知道自己屡犯大逆之罪却被宽赦，此次恐怕是难逃一死，于是就在监狱里自杀了。

刘荆死后，他的儿子又被封侯，封国一直传了下去。

济南王刘康，是刘秀的第五个儿子。

刘康在封国内不遵守法律，大肆结交宾客。此后，有人上书控告刘康招揽州郡的奸猾之人，比如渔阳的颜忠、刘子产等人，并赠给他们丝绸，制作图谶书册，商议叛乱之事。经过调查，有关部门查清了事实，不过，刘庄也并不想深究此事，只是下令削去了刘康封国的五个县，以示惩戒。

刘延，是刘秀的第七个儿子。

刘延性格骄横奢侈，并且对待下属非常粗暴。永平年间，有人上书告发刘延，说刘延与他姬妾的哥哥谢弇以及馆陶公主刘红夫的女婿驸马都尉韩光，召集奸猾之徒，制作图谶，并在祠堂和祖庙中祭祀诅咒。

朝廷调查此事，韩光、谢弇被杀，供词所牵连的人，有很多被处死或流放。负责审案的官员上书，请求诛杀刘延，但刘庄觉得刘延的罪行比楚王刘英的要轻，所以法外开恩，把他贬为阜陵王，食邑两个县。

刘延被贬封之后，常常心怀怨恨。汉章帝时，又有人上书，告发刘延和他的儿子刘鲂制造叛逆谋反之物。有关官员上报，请求派槛车将他们送到京城，押入廷尉诏狱之中。汉章帝下诏责备刘延，但又不忍心杀死刘延，将他贬爵位阜陵侯，食邑也削减为一个县。

刘庄不仅对刘姓宗室非常宽容，对自己的老师也非常尊敬。

刘庄非常崇尚儒学，是个好学的皇帝。刘庄不仅自己好学，还命令太子、诸侯王和大臣子弟都要读经。他下令在南宫设置太学，聘请博学的经师为前来学习的王侯子弟传授学业。

在经书之中，刘庄又特别推崇《孝经》，提倡"以孝治天下"。

所以，一方面，刘庄孝顺自己的母亲阴丽华；而另一方面，刘庄则对自己的老师特别尊敬。他的所作所为，堪为天下人的榜样。

刘庄在做太子之时，师从桓荣学习《尚书》，因此与桓荣之间建立了深厚的师徒之谊。等到刘庄即位为皇帝之后，仍然对桓荣非常尊敬，时时处处用老师的礼节来对待他、尊重他。

桓荣在为刘庄讲学之前，身份是议郎。为刘庄授学之后，刘秀觉得他讲得非常好，于是拜为博士，之后又升任为太子少傅，最后官至太常。

刘庄曾经亲自到桓荣的太常府去，让桓荣坐在东面，设置几杖，然后召集文武百官及桓荣当年的学生数百人，向桓荣行弟子礼，然后亲自捧着书，上前向桓

第十章　东汉　| 319

荣求教，就像当年学习时一样。

桓荣生病之时，刘庄每次都派人专程去慰问，甚至亲自登门看望。每次前去探望桓荣，刘庄都是一进街口便下车步行，并捧着经书向前，以表尊敬。进门之后，往往拉着桓荣的手，默默垂泪，赐给他床垫、衣被、帷帐等物，好长时间才离去。作为皇帝的刘庄对桓荣如此态度，所以其他的诸侯、将军、大夫前来看望桓荣时，都不敢乘车到他家门前，到了之后，都拜伏在床下。

桓荣死后，刘庄变换服饰后前去送葬，并在首山之南赐给他一块坟地。之后，妥善安排了桓荣的子女。

东晋时大名鼎鼎的权臣桓温，即是桓荣的十世孙。

在刘庄执政期间，发生了一件大事。这件事情，不仅在中国文化史上具有里程碑意义，在世界宗教史上，也具有非常重要的意义。

这件事情，就是佛教的传入。

其实在公元1年前后，也就是王莽代汉建新的那段时间里，佛教就已传入中国。佛教刚开始传入中国之时，并没有在民间广泛传播，而是尚处于翻译佛教经典的阶段。

有一天晚上，刘庄做了一个奇怪的梦，梦见一个非常高大的金人，头顶上发出耀眼的光芒，在大殿里环绕飞旋。

刘庄醒来之后，感到非常不解，于是就问群臣。其他的大臣们都无法解释这个梦，但博学多才的辞赋家傅毅却回答说："听说西方有神，名叫佛，身形高大，有一丈六尺多高（约合今三米六八），遍身金黄。陛下梦到的，大概就是西域的佛陀吧。"

刘庄觉得傅毅说得非常对，于是就派遣郎中蔡愔、博士弟子秦景等人为使者，前往天竺国（古代中国以及其他东亚国家对当今印度和巴基斯坦等南亚国家的统称），求问佛法。

蔡愔、秦景等人到达天竺国之后，不仅从天竺带回了佛教经典，还带来了两名高僧（其时称之为沙门，即出家人之意）摄摩腾（又名迦摄摩腾）、竺法兰。

佛经和沙门来到东土之后，刘庄非常高兴，下令在都城洛阳建造一座专门的佛寺，以供摄摩腾、竺法兰翻译佛经并弘扬佛法。

因为佛经是蔡愔、秦景等人用一匹白马驮来的，所以这座佛寺就被称为白马寺。四大名著之一的《西游记》，描写唐僧师徒四人西天取经的故事，故事中的白龙马，即来源于此。白马寺是佛教传入中国后第一座官办寺院，有中国佛教的

"祖庭"和"释源"之称。

东汉政府修建白马寺在中国历史上具有标志性意义，标志着佛教正式传入中土。

摄摩腾、竺法兰在白马寺中，合作翻译了佛教经典著作《四十二章经》，与最初从天竺取来的佛经一起，放在皇室图书档案馆"兰台石室"中。

摄摩腾、竺法兰后来都在白马寺中圆寂。这二位高僧，一同被尊为中国佛教的鼻祖。

佛教传入中土之后，开始是一些诸侯比如楚王刘英等信奉，到汉桓帝时，汉桓帝多次拜祭。皇帝的这一举动，直接导致了一些百姓开始供奉，佛教慢慢在中土兴盛起来。

在其后的数百年间，天竺与中土两地传经、取经的高僧络绎不绝，比如鸠摩罗什、真谛、法显等人。

自南北朝时，中国的佛教进入兴盛阶段，出家和在家的佛教徒数量猛增，遍布全国。梁武帝萧衍笃信佛教，四次舍身出家，被大臣们用巨资赎回。南方建业的佛寺，有好几百座；而北方长安的僧尼，超过万人；洛阳城中的寺庙，更是达到了一千三百六十七座。

到唐朝之时，玄奘法师到天竺数十国取经，取得较高成就。回到中土之后，佛教各部派的主要经典都翻译到了汉地。其时的中土，各大宗派纷纷成熟，高僧名僧辈出，佛教在中土达到鼎盛，世界佛教的中心也渐渐转移到了中国。之后，佛教传播到日本、韩国、越南、新加坡等地。佛教自此成为世界性宗教，而印度的佛教，则在此后日趋没落、消亡。中国翻译、收藏的佛教经典是世界上最全面、最系统和最完整的。

传入中土的佛教，被称为汉传佛教，也叫汉语系佛教，以与古印度原始佛教、南传佛教、藏传佛教、回鹘佛教相区别。

汉传佛教有八大宗派，简称汉传八宗，是大乘，分别是：禅宗、天台宗、三论宗、法相宗（慈恩宗）、华严宗（贤首宗）、律宗（南山宗）、密宗（真言宗）、净土宗（莲宗）。

此前，还有小乘二宗，分别是：成实宗、俱舍宗。

"大乘"与"小乘"的区别，简单来说，小乘认为凡人没有佛性，所以凡人不可能成佛；而大乘认为凡人本性中都有佛性，所以凡人经过修行都可以成佛。这与儒家的"人人皆可为尧舜"有异曲同工之处，都是鼓励人人向善，最后个个都可以有所作为，都可以实现人生的价值目标。这样的释理，为个人修行敞开了大门，使个人通过自己的刻苦努力成佛成圣有了可能，在理论上没有把凡人修行的大门关死，因而受到人们的欢迎。

佛教对中国的宗教、哲学、伦理、建筑雕刻、语言文学以及生活方面都产生了极为重大的影响，并使中国传统文化更加丰富多彩。

而这一重大事件，与东汉王朝的第二任皇帝刘庄，紧紧地捆绑在了一起，成为一个鲜明的标志。

永平十八年（公元75年）八月，刘庄在洛阳东宫前殿去世，享年四十七岁。死后葬于显节陵，庙号为显宗，谥号孝明皇帝。

刘庄在当太子之时，曾经劝说勤勉为政的光武帝刘秀，说刘秀有禹汤之明，却不懂得休养身心。但刘秀活到了六十二岁，而刘庄却只活了四十七岁，比刘秀短寿十五年。看来，有时候明白一个道理，却并不意味着能够坚持一个道理啊！

第十九节　莎车称雄、祭肜威边、窦固击匈奴

汉明帝死后，皇太子刘炟即位，是为汉章帝。

刘炟是汉明帝的第五个儿子，他的亲生母亲是贾贵人。当时，马皇后被送入时为太子的汉明帝宫中之时，其异母姐姐的女儿贾氏也被选入后宫。

备受宠爱的马皇后一生未育，而贾氏却早早为汉明帝生下一子刘炟。

因为马皇后受宠，所以汉明帝就把刘炟交由马皇后来抚养。而马皇后也不负所望，把刘炟照顾得非常周到，母子之间的感情非常融洽。刘炟的生母贾氏，被封为贵人。

刘炟自幼被谨慎而知礼的马皇后抚养长大，所以性格非常温和、待人宽容，又喜好儒术，极得其父汉明帝的器重。

永平三年（公元60年），年仅三岁的刘炟被立为皇太子。在皇太子位上，刘炟平稳地成长到了继承皇位之时。公元75年八月，十八岁的刘炟即皇帝位。

刘炟即位之后，尊养母马皇后为皇太后，但对自己的生母贾贵人没有尊封，对贾贵人的家人也没有封赏。一直到马皇后逝世，刘炟才给生母贾贵人加上等同于诸侯王的赤绶。自此以后，贾贵人未见于史书记载。

之前汉明帝在位之时，明察秋毫，法令严明，所以很少有人敢欺上瞒下，也很少发生怠政懒政之事。官吏们虽然兢兢业业勤勉政事，但免不了会有怨言。而这些情况，刘炟知道得一清二楚。

所以刘炟即位之后，开始改变汉明帝之前的做法，凡事讲求宽容。一方面，刘炟下令废除了一批残酷的刑罚条目；另一方面，再一次减轻赋税，百姓们都感

到非常高兴。

人的本性是带有惰性的，若非万不得已，大多数的人，并不愿意长久地过苦行僧的日子。所以，刘炟这么做的结果，就是许多有权势的人开始放纵自我，使东汉建政以来形成的外戚、朝臣小心谨慎、战战兢兢的局面为之失控，再加上东汉后期的皇帝大都年幼或是壮年早逝，所以也直接造成了东汉后期外戚、宦官专权直至东汉灭亡的结局。

由于经过多年的休养生息，刘炟与其父明帝在位期间，东汉政府的民力恢复，国力增强，所以解决匈奴及西域问题，便显得水到渠成。

自西汉武帝时张骞通西域，西域成为中原的藩属国。那个时候的西域，有三十六个国家，西汉政府在西域设置使者、校尉等官吏来统领、保护西域。汉宣帝时，因为郑吉总领南、北两道，所以西域的最高军政长官改称为都护。到元帝时，又设置了戊己二校尉，在车师前王庭垦种荒地。汉哀帝、汉平帝时期，西域分裂为五十五个国家。

西域归属汉朝的那些国家，东西长有六千多里，南北长有一千多里，东到玉门关（今甘肃省酒泉市敦煌市西北）、阳关（今敦煌市西南，因在玉门关之南而得名），西到葱岭（今帕米尔高原）。西域的东北部与匈奴、乌孙接壤。南部和北部都有大山（南部的山指今昆仑山、阿尔金山，北部的山指阿尔泰山），中央有河流（指今塔里木河）。西域的南山向东延伸到金城（指祁连山延伸到今甘肃省兰州市），与汉的南山（指秦岭）相连。西域的河有两个源头：一个发源于葱岭，向东流去（即今喀什噶尔河），一个发源于于寘（即于阗，今新疆和田一带）南山脚下，向北流去（即今和田河），同葱岭河汇合（即今塔里木河），向东注入蒲昌海（即今罗布泊）。蒲昌海又叫盐泽，距离玉门关有三百多里。

从敦煌向西出玉门关、阳关，经过鄯善（今罗布泊周边，最初都城在罗布泊西岸，汉昭帝时傅介子杀楼兰王后迁到现今的若羌县，再后迁至今鄯善县），北边通往伊吾（今新疆维吾尔自治区哈密市的古称）有一千多里，从伊吾向北通往车师前部的高昌壁（今新疆维吾尔自治区吐鲁番市高昌区）有一千二百里，从高昌壁向北通往后部的金满城（今新疆维吾尔自治区昌吉回族自治州吉木萨尔县城以北的北庭乡）有五百里。这是西域的门户，所以戊己校尉交替驻守这些地方。伊吾的土地适合种植五谷、桑、麻和葡萄。伊吾的北面又有柳中（今新疆维吾尔自治区吐鲁番市鄯善县西南鲁克沁），全是肥沃的土地。所以，汉朝经常和匈奴争夺车师、伊吾这些军事要地，谁控制了这些地方，谁就能控制西域。

从鄯善（今罗布泊）翻过葱岭出西域各国，有两条道路。贴近南山北边，沿着河往西走，到达莎车（今新疆喀什地区莎车县），这是南道。南道向西翻过葱岭，就可以到达大月氏（今阿富汗的巴尔赫一带）、安息（今伊朗）等国。从车师前王庭沿着北山，顺河向西走到疏勒，这是北道。北道向西翻过葱岭，到达大宛（今乌兹别克斯坦费尔干纳盆地）、康居（今哈萨克斯坦巴尔喀什湖到咸海之间）、奄蔡（今哈萨克斯坦、乌兹别克斯坦交界处的咸海一带）这些国家。

不过就算是在西汉末期，即使西域再怎么分裂，在那个时候，西域还是中原的藩属国。事情到了王莽之时，出了大问题。

王莽建新后，为了显示中原大国的尊贵，施行大民族主义，想方设法贬低周边少数民族的政治地位。具体来说，就是把西域各国首领的王号全部降为侯爵，西域各国非常愤怒，怨恨之下，相互攻伐并纷纷反叛，继而改投匈奴。西域都护但钦，甚至被焉耆国所杀。王莽派兵去征剿，但随着主将王骏遭伏击而死，这一行动便基本以失败告终。自那时起，西域和中原完全隔绝。

西域脱离中原的管辖之后，大部分的国家，在匈奴的强大武力之下，选择了依附匈奴。但也有例外，最显著的代表就是莎车国。

莎车国的国王名叫延，他为人极为强硬，再加上莎车国国力、军力都相对比较强大，所以拒不投降匈奴。

延曾经在汉元帝时到西汉当过侍子，他从小在京城长安长大，所以非常仰慕、喜爱中原的文化和礼仪。回到莎车为王之后，他借鉴了不少汉家的典章制度，也因为此，莎车变得极为强大。延经常叮咛他的儿孙们，应当世代尊奉汉家，不可辜负汉家。王莽天凤五年（公元18年），延死，谥号为忠武王，他的儿子康继承了王位。

其后，因为中原兵乱四起，康继承其父遗志，既不投降匈奴，但也无法跟中原取得联系。

光武初年，康率领相邻的几个国家，一边抵御匈奴，一边护卫原汉家西域都护将士们的妻子、儿女一千多人，然后派人送信给河西，询问中原的情况，并陈述他们对中原汉家的思念和仰慕。

其时，光武帝刘秀刚刚建政，关中、关东、陇右、巴蜀等地都还没有平定，刘秀还在艰苦鏖战。谁能成为最后的赢家，天下人都在观望。

随着刘秀先后降服赤眉、平定关东并与陇右的隗嚣、巴蜀的公孙述形成鼎足之势，一些颇具战略眼光的人据此认定，天下非刘秀莫属。于是，他们开始积极向刘秀靠拢。被推举为行河西五郡大将军事的窦融，于建武五年（公元29年）派使者前去觐见刘秀，被刘秀拜为凉州牧。

实际掌控着河西的窦融与刘秀取得联系并被授予凉州牧之职，那么西域问题，也顺理成章地被提了出来。窦融按照刘秀的旨意，封康为汉莎车建功怀德王、西域大都尉。西域的五十五个国家，都属莎车王统管。

建武九年，康死，谥为宣成王，康的弟弟贤继承了王位。贤进攻并打败了拘弥国（今新疆和田地区于田县克里雅河以东）、西夜国（今新疆喀什地区叶城县境），杀了这两个国家的国王，然后立康的两个儿子为拘弥王、西夜王。

建武十四年，贤与鄯善王安一同派使者到东汉都城洛阳，觐见光武帝刘秀并进贡方物。从公元16年西域与中原断绝关系，一直到二十二年后的此时，西域才再一次和中原恢复了外交关系。葱岭（今帕米尔高原）以东的国家都服从莎车王贤的管辖。

建武十七年（公元41年），贤再次派遣使者进贡，请求朝廷派出西域都护。其实直到这个时候，贤对中原的态度仍然是非常诚恳的，也是极为尊敬的。

其时熟悉河西、西域事务的窦融，已经到朝廷担任大司空之职。于是光武帝就征求他的意见，看他是什么态度。

窦融认为：贤的父亲延、兄长康和贤本人，他们父子兄弟相约降顺汉朝，一直以来态度都十分诚恳、恭敬，再加上葱岭以东的西域各国，实际上都处于贤的管辖之下，那么最好的选择，就是让莎车王贤担任西域都护。这样以来，既可以让贤名正言顺地管理西域，又可以使贤长期以来以实际行动帮助中原汉家的行动有所回报，可以让贤一心一意归顺中原汉家。

说起来，窦融为人实在，他的意见表面上看起来是对的，但根本上是错的。因为他忽略了一点，那就是政治。

一直以来，西域都护都由中央政府任命，是中央政府派出的官吏。没有由西域小国的国王或是西域人担任的。中央政府直接派人担任西域都护，那么西域就是由中央政府直辖的，西域各国虽为独立的国家，但实际上与中原的郡县没有区别；而如果委托当地的国王担任西域都护，那么假以时日，西域就会逐渐演变为一个自治区域甚至脱离中央政府的控制。就如同此前的窦融，他在河西有着极高的威望，稳定河西一带，没有人比他更出色。可是，光武帝在一统天下之后，还是要把他调入朝中，并远封到江淮一带，道理就在于此。

毫无疑问，贤和他的父亲延、兄长康，都对汉家非常忠心。但是，忠心不能代替国家权力的行使，这是个根本性的问题。如果任命贤担任西域都护，贤首先会考虑莎车国及他们家族的利益，而不是中原汉家的利益，其他各国的利益，那就又在其次。西域其他国家，本来在政治上与莎车国是平等的，但如果贤担任了都护，其他的国家一来会对中央政府感到失望，二来会对莎车国的这个巨大利益感到嫉妒，并有觊觎之心。如果贤死了，他的儿子、孙子继位，中原如果继续任命他的继任者担任都护，那么权力仍然会被让渡，西域仍然不能被中原直接掌控；而如果改派汉朝官吏到西域，那么贤的子孙就会怨恨甚至反叛，其他各国也会觉得中原降低了他们的政治待遇，王莽时代的覆辙，马上就会被重蹈。

作为一个有着远见卓识的政治家，光武帝其时或许是感觉到凭当时东汉的国力，还没有足够的力量直接管理西域，那么按照窦融的意见，任命西域强国的国王担任都护，也不失为一个好办法。

于是，光武帝采纳了窦融提出的意见，赐给贤西域都护的印绶，以及车子、旗帜、黄金和彩色丝帛。不过，东汉政府没有专门派遣使者，而是顺便派遣贤的使者，让他带着这些东西回去复命。

敦煌太守裴遵是个颇有见识的人，他得知消息之后，立即向朝廷上书说："夷狄之人，不可以授予他们大权。况且这么做，又会让其他的国家失望。"

光武帝见到裴遵奏书，如梦初醒，于是立即下诏，收回赐给贤的西域都护印绶，然后重新赐给他汉大将军印绶。

贤的使者也不简单，他深知西域都护这个职务在西域各国中的分量，那绝不是一个"汉大将军"的空头衔所能比拟的，所以他坚决不肯更换印绶。

裴遵十分老辣，他见贤的使者不肯，于是命人强行夺取并更换了印绶，然后让贤的使者回去复命。

贤听说他到手的西域都护没了，对汉朝极为痛恨。但他是一个极有政治权谋的人，在西域各国之中，仍然谎称自己是大都护，并向各国发送文书。西域各国不知真伪，慑于贤的淫威，于是全都服从他的管辖，称呼贤为单于。

贤无论如何也没有想到，他和他的父亲、兄长忠心对待中原汉家，谁知到头来，中原汉家却如此对待他们。

本来，如果光武帝不听从窦融的意见，一开始就没有委任贤为西域都护，而是赐给贤汉大将军的印绶，贤也会非常乐意地接受，并会一如既往地忠诚于中原，为东汉政府效力。可是，人的欲望是无穷无尽的，人的本性也是贪婪的，所谓欲壑难填、得陇望蜀，即此谓也。本来不属于他的东西，如果不给他，那他也没有什么可说的；可是现在许诺要给他，结果突然之间又夺走了，心理上的既得感和深度期待，使他们感觉好像被拿走了本属于自己的东西一样，心理上马上变得怨恨不平并心态失衡。这是一种人性深处普遍的心理状态，试问贤又怎么能例外呢？

于是，贤不再听命于中原，而是变得骄傲横暴，向西域各国征收很重的赋税，多次攻打龟兹国（都城延城，今新疆阿克苏地区库车县附近）等国家。

一方面是匈奴在奴役其他国家，另一方面莎车国又依仗武力征收重税，西域各国不堪重负，都感觉忧愁恐惧，希望能够得到中原汉家的庇护。

建武二十一年（公元45年）冬天，车师前王、鄯善、焉耆等十八个国家，都派王子前往洛阳入侍，贡献珍宝方物。十八个国家的使者见到光武帝之后，都流着眼泪叩头，请求朝廷能够派出都护。

那个时候，光武帝觉得中原刚刚平定，民生凋敝，国力虚空，再加上北部的卢芳降而复叛，勾结匈奴侵扰边境，征讨近在眼前的匈奴尚且感觉力量不足，更别说是管护数千里之外的西域了。

综合考虑之下，光武帝没有答应十八国使者的请求，而是客气地将他们的侍子（人质）全部送还，并赏赐给他们丰厚的财物。

莎车王贤见汉政府不派都护，仗着自己的军队强盛，就想吞并整个西域，于是加紧攻打其他国家。

西域各国听说朝廷没派都护，而且侍子都被送了回来，极为忧愁恐惧，于是联名给敦煌太守裴遵写了一封信，说他们情愿留下侍子。这么做的目的，就是为了给莎车国造成一种错觉：其他各国的侍子被留下，那么朝廷过不多久就会派出都护，希望用这个办法，能够暂且制止贤的入侵。

裴遵接信之后，立即将情况上报朝廷。光武帝觉得只要朝廷不出兵，用这种策略也有可能对莎车国形成一种压力，于是就同意了。

但贤不会为一个并不存在的现象所迷惑。建武二十二年，贤知道朝廷不派都护，于是送信给鄯善王安，命令他切断通往中原的道路。莎车国与中原汉家，谁强谁弱鄯善王还是分得清的，今天东汉不派都护，并不等于明天不派，所以安没有听从贤的命令，而是杀掉了他的使者。

贤见安杀死了他的使者，极为恼怒，于是发兵攻打鄯善。安带兵迎战，结果失败，被迫逃入山中。贤在鄯善国大杀一阵，杀害、掳掠了一千多人后回国。

当年冬天，贤攻打龟兹国并杀死了龟兹王，之后吞并了龟兹国。

鄯善、焉耆等国的侍子长期留在敦煌，忧愁想家，都跑了回去。鄯善王再次向中原上书，表示愿意再一次派儿子入侍，并再次请求，希望汉朝能够派出都护，说如果中原不派出都护，那么他们就会因经受不住匈奴的攻打而投向匈奴。

光武帝给他们回信说："现在西域都护和大军都没办法派出，假如各国力不从心的话，那么东西南北随你们投靠哪一方都可以。"西域各国接到回信，失望至极，于是鄯善、车师等国再次依附匈奴，而莎车王贤则更加骄横。

妫塞国（今地望不详）对贤的暴横十分不满，妫塞王自以为妫塞国离莎车国较远，于是就杀掉了贤的使者。贤丝毫没有妥协，迅速发兵攻破了妫塞国，杀死妫塞王，之后立妫塞国贵族驷鞬为妫塞王。

之后，贤又立自己的儿子则罗为龟兹王。贤考虑到则罗年纪还小，于是就将龟兹国一分为二，分出一个乌垒国来，改封驷鞬为乌垒王，然后重新立妫塞国另外一名贵族为妫塞王。

几年以后，龟兹国的贵族们一起杀了则罗、驷鞬，然后派人出使匈奴，请求匈奴人为他们立王。匈奴人于是立龟兹贵族身毒为龟兹王，自此，龟兹国归附匈奴。

贤因为大宛国进贡的物品和赋税减少，于是亲自带领好几个国家的兵马几万人攻打大宛。大宛王延留见贤来势凶猛，知道无法抵挡，于是开城迎降。

贤接受了延留的投降，不过却借此机会，把延留带到了莎车国。之后，改封自己的侄子拘弥王桥塞提为大宛王。与大宛邻近的康居国，因为和大宛国关系较好，多次进攻外来人桥塞提，桥塞提在大宛国硬撑了一年多，最终逃了回去。贤不得已，只好又让他去当拘弥王。

在那个时候，贤考虑到如果不能保证大宛的平稳，就会影响到他兼并西域的其他国家。大宛、康居离莎车国远，而车师、龟兹、鄯善等国离莎车近，要想远交近攻，就必须先得结好远处的国家。基于这种考虑，于是贤派原大宛王延留回大宛，让他仍旧当大宛王，要他像以前一样，向莎车国进贡。贤又将于寘王俞林改封为骊归王，立俞林的弟弟位侍为于寘王。

过了一年多，贤怀疑各国都想反叛，于是召来位侍、拘弥王、姑墨（今新疆维吾尔自治区阿克苏市）王、子合（今新疆维吾尔自治区喀什地区莎车县东南）王，将他们全都杀死。在这几个国家不再设国王，只是派将领镇守这些国家。位侍的儿子戎逃了出来，最后投降了汉朝，被封为守节侯。

莎车国的将领君得奉命镇守于寘，他为人残酷暴虐，所以于寘国的百姓都非常痛恨他。汉明帝永平三年（公元60年），于寘国的其中一个部族首领都末到城外去，看见了一只野猪，就想用箭射野猪。谁料那个野猪却对他说："不要射我，我就为你杀死君得。"

都末以为这是上天的昭示，回城之后，和兄弟一起杀掉了君得。

君得被杀之后，于寘国出现权力真空。于寘国的另一个部族首领休莫霸又同汉人韩融等人，杀掉了都末兄弟，然后自立为于寘王。

休莫霸也是一个极为强悍的人，他夺取权力之后，与拘弥国的人一齐攻杀了莎车国在皮山（今新疆维吾尔自治区和田地区皮山县）驻守的将领，之后率兵回国。

于寘的将领被杀，驻守皮山的将领也被攻杀，贤异常震怒，于是派太子、国相率领几个国家的军队大约二万人，前来攻打休莫霸。休莫霸是一名悍将，他率兵前去迎战，结果把莎车军队打得大败，杀死了一万多人。

在贤任莎车王的那段时间里，莎车的军队还从未遭到如此惨败。贤觉得自己的权威受到了挑战，于是再次征调各国的军队数万人，自己亲自统率，前去攻打休莫霸。

休莫霸的军事才能确实非常出色，他率军又一次打败了贤，贤的军队被他斩杀了一多半。贤大败之后，脱身逃回莎车。

得胜之后的休莫霸，于是进兵包围莎车，想要将莎车灭国。但意外的是，休莫霸在指挥攻城的过程中，竟然中流矢而死。休莫霸死后，于寘兵群龙无首，撤兵回国。

于寘国的国相苏榆勒等人一同拥立休莫霸哥哥的儿子广德为国王。其时，匈奴与龟兹各国的军队共同攻打莎车，却未能破城。广德趁着莎车连遭败战，于是派弟弟辅国侯仁率领兵马攻打莎车王贤。

莎车国连年征战，又被匈奴、龟兹等国围攻，本就已经失去招架之功，此时见于寘国又派兵来攻，实在是无力应战。于是，贤派出使者，请求与广德讲和。

在那之前，广德的父亲在莎车国被关押了好几年。此时，贤为了与广德议和，于是释放了广德的父亲，并将自己的女儿嫁给广德，同广德结为兄弟。

双方讲和之后，广德引兵退走。

第二年（公元61年），莎车国国相且运等人对骄横暴戾的贤越发害怕，担心有一天他会发怒杀死自己，于是密谋反叛，想向于寘献城投降。

有且运等人为内应，于是于寘王广德率领各国人马三万多人，前去进攻莎车。贤听说广德带兵到来，于是据城防守，然后派使者对广德说："我放回了你的父亲，又把女儿嫁给你做妻子，并与你结为兄弟，你还来攻打我，究竟是为了什么？"

广德说："大王您是我妻子的父亲，我们很长时间没有见面了，希望我们各带两个人，在城外相会结盟。"

贤将信将疑，于是就问国相且运的意见。且运见问便说："广德是大王的女婿，是大王最亲的人，出城见他比较合适。"

贤没有意识到自己其实早就众叛亲离，也根本没有料到且运等人会与广德等人同谋，于是轻信了广德和且运，然后只带了两个随从，就出城去见广德。结果见面之后，被广德抓了起来。

且运等人又趁机放于寘军队进城，莎车国城破。广德俘虏了贤的妻子、儿女，之后吞并了莎车国。广德用铁链锁了贤，把他带回于寘国，一年之后（公元63年），穷兵黩武、四面受敌的贤被广德所杀。

如若不是当初一枚西域都护的印信惹出祸端，贤很有可能会成为汉王朝在西域的一个有力支持者、忠心维护者，替汉王朝维护好西域的秩序，成为汉王朝在西域的可靠异姓屏藩。可是，一个本不该属于他的职务，让他感觉自尊受了侮辱，让他感觉好心没有好报，让他的心态瞬间失衡。心态失衡性格就会变得偏激，情绪就会变得暴躁，心胸就会变得狭隘，人格就会变得卑劣，而贤，也彻底从一个襟怀坦荡、意气风发、以替汉王朝维护西域和平为己任的爱国者、拱卫者，蜕变为一个怨恨满腹、睚眦必报、破坏汉王朝在西域管辖根基的分裂者、敌对者！善恶一念之间，人性的复杂，竟至于使贤前后的政治立场发生了判若云泥的改变，最终使他身负恶名而死，真的是十分可叹！

贤死之后，西域各国在短暂的沉寂之后缓过神来，那个长期以来令他们感到恐惧而压抑的人突然消失了，那么接下来会出现什么？接下来，就是霸权的转移！贤死了，但希望成为第二个贤的人前赴后继，于是，新一轮的火并开始。

南道的鄯善国吞并了小宛（今新疆维吾尔自治区巴音郭楞蒙古自治州且末县正南，喀拉米兰河北岸一带，王治圩零城）、精绝（故址在今新疆维吾尔自治区和田地区民丰县，王治精绝城）、戎卢（东与小宛、南与若羌、西与渠勒接，王治卑品城）、且末（王治且末城，今新疆维吾尔自治区巴音郭楞蒙古自治州且末县）等几个国家，于寘国又吞并了渠勒（今新疆维吾尔自治区和田地区于田南，克里雅河上游，王治鞬都城）、皮山等几个小国；其时，南道自葱岭以东，就数

第十章 东汉

鄯善、于寘两个国家最为强大。而北道的车师国则消灭了郁立（今新疆维吾尔自治区昌吉回族自治州奇台县一带）、单桓（今新疆维吾尔自治区乌鲁木齐市西北郊）、狐胡（今新疆维吾尔自治区吐鲁番市北，王治车师柳谷）、乌贪訾离（今新疆维吾尔自治区乌鲁木齐市西北的玛纳斯县一带，王治于娄谷）等几个国家，成为北道的强国。其后，虽然这些被灭的国家先后复国，但西域的强弱局势，大体未变。西域的几个大国依附匈奴的事实，也没有改变。

那么其时的匈奴，又是什么情况呢？

匈奴第二次分裂之后，南匈奴的醯落尸逐鞮单于在公元56年病死，他的弟弟莫提莫即位，是为丘浮尤鞮单于。丘浮尤鞮单于在位仅一年时间就病死，他的弟弟莫提汗即位，是为伊伐于虑鞮单于。公元59年，北匈奴的护于丘率领一千多人前来向南匈奴投降。伊伐于虑鞮单于在位两年病死，醯落尸逐鞮单于的儿子莫提适即位，是为醯僮尸逐侯鞮单于。

永平五年（公元62年）冬天，北匈奴的六七千骑兵进入五原塞，入侵云中，一直攻打到了原阳。南单于醯僮尸逐侯鞮单于率兵击退了北匈奴的骑兵，西河长史马襄也带兵前去救援，北匈奴的骑兵很快带兵撤走。

醯僮尸逐侯鞮单于在位四年去世，丘浮尤鞮单于的儿子莫提苏即位，是为丘除车林鞮单于。几个月以后，丘除车林鞮单于就死了，醯僮尸逐侯鞮单于的弟弟莫提长即位，是为胡邪尸逐侯鞮单于。

胡邪尸逐侯鞮单于在位期间，北匈奴仍然有非常强大的实力，多次入侵汉朝边境，东汉政府对此感到非常头疼。

北匈奴知道汉朝政府没有在西域派出都护和军队，所以得知于寘王广德杀死莎车王贤并吞并莎车之后，派出五位将领，征调焉耆、尉黎、龟兹等十五个国家的军队共三万多人，包围了于寘。

对于其时的西域各国来说，虽然北匈奴强大，但即使他们被北匈奴击败，也会和汉朝一样，形成宗主国与藩属国的关系，而并不会像莎车那些国家一样，被相互吞并。有了这个基本的判断和定位之后，于寘王广德于是派人向匈奴乞降，并送太子作为人质，约定每年向匈奴进贡毛毡、丝绸等物。北匈奴接受了广德的投降，然后撤兵回国。至此，在北道的强国车师依附匈奴之后，南道的两个强国鄯善、于寘也全部依附了北匈奴。葱岭以东的西域各国，基本上被北匈奴控制。当年冬天，北匈奴派军队护送原莎车王贤在北匈奴做人质的儿子不居征回莎车，立他为莎车王。

在其时的于窴王广德看来，他既已杀死莎车王贤并吞并莎车，那么莎车一地，就是于窴国的国土，北匈奴拥立莎车国国王，就是插手于窴国的内政。在于窴国的眼皮底下扶持傀儡政权，就是想要侵害于窴国的利益。就算于窴国也投降了北匈奴，北匈奴想要让莎车复国，那也应该由于窴国来决定，而不是由匈奴直接插手，国王由谁拥立，这直接关系到以后莎车国亲善哪一国的问题。所以广德毫不客气，攻杀了不居征，然后立不居征的弟弟齐黎为莎车王。

对于于窴王广德的这一行为，北匈奴也无可奈何，因为其一于窴投降匈奴的立场没有改变，其二广德所立的新王仍然是前王的儿子，北匈奴也没必要为此大动干戈，只得承认既定事实。

不过匈奴虽然强大并控制了西域，但日常所用的铁器、陶器、木器等手工艺品、服饰、丝织品等，还需要从中原获取。这些日常用品短时间内还有现用品，但时间长了，连一些贵族之家也断了供应，生活质量大幅度下降，都感觉极不适应，于是就派出使者，请求与汉朝互通贸易。汉明帝见北匈奴多次派使者前来求和，也希望借此与北匈奴建立友好和睦的关系，不让他们再侵边劫掠，于是就同意了。

永平八年（公元65年），汉明帝派越骑司马郑众为使者，前去回访北匈奴。消息传出，南匈奴的许多人感到非常愤怒，他们觉得自己忍受委屈投降汉朝，并且出兵替汉朝阻挡北匈奴，才得到目前的这些待遇。而北匈奴和汉朝处于敌对状态却也获得了和他们相等的地位和待遇，这让南匈奴的投降汉朝瞬间失去了意义。汉朝与北匈奴发展友好关系，长期下去，势必会对南匈奴不利。

于是南匈奴的须卜骨都侯等人在心怀猜疑和怨恨之下，就打算背叛汉朝。他们也私下里派人去见北匈奴的使者，请求北匈奴派军队前来迎接他们。

再说汉朝使者郑众出塞之后，从与北匈奴使者的相处之中，发现北匈奴使者神色有异，于是立即怀疑其中是不是有什么问题。郑众暗中派人去侦察，果然抓住了须卜骨都侯的使者。

郑众于是上书，说最好应该增设一支军队，驻扎在边境要塞，以防止南匈奴和北匈奴勾结。

汉明帝认为有理，于是使用汉昭帝时所使用的度辽将军名号，下诏设立度辽营，以中郎将吴棠行度辽将军事，任命副校尉来苗、左校尉阎章、右校尉张国率领黎阳（今河南省鹤壁市浚县）虎牙营的士兵，在五原曼柏（今内蒙古自治区包头市南）驻守。设置度辽营，主要目的是维护北部边防、处理北方的民族事务。

之后，汉明帝又派骑都尉秦彭率领部队驻扎在美稷，以监护南匈奴，防止南匈奴内部人员叛逃。

当年秋天，北匈奴果然派出二千骑兵到朔方侦察，用马皮做成船只，准备渡迎南匈奴内部想要反叛的人。当发现汉朝已经有了防备之后，便引兵退走了。

北匈奴愿望落空，恼羞成怒，于是胁迫西域那些依附他们的国家，多次带兵入侵劫掠边境的郡县，放火焚烧城邑，被匈奴及西域骑兵杀死、掳掠的汉朝百姓非常多。河西一带，城门大白天紧闭，汉明帝对此深以为忧。

本来希望通过双方互通贸易来消除来自北匈奴的侵扰，谁知不仅没有得偿所愿，反而使已经归附的南匈奴产生了不稳定因素。经过慎重考虑，汉明帝决定改变光武帝时期息兵养民的策略，出兵攻打北匈奴。

其时，东汉经过前后四十余年的休养生息，经济恢复，国力大振，已完全具备了对匈奴开战的条件，所以汉明帝开始积极备战，准备解决匈奴问题。

三军易得，一将难求。对匈奴开战容易，但必须找到熟悉边境事务，确保能打胜仗的将领，才能实现预期目标。对此，汉明帝心中早有属意的人选。

汉明帝心中属意的人选有三：其一为祭肜，其二为窦固，其三为耿秉。

祭肜是征虏将军、颍阳侯、名列云台二十八将第九位的祭遵的堂弟。

祭肜字次孙，早年丧父，以孝顺而被乡邻们称赞。其时正赶上天下大乱，百姓流离失所，野外都看不到炊烟，而祭肜却单独守在父亲的坟墓边。每当有打家劫舍的强盗路过，看到他年纪那么小却非常有志向节操，都很惊奇并同情他。

刚开始因为祭遵的缘故，光武帝拜任祭肜为黄门侍郎，所以他得以经常在皇帝左右。祭遵没有儿子，他去世后，光武帝思念、哀悼他，于是任命任祭肜做了偃师县（今河南省洛阳市偃师县）的县令，为的是那里靠近祭遵的坟墓，让他可以四季祭祀祭遵。祭肜特别有权略，任职五年，县内盗贼绝迹，政绩考核第一，不久升任襄贲县（今山东省临沂市兰陵县境）县令。其时，天下郡国还没有完全平定，襄贲县盗贼白天公然抢掠作恶。祭肜到任之后，组织兵马杀败盗贼，并消灭了他们的余党，几年之后，襄贲县就由乱入治，政治清明。光武帝非常高兴，下诏勉励祭肜，为他增加了一级官秩，并赐给他丝绢一百匹。

那个时候，不仅匈奴很强大，鲜卑和乌桓的势力也逐渐强大起来。鲜卑、乌桓原是秦汉之际东胡部落联盟的一部，东胡被冒顿单于设计打败之后，分为两部，一部退保乌桓山（也叫赤山，蒙古语意为乌兰山，今内蒙古阿鲁科尔沁旗北部的乌桓山，即大兴安岭山脉南端），以山名作为族名，称之为乌桓；一部退保鲜卑山（今内蒙古呼伦贝尔盟鄂伦春自治旗一带），也以山名作为族名，称之为鲜卑。当时鲜卑和乌桓实力比匈奴要弱许多，所以均被匈奴所奴役。但不论是鲜卑还是乌桓，他们与匈奴有一个共同的目标，那就是来中原抢掠他们需要的铁器、木器、手工艺品等物资，顺便杀掳边塞的汉朝官吏百姓。东汉政府对此非常忧虑，但为了息兵安民、不大规模消耗国力与其开战，所以只是增加边境驻军的数量，每郡都有好几千人，派众将领分兵屯守要塞。

光武帝因为祭肜有才能，于建武十七年（公元41年）拜任他为辽东太守。祭肜到任以后，厉兵秣马，广设哨兵探马。祭肜特别有勇力，能拉开三百斤的硬弓。敌军每次侵犯边塞，祭肜常常身先士卒，带领将士把敌军击退。建武二十一年秋天，鲜卑一万多名骑兵进犯辽东，祭肜率领几千人前去迎战，亲自穿上锁甲冲锋陷阵，将敌军打得仓皇而逃，落水淹死的超过半数。祭肜乘胜在后追击，一直追出边塞，奔逃中的敌军惶急之下为了逃命，都丢下兵器光着身子四处逃命。祭肜最终斩杀三千多人，缴获马匹数千。

自那以后，鲜卑震惊异常，十分畏惧祭肜，不敢再窥伺汉家边塞。祭肜考虑到匈奴、鲜卑、乌桓三股势力联合，最终会对边疆构成危害，于是在建武二十五年，派使者前去招抚鲜卑，送给他们许多财物。

鲜卑大都护偏何本就十分敬畏祭肜，见祭肜派使者前来招降，决心归降，于是派使者到汉方进贡。祭肜好意安慰、赏赐他们，于是鲜卑部落逐步归降了祭肜。和鲜卑距离不远的满离、高句骊等族落，陆续前往汉朝边塞，进献貂裘、好马。光武帝对祭肜取得这样的效果非常满意，于是加倍赏赐这些部落，以示对他们的怀柔。从那以后，偏何部落的各路豪强全都归顺了汉方，表示愿意为汉朝效力。祭肜就对他们说："如果你们确实想立功，那就回去攻打匈奴，斩下匈奴人的头颅前来进献那才能让我相信你们。"

偏何等人都仰头向天指着心口说："我们一定效力！"于是立即攻打匈奴左伊秩訾部落，杀死二千多人，带着人头送到祭肜的驻地。其后连年攻打匈奴，总是送来匈奴人的首级接受赏赐。自那时起，匈奴一方面南、北分裂，再加上被鲜卑等部落攻击，在辽东等地的势力日渐衰弱。辽东一带，再没有外敌入侵的警报，鲜卑、乌桓等部族一起入朝进贡。

祭肜为人质朴厚道，庄重刚毅，身体非常强壮，相貌威武超群。他对待周边的少数民族特别讲究恩惠和信用，因此鲜卑、乌桓等都对他既畏惧又爱戴，所以能够得其死力。当初，乌桓屡次侵犯上谷，对边疆造成危害，朝廷下诏书设立悬赏，严令边境的州郡采取行动，却没能取得实际效果。于是祭肜激励偏何，派他们前去讨伐乌桓人。永平元年（公元58年），偏何攻破乌桓，杀死乌桓首领，拿着他的首级来见祭肜，塞外都震惊、恐惧。祭肜的威望和名声，一时之间传遍北方，从西面的武威郡，到东面的玄菟、乐浪郡，少数民族部落都来归顺，塞外再没有前来侵扰的乱兵。朝廷见边患已除，便将边境驻扎的部队全部撤除。

永平十二年，因为祭肜有功，汉明帝将他征召回朝，任命为太仆。祭肜在辽东将近三十年，衣服却没有两套以上。汉明帝一方面嘉奖他的功劳，另一方面对祭肜的清廉、简约非常赞赏，所以在任命他的那一天，赐给钱一百万、马三匹、衣服、被子、刀剑以至于住宅的器物，一应俱全。汉明帝每次看到祭肜，常常叹息认为可以对他委以重任。后来，祭肜跟随汉明帝到东部一带巡视。经过鲁地时，汉明帝坐在孔子讲学的地方，回头指着子路的房子对身边的大臣们说："这是太仆之室，太仆，是为我抵御外侮的良将啊！"以示对祭肜的高度认可。

汉明帝对祭肜评价如此之高，所以当他打定主意攻打匈奴之时，第一时间就想到了祭肜。

窦固字孟孙，是窦融的侄子、窦友的儿子。窦固年轻时，因娶涅阳公主，所以被拜任为黄门侍郎。窦固从小爱好读书，喜欢兵法，因为这个缘故，光武帝就像喜欢梁松那样喜欢他，窦固也因此显贵用事。中元元年（公元56年），继承父亲窦友的爵位为显亲侯。汉明帝即位之后，窦固升任为中郎将，监羽林士。

后来，因为堂兄窦穆犯罪受到牵连，免官在家十多年。当时天下安定，国力恢复，汉明帝萌生了攻打匈奴的打算，想打通西域。汉明帝知道窦固通晓边疆战事，于是在永平十五年（公元72年）冬十二月拜他为奉车都尉，让骑都尉耿忠（耿弇之子）当他的副将，让他们一起去屯守凉州，为出兵匈奴做准备。

耿秉字伯初，是耿国（耿弇之弟）的儿子。耿秉身材魁梧强健，腰带八围。他博通书籍，能够解说《司马兵法》，尤其喜好将帅用兵的谋略。年轻的时候，因为父亲的缘故而被任命为郎官，多次上书谈论军事。耿秉认为，中原空虚消耗，边疆不得安定，主要问题就在匈奴那里。用战争来消灭战争，是有盛德的君主的方法。汉明帝早就有心北伐，所以内心深处非常赞同他的观点。永平年间，汉明帝征召耿秉到宫中，问他前后所奏的那些事情，耿秉回答得头头是道，汉明帝非常赞赏，于是拜他为谒者仆射，甚见亲近、宠幸。每次公卿集会议事，汉明帝常常带耿秉上殿，如果遇到边疆的事情，就问耿秉，而耿秉的回答，往往让汉明帝和大臣们感觉很有道理。

当汉明帝决定对匈奴用兵之后，于永平十五年，拜耿秉为驸马都尉，骑都尉秦彭做他的副将，让他们和窦固一起，到凉州屯军。

东汉永平十六年春二月，汉明帝下发诏令，自西向东兵分四路，出击匈奴：

第一路奉车都尉窦固，副将骑都尉耿忠，率领酒泉、敦煌、张掖的甲兵以及卢水羌胡骑兵一万二千骑，出酒泉塞；

第二路驸马都尉耿秉，骑都尉秦彭为副，率领武威、陇西、天水招募的士兵以及羌胡人一万骑兵，出居延塞；

第三路太仆祭肜，行度辽将军事吴棠为副，统领河东、北地、西河、羌胡以及南匈奴单于派出的兵马共一万一千骑，出高阙塞（今内蒙古巴彦淖尔市乌拉特后旗）。南匈奴单于派出的将领是左贤王信，汉明帝于是命左贤王信辅助祭肜、吴棠二人，并担任他们的向导。

第四路骑都尉来苗，护乌桓校尉文穆为副，率领太原、雁门、代郡、上谷、渔阳、右北平、定襄郡的郡兵及乌桓、鲜卑的骑兵，共一万一千骑，出平城塞（今山西省大同市）。

此时汉方派四路四万余人出击匈奴，但意想不到的是，只有一路取得了胜利，其他三路都无功而返。被汉明帝寄予厚望的太仆祭肜，甚至连预定地点都没有到达。

祭肜所率的一万一千兵马，目标是攻打居住在涿邪山（又名涿涂山，今蒙古共和国境内，阿尔泰山东段）的皋林温禺犊王。但意想不到的是，这一路汉军，出了大问题。南匈奴的左贤王信，之前和祭肜有嫌隙，不想让祭肜立功。所以当汉军走出高阙塞九百多里之后，见到一座小山，左贤王信就说那座小山是涿邪山。祭肜率军到达那里驻扎下来，却并没有发现匈奴兵。而在那个时间段里，皋林温禺犊王听到汉军出兵，立即越过沙漠逃走。按照军法，祭肜、吴棠二人被判逗留畏敌投入监狱，免去职务听候裁决。吴棠的度辽将军职务，由骑都尉来苗兼任。祭肜这个人，性格深沉刚毅、内心持重，他深恨自己被左贤王信欺骗而没有立功，所以在出狱几天之后，吐血而死。临死之前，他对儿子们说："我蒙受国家厚恩，接受使命却没有完成，一点功劳都没有建立，即使人死了，心中也实在惭愧遗憾。按照道义，不可以无功而接受奖赏，我死之后，你们把我之前所得的赏赐全部登记上交给朝廷，你们自己到部队去，效力前线，以满足我的心愿。"

祭肜去世之后，他的儿子祭逢上疏陈述父亲的遗言。汉明帝一向很器重祭肜，正打算重新任用他，谁知道却听到了他死去的消息。汉明帝非常吃惊，于是召见祭逢，询问祭肜的病情，慨叹了好长时间。乌桓、鲜卑的百姓感念祭肜的恩德，非常思念他。那些首领每次到京城朝拜贺岁，经常路过他的坟墓拜祭，仰天大哭一场才离开。辽东一带的官吏百姓，自发地为他建庙立祠，四季祭祀他。祭肜安葬之后，他的另一个儿子祭参就去了奉车都尉窦固那里，然后跟随军队攻打车师，因建立军功，后来逐渐升迁为辽东太守。永元年间，鲜卑人侵入郡境，祭参因战败而获罪，投入监狱而死。祭肜的子孙有许多做边疆官吏的，都有名声。

耿秉、秦彭所率的军队进入沙漠六百多里，到达三木楼山（涿邪山之西），来苗、文穆一路兵马到达匈奴水（今蒙古国翁金河），但北匈奴骑兵全都闻风涣散，这两路兵马，也没有立下任何战功。

四路大军之中，唯一获胜的是窦固、耿忠所率的第一路。

窦固、耿忠所部兵马，如期到达天山，攻打北匈奴呼衍王，斩杀敌军一千多人。呼衍王战败逃走，汉军乘胜追击，一直追到蒲类海（今新疆巴里坤湖）。汉军攻占伊吾卢地（今新疆哈密地区），设置宜禾都尉（治所昆仑障，在今甘肃省酒泉市瓜州县南），在该地屯田。至此，西域从王莽始建国元年（公元9年）开始与中原断绝关系，整整经过了六十五年，才重新恢复了和中原的关系。

四路大军之中，唯有窦固这一路取得胜利。于是汉明帝下诏赏赐，窦固加位特进。永平十七年（公元74年）夏天，窦固又接受诏令，出玉门关前往白山（即天山，因终年积雪而得名，又名折罗漫山）攻打车师。汉明帝下诏，让耿秉及骑都尉刘张等人，都接受窦固的节制。汉军兵力，共一万四千人。

车师在光武帝建武二十一年，曾与鄯善、焉耆二国派使者前往洛阳，遣子入侍，请求汉朝派出都护，但光武帝在重赏他们之后，遣还了他们的侍子。无奈之下，车师只好依附了匈奴。

车师有后王、前王，前王就是后王的儿子，他们的王廷相距五百多里。在先打前王还是先打后王的决策上，窦固和耿秉产生了分歧。窦固认为汉军所部距离后王王庭金满城路比较远，并且行军途中山大谷深，士卒穿着单衣在气温很低的高山深谷中行军将会非常辛苦，建议先打在高昌壁的前王。

而耿秉则提议先攻打后王，因为后王所在地是车师的大本营，如果击败了后王，车师举国震动，那么前王自然就会因胆寒而投降。窦固迟疑半晌，拿不定主意。

耿秉奋身站起说："请让我走在前边。"于是上马，带着他手下的兵马向北进发。窦固不得已，命令大军跟着耿秉前进。

为了形成震慑，汉军一路上发兵抢劫财物，斩杀数千人，缴获马、牛十多万头。

　　车师后王安得震惊、惧怕，于是带领数百名骑兵出来迎接耿秉。

　　按照惯例，安得如果向耿秉投降，那么征伐车师第一功就是耿秉的。但窦固的司马苏安想把全部功劳揽到窦固头上，于是骑马上前对安得说："汉朝尊贵的将领只有奉车都尉，是天子的姐夫，爵位是通侯，你应先向他投降。"

　　安得于是返回城中，改派他手下的将领们前来迎接耿秉。耿秉非常愤怒，披甲上马，指挥他的精锐骑兵径直到窦固军营，说："车师王说要投降，到现在还没有来，请让我去砍下他脑袋。"

　　窦固听了大惊失色说："赶快停下来，那样会坏事！"

　　耿秉厉声说："受降敌人，应该像迎击敌人那样。"于是拍马直奔安得大营。安得非常害怕，于是跑出营门，脱下帽子抱着马腿投降。耿秉带着他回到窦固那里，车师前王闻讯也来向汉军投降。车师于是被汉军收服，汉军凯旋。窦固在边疆好几年，羌胡人都感佩他的恩德信义。

第二十节　班彪论史、班固著《汉书》、班超定西域

窦固、耿秉降服车师国，并不是汉军胜利的巅峰；班超定西域，才是东汉王朝彪炳千古的大功绩！

永平十六年窦固、耿秉击败北匈奴呼衍王夺取伊吾卢之后，窦固任命班超为使者，出使西域。

班超字仲升，扶风平陵人，他的父亲是班彪。

班彪字叔皮，他的祖父叫班况，西汉成帝时担任越骑校尉。父亲班稚，汉哀帝时担任广平郡太守。汉成帝的妃子、著名的才女班婕妤，是班彪的姑姑。

班彪生性沉静稳重，喜好古代的事物。他二十多岁的时候，正赶上更始政权失败，京城三辅大乱。当时隗嚣在天水，于是班彪就到隗嚣那里去避难。

其时的隗嚣已经有了很大的野心，他知道班彪很有才华，于是就借此问他一些朝代更替的事情。但班彪却说天下人心思刘，汉家一定会复兴。

隗嚣认为班彪所说是迂腐之论，他反问班彪说："从前秦失其政，就像走失了一头鹿，刘季通过追逐而得到，当时的人们，知道会有汉朝吗？"

班彪见隗嚣对自己的主张并不认同，于是就躲到了河西。

当时窦融被推举行河西五郡大将军事，因见班彪的主张与自己相同，于是就任班彪为从事，深深地敬重礼待他，以师友之礼和他交往。班彪见窦融认同自己的主张并礼遇自己，于是为窦融策划，建议窦融支持当时还不怎么强大的刘秀，让窦融统领河西的军马，以抗拒不顺服刘秀的隗嚣。

光武帝消灭隗嚣、公孙述一统天下之后，窦融被征召到京城洛阳。光武帝见

到他之后,好奇地问他:"爱卿所上的奏章,都是谁在帮忙讨论、参详?"窦融毫不掩饰地回答说:"奏章都是我的从事班彪起草的。"

光武帝早就听说过班彪的才学,于是立即召见班彪,把他荐举为司隶部的茂才(即秀才,因为避刘秀的讳,改为茂才),拜为徐县(治今江苏省宿迁市泗洪县东南)县令。不久,班彪因病免官去任。后来,班彪又多次应征三公的征召,但总是很快就离去。

班彪既具备很高的才华,又喜欢论述写作,于是便专心研究历史典籍。汉朝以前的历史著作,被列入正史的只有司马迁所著的《史记》。《史记》著录了上至黄帝时代、下至汉武帝太始二年间共三千多年的历史。自司马迁之后,就再也没有有影响力的史著。当然,也有许多文史学者汇编了当时的一些历史,形成了作品,但因为见识不足、水平低下,所以根本无法继司马迁的《史记》而成为传世的著作。

班彪发现这个问题之后,不断地搜集西汉以来的历史记载,加上不同的一些历史传闻,作后传数十篇。班彪对前代的一些史作,也有自己独到的见解,他在认真地思考之后,开始评价这些著作的优劣和得失。

班彪的看法大体如下:

尧舜虞三代,《诗经》《尚书》中都有所涉及,每世都有史官,用来掌管典籍,到诸侯一级,各国都有自己的史书,所以《孟子》中说"楚国的《梼杌》,晋国的《乘》,鲁国的《春秋》,它们记事的职责是一样的"。鲁国的鲁定公、鲁哀公之间,鲁国的君子左丘明议论汇集他们的文章,作《左传》三十篇,又按国别来撰写,起名叫《国语》,共二十一篇。自那以后《乘》《梼杌》不再流传,而只有《左传》《国语》被人们所重视传习。又有记录黄帝以来至春秋时期帝王、公侯、卿大夫之事的著作,名叫《世本》,共十五篇。春秋之后,七国相争,秦吞并诸侯,于是有《战国策》三十三篇。汉朝兴起平定天下,太中大夫陆贾记录当时的功德,作《楚汉春秋》九篇。汉武帝之时,太史令司马迁从《左传》《国语》中选材,删订《世本》《战国策》,根据楚、汉列国的时事,上自黄帝,下至汉武帝太始二年获得白麟之时,作本纪、世家、列传、书、表共一百三十篇,而其中十篇遗失。司马迁所记录的事,从汉初到武帝时绝笔,这些都是他的功德。至于摘选经传、分散百家之事,有很多疏忽省略,不如它们原来的情况,努力想以记载更多的内容作为功劳,议论因而肤浅不深刻。司马迁谈论学说,推崇黄老而贬低儒家典籍《五经》;评述货殖(经商财物等),则轻视仁义而以贫穷为羞耻；评说游侠，则以节烈为低贱而以世俗建功为贵。以上这些，就是司马迁学说的弊端，败坏了正道，这也是司马迁遭受腐刑处罚的原因。然而司马迁能很好地叙述事理，有辩才而不浮华，质朴而不粗俗，修饰与质朴相称，具备良史才能。假如让司马迁依照《五经》的言论，与圣人的是非观相同，那就差不多了。

那些百家书籍，还是颇有可取之处的。像《左传》《国语》《世本》《战国策》《楚汉春秋》《太史公书》，可以使今人知道往古，后人依据它们可以知道从前，这是圣人的耳目啊！司马迁叙述帝王之事则定名为本纪，公侯传国则定名为世家，卿士和那些有杰出才能者则定名为列传。又抬高项羽、陈涉的地位而贬低淮南王刘安、衡山王刘赐，详细考察其中的原委，是他的条例没有效法经典。像司马迁的著作，摘取吸收古今典籍，贯穿经传之中，确实是非常广博的。凭一人之精力，文章内容复杂而思虑繁重，所以他的著作删削繁杂仍有不尽之处，还有多余的辞藻，不够整齐。像讲述司马相如，举出郡县，写出他的字，到萧何、曹参、陈平这些人，还有董仲舒和同时代的人，则不记他们的字，有的写县不写郡，大概是无暇顾及了吧。如今这些后篇，小心仔细地核对事实，文章体例整齐一致，不要世家，只要有纪、传就可以了。古书上说："书写历史，是为了让人们看得出一些标准，浅显易懂，公平持正，这就是《春秋》的内在本义。"

后来，班彪被征召到司徒玉况府中担任从事。当时，太子的东宫刚刚建立，诸王国同时设置，而官吏没有配齐，太师太保的人选都缺。

班彪于是上书说："孔子说，人们的天性是差不多的，而习俗的影响就差得很远。"贾谊认为："经常与善人打交道，不能不做好事，犹如生长在齐国，不能不说齐国话。经常与恶人接触，不能不做坏事，就像生长在楚国，不能不说楚国话。"因此圣人慎重地选择邻居，特别注意周边环境的影响。从前周成王年幼的时候，出外就由周公、召公、太史佚等人辅佐他，在朝内就有大颠、闳夭、南宫适、散宜生等人辅佐，他的左右前后，没有违背礼节之人，所以周成王一登上王位，天下就很快太平。

因此《春秋》提出："爱儿子应该教育他走正路，不走邪门歪道。骄傲奢侈、淫逸懒惰，这是邪门歪道的根源。"《诗经》上说："为子孙后代谋划，就可以使子孙安宁。"就是指周武王的谋略留给他的子孙。汉朝兴起后，汉文帝派晁错用法术教育太子，贾谊用《诗经》《书经》教育梁王，到了汉宣帝之时，也让刘向、王褒、萧望之、周堪等人用文章儒学教育东宫以下的人员，没有一个不是精挑细选之人，以促成他们的品德和才具。现在皇太子和诸王子，虽然年轻时就在学习，修习了礼乐，但是教授他们的太傅还不是贤才，官属很少熟悉旧典。应该广泛挑选有威望、明白通达政事的名儒，用他们做太子太傅，东宫和诸王国官属应该配齐。按照以前的惯例，太子有十县作汤沐邑，设保卫人员，五天一朝见，坐在东厢，检查膳食，不是朝见的日子，就让仆、中允等官吏每天早晨问安罢了，表明举动不随慢，以此让更多的人来敬重他。

奏折递上去之后，光武帝采纳了他的意见。

后来，司徒察举他为孝廉，出任为望都（今河北省保定市望都县）县县令。在任上，当地的官吏和百姓都很拥护爱戴他。建武三十年（公元54年），死在任上，享年五十二岁。班彪所著的赋、论、书、记、奏事等，一共有九篇。

班彪有两个儿子：分别是班固和班超。

班固字孟坚，从小受父亲班彪的影响，九岁时，就能写文章吟诗作赋。等到年龄再长一些，开始博览古书典籍，九流百家的言论，没有不做深入研究的。他所做的学问，不是向某一家或是某一人求教，而是博采各家所长。研究学问，并不拘泥于字句的解释，而是讲求文章的大意。

班固性情宽宏温和，特别能容人，也并不因为自己特别有才华就觉得高人一等，所以那些儒生都非常敬慕他。

汉明帝即位之后，东平王刘苍因为是汉明帝的同母弟弟，再加上他自幼喜读经书，博学多才，所以汉明帝非常信任亲近他，让他担任骠骑将军辅政，允许他选用辅助官员四十人。刘苍于是效仿前人，开阁招贤，延揽天下英雄。班固觉得这是一个出仕的好机会，为了自荐，也为了举荐人才，于是上了一篇奏记《奏记东平王苍》，一方面想要展示自己的见识和才华，另一方面也想引起东平王刘苍的注意。

班固的意图只实现了一半，他举荐人才的建议倒是大部分被刘苍采纳，但刘苍却并没有征召他。

其时，班固的父亲班彪已经去世四年多。父亲的去世对班固影响很大，因为让他在京城赖以生存下去的收入来源断了。班固没有办法，只好回到老家。

班固整理了父亲班彪的那些遗作，觉得父亲写得仍然不够详尽，于是便开始潜心钻研，准备完成父亲未竟的事业。

但就在班固满怀信心著书立说的时候，有人上书告发了他，说他在私修国史。在当时，不仅私修国史是重罪，一般的人家连收藏国史都不被允许。

汉明帝于是下诏给班固所在郡的郡守，把班固收捕到京兆的监狱中，并把他家里的书全部查封送到京城洛阳。

在那之前，有一个名叫苏朗的扶风人，因为乱言图谶等事，被下狱处死。班固的弟弟班超特别有勇略，他担心班固被郡中的狱吏拷打，而自己不能申辩清楚，最终遭受冤狱。于是立即快马加鞭，赶往京师洛阳向汉明帝上书。

汉明帝听说班超骑快马来京城为兄上书诉冤，感到非常惊奇，于是就召见了他。班超见到汉明帝之后，详细说明了兄长班固修书的本意并不是诽谤朝廷，而是为了宣扬大汉的盛德。而恰在那个时候，扶风郡的官员也送来了查抄的班固写的那些史作。

汉明帝读了之后甚为惊奇，认为班固特别有才华，于是就下诏，让班固到校书部，任命他为兰台令史，让他与前睢阳令陈宗、长陵令尹敏、司隶从事孟异，共同完成著录光武帝事迹的《世祖本纪》。兰台令史虽说是一个秩俸只有六百石的小官，但这对于没有固定收入的班固来说，无异于雪中送炭。有了这些收入，班固可以没有后顾之忧地投入到史书的撰写中去。因为班固出色的表现，汉明帝非常赏识他，所以他很快升任为郎官，负责整理校对皇室图书。其后，班固又撰写功臣、平林兵、新市兵、公孙述等人的事迹，作列传、载记二十八篇，上奏给汉明帝。汉明帝对班固的文才非常满意，于是下令让他接着撰写之前所修的史书。

班固认为汉朝承继唐尧的德运，并以此建立了帝王功业。一直过了六世（指高帝刘邦、惠帝刘盈、吕后及前后少帝刘恭刘弘、文帝刘恒、景帝刘启、武帝刘彻六世）之后，史臣们（指司马迁）才追述汉朝的功德，私自作了皇帝的本纪，编排在百王之后，与秦始皇、项羽排在同列。而自司马迁之后，国史就一直空缺，没有著录。所以班固便开始补写西汉自汉武帝太初以后的历史，汇集他所听闻的事情，编为《汉书》。

《汉书》记载的历史从汉高祖元年（公元前206年）开始，到王莽地皇四年（公元23年）结束，共十二世、二百三十年。《汉书》包括纪十二篇、表八篇、志十篇、传七十篇，共一百篇，后人划分为一百二十卷，全书共八十万字。《汉书》把《史记》中的帝王"本纪"省称为"纪"，"列传"省称为"传"，取消了诸侯"世家"并入"传"中，"书"改为"志"，这些体例，都被后世的史书所沿用。

班固从汉明帝永平年间接受诏书开始修书，经过二十多年的潜心钻研，一直到汉章帝建初中才完成。《汉书》一经问世，便引起时人的追捧，当时的人们非常重视这本史学著作，学者们无不诵读它。

《汉书》记载的时代，与司马迁的《史记》有交叉之处，对于汉武帝太初年之前的西汉历史，两书都有叙述。所以，关于这一部分重复的历史，《汉书》大多移用《史记》。

《汉书》开创了断代史的叙史方法，这种有别于《史记》这种通史的体例，为后世所沿用。或许是司马迁叙写当朝史实最终惨遭横祸使班固吸取了十足的教训，所以班固在批评司马迁没有按照孔圣人的思想作为判断是非标准的同时，自己则严格按照儒家思想的是非观来评述历史事件和人物。

班固的这种做法，适应了时政的要求，在政治上做到了顺应时势。但也因为此，他落了窠臼——见识比不上司马迁。

在班固之前，史官们修史大多非常危险，有时候甚至要以生命为代价，因为他们如实写下一些为国君或是权贵嫉恨的史实，或者直接评论本朝政治，比如齐国那个写下"崔杼弑君"而被杀的齐太史兄弟。而班固开创的断代史这种体例，则较为史官们所乐意接受，因为他们写的都是前朝的历史，而前朝已经灭亡，他们可以尽情发挥写作，而不必担心所评论的某个人会从坟墓里爬出来找他们的麻烦。所以班固的《汉书》之后，各朝史官修史，都是前朝的断代史。

《汉书》将汉高帝刘邦的纪列为第一篇，突出了汉朝的开国之君和汉朝的历史地位，起到了宣扬汉德、尊崇刘氏的作用，因而班固受到了皇帝的垂青。

其时，因为东汉建都于洛阳，而来自关中的那些上了年纪的人，都怀念西都长安的繁华，都希望朝廷能把都城迁到长安去。班固为了维护新建的东汉王朝，并驳斥那些人试图迁都的言论，于是创作了《两都赋》。《两都赋》分《西都赋》《东都赋》两篇。《西都赋》由一个假想人物"西都宾"，来叙述西都长安形势险要、物产富庶、宫廷华丽等情况，以暗示建都长安的优越性；而《东都赋》则由另一个假想人物"东都主人"，对东汉建都洛阳后的种种政治措施以及城池的盛大美观进行美化和赞颂，说明洛阳当时的盛况，已经远远超过了西都长安。

后来，班固因为母亲逝世而辞官。永元元年，大将军窦宪出征北匈奴，班固担任中护军随军参赞军机，在大败北匈奴单于后写下了著名的《封燕然山铭》。后来，因为窦宪擅权被杀，班固也受到牵连，死在狱中。

班固的弟弟班超从小就胸怀大志，不拘小节。不过，班超非常孝顺、恭谨，在家里非常勤劳，不以辛苦为耻辱。班超拥有出众的口才，能言善辩，并且博览群书。永平五年（公元62年），因为兄长班固"私修国史"因祸得福，被任命为兰台令史，所以班超得以与母亲跟随班固一起来到洛阳。

　　班固所担任的兰台令史，是一个俸禄为六百石的官秩，每月供应谷七十斛（合今一千四百公斤），月钱三千五百钱。（按照这样的俸禄标准，班固担任相当于中等官吏的兰台令史之后，生活质量应该会有很大的改观。但此时班固所担任的职务，疑为当时只有百石俸禄的一般性令史，否则班超不会因为家贫而去给人家抄书。百石俸禄者，每月给谷十六斛，合今三百二十公斤，每天十公斤，外加每月大约两千五百钱的月钱，数口之家，有仆佣，还要供养老母，这些俸禄确实是有些拮据的。）

　　因为家中贫穷，所以班超经常为官府抄书以供养老母亲。实际上，替官府抄书也赚不了多少钱，就这样年复一年、日复一日，班超一直做着这些重复、枯燥而劳累的工作。有一天，他实在累极了，于是扔下手中的笔叹息说：

　　"男子汉大丈夫，即使没有什么别的志向谋略，那也应该像傅介子、张骞那样，在异域建功立业，以此博取封侯，怎么能长久地从事这种抄写工作呢？"

　　他周边的同僚们都嘲笑他，就像当年与陈胜一起干伙计的伙伴们嘲笑陈胜那样。

　　于是班超也像当年的陈胜那样，说了一句如出一辙的话："小子怎知壮士的志向！"

　　其后有一天，班超去了一个相士那里。相面的人对他说："你目前是个平民书生，但将来会在万里之外建功封侯。"

　　班超感到很惊异，就问相士怎么会得出这样的结论。相士指着他的头部说："你长着燕子一般的下巴、老虎似的脖子，能飞又能吃肉，这是万里之外封侯的面相啊！"

　　但相士的预言却并没有那么快实现，就这样，班超又为官府抄了很久的书。直到有一天，汉明帝忽然想起了那个骑着快马赶到京城为兄长鸣冤的勇气可嘉的年轻人，于是就问班固："你的弟弟现在在哪里？"

　　班固回答说："在为官府抄写，赚佣金供养老母。"汉明帝听了之后顿生怜悯之心，于是把班超也任命为兰台令史。但过不多久，班超就因受小事牵连而被免官。

　　汉明帝永平十六年窦固率军攻打匈奴之时，班超作为代理司马随征。班超率领别部攻打伊吾城，与匈奴兵战于蒲类海，斩杀的敌兵非常之多，最终获胜而归。窦固认为班超具备超凡的军事才能，于是让他和从事郭恂都作为使者，前去出使西域。

班超从伊吾卢出发，先到了鄯善国。鄯善国在光武帝建武二十一年，曾与车师、焉耆等十八国一齐遣子入侍，但被光武帝遣还。此后，因为莎车王贤骄横，所以鄯善、车师等国在不得已之下，只好依附了匈奴。

此时作为汉朝使者的班超到达鄯善国，鄯善王广对待班超礼敬非常周全，但过不几天，却忽然态度变得极为冷淡懈怠。

班超发现这个情况之后，于是对随从们说："你们难道没有感觉到广的礼节情意变薄了吗？这一定是匈奴那边的使者来了，因而犹豫不定不知道究竟该归顺谁。精明的人可以觉察尚未萌发的事情，何况已经是很明显的事情呢。"

于是班超便召来负责招待他们的鄯善国侍从，然后诈他说："匈奴使者来了几天，他们现在在哪里呢？"

侍从非常惶恐，以为班超什么都知道了，于是就将情况全部告诉了班超。班超当机立断，扣住那个侍从，然后把自己手下的三十六名官吏士兵全部召集来，与他们一起喝酒。

等到众人喝到酒酣耳热之时，班超便乘机激怒他们说：

"你们和我一起在遥远的绝地，想立大功，以求富贵。现在匈奴使者才到数日，而鄯善王广对我们的态度就变得非常冷淡。如果让鄯善把我们抓起来送给匈奴，那么我们将死无葬身之地。你们说该怎么办？"属吏们说："如今处在危亡之地，是死是活，我们全听司马您的。"

班超说："不进入老虎洞，怎么能抓住小老虎呢（不入虎穴，焉得虎子）？现在看来，只有乘夜火攻匈奴使者，使他们不知道我们有多少人，必定震惊害怕，可以全部把他们消灭。消灭了这些匈奴使者，那么鄯善国就一定会被吓破胆，我们也就大功告成了。"

众人一听是要去攻杀匈奴使者，立即开始打退堂鼓，他们抬出了与班超一同来西域出使足以制衡班超的郭恂说："应当与郭从事一起商议这件事情。"

班超一听，立即发怒说："吉凶就决定于今日。郭从事只是个文官俗吏，听说此事一定会因害怕而泄露计谋，如果我们最后都不明不白地死去，那绝不是壮士所为！"

众人见班超发了怒，不敢再退却，再想一想班超说得也非常有道理，于是全都赞同说:"好。"

天黑下来之后,班超便率领吏士奔向匈奴使者的营地。那个时候,正赶上刮起大风,班超于是命十个人带着鼓藏在匈奴使者的营舍后面,与他们相约说:"看见火烧起来,你们就要猛烈擂鼓并大声呐喊。"

约好之后,其他人都手持刀枪和弓弩埋伏在大门两侧。班超于是顺着风势放火,营后的人见大火燃起,于是立即擂鼓呐喊,营前埋伏的人也齐声呐喊。匈奴使者听到鼓声喊声十分惊慌,不知道发生了什么事情,一时之间混乱不堪。班超持刀向前,亲手杀死三人,他身后的属吏们也奋勇向前,斩杀匈奴使者及随员三十多人,其余的一百多人无法冲出汉兵的伏击圈,都被烧死在营寨里面。

班超与属下大获全胜,第二天才回来告诉郭恂。郭恂听了之后,立即大惊失色,但很快他就突然回过神来。

班超从他的表情变化上,早就知道了他的心思,于是举起手说:"你虽然没有亲自去,但我班超怎么能独占这份功劳呢?"

郭恂一听班超愿意把功劳分给他,立即高兴起来。于是班超召见鄯善王广,把匈奴使者的首级交给他看,一时之间,鄯善国全国上下都很惊恐。

班超晓谕全国,通告安抚,于是鄯善王广派儿子作为汉军的人质。班超返回后将出使情况报告给窦固,窦固非常高兴,于是将班超的功劳详细地上报给汉明帝,并请求选派新的使臣出使西域。

汉明帝早就被班超的气度所折服,于是诏命窦固说:"有像班超这样的官吏,为什么不派他而要另外挑选呢?现在任命班超为军司马,让他完成之前未完的功绩。"

就这样,班超再一次成为出使西域的使臣。窦固想要为他增加兵力,但班超说:"率领原来跟从我的三十多人就行了。如果真的会遇到什么不测,人多了反而会成为累赘。"

其时,正值于阗王广德刚刚攻破莎车国,于阗国的势力雄霸整个南道。匈奴听说广德灭莎车,立即派遣五名将领率领焉耆、尉黎、龟兹等十五国的兵马共三万人包围了于阗国。广德无力抵挡,只好向匈奴请降,送太子到北匈奴当人质,并每年给北匈奴进贡丝絮。匈奴见广德投降,于是派遣使臣监护于阗国。

班超向西行进,先到于阗。广德对班超的到来,表现得非常冷淡,礼节和待遇都很不周到。

当地有信巫的习俗。于阗国的一个大巫说:"天神发怒了,问你们为什么想要亲近汉朝。汉朝使者有一匹黑嘴的黄马，赶快把它取来祭祀我。"

于阗王广德信以为真，于是便派使臣到班超那里，请班超把他的坐骑献出来。

班超对广德的这个请求非常震怒，他通过暗中打听，知道了其中的情形，于是就假意回报广德的使者，说同意把马献出来，不过要让那个大巫亲自来取。

大巫听到汉朝使者同意献马，以为汉使软弱可欺，所以毫不怀疑地就来了。没过多久，大巫到了，班超丝毫不同他客套，立即砍下了他的头，送给了广德，然后严词责备他。

广德之前早就听说了班超在鄯善国诛杀北匈奴使者团的事情，如今见班超杀死大巫并切责非常惶恐。广德当初投降匈奴，本来也是在匈奴大军围城之下迫不得已，此时既已被班超的神威所慑服，于是立即派兵进攻并杀死匈奴使者，然后向班超投降。

班超重赏广德及其部下，于阗的势力范围由此被汉朝所控制，西域的南道由此畅通。

其时，龟兹王建是由北匈奴所支持拥立的，他依仗北匈奴的势力，占据北道，攻破疏勒，杀死了疏勒王，然后立龟兹人兜题为疏勒王。第二年春，班超抄小道秘密地到达了疏勒。

在距离兜题所住的槃橐城（又名盘橐城，"艾斯克萨"城，位于今新疆喀什市东南郊的吐曼河岸边）九十里时，班超派遣手下的属吏田虑先去劝降兜题。他对田虑说："兜题本不是疏勒人，疏勒国人心里肯定不服气他。如果他不投降，你就当场抓住他。"

田虑到了槃橐城之后，兜题见田虑年纪又轻、身材又弱，所以根本不将他放在眼里，投降自然更是无从谈起。田虑见兜题果如班超所料的那样不投降，于是乘其不备上前劫持并把他绑了起来。

兜题的左右侍从完全没有想到年轻体弱的田虑能做出这样的事情来，所以全都吓得四散奔逃。田虑得手之后，立即按照之前的约定，派飞马前去向班超报信。班超接信之后立即赶来，然后召来疏勒国的高级将领和大臣，向他们讲述龟兹国的种种不是之处，劝说他们降汉。之后，立疏勒前国王兄长的儿子忠为王。疏勒人见立了他们本国的贵族为王，全都十分高兴。新疏勒王忠及官属都请求杀死兜题，但班超没有同意。班超想在龟兹国树立并显示自己的威信，于是便释放了兜题，并仍旧遣送他回龟兹。

在班超的主导下，疏勒国废掉了龟兹人所立的王，立了本国的王，龟兹因此与疏勒结下了仇怨。

永平十八年（公元75年），汉明帝去世。焉耆国见中原遭遇了国丧，知道汉朝在国丧期间不便展开军事行动，于是趁机起兵，攻破了西域都护府，杀死了都护陈睦、副校尉郭恂，并杀死官吏士卒二千多人。北匈奴见有机可乘，于是征调依附他们的车师国军队，包围了戊己校尉耿恭。

一时之间，西域的形势颇为危急，但班超手下只有三十多个人，可以说是孤立无援。而龟兹、姑墨这两个国家，却多次发兵攻打疏勒。

为了争夺西域，刚即位的汉章帝派征西将军耿秉率军驻扎在酒泉，以防备北匈奴。同时，派酒泉太守段彭前去救耿恭。

建初元年（公元76年）春，段彭大破车师国军队于交河城（今新疆吐鲁番西北），解耿恭之围。而对于尚在千余里之外的班超，则显得鞭长莫及。

班超据守在槃橐城，与疏勒王忠首尾呼应，士兵官吏虽然人数不多，却坚持了一年多的时间。

汉章帝命段彭迎回了耿恭，同时担心班超势单力孤不能自保，于是便下诏征召班超回中原。

班超接到朝廷的圣旨，于是从槃橐城出发回中原，疏勒国的官吏百姓见班超要离开，全都感到担忧害怕。

疏勒国都尉黎弇对他手下的将士们说："汉朝使者抛弃我们，我们肯定会再次被龟兹所灭亡。我实在是不忍心看着汉使离去。"说完之后便拔刀自杀了。

班超走到于阗的时候，王侯以下的官吏都哭泣着对他说："我们依靠汉使就像婴儿依靠父母，您真的不能丢下我们离去。"说着一起抱住班超所骑的马腿，不让班超离开。

西域官民心愿如此，班超也觉得于阗国不会就这样让他离开西域返回东土，并且他也很想完成自己平定西域的心愿，于是决定不回汉朝，而是继续留下，帮助疏勒国抵抗龟兹、姑墨的进攻。

且说疏勒国，自从班超离开之后，有两座城池便投降了龟兹，而与尉头联合。班超返回疏勒之后，捕杀反叛之人，击败尉头，杀死六百多人，疏勒重新恢复了安定。

汉章帝建初三年（公元78年），班超率领疏勒、康居、于阗、拘弥四国的兵马共一万人，攻打姑墨石城，在斩杀七百余人之后，姑墨石城被攻破，班超在西域的第一场大规模军事行动，取得重大胜利。

获胜之后，班超想趁此机会平定西域诸国。建初五年（公元80年），班超向朝廷上疏请兵说：

臣之前见先帝想开辟西域，因此向北攻打匈奴，向西边的各国派遣使者，鄯善、于寘等国立即归顺。如今拘弥、莎车、疏勒、月氏、乌孙、康居等国都愿意重新归顺汉朝，想共同出力攻破消灭龟兹，平定畅通前往汉朝的道路。如果能击败龟兹，那么西域还没有降服大汉的，就只有百分之一了啊！臣私下里自己考虑，那些士卒小吏，都是真心愿意跟从谷吉（指西汉时被郅支单于杀害的汉朝使者）到边远的绝地舍命报效君王，差不多也像张骞那样弃身旷野。从前魏绛身为列国大夫，尚且能够和睦团结周边的少数民族，更何况是臣借着大汉的威望，虽然才力微薄，难道就不能像老钝的铅刀那样割东西吗？前代的议论者都说夺取西域三十六国，号称是斩断了匈奴的右臂。如今西域各国，从太阳落下之处向东的地方，没有不归顺大汉的，无论是老人小孩都为此感到喜悦，对大汉的贡奉不绝。只有焉耆、龟兹两国，还没有归顺。臣之前与官属三十六人奉命出使边远之地，备遭艰难险阻。自从孤守疏勒，至今五年，胡夷的情况，臣了解得非常清楚。无论是问他们的老人，还是问他们的小孩，都说"倚仗汉朝与倚仗上天相同"。从这个地方去推论，那么葱岭完全可以打通，葱岭通畅，则龟兹可以讨伐。现在应拜龟兹国的侍子白霸为他们的国王，以步兵骑兵数百人护送他，与各国联合兵力，一年半载之间，龟兹就可以被征服。用夷狄攻打夷狄，是最好的计策。臣见莎车、疏勒田地肥美广阔，草地牧场丰饶盛多，不像敦煌、鄯善那样空旷，兵马可以不耗费中原的粮草而可以自足。并且姑墨、温宿二国的国王，都是由龟兹国所设置的，和他们既不是同一个种族，相互之间又欺凌、打压，将来的趋势，必然会有投降反叛。如果二国前来归降，那么龟兹就会不攻自破。希望下传臣的奏章，作为行事的参考。假设有万分之一的机会和可能，那么即使死了也没什么可遗憾的。臣班超区区一人，独独蒙受神灵照顾，个人也希望不就此死去，而能够亲眼看见西域平定，陛下高举万年之杯，在祖庙进献功勋，向天下布告大喜之事。

班超的奏书递上去之后，汉章帝经过和大臣们讨论，觉得班超的策略可以实行，于是就商议给他增派兵马。有个平陵人名叫徐干，他平时就有与班超相同的志向，得知消息后，立即上疏自告奋勇愿意前去辅佐班超。汉章帝于是降诏，任命徐干为代理司马，率领解除刑罚及自愿跟从的上千人前去投奔班超。

在那之前，莎车国以为汉兵不会出动，于是便投降了龟兹国，而疏勒国的都尉番辰也反叛了。其时正遇上徐干率兵赶来，班超于是和徐干一齐攻打番辰，将番辰打得大败，斩杀一千多人，生擒者更多。

班超打败番辰后，想要进攻龟兹。因为乌孙国兵力强大，借用他们的兵力非常合适，于是便上奏说："乌孙是大国，有兵力十万，因此武帝把公主嫁给他做妻子，到孝宣皇帝时，才得到他们的回报和帮助。现在可派遣使者前去招抚慰问，与他们合兵。"

汉章帝采纳了班超的建议，于是在建初八年（公元83年），拜班超为将兵长史，特赐给他仪仗乐队和旌旗。正式任命徐干为军司马，另外派卫侯李邑护送乌孙使者，赐给大小昆弥以下锦帛。

李邑到达于窴的时候，正赶上龟兹进攻疏勒，他非常恐惧，不敢前进，于是便上书陈说西域的功绩不能完成，又大肆毁谤班超说他搂着爱妻、抱着爱子，在外国享受安乐，根本没有心思顾及国内之事。

班超听到这些后，叹息说："我不是曾参却多次遭受谗言，现下恐怕会被怀疑。"于是便休掉了他的妻子。汉章帝知道班超对汉朝非常忠诚，于是便严厉地责备李邑说："纵使班超搂着爱妻、抱着爱子，可是思归之人有上千个，却怎么都能与班超同心呢？"

于是命令李邑到班超那里，接受班超的节制调度。汉章帝还诏命班超说："如果李邑能任外职，就留在你的身边，当你的从事。"

但班超却并没有那么做，他随即派遣李邑率领乌孙国的侍子返回了京师。

徐干感觉不可理解，便对班超说："李邑之前毁谤您，想败坏西域的事情，现在您为何不借诏命留住他，另派别的官吏送侍子呢？"

班超说："此话是多么狭隘啊！正因为李邑毁谤我，所以现在才派遣他去。自我反省而不内疚，何必担忧别人的话呢？逞一时之快留下他，这不是忠臣应该做的。"

第二年（公元84年），汉章帝又派代理司马和恭等四人，率领八百兵卒到班超那里。班超于是调发疏勒、于窴两国的兵马攻打莎车。

莎车为了瓦解班超一方的攻势，于是就暗中派使者去见疏勒王忠，送给忠大量的财物，用重利诱惑他。忠在重利之下，便背叛了汉朝，背叛了曾经拥立他的班超，在西部的乌即城（今喀什市南），和莎车结成了同盟。

忠的背叛并没有令班超乱了阵脚。忠前脚叛乱，班超后脚就改立忠的府丞成大为疏勒王，然后征调那些没有反叛的人攻打忠。但一直攻了半年，也没有攻破乌即城。而更令汉兵一方压力倍增的是，康居国居然派精兵前来救援忠。

其时，月氏刚与康居通婚，相互亲近。为了不让康居国支持忠，于是班超派使者携带大量锦帛赠送给月氏王，让他劝康居王罢兵。康居王听从了月氏王的建议，不仅撤兵不再帮助忠，而且还顺势把他扣押了起来，然后押着他去了康居。

忠被扣押并带往康居国之后，乌即城内的反叛势力立即瓦解，于是开城投降了班超。

忠在康居国呆了三年，到公元86年之时，居然又说通了康居王，向康居王借了兵，然后回兵占据了损中，暗中与龟兹密谋，派使者到班超那里去诈降，想借机取事。

班超知道他们的奸计，却不露声色，就势假装同意了。忠非常高兴，立即率轻骑直奔班超那里。班超秘密地安排下伏兵等待他们，然后为他们设宴奏乐。忠毫无戒备，径直去了酒宴现场。行酒之时，班超喝令手下的兵士，把忠绑起来杀了。之后，班超带人击败了忠的部众，杀死七百多人，南道于是恢复了畅通。

第二年（公元87年），班超征调于寘各国的兵马二万五千人，再一次进攻莎车。龟兹王闻讯，派左将军调发温宿、姑墨、尉头各国的兵马共五万人救援莎车。班超召集将校及于寘王商议说：“如今我们兵少，不是他们的对手，最好的计策是我们各自散去。于寘从这里向东，我也从这里向西而去，可等到深夜鼓声响起后出发。”

说完这些之后，班超暗中命人放松所抓到的俘虏，让他们得以顺利逃走。龟兹王得到消息后大喜，以为班超等人真的要分兵撤退，于是亲自率一万骑兵到西界拦截班超，温宿王率领八千骑兵在东界拦截于寘王。

班超从探马处得知龟兹王、温宿王的兵马都已经出发，于是秘密召集各部率领兵马，在鸡鸣时快马赶赴莎车营地，然后展开进攻。留守的胡兵见汉兵突然来袭非常惊恐，立即四散奔逃。班超带兵追击，斩杀五千余人，缴获了许多马匹、牲畜和财物。

莎车国见五万多的援兵被击败，无奈之下只好向班超投降。龟兹等国战败，只得各自引兵退走。自此，班超威震西域，各国提起班超之名，无不闻之色变。

当初，月氏曾经帮助汉军攻打车师国，立下战功。班超击破莎车国之后，月氏派遣使者前来，向汉朝贡奉珍宝、符拔（又叫桃拔，像鹿，长着长尾巴，一个角的称之为天鹿，两个角的称之为辟邪）、狮子，并借机求娶汉朝的公主。班超没有报告朝廷，直接就拒绝了这一要求。把汉朝的公主远嫁外国，实际上就是授人以柄，汉朝从西汉武帝时大规模出击匈奴，就是为了不再遭受这样的耻辱，现在汉朝势力正盛，岂能答应如此傲慢自大的要求。

在大将军窦宪于公元89年大破北匈奴并重新占领伊吾卢的第二年，因为班超拒绝大月氏的要求，月氏王怨恨之下，派遣他的副王谢率兵七万，前来攻打班超。

班超兵少，所以他手下的人都非常恐惧。但班超却胸有成竹，镇定自若，他安慰手下的将士们说：

"月氏的兵虽然多，但他们从数千里之外越过葱岭前来，后方没有粮草运输，有什么可担心的呢？只要我们收好粮食坚守，他们粮草不继，自然而然就会向我们投降，不过数十日，就一定会有结果。"

果如班超所料的那样，谢开始率兵攻打班超，但班超勒兵坚守，谢又怎么能攻得下呢？月氏兵攻城不下，在城外又抢掠不到什么东西，粮草很快就用尽了。

班超根据月氏大军的用度，推测他们的粮食将要用尽，就必然会向龟兹求救，于是就派出数百名士兵，在东界埋伏下来，专门拦截谢的使者。

不出班超所料，谢果然派使者骑马带着金银珠宝前去贿赂龟兹，想从龟兹那里得到帮助。班超事先埋伏的兵马拦截并攻击使者，把谢的使者全部杀死。

之后，班超命人带着使者的首级，拿去给谢看。谢见自己的使者被杀，大惊失色，立即派使臣前去向班超请罪，希望能让他们活着离开。

虽然摧垮了敌方的意志，但要以区区千人收降大月氏的七万人，到时候连俘虏安置都成问题。所以班超卖个顺水人情，放走了谢。自此以后，月氏大为震惊，每年向汉朝贡奉礼品不绝。

永元三年（公元91年），龟兹、姑墨、温宿三国都向班超投降。朝廷下诏，正式任命班超为西域都护，徐干为长史。

在班超的提议下，东汉朝廷拜在洛阳当侍子的白霸为龟兹王，然后派司马姚光护送他前往龟兹国即位。班超与姚光一同胁迫龟兹国废黜了他们的原国王尤利多，然后立白霸为王。之后，班超派姚光带着尤利多返回京师洛阳。

之后，班超和徐干分兵。班超居住在龟兹的它干城，而徐干则屯兵在疏勒。东汉朝廷再一次任命了戊己校尉，带兵五百，驻扎在车师国前部的高昌壁。又在戊己校尉之处设置了戊部候，驻扎在车师后部候城，和戊己校尉驻屯之地相距五百里。

其时，西域只剩下焉耆、危须、尉犁三个国家。因为这三个国家之前曾攻杀都护陈睦，想要投降又怕汉朝算旧账，所以心怀鬼胎，不敢投降。除此之外，其他国家都被班超所平定。

永元六年（公元94年）秋，班超征调龟兹、鄯善等八国的兵马共计七万人，以及吏士商客一千四百人，一起讨伐焉耆国。汉军到达尉犁界的时候，班超派出使者，前去对焉耆、尉犁、危须三国说："都护来的原因，是想要安抚三国。如果想要改过从善，应该派遣首领前来迎接。都护将会赏赐王侯以下的人，赏赐完之后，就会离开这里。现在，赐给王丝绸五百匹。"

焉耆王广听说之后，将信将疑，不敢亲自前去，于是派他的左将北鞬支捧着牛酒前去迎接班超。

班超见来的不是焉耆王，于是责备北鞬支说："你虽然是匈奴的侍子，但如今却掌握着焉耆国的大权。现在都护亲自前来，焉耆王却不及时迎接，这都是你的罪过。"

有人建议班超趁机杀了北鞬支，班超对他们说："这不是你们所能考虑到的。这个人在焉耆国的权力，实际上比焉耆王还大，现在还没有进入焉耆，就杀了他，这会让焉耆国的人产生疑虑，如果他们因此而设置防务据守险要，那我们还怎么能顺利到达他们的城下呢？"

于是对北鞬支厚加赏赐，然后让他走了。

焉耆王广见北鞬支顺利返回，悬着的一颗心放了下来，于是与身边的重臣们前往尉犁迎接班超，并向班超进贡了珍奇物品。

焉耆国的都城之外，有一座苇桥，焉耆王广不想让汉军进入都城，于是便命人拆断了苇桥。班超见焉耆国绝桥，于是改从别的地方涉水而过。于七月的最后一天，到达焉耆国中，在距焉耆国的都城二十里的地方，就在大泽中安营扎寨。

焉耆王广说什么也没有料到汉军会涉水而来，并在大泽中扎营，十分恐惧，就想将城中的百姓全部驱赶到山中守卫。

焉耆左候元孟之前曾到京师洛阳做过人质，他暗中派人把焉耆王广的想法告诉了班超，班超听了之后，当即杀了元孟的使者，以示不相信元孟的话。

之后，班超便定下日期，说要与各国的国王会面，并借此大造声势说，要重重地赏赐各国的国王。焉耆王广听说班超斩杀了元孟的使者，以为班超一定不会为难自己，于是和尉犁王泛、左将北鞬支等三十人相继前来见班超。

焉耆国的国相腹久等十七人，担心来了之后会被班超所杀，于是都逃到海里去了，危须国的国王也没敢来。

等各王坐定之后，班超生气地质问焉耆王广说："危须王为什么不到？腹久等人为什么逃亡？"之后借机命令吏士收押广、泛等，然后在原西域都护陈睦的故城杀了他们，将首级传送到京师洛阳。

为了彻底击垮焉耆国的意志，班超放纵士兵在焉耆城中抢掠，斩杀五千余人，获得俘虏一万五千人，马匹、牲畜、牛、羊三十余万头。之后，班超改立元孟为焉耆王。

班超在焉耆停留了半年时间，抚慰焉耆百姓。于是，西域五十多个国家，自此全都派遣侍子入朝为质，向汉朝称臣。

班超所取得的功绩，令东汉朝廷大为赞赏和欣慰。永元七年（公元95年），汉和帝下诏说："从前匈奴独占西域，侵犯河西，永平末年，城门大白天都关着。先帝深切地同情边域地区百姓蒙受匈奴的侵害，便命将帅攻击河右之地，击破白山，到达蒲类海，攻占车师，边境各国因震惊而响应。通往西域的道路因此被打开，于是设置了西域都护。然而焉耆王舜、舜的儿子忠却独独谋划反叛，依仗地势险要，残杀了都护，并殃及都护手下的吏士。先帝非常重视百姓的性命，害怕大兴兵役，所以派军司马班超平定于寘以西的地方。班超于是越过葱岭，到达县度（又名悬度，今阿富汗兴都库什山，是西域重要的山道之一），出入二十二年，西域各国，没有不归顺的。改立这些国家的国王，安定那里的人民。不动用中原的民财，不动用中原的兵卒，却使边远之夷和睦融洽，使不同习俗的人同心同向，并且送达上天的诛罚，一雪前耻，为之前冤死的将士们报仇雪恨。《司马法》上说：'封赏不能超过该赏之时的一个月，是想让人们很快看到做善事的好处。'封班超为定远侯，食邑千户。"

班超因为被封为定远侯，因此又被人们称为"班定远"。

当时的条支（古西域国名，在今伊拉克境内）、安息（又名阿萨息斯王朝或帕提亚帝国，是亚洲西部伊朗地区古典时期的奴隶制帝国）等国家，距离中原非常之远，但也都派遣翻译前来向汉朝进贡。

永元九年（公元97年），班超派遣他手下的属吏甘英穷前去出使大秦（罗马帝国）。甘英路过安息，拜见了安息国王，接着西行到达西海（今波斯湾）。安息的官员告诉甘英说，要想前往罗马帝国，唯一的路途只有海路。但是，当时阿拉伯半岛附近的海路艰苦难行，甘英资源不足，只好打消了前往罗马帝国的念头，之后返回向班超复命。后世有学者猜测说，安息之所以要欺骗甘英，其实是不希望汉朝与罗马帝国建立关系，因为那个时候班超已经控制西域，一旦强大的汉朝与罗马帝国建交，就会给他们带来巨大的威胁。

甘英回到洛阳之后，向汉和帝报告了出使的情况和安息等国的风土人情，并转述了安息等国对罗马帝国的描述。而这些风土人情，之前的《山海经》等典籍都没有记载。其后，安息周边的国家蒙奇（今土库曼斯坦马雷州梅尔夫）、兜勒（也有人说蒙奇、兜勒实为马其顿的音译）都派遣使者前来贡献，表示归服汉朝。

班超平定西域之后，因为自己长久地留在边远地区，再加上那个时候他已经将近七十岁，非常思念家乡，于是在永元十二年（公元100年）向朝廷上疏，表达自己的思乡之情，请求能够回国。班超上书的同时，妹妹班昭（嫁与同郡的曹寿）也上书为他求情。

汉和帝看了之后深受触动，于是便征召班超回京。

班超在西域一共待了三十一年，永元十四年（公元102年）八月，班超回到洛阳，拜为射声校尉。班超的胸部及两侧间，平常就有疾病，回到京师之后，病情开始加重。汉和帝派中黄门前去探问病情，赐给他医药治病。但仅仅过了一个多月，班超就去世了，时年七十一岁。朝廷同情、怜惜班超，派使者前去吊唁祭拜，赠送的礼品十分丰厚。班超死后，他定远侯的爵位由长子班雄承嗣。

在班超被征召之时，朝廷命原戊己校尉任尚前去接替班超，担任西域都护。当任尚与班超交接时，任尚向班超求教说："君侯在西域三十多年，而我极不称职地接替了您，任务艰巨而我智虑不足，还希望君侯能够对我有所教诲。"班超说："我年纪大了，已经没有什么见识了，任君多次担当重任，我班超怎么能比得上啊！如果实在要我说一说，那我愿讲一些不聪明的话。塞外的官吏将士，本来就不是孝子顺孙，都是因为犯下罪过而被发配到边域屯兵的。而蛮夷之人，有着鸟兽般的心思，很难相处并且容易坏事。如今您性情严厉急躁，水太清就不会有大鱼，严于检查政务就不得下属的欢心。应该松弛简易，宽容处理小过失，紧紧抓住重要环节就行了。"

班超走后，任尚私下对他亲近的人说："我以为班君肯定会有不一般的谋略，可看他如今所说的话，却是太稀松平常了。"谁料任尚刚刚当了几年的都护，西域就发生了叛乱，他因罪被征召回朝，就像当初班超所告诫他的那样。

第二十一节　窦后得宠、蔡伦造纸、窦宪破匈奴

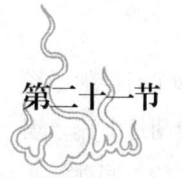

在班超定西域的三十多年时间里，东汉王朝接连换了几个皇帝。

汉明帝刘庄于公元75年（永平十八年）去世，享年四十七岁。其子刘炟即位，是为汉章帝。汉章帝在位十三年，于公元88年（章和二年）去世，只有三十二岁。他的父亲汉明帝比光武帝少活了十五年，而汉章帝，又比他的父亲少活了十五年。对一个封建王朝来说，皇帝寿命的长短，会很大程度上直接影响到这个王朝的国祚。因为现任皇帝的寿命稍长一点，那么太子继位时大多已成年，会直接亲政，大权不会旁落到权臣、外戚或是宦官的手中，但如果太子幼年即位，那么国柄就会操持到太后或是权臣的手中，久而久之，政治就会越来越腐朽、黑暗，这样的政权，离灭亡或许就不远了。

而很不幸的，汉章帝死后，这种情况无可避免地出现了。

汉章帝死后，年仅十岁（虚岁）的太子刘肇即位，是为汉和帝。

汉章帝有八个儿子，刘肇是第四子，按照立嫡立长的顺序来说，刘肇本来是当不了皇太子的。但他也像他的父亲汉章帝一样，虽然生母不受宠，但最终却被得宠的皇后收养。

汉章帝的长子刘伉，次子刘全，其母都不受宠，并且地位不高，在史书上连名字都没有留下。

第三子是刘庆，他的母亲是宋贵人。

宋贵人是汉文帝时功臣宋昌的八世孙，她的父亲叫宋杨，以恭敬孝顺而被乡里称道。州郡要征召他，但他却并没有应征。宋杨的姑姑即是明德马皇后的外

祖母。马皇后听说宋杨的两个女儿都非常有才华，并且容貌出众，于是把她们全部迎到自己的身边，时常加以教导。永平末年，宋贵人和她的妹妹都被选入太子宫，甚得时为太子的汉章帝宠爱。汉章帝即位之后，宋氏姐妹都被封为贵人。

建初三年（公元78年），宋贵人（大宋贵人）生下刘庆，第二年，刘庆就被立为皇太子，宋贵人的父亲宋杨因此被征召入朝，担任议郎，所获的赏赐和优待非他人可比。大宋贵人待人接物特别有礼，经常在长乐宫侍奉马太后，亲自为马太后敬奉酒菜饮食，马太后对她特别怜爱。

但这样的情况，并没有持续多久，就在刘庆被立为太子的当年，年仅四十岁的马太后就因病去世。

谨严自律的马太后去世，意味着约束减轻，对其他后宫妃嫔来说，她们的机会就来了。

生事的，是汉章帝的窦皇后（名字失载）。

窦皇后是窦融的曾孙女，祖父是窦穆，父亲是窦勋。

因为之前窦穆强迫六安侯刘盱休妻，并把自己的女儿嫁给他，被告发之后失势。窦穆父子居家口出怨言，再次被家里监护的谒者告发，最终窦穆与其子窦宣、窦勋均死于监狱之中。

窦勋娶的是沘阳公主，窦皇后就是窦勋与沘阳公主的长女。

窦家败落之后，窦氏族人不甘就这样失去权势，所以多次请来相面的卜者，为家里的孩子们相面。令窦家感到极为振奋的是，来的相士们见了窦皇后之后，都说她长着很不普通的相貌，将来会非常尊贵。

窦皇后刚刚六岁的时候，就能写文章，窦家的亲戚们见了，都非常惊奇。建初二年，在宋贵人生下刘庆的前一年，窦皇后与妹妹都被选入长乐宫。因为她举止大方整齐，待人接物非常严整谨慎，所以名声很快就传了出去。汉章帝听说窦皇后才貌俱佳，多次向宫中管事的那些女官打听她的情况。等到见面之后，汉章帝更觉得她容貌异常美丽，就连马太后对她的才貌也感到非常惊异。窦皇后因此顺理成章地进了汉章帝的后宫。

比起宋贵人等人，窦皇后更加机灵聪慧，无论是对待马太后，还是身边的女官们，窦皇后都非常礼貌周到，后宫之中，到处都是对她的赞扬之声。在太子刘庆出生的当年，她顺利地被立为皇后，妹妹被封为贵人。她的父亲窦勋，也被追谥为安成思侯。

自此，窦皇后得到汉章帝的专宠，其他的妃嫔在汉章帝眼中瞬间失去了颜色。

但怪就怪在，窦皇后和她的前任马太后一样，虽获皇帝专宠，却未能生下孩子。

虽说其时宋贵人的儿子刘庆已被立为太子，但如果窦皇后能够生下儿子，那么废刘庆而立自己的儿子，那将是极有可能的事情。可是无子就是无子，生儿育女这种事情，就当时的医学条件来说，是根本没办法用权势或是金钱来帮助实现的。

别人有而自己没有，心态就会失衡，窦皇后开始强烈地嫉妒那些已经为汉章帝生下儿子的妃嫔。

其时，不仅宋贵人生下了太子刘庆，梁贵人也生下了儿子刘肇。

梁贵人的父亲是褒亲侯梁竦，梁竦是梁统的儿子、梁松的弟弟。梁竦年少的时候，系统学习过《孟氏易经》，等到他刚满二十岁的时候，就可以为别人传授了。后来，因为梁松事涉飞书诽谤下狱而死，梁竦与弟弟梁恭一起，被一同迁徙到九真（今越南中部一带）。路过长江、洞庭湖、沅江、湘江的时候，梁竦触景生情，感叹当年的伍子胥、屈原无罪却身死沉江，于是写下一首《悼骚赋》。

后来，汉明帝下诏，允许他们返回故乡。梁氏的老家在乌氏（今宁夏六盘山东），虽然距离京城较远，但比起九真来，已经是非常近了。梁竦返回故乡之后，闭门不出，以研究经书为乐，并写下好几篇文章，名为《七序》。班固见了之后，称赞说："孔子著《春秋》而乱臣贼子惧，梁竦作《七序》而窃位素餐者惭。"

梁竦生性乐善好施，不愿打理家业，所以家里的境况越来越拮据。但幸而他的大嫂舞阴长公主是汉明帝的姐姐，平时所得的赏赐颇多，就不时地周济梁氏族人。而作为文学家的梁竦，更得舞阴长公主的敬重，所以平时对梁竦的赏赐总是比别人更多一些。对于这些多出来的赏赐，梁竦总是分给其他的族人，自己并没有多留。

梁竦自小在京师长大，不喜欢故乡乌氏，他自负才高，郁郁不得志。曾经登高远望，叹息说："大丈夫生于世间，活着的时候应当封侯，死了也应当在宗庙享受祭祀。如果不能这样，那么闲居可以修养心志，读《诗》《书》足可以自娱，州郡等地方的职务，只不过使人白白辛劳而已。"后来，征召他任职的诏书多次下达，但他都没有应征。

梁竦有三个儿子、三个女儿，最小的女儿就是梁贵人。梁贵人很小的时候母亲就死了，被她的伯母舞阴长公主所领养。十六岁的时候，正值窦皇后和其妹入宫的那一年，梁贵人和她的二姐也被一起选入掖庭，被封为贵人。两年后，两岁（虚岁）的刘庆被立为皇太子的那年，梁贵人也生下了一个儿子，取名为刘肇。

在大多数情况下，如果皇后无子，那么她的皇后之位会被废。如汉景帝之薄皇后、汉武帝之陈阿娇、汉宣帝之霍成君。但如果皇后足够得宠，那么情况有时候也会起一些变化，比如秦孝文王之华阳夫人（可以看作是皇后）、汉明帝之马皇后、此时的汉章帝之窦皇后。

华阳夫人没有儿子，收养别的妃嫔的儿子子楚，后来子楚成为秦庄襄王，自己的后位没受影响；马皇后无子，领养了贾贵人的儿子刘炟，刘炟成为汉章帝，马皇后成为马太后。既然前人树立了榜样，那么后人就自然而然可以效仿，窦皇后也领养了别的妃嫔的儿子。

她领养的，就是梁贵人的儿子刘肇。

梁贵人的儿子被窦皇后收养，意味着如果窦皇后的地位稳固，那么刘肇的前程将会不可限量。梁氏族人为此私下里庆贺不已。

世上没有不透风的墙，梁家人私自相庆的消息立即传到了窦家人的耳朵里。窦皇后收养刘肇，目的是为了巩固自己的地位，而不是想给梁家人创造什么机遇，但梁家人的做法，却显然使窦皇后心理上极为不适。如果将来窦家费尽气力让刘肇成为皇太子，而梁家人却要坐享其成并对窦家不利，这让窦家如何是好？

一想到这一层，窦家人就立即气不打一处来。

当然，对于窦皇后来说，领养了梁家人的外甥，这不过是疥癣之疾，而窦皇后领养的这个孩子能不能上位、窦皇后能不能借这个领养来的孩子保住自己的地位，那才是最主要的！

所以，窦皇后首先要解决的问题，就是怎么能废掉那个影响刘肇上位的人，然后让刘肇取而代之。

为了达到这个目的，窦皇后开始想方设法陷害皇太子刘庆和他的母亲宋贵人。在皇宫之外，窦皇后让她的兄弟们到处搜求宋氏的过错；而在皇宫之内，则指使女婢等下人窥察宋贵人的动静。

窦皇后处心积虑算计宋贵人，假以时日，终于找到了一个可以攻击宋贵人的靶子。某一天宋贵人生了病，想要用菟丝做药饵，于是写信给母家，让母家在外求购。孰料，宋贵人的这封信，却被窦皇后安排的奴仆们在宫门外截获了。

窦皇后得到宋贵人的这封信，如获至宝。因为在当时的皇宫里，菟丝都被妃嫔们用于巫蛊之术，妇人媚道，用来诅咒别的妃嫔或是冷落自己的皇帝。

于是窦皇后就在汉章帝面前日夜诋毁宋贵人母子，时间一长，汉章帝自然而然就疏远了宋贵人和太子刘庆。

太子刘庆只好出居到承禄观。几个月后，在窦皇后的暗示下，掖庭令以之前宋贵人购求菟丝的事情上奏诬陷宋贵人，请求调查核实。

建初七年夏六月，汉章帝下诏，废除年仅四岁的刘庆的太子之位，立三岁的刘肇为皇太子。此时，距离刘庆被立为太子，仅仅过去了三年零二个月时间。

汉章帝在诏书中，把刘庆和他的母亲宋贵人都进行了一番贬低。诏书中说："皇太子有迷惑无常的本性，从刚出生开始，到现在更加明显。恐怕继承了他母亲凶恶的风气，不能奉祀宗庙，不能做天下主。大义可以灭亲，更何况只是降退呢！现在废刘庆为清河王。皇太子刘肇由皇后保育长大，小时候受母亲的教育，教导他养成了很好的性格，将会成为大器。大抵庶子以慈母为母，还有终身之恩，又怎么能比得上嫡后事正义明呢？现在以刘肇为皇太子。"

于是下令让宋贵人和她的妹妹出宫居住在丙舍（宫中正室两边的房屋，以甲乙丙为次，第三等舍名称丙舍），然后让小黄门太监蔡伦拷问她们。

其实上，这一切都不过是窦皇后的意思。蔡伦按照窦皇后的授意，罗织罪名并"考实"，于是宋贵人姐妹"罪证确凿"，最后都被送入暴室（宫中的染坊，丝织工厂）之中。

而有意思的是，受命诬陷宋贵人姐妹的蔡伦，在中国历史上，却是一个有着显赫名声并建立过杰出功绩的人。

蔡伦字敬仲，桂阳郡（今湖南省郴州市）人。蔡伦在永平末年开始在掖庭供职。建初年间，担任小黄门。

蔡伦特别有才学，尽忠职守，勤勉谨慎。蔡伦敢于直言，曾经多次当面顶撞皇帝，想要匡正弥补皇帝的过失。每次轮到休假，其他的年轻太监们都去和友人交游，但蔡伦却总是闭门谢客，然后冒着风吹日晒到田野里去劳作。

汉和帝时期，蔡伦升任中常侍，这是一个品秩为比二千石的职位，常常被授以重任。其后，蔡伦又被加封为尚方令，主管皇宫的制造业。蔡伦的才华在这个职位上得到了充分的展示，永元九年（公元97年），蔡伦负责监制宫中的名贵宝剑和各类御用器械，他凭借过人的天赋和杰出的才能，使督造的宝剑器械都成为当时数一数二的精品，制造的工艺流程等都成为后世的教科书，被许多工匠所仿效。

在西汉以前，大部分书籍都用竹简来编制，皇室及侯王贵族可以用绢帛来写字，比如制作圣旨等。而那些用来写字的绢帛丝织品，也被人们习惯性地称为纸。但是，绢帛的价格毕竟非常昂贵，普通人是用不起的。竹简倒是非常便宜，可是又非常沉重，无论是携带还是传阅都极不方便。

当然，因为中国从远古时期就养蚕，上等蚕茧被用来抽丝织绸，次等蚕茧则被用来制作丝绵。制作的方法主要是漂絮法。漂絮之时，次等蚕茧会被捣碎，最终在篾席上积下一层薄薄的纤维。这层纤维在晾干之后剥离下来，可以用来书写。但因为这种薄纤维产量并不多，所以根本无法被广泛使用。到了西汉时期，已经有了麻质的纤维纸，但因为质地粗糙、数量少、成本高，所以没办法普及。

蔡伦通过长期观察，开始了他的发明之旅。他尝试着用树皮、麻头、破布和渔网来造纸。

工序大体为：把树皮、麻头、破布、渔网等剪碎，放在水池中浸泡，等浸泡一段时间以后，把不易腐烂的植物纤维留下来，然后捞出来搅拌成均匀的糨糊状，放置在平整的竹篾上，晾干之后，揭下来就成了纸。

就这样，蔡伦带着手下的工匠们不停地改进、试制，最终制出了重量轻又柔韧不易脆折的纸。

元兴元年（公元105年），蔡伦将他试制成功的纸张连同造纸的方法呈报给皇帝，皇帝对他的才能和这项发明非常赞赏。蔡伦发明的这种纸，由于原材料随处可见，不仅成本低廉，并且携带起来也非常方便，所以被越来越多的人广泛使用。人们感念蔡伦造纸的功绩，因此都把这种纸张叫作"蔡侯纸"。

虽然在蔡伦之前就已经有纸，但经过蔡伦的改进，这种新式的纸张被广泛地利用并普及，对中国古代的政治、经济、文化的发展产生了巨大的推动作用，传播到世界后，对世界文明发展进程也产生了很大的影响。

造纸术被尊誉为中国古代的四大发明之一，因为蔡伦在改进造纸术上所取得的重大功绩，所以更多的人愿意把造纸术同蔡伦联系在一起，称之为"蔡伦造纸"。

其后，蔡伦被封为龙亭侯，食邑三百户，实现了许多士人奋斗一生想要封侯却不能实现的愿望。不过，因为蔡伦受窦皇后的指使诬陷宋贵人，汉安帝亲政后他被逼自杀，封地也被收回。

蔡伦造纸的功勋确实值得万代传诵，但他诬陷无辜之人，却也为他千古英名留下了一个不小的污点，想来还是有些可惜。

再说被蔡伦"拷实"罪名的宋贵人姐妹。

从皇帝宠爱的贵妃，顷刻之间变成与宫中下人一起从事粗重纺织工作的下人，况且还是戴罪之身，还有什么尊严可言呢？如果真的想保留尊严，那就只有以死明志了。

于是，宋贵人和妹妹一起饮毒药自杀。

汉章帝听说宋贵人姐妹服毒自杀，其实也知道她们有冤情，心里非常哀伤，于是下令把她们安葬。

宋杨的职务随后被免去，而后被遣回本郡。但即便如此，窦氏一家还是不肯放过他。宋杨刚到郡县，郡县又借口逮捕了他。宋杨的朋友——前怀县县令张峻、左冯翊沛国刘均等人，纷纷为他奔走解释，最终宋杨得以免罪脱身。

外孙的太子之位被废，两个女儿服毒自杀，遭此沉重打击，宋杨忧闷不已，很快死去。

刘庆当时虽然年纪还小，但出自帝王之脉的禀赋决定了他是一个极聪明的孩子，而并不是像汉章帝在诏书中所说的那样失惑无常。他开始有意识地避嫌，免得惹祸上身，说话的时候都尽量不提到母家宋氏之人。刘庆小小年纪就被环境逼得如此谨小慎微，让汉章帝更加怜悯他，于是下令让窦皇后给刘庆穿和太子刘肇一样的衣服。

成功铲除了挡在刘肇前面的刘庆，那么接下来，窦皇后该做的，就是要割断长在刘肇身后的梁家这条尾巴了。

在诬陷并逼迫宋贵人姐妹自杀、废去刘庆太子之位的次年，即建初八年（公元83年），窦家人用飞书（即匿名信）诬陷梁竦，梁竦被投入监狱，最终死于狱中，梁家人再一次被远徙九真。在办案的过程中，因为审案人员严刑逼迫，所以一些下人经不住拷打，把梁竦长嫂舞阴长公主照顾梁氏的事情也说了出来，舞阴长公主受此牵连，也被迁徙到新城，朝廷专门派使者前去监护其家。

家里发生这样的事情，梁贵人姐妹连惊带吓，忧虑之下，也很快死去。

此后，窦皇后独得汉章帝之宠，再无人敢与其争锋。

五年之后，公元88年，享年三十二岁的汉章帝病死，年仅十岁的太子刘肇即位，是为汉和帝。窦皇后如愿以偿，成为后宫最大的赢家，被尊为皇太后。

因为刘肇还没有成年，所以窦太后临朝称制。尊奉她的母亲沘阳公主为长公主，增封汤沐邑三千户。

如果窦太后也像她的前任马太后那样谨慎勤俭自律，不滥封兄弟族人，那么刘肇虽然不是她的亲生儿子，但窦家保住已有的富贵名位，还是可以做到的。但可惜的是，比起马太后来，窦太后不仅个人修养欠佳，而且对兄弟缺乏足够的约束，导致了窦氏的再一次塌方式败落。

窦氏之败，深层的根源是窦太后，但表现在外的，却是窦氏子弟的骄横不法，尤其是她的哥哥窦宪。

在他们的父亲窦勋被杀之时，窦宪还很小。等到妹妹被立为皇后之时，窦宪被任为郎，渐渐升任侍中、虎贲中郎将。弟弟窦笃，被任命为黄门侍郎。兄弟二人并受皇帝亲近宠信，一起在宫中宿卫，所受的赏赐多得不可胜计，恩宠富贵越来越盛。朝中的王侯、公主及阴氏、马氏等前朝外戚，没有一家不畏惧窦家的。

窦宪依仗他的权势，用低价强买沁水公主的一处园田，沁水公主是汉明帝刘庄的五女儿，嫁给开国元勋邓禹的孙子高密侯邓干。显赫如此，也抵不上此时的窦氏。沁水公主畏惧窦家的权势，不敢不卖，只好把园田贱卖给窦宪。

后来有一天，汉章帝驾车出游，经过那处园田，就问窦宪是谁家的田园，窦宪暗暗呵斥左右，不让回答。窦宪的可疑神态让汉章帝十分狐疑，后来汉章帝知道了事情的来龙去脉，极为恼怒，于是把窦宪召来严厉地责备说：

"你要好好想想之前的过错，夺取公主田园之时，难道不是比赵高指鹿为马更甚吗？想这件事情时间长了，可真让人害怕。从前永平年间，皇帝曾命令阴党、阴博、邓叠三个人相互监督，因此几家皇亲国戚没有敢犯法的，而皇帝还不时下诏，仍然提到舅舅家的田地房宅。现在尊贵公主的园田尚且被白白地抢夺，何况平民百姓呢！国家抛弃你窦宪，就如同扔掉一只没用的死老鼠罢了。"

窦宪听了之后，极为震惊恐惧。当时的窦皇后听说之后，赶快穿上下人的衣服，跑到汉章帝面前为他深深谢罪。汉章帝震怒不已，过了好久才消了怒气，让他把园田还给沁水公主。其后，汉章帝虽然没有下令追究窦宪的罪行，却再也不对他委以重任。

汉章帝临死之前留下遗诏，任命窦皇后的弟弟窦笃为虎贲中郎将，窦笃的弟弟窦景、窦瑰都为中常侍，兄弟几个都居于中枢机要之位。

刘肇即位，窦太后临朝，又任命窦宪为侍中。这样一来，窦宪入宫可以直接接触到核心机密，出宫就是宣布太后和皇帝的诏命，兄弟几个同掌机要，窦氏权倾朝野。

但凡事都由窦氏自己出面，似乎就太露骨了。于是，窦宪决定找个代言人，让他来替自己说话。

窦宪觉得前太尉邓彪（邓禹的同宗）待人非常谦逊有礼、仁厚温顺，之前汉章帝在世之时，对他也非常尊敬，尊崇任命他为太傅，靠他的威望来统领文武百官。

于是，就像当年的王莽重返权力中心之后找德高望重的大司徒孔光做代言人，有什么事情就让孔光上奏王政君一样，窦宪有什么事情，也让邓彪在朝堂上上奏，然后自己再入宫到窦太后那里去说，就没有什么办不成的事情。

另外，屯骑校尉桓郁，做过好几任皇帝的老师，又生性谦和守节，所以窦宪也上书推荐他，让他在宫中讲授经书。

通过这些方法，不论外朝还是内朝，无不亲附窦氏，没有人敢表示什么异议。

到了这个时候，如果窦氏子弟能像之前的王莽那样加强自我修养，或者是即使做不到像王莽那样，但能做到像马氏子弟那样，那么窦家也会成为东汉中后期的豪族，保持长久的荣华和尊贵，而不会迅速地败落下去。

窦宪这个人的性格，一方面非常果敢，但另一方面，却又非常急躁。如果他与别人结了怨，就没有不想方设法报复的，可以说是睚眦必报。还是在汉明帝时代，窦宪之父窦勋的案件由谒者韩纡负责审理。当初的韩纡不过是公事公办，就是换了张纡李纡，窦勋照样罪责难逃。可是到了现在，窦宪为了报复韩家，竟然派刺客杀死了韩纡的儿子，然后拿着人头前去祭奠窦勋的坟墓。

汉章帝死后，齐殇王有个儿子叫刘畅被封为都乡侯，前来京城吊国丧。刘畅的行为一向邪僻，和步兵校尉邓叠及其亲属多次往来京城。因为这个缘故，刘畅通过邓叠的母亲，和窦太后搭上了关系。

在建初二年（公元77年）窦太后入宫之时，她大约十六岁至十八岁。到公元88年汉章帝病死，窦太后年纪应该不超过三十岁。这样的年纪，正是青春激荡的年纪，并不会因为给她加了一个太后的称号，而突然使她体内所有本能的需求都消失。

历史上这样的先例实在是太多了，多得数都数不过来。汉武帝临死之前，立钩弋夫人的儿子刘弗陵为太子，却毫不客气地赐死了钩弋夫人，并留下一句"子幼母壮、淫乱宫禁、无人能制"的断言，令后人一直沉思至今。

窦太后自然也未能免俗。行为邪僻的刘畅，很快得到了她的欢心和宠爱。

窦太后的行为，自然而然招致了兄长窦宪的极度不满。

但窦宪不满的，却并不是因为妹妹身为太后不顾名节与他人私通败坏了朝廷的名声，而是担心刘畅得到太后的宠爱之后，会被窦太后授予权力，然后分自己的权。

为了防止出现自己担心的这种事情，窦宪派了一个使者，把刘畅杀死在了宫中的警卫之处。之后，又归罪于刘畅的弟弟利侯刘刚，然后派遣侍御史和青州刺史共同审讯刘刚，想要借刀杀人。

纸里终究包不住火，窦宪刺杀刘畅并试图嫁祸他人的事情很快败露。

窦太后勃然大怒，命人将窦宪抓起来，关进了内宫。

对于一个壮年守寡的女人来说，杀死她的情夫是什么下场，窦宪还是略知一二的。战国时晋国卿士栾黡的妻子栾祁为了情人，连亲生儿子都不惜诬陷，更何况是作为旁系血亲的兄长呢！

窦宪非常害怕窦太后会在盛怒之下杀死自己，于是就请求以率兵攻打匈奴的方式来为自己赎罪。

窦太后虽然痛恨哥哥窦宪，但总不能因为这件事情真的把窦宪杀死吧，况且如果真那样做了，就等于是将自己的丑事昭告天下。

是答应窦宪出击匈奴还是把窦宪继续关押狱中，窦太后一时犹豫不决。恰在这个时候，南匈奴的休兰尸逐侯鞮单于向东汉朝廷递上了一封奏章，请求出兵攻打北匈奴。

那么此时的匈奴一方，又是什么情况呢？

在明帝永平十六年的那场出击中，另外三路均无功而返，只有窦固一路军队在天山大败匈奴呼衍王，一直追到蒲类海，并夺取了伊吾卢，设置了宜禾都尉。

北匈奴的军队在西部的天山一带失利，却派兵攻入了中部的云中，接着到达东部的渔阳。渔阳太守廉范率兵击退了北匈奴骑兵。汉明帝下诏，派使者高弘征调三郡的军队追赶，但一无所获。

建初元年，汉明帝去世，汉章帝即位，对一些边将进行了调整，骑都尉来苗被调任为济阴太守。之后，朝廷又任命征西将军耿秉兼摄度辽将军。当时，北匈奴的皋林温禺犊王又率领部众回到涿邪山居住。南匈奴单于得知消息后，派轻装骑兵和沿边各郡以及乌桓的军队出塞攻打皋林温禺犊王，杀死了几百人，迫降三四千人，取得了一场较大的胜利。

但获胜的南匈奴却在这一年遭遇了灾变，庄稼被蝗虫侵食，出现了严重的饥荒。于是汉章帝下令，调拨粮食给南匈奴，赈济南匈奴的三万多受灾百姓。

建初七年（公元82年），兼任度辽将军的耿秉被调任为执金吾，朝廷任命张掖太守邓鸿兼摄度辽将军。第二年，北匈奴三木楼訾首领稽留斯等人率领三万八千人，带了两万匹马、十多万头牛羊，到五原边关向汉军投降。

元和元年（公元84年），武威太守孟云向朝廷上书，说北单于派来使者，想与汉朝开展互市贸易。

于是汉章帝下诏，让孟云派遣驿使迎接招呼、慰问接纳北单于的人。北单于见东汉政府对他的态度有所转变，于是派遣大且渠伊莫訾王等人，赶着一万多头牛、马前来同汉朝的商贾互通贸易。

北匈奴的众王及部族首领前来之时，他们所经过的郡县，汉方都为他们准备馆驿，赏赐和优待他们。

南匈奴的胡邪尸逐侯鞮单于得知消息后，十分嫉恨，于是就派出轻装骑兵，从上郡出发，抄后路拦截掠夺北匈奴的人口，并抄掠其牛马，之后驱赶着入塞。

元和二年（公元85年）正月，北匈奴的首领车利、涿兵等人从北匈奴逃亡而来，进入汉塞，前前后后，这样的投奔事件，前后发生了有七十三次之多。其时，北匈奴的势力越来越衰弱，部众纷纷叛离，南匈奴在前方攻打，不时地入侵他们的后方，鲜卑在东侧进攻，西域诸国在右侧侵犯，北匈奴陷于四面夹击之下，无法立足，只好远远地退去。

就在这一年，在位二十三年的南匈奴胡邪尸逐侯鞮单于去世，伊伐于虑鞮单于的儿子挛提宣继位，是为伊屠於闾单于。

伊屠於闾单于即位之后，派出千余骑兵打猎，一直打到了涿邪山，竟然与北匈奴的皋林温禺犊王相遇。双方展开了一场激战，最终南匈奴一方大胜，皋林温禺犊王被杀，他的首级也被南匈奴所获。

当年冬天，武威太守孟云上书说："北部敌虏以前已经和亲，但南部又去抄掠，北单于认为汉朝欺骗他们，图谋想要攻打边塞，臣认为最好将南部抄掠去的人口归还北部，以便安慰他们。"

接到孟云的上书之后，汉章帝召集文武百官在朝堂上商议。大臣们都说夷狄狡诈，贪心不足却从不满足，如果汉朝将北匈奴的人归还他们，那么北匈奴又会妄自夸大，所以最好不要答应他们的请求。

但太仆袁安却提出了不同意见，他说："北虏派遣使者奉献和亲，在得到边境人口时，总是把他们交给汉朝，这是表明他们畏惧大汉威严，而不是率先违反约定。孟云作为负责边境事务的大臣，不便失信于戎狄，向北匈奴归还人口，足以显示中原物资充足，而使边境之人得到安宁。孟云的提议，确实对我朝有利。"

许多大臣反对袁安的意见,但最后汉章帝却采纳了袁安的意见,同意了孟云的奏议。他下诏说:

"从前猃狁、獯粥就同中原大国敌对,从那以来已经很久了。从前虽然有和亲的名义,却最终没有丝毫的功效。生活在贫瘠险要之地的百姓,多次遭受艰难困苦,父亲在前面作战,儿子在后面死去。柔弱的女子登上边塞的岗亭堡垒,失去父母的孩子在路边号哭。年老的母亲和寡居的妻子虚设祭祀,独自吞咽凄凉的泪水,想念盼望在沙漠之外的魂魄归来,难道不令人感到哀痛吗?书传说:'长江、大海之所以能够成为百川的领袖,是因为长江、大海比其他河流都低下的缘故。'稍许受屈卑下,有什么值得认为是耻辱呢?况且现在与匈奴的君臣名分已经确定,匈奴言辞顺从,誓约明确,贡礼也不时送来,我们怎么能够违背信义,自己充当理亏的一方呢?命令度辽将军和领中郎将庞奋,用数倍的价格,将南部掳获的俘虏赎出来,然后归还给北部。不过南部的人杀死北虏,或者是获得俘虏,仍然会像以前的规定记功受赏。"

于是南单于命令奠鞬日逐王师子率领几千轻装骑兵出塞袭击北匈奴,又杀死并俘获一千人。北匈奴的人都认为南匈奴被汉朝所优待,所以每年前来向汉朝投降的达到好几千人。

章和元年(公元87年),鲜卑从东部地区进攻北匈奴,大败北匈奴的军队,优留单于也被斩杀,鲜卑人为了炫耀己方的胜利并从精神上震慑北匈奴,竟然剥下了优留单于的皮,然后带回了鲜卑。

北单于王庭大乱,屈兰、储卑、胡都须等五十八部,人口二十万,可以当兵的青壮年八千人,到云中、五原、朔方、北地等郡向汉朝投降。

章和二年(公元88年)南匈奴的伊屠於闾单于在位三年后去世,胡邪尸逐侯鞮单于的弟弟屯屠何即位,是为休兰尸逐侯鞮单于。当时北匈奴大乱,加上遭受蝗灾,牧民饥饿无食,前来投降的人络绎不绝。南匈奴的休兰尸逐侯鞮单于就想趁此机会吞并北匈奴,但不巧的是,汉章帝也在这一年去世。新即位的刘肇年幼,由窦太后临朝听政。

正是窦宪被关进内宫的那个时间段里,休兰尸逐侯鞮单于向东汉政府呈上了一封奏折,请求攻打并平定北匈奴。

南匈奴单于的这封奏章,使正苦于不知道该怎样妥善处置窦宪的窦太后眼前豁然一亮:是啊,一方面窦宪在请求,另一方面南匈奴又在建议,何不就此顺水推舟，让窦宪带兵去攻打匈奴呢？

因为南单于在奏章中提到了执金吾耿秉，并且耿秉有和窦固一起出击北匈奴获胜的成功经验，所以窦太后自然而然就想到了耿秉，并把他召来，征求他的意见。

耿秉看了南单于的奏章之后，认为匈奴分裂相争，以夷伐夷，对国家有利，可以听从南单于的建议，同时请求带兵出击北匈奴。

有耿秉这样的老元勋支持，窦太后心里自然而然就有了底。于是，她召集群臣，廷议此事。

许多大臣已经得知窦宪上书请求征伐北匈奴之事，揣测窦太后的心理，知道窦太后想要让窦宪离开朝堂避祸并借此为他脱罪，所以大都同意出兵攻打南匈奴。

但以司徒袁安、司空任隗、太尉宋由、尚书宋意为首的几个人，则提出了反对意见。

袁安是汝南汝阳（今河南省周口市商水县）人，他年轻时被举为孝廉，待下极为严格，为政严明，办案公平，所以手下的官吏百姓，对他既畏惧又爱戴，历任阴平县县长、任城县县令、楚郡太守、河南尹、太仆、司空、司徒，在朝廷有非常大的名声。

任隗是南阳宛县人，他的父亲，就是任光。任光当初死守信都，为刘秀立足河北立下了不可磨灭的功劳，但任光却并没有活到和平时代，他于公元29年早卒，任隗继承了他的爵位。任隗喜好黄老学说，清心寡欲，他的俸禄常常都被拿来周济族人和穷人。汉明帝、汉章帝都非常敬重他，先是获得奉朝请的特殊待遇，后历任羽林左监、虎贲中郎将、长水校尉、将作大匠、太仆、光禄勋、司空。

尚书宋意是宋均的同族子弟，宋均就是那个用智略平定武陵蛮反叛的谒者，后逐渐升任九江太守、东海相、尚书令、司隶校尉、河内太守。汉明帝一直觉得宋均有宰相之才，在司徒出缺之时，曾经想让他担任司徒，但那个时候，宋均已经病得很重。所以，汉明帝的这个愿望，最终没有实现。

太尉宋由也是来历不凡，他的祖父宋尚，汉成帝时代官至少府；他的堂伯宋弘，以千古名句"贫贱之知不可忘，糟糠之妻不下堂"拒婚湖阳公主，受封宣平侯；父亲宋嵩，为人刚强、孝顺、勇烈，官至河南尹，在任上去世。

反对窦太后出兵匈奴的几个人，都是重量级的。

袁安、宋由、任隗三人的意见非常明确，认为北匈奴并没有进犯汉朝边塞，所以汉朝如果劳师远征，那么就会白白耗费国家的钱财物资，求功于万里之外，实在不是国家之福。

宋意的奏书则更有远见，他说：

"匈奴远离中原，处在深远的北极之地，以沙漠为边界，礼仪方面非常简陋并且不重视，不分上下尊卑，强势了就称雄，衰弱了便屈服。自从汉朝兴起以来，已经多次征伐，战胜他们所获得的东西，远远无法弥补被损害的东西。光武皇帝亲自披挂上阵奔赴征战之难，深刻地昭彰天地之英明，因此乘着他们前来投降，笼络收养他们，使边疆人民得以生存，休养生息至今，已经四十多年了。如今鲜卑奉命顺从，斩杀俘获北匈奴达万人以上，中原坐享大功，百姓也没经受劳苦，汉兴之后的功业，至此是最盛大的了。之所以如此，是因为夷房相互攻击，而汉朝兵马丝毫未受损折。我仔细地考虑鲜卑侵略征伐匈奴的原因，正是因为他们能在抢掠中得利，至于把功劳归于大汉，其实是想借此机会得到重赏。如今如果允许南匈奴回到北庭都城，那么就不得不禁止和制约鲜卑。鲜卑在外失去残暴抢掠的愿望，在内得不到有功的赏赐，他们本来就像豺狼一样贪婪，因此必定会在边疆制造祸患。现在北匈奴向西逃走，请求和亲，应该借着他们的归附，让他们作为外界的屏障，巍巍功业，不会有比这更大的了。如果耗费大量的人力、物力财力出兵北方，以顺从南匈奴，那么就是坐失上策，抛弃安全而迎接危险了。实在不能答应南匈奴的请求。"

宋意的这封奏折，在当时看来或许并没有什么特别之处，只是为了反对汉朝出兵北匈奴而已，但纵观其后中原和北部少数民族政权的对立相争，就会发现，宋意的这封奏疏，实在是充满着远见卓识。世界上任何的物事，都讲求一种相互平衡，各方力量相互牵制，如果这种平衡被无限制地打破，那么别说是弱小的一方会毁灭，强大的一方也会遭遇毁灭性的灾难。其后的发展趋势果如宋意所担忧的那样，北匈奴被赶出北部草原，而鲜卑却在其后乘虚而入，收留了北匈奴遗留下来的牧民，然后逐渐变大变强，成为中原的劲敌。

当然了，纵使宋意等人的意见是多么地正确，也无法改变窦太后一心想要出兵的决定。因为她迫切需要一个机会，让她的哥哥窦宪带兵征伐，也借此机会，壮大窦氏在军中的力量。

袁安、任隗等人接连上书，但奏折都被压了下来。太尉宋由害怕了，不敢再在联名上奏的奏折上签名，其他那些反对出兵北匈奴的大臣，发现苗头不对，也都不敢再发声。只有袁安和任隗，不改初衷，到朝堂上脱掉帽子与窦太后据理力争达十次以上。

窦太后不想改变主意，所以对袁安和任隗的固执己见非常不满。其他的大臣都为他们二人暗暗地捏一把汗，但袁安和任隗却正色自如。因为他们不仅在朝野特别有威望，并且洁身自好，让人抓不到任何一点把柄，所以窦太后和窦氏尽管对袁安、任隗非常不满，却无可奈何。

不过，权力掌握在窦太后的手中，袁安等人再怎么反对也是无济于事，该出的兵，最终还是出了。

永元元年（公元89年），窦太后下诏，拜窦宪为车骑将军，佩戴金印紫绶，比照司空的规格设置官属，任命执金吾耿秉为征西将军，作为窦宪的副手，率八千骑兵，征发北军五校、黎阳、雍营、边境十二个郡的骑兵，以及羌胡兵，共同出塞。

窦宪与耿秉分兵，各率四千骑，南匈奴左谷蠡王师子率一万骑，从朔方鸡鹿塞（今内蒙古巴彦淖尔市磴口县西北）出兵；南匈奴休兰尸逐侯鞮单于率领一万余骑，从满夷谷（今内蒙古包头市固阳县）出兵；度辽将军邓鸿和边境地区归附朝廷的羌胡八千骑兵，南匈奴左贤王安国一万骑从稠阳塞（固阳县境）出兵。三路大军相约在涿邪山会师。

此时，汉方的兵力总共是一万六千骑，而南匈奴一方的兵力达到三万骑。

出塞之后，窦宪再次分兵。命令副校尉阎盘、司马耿夔（耿国次子）、耿谭率领南匈奴左谷蠡王师子、右呼衍王须訾等人，带领精兵一万余骑，与北匈奴在稽落山（今蒙古境内杭爱山）作战，最终大破北匈奴的军队。北匈奴的军队溃散，北单于战败逃走。

窦宪指挥大军在后追击，一直追到私渠比鞮海（今蒙古乌布苏诺尔湖）。这一场战役，共斩杀名王以下将士一万三千多人，俘获马、牛、羊、骆驼一百多万头。于是北匈奴的温犊须、日逐、温吾、夫渠王柳鞮等八十一部，都率领部众前来向汉军投降，前后有二十多万人。

汉军大胜，窦宪、耿秉于是登上距离汉朝边塞三千多里的燕然山（今蒙古境内杭爱山一段），然后在山上刻石勒功，记载并宣扬大汉的威德。

其时，大名鼎鼎的班固作为窦宪的高级幕僚，担任中护军，参赞军机。汉军取得如此重大的胜利，于是窦宪命令班固作铭。

班固所作的铭文被后世称为《封燕然山铭》，描写了窦宪、耿秉所带领的汉军的盛大军容和征战的过程，讴歌了汉军与北匈奴作战所取得的辉煌胜利，并宣扬了汉朝的威德。

其后，人们常以"燕然勒功"作为建立功业或成就大功的典故。

之后，班固作为窦宪的高级幕僚，又撰写《窦将军北征颂》一文，对窦宪北征匈奴之事进行歌颂，并对窦宪本人进行了一定程度的美化。

第二十二节　窦氏骄横、袁安守正、丁鸿上书、窦氏之败

汉军大获全胜，窦宪班师回朝。

班师之时，窦宪派军司马吴汜、梁讽，带着黄金玉帛前去送给北单于，宣传大汉的国威，而一支偏师军队则跟在他们后边。其时北匈奴内部乱作一团，吴汜、梁讽所到之处，总是招降北匈奴的部众，前后纳降了一万多人。

最终，吴、梁二人和北匈奴单于在西海（今里海）上相遇。二人向北单于宣扬大汉的国威，以汉朝皇帝的规格和名义向他下达赏赐，北单于叩头拜谢接受。

梁讽借此机会，劝他像以前的呼韩邪单于那样归顺汉朝，一来可以保全国家，二来可以安定百姓，无论对谁来说，都是一件好事情。

北单于听了非常高兴，就统领他的部众和梁讽一起返回。到达私渠海之时，听说窦宪已经率领汉方大军进入塞内，北单于不敢跟着入塞，于是就派他的弟弟右温禺鞮王带着贡品入塞向汉朝进贡，之后随梁讽一起去朝见皇帝。

窦宪因为北单于没有亲自前来，心里很不高兴，于是上书奏请送回了北单于的弟弟。

其时，南单于在漠北送给窦宪一只古鼎，鼎的容积有五斗大小，鼎侧有铭文，内容是："仲山甫鼎，其万年子子孙孙永保用。"仲山甫是西周末期周宣王时的卿士，在朝野有很高的威望。他所铸的鼎，虽然比不上传国的九鼎，但对于在位的王侯将相，其意义还是不言自明的。不过窦宪也不敢私藏这只鼎，于是把鼎献给了皇帝。

皇帝下诏，派中郎将持节到五原，拜授窦宪为大将军，封武阳侯，食邑二万

户。窦宪坚决推辞封爵，于是皇帝赐策书，同意了他的辞封。

按照以前的惯例，大将军的职位虽然尊贵，但仍然处在三公之下，设置下属官员，比照的是太尉。但在这个时候，窦宪击败北匈奴所骤然间积累起来的威信以及他的权势，可以说是震动朝野，朝中的许多公卿大臣迎合他的意图，奏请窦宪的位次列于太傅之下、三公之上。

大将军的属官长史、司马，本来是千石的品秩，但在此时，却越过比二千石、二千石、真二千石几个品级，直接成为中二千石，从事中郎二人品秩六百石，再往下的属吏，品秩各有增加。

受赏之后，窦宪以得胜之师，整顿军队回到京城。

朝廷对迎接窦宪班师给予了非常高的规格，下令大开仓库，慰劳、赏赐将士。由窦宪所率领的各郡二千石官员的子弟随从征战的，全部任命为太子舍人。太子舍人虽然是个品秩仅有二百石的职位，但因为在太子宫中宿卫，其实已和宫里的郎官没有什么大的区别，已经成功由从军转型为入仕，既有了一份稳定的收入，也有了一个光明的前程。

所以，窦宪的这一番出征，不仅仅是窦宪个人威震朝堂，他手下的所有官吏和将佐，都跟着沐浴皇恩，加官晋爵。

当时窦笃担任卫尉，窦景、窦瑰都是侍中、奉车都尉、驸马都尉，四家比着修建宅第，极尽奢华。

第二年，皇帝下诏说："大将军窦宪，去年出征，消灭北狄，朝廷加以封赏，他坚决辞让不受。依照旧制度，帝舅都受爵封地。现封窦宪为冠军侯，食邑两万户；封窦笃为郾侯，封窦景为汝阳侯，封窦瑰为夏阳侯，食邑各六千户。"其他人都接受了封赏，只有窦宪一个人再次辞去封爵，之后带兵出镇凉州（治所在今甘肃省天水市秦安县东北），当时担任侍中的邓叠，以代理征西将军的身份，担任窦宪的副将。

北单于因为之前汉朝送回他入侍的弟弟，此时又听说窦宪领兵出镇凉州，于是再一次派车携储王等前往居延塞，请求入朝觐见，让汉朝派出使者。

窦宪得到消息之后，向朝廷上书，提出让时为大将军中护军的班固出使匈奴，得到允许。于是，班固接受委派，以中郎将的身份，和司马梁讽前去迎接北单于。

南匈奴听说汉朝的使者出使北匈奴，担心北匈奴归降之后自己的地位受影响，于是向汉朝上书，请求出兵攻打北匈奴，直接捣毁北匈奴的王庭。汉朝也同意了。

于是，南单于派左谷蠡王师子等人率领左部和右部的八千骑兵出鸡鹿塞，汉方的中郎将耿谭派从事监护南匈奴的军队。

到达涿邪山之后，南匈奴军队留下辎重，兵分两路，各自带轻装部队从两个方向袭击。左部向北经过西海到达河云（今蒙古吉尔吉斯湖西南）北面，右部从匈奴河（今蒙古拜德拉格河）的西面绕过天山，向南渡过甘微河（今蒙古札布汗河），之后两军顺利会师，在夜间包围了北单于。

北单于得知南匈奴大军到来大惊失色，立即率领一千多名精兵会战。南匈奴毕竟是有备而来，人多势众，北匈奴是仓促应战，并且势单力孤，所以战不多久，北单于就受伤落马。在护卫们的帮助下，北单于复又上马，率领几十名骑兵轻装逃走，也仅仅是捡了一条命而已。

北单于的玉玺被缴获，北单于的阏氏及五个儿女都被生擒。北匈奴被斩杀的人有八千多人，被生俘的有好几千。其时南匈奴接连获得胜利，从北匈奴得到俘虏，并不断接纳投降的人，所以部众越来越强盛，统管着三万四千户，人口达二十三万七千三百人，能够当兵作战的有五万零一百七十人。

从北匈奴俘获如此多的人，中郎将耿谭在管理上，显然有些力不从心。之前的惯例是，中郎将之下设两名从事，但因为新投降的人很多，所以耿谭特意上书，请求将从事增加到十二人。

班固、梁讽前去见北单于的时候，正赶上北单于被南匈奴打败，负伤逃走。班固等人没有见到北单于，到达私渠海后返回。

窦宪见北匈奴越来越羸弱，就想彻底消灭北匈奴。永元三年（公元91年），窦宪又派右校尉耿夔、司马任尚、赵博等率军在金微山（即今阿尔泰山）攻打北匈奴，汉军大胜，杀死俘获很多人。北单于战败之后，逃往乌孙。

北单于逃亡之后，他的弟弟右谷蠡王于降鞬自立为单于，然后带领右温禺鞬王、骨都侯以下的八部两万多人，前往蒲类海，派遣使者入塞，请求归降汉朝。

窦宪为了树立自己的威望，同时结好北匈奴，就上书建议，立已经向汉军投降的北匈奴左谷蠡王阿佟为北单于，设中郎将领护，像之前的南匈奴那样。

刘肇将此事交给公卿大臣们讨论，经过商议，太尉宋由、太常丁鸿、光禄勋耿秉等十人认为可以同意。

而袁安和任隗上奏，认为："之前光武帝招抚南匈奴，不是说可以永久地安定内地，而是权宜之计，可以让南匈奴来抵御北匈奴的缘故啊。如今北部大漠已被平定，应该让南单于返回北庭，统辖北匈奴的部众，不应该再立阿佟，以此增加国家的开支。"宗正刘方、大司农尹睦赞同袁安的议论。

因为大臣们意见不一，所以最终没有拍板，于是搁置下来。

袁安担心窦太后会批准窦宪的奏折，于是便单独向刘肇呈上密封的信件，反对再立北单于。

汉朝苦苦征战数百年，耗费钱粮不可胜计，无数将士血染沙场，才换来今天这样一个局面。打败一个北单于，再立一个北单于，那之前窦宪出征北匈奴勒石燕然的意义又何在呢？

刘肇看了袁安的密折之后，又下诏让大臣们讨论。

袁安和窦宪，再一次相互指责。窦宪凭借手中的权势，态度非常骄横，言辞极为不敬，甚至辱骂袁安。他引用当年光武帝朝两任死于非命的大司徒，一个是犯颜直谏被逼自杀的韩歆，另一个是因举荐的官员盗窃金钱而被下狱死去的戴涉，想借此恐吓袁安，让袁安让步，但袁安却始终不动摇。

但是，忠直的袁安，再加上一个皇帝刘肇，仍然不是窦太后的对手，因为最终的决定权在临朝称制的窦太后手里。

最终，窦太后部分采纳了窦宪的意见，立已经自立的于除鞬为北单于。之后，派之前击败北单于的右校尉耿夔（此时已升任中郎将）前去，授予于除鞬北单于的玺绶，赏赐给他玉剑四把，一辆由翠羽装饰车盖、四匹马拉的马车，派中郎将任尚持节驻屯在伊吾监护，规格和礼节一如之前的南单于。

结果如此，袁安无可奈何，他只有在朝堂上痛哭流涕而已。无论是皇帝刘肇，还是那些不愿阿附窦氏的正直大臣，都觉得唯有他可以信赖依靠。

窦宪平定北匈奴后，威名大盛。耿夔、任尚等将佐，都成为他在军事上的有力辅助，邓叠、郭璜做他的心腹。班固、傅毅等文学大家，都安置在幕府，以掌管文书。全国的刺史、郡守、县令大多出自他的门下。尚书仆射郅寿、乐恢都因违背他的意图，被逼先后自杀。从此以后，朝廷大臣震惊、害怕，莫不观察风向，迎合他的意旨。而卫尉窦笃进位特进，可以举荐官吏，觐见皇帝时的礼仪比照三公。窦景升任执金吾，窦瑰升任光禄勋，权势显赫，震动京城。

窦氏和之前的阴氏、马氏相比，显然缺乏一种谦逊礼让的修为和美德。而这对于身居高位的人来说，是致命的。

窦氏兄弟几个，个个骄横放纵。其中窦景最过分，他的奴仆门客以及随从倚仗权势，欺凌百姓，强夺财物，榨取犯人，甚至强抢民女。那些商贾为此闭门不出，就如同躲避强盗仇人那样。

还是在窦宪初次出征匈奴离开京城期间，窦笃、窦景依仗手中的权势，公然在京师之中，让他们的门客拦路抢夺他人的财物。

窦景又擅自派人乘驿马发檄文到沿边的各郡，征发边郡的突骑，还有善于骑射并且有才能勇力的人。渔阳、雁门、上谷三郡见到檄文，各自派遣将士送到窦景的府第。

不论征调任何军队，尤其是边防部队，特别是渔阳突骑这种当年为开国立下赫赫战功的特殊兵种，都必须有皇帝的圣旨或是朝廷的命令才行。移交军队之前，还必须要验证虎符、印信，确实没有问题，才可以移交军队的指挥权。当年信陵君窃符救赵，虎符、印信都合验无误，但就是因为没有见到国君的诏书和使者，才使大军主将晋鄙产生怀疑，关键时刻朱亥锤杀晋鄙，信陵君才成功夺取军队。

但是现在，渔阳、雁门、上谷三郡的官吏，既不见皇帝的诏书，又不见兵符、印信，只凭窦景的一纸文书，就将边防部队开到了京城，真的是严重违规。就算是窦宪确实是出征匈奴，但皇帝没有放权之时，窦家也不能这样率性而为。

发生这样的事情，有关官员非常害怕，竟然没有人敢报告上奏这些事情。

但司徒袁安却不怕，他上书弹劾窦景擅自调动边境军队，官民不安，郡守、郡尉等二千石级的官吏，都不等待符信就接受窦景的檄文，应当受到公开的处罚。又上奏司隶校尉、河南尹阿附贵戚，没有坚持气节，提请免去官职并追查罪责。

不过，袁安的奏折递上去之后，和以前的奏章一样，都被扣留没有回复。

窦宪、窦景等日益骄横，在名都大郡尽数安插他们的党羽，并且向官吏百姓横征暴敛，然后相互贿赂。其余偏远的州郡，也都望风效仿。

袁安于是和任隗一起，举奏涉事的二千石级官吏，最终，因受牵连被贬职免官的人达四十多人。窦太后不得已，于是派谒者下策书，免去窦景的官职，让他只以特进身份参加朝会。

发生这样的事情，让窦氏兄弟及他们的党羽十分愤恨。但袁安、任隗平素行为高洁，所以窦氏兄弟只能干气没有办法，又找不到什么把柄来加害他们。

袁安的司徒府中，有一个属官名叫周荣，特别有才能。袁安平时多与他谈论国事，周荣非常有见解，袁安对他非常器重。袁安之前举奏窦氏兄弟的奏折，都是周荣草拟的。

窦氏的门客——担任太尉掾的徐龀，就对周荣非常痛恨，他威胁周荣说："你作为袁司徒的心腹谋士，排斥举报窦氏，窦氏所养的武士和刺客遍布京城之中，你可要小心在意了！"

周荣哪里会被这样的威胁吓倒，他回答说："我周荣本来就是江淮之间一个孤独的读书人，承蒙先帝大恩，因而担任过两座城的主宰。如今又得以充备宰士（宰相的属官），就算是被窦氏所害，也是心甘情愿。"送走徐龀之后，周荣特意叮嘱妻子，如果他遇到飞来横祸，不要安葬他，希望能用他的尸身，来告诫那样作恶的人，并使皇帝有所警觉。

不过，窦氏的党羽们最终还是没敢加害周荣。周荣的曾孙，就是大名鼎鼎的周瑜。

窦氏兄弟几个之中，只有窦瑰相对好一点。他年轻时爱好经书，节俭不奢侈，个人修养也说得过去。先是担任魏郡太守，不久又迁往颍川担任太守。

窦氏父子兄弟同处朝位，充满朝廷。窦宪的叔父窦霸为城门校尉，窦霸的弟弟窦褒为将作大匠，窦褒的弟弟窦嘉为少府，除此之外，那些担任侍中、将军、大夫、郎吏的有十多人。

窦宪自恃自己有消灭北匈奴的大功，所作所为更加放肆霸道。永元四年，他的副将邓迭，被封为穰侯。

邓迭有个弟弟叫邓磊，担任步兵校尉，他们的母亲元氏，和窦宪的女婿射声校尉郭举、郭举的父亲长乐少府郭璜，平时都密切交往。

郭璜的姑姑就是大名鼎鼎的郭圣通，他的父亲郭况是郭圣通的弟弟。郭圣通的皇后之位被废以后，光武帝非常怜悯郭家，于是把自己的女儿淯阳公主刘礼刘嫁给郭璜，使郭家无限尊崇。

此时郭璜和儿子郭举，与邓迭、邓磊及其母亲元氏关系密切，经常出入宫禁，郭举因此受到窦太后的宠幸。

事情发展到这个程度，历史上曾经发生过的一幕又一幕，到这里开始重演。

邓迭、郭举及窦太后等人一起图谋，想一起杀掉皇帝刘肇。

其时的刘肇，虚岁年仅十四岁。他暗中得知了窦太后、郭举等人的阴谋，立即开始考虑对策。

而在那个时候，品行高洁且为人正直、不畏权贵的司徒袁安已于三月离世，和他政见相同的司空任隗，也病得不轻。

这两位令人信服的重臣一个弃他而去、一个无法依靠，那么年幼的刘肇，还能够依靠谁呢？

他能依靠的人，并没有几个。这几个人里面，一个是刘庆，一个是郑众，还有一个，就是丁鸿！

清河王刘庆在他的母亲宋贵人被诬陷而死之后，平时说话之时，都不敢提起他的母家宋氏，让当时的汉章帝非常怜悯，于是特意交代窦后，刘庆所穿用的衣服，要和太子刘肇的一样。

刘肇被立为太子之后，对待原废太子刘庆特别友好，在宫里则和他一同玩耍，出宫则和他同乘一辆车，兄弟之间的感情非常深厚。

等到刘肇即位之后，对待刘庆更加优厚，非其他的诸侯王所能相比。刘肇遇到什么私人事情，也常常找刘庆商量。

之后，因为刘庆成年，所以别居宫中正室旁边的丙舍里。

其实在这个时候，就算是刘肇想要和刘庆见面，也不能直接前去联系，一则身边必须有信任的人来传话，二则还必须小心谨慎，否则机事不密，被窦氏察觉可就大事不妙了。

当时的实际情况是，因为窦太后临朝称制，窦宪、窦景等兄弟大权在握，朝中大臣从上到下，几乎没有不依附窦氏兄弟的。刘肇身边的太监虽多，但几乎全都是窦氏的心腹，没有一个可以信任使唤的。

但是，有时候还是有例外存在，这个例外就是郑众。

郑众是南阳郡犨县（今河南省平顶山市鲁山县张官营镇西）人，为人谨慎、机敏而有心计。永平年间，郑众开始在东宫侍奉时为太子的汉章帝。汉章帝继位后，郑众被拜为小黄门，后升任中常侍。刘肇即位后，郑众又升任钩盾令。钩盾令是少府的属官，主要是替皇家管理林苑和景点。

郑众这个人，不像其他的人那样趋炎附势。他虽然只是个太监，但却对皇室非常忠诚，平时也洁身自好，不与豪强结交，更没有去谄事炙手可热的窦氏。

刘肇因此非常亲信郑众，认为他是一个值得信赖的人。

此时刘肇暗中得知了窦氏想要弑杀他的阴谋，于是就找来郑众商议，想要诛杀他们。经过商议，刘肇和郑众都认为窦宪领兵在外驻守凉州，担心一旦对京城的窦氏及其党羽采取行动，那么驻兵在外的窦宪得知消息，会引兵作乱，于是暂且隐忍，没有发作。

诛灭窦氏，并不是一件容易的事情，各方面都要处理稳妥，才不会引起大的动荡。既要在道义上立得住足，还要在舆论上站得住脚，不能授人以柄。

为此，刘肇特别想看一看《汉书·外戚传》，想从前人那里借鉴一些有益的经验。但就这一件事情，他也不敢假手他人，而是特意委托清河王刘庆，让刘庆到他们共同的长兄千乘王刘伉那里去借，然后趁着天黑回到宫内。

之后，又让刘庆传话给郑众，让郑众在史书中搜集一些皇帝诛杀舅父的先例。

司徒袁安在永元四年三月病死，接替他出任司徒的，是丁鸿。

丁鸿字孝公，颍川定陵（今河南省漯河市舞阳县北）人。

丁鸿的父亲名叫丁綝，王莽末期担任颍阳郡尉。光武帝当初带兵过颍阳之时，颍阳城设守严密，久攻不下，丁綝就游说一起守城的颍阳太守，最后和太守一起投降了光武帝。光武帝非常高兴，对丁綝等人厚加赏赐，然后拜丁綝为偏将军。之后，丁綝跟随光武帝一路征战。丁綝率军先渡过黄河，向各郡国发布檄文，攻城略地，攻下河南、陈留、颍川的二十一个县。

建武元年，丁綝被拜为河南太守。到封赏有功之臣时，光武帝让将领们自己说愿意被封到什么地方，其他将领都挑选土地肥沃、物产丰饶的县邑，只有丁綝表示希望把他分封到家乡定陵县新安乡。有人就不解地问他："别人都想要大县，而你却要求封乡，到底是为什么？"丁綝说："从前孙叔敖告诫他的孩子，受封时一定求取贫瘠之地，如今我能力不足功劳微小，能得到乡亭已经是很优厚的待遇了。"

光武帝尊重了丁綝的愿望，把他封为定陵新安乡侯，食邑五千户。后来，又改封为陵阳侯。

丁鸿十三岁的时候，师从经学大家桓荣学习《欧阳尚书》，只三年时间，就能熟练地分析理解章句了。在我国的古籍之中，标点符号没有统一的标准，所以段与段之间、章与章之间、句与句之间，如何断句、如何分析章节句读，也需要狠下一番功夫。所以有"学识如何观点书"之说，意思是：一个人的学问如何，就看他能否正确给古书断句。

很显然，丁鸿只用三年时间就能明晓章句，即熟练掌握古籍的分章分段和语句停顿，确实是非常聪慧的。

丁鸿善于议论辩难，担任讲经的都讲（古代寺院讲经时所设的一种职务）。于是他立志钻研经学，穿着布衣挑着担子，不远千里去求学。

当初，丁綝跟着光武帝四处征战，丁鸿就独自和他的弟弟丁盛住在一起，对幼小的弟弟丁盛非常怜悯，和他共度寒冷、艰难的日子。丁綝死后，按照礼法，丁鸿作为长子应当继承封爵，但是，他却上书将封国让给丁盛。因为这样的做法不合礼法，所以朝廷没有同意。丁綝下葬之后，丁鸿就将孝服挂在坟前的草屋上，然后离家逃走。丁鸿之前与九江人鲍骏一齐在桓荣那里求学，关系十分要好。丁鸿逃封之后，在东海遇到鲍骏。丁鸿假装疯癫不认识他。鲍骏便上前拦住并责备他说："当年的伯夷、吴季札是因为生逢乱世，才改变通常的做法，所以最终能够辞去原属于他们的封国。《春秋》之义，不因家事而耽误帝王之事。如今你因为兄弟之间的私人恩惠而绝弃你父亲好不容易创下的基业，能说是明智之举吗？"

丁鸿深有感触，有所醒悟，流泪叹息，之后回家接受封国，开设讲坛教授学生。

之后，鲍骏也向朝廷上书推荐丁鸿，说丁鸿经学造诣十分深厚，当时的皇帝是汉明帝，他对丁鸿的品德和修养特别敬重。

永平十年，汉明帝征召丁鸿。丁鸿一到洛阳，就受到汉明帝的接见，让他讲解文章《周书·文侯之命》，赐给他御衣和绶带，让他在公车府内待诏，享受和博士同样的礼遇。不久，拜为侍中。永平十三年，兼任射声校尉。建初四年，丁鸿被改封为鲁阳乡侯。

汉章帝诏令丁鸿与广平王刘羡及诸儒士楼望、成封、桓郁、贾逵等人，在北宫白虎观讨论确定《五经》同异，让五官中郎将魏应负责秉承皇帝旨意提问，侍中淳于恭呈奏汉章帝，汉章帝亲自进行裁决。

丁鸿凭借他的高才，辩论诘难最为高明，一起参加的儒士们都称赞他，汉章帝也多次感慨赞美他。当时的人感叹地说："殿中无双丁孝公。"

丁鸿多次受到赏赐，被提拔为校书，接着接替成封担任少府。从此以后，到丁鸿门下求学的人更多，从远方慕名而来的有数千人。彭城刘恺、北海巴茂、九江朱伥都官至公卿。元和三年，丁鸿再次被改封为马亭乡侯。

刘肇即位之后，丁鸿被任命为太常。永元四年三月，司徒袁安病死，闰三月，丁鸿被任命为司徒。

丁鸿继任为司徒的次月，窦宪、邓迭等人班师回到了京城。

六月初一（戊戌日），发生了日食。日食本来是正常的自然现象，但在科学不发达的古代，常常被人认为是上天降下的警示，预示着将有重大的灾难或者事件发生。

而刚刚担任司徒的丁鸿，则趁着日食的发生，写了一封密封的奏折，上呈给皇帝刘肇。

丁鸿的奏章很长，但中心意思就那么几句话，那就是，发生了日食，这是窦宪窃取了皇帝的权柄，所以上天在警告，作为皇帝应该早做打算。丁鸿的奏章之中有一个词叫"杜渐防萌"，指当错误的思想和行为刚刚出现苗头或征兆时，应该立即加以预防和制止，坚决不让它继续发展。"杜渐防萌"后来常被用作"防微杜渐"。

刘肇正在为剪除窦氏缺乏有力的辅助力量而感到忧虑，丁鸿的密封上书，对他来说，则无疑是雪中送炭。如果说在那之前，刘肇还不能确定丁鸿的政治站位的话，那么自收到丁鸿的这封奏书起，刘肇立即就明确了：丁鸿和他的前任袁安一样，也是一个正直无私、敢于同权势熏天的窦氏斗争的公忠体国之臣。虽说司徒是外朝之官，权力被尚书台架空，但司徒毕竟是百官之首，威望和号召力那是其他官吏难以企及的。

内廷有郑众，外朝有丁鸿，大事可成！

在丁鸿上书十多天之后，刘肇与郑众、丁鸿等人商议妥当，任命丁鸿代理太尉兼卫尉。太尉是主管军事的官员，卫尉负责统率卫士守卫宫禁，司徒兼太尉、卫尉，这样的任职，在历史上鲜有先例，而刘肇如此任命，显然将守卫宫禁的军权拿到了手里，并预示着将有大动作。

窦宪等人回京之时，刘肇命令大鸿胪拿着符节到郊外去迎接，按品级赏赐军中将士。刘肇这么做，既合乎惯常的礼节，也让窦宪等人不会察觉到什么异样，以为皇帝刘肇仍然不过是个少不更事的小娃娃，朝中的一切，仍然会按他们既定的方向进行。窦宪、邓迭等人丝毫没有起疑心，交割军队之后孤身入城。

而刘肇，等的就是这个机会。

对窦宪等人而言，刘肇实在是太小了，虚岁才十四岁，军事大权都掌握在窦家人的手中，朝堂上是窦太后临朝称制，满朝都是窦氏的耳目心腹，这样一个小娃娃，恐怕是想玩个过家家的游戏，未经窦氏同意，都不一定能找得齐玩伴！

而刘肇，利用的正是窦宪等人的轻敌心理。

窦宪等人一方面在密谋，但另一方面，却对自己的对手毫无防备之心。

而刘肇，就在这样的情况下对他们发出了雷霆之击！

六月二十三日（庚申日），刘肇驾幸北宫，命令丁鸿及执金吾、五校尉率军驻屯于南宫、北宫，之后关闭城门，开始收捕窦氏党羽。

到这个时候，刘肇已经形成瓮中捉鳖之势，窦氏及其党羽就是有冲天的本事，也是插翅难飞、在劫难逃。

邓叠、邓磊、郭璜、郭举等人都被抓了起来，然后全部投入监狱处死，他们的家属被流放合浦。

之后，刘肇派谒者仆射前往窦宪的府上，收回窦宪的大将军印绶，改封他为冠军侯。之后，命令窦宪及窦笃、窦景、窦瑰全部前往他们各自的封地。

在最终如何处置窦宪等人所采取的方式上，刘肇再次呈现出了作为一个少年天子令人惊叹的政治天赋和政治手腕，该杀的固然要杀，但该维护的颜面还是要维护。因为窦太后的缘故，刘肇并没有亲自下达诛杀窦宪等人的命令，而是为他们所在的郡国选派了严厉精干的国相监督他们。窦宪等人到达封地之后，全部被逼自杀。

窦氏兄弟之中，只有窦瑰因为一向能够加强自我修养，所以没有被逼自杀。但到了第二年，就因为借贷钱粮给穷人坐罪，被降封为罗侯。当初，窦太后诬陷梁氏，窦宪等人曾参与图谋。窦宪、窦笃、窦景虽然死了，但梁家人心里的怨气却一直没有出平顺。一直到永元十年之时，梁竦之弟梁棠等人从流放九真的路上返回洛阳，路过长沙之时，才逼迫窦瑰自杀而死。

窦氏兄弟倒台之后，窦氏的族人、门客、以及那些靠攀附窦氏而做官的人，全部被免官回乡。

原太尉宋由，曾经和司徒袁安、司空任隗一起反对窦宪出兵，但到后来，他却不敢再在联名上书的奏折上签名，再到后来，竟开始阿附窦宪，在另立北单于的事情上与耿秉一起支持窦宪。窦宪等人事败之时，耿秉已经病死。次月，宋由被免去官职遣放回乡，之后也自杀而死。

宋由之死其实并不可惜，真正可惜的，是史学家班固。

班固身为文学家、史学家，本质上是个读书人，虽然曾经担任窦宪的心腹幕僚，但实际上并没有像窦氏子弟那样飞扬跋扈、胡作非为。但是，班固这个人也和窦宪的曾祖窦融一样，不注重对子弟进行教育管理。他的几个儿子，也多不守法度，不论是地方官吏还是普通百姓，都深受其害。

曾经有一天，洛阳令种兢乘车在路上行走，班固家里的一个家奴冲撞了种兢的车骑。种兢手下的官吏就捶打、喝令他离开，但那个家奴喝醉了酒，竟然借酒大骂种兢。

种兢所担任的洛阳令，虽说是一个品秩只有千石的官职，但是，却在天子脚下，是京城的主官。朝中的公卿大臣，都要给他几分薄面，班固的家奴怎么就敢骂他呢？

种兢被骂后非常愤怒，但班固的家奴哪里来的胆子骂他，种兢心里还是非常清楚的：家奴依仗班固的地位，而班固是窦宪的心腹参谋，窦宪是什么人，种兢惹得起吗？种兢虽然极为愤怒，但因为畏惧窦宪，所以没敢当场发作，只是将这个仇牢牢地记在了心里。

此时窦氏倒台，窦氏的宾客全部被逮捕审问。种兢见机会来临，于是趁机把班固逮捕下狱。同年，班固死于狱中，享寿六十一岁。

刘肇得知班固被种兢逮捕入狱并死于狱中，下诏谴责种兢这种公报私仇的卑劣做法，并将致死班固的狱吏处死抵罪。

班固死的时候，他所著《汉书》的八表及《天文志》还没有完成。刘肇知道班固的妹妹班昭也是文学大家，于是下诏让班昭到东观藏书阁，续写《汉书》。

班昭十四岁时许配同郡的曹世叔为妻，曹世叔早死，班昭严格遵守妇道，行为举止均合乎礼仪规范，品行非常好，因此人们都把她称为"大家"（此处"家"通"姑"，当时的人们，把有学识、有品行的妇女尊称为"大家"）。

班昭受诏入宫之时，差不多已经四十七岁。此后，刘肇多次宣召她入宫，让皇后和贵人们拜她为师，也把她尊称为"大家"。各地每有贡献的珍奇异物，都让班昭吟诗作赋。

班昭其后曾参与政事，因为她为政勤奋，她的儿子曹成被破格加封为关内侯，官至齐国的国相。

《汉书》刚写出来的时候，许多人读不懂，同郡的马融（马援的侄孙、马严的儿子，东汉著名经学家）便拜伏在藏书阁下，跟随班昭学习《汉书》。

马融的弟弟马续自幼聪明好学，七岁时能理解《论语》，十三岁明晓《尚书》，十六岁研究《诗经》，还精通《九章算术》，可以说是博览群书。于是刘肇让马续做班昭的帮手，让班昭续写《八表》，而让马续补写《天文志》，最终共同完成了《汉书》这一部鸿篇巨制。

窦家人之中，唯一保住颜面的是窦太后。

不过，窦太后也很快从权力中心悄然退出。刘肇发动了这样一场夺权行动，自然不会让权柄继续留在罪魁祸首的手里。

又过了五年，公元97年（永元九年），窦太后在郁悒和失落之中死去。根据她的生年来推算，她死的时候，年龄应该在三十六至三十八岁之间。对于一个已经离开权力中心且没怎么经受过劳苦的女人来说，在这样的盛年死去显然不合常理。可以窥度的是，她在生前，精神上应该遭受了常人难以领略的折磨、痛苦和压抑，最终让她不堪重负。或许，这就是人生吧。得到了多少，注定就要失去多少。手握权力之时不知道严格约束自己的家属，那么被权力报复，难道还会有什么错吗？

窦太后死后走得并不顺利，她刚死不久，还没有下葬，之前被她诬陷而死的梁贵人的姐姐就上书，把当初梁贵人姐妹受冤而死的情况报告给了皇帝刘肇。太尉张酺、司徒刘方、司空张奋也一起上书，请求按照之前光武帝贬黜吕太后的旧例，贬黜窦太后的尊号，并且认为，她不应该和汉章帝合葬。

当初光武帝刘秀在临死的前一年，派司空把吕太后的神主牌位从汉高帝刘邦的神庙中迁了出去，贬黜了她的尊号，然后为汉文帝之母薄太后奉上了高皇后的尊号。

现在三公一齐上书，百官也多有上书之人，都建议贬低窦太后的称号。但刘肇却并没有采纳大臣们的奏议，他说："窦家的人虽然不遵守法度，但是太后经常对自己减省制约。我奉承大业已经十年，深切地思考大义，按照礼法规则，为人臣为人子的没有贬损尊上的条文。论抚育之恩，不忍心背离；论母子之义，不忍心有亏。考查前代昭帝之时，上官太后的父亲与燕王谋反被诛，而她本人也没有被降黜，希望不要再议论这件事情。"于是把窦太后与汉章帝合葬在敬陵。

刘肇这么做，再一次显示了他作为一个政治家所具备的极高政治禀赋。虽然窦氏害死了他的亲生母亲和他的外祖父，但在礼法上，窦太后却是他的嫡母。贬黜窦太后的正后地位，那么作为窦太后养子的刘肇，就失去了成为太子并继承皇位的合法性，其正统地位就会受到质疑，显得来路不正。所以，保留窦太后的名号，就是保护自己的统绪。刘肇考虑问题的高度，显然不是那些上书的大臣可以比拟的。光武帝确实贬黜了吕太后的名号，但是汉文帝第一不是吕后亲生的，第二不是吕后抱养的，他是以汉高祖刘邦健在的儿子中最年长者的身份，入继大统的，这一点和刘肇有着本质上的区别。所以，吕太后的名号可以贬，窦太后的名号却不能贬。

再退一步讲，窦太后死都死了，刘肇又何必跟一个死人过不去呢？窦家人虽然败落了，却没有全杀光，天下人的眼睛也都在盯着看，刘肇又何必做出一些过分的事情让天下人笑话呢？

刘肇唯一能做的，就是以更加隆重的葬礼改葬他的亲生母亲。当初梁贵人死的时候，葬礼十分简陋，刘肇于是下令将她的灵柩停在承光宫，上尊谥为恭怀皇后，追行服丧的制度，文武百官都身穿白衣戴孝，把她与她的姐姐大贵人一起安葬在西陵，规格比照窦太后与汉章帝合葬的敬陵。

窦宪死了，窦家败了，窦太后最终体面地结束了一生，那段历史就可以画上句号了吗？并不！

客观地评价窦宪，虽然其时北匈奴势力衰微，但他率兵彻底摧毁北匈奴主力，使北匈奴残部被迫西迁，既实现了中国北部边疆的统一，也推进了中国古代汉、匈民族的融合，顺遂了自秦汉以来渴望和平的黎民百姓的普遍愿望，因而，窦宪的历史功绩不应该一笔抹杀。他在军事上的贡献，完全可以和卫青、霍去病、陈汤等人相提并论。但是，相比于卫青、霍去病，窦宪在历史上可以说是声名狼藉，许多人普遍把他列为东汉时期外戚专权的始作俑者，是罪魁祸首。因为在他之前，无论是阴氏还是马氏，都能尽可能地做到谦逊礼让、谨小慎微，不过多地干预朝政甚至是不干预朝政，但自窦氏起，窦宪兄弟开了一个很不好的头，为后世提供了可资效尤的恶例，到其后的梁氏之时，专横肆意达到天人共愤的地步，就连皇帝都忍不住称其为"跋扈将军"。

窦宪在历史上所得到的评价，不仅不能和卫青、霍去病相比，甚至也不能比肩于陈汤。陈汤虽然有贪财不孝的恶名，爵禄不终晚景凄凉，但一句"明犯强汉者虽远必诛"，却引发了无数爱国志士的强烈共鸣，迄今仍不过时。

所以说，个人品德方面有一点瑕疵，人们可以选择宽容和原谅，但如果过分地侵害了大众的利益，那么别说是让人包容、体谅，就连原属于他的功绩，都会被人刻意地削弱淡化。这是一个价值尺度，老百姓心里自有一杆秤去衡量！

窦太后同意所立的北单于于除鞬，在窦宪被杀一年后，背叛汉朝率部返回北部。得知消息之后，刘肇下令，让将兵长史王辅带领千余骑兵，和中郎将任尚共同追赶，诱使于除鞬返回，然后斩杀了他。于除鞬所带的部众，也被消灭。

第二十三节 永元之隆、阴邓争宠、邓绥临朝、邓氏罹祸

一举荡平外戚窦氏之后，年仅十四岁的刘肇收回了最高权力，开始亲政。在历史上夺取权力并亲政的皇帝之中，刘肇的年龄算不上大的，甚至可以说是未成年。但在他身上所表现出的聪慧和作为一个帝王的精明干练，却并不输任何明君。在他的任期内，没有什么负面的记载，而有的都是他多次下诏体恤百姓、劝课农桑、赈灾减税、纳贤宽刑的称誉。到他当政的最后一年，即公元105年（元兴元年），全国开垦的土地面积达到七百三十二万多顷，为东汉之最；登记在册的户籍人口达到五千三百二十五万人。在他治下的东汉，国力达到了鼎盛，被后人誉为"永元之隆"。并且，在他的任期内，复置的西域都护班超大破焉耆、尉犁等国，西域降服者五十余国。南匈奴、车师后王、羌人、鲜卑、巫蛮等先后叛乱，都被朝廷派兵击败，可以说是建立了赫赫武功。

但是，东汉前期的几个皇帝，或许真是陷入了一个寿数急速递减的魔咒，继任者的寿数可以说是断崖式骤减，除开国皇帝光武帝刘秀六十二岁，属于古时正常寿数之外，接下来汉明帝四十七岁，汉章帝三十二岁，汉和帝就是刘肇，他只活了二十六岁！

像刘肇这样英武明断的皇帝，如果他的寿命再长一些，东汉或许会在某些方面达到更高的巅峰，但是，或许真的是天妒英才，东汉元兴元年（公元105年）十二月二十二日，刘肇病死于洛阳章德前殿，死后葬于慎陵（位于今河南孟津），上庙号为穆宗，谥号孝和皇帝。

刘肇死后，他出生仅一百余日的小儿子刘隆继位，改元延平，是为汉殇帝。

刘隆是汉和帝的小儿子，本来是没有资格继承皇位的，因为史书上连他的母亲是谁都没有记载。刘隆能够继承皇位，与汉和帝前后所立的两位皇后有莫大的关系。

汉和帝的第一位皇后是阴皇后，她是光武帝第二位皇后阴丽华兄长阴识的曾孙女，父亲名叫阴纲。阴皇后的名字失载。

阴皇后小时候非常聪慧，喜好书法技艺。永元四年（公元92年），也就是汉和帝成功从窦氏手中夺回权力的那一年，当时年仅十二岁的她，被选入后宫。因为她是阴丽华的娘家亲属，所以入宫之后就被封为贵人，得到汉和帝的殊宠。

四年之后，十六岁的她被立为皇后，而此时，汉和帝也才刚刚十七岁。

古时帝王之家，生育子嗣历来较早。比汉和帝小一岁的阴皇后十二岁被封为贵人得殊宠，直到十六岁被立为皇后，却一直没有孕育。不知道是阴皇后年幼未能发育成熟还是其他的什么原因，但在皇室宫廷，不能迅速地生下一个儿子，就是颇具危机的。

而更具危机感的是，就在这一年的冬天，开国功臣邓禹的孙女——年方十五岁的邓绥因为品貌俱佳被封为了贵人。

邓绥的父亲名叫邓训，官至护羌校尉，母亲也出自阴氏家族，是阴丽华堂弟的女儿。从这一点上来说，邓绥实际上不仅跟汉和帝沾亲带故，也和阴皇后有近姻亲关系，只不过，邓绥的辈分比汉和帝和阴皇后都大一辈。

但古来政治联姻，连汉惠帝娶亲外甥女的人伦丑剧都可以堂而皇之地上演，更别说是这些已经出三服的旁系血亲了。

邓绥在很小的时候，就懂得忍别人所不能忍。她刚刚五岁的时候，太傅夫人非常喜欢她，于是就亲自给她剪头发。太傅夫人年纪大了，眼睛老花，手持的剪刀误伤了邓绥的额头，邓绥强忍着伤痛，一声也没吭。左右的人看见，都非常奇怪，于是就问她。邓绥回答说："并不是我不痛，而是太夫人这么怜爱我而为我剪发，我实在是不想让她老人家伤心，所以就强忍了下来。"

邓绥在幼时，非常聪明好学，似乎比阴皇后更胜一等。她六岁就能读史书，十二岁通《诗经》《论语》。她在哥哥们读经传的时候，常常会提出一些问题，让人非常诧异。她的志趣在研究诗书典籍，而不问居家事务。她的母亲就常常批评她说："你不练习女红以供服饰之用，却一心想要学习，难道将来要当博士吗？"邓绥难违母命，于是白天操练女红，晚上诵读经典，家人见状，于是称呼她为"诸生"（当时高等学府里读书人的通称）。她父亲邓训觉得她与众不同，所以家里无论大小事务，都会和她详细计议。

邓绥比阴皇后小一岁、比汉和帝小两岁，她本来也应该在阴皇后入宫的那年被选入宫中，但非常不巧的是，在那个节骨眼上，她的父亲邓训去世了。按照礼制，她需要和她的兄弟姐妹一样，为父亲守孝三年。

在那三年里，和父亲感情极深的邓绥，终日以泪洗面，悲伤不能自已。饮食上十分俭省，不食盐菜，梳妆更是无从谈起，面容憔悴不堪，亲人们若非仔细端详，几乎都认不出来。

邓绥曾经梦见伸手摸天，天空浩荡碧青，好像有钟乳一样的东西，她便抬起头来吮吸吞饮。醒来之后问解梦的人，都回答说当年的唐尧曾经梦见攀天而上、商汤曾经梦天而舐舐，这些都是圣王成事之前的征兆，真可以说是吉不可言。又有相面的见了邓绥，诧异地说："她的骨相简直和商汤的一样，多奇多贵。"家里人听了之后都心中窃喜而不敢声张。邓绥的叔叔邓陔说："常听人说存活一千人的人，他的子孙一定会受到封赏。我哥哥邓训担任谒者，奉命修治石臼河，每年存活数千人。如果天道可信，我们邓家一定会得到福报。"最初的时候，太傅邓禹也曾感叹地说："我统帅百万之众，从来没有乱杀过一个人，我的后代必定有发达的。"

那么，拥有这么多吉兆的邓绥，会有一个好前程吗？

三年守孝期满，邓绥和其他贵族女子一样，都被选入宫中。这个时候的邓绥，虽然只有十四岁，却出脱得极为漂亮标致，身高七尺二寸（约合今166.3厘米）。她和其他那些一同入宫的女子站在一起，显得格外引人注目。所以仅仅过了一年，邓绥就因其出色的品貌得宠，被封为贵人。

邓绥入宫之后，非常恭顺小心，行为举止非常有规矩分寸。虽然她得宠于皇帝，但毕竟只是贵人，所以，在阴皇后面前，她侍奉起来更加谨慎。甚至可以说只要在阴皇后面前，不论白天还是夜间，都特别谦卑、恐惧。而对与她同列的那些妃嫔，邓绥则是非常和善有礼，常常克己体下，即便是对宫里的那些仆役，都能广施恩惠。

邓绥这样的行为，令汉和帝极为舒心、赞赏。邓绥偶尔生了小病，和帝特许她的母亲和兄弟入宫服侍医药，并且不限定他们留宫的天数。邓绥极为不安，对汉和帝说："宫禁重地，而使外家的人久留禁宫之内，对上来说会让别人议论陛下偏幸私亲，对下来说会使别人诽谤我不知满足。对上对下都没有好处，我实在是不愿看到这样的情景啊！"

汉和帝说："别人都能以经常到禁宫出入为荣，而你却反而为此忧虑，深深地自我克制宁愿吃亏，真是难能可贵啊！"

每逢宫中有宴会，众妃嫔贵人争相打扮修饰，金钗玉簪光彩夺目，绫裳罗绮华丽鲜明，只有邓绥看上去比较独特，一个人穿着很朴素的服装，没有打扮，没有首饰，显得朴实无华。她的衣服有与阴皇后同颜色的（按现今的说法就是"撞衫"），就赶快出去换一套衣服。如果与阴皇后同时去觐见和帝，那她就不敢正坐而是离位站立，走的时候也是躬着身躯以示卑微。和帝每每向在场的人问一些问题，邓绥都是迟疑半晌之后才对答，不敢在阴皇后之前争着发言。和帝知道邓绥用心良苦并且曲体人情，于是感叹地说："修炼德行的艰辛，难道就是这样的吗？"

因为这些缘故，汉和帝对邓绥的好感与日俱增，对阴皇后却日渐疏远。

阴皇后日渐失宠，而邓绥却日渐得宠，所以阴皇后对邓绥的愤恨之情，可以说是溢于言表。而对阴皇后的这些心理变化，邓绥心里是非常清楚的，她知道自己不能跟阴皇后斗，所以只有躲避。因此每当邓绥被召侍寝，往往借口自己有病推辞。在那段时间里，汉和帝多次失去皇子，邓绥为此十分担心，常常垂泪叹息，选了众多美人进献给汉和帝，希望这些美人能得到汉和帝的宠爱并生下皇嗣。

阴皇后见邓绥在汉和帝及宫人们心目中的地位一天比一天高，心里非常着急。她的外祖母邓朱，因此出入掖庭。阴皇后与邓朱想不出什么高招来，想来想去，仍然用的是女人惯用的那些招术——巫蛊之术，想以此诅咒邓绥。

汉和帝有一次生了一场大病，病情非常严重。阴皇后觉得汉和帝大概是没有好转的机会了，于是秘密地对身边的人说："我要是执掌了大权，决不让邓氏再有一个人活在世上！"这句话很快传到了邓绥的耳朵里，邓绥流着眼泪对身边的人说："我竭尽诚意侍奉皇后，谁知道竟然得不到皇后的庇佑，即将获罪于天。妇人虽然没有从死的道理，然而当初周武王有病，周公以自身为周武王请命；楚昭王有病，越姬实现之前心誓，自杀从死。我现在看来唯有一死，上以报皇上的恩宠，中以解我邓氏宗族的祸患，下不让皇后蒙受把我弄成人彘的讥讽（指吕雉对付戚夫人事件）。"邓绥说完之后，就要服毒自杀，但宫女赵玉坚决阻止了她。赵玉欺骗邓绥说，刚刚有使者来，说皇上的病已经好了。邓绥信以为真，于是打消了自杀的念头。第二天，汉和帝的病果然好了。

汉和帝病情好转，让阴皇后临朝称制诛杀邓绥的希望落空，没奈何，阴皇后只好与外祖母邓朱继续用巫蛊之术诅咒邓绥。

永元十四年夏（公元102年），有人向汉和帝告发，说阴皇后与邓朱共挟巫蛊之道，想要制造祝诅害人。东窗事发之后，汉和帝命令中常侍张慎与尚书陈褒在掖庭狱中审讯邓朱。

邓朱和她的两个儿子邓奉、邓毅，还有阴皇后的弟弟阴轶、阴辅、阴敞供词互相牵连，罪行败露。

审案的人认为以祭拜祈祷的方式诅咒别人，是大逆不道之罪。邓奉、邓毅、阴辅三个人因不能承受刑拷死于狱中。

汉和帝派司徒鲁恭持节赐给阴皇后策书，要求阴皇后上交皇后的玺绶，废黜她的皇后之位，并将她迁到桐宫居住，阴皇后因此忧愤而死。阴皇后的父亲阴纲自杀身亡，阴皇后之弟阴轶、阴敞以及邓朱的家属全部流放到日南郡的比景县（今越南广平省筝河口），阴氏的宗族亲属及其内外兄弟都被免官遣送还乡。

在阴皇后巫蛊之事刚被揭发之时，邓绥请求汉和帝对阴皇后网开一面，却没有得到允许。

一面是阴皇后行巫蛊之事诅害邓绥，另一面是邓绥不计前仇搭救阴皇后，两相一比较，谁更贤德似乎是一目了然的事情。于是，汉和帝便更加属意于邓绥。

在阴皇后与邓绥的这场斗法之中，邓绥以静制动，取得了最终的胜利。

当汉和帝提出要立邓绥为后之时，邓绥比之前更加坚决地推说自己病得十分严重，深居禁宫，闭门谢客。

邓绥有病没病，汉和帝心里还是十分清楚的。邓绥这种谦逊和礼让，让汉和帝对她更增好感。

一些机灵的大臣，在这个时候适时地站了出来，奏请重立皇后。此议可以说是正中汉和帝下怀，他说："皇后之尊，与我同体，承祀宗庙社稷，母仪天下，岂是那么容易的事情。只有邓贵人品德堪为后宫之冠，皇后只有她才可以当得起。"

当年冬天，邓绥被立为皇后。

邓绥见诏，再三推辞谦让，然后登位。她亲手写好谢恩的奏书，不断地陈述自己德行浅薄，谦虚地说自己不是合格的皇后人选。

当时，四方诸侯之国贡献方物，竞相求得珍奇华丽之物，民间负担很重。自从邓绥入主中宫，下令一律禁绝，岁时季节只需要供给纸张笔墨就行了。汉和帝每次想要封赏邓绥的家人，邓绥都是苦苦哀求谦让，所以邓绥的哥哥邓骘在整个汉和帝之世仅仅担任着虎贲中郎将。

汉和帝的长子名叫刘胜（其母不详），之前被封为平原王，因为患有无法治愈且不宜为君的疾病，所以不能被立为太子。而其他的皇子，则都是在很小的时候就夭折了，前后差不多有十人之多。皇子老是早夭，汉和帝认为是不是有人在暗中谋害他的儿子，所以后生的儿子就秘密养在民间，不让其他人知道。

在这种情况下，汉和帝二十六岁英年早逝，自然而然给东汉的国运带来了转折。

因为没有更为合适的继承帝位的人选，所以汉和帝刚刚出生一百多天的幼子刘隆被邓绥立为皇帝，是为汉殇帝。按照惯例，邓绥被尊为皇太后，临朝听政。

其时，邓绥已经当了三年的皇后，地位已经稳固。被黜的阴皇后早已在愤恨之中忧死，而其他妃嫔，自然也是没有丝毫的力量与她抗衡。但在对待那些之前和她同列的妃嫔之时，邓绥仍然显示出了她一贯的处事风格——宽厚而和善。

在安抚好曾经的姐妹之后，邓绥开始处理朝政。

邓绥的聪慧睿智，在管理宫廷和施政过程中都得到了极好的展示。

因为刚刚遭遇了国丧，所以宫里的管理十分松懈混乱，宫里的一小箱大珠子丢失了。显而易见，这是宫内的太监或是宫女趁乱顺手牵羊干的。邓绥想了想，如果对宫人挨个进行盘查拷问，那么有些人在重压之下，就必定会诬告或是攀扯，难免连及无辜。于是让宫人全部站在殿中，然后观察他们的神态表情。盗窃大珠的宫人，在这样的场合再也装不下去，立时认罪服法。

又有一个汉和帝生前宠幸的宦者吉成，驾车的御者一起诬告说吉成有巫蛊之行，于是吉成被下到掖庭狱中拷问审讯，最终，吉成的供词出来了，上面清楚明白地写着，吉成确实做了这些事情。但邓绥却不这么认为，她觉得汉和帝生前，吉成常在左右，并且汉和帝平日待吉成特别好。在那些日子里，吉成尚且没有说过坏话，现在汉和帝驾崩，吉成反而行巫蛊之事，不合乎人情。于是亲自叫来相关人员进行核实，结果，事实证实了邓绥的判断，确实是驾车的御者在构陷吉成。

经历了这几件事情，宫人没有不叹服的，都认为邓绥非常圣明。

为政上，邓绥下令减省了许多费用、贡品、宫人等，减轻了百姓的负担。

邓绥所做的这些，一方面是因为她作为太后能够临朝称制；另一方面，是因为刚立的皇帝刘隆实在是太小了，只有百余日。

但即便是这个百余日的皇帝，也没能顺利地活下来。

延平元年八月辛亥日（公元106年9月21日），刚刚当了二百二十天皇帝的刘隆夭折，尚不满周岁。刘隆因为夭折而死，所以谥为"孝殇"，死后葬于康陵。汉殇帝在中国历史上创造了两项纪录：其一，他是中国历史上即位时年龄最小的皇帝；其二，他是中国历史上寿命最短的皇帝。他被史家称为"八月皇帝"或"百日皇帝"。

在历史上，许多人为了争抢皇位，付出了极为惨重的代价，甚至被抄家灭族。而刘隆这个刚刚百日的小孩子，却因阴、邓二后争宠，无意之中得到了皇位。而这个皇位，其实对他来讲，没有任何的实际意义。在他那个年龄阶段，其实他只需要有乳母按时哺乳他，在凌晨卯时大多数人还酣睡的时候，不要被人强行抱着去上朝染上风寒什么的，然后让他健康地活下来，就已经足够。而这一切，对他来说，又是多么地奢望啊！

国不可一日无君，刘隆夭折而死，那么就要另立一个皇帝。

临朝称制的邓绥，立即召她的哥哥邓骘入宫，紧急商议对策。经过商议，二人决定迎立刘祜当皇帝。

那么刘祜，又是什么人呢？

刘祜是清河王刘庆的儿子。

刘庆就是汉和帝的异母兄长，那个被汉章帝刘炟废去太子之位的刘庆。当年如果不是窦后刻意诬陷刘庆之母宋贵人，后来的皇帝之位就应该是刘庆的，根本也挨不着汉和帝刘肇，更没有"百日皇帝"刘隆什么事情。

那么从这一点上看来，邓绥与其兄邓骘迎立刘庆的儿子即位，实际上应该也是经过了深思熟虑，把本属于刘庆一脉的皇位，还了回去！更何况，当年刘庆在刘肇诛灭外戚窦氏势力的过程中，也立下了汗马功劳。还政于刘庆一脉，似乎是顺天应人之举。

当初刘庆帮助刘肇一举荡平窦氏之后，受到刘肇的特殊恩遇，良马、金钱、珍宝等赏赐无算。或许是因为东汉皇族真的有什么隐性的遗传性疾病，所以刘庆的健康状况也不是很好，经常生病。而一生病，汉和帝就去探望并赐药。刘庆可能是因为太子被废一事给他造成了巨大的心理阴影，所以非常小心谨慎，生怕会惹上什么麻烦丢了性命。所以汉和帝前来探病，他就表现得更加诚惶诚恐。

刘庆的小心奉法，不仅给他自己带来了安全，也给他的子嗣带来了福荫。邓骘邓绥兄妹之所以迎立他的儿子当皇帝，实际上很大程度上就是考虑到了他们一家的好名声。

汉和帝病死之后，刘庆在前殿大声号哭，竟至于吐血数升。人生真的是不可思议，本来皇位是他的，可是弟弟却成了皇帝，他这个当兄长的，不得不在弟弟面前俯首称臣。现如今，这个当皇帝的弟弟死了，刘庆的心里，能不百感交集吗？

刘庆因此得了重病。

汉殇帝即位之后，在京的诸侯王就国，刘庆也在其中。因为刘庆和汉和帝关系密切，所以太后邓绥特允清河王设置了中尉、内史，而其他的诸侯国中，中尉和内史却并不常设。

或许在刘庆就国之时，太后邓绥就开始属意于他的儿子刘祜，并特意下诏把刘祜留在了京城，让刘祜和他的嫡母耿姬居住在清河邸中。

八月，不满周岁的刘隆死。当天夜里，邓绥派邓骘持符节，用王青盖车去把刘祜迎入宫中，并让他在殿中斋戒。

邓绥亲临崇德殿，百官都穿着平时庆典时才穿的礼服，早就等候在朝堂。

因为自西汉以来，有平民不得荣登大宝的先例。所以此时的刘祜，虽说贵为清河王刘庆的长子，但却没有封爵，所以理论上来说，仍然是平民。于是邓绥先封刘祜为长安侯，之后又下发诏书，让刘祜即了皇帝之位。

西汉时的汉宣帝刘病已，也是由皇太后先封为武阳侯，之后才被迎立做了皇帝。

邓绥在下发的诏书中，称赞刘祜忠孝谨慎、能通诗书，认为他是继承帝位的最佳人选。邓绥在诏书中引用《礼经》《春秋》等儒家经典中"昆弟之子犹己子""为人后者为之子，不以父命辞王父命"等经学大义，使她和邓骘确定刘祜为汉和帝的继承人的行为，具备了无可质疑的合法性。

其时的刘祜，年仅十二岁，名义上是皇帝，但权柄仍然操在太后邓绥的手里。

和其他临朝称制掌握实权的太后有所不同的是，邓绥对娘家的亲属要求非常严格，一方面，这与她自幼熟读诗书有关；另一方面，也与她谨慎自律的性格有关。

刘祜即位之初，她特意下诏给司隶校尉、河南尹和南阳太守说："每每看到前代外戚宾客，假借皇亲威权，轻薄虚浮，以至于扰乱公事，给人民带来祸患。问题就在于执法怠惰松懈，不及时执行刑罚。今车骑将军邓骘虽然胸怀敬顺之志，但是宗族广大，姻戚不少，宾客奸诈狡猾，多数违犯禁令宪章。有司应明加检查整饬，切不要包庇纵容。"

司隶校尉是监督京城及周边区域的监察官，河南尹是京师洛阳所在地，而南阳则是邓氏的老家。邓绥贵为太后临朝称制，邓骘担任车骑将军，邓氏子弟，不在京城洛阳，就在老家南阳。所以邓绥下诏让司隶、河南尹及南阳太守严加监管，无疑给邓氏子弟及姻戚门客敲响了警钟：谁要是不奉公守法，谁就会被严刑惩处。

从那时起，邓氏亲属犯罪，没有被宽贷赦免的。从此，邓氏一门风纪肃然。东汉的外戚邓氏，也为历史上声名最好的外戚之一。

严以律己、宽以待人，这是邓绥的处世风格，她在严厉约束邓氏的同时，又特赦被废的阴皇后族人回乡，并返还他们的资财五百多万。

然而，邓绥如此谨慎自持，邓氏如此遵纪守法，仍然还是无法消解那些敌视她的大臣的不满和忌恨。

早在汉和帝死后邓绥立刘隆之时，许多大臣就颇有微词，说她借口刘胜有病收尚在襁褓之中的刘隆为养子，然后立刘隆为帝，就是想要贪权窃柄。

等到刘隆死后，大臣们都觉得刘胜的病也不是没有治愈的可能，让刘胜当皇帝，应该是天经地义的选择。但邓绥却并不那么看，之前未立刘胜立了刘隆，如果此时再立刘胜，那么只会白白地招致刘胜的怨恨，将来刘胜如果秋后算账，她根本没办法解释。所以，她只能一条路走到黑，在她还活着的时候，刘胜说什么也不能立为皇帝。于是权衡再三，立了刘祜。

可想而知，邓绥的做法招致了多少朝臣的不满。邓氏遵纪守法是应该的，英明果断也是应该的，体恤下人也是应该的，但是，只要在皇帝的拥立上不符合传统大义，那么邓绥就是专权、就是谋逆，熟读经书的大臣们，自然要和她斗到底。

但实际上，绝大多数的人，是没有实力和邓氏兄妹叫板的，维护皇权固然重要，但要是因此而把身家性命搭进去，那将是得不偿失的，所以，在这种心态驱使下，大多数人选择了保持沉默。

可是，有人保持了沉默，就有人会选择爆发。

这个勇气可嘉的人，叫周章，其时担任司空。

周章能够升任司空之职，与他在某些关键时刻能明断是非有很大关系。周章是南阳随县人（今湖北省随州市），刚开始担任郡里的功曹。其时正赶上大将军窦宪被免职，受封冠军侯到南阳冠军县（治今河南省南阳市邓州市张村镇冠军村一带）就国。正值春季，周章陪着南阳太守春日出巡，劝课农桑，一路来到了冠军县。太守想要去拜谒窦宪，但周章说什么也不同意。他认为地方官拜见皇亲国戚，是越礼私交，再加上当时窦宪刚刚被免职就藩，是福是祸难以预料，所以绝不可以轻率地前去。但太守哪里会听他的，执意上了马车。周章情急之下，拔出佩刀砍断了马头上的辔鞅。这下马不能驾车了，于是太守只好悻悻作罢。过不多久，窦宪等人被诛杀，公卿以下因与窦氏交往而获罪者众多，南阳太守非常幸运地躲过一劫。从那时起，太守震怖之下，对周章极为器重。然后以郡里的名义，举周章为孝廉，前后六次升迁，官至五官中郎将、光禄勋等职。永初元年，周章代替魏霸担任太常，当年九月，代替尹勤为司空。

应该说，周章还是有一定见识的。但是，他升迁太快了、仕途太顺了，对宫廷斗争的险恶程度完全预估不足，以为只要大义在手，以为凭着自己的一腔热血，就什么事情都能干成。

在数次犯颜直谏未能奏效的情况下，他以忠臣、直臣之身，选择了一条古往今来许多权臣、奸臣都未必敢走的路！

周章倚恃自己曾经担任过五官中郎将、光禄勋等要职，熟悉宫廷警卫状况，于是和王尊、叔元茂等人密谋，想要关闭宫门，逮捕邓骘兄弟，诛杀中常侍郑众、蔡伦等，劫持尚书，废黜皇太后邓绥，然后将刚立的皇帝刘祜徙封为偏远郡国的诸侯王，并立刘胜为帝。

但周章等人还没有来得及行动，事情就被发觉，周章只好自杀而死。其时离周章被任命为司空，仅仅两个月之久。

《易经》有言："德不配位，必有灾殃。德薄而位尊，智小而谋大，力小而任重，鲜不及矣。"周章在朝野没有过人的威望，手中没有足够的力量，军队尤其是禁军不在自己的掌控之下，无人授权，不得外援，没有内应，就想密谋废立，真的是极为不智且太不自量力了。

周章死后，家里没有多余的钱财，穷困至极。他的几个儿子只能易衣而出、并日而食。也就是说，家里只有一两件像样点的衣服，兄弟几个谁要出门，谁就穿那件像样点的衣服出去，回来再脱下，其他人外出时再穿。而吃的食物就更短缺，几天才能吃一顿饭。

从这一点上来说，周章虽然不智，但却是一个有正义感的人、一个清正廉洁的人。而皇太后邓绥，虽然有专权之嫌，但却也不是一个完全践踏民意、将忠臣直士赶尽杀绝的人。因为要是换了其他人，周章密谋废立，那可是灭族的大罪，休道是家人不能幸免，族人都会被屠戮殆尽。

尽管周章和邓绥政见不同，但是，他们都通过自己的行为，在各自的领域里为自己赢得了历史的尊重。

周章密谋废立不成落个身死家破的下场，其他官员自然再不敢贸然发动宫廷政变。阴谋废立之路不通，那么就要充分地运用好手中的现有权力，与邓绥交锋。

于是，一些胆子比较大的朝臣，就开始上书，要求邓绥归政皇帝。

这次青史留名的是郎中杜根。

杜根是颍川定陵人（今河南省许昌市襄城县），他的父亲叫杜安，小时候是一个神童，十二岁的时候就进了太学。太学是当时的国立最高学府，类似于现今的清华大学、北京大学二合一，甚至还要加上教育部的部分职能。在现今儿童小学刚毕业的年纪，就能到最高学府里去就学，可真是一件了不得的事情。杜安因此被人们称为"奇童"，意思是才能优异的孩子。洛阳城里的那些皇亲国戚非常仰慕杜安的才学，觉得他将来一定前途无量，于是争相和他结交，纷纷给他写信。但杜安就是杜安，虽然只有十二岁，却有许多成年人少有的见识、志气和节行。他把那些京城权贵给他写来的信，全部丢进了一面夹壁里，拆都没有拆开来看一眼。后来，京城的一些权贵和宾客因为不法之事被逮捕入狱，一些人在重刑拷问之下开始牵连他人，于是曾经被投递过书信的杜安，也被牵扯了进来。官吏前来调查，杜安从夹壁里取出信件，上面的封印都完好无损，以此证明他根本没有跟那些权贵结交。奇童就是奇童，就此躲过无妄之灾。时人对洁身自好的杜安更为推崇，杜安再一次名扬天下。必须说的是，杜安并不是那种方仲永式的孩子，也并不类似于许多如今一出校门就默默无闻的高考状元，他把他的智慧继续发扬到了后来的仕途上。

作为神童家庭出身的孩子，杜根自然也是禀赋不差。作为官宦子弟，杜根为人厚道朴实，但也喜欢较真儿。永初元年（公元107年），杜根被举荐为孝廉，成为郎中。

成了郎中之后，杜根就上了一封奏折，要求皇太后邓绥将权力交给皇帝，让皇帝亲政。

或许是杜根等人的奏折之中言辞过于激烈，邓绥看了之后大为震怒，下令把杜根等人抓了起来，用白袋子装着，在大殿上活活打死。执法的人因为杜根名声很大，所以悄悄告诉行刑的人不要太用力，打完就用车把杜根接出城，杜根得以苏醒过来。邓绥仍不解恨，命人前来验看杜根到底死了没有，于是杜根就在使者面前装死。三天之后，直到杜根的眼睛里生了蛆，使者报告邓绥，邓绥以为杜根确实死了，于是才让使者回去。使者走后，杜根立即逃跑，到宜城山中做了一个酒保。杜根在山里的酒家前后待了有十五年之久，酒家的掌柜也觉得他十分贤德，对他非常敬重且待之优厚。

朝臣对待邓绥态度如此，那么她的族人呢？

她的族人之中，绝大多数人对她诚心拥戴，但也有人对她的做法极不赞成。不赞成的人之中，代表人物是邓康。

邓康是邓禹之孙，承袭父亲邓珍的爵位为夷安侯，担任越骑校尉。

如果说邓绥作为太后非常谨慎小心的话，那么邓康其实比邓绥更为谨慎小心。或者说是，邓康早就看穿了自古以来皇室与外戚的权力争斗问题，政治斗争从来都是你死我活，而不会因为有近姻亲关系就会保留一点点脉脉温情。

基于这些认识，作为堂兄的邓康劝邓绥退居深宫，不要再干预政事。但邓绥自有邓绥的考虑，并没有听从邓康的劝说。

邓康见邓绥不采纳自己的意见，生怕将来刘祜亲政后打击报复，于是开始称病不朝。

以邓绥的聪明睿智，她怎么会不知道邓康称病是为了什么，但还是生怕不要弄错了，万一邓康是真的病了呢？为慎重起见，于是派宫里的宫女前去问个究竟。先后去的宫婢有好几个，有说好话的，有说歹话的，大体上是毁誉参半。当时，在宫里当差时间较长且年纪大一些的宫女，都称为中大人，以示尊敬。这一次，邓绥派去的宫婢是以前邓康府中的婢女，她也通报称自己为中大人。邓康听了之后，责骂她说："你是我们家出去的婢女，怎么敢在我面前自称中大人！"婢女遭原主人轻贱非常生气，回来之后，对邓绥说邓康假装有病，并且还出言不逊。

到了这个时候，邓绥不再对邓康抱有任何希望。她知道邓康想要干什么，那么就让事态的发展来证明谁对谁错吧！如果她对了，那么邓康也不至于衣食无着；她错了，那么至少在这个族里，邓康一门还可以东山再起，最终不会像当初阴皇后威胁她的那样，"不令邓氏复有遗类"。于是下令免去邓康越骑校尉之职，遣送回他的封国，并且革去了他的族籍。

人人都以为她贪权揽权，可是又有谁知道她内心深处的苦痛，她为了谁？她又为什么要这么做？从私的一面来说，她确实是想让自己的族人过得更好一些，但她也并没有像其他的太后那样搞一人得道鸡犬升天,她严格地约束着族人,希望他们不要给家族带来什么祸患和耻辱,不要让天下百姓唾骂,这有错吗?从公的一面来说,她一介女流,日夜操劳,尽心竭力维护着天下秩序,希望能让天下百姓过上更好的日子,这又有错吗?

心力交瘁的邓绥,又有谁能够理解她呢!古来圣贤皆寂寞,身处峰顶的人,环顾四周,只有自己一个人,茕茕孑立,形影相吊,没有一个人理解她,没有一个人安慰她,没有一个人支持她,只有索取,只有误解,只有诽谤。

好吧,都由他去吧!她实在是太累了,需要休息一下了。

永宁二年(公元121年)二月,邓绥病倒在床,病势渐重。

她知道自己已经没有痊愈的希望了,于是乘辇车来到前殿,召见侍中、尚书,顺道去看了看太子新近修缮的宫殿。返回以后,大赦天下,按等级赏赐各园贵人、王子、公主、群臣百官数量不等的钱和布匹。之后颁下诏书,对自己临朝称制以来所做的一切进行了一个大致的陈述,言辞恳切地声明自己如此勤苦,只是为了天下百姓和刘氏的江山,之后勉励百官恪尽职守,辅佐朝廷。

三月,邓绥去世,年仅四十岁。

邓绥死了,权力自然而然回到了已经二十七岁的皇帝刘祜手中。之前大臣们都上书要求邓绥归政于皇帝,现在皇帝亲政了,会比邓绥做得更好吗?

未必见得!

邓绥死后不久,宫里有宫人之前因受惩罚,对邓氏心怀怨恨,所以诬告邓绥已经故去的兄弟邓悝、邓弘、邓闾想要阴谋废立,废黜刘祜然后立平原王刘翼为帝。

刘翼原是河间孝王刘开的儿子,元初六年(公元119年),邓绥诏征济北王、河间王的王子四十余人及邓氏子弟三十余人到京城读书,因为刘翼长相非常俊美,邓绥惊叹之余,在奉祀的平原王刘得死后,让刘翼奉刘胜之嗣,并于永宁元年(公元120年)封他为平原王。

因为这一段人皆尽知的往事,刘祜的乳母王圣与中常侍江京等人,都诬陷说邓骘兄弟与刘翼、中大夫赵王等人图谋不轨,窃取帝位。

刘祜正为长期遭受邓绥的压制而对邓氏极度不满,一听到这样的诬告,可以说是正中下怀。于是他立即命有司上奏邓悝等人大逆不道之罪,然后不问青红皂白,立即下令将邓悝、邓弘、邓闾等人所袭封的儿子全部废为庶人。邓骘因为对此事并不知情,所以免去特进之位,遣送就国。邓氏宗族子弟全部免官归南阳故郡，邓骘等人的资产田宅等，全部没收充公。邓悝的儿子邓广宗、邓阊的儿子邓忠返回南阳之后，全部在郡县的逼迫之下自杀。邓骘与其子邓凤还在返回南阳的路上，又被改封为罗侯，邓骘、邓凤父子绝食而死。无辜受牵连的刘翼被贬为都乡侯，遣送回河间国，平原国被废除。

邓骘的堂弟河南尹邓豹、度辽将军邓遵、将作大匠邓畅等全部自杀，只有邓弘的儿子邓广德兄弟因与刘祜的阎皇后有亲戚关系，才得以幸免。

还有一个历史上比较著名的人物，也在这场祸事中未能幸免，他就是号称造纸术发明者的蔡伦。蔡伦于元初元年（公元114年）被邓绥封为龙亭侯，食邑三百户，后来担任长乐太仆。此时邓绥离世，刘祜想起他之前受窦后指使参与迫害宋贵人致死并使刘庆失去太子之位的往事，于是命令他自己到廷尉那里去认罪。蔡伦也是在宫中宿卫很久的宦者了，受封龙亭侯，食邑三百户，再加上"蔡侯纸"被推广传播，更使他名扬天下，也是有身份、有地位的人了，说什么也不能到司法官那里去受辱。蔡伦自知不能幸免，于是沐浴更衣，服毒而死。

如果说之前的窦宪等人被逼自杀是咎由自取，那么此时的邓骘等人被逼自杀，那可真的是冤枉之极。

邓骘等人有像当年的窦氏兄弟那样嚣张跋扈吗？没有！有像当年的窦氏兄弟那样贪赃枉法吗？没有！有像当年的窦氏兄弟那样纵容宾客胡作非为吗？没有！非但没有，邓氏的奉公节俭、谨慎低调、谦逊礼让，纵观中国历史上的外戚，那都是罕见的。

在汉和帝生前，邓骘位不过虎贲中郎将。汉和帝死后，邓绥拜邓骘为车骑将军、仪同三司（仪同三司的名号即始于邓骘。本意是指邓骘作为车骑将军，不能像太尉、司徒、司空那样开府，但此时为了尊崇他，给予他和三公同等的待遇，可以让他开府置官属（魏晋以后，将军开府置官属，就称之为开府仪同三司，或开府，或仪同三司。为此演变为一种官名）。永初元年（公元107年），邓骘被封为上蔡侯，食邑一万户。又因为迎立刘祜的功劳，增加食邑三千户。

对于这样的封赏，比起以往来显然是太重了。更何况，之前那些封赏他都毫不犹豫地推辞了，如此厚重的封赏，他还怎么敢承受呢？所以，邓骘坚决辞让不肯接受，他刻意避开前来册封的使者，然后前往宫门上疏坚决辞让。对于自己兄长的谦让，邓绥其实也是习以为常，但是，她还是要再坚持一下，因为如果不使邓骘受封，那么她的内心其实也是感觉非常愧对这位胞兄的，所以她没有接受邓骘的辞让。邓骘无法，又连上五六封奏章说明情况，邓绥只好作罢。

在同年夏天，凉州的羌人发动叛乱并扫荡劫掠凉州，邓骘受命前去平叛，但却未能击败羌人。刘祜即位之后，四方叛乱，饥荒不断，百姓流离失所，饿死者极多，周边的少数民族也率军侵扰。邓骘崇尚节俭，罢除劳役，推荐贤士何熙、祋讽、羊浸、李郃、陶敦等贤士在朝廷任职，又征辟杨震、朱宠、陈禅等名士担任自己的幕僚，充分利用这些人的才能治理天下，于是天下再次安定。

永初四年（公元110年），邓骘的母亲新野君病重，于是邓骘兄弟一起上书请求回家侍奉母亲。十月，新野君去世，邓骘等人连上奏章，请求辞官为母服丧。等到服丧期满，邓绥下诏命令邓骘重新回来辅政，并准备再次授予以前曾欲加封的爵位。邓骘等人叩头固辞，邓绥才作罢。邓氏兄弟全都被任命为奉朝请，地位在三公之下，在特进和列侯之上，每逢大事，便前往朝堂，与三公九卿一同参议。

元初二年（公元115年），弟弟邓弘病卒，邓绥为他服齐缞之丧，刘祜戴着丝麻，前往他的府第吊唁。邓弘年轻时曾经研究《欧阳尚书》，在禁中为刘祜讲授，所以有帝师的身份，在儒生们中有很高的威信。邓弘病重之时曾经留下遗言，要求死后薄葬，不得用锦衣玉匣。有司上奏，建议赠予邓弘骠骑将军之职，特进之位，封西平侯。邓绥想起之前邓弘的遗言，没有为邓弘赠职加位，只是赐钱千万、布万匹，邓骘等人又是上书推辞。将要安葬的时候，有司又上奏，建议发五营轻车骑士为邓弘送葬，就像当年安葬霍光那样。霍光是什么样的下场，知书达理的邓绥还是清楚的，所以她立即就否决了。只是让双马拉着白盖车，让他的学生们去送葬。又过了几年，邓悝、邓阊相继病卒，死前都留下遗言，要求薄葬，不受爵赠，邓绥全都答应了。

邓氏兄弟的谦逊守法，大抵如此。邓骘的儿子邓凤担任侍中，曾给尚书郎张龛写信，认为郎中马融在尚书台任职比较合适。另外，中郎将任尚曾经送过邓凤马匹。元初五年（公元118年），任尚因为断盗军粮得罪邓遵，被囚车征召至廷尉。邓凤担心之前的事情泄露，于是赶快向邓骘自首。邓骘非常担心邓绥会责罚，于是割下妻子和邓凤的头发来谢罪。

在以孝治天下的时代，身体发肤，受之父母，不敢毁伤。作为侍中的邓凤讨论了一下尚书台的任职人选，再就是收受了他人的马匹，就和他的母亲一起遭受了髡刑，这对时人的震动非常之大。也正因为此，天下人都称赞邓骘，认为他能够严格约束家人。

然而，邓氏如此奉公守法，还是未能逃过一劫。

邓绥死后，还没有下葬，刘祜就重申邓绥之前的诏命，再次封邓骘为上蔡侯，位特进。

在这之前，邓骘一听到封赏，第一反应就是赶快跑去推辞，而这一次，他不敢推辞了。之前是自己的妹妹，他想怎么推辞就怎么推辞，邓绥也能理解他、尊重他。而现在呢？刘祜虽然在礼法上是自己的外甥，并且是他亲自迎立的，但却不会再对他仁慈半分，现在再推辞，想干什么，心存怨言？居功自恃？要挟朝廷？抗旨不遵？反正这里面靠上任何一点什么，对邓骘来说，都是灭族的大罪。之前邓绥担心什么？此刻刘祜想干什么？邓骘心里都一清二楚！此刻的刘祜，正在挖空心思搜罗邓氏的罪状，只要邓氏稍有不慎，就会被刘祜抓住把柄，借题发挥，置之于死地！所以，邓氏如果识相，那就只有乖乖地接受，而不能流露出任何一点的不情愿。他们最好的结局，就是争取等来刘祜改变主意的那一天，或者说是能够客观、全面地看待他们的那一天。

而这一切，其实都是一个假设！

将欲取之，必先与之！欲擒故纵，欲抑先扬！历史上，每一个皇帝想要诛杀权臣收回权力，无不是先从麻痹权臣开始的，加官晋爵，优厚赏赐，明升暗降，剪除羽翼，最后才一鼓而下，大开杀戒。

而其实，此时的邓氏并不是权臣。因为，自邓绥死去的那一刻，所有的权力就都回到了刘祜手中，所以，刘祜才可以凭借一个宫婢毫无根据的一句诬告，就毫不犹豫地对邓氏痛下杀手。

可是，也正因为邓氏不是权臣，所以他们的谨慎、谦虚、善良、公正深深地植根于绝大多数官员和百姓的心中，这使它们在道义的天平上，成为绝对有分量的砝码，官吏百姓心中的秤，从一开始就倾斜向了他们。

邓骘父子遭郡县逼迫自杀而死之后，一些正直的大臣心里不服，纷纷上书为他们喊冤叫屈。这里面的代表人物是大司农朱宠。

朱宠是著名学者，年轻时潜心研习《欧阳尚书》，曾担任汉章帝刘炟的老师，于永初元年（公元107年）进入邓骘幕府。

朱宠和杨震，都是当时的名士，他们的一言一行，在朝野都有非常大的影响力。再加上朱宠曾为帝师，所以他的发言，显得很有分量。

朱宠对邓骘无罪而罹祸非常哀痛义愤，于是脱光上衣，抬着棺材上书为邓骘鸣冤。朱宠在他的奏章中，先是陈述了邓骘、邓绥兄妹的功德，并对他们善良的辞让进行了赞美。然后提出被宫人诬陷之后，没有实质性的证据，没有经过审讯，一家七口就遭受了全部死于非命的惨祸，让天下百姓不安。建议朝廷准许邓骘等人的尸骨入葬祖坟，并优待保护邓氏子孙。

朱宠知道他的言辞激切，不免会触怒刘祜，所以上书之后，就自动前往廷尉府投案。

到了这个时候，刘祜才发觉事情不妙，因为朝野上下都在为邓骘鸣冤叫屈。他想要找出邓氏的罪证昭告天下让天下人信服，却又找不到这样的证据。

只能说，刘祜这个年轻的皇帝，因为长时间被身边的人蒙蔽教唆，从而形成了一种极为片面的狭隘价值观，他虑事处世并不全面，缺乏兼听则明的基本素养，他对邓氏这一轻率的行为，直接导致了他的权威骤降，从而不再让朝野信服。

他只是当上了皇帝，承接了最高权力，但是，他却不是一个合格的政治家，并不具备统驭天下的能力。

可是，事情既然已经发生了，就必须迅速拿出解决的办法，以平息天下人的怒气。

朱宠冒犯皇威，当然也不能轻易放过。恰好在那个时候，尚书仆射陈忠联合其他的尚书弹劾朱宠。于是刘祜趁机下诏，将朱宠免官归田。

那么陈忠又是什么人，为什么要弹劾替邓氏鸣不平的朱宠呢？

陈忠与朱宠或者说是与邓氏的恩怨，实际上早在陈忠的父亲陈宠时代就已种下。

陈宠其实也是一个非常受人尊重的人，他年轻的时候就担任州郡吏，后来被征召到司徒鲍昱的府中担任属官。凡是经他办理的案件，没有不使人心悦诚服的。汉章帝刘炟即位之后，陈宠被任命为尚书。

陈宠这个人，行事谨慎周密，也非常讲究人臣之礼，但在人情世故上，却往往谢绝往来，因而很受朝廷器重。之前窦宪举荐一个名叫张林的县令，想让他来当尚书。汉章帝知道陈宠为人正直，于是就征求他的意见。陈宠直言不讳地说张林虽然很有才能，但是为政不清廉。后来，张林虽经窦宪鼎力推荐而被任用，却真的因贿赂、贪污而犯罪。汉和帝即位后，窦宪权倾朝野，于是他就建议窦太后让陈宠主持汉章帝的丧事，想借此找个瑕疵陷害陈宠。

黄门侍郎鲍德素来敬重陈宠，就去劝说窦宪之弟窦瑰，让窦瑰放过陈宠。窦瑰也是个爱才好士之人，于是对陈宠进行了一定程度的保护，让陈宠出任泰山太守，后又转任广汉太守。在任职期间，陈宠政声颇著。后来窦宪做大将军出征匈奴，公卿以下及郡国官吏大都派子弟赠送财物，但陈宠和另外几个人却并不阿谀逢迎。后来汉和帝听说了这件事情，于是升任陈宠为大司农。

汉和帝永元十六年（公元104年），陈宠接替徐防做了司空，而徐防则升任司徒。陈宠不仅精通法律，而且兼通经书，所以他的奏议非常温和、纯正，被人们称为"任职相"，大意就是非常称职的相国。而陈宠与邓骘两个人，就在这之后有了芥蒂。

汉和帝元兴元年（公元105年），深受朝廷器重的太尉张禹和司徒徐防，前来和陈宠商量，想要三公府一起向汉和帝奏请，请求追封皇后邓绥已经故去的父亲邓训为侯。陈宠坚决不同意，说之前没有这样的先例，但张禹、徐防二人却坚持己见，不肯罢休。接连争论了好几天也没个结果，最后陈宠少数服从多数，只好同意了张、徐二人的建议。最后邓训被追封为平寿侯，谥号敬侯。

邓训追加封谥之后，张禹、徐防二人又来约请陈宠，想让他们三个人的儿子都带着礼物去向当时还是虎贲中郎将的邓骘祝贺，大体上其实也是结好邓氏之意。要说张、徐二人也不是什么投机钻营的势利之徒，向邓氏祝贺，虽有讨好当权者之嫌，但并未超出人情世故的正常范围。但陈宠这个人，一生中最反感的就是请客送礼，所以这一次，他断然拒绝了。张、徐二人不得已，只好派自家的子弟奉礼于邓骘。三公家来了两公，邓骘心里自然而然对陈宠有了看法，觉得陈宠是不是对自己有什么意见，而实际上，陈宠就那么一个性格。汉和帝、陈宠同在第二年死去，邓绥成了临朝称制的皇太后，邓骘则以车骑将军、仪同三司的身份掌控朝政。邓骘是一个正直有为的名吏，在他执掌大权期间，推荐、提拔了许多素有名望、才干卓著的官吏，但就是没有提拔陈宠的儿子陈忠。

陈忠最初受征召入司徒府，后任廷尉属官，特别有才能，并且在同僚之中享有非常高的声誉。再加上他精通法律、用刑宽和，所以经当时的司徒刘恺举荐，被提任为尚书。

邓骘没有提拔陈忠，这在陈忠的内心，蓄积了对邓氏的一股怒火。

等到邓氏之败，朝野上下都为邓氏鸣冤叫屈，但陈忠却反其道而行之，连上几本奏折，数落邓氏的不是。因为陈忠素来刚正，所以刘祜最终采信了他的奏言。邓氏最终惨遭横祸，和陈忠的立场有很大的关系。

陈忠不仅参倒了邓骘，又将替邓骘鸣不平的大司农朱宠弹劾得免官为民，其能力水平，可见一斑。

但对邓氏不满的仅仅是陈忠等几个人，绝大多数的官吏还是站在邓氏这一边。所以迫于压力，再加上大臣们据理力争，刘祜也逐步认识到，此前他偏听偏信，对邓氏的看法确实有失公允。于是他下诏谴责州郡逼死邓骘父子的做法，下令将邓骘妥善安葬，公卿全部参加丧礼，邓氏子弟都准许返回京城。如此这般，才算勉强平息了天下人的怒火。

第二十四节　宦官当道、暮夜却金、杨震之死、太子被废、孙程政变

之前一直被邓氏所压制，刘祜手中没有实权。现在好了，邓氏倒台了，刘祜亲政了。那么，之前邓氏反对的，刘祜就要重用；之前毁谗邓氏的，刘祜就要封赏。好让手中的权力，最大限度地按照自己的好恶来运行。

首先被封赏的，自然而然就是刘祜身边那些经常性说邓氏坏话、被刘祜认为是有保驾之功的同阵营之人。

他们是刘祜的乳母王圣、小黄门李闰、中常侍江京等人。

李闰之前担任小黄门，自从刘祜被迎立之后，他就经常和王圣在刘祜面前说邓骘等人的坏话，说邓氏想要废掉刘祜，然后立有天日之表、深受邓太后喜爱的刘翼为帝。每次说起，都让无助的刘祜又恨又惧。当时的刘祜只有十几岁，所以仇恨的种子从那时起就深深地植在了他的心底，并不断萌发。江京在那个时候，也是小黄门，刚刚迎立刘祜为帝之时，宦者里面去的就是他，所以在刘祜心里，他也是一个可以依靠的自己人。

此时邓氏被黜，这帮人的春天马上到来。李闰被封为雍乡侯，食邑三百户，升任中常侍；江京被封为都乡侯，食邑三百户，升任中常侍，同时兼任大长秋。封侯如此之易，前朝武功神勇、屡屡出塞击敌却一生未能封侯的"飞将军"李广若是泉下有知，真不知道会作何感想！

还有中常侍樊丰、黄门令刘安、钩盾令陈达，以及王圣、王圣的女儿伯荣等，一时之间，鸡犬升天。他们相互交结，几乎把持了整个朝廷。

在刘祜亲政的过程中，其实宦官并没有出什么大力，只不过是随着太后邓绥的死，权力顺理成章地到了刘祜手上而已。但到了这个时候，宦者们却俨然成了刘祜亲政的功臣，大肆接受封赏而毫无羞赧之心。

所以这些人的修为和节操，与邓骘等人相比，可以说是判若云泥。

当然这还没完，紧接着，刘祜的乳母王圣，又被封为野王君。

女性被封爵，历史上并不是没有先例，比如汉景帝皇后王娡之母臧儿被封为平原君、汉武帝异父姐姐为修成君、汉宣帝外祖母为博平君、新帝王莽的母亲为功显君等，并不稀奇。但细数以上封爵，不是皇后之母就是皇帝之母，再怎么着也是皇帝的近亲。而乳母封爵，还真是让人大开眼界。

但这根本就不是结束，更令人瞠目结舌的还在后面。

王圣的女儿伯荣仗着自己的母亲曾经乳养过刘祜，更为骄横放纵。她和已死的朝阳侯刘护的一个远方堂兄刘瑰相互勾搭，刘瑰于是趁机攀附，娶了伯荣为妻。在伯荣、王圣等人的一番运作下，刘瑰竟然奇迹般地承袭了刘护的侯爵，并且当上了侍中。

之前刘邦与大臣们约定：非刘氏而王者，天下共击之。在爵位的继承上，自古以来的惯例都是父死子继、兄亡弟及，以防别人篡夺。刘护虽然死了，但他的亲弟弟刘威还活着，而没有任何功劳和德行的刘瑰，仅仅是因为做了皇帝乳母女婿的缘故，顷刻之间就官至侍中，还得以封侯，这连当时的老百姓都觉得是笑料。

就在刘祜的亲政之年，有一个被后世尊为"字圣"的名叫许慎的人，将他经过近三十年苦心编撰的一部汉字学著作《说文解字》献给了朝廷，但却并未见有任何的赏赐见诸史册。

刘祜想到的只是他和他的身边人的享受。刘祜又下诏，派遣使者为王圣大肆建造豪华府邸。中常侍樊丰及侍中周广、谢恽等人见状，立即煽风点火、推波助澜。他们搭乘王圣修府的顺风车，竟然假造诏书，调拨国库的钱粮以及库存的木材，为自己建造豪华宅第，真个是将朝廷上下搅得乌烟瘴气。

当时连年灾祸，且不断蔓延，百姓家中没有余粮，连吃的都没有，再加上蝗灾肆虐，羌人叛边，征战不休，国家动荡，连出征将士的武器、铠甲、粮草都不能按时供应，国库财政极度匮乏。刘祜却下旨为乳母修建府邸，大兴土木，耗费巨资，真的是极不合时宜。周广、谢恽这些人，既不是皇亲，又不是国戚，仅仅依附皇帝身边的奸佞小人，就与樊丰、王圣的女儿王永等人权倾朝野，势力遍布州郡。朝中大臣都畏惧他们的权势。连丞相府任命官员，都要看他们的脸色行事。而被征辟的人差不多都是一些通过行贿买官的无能之辈，甚至一些过去劣迹斑斑、被明令禁止做官的人，也通过行贿重新得到了显要之职。朝野上下一片哗然，就连街市的路人，也对朝廷嘲讽不已。

当然这还只是在京城之内，那么在京城之外，又是什么景象呢？

刘祜亲政之后，为了尊崇自己的嫡亲，追尊祖母宋贵人为敬隐后，陵为敬北陵；追尊生父清河孝王刘庆为孝德皇，生母左小娥为孝德皇后，并给陵寝所在地起名为甘陵；嫡母耿姬被尊为甘陵大贵人。

作为皇帝必须尊崇孝道，所以刘祜应该按时去甘陵祭祀。但他是皇帝，哪能长时间地离开京城，于是他就派人替他去。派谁前去呢？派黄门常侍及中使伯荣前去。

而这个伯荣，素来依仗刘祜的纵容骄横、狂妄，所以行事根本不知收敛。所过之处，郡县不敢不拜谒迎送，官吏项背相望于途，百姓销声匿迹回避，王侯二千石级别的官员，竟然迎着伯荣的马车叩首行礼，真的是比皇帝驾临还要威风。

看不下去了，实在是看不下去了。一些正直的大臣，纷纷向刘祜上疏。

上书的大臣们之中，比较有代表性的是杨震。

杨震字伯起，弘农华阴人。杨震的八世祖杨喜，因在垓下夺得项羽一截残肢而获封赤泉侯。所以杨家自那时起，就渐渐成了名门望族。杨震小时候就非常好学，跟随太常桓郁学习《欧阳尚书》，通晓经术，非常博学，有"关西孔子杨伯起"之称。杨震之前一直没有应州郡的礼聘，一直到五十岁时，才开始出仕。当时的大将军邓骘闻其贤名而征辟了他，举为茂才，四次升迁至荆州刺史、东莱太守。

暮夜却金的故事，就出自杨震。当杨震前往郡里路过昌邑县时，之前他推举的荆州茂才王密正好担任昌邑县县令。王密前去拜访杨震，到晚上时，顺便给老上级送金十斤。杨震拒绝说："老朋友了解你，你为什么不了解老朋友呢？"王密替他打掩护说："现在是深夜，没有人知道的。"杨震说："天知、神知、我知、你知，怎么能说没有人知道呢？"说得王密惭愧而去。

杨震生性清廉，其他人都劝他置办些家业留给子孙，但他却不同意，说："让后世称他们是清白吏的子孙，把这个留给他们，不是最好的遗产吗？"

之后，杨震先后升任太仆、太常、司徒。

伯荣等人的行为，令大臣们极为愤慨。杨震作为三公，自然不能等闲视之。但是，刘祜没有接到奏折倒还罢了，接到奏折，不仅没有丝毫的愧意，反而把杨震的奏折转手就交给了王圣等人。

王圣等人看了之后，对杨震恨之入骨。

刘祜的舅舅（不是亲舅，是嫡舅）——担任大鸿胪的耿宝，甚至亲自跑到已经转任太尉的杨震面前推荐李闰的哥哥。杨震不同意，耿宝就咄咄逼人地威胁他说："李常侍是陛下亲近的人，想让太尉推荐他的兄长，我耿宝不过是传达陛下的意思而已。"杨震不为所动，拿制度回绝了他："如果朝廷想让三府推举，那么应该有尚书发出的敕命。"耿宝碰了一鼻子灰，恨极而去。阎皇后的兄长阎显担任执金吾，也向杨震推荐他的亲信，又被杨震拒绝。但转过身子，司空刘授就推荐了这两个人，十天时间不到，两个人都被授予官职。这样一来，秉公用权的杨震，越发遭人忌恨。

樊丰等人胡作非为，刘祜不是不知道，但是他就是要纵容。这与他长时间大权旁落猝然亲政后的报复性心理有关。只有皇帝是最圣明的，臣下都贤、三番五次地劝谏，那不就证明皇帝很昏聩吗？所以杨震这样密集上疏，只会让刘祜对他越发不满。樊丰等人也对杨震痛恨异常，只是碍于他显赫的名声，所以不敢轻易加害。

恰巧在那之后不久，河间郡有一个名叫赵腾的读书人，径直到宫门上书，批评朝政。刘祜览奏之后非常生气，下诏将赵腾收捕入狱，严刑拷问，最后以诽谤皇帝的罪名结案。

定下这样的罪名，那么赵腾的下场，就只有弃市一条路了。

杨震得知这个定罪结果之后，立即上书营救赵腾。他列举上古时期尧舜那些圣王放置谏鼓谤木从谏如流的嘉言懿行，认为赵腾虽然言辞激烈，但出发点是好的，请求刘祜赦免赵腾，以此激励普通百姓向朝廷提意见。然而，刘祜哪里会听杨震的。在刘祜看来，杨震给他提意见他或许还会有所顾忌不好发作，但如果连赵腾这样的草民给他提意见他都不发脾气的话，那他这个皇帝就当得太窝囊了。最终，赵腾被押赴闹市处决。

延光三年（公元124年）春，刘祜东巡泰山，樊丰等人趁刘祜不在京中，竞相修建宅第。杨震的掾属高舒找来将作大匠令史核查这件事情，结果查获了樊丰等人伪造的诏书。

其他什么样的胡作非为，都比不过伪造诏书这样的劣行。假传圣旨，那还了得，于是杨震写好奏书，专等刘祜回京后上奏。

樊丰等人听说之后，非常震恐。如果不把杨震从三公之位上赶下去，那等待他们的，弄不好将是灭族的大罪。

正赶上太史说星变逆行，于是他们就一起诬陷杨震。说杨震自赵腾死后，对刘祜极为怨恨，并且杨震作为邓骘的旧部，对邓骘之死一直耿耿于怀。

刘祜的内心深处，对邓氏可说是耿耿于怀，做别的事情可能真的不要紧，再怎么过分都勉强可以容忍，但只要和邓氏靠上一点点边，那就真的是触碰了刘祜的逆鳞。所以樊丰等人这一招，真的是点中了杨震的死穴。

刘祜回到洛阳之后，留在太学准备等待一个吉日入宫。听了樊丰等人添油加醋的诋毁之后，连夜派使者持节收回了杨震的太尉印绶。事态发展如此，这大概也是杨震意料之中的事情，于是他闭门谢客。

樊丰等人岂肯就此放过他，他们知道大将军耿宝也对杨震极为不满，于是联合耿宝，让耿宝上奏说杨震不服罪，对刘祜心怀怨望。刘祜听了这些人的蛊惑更加生气，也懒得去辨别真伪，于是下诏将杨震遣回原籍。

诏书下达之后，杨震走到洛阳城西的几阳亭，慷慨地对他的儿子、门生们说："死是作为一个士人经常会遇到的事情。我蒙皇室圣恩，位居三公之位，只痛恨奸臣狡猾而不能诛杀、憎恶嬖女倾乱而不能禁止，还有什么面目复见日月呢？我死之后，只用杂木为棺，布单被只要盖住形体就可以了，不要归葬祖坟，不要设置祭祠。"说完之后服毒而死，时年七十余岁。

弘农太守移良按照樊丰等人的授意，派官员在陕县截停了为杨震送丧的队伍，然后把杨震的棺木放置在大路边，命令杨震的儿子们代替邮差往来送信。路过的人，看到这种情形，都不禁为之流泪。

杨震死了，其他的大臣们呢？难道全都是木雕泥塑的吗？

也不是！

其实，朝中并不完全缺乏忠良，只不过他们与杨震相比，没有像杨震那样敢于豁出身家性命罢了。

之前那个致力于弹劾邓骘的陈忠就是。

之前陈忠为了维护刘祜权威，不惜冒天下之大不韪弹劾邓骘、朱宠。

邓氏败落之后，陈忠数次向刘祜上书，推荐冯良、周燮、杜根、成翊世等隐逸、正直之士，均被刘祜采纳。他还上书劝谏刘祜"广直言之路"，使沛国的施延被拜为侍中（后施延先后升任大鸿胪、太尉）。

这里面除了周燮、冯良二人在征召途中以疾辞归，其他的人，都回到了朝堂任职。

杜根就是那个邓绥在世之时，向邓绥上书请求还政于刘祜而差一点儿在朝堂上被活活打死的杜根。

邓氏败后，陈忠上书刘祜请求起用杜根。当时距离杜根被打之事已经过去了十五年时间，刘祜觉得杜根早就死了，于是昭告天下，寻找他的子孙，准备要录用为官。

而其实，那个时候的杜根，仍然在山中酒馆里做酒保。邓太后离世的消息传来，杜根觉得自己安全了，于是辞别酒馆，回到了老家。他刚到家，州郡的官吏就到了，他被一路护送到京城，然后被拜为侍御史。

再就是成翊世。

成翊世刚开始是平原郡吏，邓太后临朝之时，他也因上书劝谏邓绥归政于刘祜而获罪，此时与杜根一起被征召，任命为尚书郎。

另外就是被邓绥免去官职遣送回国并除去族籍的邓康。

大家到了这个时候才发现，邓康之前的担心并不是多余的，而他的做法和邓绥最后的处置措施也在一定程度上保护了他。其他的邓氏族人都遭到了迫害，只有他安然无恙；不仅安然无恙，还因为他之前反对邓绥的壮举，而在此刻被刘祜征召，被拜为侍中。

那么，这些人面对刘祜亲政后的倒行逆施，发过一言吗？

杜根没有。

杜根被征召回朝之后，有人就问他："你当时遭遇灾祸，天下人都和您一样坚持道义，并且您的知己故交也不少，怎么会过得那么艰辛啊？"杜根回答说："在民间躲藏，也不是与世隔绝。万一身份暴露，就会祸及至亲好友，所以不能去投奔故交至亲啊！"

在杜根看来，邓绥不肯归政于刘祜，这是一个原则问题，他必须维护。而刘祜亲政后表现如何，却似乎不是他管的问题。或许，杜根也是被那一顿棒子吓破了胆吧。在经历过一次生死之后，什么该说、什么不该说，已经让杜根有了一个自我的价值尺度吧。对杜根，或许不该有更多的求全责备，毕竟，他已经是一个死过一回的人了。

而成翊世呢，对刘祜的行为也是未加置喙。

邓康呢？邓康更没有！在经历了整个家族的罹祸和败亡，他没有被当成邓氏余孽清算，就已经是天大的造化了，还敢多言什么呢？

陈忠说了吗？

陈忠说了！对于刘祜的这些做法，他真的是气愤不已。不过，他不敢像杨震那样犯颜直谏，而是写了一篇很长的文章《缙绅先生论》，对刘祜进行讽喻。但刘祜连杨震的犯颜直谏都懒得搭理，又怎么会去理会陈忠呢！

刘祜亲政后的朝政，风气大抵如此。就算是打压邓氏及其支持者是出于一种报复心理，那刘祜在皇帝之位上再没有其他的政治建树，历史基本也可以对刘祜盖棺论定了。

再从头看一看之前邓绥的做法，就真的可以发现，邓绥临朝称制不还政于刘祜，或许真的违背了一些政治规则，但是，她真的是为了整个国家，而不是为了她个人。至少，她在许多国事的处理上，其公平公正，还是颇可称道的。

刘祜打压了该打压的，封赏了该封赏的，出了该出的气，泄了该泄的愤，那么，接下来，他又会遇到什么呢？他也遇到了作为一个皇帝必须该遇到的事情！

刘祜宠爱贵人阎姬，后立为皇后。阎姬非常有才华，也特别有姿色。只可惜，阎姬虽受刘祜的专宠，不知道怎么回事，她和她的那些前辈一样，一直没有生育。在皇室宫廷，得宠的妃嫔生不了儿子，后半生的命运是显而易见的。正因为此，阎姬变得极为嫉妒和狠毒。

阎姬生不了儿子，刘祜的后宫里还有别的妃嫔。一个姓李的宫人，给刘祜生下了一个儿子刘保。阎姬非常生气，毒死了李氏。好的一点是，阎姬还不像赵飞燕等人那样坏事做绝，直接把李氏生的儿子也毒死让刘祜断后。

阎姬得宠，阎姬的亲属自然而然跟着沾光。阎姬的父亲阎畅升任长水校尉，封北宜春侯，食邑五千户。阎畅死后，其子阎显嗣爵。

邓绥死后，阎显及兄弟阎景、阎耀、阎晏一并担任卿校，率领宫中禁兵。没过几年，阎显改封为长社侯，食邑一万三千五百户，阎皇后之母被追尊为荥阳君。阎显、阎景的儿子们都还是小孩子，也都被拜为黄门侍郎。

阎皇后受宠有增无减，朝政大权自然而然被阎氏兄弟把持。

这当然不是他们的终极目标，他们的终极目标是，向前辈邓绥学习，希望有朝一日，让阎姬临朝称制。

可是，刘祜还春秋鼎盛，如果等到刘祜龙驭上宾那一天，那刘保早就长大成人，阎姬的梦想就会化为泡影。

想要实现这个梦想，那就必须要搬开刘保这个绊脚石！

于是阎皇后与大长秋江京、中常侍樊丰等人，一起在刘祜面前说太子刘保的坏话，撺掇刘祜废掉太子。

要想废掉刘保，就必须先从刘保身边的人开始。

当时，因为刘保年纪幼小，多病且伴有惊风症状。他的生母已被毒杀，没有可靠的人可以照料他。于是刘祜就把他托付给自己的乳母王圣，让他住在王圣家里。当时王圣刚刚修建了府邸，刘保的乳母王男、厨监邴吉等人就认为，王圣家的房子是刚修的，犯了土禁，幼小的刘保不应该在那里长住。

这话不说也就罢了，一说出来，王圣和她的女儿王永，还有江京、樊丰等人就觉得王男、邴吉另有企图。一时之间，几个人互相攻讦，搬弄是非，闹得不可开交。

太子的乳母怎么能斗得过皇帝的乳母，于是，王圣、王永母女诬陷王男、邴吉。结果王男、邴吉都被幽禁而死，他们的家属被流放到比景县。

刘保虽是十岁孩童，但基本的感情已经具备。王男、邴吉平素照顾他那么长时间，突然之间遭遇横祸，还是很令刘保痛心、惋惜。刘保每每想起他们，就叹息不已。

几声叹息，在王圣、江京、樊丰等人看来，就是大逆不道之罪。他们担心将来刘保登基之后会报复他们，于是捏造事实，陷害刘保和东宫的属官。

众口铄金，积毁销骨。当所有围在刘祜身边的成年人都开始说一个年仅十岁的小孩子的坏话的时候，也不容刘祜不生废立之心。

但太子贵为一国储君，也不是说废就能废的，他的身份决定了有一整套的典章制度在支持他、保护他。就算是刘祜起了废立之心，那也并不是那么容易的事情。

于是太子废立之事，就被搬到了朝堂之上，经由公卿以下的大臣们讨论。

大将军耿宝阿附阎皇后并迎合刘祜，力主废黜刘保。

但以太常桓焉、廷尉张皓为代表的一些正直大臣则坚决反对。他们引用经书上的话，年纪未满十五岁的人犯错，原因不在他自身。就算王男、邴吉等人有不良之谋，太子也肯定有不知情的地方。应该挑选忠心、贤良的乳母和老师，用礼仪来辅导太子。废立太子是国家大事，皇帝应该慎重考虑。

但刘祜已经铁了心肠，当天废太子刘保为济阴王。刘保身边的小黄门等人，皆被论罪迁徙朔方。

在这个时候，太仆来历无所畏惧地站了出来，积极为刘保奔走呼告。

来历是开国元勋来歙的曾孙，为人十分正直。当樊丰、耿宝、周广、谢恽等人一起进谗陷害杨震并使杨震自杀之后，来历就向侍御史虞诩表达了不满。他觉得耿宝也是功臣之后，并且是皇帝之舅，不想着报答国家的恩情，却和奸臣同流合污，诬陷忠良，将来一定不会有好下场。于是断绝了和周广、谢恽等人的关系，不和他们来往。

于是来历联合光禄勋祋讽、宗正刘玮、将作大匠薛皓等十余名大臣，一起前往宫门为刘保证明清白。

刘祜和左右亲信见大臣们不服，惶惶不安。刘祜于是派中常侍带着诏书前去威胁群臣说："父子一体，这是自然的天性。因为道义割绝私恩，这是为了天下。来历、祋讽等人不识大体，却与一班小人一起大肆制造舆论，表面上看起来非常忠诚正直，但内心却是企图日后获得福禄，粉饰邪恶违背道义，这岂是侍奉君主的礼仪！朝廷广开言路，所以姑且对这些议论都宽大处理，如果还执迷不悟，就按刑律来治罪。"

这份威胁的诏书显然起了作用，和来历一起去的人无不惊慌失色。薛皓率先叩头谢罪说："本来就应该按照皇帝的诏令来做。"

来历非常愤怒，在朝廷上责问薛皓说："刚刚说好一起进谏时说什么来着？现在却转瞬就违背了自己说过的话。大臣乘坐朝廷的车子，处理国家的事务，难道就可以这样反复无常吗？"

其他人都因畏惧而离开，只有来历一个人守在宫门口，接连几天不肯离去。

刘祜大怒，下令罢免了来历兄弟的官职，削减他封国的地租，废黜他母亲刘惠长公主（汉明帝之女）的封号，并责令他不得参加朝会。来历于是闭门谢客，当时的人，都为之震恐、战栗。

其时，刘祜就只有刘保这么一个儿子，他当时只有三十岁，以为自己还很年轻，废了刘保，以后再生几个儿子还不是轻而易举的事情。

然而，世事无常。

刚刚过了一年，就出现了意外！

延光四年（公元125年）二月，刘祜带着阎皇后等人南下祭祀章陵。三月到达宛城的时候，突然得了急病，一直不见好转，还愈加沉重。不得已，刘祜只好下令回京。到达叶县（今河南省平顶山市叶县南）的时候，刘祜死于马车之中，年仅三十一岁。

按照现代的医学观点来看，刘祜很可能得的是疟疾或是因伤风感冒等引起的并发症，这在医学发达的现代，有最基本的灭菌消炎等措施防止感染，治愈的可能性是非常大的。但在医疗水平、交通条件等十分落后的古代，既不能迅速回京不受颠簸和风寒，又不能及时得到水平较高的太医的诊治，即使贵为皇帝，又有什么办法呢？另外，作为皇帝，后宫佳丽无数，无节制地纵欲，身体素质和免疫力是可想而知的。一次不经意间的伤风，就很有可能会带来灭顶之灾。

刘祜也未能打破东汉一朝皇帝的寿命魔咒！

刘祜死于出巡的马车之上，这对于当时的阎皇后等人来说，不啻于晴天霹雳。按理说如果朝政清明，阎皇后有子且被立为太子，这都不是什么问题，回朝后宣布皇帝死讯，然后按规程拥立太子登基就可以了。权臣或是奸臣想要翻盘，拥立其他人的可能性不大。

但是，现在致命的是，受宠的阎皇后无子，刘祜之前立了太子却又很快废黜。现在如果贸然在外宣布皇帝死讯，消息传到朝中，那些忠于社稷、忠于制度的大臣们拥立被废的前太子刘保即位，那阎皇后等人可就真的是死无葬身之地了。

所以，历史上曾经上演过无数次的一幕，在此时再一次原封不动地上演。

阎皇后与兄长阎显、江京、樊丰等人密谋说："如今皇帝在外驾崩，而济阴王却在京城。如果大臣们拥立他做了皇帝，我们回去之后，一定会受制于人，死无葬所。"于是，他们对外宣称刘祜病势沉重，然后将刘祜的尸首移到卧车之中，命令宦者像往常一样，正常上食、问起居，一切都伪装出刘祜仍然活着的样子。

之后，阎姬等人快马加鞭，用四天时间，从叶县迅速赶回洛阳。叶县距洛阳四百多里，每天行程百里，也的确算得上是星夜兼程了。

回到洛阳之后，阎皇后等人仍然没有立即宣布刘祜的死讯，而是装模作样地派遣司徒刘熹去祭祀社稷，替刘祜向上天祈福。到了晚上，一切安排停当，才对外宣布刘祜的死讯。

然后，尊阎姬为皇太后，临朝称制。以大鸿胪阎显为车骑将军，仪同三司。

一切都有邓绥、邓骘之前的范本，所以阎氏兄妹如法炮制，定策禁中，拥立汉章帝刘炟的孙子、济北王刘寿的儿子北乡侯刘懿为皇帝。

拥立了新皇帝，那就可以为大行皇帝操办丧事了。

按照皇家礼制，这个时候就出现了咄咄怪事。刘保是刘祜的亲生儿子，这个时候却因未能继承皇位，不能上殿亲临梓宫哭丧；而没有任何血缘关系的刘懿，却是刘祜法律上的儿子，虽然内心伤痛几何外人不得而知，却拥有这项上殿哭丧的权利。

所以年仅十一岁的刘保，在殿外哭得撕心裂肺，宫廷内外的大臣们听见，莫不哀怜。冰冷的皇宫，甫一出生，母亲就被毒死，父亲死了之后，连个哭丧的机会都没有，甚至，以后他能不能活下去，也要打一个问号。无情最是帝王家，斯言不虚。

刘祜葬于恭陵，庙号为恭宗，谥号孝安。

阎姬是一个很有才能的女性，史书的评价是有才色。这就说明，她不仅长得漂亮，还是有一定的政治能力的。出自贵族之家的她，原以为也会像她的前辈邓绥一样，在这个平台上尽情发挥她的才能，只可惜，很多的时候，历史并不会重演。

阎姬临朝之后，也采取了一些措施，拔擢一些正直的大臣，想要树立自己的威望。最著名的，就是起用了之前谏阻废太子的名臣来历，命其担任将作大匠。之后，改任太尉冯石为太傅，司徒刘熹为太尉，参录尚书事、前司空李郃为司徒。为了确保自身及家族的安全，军权自然而然得继续掌在自己兄弟的手中。

然后，就需要对那些声名狼藉的人动刀了。否则，阎姬既无法独揽大权，也无法争取朝野道义上的支持。

于是，樊丰、谢恽、周广等人的命运被宣判。

在阎显等人的授意下，有司弹劾称，这些人相互结党营私，刺探宫禁机密，大逆不道。樊丰、谢恽、周广下狱死，家属流放比景县。

王圣是刘祜的乳母，这个时候刘祜都死了，刘祜的亲生儿子都没有当上皇帝，教女无方的她是什么下场还很难预料吗？

王圣及女儿王永等被发配雁门。

还有在刘祜病重之时被改任为太尉的原大将军耿宝，又是什么下场呢？

耿宝是刘祜的嫡舅，这个时候刘祜都死了，留着他不但没有什么用处，还会阻碍阎氏兄弟揽权。耿宝被贬为则亭侯，勒令就国。途中，耿宝自杀而死。

耿宝死得一点都不冤，甚至可以说是活该。他作为功臣之后，想做一个忠直之臣，其实一点都不难，至少，保持沉默不为虎作伥还是完全能做得到的。当初阎姬等人想要废掉刘保，耿宝如果够聪明，他就完全不应该蹚这个浑水。至少，在法律上刘保是他的甥外孙，保住了刘保，他将来可能还有一线活路；现在换了跟他完全没有关系的刘懿当皇帝，他又德行不佳，不大祸临头都说不过去！

第十章　东汉 | 417

耿宝的命运，真的是被来历不幸言中！真不知道他临死之前，有没有悔青肠子？

江京、李闰因为选边站队速度快，侥幸逃过一劫。其他汉安帝生前的亲信宦者，都被阎氏兄妹或杀或逐。

之后，升任阎显的弟弟阎景为卫尉、阎耀为城门校尉，阎晏为执金吾，宫禁之要，都被阎氏兄弟掌控。

那么接下来的阎姬，能够在历史的舞台上大显身手吗？

一切都是那么地像！

当初邓绥立了刘隆，仅二百二十天就夭折；现在阎姬立了刘懿，也仅二百零六天就一病不起。

当时阎显兄弟都在刘懿身边侍奉，江京把阎显悄悄叫到无人的地方说："北乡侯如果一病不起，那么新皇的事应该及早确定。先前没有立济阴王刘保，现在如果立了他，那么将来他必定心生怨恨，为什么不早一点征调其他王子，从中挑选中意的人呢？"

江京的建议，又跟当时邓绥弃刘胜而立刘祜的场景是多么地相似！

阎显认为江京说得非常对，于是立即去找阎姬谋划。

与之前邓氏兄妹的成功相比，阎氏兄妹棋差一着。当时刘隆病死之前，刘祜早就已经被邓绥留在京城，所以登基速度非常快，根本没有给其他人留下时间。而此时的阎氏兄妹，身边没有立即可以扶上马的合适人选，这就给其他人创造了机会。

阎氏兄妹与江京、中常侍刘安、陈达等人商议之后，秘不为刘懿发丧，征召诸侯国王子，并关闭宫门，屯兵自守。可诸侯国王子哪有那么快就来到京城，而这个时间段里，心向刘保的其他人却行动了起来。

早在刘懿病重的消息传出之时，在汉安帝时代担任中黄门的宦者孙程，就赶快找到刘保的谒者长兴渠等人商议说："济阴王是先皇的嫡子，本来没有任何过错，可是先帝听信谗言，废黜太子之位。如果北乡侯病死，那么我们联合起来，共杀江京、阎显，大事可成。"长兴渠等人深以为然，答应和孙程一起起事。孙程等人迅速找到一些同情刘保的支持者，如原为太子府史的中黄门王康、长乐太官丞王国等十余人。

刘懿于十月二十七日病死，十一月二日，趁着征召的王子还没有到，孙程与王康等十八人，在西钟之下商量谋划，约定都穿单衣为号。十一月四日晚，一切筹划停当，孙程等人在崇德殿会合，之后进入章台门。其时，江京、刘安及李闰、陈达等人都坐在宫门下，孙程、王康等人立即上前，砍杀了江京、刘安、陈达。因为李闰担任中常侍时间较长，在宫廷及宦者们中间比较有威信，所以孙程等人决定胁迫李闰当个头领，带着他们一起谋事。他们用刀胁持李闰，对他说："如今我们要拥立济阴王做皇帝，任何人都不得动摇、反悔。"刀架在脖子上，哪容李闰说半个不字，于是李闰点头应诺。

再说刘保，自太子之位被废之后，没有被遣送就国，这也在冥冥之中成了一个极为便利的条件。刘懿死后，刘保身边的支持者得知消息，立即帮刘保关闭宫门，屯兵自守。

孙程等人成功争取到李闰，于是和李闰等人拥立刘保为帝，是为汉顺帝。

之后，刘保即召尚书令、仆射以下官员，乘车前往南宫云台，召集文武百官。孙程等人则留守宫门，守卫刘保的安全。

登上云台，尚书令刘光等人上奏称刘保即位应天顺人，诏令当场下达批准这一奏议，刘保登基的法律程序完成。

此后，刘保命令公卿百官，率领虎贲、羽林军屯守南、北宫等各个宫门。

此时，主动权完全掌握在刘保一方的手中。

阎显当时就在内宫，得知宦者们已经拥立刘保为帝，立即没了主意。还是他身边的小黄门樊登机灵，劝他赶快发兵，同时以阎太后的名义发布诏令，召越骑校尉冯诗、虎贲中郎将阎崇等人，屯兵朔平门，以阻挡孙程等人。阎显如梦初醒，立即采纳，于是立即诱骗冯诗入宫，太后授给他印信并发出赏格说："抓获济阴王者封万户侯，抓获李闰者封五千户侯。"

阎显见冯诗带来的兵少，于是就命令冯诗和樊登前往左掖门阻拦李闰等人的兵马入内。冯诗才没有那么傻，他立即反手杀了樊登，然后返回他的营地屯兵自守。

卫尉阎景迅速出宫，回营带兵入北宫前往盛德门。孙程立即传召尚书们，让他们前去收捕阎景。其时尚书郭镇正卧病在床，闻命之后，立即率领手下的羽林军出南止车门，正碰上阎景及其手下。郭镇拔刀大喊说："全部放下武器。"一嗓子把阎景及其手下的兵丁都镇住了。于是郭镇下车，持节命令阎景听诏。

阎景再傻，也知道如果束手就擒，那就只有死路一条，阎氏也将满门覆灭。生死之间，还不如放手一搏。他强辩说："什么样的诏要让我听？"挥刀砍向郭镇，但却没有砍中。郭镇身边的羽林军蜂拥上前，持戟戳向阎景胸部，阎景受伤被擒，随后被送往廷尉大狱，当天晚上，因为伤重死于狱中。

之后，刘保派使者带兵入宫，夺得玺绶，之后前往嘉德殿，派侍御史持节前去收捕阎显、阎耀、阎晏等，将其党羽一并下狱诛死。

不得不说，刘保身边的支持者们，水平明显在阎显等人之上。诛杀阎显兄弟之后，刘保也没有滥杀无辜，而是下令说："只有阎显、江京等人的近亲有罪当诛，其他人一律从宽处理。"

此令一出，没有负隅顽抗，没有困兽犹斗，大局至此而定。

刘保先谒高帝刘邦庙，再谒光武刘秀庙，以诸侯之礼安葬了刘懿。正因为此，刘懿的皇帝身份，大多数的史家并不承认。他与其他那些或死或废的皇帝，被通称为"少帝"。

还有一件事情，刘保身边的智囊们也没有忘记，他们特意安排尚书上奏，收还了当初刘祜废黜皇太子为济阴王的诏书。通过这些举动，最大限度地确保了刘保继位的合法性。

之后，皇太后阎姬被迁到离宫居住，家属全部流放比景县。

阎姬与邓绥相比，失败在了哪里？

假如给阎姬更多一些时间，阎姬也未必就不如邓绥。邓绥临朝称制时二十四岁，阎姬公元114年入宫，按当时的惯例，应该是十四五岁，公元125年临朝之时，年龄二十四五岁，和邓绥也相差无几。在政治阅历上，没有明显的优势劣势之分。只不过，她和邓绥相比，有几个地方存在明显的硬伤。其一，阎姬毒杀刘保之母，失了天下大义；其二，刘保比刘胜有优势，刘胜多病，不宜为君，而刘保则是被强废的，刘祜死后，阎姬不立先皇的亲生儿子，连个站得住脚的理由都没有；其三，北乡侯刘懿死后，无病无灾的刘保就在宫禁，而想要选立的藩国王子却并没有像当初的刘祜那样就在京城，鞭长莫及；其四，邓绥在位之时，邓骘征辟了一批名士，朝野支持力量雄厚，而反观阎姬，虽然在临朝后迅速起用来历等名臣以提升人望，但身边多是像耿宝那样的谀臣，臣民不服，阎姬虽然也采取了霹雳手段黜退了耿宝等人，但历史并没有给她留下更多的时间让她来调整和转圜；其五，阎氏与邓氏相比，没有邓氏那样低调、自律和守规矩。

所以，阎姬败了。

被迁到离宫之后，仅仅过了一年，阎姬就忧病而死。按年龄推算，不过二十五六岁。在这样的盛年死去，她被幽禁之后，过的是什么样的日子，是不难想象的。阎姬死后，与汉安帝合葬恭陵。

第二十五节　宦官封侯、跋扈将军

刘保即位，新一轮的论功行赏拉开大幕。

这一次，立下大功的是以孙程为首的十九个宦官。

孙程封浮阳侯，食邑万户，拜为骑都尉；王康封华容侯，王国封郦侯，各食邑九千户；其他十六名宦官，食邑五千户至千户不等。

这十九名宦者，称之为十九侯，加赐级别数额不等的车、马、金、银、钱、帛。李闰因为刚开始没有参加预谋，所以没有增封。

刘保被废之时，籍建、高梵、赵熹等宦者，都因此而被降罪流放朔方。此时刘保即位，除一人因罪减死之外，其余都被召回任为中常侍。

封完了拥立的宦者，那么接下来就要为忠臣贤良正名，树立清风正气了。

先说刘保的母亲宫人李氏。

李氏被阎姬毒死之后，草草掩埋在洛阳城北。刚开始刘保并不知道，其他人也不敢向他提起。直到阎姬死后，左右知情者才把这件事情告诉了他。刘保非常哀痛，带人到其母掩埋之处，以礼发丧，为李氏上尊谥恭愍皇后，葬于恭北陵。

接下来，是屈死的故太尉杨震。

朝廷变了天，杨震的门生虞放、陈翼等人上书为杨震申冤。大臣们都称赞杨震的忠诚，于是朝廷下诏，任命杨震的两个儿子为郎，赐钱百万，以礼改葬于华阴潼亭。那些敬重杨震的人，不论远近，都赶来参加了杨震的葬礼。

当时还发生了一件奇事，杨震改葬前十几天，有一只一丈多高（约合今二米三）的大鸟，飞到杨震的丧地，俯仰悲鸣，泪流湿地。直到杨震下葬，鸟才飞去。郡里赶快将这一怪异事件上报朝廷，因为当时灾异连续出现，所以朝廷认为是上天降下警示，于是下诏表彰杨震，并派太守丞用中牢（猪羊二牲）前去祭奠。为了纪念杨震，人们特意在杨震墓前立了一座石鸟像。

谁也没有想到，杨震丧礼上来的这个不速之客，又为后人留下了谈资。到他的曾孙杨琦之时，因为他不愿阿谀奉承汉灵帝，被汉灵帝讥讽死后也会招来大鸟。

当初杨震被陷害之后，杨震的掾属高舒因为查获樊丰等人伪造的诏书而被定罪，最后以减死论。等到此时，高舒被征拜为侍御史，最终官至荆州刺史。

还有成翊世。刘保太子之位被废之后，成翊世连上奏折为他申辩，又揭发樊丰、王圣等人欺君罔上的罪状。刘祜自然是充耳不闻，但另一边，樊丰等人却找借口陷害给他定了重罪，下狱当死。刘祜虽然没有纳谏，但成翊世是什么人他还是知道的，于是他下了一道诏书，将成翊世免官遣归本郡，保住了成翊世的性命。等到此时刘保即位，司空张皓于是征辟成翊世，想要把他推荐为议郎。但成翊世自以为自己力保太子立下不世之功，但朝廷却没有下诏表彰他，所以耻于受位，自劾而归。三公征辟，成翊世理都没理。尚书仆射虞诩素来非常敬重他，想让他参与朝政，于是上书推荐他。到这个时候，成翊世的功劳终于被说到了皇帝面前，成翊世得到了回应，随着朝廷的征召而出任议郎。之后，成翊世又被举荐为尚书，深得百官的敬重，也算是有了一个好的结局。

接下来是来历等人。

来历因为独守宫门为刘保争讼，此时刘保一登基，朝廷上下都称赞他是国家的栋梁之臣，于是立即提拔他当了卫尉。和来历一起争讼的祋讽、刘玮、闾丘弘，因为他们已经去世，所以任命他们的儿子为郎官，施延等人一起被授予官职，王男、邴吉的家属被召回京城，多加赏赐。

唯一留下污点的，是生前已经升任尚书令的陈忠。

当时刘保将要被废之时，来历、祋讽等人都守阙固争，而陈忠却与其他的尚书共同弹劾来历、祋讽等人，最终使刘保被废。此时陈忠已死，司隶校尉虞诩等人立即反过来弹劾陈忠的罪过。当时有人就嘲笑说，陈忠你本是忠义之人，到底坚持的是哪门子的忠义！说到底，陈忠应该和耿宝有相似之处，一味地顺从皇帝，身居高位却不敢坚持正义，所以最后的结局，不免令人唏嘘。

而因陈忠弹劾蒙冤受屈的邓氏，此时再一次被大臣们提起。于是朝廷下诏，让宗正恢复了邓骘宗亲的原有待遇，健在的人仍像过去那样参与朝见，提拔邓氏子弟十二人为郎中，晋升朱宠为太尉，录尚书事。

邪恶祛除，正义回归，那么，刘保的皇帝任期，能够有所建树吗？

刘保是一个刚刚十一岁的娃娃，或许真的不该对他寄予太多的期望！

因为他的皇位是靠一班宦官从刀尖上搏杀得来的，所以刘保一朝的大权，完全落在了宦者的手里。

然而，这还不是最糟糕的。相鼠有皮，人而无仪！掌权的宦者作恶，有时尚且有度，而某些听起来比宦者贵富的人物，为非作歹的程度却远远超出了人们的认知！

先从一次非常规的选后之事说起。

阳嘉元年（公元132年），刘保已经十七岁。按照古代的算法，应该是虚岁十八岁了。而刘保还没有立皇后，于是有司就上奏，请求立皇后。

立谁呢？当时刘保有四名贵人，分别是大小梁贵人、窦贵人、伏贵人，都深受刘保宠爱。

其中大、小梁贵人都是开国元勋梁统之后，大梁贵人是小梁贵人的姑母；窦贵人出自开国元勋窦氏，伏贵人出自名儒世家伏氏，说起来都是名门之后、大家闺秀。所以在立谁为后这件事上，刘保犯了难。四个贵人都很得宠，在刘保眼里，她们都相差无几，立了这个，就要得罪那个；立了那个，又势必会得罪这个。所以，最后刘保想来想去，就想出了一个好主意，既然自己拿不定主意，那就把决策权交给神明——抽签！

尚书仆射胡广见状，赶快与尚书郭虔、史敞上疏劝谏，说立皇后这么重大的事情，怎么能交给神灵呢？这既没有典籍所载，也没有祖宗成法，自古以来未尝有过。这么随机选出来的皇后，是否贤德，根本无法保证。所以，应该从出自良家的贵族女性中选择，首要条件当然是要有美好德行；如果德操不相上下，那就从中选年长的；如果年龄相同，那就从中选貌美的，按照这样的方法选出来的，一定是贤后。

刘保听了胡广等人的劝谏之后，觉得有理，采纳了。采纳了！

从这一点上来看，刘保这个皇帝，当得也实在是太没有主见，连自己想要什么样的皇后都心中没数，又怎么能知道自己想要什么样的天下呢？

按照胡广等人引经据典的选后规则，最终，小梁贵人胜出，被立为皇后。

梁皇后叫梁妠，提起她，就不能不提起她的同宗前辈，同样也是大小梁贵人，且为汉和帝刘肇生母的小梁贵人！

当初，汉章帝刘炟纳梁竦的两个女儿为贵人，小梁贵人生下汉和帝刘肇，当时的窦皇后得宠却无子，所以就领养了汉和帝。梁竦一家非常高兴，私下庆贺。消息传到窦家，窦家人非常恼怒，觉得将来自家的奋斗成果会被梁家坐享，所以通过诬告、陷害并让宦者蔡伦等人做伪证等手段，害死了大小梁贵人。而梁竦等人，则被陷入狱中而死，家属全部流放九真。在办案过程中，供词甚至连累到一直照顾梁家的舞阳公主，也被移居到新城，派遣使者看守。其后，因涉及宫廷机密，很少有人知道汉和帝是梁氏所生。

窦太后死后，梁松之子梁扈委托他的堂兄梁禅向三府上书，请求依照汉朝惯例尊崇汉和帝的生母梁贵人。太尉张酺问得详细情况，然后去向汉和帝报告，汉和帝听了之后不禁悲伤痛哭，然后问依张酺之意该如何处置。张酺建议汉和帝为生母上尊号，并厚待舅家之人。正碰上那个时候，大小梁贵人的姐姐梁嫕上书为自己的两个妹妹申冤，并乞求以礼节安葬梁竦，得到了汉和帝的允许。

于是追尊生母小梁贵人为恭怀皇后，厚葬梁竦，征还梁竦的妻、子，封梁竦之子梁棠为乐平侯，梁雍为乘氏侯，梁翟为单父侯，食邑各五千户，位皆特进，赏赐府邸、奴婢、车马等物品无算。梁氏的子弟，按亲疏关系纷纷被任命为郎官、谒者。

风水轮流转，明年到我家，诚知斯言不虚。纵观东汉后期掌权的外戚，真可以说是乱哄哄你方唱罢我登场，就看权柄落在谁手上！

梁雍的儿子名叫梁商，年轻的时候因为是外戚的原因拜为郎中，升为黄门侍郎。梁雍死后，梁商袭父爵为乘氏侯。

永建三年（公元128年），梁商十三岁的妹妹及女儿梁妠均被选入掖庭，被刘保封为贵人，又于阳嘉元年春梁妠被封为皇后。于是梁商的职位也水涨船高，先后升任侍中、屯骑校尉，加位特进，增加封邑，拜执金吾，大将军。

梁商和之前的邓氏一样，深知谦受益、满招损之理，所以为人行事非常谦逊、低调，之前的职位和待遇，他都接受了，但到大将军之时，他说什么也不敢接受，于是称病推辞。朝廷因为梁妠的缘故，自然是极力坚持，在梁妠等人的授意下，太常桓焉带着圣旨前往府中宣旨，梁商才勉强接受。梁商的夫人阴氏死后追封为开封君。

梁妠自幼非常聪明好学，也比较明事理。入宫之后，当时的相者茅通就对她的面相非常推崇，说是"日角偃月"，系极贵之相。刘保对她也是格外宠爱，常常指名让她侍寝。但梁妠却表现得非常谦虚，她劝刘保对其他妃嫔也要雨露均沾，不要专宠她一个人，因此刘保对她格外敬重。

梁妠的这种表现，和前辈邓绥、阎姬极为相似。更为高度相似的是，梁妠如此得宠，竟然也没有生育。其他的三位贵人，也没有生下儿子。

建康元年（公元144年），年仅二十八岁的刘保驾崩，死因不明。

刘保刚刚即位的时候，忠贤之臣济济于朝，史家称"时髦允集"，但是，以刘保的能力和水平，竟然握不住这一大把牌，最终将一把好牌打得极其平庸、窝囊。刘保谥号孝顺皇帝，葬宪陵。

刘保死后，二十七岁的梁妠立虞美人所生年仅一岁的皇子刘炳为帝，是为汉冲帝。梁妠被尊为皇太后，临朝称制。

梁妠，能比阎姬做得更好，并比肩邓绥吗？

在立幼帝这件事情上，她们三个皇太后，版本出奇地一致！

这也没办法，先皇死得早，留下的皇子年龄小，这不能怪她们。

但怪就怪在，这三位皇太后所立的幼帝，都是上位不久即死！

汉殇帝刘隆在位二百二十日，汉少帝刘懿在位二百零六天，汉冲帝刘炳更是迅速打破两位前辈的纪录，在位一百五十五天！

刘隆死后邓绥立刘祜，刘祜活得长，邓绥死后邓氏被清算；刘懿死后阎姬谋立诸侯王子，被宦者"截和"瞬间被清算；刘炳死后梁妠立……

前车之覆，后车之鉴。梁妠和她的智囊们，显然注意到了这个现象，所以在立谁为帝的事情上，经过了一番慎重考虑。

邓绥谋立有邓骘，阎姬谋立有阎显，梁妠谋立有……

一个中国历史上令小孩子听了都战栗不已的人物，就此登上历史舞台！

这个人的名字叫梁冀！

梁冀是梁商的儿子。

梁商执掌大权期间，不仅谦虚礼让，还引进了巨览、陈龟、李固、周举等名士辅佐朝政，把京城管理得安定有序，被时人称为"良辅"。但是，梁商这个人，性格却谨慎、软弱，在威望识断方面有明显不足。所以，很多时候，他只能跟宦者妥协，以达到某种平衡。

梁商死后，梁冀嗣爵。

按照记载，梁冀这个人，生得双肩高耸，就像鹰的翅膀那样立起，双眼就像豺狗的那样凶狠。不过看人的时候，却又两眼无神，再加上说话口齿不清，才能真的是乏善可陈。

第十章 东汉 | 425

不过，在他年轻的时候，梁家的势力再一次恢复，所以贵为国戚的梁冀，具备一切纨绔子弟所具有的"特长"——嗜酒贪杯，游手好闲，擅长弹棋、蹴鞠、斗鸡等各类游戏。另外，梁冀气力很大，能挽满弓。这些特征决定了，梁冀如果上了战场，可能是个勇将，但在平素的生活中，就显得粗犷、鲁莽。

梁家子弟被汉和帝召回之后，梁氏子弟都被任命为郎官，梁冀也不例外。梁冀初任黄门侍郎，后渐次升为侍中、虎贲中郎将、越骑校尉、步兵校尉、执金吾。

永和元年（公元136年），梁冀任河南尹。梁冀在任期间暴虐、放纵，多为非作歹之举。梁商所亲信的宾客洛阳令吕放，把这些情况告诉了梁商，梁商知道儿子这样下去迟早会为家族招来大祸，于是就把梁冀召来，责备了他一番。谁知，梁冀听了之后不仅没有反思收敛，反而对吕放怀恨在心，派人在路上刺杀了吕放。梁冀杀了吕放之后，又怕梁商知道后怪罪他，于是就把刺杀吕放的嫌疑嫁祸给吕放的仇家。还请求让吕放的弟弟吕禹接任洛阳令，前去捉拿吕放的仇家，尽灭其整个宗族及一百多名宾客。

梁商死后还没有下葬，二十六岁的刘保就拜梁冀为大将军、梁冀之弟梁不疑为河南尹。知其贪残不加制衡反委以重任，刘保不走下坡路说不过去。

刘保死后，梁妠临朝，下诏让梁冀与太傅赵峻、太尉李固参录尚书事，梁冀表面上推辞不肯接受，但却更加奢侈、残暴、放纵。

刘炳驾崩后，太后梁妠考虑到扬州、徐州一带盗贼盛强，担心消息传出会导致天下大乱，于是就让中常侍诏太尉李固等商议，想等所召的诸王侯到齐后再对外宣布。

李固劝梁妠说，皇帝虽然幼小，却是天下之主，隐匿他的死讯很不合适。远的如秦始皇帝亡于沙丘，胡亥、赵高隐瞒不发丧，最终害死扶苏，导致秦朝灭亡。近的如十九年前的北乡侯之死，阎氏兄妹和江京等人也是秘不发丧，导致孙程等人起变于宫廷。隐瞒皇帝死讯真是天下大忌，希望太后不要去做。

在李固的劝说下，梁妠也觉得风险太大，于是当天晚上就公布刘炳死讯并为之发丧。

在新皇帝的人选上，以李固为代表的大臣和梁氏兄妹之间产生了严重的分歧。

李固等人倾心的是清河王刘蒜。

刘蒜是汉章帝刘炟的玄孙，清河恭王刘延平之子。此时，随着刘炳的去世，他被朝廷征召到京城。

刘蒜为人严谨持重，言行举止合乎法度，太尉李固等朝中大臣无不属意于他。可是，刘蒜有优点就有缺点，优点是德行好，朝野都对他寄予厚望，希望他当皇帝，以此让天下太平。而缺点，也是德行好，德行好就洁身自好，看不起宦官这一群体。之前，中常侍曹腾前去拜谒刘蒜，刘蒜没有给他好脸色，宦者们因此非常痛恨刘蒜。要知道，中常侍曹腾在宦者们中间，已经算是德操品行比较好的了。刘蒜连曹腾都没当回事，其他的宦者们呢，刘蒜要是当了皇帝，那还不赶尽杀绝？所以，大权在握的宦官群体，对刘蒜很不感冒。

李固等人认为刘蒜不仅年长，而且德才较好，是新皇的最佳人选，于是就劝说梁冀，让他像当年周勃立汉文帝、霍光立汉宣帝那样，立年长有德、水平较高、能明断是非的刘蒜为帝，而不要像邓绥、阎姬那样出于私心揽权而立年幼的皇帝。

周勃、霍光立年长的皇帝后子孙后代下场如何，梁冀还是非常清楚的，再者说梁冀立帝为了什么，立一个天下人都欢迎的人做皇帝，可能有利于江山社稷，但是，梁冀的命可能就没了，不仅自己没命，灭族都是极有可能的，而立一个年幼的皇帝，梁冀至少是安全的。从梁冀的角度出发，立谁不立谁，那是根本不用多思考的事情！天下人过得好不好，跟他梁冀何干？梁冀要有那么高的境界，他还用得着李固来劝？再者，他立幼帝就是要学习邓、阎揽权，李固却说让他不要像邓、阎那样，李固你是拿梁冀寻开心的吗？

所以，梁冀没有理睬李固等人的言论，最终与梁妠决定，迎立汉章帝刘炟玄孙、渤海孝王刘鸿之子刘缵为帝。

刘缵当时年仅七岁，是为汉质帝。

刘缵是以汉顺帝子嗣的身份继承皇位的，所以即位之后，梁妠继续以皇太后的身份临朝称制，朝政大权继续控制在梁冀手中。

这个时候的梁冀，已经五十七岁了，应该说，到了这个年纪，已是颇知天命且耳顺平和了，他如果约略知道一些前朝历史，就应该知道，此时能保住已有的荣华富贵且平稳过渡是多么地重要，但梁冀没有。他在主政期间，仍然骄横跋扈、恣意妄为，引得朝野一片愤慨之声！

刘缵这个小皇帝，虽然只有七岁，但却非常聪明。对于梁冀的这些恶行，他实在是看不下去了，于是在有一天的朝会上，他当着满朝文武的面，目视着梁冀对大臣们说："此跋扈将军也。"

此言一出，梁冀不禁目瞪口呆、七窍生烟！他梁冀，权倾朝野，谁人不知！你刘缵一个七岁的娃娃，名为皇帝，实则傀儡，竟敢在朝堂上当众称他为跋扈将军让他出丑，真的是死期到了！

况且七岁尚且如此，将来长大，一旦亲政，那还了得！所以，梁冀决定杀死刘缵，重立一个皇帝。

主意打定，梁冀让左右亲信把加了毒药的煮饼进献给刘缵食用。

刘缵吃下毒饼之后，立时感觉五内翻江倒海，极为难受，于是他赶快命人召太尉李固进宫。李固到了之后问刘缵发生了什么事情，刘缵当时还能够说话，说："刚刚吃了煮饼，肚子里燥热烦闷，如果喝了水或许能活下来。"

当时梁冀就在旁边，他阻止说："喝了水恐怕会呕吐，不能喝。"

话音未落，刘缵毒发身亡，年仅八岁。

东汉后期的皇帝，真可以说是一个高危行业，十足的弱势群体！

李固知道刘缵死得蹊跷，于是伏在他的尸体上大声号哭，声称要追究侍奉的太医的罪责。梁冀怎么会不知道李固想要干什么，如果李固弹劾御医，势必会拿左右近侍前去案问，梁冀授意亲信下毒之事，难保不会被牵扯出来。所以，梁冀说什么也不会让李固追查下去，采用各种办法阻挠、干涉，最终使刘缵之死不了了之。

通过这件事情，梁冀心里对李固更为痛恨。

刘缵死了，梁冀失去了金字招牌，那就必须赶快再立一个皇帝。

这一次，一年多前与皇位失之交臂的刘蒜，再一次被大臣们提起。

为了营造声势，太尉李固拉着司徒胡广、司空赵戒，给梁冀写了一封信，先是阐明了立一个贤明皇帝对国家社稷的重要性，然后举霍光拥立昌邑王刘贺为帝而不贤的例子，希望梁冀能够慎重考虑立帝之事。

梁冀接到李固等人的书信之后，于是召集三公、中二千石及列侯，一起讨论新皇人选。

李固、胡广、赵戒及大鸿胪杜乔还是坚持之前的意见，都认为刘蒜贤名闻于天下，与刚刚死去的汉质帝又血统上最近、关系上最亲，所以最适合立为新君。

但是，梁冀的心中，早就有了自己属意的人选。

而这个人选，其实刚开始并没有进入梁氏兄妹拥立的视线，只是机缘巧合，使天降好运在他的头上。

这个人名叫刘志，也出自汉章帝刘炟一脉，是汉章帝曾孙，袭父亲刘翼蠡吾侯之爵，本来离开封国到京城洛阳来，是和一个姓梁的姑娘相亲来的。

在汉质帝刘缵驾崩之前，皇太后梁妠召刘志到洛阳城的夏门亭，想要把自己的妹妹梁女莹嫁给他。可是，梁女莹还没有来得及与刘志举行婚礼，幼小的汉质帝就因为无法忍受梁冀的骄横说了句"跋扈将军"而被梁冀毒死。面对突然之间悬空的皇位，梁妠和梁冀经过商议，觉得既然刘志已经是他们的妹夫，立外人还不如立他们的亲戚，立了亲戚以后说不定还会有更长时间的依靠。再者说，刘志当时才十四岁，年龄不大，也方便他们控制。

所以梁氏兄妹商量停当，便拿这个意见到朝会上和大臣们讨论。但梁氏兄妹与大臣们的意见相左，分歧很大，所以一时之间坚持不下，谁也说服不了谁。梁冀非常生气，于是宣布罢会，改日再议。

原以为这会是一场势均力敌的斗争，顷刻间难分伯仲，然而在这个时候，一股之前一直为大臣们所不屑，也被梁冀所忽视的力量参与了进来！

这股力量就是宦官！

其时，皇帝身边的中常侍大都由宦官担任，专司传达诏令、处理文书等，在朝中形成了不小的势力。此时宦官支持哪一方，哪一方胜出的可能性就非常大。

只可惜，饱读诗书的大臣们都觉得自己是正人君子，而宦官是"阉竖"，他们耻于去寻求宦官的支持，这就不可避免地，使他们面临更加不可预测的境地。

朝中的宦官，实际上也在严密注视着这一场立帝之议。

当听到议而未决的结果之时，有一个人坐不住了，他立即深夜前去拜访梁冀，他这一去，直接导致了形势的不可逆转。

这个人是中常侍曹腾！

曹腾在汉安帝时期担任黄门从官，汉顺帝为太子之时，太后邓绥发现曹腾虽然年纪小，但却谨慎、厚重，就让他陪汉顺帝读书，和汉顺帝结下了十分亲密的关系。汉顺帝险登大宝之后，以曹腾为小黄门，后升任中常侍，侍从左右。

客观而言，曹腾这个人，虽然是个宦官，但本质不坏，为人处世也极为得体，为朝廷推荐的人，也都是一些贤德之人。虽然他与郑众、孙程等名宦相比，缺乏一点为皇室出头拼命的血性，但大体上还是一个能被众人所接受的人。

可是，刘蒜却在他拜谒时那么蔑视他，没有给予他一点点的尊重，这让他的自尊心颇受伤害。

本来宦官和正常人相比，肢体上就有一些缺陷，这导致他们在心理上多少有些自卑，因此他们比起其他人来，更需要至少是表面上的尊重。而刘蒜这一蔑视，直接将曹腾推到了自己的对立面。

不可支持蔑视自己的人，这是一条亘古不变的处世之道！

所以，曹腾夜见梁冀，向他阐述了这样一个观点：将军你们家族世代为皇亲国戚，执掌朝政，你们家的宾客遍布各州郡，多有不法之举。清河王刘蒜严明，如果立他为帝，那么将军你就大祸临头了。不如立蠡吾侯刘志，至少可长保梁家的荣华富贵。

这就是重点，也正是梁冀想要听到的。

之前对宦官群体的真实态度还心存疑虑，现在见宦官的代言人表态支持自己，梁冀的心里一下子有了底。至少，他和梁妠拥立刘志，不会遭遇像孙程那样的遽变。

次日，梁冀再次召集公卿，讨论立帝。朝堂上，梁冀态度强硬，言辞激切。自胡广、赵戒以下的官吏，没有不害怕的。他们都纷纷改变立场，附和说："我们都听大将军的命令。"

可是，李固和杜乔仍然坚持己见。

梁冀哪里会给他们这个机会，他大声地宣布："罢会。"强行解散了会议。

李固、杜乔仍然认为刘蒜是众望所归的皇帝人选，有被立的可能，于是他们再次写信劝说梁冀。梁冀更加愤怒，于是劝说妹妹梁妠以皇太后的名义，先将李固免职。李固失去太尉之职，自然失去朝议之权。

挡在梁冀拥立刘志为帝面前的一块大石，最终被搬掉。

于是，太后梁妠命梁冀持节，以王青盖车将刘志迎接到南宫，随后即皇帝位，是为汉桓帝。

这一年，是东汉本初元年（汉质帝年号），公元146年。刘志于第二年才按惯例改元，年号建和。

第二十六节　李固杜乔、孙寿妖媚、梁冀之死

新的傀儡已经扶立，大权仍然操持在自己手里。那么接下来，就该清洗反对派了。

首当其冲的，自然是李固和杜乔。

李固是司徒李郃之子，年轻时便博览群书，学识渊博。在梁冀的父亲梁商时期，梁商征辟贤能，任命李固为从事中郎，后任荆州刺史、太山太守，用怀柔之策成功平息两地的匪乱，因功升任将作大匠，后迁大司农、太尉。汉顺帝死后，皇太后梁妠对李固极为器重，李固奏议之事，梁太后大多能够采纳。

然而，由于当时皇帝年幼无知无法弹压的缘故，朝臣、外戚与宦官之间的矛盾愈加尖锐。李固凡是发现作恶的宦官，一律奏请罢斥，天下人都对李固寄予厚望，但不学无术的梁冀却认为李固在专权，所以对李固极为忌恨。

还有一些汉顺帝时期任命的低劣官吏，也被李固上奏免职，前后多达一百余人。这些人被罢免之后，对李固恨之入骨，于是纷纷向梁冀靠拢，共同写匿名信诬告李固。这些人的奏章呈上去后，梁冀迫不及待地拿着去见梁妠，希望能够案问李固。自己的这个哥哥几斤几两，梁妠还是非常清楚的，梁冀想要干什么，梁妠也一清二楚，所以她直接拒绝。

梁冀毒杀质帝之时，李固最先赶到并目睹了质帝的死亡，差一点使梁冀罪行败露，因此梁冀更加痛恨李固。

在其后拥立刘志的过程中，梁冀更是对李固忌恨到了极点。

杜乔出自官宦世家，少年好学，研习诗书，以孝闻名。年轻时为诸生，举孝

廉，受司徒杨震征辟，逐渐升迁为南郡太守、东海国相，入朝担任侍中。汉安帝时期，杜乔等八名使者按照朝廷的派遣，分赴各州郡巡察。在巡察过程中，杜乔等人扬善惩恶，表奏时任太山太守的李固政绩为天下第一，与梁冀相善的陈留太守梁让（梁冀之叔）、济阴太守氾宫、济北太守崔瑗等人贪污受贿。回朝之后，拜为太子太傅，升任大司农。

当时梁冀的子弟五人及一些中常侍都没有什么功劳却蒙受封赏，杜乔上书劝谏，但汉顺帝并没有采纳。接下来发生的一件事情，更让梁冀对杜乔痛恨有加。益州刺史种暠弹劾永昌太守刘君世送金蛇给梁冀，事情败露后，金蛇被收缴大司农处。梁冀非常好奇，想向其时担任大司农的杜乔借出来看一看，看刘君世给他送的金蛇到底是什么样子，却被杜乔拒绝。此后，杜乔后任大鸿胪。那个时间段里，梁冀的小女儿死了，汉顺帝下令让公卿都去送丧，但只有杜乔一个人没有去，梁冀对杜乔更加愤恨。其后，杜乔升任光禄勋。

李固和杜乔，凭借自身的良好品行和职务职能，一直想要制衡飞扬跋扈的梁冀。可是梁冀凭着太后弟弟、大将军这个得天独厚的条件，处处占尽上风。现在，梁冀又得偿所愿拥立刘志为帝，并罢免了李固，那么接下来报复李固和杜乔，就变得轻而易举。

刘志刚刚登上皇位，梁冀就不失时机地指使宦官唐衡、左悺一起在刘志面前说李固、杜乔的坏话，说当时议立之时，李固和杜乔带头反对他即位，认为他并不是一个合格的君主人选。

刘志当上皇帝本来是一件很高兴的事情，让唐衡、左悺这么一说，立即对李固和杜乔心生怨恨。

李固和杜乔做过这事没有？做过！他们确实就是这么做的。梁冀、唐衡、左悺是在无中生有中伤诽谤李固和杜乔吗？没有！他们说的都是事实。

那么他们这么做合适吗？

单纯从政治阵营来说，他们这么做也没有什么不合适。如果刘蒜当了皇帝，李固、杜乔也肯定会在刘蒜面前说梁冀当初不愿拥立刘蒜这一事实。

那么是李固、杜乔做错了？梁冀、唐衡、左悺做对了？

又不是！

这是一则典型的劣币驱逐良币之后，给良币支持者带来危害的案例！

在一个相对公平公正的环境中，无论政治领域还是经济领域，坚持正义的人一般都会受到规则的保护，因为这个规则来自大众，大众也仰仗这个规则保护自己，所以会竭力地去维护这个规则。但在一个公平正义遭到严重践踏的环境中，规则已经被破坏，那些敢于坚持正义的人，就会为自己招来无妄之灾。

李固和杜乔，就是在公平正义已经被严重践踏的政治环境里，为了坚持正义而为自己招来了杀身之祸！

李固已被罢免，但杜乔仍然在位，且在刘志即位的次年，接替胡广出任太尉。

刘志即位之后，下诏封赏拥立他的功臣，加封梁冀食邑一万三千户（加上之前的世袭，已经达到了两万户），授予大将军府举荐高第、茂才的特权，大将军府的官属，比三公府还要多一倍。封梁冀之弟梁不疑为颍阳侯，梁蒙为西平侯，梁冀之子梁胤为襄邑侯；封胡广为安乐侯，赵戒为厨亭侯，袁汤为安国侯，又封中常侍刘广等人皆为列侯。

李固、杜乔反对他当皇帝，不迫害都已是宽容，又岂在封赏之列。

或许正应了当时京城流传的童谣："直如弦，死道边。曲如钩，反封侯。"

好吧，李固、杜乔不封就不封。那按道理来说梁冀跋扈归跋扈，确实是拥立刘志有功，刘志封梁冀没错，封担任三公的太尉胡广、司徒赵戒、司空袁汤也说得过去，那其他的梁氏子弟和宦官们什么功劳，也要一并封侯呢？

杜乔认为极不合理，又以古代明君重用贤臣、赏罚分明的旧例向刘志上书劝谏。

刘志一个十五岁的娃娃，又是傀儡皇帝，就算他明白这些道理，他敢拂逆梁冀的意思吗？再者说，梁冀参录尚书事，这封奏章有没有递到刘志面前，都是个未知数，又怎么会给杜乔答复呢？

刘志坐上皇帝宝座差不多一年，准备迎娶梁冀的妹妹梁女莹为皇后。刘志和梁女莹之前已有婚约，只是因为皇冠突然间从天而降，所以婚礼暂时搁置没有举行。现在他在梁氏兄妹的拥立下成了皇帝，履行婚约并封梁女莹为皇后，也是回馈之举。于是梁冀提出，要用厚礼迎娶他的妹妹，但是杜乔却依据以往的典章旧例表示反对。杜乔的反对自然是无效，但却又一次结结实实地将梁冀恶心了一把。其后，梁冀又委托杜乔举荐汜宫为尚书。汜宫是什么人？之前杜乔巡察各州的时候弹劾他贪墨巨万，事实俱在，现在举荐这样的人当尚书，那是说什么也不可能的事情。亲信当尚书不成，梁冀对杜乔的愤恨，可以说已经到了无以复加的地步。

自从一年前李固被免，朝廷内外丧气，群臣战栗不安，生怕一不小心惹怒梁冀招来大祸，只有杜乔在朝正色，凛然不可侵犯。因此，朝野都对杜乔寄予厚望，希望他能独自擎起正义的大厦。

然而，当年九月，京城发生了一场地震。

在当时，地震、日食、水涝灾害等自然现象，都被看作是上天降下的警示。按照西汉时就已大行其道的董仲舒的"天人感应"思想，灾是"天之谴"，异是"天之威"。如果国家出现失误，上天就会降下"灾"以"谴告之"；如果谴告之后还不改，那就要用"异"来"惊骇之"；如果皇帝还不害怕，那灾祸就会降临在皇帝身上。灾祸降在皇帝身上，这当然是不行的，所以就需要有人来挡灾。需要谁来挡灾？通常情况下都是用策免三公来挡灾！

梁冀正愁找不到一个机会罢免杜乔，现在天赐良机，于是立即以灾异为借口，罢免了刚刚担任太尉三个多月的杜乔。

然后三公再倒个儿，司徒赵戒为太尉，司空袁汤为司徒，前太尉胡广为司空。

三公有三个，这场地震，真的就是给杜乔一个人震的。

欲加之罪，何患无辞！

但仅仅罢免李固和杜乔，如何能泄梁冀心头之恨！

转眼之间，新的机会又来了。

建和元年（公元147年）十一月，甘陵人刘文和南郡人刘鲔经过密谋，放出谣言说清河王当一统天下，想共同拥立刘蒜为皇帝。结果事情败露，刘文等人便劫持清河国国相谢嵩，将他带到清河王宫司马门，说："我们一起拥立清河王为天子，你不失三公之位。"这样的拥立，无异于自取死路，谢嵩久历宦海，怎么会不清楚，所以他极力反抗，并责骂刘文等人。刘文恼羞成怒，于是杀死谢嵩。刘文、刘鲔很快被朝廷捕获，下狱诛死。

无辜的刘蒜，因此被有司弹劾，贬爵为尉氏侯，流放桂阳。

之前与刘志争位不成，能活着都已是造化。现在无意中被刘文、刘鲔两个无知之辈牵连，刘蒜知道自己已经是死路一条，于是自杀而死。封国被废除。

对梁冀而言，真的是踏破铁鞋无觅处，得来全不费工夫！

除掉所有的政敌，在此一举！

之前李固和杜乔不是一直坚持要立刘蒜为帝吗？现在刘文、刘鲔也要拥立刘蒜为帝，那你二人就与刘文、刘鲔是同谋！

于是，梁冀诬蔑李固、杜乔与刘文、刘鲔一起谋逆，请求梁太后允许将他们抓起来问罪。

太后梁妠还是些追求和良知的,邓绥是她的偶像,她虽然做不到像邓绥那样严格管束自己的族人,但对于一些忠良之臣,并不一定由着兄长的性子全部赶尽杀绝。

对于杜乔,梁妠当场就否决了梁冀,而对于李固,她却并没有太多坚持。

于是,梁冀先把李固押进了大狱。

消息传出之后,李固的门生王调、贯械向朝廷上书,力证李固的冤屈。河内赵承等数十人也带着铁锧(腰斩之用)等刑具赴朝廷申诉。

在梁冀起草奏章为李固捏造罪名之时,被他表荐为长史的吴祐闻讯前去和他据理力争。其时名将马援从孙、著名经学家马融正在帮梁冀润色章草,吴祐因此指责马融,说李固的罪名,最终成于其手,李固将来如果被杀,他还有什么面目去见天下之人?梁冀听了非常生气,但也非常尴尬,起而避入内室。吴祐因此被梁冀外放任职,正直的吴祐弃官回乡,再未出仕。

民意汹汹,不容梁妠不做更深的思考,于是她立即下诏,赦免李固出狱。

消息传出,天下人再次振奋沸腾:太后真是太英明了,而李固,更是天底下少有的忠义贤良。李固出狱之时,洛阳城的大街小巷,都齐呼万岁,为他庆祝。当然,庆贺声中,也是对太后梁妠及皇帝刘志的认可和赞许。

如果政敌不得民心,那出狱了就出狱了,但政敌如此得民心,可就令梁冀大为吃惊。他担心李固的声名和品德最终会给自己带来危害,于是重新上书弹劾李固。

只要条件允许,每一个人其实都想做一个让更多人认可的人,都想坚持正义。但如果,要是有人威胁到自己或是自己家族的名位富贵,那就不得不重新进行考虑。

这一次,梁妠最终采纳了自家兄长梁冀的建议,再一次把李固收进了狱中。

而被梁妠放过的杜乔,其实也没有那么幸运。

在梁妠面前弹劾不成之后,梁冀愈发恼怒,他气急败坏地派人威胁杜乔说:"你最好早点自杀,你的妻子、儿女还可以保全。"杜乔又不是被人吓唬长大的,他没有理睬。

梁冀不达目的不罢休,第二天,他竟然派骑兵到杜府门口去打探。结果没有听到从府中传来哭声,这就意味着,杜乔没有自杀。梁冀怎么能放过他,命人将杜乔逮捕入狱。

第十章 东汉 | 435

李固和杜乔，都因此而死于狱中。

李固临死前，遗言死后薄葬，不得入祖坟。并写信给胡广、赵戒二人，信中先是说自己竭尽股肱之力扶持王室的志向和最终身死梦破的遗憾，责备二人，说汉朝衰亡，将由此始，他们受主上厚禄，却不尽力去匡扶社稷，后世的史官，是不会宽容他们的私心的。

胡广、赵戒二人得书之后，既感觉悲伤，又感觉惭愧，只有长叹流泪。

李固、杜乔死后，梁冀仍然不肯放过他们，他下令将二公的遗体暴尸于洛阳城北的闹市口示众，扬言有敢前去哭丧收尸者，一律问罪。

可是，梁冀显然低估了天下正义的力量，也高估了自己的淫威和强权。

这个世界上，有怕死的，就有不怕死的；有趋炎附势的，就有蔑视权贵的；有明哲保身的，就有舍生取义的。要不然，当黑暗来袭，还能用什么去迎接光明呢？

李固的学生汝南人郭亮，刚满十五岁，当时他正游学洛阳。他左手提着斧子，右手拿着铁锧，到宫门上书，请求为李固收尸。

在梁冀的淫威之下，谁敢批准郭亮的奏折？

没有得到答复，于是郭亮就和南阳人董班一同去吊丧哭泣，并为李固守尸。

夏门亭长斥责他们说："李、杜二公身为朝廷大臣，不能辅佐皇上，容纳忠良，却与贼人交通制造事端，你们是何等迂腐的书生？竟敢公然冒犯圣旨，是想挑战朝廷的权威吗？"

郭亮慷慨地回答说："我们堂堂正正来到这个世上，头顶上天，脚踏大地，现在被他们的大义所感动，岂能只顾自己的性命！为什么要用死来威胁我们呢？"

亭长其实也是个忠厚明理之人，他长叹一声说："生在这个命不由人的年代，天高也不得不弯着腰，地厚也不得不踮着脚。耳朵眼睛听到看到就可以了，嘴里还是不要乱说啊！"

看守的吏士将情况上报，梁太后非常敬佩他们的义气，下诏赦免二人。

杜乔原来的下属陈留人杨匡，得知杜乔的死讯之后，一路哭泣星夜兼程赶至洛阳，穿着原来的衣服，假装是夏门亭吏，为杜乔守护尸体，一直守了有十二天。周边的吏士发觉之后，把他抓起来上报，梁太后也赦免了他。

杨匡借机向太后上书，请求为李、杜二公收尸归葬。

梁妠还是具备作为一个政治家的胸怀和气度，她知道凡事不可太过，正义还是需要彰显，于是她批准了杨匡的奏章。

于是董班、杨匡各自护送李固、杜乔的遗体，归葬家乡。

郭亮、董班、杨匡三人因此名扬天下，三公府争相征辟他们，但三人都隐匿不出。后郭亮出仕，官至尚书。

杜乔被杀之后，杜乔的妻子、儿女都离开京城回了老家。

而李固的家属就没那么幸运了。

李固死后，朝廷下诏抓捕李固的三个儿子。

汉中郡太守知道李固是被冤枉的，非常同情李家，于是让李固的长子李基、次子李兹假装服药而死，躲在棺材之中，准备送他们出逃。而郡功曹南郑县人赵子贱害怕被牵连，于是派人去开棺验尸，验明正身之后，竟然当场将李基、李兹杀死。李固的小儿子李燮年仅十三岁，他的姐姐李文姬是司隶赵伯英的妻子，贤惠而有谋略，托付李固之前的门生王成将李燮带出潜逃，李燮因此逃过一劫。李燮后官至议郎、冀州安平相、河南尹。

主要的反对力量都被清除，那么接下来，梁冀是不是就可以只手遮天、为所欲为了？

也还没有，他的上面，还有皇太后梁妠管束着他，不至于让他太过恣意妄为。

那么，梁冀也会除掉梁太后吗？不会，因为梁太后已时日无多了。

和平元年（公元150年）二月，梁妠自我感觉身体状况极为不好，于是还政于刘志。她召见朝臣及梁氏众位兄弟，交代后事，两天后，梁妠去世，享寿三十五岁。

梁妠相比于邓绥，才干和品行方面应该并不逊色，为政也十分勤劳，临朝期间能够器重像李固那样的名臣来推行政务，本人也并不奢靡。但是，梁妠与邓绥之间判若云泥的就是，邓绥对家人族人约束极为严格，而梁妠，则对家人尤其是对兄长梁冀达到了纵容的地步，致使兄长梁冀专权、残害李固、杜乔等名臣，并且，梁妠对宦官过于宠溺，多封滥封，因此大失人望。

因此，梁妠和邓绥，还是没办法相比啊！

梁妠死了，梁冀是不是就可以达到人生的巅峰状态了？

看上去是的！

皇帝刘志是个傀儡，一切都由梁冀做主，朝廷内外，都是大将军的人，说梁冀是事实上的皇帝，也毫不为过。

梁妠死后，刘志又下诏，再为梁冀加封一万户，这样下来，梁冀的食邑，前后就达到了三万户。

有一个名叫宰宣的弘农人，见梁冀权势赫赫，就想拍梁冀的马屁，于是上书称梁冀对于江山社稷有周公之功，如今已经封赏了梁冀的儿子们，那梁冀的妻子也应该封为邑君。

对于这样的奏章，刘志内心估计是崩溃的，但表面上还不得不态度坚决地批准。因为按照程序，梁冀把持朝政，所有的奏章之前肯定都已经被他看过了，对他不利的早就扣下了，只有对他有利的才呈上去例行公事。

于是刘志下诏，封梁冀的妻子孙寿为襄城君，兼食阳翟的租税，每年的收入有五千万，并加赐给她只有诸侯王这一级别才可以佩戴的赤绶，比照长公主的规格。

这个孙寿，作为一名大将军夫人，在历史上也只是众多人中的一个，但她作为一个美容美发的时尚引领者，却在历史上有着不低的地位。

按照年龄来推算，孙寿很可能不是梁冀的第一任妻子，并且至少要比梁冀小二三十岁。梁太后死的时候梁冀已经五十二岁，如果孙寿和梁冀年龄相仿，五十岁左右人老珠黄的老太太还能得到梁冀的宠爱，那简直是不敢想象的。

孙寿长得非常漂亮，姿态极为妖媚。她所发明的愁眉、啼妆、堕马髻、折腰步、龋齿笑等，无一不是引领当时贵族妇女圈的时尚潮流，受到人们的追捧和效仿。

"愁眉"，就是把眉毛画得细而曲折，显出一副愁容满面、楚楚可怜之态；"啼妆"，就是通过在眼睛周围化妆，看上去像是一副刚刚哭过梨花带雨的样子；"堕马髻"，就是把发髻偏在一边，以示懒散、放松，好像刚从马上掉下来摔斜了发髻的样子；"折腰步"，就是走路时就像风摆杨柳，腰肢细得好像要折断的样子，现代称之为"走猫步"；"龋齿笑"，就是笑起来好像牙痛的样子，牙齿半遮半掩，只能浅笑，不能放声大笑。

可想而知，孙寿这种楚楚可怜的扮相，让天生有着保护欲的男人，不由自主地心生怜爱。

在孙寿的影响下，梁冀也对乘坐的马车和服饰进行了一些修改。制作带帷幔的平顶车，把头巾扎得很低，并戴上狭小的帽子，把头巾上角折叠起来，用大扇遮身，朝服的后摆像狐狸尾巴一样拖在地上。

孙寿在外表上把自己装扮得可怜娇媚，但实际上却极为强悍嫉妒，是个十足的泼妇。梁冀大权在握天不怕地不怕，但却被妻子孙寿制得服服帖帖。所以对于孙寿，梁冀是爱得要死，又怕得要死。看来真是造化弄人，一物降一物啊！

汉顺帝还活着的时候，梁冀的父亲梁商为了讨好汉顺帝，把一个名叫友通期的美女进献给他做妃嫔。友通期犯下一些小错，汉顺帝有些生气，于是就把友通期赶出了后宫，还给了梁商。皇帝曾经的女人，现在皇帝不要了，梁商也不敢动，于是就把友通期嫁了出去。或许是在那时候梁冀就见过友通期，对她的美色极为垂涎，于是就派手下的门客前去悄悄地把友通期抢了回来。

此时正赶上梁商去世，于是梁冀就一边守孝，一边和友通期偷偷地在城西私通。纸怎么能包得住火，这事很快被孙寿知道了。

敢背着我在外面找女人，有你好看！孙寿的做法，与现代人捉奸小三大有异曲同工之处。有一天，她趁着梁冀外出，带了众多奴仆，把友通期架回家中，剪去头发，划破脸皮，用鞭子狠狠打了一顿，并说要上书告发这件事情。

偷娶皇帝的废妃，这可不是什么小事。那个时候汉顺帝还健在，如果真正碍于皇家的颜面深究起来，杀死梁冀一家，还不像捻死一只蚂蚁那样容易。所以梁冀非常恐惧，于是赶快去求丈母娘，不住地给孙寿的母亲叩头，请求她出面做做孙寿的工作，叫孙寿适可而止。还能怎么办呢？冲动是有的，但理智也还是有的，要是真把这事情告了上去，覆巢之下，安有完卵，孙寿最后不得不恨恨作罢。

孙寿闹也闹了，梁冀可不想就此收手，他继续和友通期私通，并生了个儿子取名叫伯玉，把他藏着不敢让他出来。孙寿很快就知道了这件事，于是派儿子梁胤把友氏一家全杀光了。梁冀担心孙寿杀害梁伯玉，就经常把他藏在夹壁之中。

梁冀这么做，那么孙寿当然也可以这么做。

梁冀家里曾经有个管家叫秦宫，梁冀非常宠爱他，将他升官为太仓令。因为梁冀宠爱，所以秦宫可以自由出入梁府，甚至可以自由出入孙寿的住所。孙寿一见秦宫到来，就把侍从全部支开，以有要事相商为借口，和秦宫私通。

看起来这个秦宫，确实是长得异常英俊，既能让男人喜欢，又能让女人喜欢，端的也是一个人物。

秦宫外受大将军宠幸，内受连大将军都惧怕的夫人宠幸，一时之间威名大盛，那些外任为刺史、二千石级别的官员，赴任之前除了要向梁冀辞行外，还要前去向秦宫辞行。

梁冀听从孙寿的话，剥夺了许多梁家人的职权，对外给人一种谦让的感觉，而实际上却把这些好处给了孙氏家人。孙氏子弟假冒他人之名担任侍中、卿、校尉、郡守、长吏等官职的有十多个人。这些人都非常贪婪残忍，他们打听到哪个县中有富人，就给这些富人罗织一个罪名，然后把他们抓进监狱严刑拷打，让他们出钱自赎，出钱少的，最后甚至被处死或流放。

扶风有个富豪名叫士孙奋，家境殷富但却非常吝啬。梁冀打上了士孙奋的主意，于是就送给士孙奋四匹马，然后向他借钱五千万。梁冀送马借钱，很明显就是明抢，只不过为了掩人耳目，给士孙奋一个台阶下罢了。士孙奋岂能不知梁冀的伎俩，权衡再三，觉得能少损失一点是一点，于是借给梁冀三千万。梁冀大怒，决定让不识相的士孙奋付出代价。于是向郡县告状，说士孙奋的母亲是以前给梁府守库的奴婢，偷了梁府的贵重珠宝后出逃。那段时间的东汉官府，还真就是梁冀开的！于是士孙奋兄弟被抓起来严刑拷打，最后死于狱中，他们家的一亿七千多万家财，全部被没收充公（最后去了哪里大抵也是能想象的）。从钱财数目上来看，士孙奋的家底是两亿，梁冀张口要五千万，占士孙奋全部家产的四分之一，也确实是敢要，强取豪夺真的是没有下限！

各地向朝廷进贡的珍稀方物，上等的都先送到梁府，次一等的才送到皇室。拿着钱财想要向梁冀买官或想要通过贿赂梁冀而免罪的人，路上随处可见。梁冀又派门客到塞外，与外国交往，广泛寻求珍奇异物。所过之处，仗势强抢他人妻女、歌伎作为自己的妻妾，殴打官吏士卒，当地的人都对他极为怨恨。

梁冀又派人为自己大造宅第，占地极广，真可以说是穷奢极欲。

有想要拜见梁冀的人来到梁府却得不到通报，于是他们都送礼给守门人请求通报，长此以往，守门人都因此而积累了千金资财。

梁冀又命人扩展他的林苑，实行与皇族苑林相同的禁令，西边到达弘农，东边到达荣阳，南面到达鲁阳，北面直达黄河、淇水，包括山岭湖泽、丘陵荒坡，占地将近上千平方公里。又在河南城西修建兔苑，征发各县士卒刑徒修缮楼观，好几年才完成。兔苑修成之后，梁冀向所在县发文，调运活兔，在兔毛上做标记以便于识别，如有人违犯禁令误猎兔苑之兔，罪重者甚至要以死刑论处。曾经有一个西域商人不知道禁令，误杀梁冀的一只兔子，前后竟然有十几个人因受牵连而被处死。梁冀的二弟曾私下派人到上党打猎，梁冀知道后派人捉拿他的宾客，一时间杀死三十多人，无一人活着回去。梁冀又在城西另修宅第，用来收留奸邪亡命之人，或强取无罪之人使他们全部成为奴婢，数目达好几千人，对外则称他们是"自卖人"。

元嘉元年（公元151年），当了五年傀儡皇帝、已经十九岁的刘志，因为梁冀对自己有援立之功，就想用特别的待遇来尊崇梁冀。于是召集朝中二千石以上公卿大臣，商议该如何尊崇梁冀。

特进胡广、太常羊溥、司隶校尉祝恬、太中大夫边韶等人，都称颂梁冀的功德，认为尊宠梁冀的礼仪赏赐，应该与当年的周公相同，赐给山川、土田、附庸。

周公是什么人？辅佐周成王救乱克殷、制定礼乐，被尊为元圣和儒学先驱。梁冀是什么人，粗鄙无礼、专横跋扈，礼仪赏赐怎敢比肩周公？

发出这样的提议，一方面说明，朝中绝大多数的公卿大臣，已经失去了应有的血性，不敢坚持原则；另一方面说明，梁冀本人已经没有了丝毫的廉耻和谦虚之心，大臣们知道他内心深处其实很期待这样的结果，所以想要阿附。

但是，有无骨之人，就有骨鲠之士。司空黄琼独自劝谏说："梁冀之前因亲迎陛下的功劳，已经增邑三千，并且他的儿子梁胤也已经封侯食邑。从前周公辅佐成王，制礼作乐，治理国家使天下太平，所以受封鲁国，封地七百里。现今的诸侯受封按照户数和县邑为制，不按里数计算。当初萧何在泗水结识了高祖，霍光挽救危亡的局势复兴国家，都是益户增封，以显扬他们的功业。所以尊宠梁冀的礼仪，不可比附周公，赐给山川、土地、附庸；可以比照邓禹，食邑四县，赏赐多少可比照霍光，使天下明白封赏一定要与功勋相当，爵位不要超越他的德行。"

黄琼说出这样一番话来，真可以说是有理有节，无法反驳。但这样一个结果，显然是梁冀不愿意看到的，于是，其他的大臣们又为梁冀努力争取。最后在黄琼所议的基础上，虽然没有仪比周公，但却又为梁冀增加了不少特权。

最终定为：入朝不趋，剑履上殿，谒赞不名，仪比萧何；将定陶、成阳的余户全都加封给他，把他的封邑增加到四个县，和邓禹相当；赏赐给他的金钱、奴婢、车马、服舆等，比照霍光；每次朝会，和三公分别开来独坐一席。十天入朝一次，平尚书事。

这样的规格，已经很让知书达理之人脸红了，但梁冀还不满意，因此他极为憎恨黄琼，后来借地震免去了黄琼的司空之职。

梁冀专横行事，玩弄权势，一天比一天凶残放纵，大小的机要事务，没有一件不是先征求他的意见之后才做出决定的。宫中的卫士侍从，没有一个不是他亲自安置的；宫中的起居生活，每一个细节他都了解得一清二楚。百官升迁，都要带着笺记书札先到梁冀门上谢恩，然后才敢去尚书省。

有一个叫吴树的下邳人出任宛县县令，上任之前，按惯例去向梁冀辞行。宛县城内，梁冀的宾客朋友不在少数。于是梁冀便为他们说情，请吴树到了之后，多多关照。吴树丝毫没给梁冀留情面，他拒绝梁冀不说，还说梁冀请托的都是一些不正之人。梁冀听了虽没吭声，但却很不高兴。吴树到达宛县之后，就杀掉了危害百姓的梁冀门客数十人。梁冀因此深恨吴树。后来，吴树升任荆州刺史，临行前向梁冀辞行，梁冀设宴为他饯行，暗中在酒里下了毒。吴树一出门便死在车上。

于是有人就问了，吴树知道梁冀将对自己不利，不去向梁冀辞行不行吗？

似乎真的不行！

辽东太守侯猛刚接到任命时，没有去拜见梁冀，梁冀也不跟他含糊，直接找了个借口，将侯猛腰斩。

来自汝南的郎中袁著，其时刚刚十九岁，实在看不下去了，就上书给刘志，建议让梁冀急流勇退，以保全身。

奏书递上去之后，梁冀得知消息，立即秘密派人前去捉拿袁著。袁著一听吓坏了，于是赶快改名换姓，后来又假装病死，用蒲草编个假人装在棺材里招摇过市出殡，希望借此骗过梁冀。但梁冀也不是那么好糊弄的，最终派人查清了真实情况，然后暗中把袁著抓起来，用竹板打死并偷偷埋掉，希望能够隐瞒此事不让人知。

太学生刘常是当世的名儒，和袁著一向关系较好。梁冀杀死袁著之后，特意召他来补令史的缺额，以侮辱他。还有和袁著友善的郝絜、胡武等人，平时敢于说一些常人不敢说的话，他们之前曾联名上书三公府，推荐天下有声望的名士，但却没有向大将军梁冀推荐。梁冀回想起这件事，十分恼怒，怀疑郝絜等人伙同袁著在一起说他的坏话。于是他命令中部官发公文捉拿郝絜、胡武等人。胡武一家被杀，死者六十多人。郝絜刚开始逃得快，但后来知道以梁冀的狠毒，如果不去向他服软，难免会累及自己的家人。于是他就亲自用车子拉着棺材到梁府去谢罪。书信送进去之后，郝絜服毒自杀，郝絜的家人才得以保全。

梁冀所做的事情，大抵如此残忍、恶毒。

梁冀的弟弟梁不疑喜好经书，善待贤士，梁冀内心非常嫉妒他，于是就通过中常侍转奏刘志，调任他为光禄勋，然后授意众臣共同推荐自己的儿子梁胤任河南尹。

这个时候的梁胤才十六岁，容貌丑陋，连官衣官帽都穿戴不了。路上见到他的人，没有不耻笑的。

亲兄弟之间能做出这样的事情，梁不疑就觉得没什么意思了，于是辞官回家，和弟弟梁蒙闭门守家。

但饶是这样，梁冀仍然猜忌他，不想让他与宾客往来，并暗中派人化装守候在他的门前，有人来往便记下来。南郡太守马融、江夏太守田明刚任职时，前去拜访梁不疑，梁冀便授意州郡官员找借口陷害他们，把他们都处以髡笞之刑，然后流放朔方。马融在路上自杀未遂，捡了一条命，而田明则死在流放途中。

到了永兴二年（公元154年），刘志下诏封梁不疑的儿子梁马为颍阴侯，梁胤的儿子梁桃为城父侯。至此，梁冀一家先后有七人被封侯，三人做了皇后，六人被封贵人，两人官至大将军，夫人、女儿中有七人食邑称君，三人娶了公主，其他官至卿、将、尹、校的有五十七人。

自梁商死后，梁冀执掌朝政大权十多年，骄横霸道到了无以复加的地步。宫廷内外，闻梁冀之名，无不闻风丧胆，百官侧目，无人再敢违抗他的命令。刘志名为皇帝，但却什么事都不能做主。

其时的刘志，已经二十二岁了，他对这种现状，已经积蓄了相当的不满。

延熹元年（公元158年）夏五月，发生了一场日食。这在当时，显然是有某种说法的。

太史令陈授通过小黄门徐璜，向刘志陈述日食的灾异，认为应该归咎于大将军。

这在以前，梁冀都是归咎于他的政敌；如今没了政敌，无处归咎，那就归咎于他，这真的是天道好轮回。

梁冀得知这一情况后，异常震怒，授意洛阳令逮捕陈授加以拷问，陈授因此死在狱中。

刘志因此发怒。

当然，如果仅仅是这件事情，还不足以让刘志下决心除掉梁冀。

真正让刘志下决心惩治梁冀的，是梁冀专横霸道竟然欺人欺到了刘志宠妃的家人头上！

刘志刚刚当皇帝的时候，因为梁太后临朝及梁冀专权的缘故，所以专宠二人的妹妹梁女莹，其他的妃嫔根本没机会见到刘志。

按照史书记载的惯例，通常情况下，如果妃嫔的样貌还说得过去，史书上一般会有相关的记载，如邓绥"姿颜姝丽绝异于众"、阎姬"有才色"、梁妠"日角偃月"等。而这个梁女莹，史书上则找不见丝毫类似的记载，按常理来推断，应该是长相非常一般，并且也没有什么才德。而有记载的，确实就是她仗着兄长和姐姐的势力，极尽奢靡享乐之能事。

　　不过，作为一个皇后，如果皇帝放任（主要是不放任也没办法），奢侈浪费一些也没人敢说什么，只要能生下儿子，将来母凭子贵，荣华富贵几乎是少不了的。但是，这个梁女莹，又和她的许多前任一模一样，也没有生下儿子！

　　自己生不了儿子，就难免会心理失衡，就难免会嫉妒别人。所以，梁女莹对那些能够怀孕的宫女、妃嫔，几乎是怀着一种咬牙切齿的仇恨。只要听到哪个宫女怀了孕，那她基本就活不成了。

　　刘志虽然极度畏惧梁冀，但对梁女莹的这种恶行，还是感到非常地憎恶。所以，他开始慢慢疏远她。梁女莹不胜怨恨，忧愤而死。

　　梁女莹死了，刘志理所当然可以亲近其他的女人了，梁冀就算再霸道，也是不好干涉的。

　　其实，刘志接下来宠幸的这个女人，也是梁冀的亲戚。

　　早先的时候，邓绥堂侄邓香娶了一个名叫宣的妻子，生了个女儿叫邓猛女。邓香早死，于是宣就改嫁给了一个名叫梁纪的人。这个梁纪也不是寻常人，他就是大名鼎鼎的孙寿的舅舅。

　　宣改嫁，所以邓猛女也随母去了梁家。孙寿见邓猛女长得异常貌美，立即在她身上发现了潜在的巨大商机，于是便把她送到了宫中。果然不出所料，邓猛女被送入掖庭之后，虽然是个品级不高的采女，但却被刘志所临幸。临幸之后，邓猛女的品级连升三级，越过宫人、美人，直封贵人。

　　梁冀见邓猛女得宠，于是就把邓猛女认作自己的女儿，改其姓为梁姓，想要借此进一步巩固自己的地位。

　　当时，邓猛女有个姐夫叫邴尊，在宫中担任议郎。本来这也没有什么，但梁冀担心知道邓猛女底细的邴尊会坏他好事，于是就派刺客刺杀了邴尊。

　　刺杀邴尊就刺杀邴尊吧，反正对梁冀来说，已经没有他不敢杀的人。可是，接下来，他就做得过分得不能再过分了。他竟然又派刺客去刺杀邓猛女的母亲宣！

　　宣住的地方，与中常侍袁赦的家挨着，梁冀派去的刺客爬到袁赦家的屋顶上，想要进入宣家，结果被袁赦发现了。袁赦知道如果刺客从自己家的屋顶上进入宣家杀了宣，那自己肯定难逃干系，于是就让家人全部站到院子里，敲锣打鼓向宣告警。宣发觉之后，极为惊慌，于是飞速跑到宫中，把事情告诉了刘志。

刘志不听则已，一听立即大怒。

你梁冀杀了那么多人，哪一次人家刘志不是假装看不见，可是这一次，你竟然想杀掉人家宠妃的母亲，让人家以后在美人面前没有丝毫颜面，这你是不是昏头了？

但是，要想除掉大权在握的大将军梁冀，谈何容易！自从李固、杜乔被梁冀诛杀，朝中大臣已经没有人再敢公开跟梁冀叫板，宫廷内外，尽是梁冀党羽和耳目。休说刘志想除掉梁冀，刘志本人没有被梁冀除掉，就已经是不幸中的大幸。

然而，刘志毕竟已经是一个二十七岁的成年人了，再不是之前那个只有七岁的汉质帝可比，面对梁冀的嚣张气焰只会毫无城府地说一句"跋扈将军"为自己招来大祸了事。他开始仔细地思考，寻找可以帮助自己杀掉梁冀的人。

思来想去，刘志想到了汉和帝、汉顺帝两位前辈的夺权之路，朝中的第三方政治势力宦官，进入了刘志的视野。

可是朝中的宦官，绝大多数与梁冀沆瀣一气，充当梁冀的鹰犬和爪牙，他们不把刘志的动向密报梁冀就已不错，怎么能反过来帮助刘志诛杀梁冀呢？再者，如果找的人不可靠，一旦把风声泄露出去，那刘志就是汉质帝第二。

刘志经过认真观察，还真找到了一个人，但仍然不能确定这个人是不是忠于自己。

这个人名叫唐衡，当时是小黄门史。于是有一天，刘志假装上厕所，单独叫唐衡去侍候自己。进了厕所之后，刘志确定身边没有人偷听，于是就压低声音问唐衡："你知道左右近侍之中，还有谁不和大将军梁冀一条心吗？"

刘志的这句问话，不知道经过了多长时间的斟酌、多少次的修改，其含金量，不亚于一首千古流芳的名诗。

如果唐衡也是梁冀的人，那么刘志就可以以关心梁冀为借口把唐衡搪塞过去；如果唐衡早就对梁冀不满，那么他就一定会对皇帝吐露实情。试探的结果没有让刘志失望，唐衡立即回答刘志说："中常侍单超、左悺之前去拜访梁冀的弟弟河南尹梁不疑，因为礼数上稍有怠慢，梁不疑就把他们的兄弟抓起来投进了洛阳监狱，单超、左悺不得已亲自上门谢罪，梁不疑方才作罢。徐璜、具瑗经常私下痛恨梁氏放纵凶暴，却敢怒不敢言。"

唐衡的回答正是刘志想要的，于是刘志先把单超和左悺叫到自己的私室里，问他们说："大将军梁冀兄弟把持朝政，控制内宫和外朝，公卿大臣都对梁冀俯首帖耳，看他的脸色行事。现在想除掉他们，二位意下如何？"

单超、左悺一听这话，不假思索地回答说："梁冀确实就是国之奸贼，早该除掉了。只是我们这些人势弱力孤，不知道陛下有什么想法。"

刘志说："我的意思已经很明确了，你们认真谋划，注意保密，除掉梁氏。"二人回答说："真要除掉梁氏，其实也并不难，只怕陛下会中途反悔。"

刘志见宦官对自己有疑虑，于是斩钉截铁地说："梁冀奸贼，威胁国祚，理应诛灭，还有什么可犹豫的呢？"于是又召来了具瑗、徐璜，刘志用牙咬破单超的手臂，六个人歃血为盟，共谋灭梁之计。

单超等人的异常举动，自然而然引起了梁冀的怀疑，但空口无凭，梁冀也不能仅凭怀疑就下令把皇帝身边的太监们给抓起来杀了。于是他派自己非常信任的中黄门张恽进入宫内，以防单超等人发动政变。

单超这些人虽然是宦官，但他们政治斗争的本领，还是比一般的士大夫们要强许多，他们有了皇帝的授权，再加上他们对时局的正确判断，以及他们长期以来在宫廷内外的耳濡目染，所以办事显得极为利落干练。

事情还没有进行，梁冀的耳目就已进入内宫，这怎么得了！所以具瑗当机立断，命令身边的卫士把张恽抓了起来，然后杀死了他。而给他安的罪名，就是他突然从宫外入内，想要图谋不轨。

事情到了这个地步，再犹豫迟疑就会死无葬身之地。杀了梁冀的人，梁冀一旦得知消息，那么等待刘志和这些宦者的下场是什么，他们是一清二楚的。

所以，刘志立即亲临前殿，把尚书们召入内宫，然后公开宣布了梁冀的罪行，命令尚书令尹勋手持符节率领丞郎以下的吏士都带着兵器守住宫廷官署，然后收缴全部符节送入内宫中。

之后，派黄门令具瑗带着虎贲、羽林等卫士一千多人，和司隶校尉张彪一同包围了梁冀的住宅。

这个时候，梁冀就是有通天的本事，也回天无力了。或许朝廷内外都是梁冀的爪牙，其他的军权都掌在梁氏子弟的手中，但是，只要甲兵已经围住了梁冀，带兵的张彪不是梁冀的人，普通将士只认兵符，张彪得到了皇帝的授权，就算京城之外都是支持梁冀的兵马，那也无济于事。

接下来的事情，无异于瓮中捉鳖。刘志派光禄勋袁盱带着符节进入梁冀府邸，收回了他的大将军印绶，改封他为比景都乡侯。梁冀顷刻之间，失去了手中的权力。

到了这个地步，该何去何从，熟谙宫廷权力运行的梁冀，知道他的下场是什么。于是，六十一岁的梁冀和他的妻子孙寿当即自杀。

擒贼先擒王，树倒猢狲散！

接下来的事情更为简单，只需要派出使者带着符节，轻松收缴梁氏子弟的印绶，他们就都成了被拔掉利齿、剁掉爪子的老虎，失去了所有可资对抗的条件。

曾经不可一世的梁氏子弟，连同孙寿的内外宗亲，全部被捕送入狱，不论男女老幼都被弃市。

其他因受牵连而死的公卿、列校、尉官、刺史及俸禄为二千石级的官员数十人，梁冀的故吏、门生、宾客被罢黜者三百余人，朝堂为之一空。只剩下尹勋、袁盱以及廷尉邯郸义还在。

因为这次诛冀行动是突然从宫中爆发，事前没有任何风声传出，所以捕杀梁冀之后，宫中的使者来回奔驰，公卿们都不知所措，不论是宫中、街市还是乡野，都议论纷扰，过了好几天才平静下来。吏民们确认梁冀被诛杀的消息之后，无不拍手称快。

因为梁氏已被抄家灭族，所以梁冀的财产全部被没收变卖，共得三十多亿钱，用来充实国库。因为此，还减免了天下百姓一半的租税。开放梁冀的林苑，让平民百姓在里面安身立命。

回想当初，假如汉顺帝刘保真的采用抽签的方式选皇后，也不一定就会选中梁妠，梁冀充其量不过就是一个架鹰遛狗的官宦子弟而已，不会掌控朝政大权，给国家造成那么大的危害。但事实上，以当时的政治环境，皇帝年龄偏小，认知水平有限，无法察别究竟谁可以真正信赖依靠，所以大权完全落到了宦者和外戚手里，贤良之臣一律被边缘化失去了发言权。就算是没有梁冀，那也会有刘冀李冀张冀，稍微有所区别的是，就是看其他的外戚是否会凭自身的道德修养略略有所收敛罢了。

第二十七节　宦官五侯、独坐卧虎、士人清议、党锢之祸

跋扈将军梁冀被杀，傀儡皇帝夺回权力，新一轮的论功行赏开始！

单超封新丰侯，食邑二万户；徐璜封武原侯，具瑗封东武阳侯，食邑各一万五千户，赐钱各一千五百万；左悺、唐衡升任中常侍，左悺封上蔡侯，唐衡封汝阳侯，食邑各一万三千户，赐钱各一千三百万。因为五人同日封侯，并且执掌大权，所以世称五人为"五侯"。又封小黄门刘普、赵忠等八人为乡侯，合称"十三侯"。

参与诛冀行动的尚书令尹勋等七人，也被封侯。只不过，单超等五人是县侯，刘普等八人是乡侯，而尹勋等七人，则只是个亭侯。差别实在是太大了啊。

刘志杀梁冀，本是冲冠一怒为红颜，现在梁氏被诛，那么邓猛女如愿以偿，被立为皇后。前任皇后梁女莹死后被谥为懿献皇后，葬于懿陵。此时她死了也难逃被清算的命运，她的名号被贬，懿陵被追废为贵人冢。

刘志对梁氏的憎恨可说是发自内心的，所以他厌恶刚立的皇后邓猛女姓梁，于是下令把梁猛女改姓为薄。但有关官员提出了奏议，说梁猛女其实不姓梁，本来姓邓，只需要恢复原来的姓氏就可以。于是邓猛女仍旧被恢复为姓邓，既不是梁猛女，也不是薄猛女。

邓猛女的哥哥邓演被封为南顿侯，位特进。母亲宣被封为长安君，邓猛女被改回本姓之后，宣更封大县为昆阳君，已故的父亲邓香被追赠车骑将军安阳侯印绶。邓氏子弟，不是裂土封侯，就是列校、郎将，邓氏一门，再次显耀。

然而，好景不长，邓氏遭遇了灭顶之灾。

倒不是邓氏也像梁氏那样飞扬跋扈最终闹得天沸人怨栽了跟头,而是,邓猛女失宠了。

刘志诛灭梁冀之后,或许是从长久的压抑之中解放了出来,所以,他必须释放自己的天性,享受来之不易的自由,和无上的权力带来的快感,从一种报复性的心理出发,想把之前缺失的加倍补回来。而刘志报复性找补的骇人表现就是,对性充满了极度渴望,或者说是呈现出一种性饥渴状态。他宫中的宫女增加到了五六千人,然而就这样似乎还是不能满足他。

而邓猛女呢,此时却并没有表现出贤惠冷静的一面。她倚恃自己皇后的身份,不仅骄横,而且嫉妒,与刘志宠幸的郭贵人争风吃醋,互相诽谤。

刘志非常生气,下诏废去邓猛女的皇后之位,直接把她送进了暴室。从母仪天下的皇后到任人欺凌的纺织女工,如此巨大的落差谁能承受得了?邓猛女在暴室之中,很快忧愤而死。而此时距她被立为皇后,仅仅过了六年时间。

邓猛女死后,邓氏子弟要么下狱而死,要么免职归乡,家产被没收充公。邓氏一门,重归沉寂。

刘志的第二任皇后死了,那就得再立一个皇后。

本来,刘志甚为宠爱采女田圣等人,想把田圣立为皇后。可是,大臣们却以田圣出身微贱为由坚决反对,刘志无法,只好立出自名门的贵人窦妙为皇后。

窦妙也出自窦融一脉,说起来比汉章帝刘炟的窦皇后还要大一辈。父亲名叫窦武,时任郎中。

刘志虽然把窦妙立为了皇后,但是,却一点也不喜欢她,他喜欢的,还是采女田圣。不过,为了在礼法上不致使窦氏太难堪,他还是封窦武为槐里侯,位特进,拜城门校尉(比起之前的外戚至少拜车骑将军来看,刘志假意敷衍的心理特征是很明显的)。

五六千人的后宫队伍,使荒淫无度的刘志健康迅速透支。永康元年(公元167年),年仅三十五岁的刘志一病不起,病重之时,他最为眷念的,仍然是身边受宠的那些女人,于是同时封田圣等九人为贵人。

不久之后,刘志死去,年三十六岁。他死了之后,窦妙成为皇太后。窦妙手握大权后的第一件事,就是全然不顾刘志的灵柩还停在前殿,在妒火中烧之下,派人杀了田圣。窦妙还想把其他的贵人也一并杀死,在几名中常侍的苦谏之下,方才作罢。

回顾刘志的为帝生涯,似乎除了好色淫乱,再找不到其他任何可称道之处。

他依靠宦官夺回了权力，收回权力之后，顺势把权力交给了宦官。

宦官不同于士大夫，士大夫们大多有理想、有追求，然而宦官大多无理想、无追求。士大夫们在掌握权力之后，大多数大体上还能够遵守基本的规则，希望能达到那种理想中的"大同世界"，让劳苦大众也过得下去日子，然而宦官除了极少数为人正直、公忠体国外，绝大多数只是为了窃柄弄权，满足私欲。

按理说，如果刘志是一个身心健全的皇帝，谁愚谁贤，用谁不用谁，还是能有一个基本的判断的。只可惜，这只是一个假设，因为在长达十三年的傀儡生涯里，看不到尽头的那种恐惧、担忧、煎熬、压抑和逆来顺受，已经把刘志变成了一个心理失衡、认知失真、价值观失准的迂腐、懒惰、偏颇之人。当刘志想要扳倒梁冀之时，身边竟然连一个可以依靠的士大夫都没有，而只能依靠那些不被主流价值观认同、上不得台面的宦官。当刘志扳倒梁冀之时，梁氏余党被肃，朝堂竟然为之一空，刘志又找不到一个可以倚恃信赖的清白之人。所以，刘志只能把权力交给宦官，信任和重用宦官，而士大夫们，则被他最大限度地排斥。因为在刘志看来，士大夫们实在无法依靠，不值得信任，没有脊梁。

只是，刘志忘了李固和杜乔吗？

当那两个人挺直脊梁和梁冀斗争的时候，刘志才是真正的看客，甚至，他还为虎作伥！刘志作为至高无上的皇帝都不能保护自己忠勇的臣下，更何况是两个只要被免去职务就毫无反抗之力的臣子呢？

在权臣梁冀的淫威之下，皇帝都靠不住，大臣们怎么能靠得住呢？

所以，在诛灭梁冀之后，如果刘志和大臣们都能进行一点适度的反思，那么皇帝能够被原谅，大臣们也应该被原谅。因为在那种情况下，除了蛰伏待机尚可保留复仇的种子，贸然冲动只会白白送掉无辜的性命。

刘志不学汉质帝就是英明韬晦，大臣们不学李固杜乔就是懦弱无骨？

因此，刘志只觉得大臣们不好，却唯独没有反省自己。

假如李固、杜乔就是当时士大夫群体的脊梁的话，那么这个脊梁被梁冀借刘志之手打了个断裂。刘志掌握实权之后，应该是赶快重造、接续这个脊梁让士大夫群体慢慢挺起腰杆，而不是怨恨士大夫群体成了无脊的软骨之人。

当然，刘志对士大夫群体不信任是真，而不放心也是一个很重要的因素。一个梁冀，已经让他一朝被蛇咬十年怕井绳！

然而，宦者很快就让刘志失望了，因为他们太让天下人失望了。

五侯之中，单超死得最早。单超病重之时，刘志派使者前去，拜单超为车骑将军。这虽然明显是临死之前的一个赠官,但宦官拜将,并且是品秩这么高的重号将军,也真的是相当令人吃惊。单超死后,备极哀荣,发五营骑士,侍御史护丧,朝廷的将作大匠为他建造坟墓,丧礼的规格几乎可以比肩霍去病、霍光等人。

或许是单超死后所享受的待遇过高,给其他的四侯以无限的憧憬和鼓舞,因此他们渐渐变得强横不法起来。当时的人们综合他们强横的特征,分别给他们起了一个名号,称之为:"左回天,具独坐,徐卧虎,唐两墯。"

回天比较容易理解,人们常说回天乏术、回天无力,比喻极难挽回或无法挽回的局势,而左悺被人称为"左回天",意即左悺能量极大,具有回天之力,可见其赫赫权势。

独坐和卧虎现代人一般较难理解,但在那个时代,却是具有特定的含义的。东汉朝会之时,其他百官一般都是接席而坐,但尚书令、司隶校尉、御史中丞这三名官员却因职务显要专席而坐,号称"三独坐"。东汉权归尚书台,尚书令总揽一切政务,只对皇帝负责,可说是一人之下万人之上,威权之重不难想象;司隶校尉作为十三刺史部长官之首,既是京官,又是地方官,主管察举中央百官和本部各郡事务,参与议论朝政时,位在九卿之上,只有在朝贺之时,才处于公卿之下。监察权之大,除了三公,可说是无所不纠;而御史中丞主管御史台,掌监察,察举官吏违法,接受公卿、郡吏奏事等,也是极为百僚敬重畏惧之人。所以尚书令、司隶校尉、御史中丞三名官员被称为"独坐"是职权所归,而具瑗被称为"具独坐",可见其已至少具备尚书令、司隶校尉、御史中丞三权之一,不能不令人感到震惊。

卧虎本指执法严峻或作战勇猛的人。光武帝时,帝姊湖阳公主的家奴大白天杀人躲进府中,洛阳令董宣不畏强权,趁公主出行之时拦车捕获并处死家奴。光武帝在湖阳公主哭闹之下,按着董宣的脖子责令他向湖阳公主谢罪,但董宣不为所动,最终光武帝不得不表扬他,称他为"强项令"。京师豪贵闻之尽皆震栗,由是董宣号称为"卧虎"。后因司隶校尉权任甚重,百官敬畏,也被称为"卧虎"。其意不言而喻,卧虎卧虎,卧则卧矣,起则伤人。

而如今徐璜被称为"卧虎",倒不是说他执法严峻或作战勇猛,更不是他的职位可以察举百僚,而是指其凶横残暴如同猛虎,冷不防就会伤害他人。

"两墯"现代人更难理解一些,按照当时的解释,就是持两端而行为任意。实际上就是说唐衡所作所为随意不定、胡作非为,全无约束。

可想而知，权力掌握在这样一群人的手里，天下百姓还会有什么样的活路。

这些人动用国库的钱物竞相为自己修建极尽奢丽的豪华府邸自不必说，用华丽的金银等物配饰家中的犬马亦不必说，明明已经去势没有生育能力却强取百姓妻女作为他们的姬妾更不必说，而豢养宾客充当爪牙，收养义子继承封国，安插子弟姻戚亲信担任郡守县令等各级官吏，强取豪夺，鱼肉百姓，致使普天之下规矩大坏，所作所为与强盗无异才是最可怕的。

梁冀倒台之前天下人觉得梁冀可恨，梁冀倒台之后才发现宦官们更可恨。好歹梁冀是一个人专权，而宦官却是前赴后继，没有尽时。梁冀专擅朝政近二十年，"威行内外，百僚侧目，莫敢违命"。而宦官们执掌大权之后，"中外服从，上下屏气"，曲意逢迎他们的，"光宠三族"；敢于违抗他们的，"参夷五宗"，真的是到了顺我者昌、逆我者亡的地步！

徐璜的侄子徐宣担任下邳令，行事更为荒唐暴虐。在那之前，他曾经求娶原汝南太守李暠的女儿，结果却被拒绝，徐宣对此一直怀恨在心。此时他当了下邳令，直接带着吏卒强行冲入李暠的家中，把李暠的女儿抢到了府中，先是猫戏老鼠一顿捉弄，之后乱箭射死埋在寺中。

郡太守作为二千石级的高级官员，其家属都会遭此大难毫无尊严，更何况平民百姓！太过分了，真的是太过分了！

其时下邳县隶属于东海国，黄浮担任东海相。徐宣的暴行传到黄浮耳中之时，黄浮可说是怒不可遏，拍案而起，于是下令把徐宣的家属不论男女老幼全部抓起来审问。

黄浮手下的掾史非常惧怕徐璜的权势，担心遭到徐璜的报复，于是极力劝谏黄浮，请他不要自找麻烦。黄浮大义凛然地对他的下属们说："徐宣是国贼，今天杀了他，明天我就是被问罪处死，也足可以瞑目。"于是，黄浮按律对徐宣进行了审判，然后将他论罪弃市，暴尸示众。郡中吏民见了，无不震栗。

黄浮杀徐宣杀得痛快，老百姓感觉也很是痛快，但接下来，祸事立即找上了黄浮。徐璜得知黄浮杀了他的侄子，立即跑到刘志面前哭诉，刘志大怒，命人将黄浮押送至京师。

可是，杀死一个徐宣，并不能震慑宦官的家属、子弟、宾客们在各州郡继续作恶。老百姓已经实在无法忍受，朝中一些正直的官员也不时地向刘志进言，时间一长，就连刘志也感觉宦官们实在是太过分了。

为了钳制五侯，刘志开始重用宦官侯览、段珪等人分夺五侯的权力，并借朝臣的弹劾打压他们。

对这些人而言，举劾他们的奏章虽然不是说每天都有，但肯定不在少数。延熹八年（公元165年），司隶校尉韩演上奏左悺和他兄长左称的罪行，说左称："请托州郡，聚敛为奸，宾客放纵，侵犯吏民。"

左悺原以为刘志还会像以前一样，把奏章看看就留中不发了，谁知道，刘志竟然准奏了！

这一次，"左回天"没能回天，他非常知趣地和他的兄长左称自杀而死。

韩演又奏劾具瑗的兄长具恭，刘志也下令征诣廷尉。具瑗见势不妙，赶快自行入狱向刘志谢罪，并缴还了东武侯的印绶。但也未能逃脱被惩罚的命运，他被贬为都乡侯，死在家中。

这一次，真"独坐"干翻了假"独坐"，还干死了一个"左回天"。

因为其时单超、徐璜、唐衡都已死去，袭封他们爵位的人都被降为乡侯，子弟受封者都被夺爵，刘普等人被降为关内侯。

这件事情在刘志的任期内具有重大意义，因此被称为"一除内嬖"。当然，刘志打压左悺等人，并不是想要真的清除宦官，让整个朝堂充满清风正气，而是想通过敲打他们，一方面让他们有所收敛，另一方面也对朝野吏民有个交代。毕竟刘志还想通过宦官牵制那些家族背景深厚的外戚和士大夫。宦官由于总体上声名不佳、势单力薄，所以一旦发现危及皇权说杀就杀掉了，各方舆论也支持。但士大夫和外戚就不同了，如果碰上势力雄厚的世家大族，联合起来对抗皇帝，那皇帝的处境可就实在是太危险了。

所以，刘志其实是真的不想重用士大夫，而只是想通过宦官来牢牢地抓住权力！因此，刘志只是打压了一下左悺、具瑗等人，转手就又把大权交给了侯览等其他的宦官。

侯览和段珪，也并不比左悺等人更高尚、更自律，甚至，他们比左悺等人更放肆、更恶浊。

侯览和段珪的家在济阴，邻近济北，他们在那里购置田产，宾客侵犯百姓，抢劫过路的行人商贾。济北相滕延见案发之地邻近济北，于是派人收捕侯、段两家的宾客，处死了数十人，然后陈尸在大路上。侯览、段珪极为恼怒，于是跑去找刘志哭诉，最终滕延以多杀无辜之罪被征诣廷尉，后在一些正直的大臣救助下，最终免官了事。后滕延官至京兆尹，有政声。

侯览等人见他们的恶行有刘志撑腰，越发胆大妄为。侯览的哥哥侯参担任益州刺史，辖区内有富家大户，侯参就诬陷他们有大逆之罪，然后满门抄斩，侵吞他们的钱财。太尉杨秉是故太尉杨震的儿子，上书奏劾侯参，侯参被用槛车押往京师，在路上自杀。京兆尹袁逢在旅舍内检查侯参的马车三百多辆，里面都是金银、珍宝、锦帛。侯览因为此事被免职，但不久之后就官复原职。

宦官掌权，自然而然损害了士大夫群体的利益。另外，外戚集团也极不甘心。

在宦官谋诛梁冀之前，外戚至少也是以车骑将军之职掌握朝政大权。如窦宪，先车骑将军后大将军；如邓骘，先车骑将军仪同三司后大将军；如阎显，车骑将军仪同三司；如梁商梁冀，皆为大将军。宗族子弟卿将列校不在话下。可是现在到了刘志掌握实权的时代，除第二任皇后邓猛女父邓香被追赠车骑将军且邓氏子弟显贵不久即遭下狱外，第三任皇后窦妙父窦武，先升任越骑校尉，后仅为城门校尉。窦氏子弟，除窦武之侄窦绍任虎贲中郎将外，其余皆未见显耀。

士大夫群体的上进之路和外戚之家的显贵之路被宦官封堵，因此，他们之间有意无意地联合起来，开始向宦官集团发起进攻。

而提起士大夫群体与宦官集团的争斗，就不能不提到"清议"和因此而引发的"党锢之祸"。

什么是清议？简单来说，就是从那个时候起，在官吏士大夫之中，出现了一种品评人物的风气。为什么清议？权力都被宦官把持，三公等一些职位虽然由士大夫担任，但说话却并不见得顶用。去阿附宦官，大多数人干不出来；不去阿附宦官，又空负一身才华报国无门。而隐居山林、赋闲在家的儒生和一届又一届无法入仕的太学生却越来越多。那怎么办？那就通过议论来发泄对宦官的不满，顺便相互标榜，抬高身价，与"丑陋"的宦官形成鲜明的对比，以期对朝廷（皇帝）形成一种至少是舆论上的压力。一方面希望能够保障自己的权益，另一方面，也真的希望能够挽救东汉王朝的国运。

不得不说，官僚士大夫和太学生这种"激扬名声，互相题拂，品覈（音核）公卿，裁量执政"的清议行为，给许多人造成了非常大的精神压力。

激扬名声，互相题拂，就是官僚士人太学生之间相互标榜，抬高名声；品覈公卿，裁量执政，就是对公卿大臣的品格、能力、水平等进行一番评价。当然了，执政并不一定就是指三公，因为三公基本上被宦官架空着。裁量的执政其实就是大权在握的宦官！

既然宦官很丑恶，那么相对应地，抨击他们的官僚士大夫就得非常高尚，道德上没有瑕疵！因为你若有这样那样的缺点和劣行，怎么能说别人呢？所以这样一来，一些士大夫因此而矫揉造作，沽名钓誉，"饰伪以邀誉，钓奇以惊俗"。

当时汝南有个"名嘴"叫许劭，喜欢品评人物，许劭和他的堂兄许靖（后担任蜀汉司徒），都非常有名气。他们每月都要更换一个品评的题目，在每月的初一开坛讲评，被称为"月旦评"。被他们评价的人物，或者在朝，或者在野，不一而足。凡是得了他们好评的人，无不声名大噪，一夜成名，进而在仕途上青云直上。而得了差评的人，很有可能就会声名狼藉，仕途不顺，折戟沉沙。一时之间，引得四方的名士纷至沓来，无不以求得二许一字之评为荣。

许劭曾经担任郡里的功曹，郡里的同事一听他来了，没有不谨言慎行的，生怕被许劭给"差评"毁了一生。郡里的太守更不必说，对许劭那叫一个敬重。

袁绍和许劭是同郡老乡，年轻的世家公子袁绍曾经担任濮阳令，后因母丧去职回家，随行的车辆不仅众多，而且华美。袁绍出自名门，海内知名，平日里睥睨天下、高傲之极，连后来把持朝政的董卓他都敢当面拔剑对峙，但是对许劭之评却十分畏惧。于是令人惊诧的一幕就出现了，快到郡界的时候，天不怕地不怕的袁绍把随行的宾客全都打发走，说："我这些车马服饰怎么能让许劭看见！"然后只乘坐一辆马车回了家。曹操名义上的祖父曹腾是宦官，因此年轻的曹操平日里被人讥讽为"赘阉遗丑"，门第不高，所以多少有些抬不起头。曹操为了使自己的名声有个好的改观，于是就带着重礼低三下四去求许劭给自己评一评。士大夫清议是为了什么？还不是为了反对宦官！可现在身为宦官子弟的曹操却找上了门，所以许劭鄙夷他的出身，说什么也不愿意为他作评。那怎么办，曹操还是个年轻人，人生的道路才刚开始，戴着个"赘阉遗丑"的帽子怎么会有好的前程？实在没办法了，曹操也是豁出去了，与其窝窝囊囊过一生，不如铤而走险赌一把。于是曹操想了个歪招，瞅了个空子威胁许劭，或许就是瞅着许劭上厕所的时候一把尖刀抵在了他的腰上，反正你不给我评价我就没活路了，我活不了，你也别想活命。评还是不评？这种卑劣的手段都用上了，许劭不得已，只好为他作评说："君清平之奸贼，乱世之英雄。"（《三国志》为"子治世之能臣，乱世之奸雄"。）曹操听了之后，大喜过望拜谢而去。

当然了，许劭如此品评人物，却并未因他而引发党锢之祸。引发党锢之祸的，另有其人。

事情的发端，似乎还要从当皇帝的刘志说起。

刘志还是蠡吾侯的时候，曾经在甘陵一个名叫周福的人那里学习。等到刘志

第十章 东汉

当了皇帝，就提拔曾经的老师周福当了尚书。和周福同郡的房植，当时担任河南尹，学问做得好，也特别遵守礼法，可说是有名当朝。所以甘陵的老百姓就为他们传了句歌谣说："天下规矩房伯武，因师获印周仲进。"房植字伯武，周福字仲进。房植的学问礼仪是天下的规矩，而周福却因为帝师的原因做了大官。

因为房、周两家都有为数不少的门生、宾客和支持者，这句歌谣出来之后，房、周两家的宾客开始互相讥讽、揣度，于是各自树党挟朋，关系也越闹越僵。因为他们两家的缘故，甘陵郡分为南北两部，"党人"的称呼和议论，自他们二人而始。

后来，汝南太守宗资把郡里的政务全部委托给功曹范滂。范滂字孟博，是当时的名士，正直、清高、有气节。而南阳太守成瑨，把政务委托给功曹岑晊，岑晊字公孝，才高而有大志。

于是汝南、南阳二郡的人又为此事作歌谣说："汝南太守范孟博，南阳宗资主画诺。南阳太守岑公孝，弘农成瑨但坐啸。"范滂才是真正的汝南太守，那个南阳来的宗资不过就是在文书上签个字画个名罢了；岑晊才是真正的南阳太守，从弘农来的成瑨每天优哉游哉闲坐吟啸。

这几句歌谣很快传入太学，当时的太学生有三万多人，郭泰、贾伟节等人是太学生中的首领，与当时的名士李膺、陈蕃、王畅等互相褒扬、推崇。于是太学中就传出了这样的歌谣："天下模楷李元礼，不畏强御陈仲举，天下俊秀王叔茂。"李膺字元礼，陈蕃字仲举，王畅字叔茂。还有渤海人公族进阶、扶风人魏齐卿，这些人也危言深论，并不畏惧隐讳豪强之士。朝中自公卿以下，没有不畏惧他们的，生怕他们给出一个不好的评论坏了自己的名声和前程，纷纷跑去跟他们结交。

李膺是颍川郡襄城人，他的祖父李修，在汉安帝时代曾担任太尉，父亲李益曾经担任赵国相，所以系出名门的李膺性格极为孤傲清高，只和同郡的荀淑、陈寔等人来往。李膺最初被举为孝廉，被司徒胡广征召任职，不久升任青州刺史。当地的郡守县令畏惧他的威严明断，大多听到风声就弃官而逃。此后，李膺先后调任渔阳太守、蜀郡太守、护乌桓校尉等职。在护乌桓校尉任上，鲜卑多次侵犯边塞，李膺经常冒着枪林箭雨带头冲锋，每次都能击败敌人，鲜卑十分畏惧他。后李膺因公事被免官，回到纶氏县（今河南省郑州市登封市西南）居住，教授的学生常有上千人。南阳有个人叫樊陵，见李膺名气非常大，就请求做他的学生，李膺推辞没有接受。樊陵后来通过阿附宦官，买官做到太尉，有节气志向的人都以此为羞。

当时的名士荀爽（后为经学大师），曾经前往拜谒李膺，趁机替他赶车。回来之后，荀爽高兴地向人夸耀说："今天总算为李君赶了一回车。"时人对李膺的敬慕，就到了这种程度。

永寿二年（公元156年），鲜卑进犯云中郡，刘志听说李膺很有才干，于是征拜他为度辽将军，让他前去平定。李膺到达边境之后，进犯之敌都畏惧他的威名，无不望风而退。甚至于还将之前掳掠的汉朝百姓送还到塞下示好，李膺因此声名远震远域。

延熹二年（公元159年），李膺被征召为河南尹。当时宛陵郡的大姓豪强羊元群从北海郡被罢官回来，贪污罪行严重，四处搜刮珍奇异宝，连舍厕所里的奇巧之物，也用车子拉了回来。李膺上表要审查他的罪行，结果却被羊元群先下手为强，通过贿赂宦官反判李膺为诬告，把李膺发配到左校服役。

其时，正直且不屑与宦官为伍的官员被免职、下狱基本是常态。李膺被免官罚去做苦役，与他共同反对宦官的廷尉冯绲、大司农刘祐，也因得罪宦官被发配到左校服役。冯绲是东汉名将，曾拜车骑将军率军大破武陵蛮夷，平定荆州。因为单超的弟弟单迁犯罪，冯绲经核查定了他的死罪；而刘祐则是因为中常侍苏康、管霸在全国各地霸占良田山泽，州郡不敢吭声，刘祐发文没收他们的田产所致。

三人下狱之后，当时的记忆天才应奉（曾将数千名罪犯的姓名及所犯罪行记得丝毫不差，其孙应场为建安七子之一）担任司隶校尉，于是上书刘志，为他们求情。因为应奉情词恳切，使刘志觉得李膺等人在军事等方面还有用得上的时候，便赦免了李膺等人。

不久，李膺受应奉的推荐出任司隶校尉。在此任上，李膺执法不避豪强，很令宦官们头疼。当时中常侍张让的弟弟张朔担任野王县县令，贪残无道，竟至于杀死孕妇。听说李膺执法严厉，于是就畏罪逃回京城，躲进哥哥张让家中，藏在一个空心柱里。李膺得知情况之后，率领将吏士卒砸破柱子抓住张朔，交付洛阳监狱，录下口供之后，立即杀了他。

张让跑去向皇帝刘志诉说冤屈，皇帝诏命李膺进宫，问他为什么不先请示就杀死犯人。李膺回答说："从前晋文公抓住卫成公回到京城，《春秋》肯定了他的做法。《礼记》说公侯人家犯罪，即使国君愿意宽恕他，执法官员也依法办理不会听从。当初孔子担任鲁国司寇，七天就诛杀了少正卯。现今臣到任已有十天，私下担心会因为办事拖拉而犯错，却没想到会因为办案迅速而获罪。臣自知有罪，但绝不怕死，特请宽限五天，待臣子彻底铲除罪恶元凶，回来之后就是遭遇烹煮之刑，也是平生的夙愿。"

一番大义凛然的话，让刘志一句话也说不出来，他回头斥责张让说："这是你弟弟的罪过，司隶有什么错误？"下令让李膺出了宫。

从此以后，宫中的宦者们全都小心翼翼大气不敢出一口，就连休假也不敢出宫，生怕一不小心犯错让李膺抓住杀了头。

时间一长，就连刘志也感觉非常奇怪，就问他们是什么原因，宦者们全都流着眼泪叩头说："害怕李校尉。"

两个势力集团关系紧张如此，矛盾不激化是不可能的。

宦官们被普天之下的人所鄙视，而李膺的名望却一天比一天高。士人儒生如能得到李膺的接见，被称为"登龙门"。那个时候的孔融才十岁，刚刚随他的父亲到京城，就想亲眼见一见李膺长什么模样，最后借口是李氏通家子弟才如愿以偿。

名望高到连一个十岁的小孩子都要想办法去拜访，更何况是其他人，而这些，注定是皇帝不乐意看到的。

宦官们成天围在皇帝的身边，皇帝是什么心思，他们很容易就能观察到的。只要明白了皇帝的心思，捏造罪名除掉一两个大臣，也不是难事。

而借口也是现成的。

李膺在担任河南尹的时候，河内郡有个叫张成的人，比较擅长占卜风水。他通过推算，预测将会大赦天下，于是就让自己的儿子去杀了个人。李膺得知消息非常生气，于是就派人拘捕了张成的儿子。孰料，果然就像张成所占卜的那样，很快遇上大赦，张成之子也在赦免之列。李膺本就对张成之子无端杀人非常愤怒，此时见其杀人之后果如其父所占被轻巧赦免，自是愈加愤怒，于是迅速审判之后杀死了他。

从道义上来说，张成教唆儿子杀人，确实是天理不容。但是，从法律上来说，他却是钻了法律的空子，是"合理利用规则"。就像有人通过占卜猜中了彩票号码中了巨奖，这不能把人家抓起来关进监狱。如果皇权之下的各级官吏都视皇帝为至高无上的权威，那么只要皇帝宣布大赦，若非不赦之罪（比如后来形成的十恶不赦），就应当立即将常赦人犯释放出狱。

可是，李膺为了维护道义上的公平，在激愤之下，却做出了违背法律的事情。现在，从法理上来说，张成之子倒是无罪了，而李膺本人却犯了罪。

还有几件事情，基本也和李膺所做的相类似。

南阳太守成瑨，即那个被人讥为"坐啸"的成瑨，非常信任岑晊和张牧，把郡务全权委托给他们二人处理，想要把南阳郡治理成一个清平世界。郡内宛县有个富商叫张泛，是刘志某个美人的外亲，擅长雕刻一些玩好之物，并输送大量钱物给宫中的宦者们，因此得到了非常显赫的权位。有了这几张护身符和靠山，张泛因此变得横行无忌、扰乱郡县。岑晊和张牧建议成瑨拘捕张泛等人，成瑨采纳。但在抓住张泛之后，还没来得及有下一步的动作，就遇上了大赦。岑晊等人面面相觑，就这样放了吧，实在不甘心，一则传到江湖上让人笑话，二则实在不符合读书人心目中的理想。那怎么办？那就先杀了他再说！于是岑晊杀死了张泛，并拘捕杀死他的宗族宾客二百多人，然后报了上去。

张泛是大猾奸恶之人，他的妻子自然也不是没见过世面，于是就立即去找张泛生前一直交通的宦者们。

于是中常侍侯览为张泛妻子支招，让他们向皇帝上书讼冤。

那么侯览为什么对张泛之事如此上心呢？

一则，侯览之前没少拿张泛的好处；二则，李膺等士人们越来越扩张的势力和打击的方向令他们感到恐惧；第三，最主要的，侯览本人也未能幸免，士人惩治不法也惩治到了他的头上。

山阳太守翟超，邀请"八及"之一的张俭到山阳郡担任东部督邮。而侯览的老家就在防东，他的家属横行霸道，欺压百姓，无法无天。张俭因此没收了侯览的家财，并上书揭露侯览和他母亲的罪恶，请求朝廷处死他们。给皇帝的奏章要经过哪里？当然要经过中朝的宦者们那里。可想而知，侯览自然而然看到了张俭的奏章，然后扣压了下来。侯览岂是好惹的，他转身就把翟超告到了刘志面前。

小黄门赵津，老家在晋阳，贪横不法，简直成了晋阳城内的大害。郡吏王允在太原太守刘质的支持下，把赵津抓起来关进了监狱。谁知，还没有审理结束，就遇上了大赦。王允心有不甘，于是杀了赵津，然后报了上去。

反了，全反了！

置大赦诏令于不顾，公然挑衅皇帝权威，真不知道这些士大夫想要干什么！

刘志大怒之下，下令将刘质、成瑨、翟超等人押送京城。以太尉陈蕃为代表的士人们虽然经过了多番营救，仍然无济于事，翟超与杀徐宣的东海相黄浮被施以髡钳之刑，罚去右校服劳役。

而刘质、成瑨则远没有那么幸运，因为他们直接违反了"法律"，在赦后杀人，最终被判弃市。

而坑了自己长官的岑晊、张牧等人，见势不妙立即开始逃亡，最终藏到了齐鲁之间，之后遇到大赦才出来。之后州郡察举他们二人，三府争着征召他们，但他们都没有去。等到党锢祸起，两人再次逃亡，在江夏山中去世。

赦后杀了张成之子的李膺，并没有被张成诉到皇帝刘志那里。张成没有反诉的原因倒不是他想要改邪归正了，而是他若想反诉，道义和舆论上实在不支持，再者毕竟教唆儿子杀人，不是什么光彩的事情。不过，张成他敢教子杀人，也说明他并不是个简单之人。

在那之前，张成利用占卜之术结交宦官，就连皇帝刘志也经常向他问卦。所以张成虽然是个术士，但与权力高层有着千丝万缕的联系。

而且，从其后事情的发展趋势来看，张成和他的同谋者策划的这个招术，绝对高妙得不是一般，阴暗，狠辣，一击成杀！

这不是作为江湖术士的张成一个人能想出来的，绝对有熟谙宫廷斗争策略并熟悉皇帝性格特征的人在后面支着儿。

于是，张成的学生牢修适时地向朝廷上书，开始"揭发"李膺等人的罪行。

而"揭发"的这些事情，确实就是刘志极不愿意听到的。

牢修说李膺等人豢养太学生和各地儒生游士，结交各郡的学生门徒，相互频繁往来，一起结成党羽，诽谤攻击朝廷，扰乱败坏风俗。

应该说，在封建皇权之下，天下人应该只知有皇帝，不知有其他人。而现在的情况是什么？天下人只知有李膺，不知有皇帝！

和皇帝争夺威望、争夺民心，你们想干什么？

于是刘志在盛怒之下，颁发诏令到各郡国，要求逮捕这些所谓的党人，并且通告天下，让天下人一起批判声讨。也就是不仅要在政治上搞倒、经济上搞垮，还要在名声上搞丑！李膺等人，就这样被抓了起来。他们的供词牵连到陈寔等二百多人，有的逃跑没被抓获，全都悬赏通缉。使者不断地被派往四面八方，在路上相互都能碰见。

这就是著名的党锢之祸。

党人被抓起来之后，刘志下诏进行审问。但诏书在下发的过程中，却遇到了意想不到的问题。按照当时的制度，皇帝的诏书要三公联合签字才具有法律效力，缺一不可。诏书行到太尉府，太尉陈蕃却拒绝说："现在将要审讯的人，都是天下颇得人望、忧国忠公之臣。这样的人，即使他们十代以内的子孙后代犯罪也应该宽赦。现在给他们强加的罪名不清不楚，怎么能把他们抓起来审问呢？"坚决拒绝在诏书上签字。并且，陈蕃还列举之前商汤周武王得伊尹、姜尚等人而兴国，桀纣暴君诛杀忠良之臣而亡国的史例，直言刘志的做法与焚书坑儒没有区别，把刘志气得暴跳如雷。

陈蕃是名儒，宦官们不敢妄自加害，刘志当然也阻力很大。于是刘志借口陈蕃作为太尉，辟召选用的人才不当，事后将他免职了事。

陈蕃不配合，刘志也不再跟他含糊，干脆跳过司法程序，直接让宦官负责的北寺狱审讯党人。

之前的大臣们李膺、成瑨、刘质违犯法律，那是犯了罪，现在皇帝刘志违犯法律……对不起，他是皇帝，他可以不受法律约束！甚至从某种程度上说，他的意志就是法律。

当然，皇帝虽然可以不受某些法律条文的限制，但人情世故还是要讲的。这不，作为窦皇后父亲的窦武，开始来为党人求情；求情不说，还对刘志有所指摘，说刘志之行"不合天意"，甚至以退为进上交了他的城门校尉、槐里侯印绶。窦武虽然职位不高，并未位列三公九卿，但却有着非常好的学问和名声，名列党人所谓的"三君"之一。刘志别人的面子不给，国丈的面子还是多少要给一点的。而且，刘志近旁的尚书霍谞也为党人求情，刘志心里的怒气，才算是稍稍消解了一点。再加上负责审理该案的宦官王甫等人也被党人的言辞所打动，对党人有所同情，适当减轻了对他们的酷刑。

当然，另一边，李膺等人在狱中，也并没有坐以待毙。从道德和法律等层面来说，李膺等士人除了被指控的结党罪名，再找不到其他的什么劣迹，因为士人们都有道德洁癖，贪污贿赂等恶行与他们沾不上边。倒是宦官的子弟宾客，这些事情一抓一大把。

于是李膺等人在供词中有意地牵涉宦官的子弟。宦官们看到供词，感到非常恐惧，因为李膺等人的罪名，只是一顶大帽子，如果真想查证，还不一定就能查实。而这些宦官子弟违法乱纪的罪行，却是一查一个准。所以宦官们在震恐之下，为了自保，跑到刘志面前不断地吹风，说按照天时，目前适宜进行大赦。

刘志当然也需要一个妥帖的台阶来下，而大赦天下，可以说是最合适的理由。于是在同年的六月庚申日，刘志下诏改元永康，并大赦天下。李膺等人因此被赦免出狱，免官回乡。

不过，党人虽然获得释放，但却被终生禁锢不得做官，他们的名字都被记录在册。这是第一次党锢之祸。

经历了这样一次事件，天下的士大夫都认为李膺道德高尚，而皇帝和宦官们污秽肮脏。

公平公道地说，虽然历史上对刘志的评价不高，但事实上，刘志在某些方面，做得还不算出格。刘志虽然昏聩，但还归不到残暴的行列里去，是昏君，但不是暴君。比如黄琼、李膺这些有能力、有名望的大臣，前脚免职，后脚马上就会重新任职，对待士大夫阶层，也没有赶尽杀绝。

李膺出狱之后，刘志和百官公卿都希望他能够出任太尉。

但是，经学家荀爽却担心李膺名气太大会惹下更大的祸患，想让他忍辱保全性命于乱世，于是写了封信给他，劝他最好能隐居不仕，以躲避祸乱。李膺听从了建议。

党锢之祸后，儒生们被禁锢不能做官，而宦官一党的势力却越来越盛。各地的士人儒生见风气如此，于是更加相互标榜，提出了一些天下共知的名士，并为他们取了特别的称号。

最上等的叫"三君"，次一等的叫"八俊"，再次一等的叫"八顾"，再次一等的叫"八及"，再次一等的叫"八厨"，就像高辛氏帝喾和高阳氏颛顼时代的"八元""八凯"一样。

窦武、刘淑、陈蕃是"三君"，所谓君，是说"一世之所宗"，是可以被世人共同学习的榜样。

关于"三君"的评选，还有一段典故。李膺虽然名气很大，人们一起谈论他和陈蕃的成就、品德，一时难分高下。蔡邕评价二人说："陈蕃敢于冒犯天子，李膺严于整饬下属。犯上难，摄下易。"于是一锤定音，陈蕃名次位在三君，李膺屈排于八俊之首。

李膺、荀翌、杜密、王畅、刘佑、魏朗、赵典、朱寓是"八俊"，所谓俊，是说"人之英"，是人中英杰。

郭林宗、宗慈、巴肃、夏馥、范滂、尹勋、蔡衍、羊陟是"八顾"，所谓顾，是说"能以德行引人者"，可以用他们的道德来引导人们的行为。

张俭、岑晊、刘表、陈翔、孔昱、苑康、檀敷、翟超是"八及"，所谓及，是说"其能导人追宗者"，他们能够引导人们追随尊崇的圣贤。

度尚、张邈、王考、刘儒、胡母班、秦周、蕃向、王章是"八厨"，所谓厨，是说"能以财救人者"，他们能够不惜家财，用财产来救助贫难之人。

这里面有两个人，身为"八及"的刘表和身为"八厨"的张邈，后因罗贯中《三国演义》而知名。

这些学富名高的党人被禁锢，难道就真的没有出头之日了吗？

也不是，他们的出头之日，貌似很快来了！

就在刘志改元永康大赦党人的这一年（公元167年）十二月，被酒色掏空身体的刘志死了。而在这个时候人们才发现，这个拥有当时世界上最多妻妾妃嫔的男人，竟然没能生下一个儿子，只留下三个没办法继承皇位的女儿。刘志死后被葬于宣陵，谥孝桓皇帝，庙号威宗。

第二十八节　谋诛宦官、陈窦惨祸、窦妙葬礼、党锢再起

汉桓帝死后，由于没有儿子，也没有遗诏让谁即位，窦妙和其父窦武商议，准备迎立贤德的外藩王子。窦武向来自河间国的侍御史刘儵打听，刘儵推荐说解渎亭侯刘宏贤德，于是窦妙与其父禁中定策，决定迎立年仅十一岁的刘宏为帝。

刘宏是汉章帝刘炟的玄孙，曾祖是河间孝王刘开，祖父刘淑，父亲刘苌，母为董夫人。

从血统上说，刘宏和汉桓帝都出自刘开一脉，血缘上较近，从辈分上说，刘宏是汉桓帝的从侄，所以与其他的外藩相比较而言，刘宏在汉桓帝之后入继大统，貌似比较合理。

在迎立刘宏之前，窦妙先将其父窦武由城门校尉拜为大将军，之后由窦武持节到洛阳城外的夏门亭，迎接已由刘儵和宦者曹节等人从河间国迎来的刘宏。

其时已是公元168年正月，刘宏随后入洛阳城即皇帝位，改元建宁，是为汉灵帝。

刘宏追尊祖父刘淑为孝元皇，祖母夏氏为孝元皇后，父亲刘苌为孝仁皇，母亲董氏为慎园贵人。

这样一来，河间孝王刘开四个儿子之中，次子刘翼因是汉桓帝父亲被追尊为孝崇皇，四子刘淑是孝元皇，再加上他本人被汉桓帝追尊为孝穆皇，一家人半数以上都是皇帝了。其实从汉桓帝刘志开始，东汉的皇帝都是刘开的后代。

刘宏即位之后，对有定策之功的人进行封赏，改封窦武为闻喜侯；窦武之子窦机封渭阳侯，拜侍中；窦武之侄窦绍封为鄠侯，升任步兵校尉；窦绍之弟窦

靖封西乡侯，拜侍中，监羽林左骑。窦氏一门，一时显耀无两。宦官曹节封长安乡侯。

同时，起用前太尉陈蕃为太傅，与窦武及司徒胡广参录尚书事。

胡广也是官场老油条了，其时已经七十七岁，历事六朝，为官三十余年，曾经"一履司空，再作司徒，三登太尉"，当过一任司空、两任司徒、三任太尉。其他人都如同走马灯似的换，而他通常都是别人被免职之后，再把他换上去。

胡广于公元142年（汉顺帝汉安元年）首任司徒，四年后汉质帝被梁冀鸩杀，梁冀想要拥立刘志，太尉李固反对，于是李固被免，胡广接替李固；

次年胡广因病逊位，几个月之后又被拜为司空；

公元151年胡广再次逊位告老致仕，于153年二任太尉，结果于次年发生日食被免职；

158年三任太尉，结果次年梁冀被诛杀，以阿附梁冀罪名被减死一等，夺爵土地，免为庶人；

公元166年（汉桓帝延熹九年）五月，二任司徒至汉桓帝死，刘宏即位。

不过胡广虽然性格圆滑，奉行中庸之道，却学问做得很好，所作《百官箴》被赞誉"文典甚美"，为后人研究汉朝官吏制度留下了宝贵资料。再加上他非常熟悉先朝的典章制度，通晓当时的朝廷规章，所以京都洛阳为他作谚语说："万事不理问伯始，天下中庸有胡公。"（胡广字伯始）

胡广性格如此，想要态度坚决地支持陈、窦二人做一番什么事情是没有可能的，但不会掣肘二人也是显而易见的。

陈蕃受到皇太后窦妙的青睐并不偶然，之前汉桓帝想立田圣为皇后，就是陈蕃以田圣出身卑微窦氏出身良家为由而力争，才使窦妙最终被立为皇后。现在窦妙多年的媳妇熬成婆，不仅保住了皇后之位，还顺利晋位皇太后掌握了最高权力，自然而然要对陈蕃有所回馈。窦妙以陈蕃辅佐先帝忠孝两全且德高望重为由，封他为高阳乡侯，食邑三百户。谁知陈蕃却坚辞不受，前后上章辞封达十次之多，最终也没有接受封赏。既然陈蕃坚持不受封，那么就把政事委托给他，给予最大的信任，不也是一种回馈吗？

而陈蕃，要的确实就是这个。

陈蕃是有理想的人，而大将军窦武也是有理想的人，让陈蕃辅助窦武执政，看起来确实就是黄金搭档，能够形成最大合力，看起来没有什么事情是他们办不成的。

他们征召之前党锢之祸中被废的李膺、杜密、刘猛、陈寔等名士到朝中任职，一时之间，天下人莫不引颈而望，以为有大贤在朝执政，天下大治的局面很快就会到来了。

然而，这只是一个美好的梦想。

陈蕃和窦武都是读书人，读书人有读书人的优点，也有读书人的缺点。优点是尊重规则，自律自约，以修身治国平天下为己任；缺点也很明显，认死理，不知变通，缺乏宫廷斗争的丰富经验，甚至有些迂腐天真。做事情想一步到位、一蹴而就，并且还想整齐划一、搞一刀切。

陈蕃满以为有他和窦武在朝，再加上他们任用名士，朝野很快就会风清气正、乾坤朗朗，其实根本就不是那么回事。

强大的宦官势力在宫中一直存在，并且不时干扰他们。刘宏的乳母赵娆与中常侍曹节、王甫等人互相交结，成天围在窦妙身边，不停地讨好窦妙，很快就赢得了窦妙的信任。取信之后，就怂恿窦妙乱发诏令，封赏任命了一些不该封赏任命的人，而这些人往往多行贪虐，残害百姓，朝野质疑之声不断传来。

这样的局面，显然是陈蕃和窦武不愿意看到的。二人对此深恶痛绝，就想要将宫中宦者尽皆诛废。二人达成一致之后，于是窦武将和他们志同道合的一些人任用到了关键岗位上，任命尹勋为尚书令，刘瑜为侍中，冯述为屯骑校尉，前越巂太守荀翌为从事中郎，辟颍川陈寔为大将军掾属（就是那个与典故"梁上君子"有关的陈寔），准备伺机发起灭宦行动。

正赶上五月初一发生了日食，陈蕃又去找窦武，拿汉元帝时太傅萧望之被宦官石显害死的先例劝他，让他尽快做出决定，借日食罢斥宦官，然后退绝赵娆及一些蒙蔽皇太后的女尚书。

窦武倒也非常认同陈蕃的建议，于是就跑去禀报自己的女儿，认为宦官本应该只做些宫廷内部的事务，根本不能让他们参与朝政执掌大权，并且宦官的子弟党羽遍布朝中，贪残暴虐，天下动荡不安，就是由于宦官专政造成的，不如全部诛杀或清退。

皇太后窦妙对父亲的建议显然不认同，她认为宦官参政，自汉元帝以来的旧例每朝都有，就算要杀，也只杀那些有罪的，怎么能全部杀光或是赶走呢？

客观来说，窦妙虽是一介女流，年龄也比她的父亲及年近八十的陈蕃小许多，但她的这个看法，却不乏真知灼见，比陈蕃和窦武高明多了。是啊，就算要杀要逐，那也只把那些有罪的杀掉或驱逐就行了，怎么能全部杀光呢？

窦武在当太后的女儿面前碰了一鼻子灰，心有不甘退了出来，好吧，那你说只杀有罪的，我就给你奏几个有罪的。当时中常侍管霸颇有才干谋略，在宫内专权。中常侍苏康在桓帝时担任掖庭令，桓帝后宫采女高峰时近万人，许多出自宦宦世家的采女为求被桓帝宠幸，大肆向苏康行贿，苏康因此巨富。窦武于是就上奏，先杀了管霸和苏康等人。

此后，窦武又多次上奏，请求诛杀曹节等人，但窦妙犹豫不忍，所以此事一直拖而未决。

见皇太后不采纳窦武的奏章，陈蕃就决定亲自试一试，他依仗自己既有人望又曾经有恩于窦妙，觉得自己如果上奏，窦妙就一定会采纳。

于是他洋洋洒洒写了一道奏章，历数侯览、曹节、公乘昕、王甫、郑飒等一班宦官与皇帝乳母赵娆并宫内女官扰乱天下的罪状，极言宦官的可诛性，并说如果不快点杀掉这些人，那么这些人一定会给江山社稷带来危害，到时候造成的祸患到底有多深，实在无法预料。

说了这些还不罢休，陈蕃又在他奏章的最后缀了几句，说希望把他的奏章宣示给宫中的宦者们，要让全天下的奸恶之人都知道他陈蕃很痛恨这些人。

这真的是太幼稚了，都快八十岁的人了，把凶险的宫廷政治斗争看得跟小孩子过家家似的。你陈蕃是谁，你痛恨宦官有什么用？就算是皇帝痛恨宦官，想要杀掉也还要采取必要的安全措施，以防被宦官反杀。你陈蕃现在想要诛杀宦官，不仅不注意保密，还高声嚷嚷要杀人，生怕人家不知道，这不是闹着玩吗？

其时的窦妙，年龄十八九岁（窦妙公元165年入宫为贵人，入宫时大约按十六岁推算，公元168年之时，窦妙约十九岁），但政治才能明显在陈蕃之上。所以陈蕃的奏章，她看了看就扔在了一边。

窦妙没有采纳陈蕃的建议，但陈蕃奏章的内容却很快传了出去。宫中的宦官及其子弟听了，无不震栗。

一晃又是三个月过去，时间到了八月。太白星出现在西方，刘瑜素来善识天象，见了这种星象极为忧心，就向窦妙上书说："太白星侵犯房宿左边伴星，上将星侵入太微星，占卜结果是宫门将会关闭，对将相不利，奸人在君主近旁。希望迅速加以防备。"又立即给窦武、陈蕃写信，说星辰错乱，不利于大臣，应速定大计。

古人的占星术到底有何科学依据目前尚无过硬的理论支撑，但在当时的窦武、陈蕃看来，却是上天的警示无疑。二人决定动手，于是任命朱寓为司隶校尉，刘佑为河南尹，虞祁为洛阳令。窦武上奏免去黄门令魏彪，用自己亲近的小黄门山冰代替。让山冰上奏一贯狡猾作恶尤为无状的长乐尚书郑飒，押送到北寺狱审问。

窦武的这番操作，连一贯迂腐的陈蕃都看不下去了，说："这些人抓起来杀掉就对了，还审问什么？"

但窦武却并没有听从，他让山冰和尹勋、侍御史祝瑨会审郑飒，口供牵连到曹节、王甫。尹勋、山冰就奏请抓捕曹节等人，让担任侍中的刘瑜在宫中上奏太后。

窦武作为大将军，平时常居禁中。但那天晚上，窦武却破天荒地出宫回府去过夜。西汉时上官桀等人想要参劾霍光，瞅准了霍光的"休沐日"上奏，幸而当时的汉昭帝没有上当，否则当时霍光就会遭遇灭顶之灾。

如今如此重大的紧要时刻，窦武居然把凶残的政敌放在眼皮子底下自己却出宫回府，真的是委实令人难以置信。

当时的办文程序，所有的奏章在皇帝（皇太后）批阅之前，必定会经过尚书台。也就是说，在这个过程中，所有奏章都会有好几个宦官经手。这些岗位上的宦官，真可以说是非心腹亲信不可。

窦武就算是爱惜羽毛不愿落下逾规擅权的坏名声想要等着太后批准奏章，那不在宫中瞪大眼睛看着奏章或是安排可靠的人掌管机要却跑回家去睡觉，或者是当面把奏章拿给太后批阅都行！真的是没办法再用什么词汇来形容了！

窦武出宫之后，掌管中书的先把奏章送给了长乐宫五官史朱瑀。朱瑀能在宫内当差那么久，就绝对不是吃干饭的，或许是出于职业习惯，他偷偷地看了窦武的奏章（或许每道奏章都看），见里面的内容是要尽诛宦官，立即破口大骂：

"宦官中胡作非为的，当然可以诛杀。我们这些人有什么罪，而要全部灭族？"于是大喊道，"陈蕃、窦武上奏太后要废皇帝，是要造反！"于是连夜召集亲信中健壮的长乐宫从官史共普、张亮等十七人，歃血共立盟约诛杀窦武等人。

曹节听到消息后，受惊而起，赶快跑去对小皇帝刘宏说："外边事情紧急，请出宫驾临德阳前殿。"他还让刘宏拔剑跳跃，并让皇帝乳母赵娆等人在刘宏左右护卫，取出传信的符证、荣信，然后关闭各宫门。之后，曹节召来尚书官员，持刀相威胁，命令他们写诏书任命王甫为黄门令，持符节到北寺狱逮捕尹勋、山冰。

山冰毕竟在宫中多年有些见识，他怀疑诏书是假的，不肯受诏，王甫毫不犹豫，命卫士格杀了他。接着又杀死了尹勋，放出了郑飒。返回之后，王甫等人又劫持了皇太后窦妙，夺取了玺印。命令中谒者守卫南宫，关闭宫门，隔绝南北两宫之间的复道。之后派郑飒等持符节，和侍御史、谒者去逮捕窦武等人。

其时的窦武就是再迂腐，也知道这个诏书是假的了，所以他没有受诏，而是迅速跑到了步兵营，因为那里有他担任步兵校尉的侄子窦绍。入营之后，他与窦绍共同射杀了使者，之后召集北军五校兵士数千人驻屯在都亭下，向军士们喊口号说："黄门常侍造反，你们要尽力讨伐他们，有功的封侯、重赏。"

其时的曹节等宦官，因为小皇帝在他们身边，并且又劫持了皇太后，所以完全掌握了主动权。他们以皇帝的名义矫诏，任命少府周靖代理车骑将军，加节，围捕窦武等人。

天将亮时，王甫带领虎贲、羽林、厩驺、都候、剑戟士等一千多人，出宫屯驻朱雀掖门，准备与窦武、窦绍叔侄所率的将士对阵。

就在这千钧一发之际，护匈奴中郎将张奂胜利回京了！

张奂会帮助窦武、陈蕃吗？

张奂为东汉名将、学者，"凉州三明"之一，汉桓帝时被举为贤良，因对策第一擢拜议郎，后外任为安定属国都尉、武威太守、度辽将军及护匈奴中郎将，在对匈奴、鲜卑、羌、乌桓等对边作战中功勋卓著。

此次回朝之前，因为鲜卑、南匈奴、乌桓几路入塞寇掠缘边九郡，朝廷以其靖边有方，复拜已任大司农的他为护匈奴中郎将，以九卿的品秩总督幽、并、凉三州及度辽、乌桓二营兵马前去征讨。匈奴、乌桓听说张奂出征，先后有二十万人陆续向张奂投降，只有鲜卑出塞退走。

之后，东羌、先零羌寇掠关中，危及三辅，又被张奂指挥击败，三辅安定。

立下大功之后，张奂胜利回朝，但因为他不阿附宦官，所以张奂并没有得到应有的封赏，只是赐钱二十万。

此时张奂刚刚率军回到京城，什么情况也不清楚，他能分得清忠奸正邪吗？

真的是分不清楚！

因为他是将领，他得听皇帝的诏令。也就是说，朝廷的红头文件上写什么，他就会听什么。而他刚到京城就接到了诏书，让他和宦官王甫共同讨伐造反的窦武等人。

将军能抗旨不遵吗？显然不能！

张奂身为名将，指挥作战能力极强，出征平乱，几无败绩，连强悍的匈奴、乌桓骑兵都闻张奂之名望风而降，窦武所率的北军又岂是他的对手！

王甫所率的五营士与张奂合兵之后，兵力越发强盛。王甫命他的士兵向窦武所率的北军将士大声喊话说："窦武造反，你们都是禁兵，本应该守卫皇宫，为什么会反而跟随反贼呢？先降者有赏！"

洛阳城中的将士早就见惯了宦官的作威作福，目睹了宦官的嚣张跋扈，耳闻了顺之者昌逆之者亡，所以素来畏服宦官，于是窦武的士兵渐渐跑到了王甫那边。从清晨到早饭时分，窦武这边的将士基本全部向王甫投降。

窦武、窦绍见势不妙，想要出逃，但众军哪里能让他们跑掉，追上去包围了他们。二人无奈，只好自杀而死。他们的头被割下来，悬挂在洛阳都亭。

那么这个时候，窦武的搭档陈蕃在做什么呢？

陈蕃听说王甫带兵围捕他们，于是立即带着他手下的官吏及学生八十多人，一起拔刀冲进承明门，振臂高喊说："大将军窦武忠诚卫国，黄门宦官叛乱，谁说窦氏无道？"

王甫这个时候刚好带着兵士过来，和陈蕃相遇，清清楚楚地听到了陈蕃的话。他责骂陈蕃说："先帝刚刚离开我们，陵墓还没完全修好，窦武有什么功劳，兄弟父子，一家三人封侯？窦家带走很多后宫女子，饮酒作乐，一个月里，聚敛的财物数以亿计。大臣成了这个样子，还能算有道吗？您是国家栋梁，却徇私枉法相互结党，（您就是贼）还到哪里去抓贼？"于是下令抓捕陈蕃。

陈蕃拔剑呵斥王甫，因为陈蕃天下知名，朝野尊敬，所以王甫率领的兵士敬畏不敢靠近，只是层层把他围了起来，足足围了有几十重。年近八十的老者，角力怎么会是虎狼之士的对手，陈蕃最终被抓起来送进了宦官负责的黄门北寺狱。

入狱之后陈蕃所受的屈辱，已经不能用虎落平阳被犬欺来形容，宦官的随从骑士上前踢蹋陈蕃，侮辱他说："老死鬼，你现在还能减少我们的人数、剥夺我们的俸禄吗？"当天，陈蕃遭到杀害。

尹勋被投入监狱，自杀而死，刘儵也被害而死。

至此，陈蕃、窦武谋诛宦官行动，以宦官毫无悬念地取得压倒性胜利而告终。

因为这次变乱发生在九月辛亥日，所以称之为"九月辛亥政变"。

回头看看陈、窦二人与宦官的斗争历程，真是难忍千年之叹。他们前后谋划了八九个月，最终被宦官一夜之间反杀。

陈蕃和窦武想要诛杀宦官，非要奏请太后同意之后才行。

宦官想要杀掉陈蕃和窦武，根本用不着费那么大力气，控制皇帝、劫持太后、抢走符玺矫诏就可以！

窦武、陈蕃本来可以像后来的陈琳所说的那样"鼓洪炉燎毛发"，但却跟一帮不讲规矩、不讲法律的穷凶极恶之徒讲规矩讲法律，等待他们的不是死无葬身之地，还会是什么呢！

看看这群宦官的这场政变，如果抛开忠奸正邪的立场不说，他们判断之精准、决策之果断、行动之迅速、执行之坚决，最终将窦武、陈蕃一剑封喉，整个过程干净利落，没有丝毫的拖泥带水之处，没有给对手留下丝毫的破绽和峰回路转的机会，真算得上是教科书般的政变，完全堪与孙程主导的拥立汉顺帝、单超策划的诛杀梁冀等政变相侔！

反观陈蕃、窦武之谋划、决断、行动、能力、水平、手段与宦官形成了强烈的对比，堪称目不忍睹。怪不得当年汉桓帝诛杀梁冀时选择了宦官做帮手，要是选择了这帮大臣，弄不好事情不成还会白白送掉自己的性命。书生造反，三年不成！

窦武遇害，宦官随后逮捕了他们的宗亲、宾客、姻戚全部杀掉，其余家属被流放到日南郡。刘瑜、冯述都被灭族，虎贲中郎将刘淑、尚书魏朗等也被诬陷与窦武同谋，被迫自杀。自公卿以下曾经为陈蕃、窦武所举荐的官吏、门生，都被免官禁锢。

议郎巴肃最初参与了窦武的谋划，但曹节等人不知道，只是受牵连被禁锢而已。后来宦官们知道了，于是追捕巴肃，巴肃自己坐着马车前往县衙投案。县令非常佩服巴肃，想要解印弃官与他一起逃亡。巴肃拒绝，于是被害。

窦武被杀之后，再无人敢为他收尸，他大将军府的掾属胡腾，从小就是他的学生，独自为他收尸下葬并办了丧事，因此也像党人那样被禁锢而不得做官。

胡腾在当时也是个比较知名的人。之前汉桓帝出巡到南阳，胡腾为护驾从事。当时随行的公卿贵戚车马成千上万，在地方上索取摊派的费用差役，多得不可胜计。当地官吏百姓都不堪其扰，胡腾见状，于是向汉桓帝建议说："对于天子来说，整个国家没有内外之别，车驾所到之处，就是京师。建议现在把荆州刺史视作司隶校尉，我自己类同都官从事（司隶校尉的高级佐官之一）。"汉桓帝听了之后，觉得胡腾的建议水平极高，于是立即就采纳了。百官得知消息十分畏惧，再不敢向地方上乱提非分要求，自是秩序井然，胡腾因此扬名。

窦武的家人被杀之时，他的孙子窦辅刚刚两岁，被胡腾冒充自己的儿子藏了起来。曹节等人清点窦氏子孙，发现窦辅不见，于是下令紧急搜捕。胡腾和令史张敞（张温之弟）一起帮助窦辅逃到零陵地界，诈称窦辅已死，最后逃过了宦官的追捕。之后，胡腾把他当作自己的儿子来养，成年后还给他娶了妻子。建安年间荆州牧刘表听说之后任命窦辅为从事，让他恢复窦姓并奏报朝廷。曹操平定荆州后，窦辅被征辟到丞相府。

陈蕃被害之后，他的家属被流放到比景县，宗亲、学生、属下全部被免官、贬斥、禁锢。

陈蕃的朋友陈留人朱震，当时担任铚县（今安徽省淮北市濉溪县临涣镇）县令，听到消息后弃官前去哭吊，收葬陈蕃的尸体，并把他的儿子陈逸藏匿到甘陵境内。

朱震也是个正直且很有胆识的人，最初担任州从事，上书检举单超的弟弟济阴太守单匡犯贪污罪行，并且牵连到单超。单超是什么人？是帮助汉桓帝诛杀梁冀夺回权力立下首功的人，朱震敢检举他们兄弟，可想而知需要多么大的勇气。意外的是，汉桓帝下令逮捕单匡并把他交给廷尉审讯，并谴责单超，单超不得已只好前往监狱，谢罪以示认错。朱震的行为当时就轰动了京城，三府谚语说他："车如鸡栖马如狗，疾恶如风朱伯厚（朱震字伯厚）。"车子就像鸡笼那样小，驾车的马就像狗那样矮，看起来清贫如此，但他却是疾恶如风的朱伯厚。

朱震营救陈逸之事随后泄露，全家都被关进监狱。朱震受到严刑拷打，但他咬紧牙关誓死不言，最终使陈逸得以逃脱。后来黄巾起兵，朝廷大赦党人，陈逸才被追回，官至鲁国相。

另有一件非常奇异的事情见载于史书，说是当初窦武出生之时，他的母亲还同时生下了一条蛇，于是就把那条蛇放生到了树林里。后来窦母去世，即将下葬之时，有一条大蛇从草丛中爬了出来，径直来到丧葬之处，用头撞击棺木，泪血皆流，俯仰盘曲，看上去非常哀伤的样子，过了好一会儿才离去。当时的人都认为这可能预示着某种兆头，把那条蛇视为窦家的祥瑞。

只是这样的祥瑞，恐怕不为更多的人所喜闻乐见。

还是在汉桓帝时期，身为党人"三君"之一的窦武，在京城洛阳被人传出童谣说："游平卖印自有评，不避贤豪及大姓（窦武字游平）。"是说窦武推荐任命官吏，自有自己的评判标准，他会选择那些才高德劭的人担任重要职务，被他荐举之人也往往非常胜任，这让那些仅凭门第、财富就想做官的豪族大姓感到绝望。

　　窦武以德取士当然值得褒扬，但某些方面，他或许想得太绝对了。想得太绝对，就会导致思想上有些片面、有些偏激。水至清则无鱼，人至察则无徒。好人里面有恶人，恶人里面有好人，所谓善恶一念间。窦武想要尽诛宦官，那么如果他和陈蕃胜利了，他信任的山冰杀还是不杀呢？郑众、孙程及其后的吕强，也算是对国家有所贡献，如果连这样的宦官也杀，那窦武所倡导的道义，恐怕也有站不住脚的地方吧！

　　窦武与其后的何进在《后汉书》中共立一传，恐怕不是作者范晔的无心之举，还是曹操那句"当诛元恶，一狱吏足矣，欲尽诛之，事必宣露，吾见其败"更具智慧吧！

　　再说陈蕃。陈蕃十五岁时，曾经独住一室，但却从不打扫庭院，致使卫生不洁。他父亲的朋友薛勤前来看他，见院内荒芜脏乱，就对他说："孩子，你为什么不把卫生打扫干净迎接客人呢？"陈蕃回答说："大丈夫处世，应当扫除天下，怎么能只局限于一间房屋呢？"薛勤听了之后十分惊讶，觉得陈蕃怀有澄清天下的大志，因而非常赞赏他。

　　从现代教育的观点来看，从小培养孩子的动手能力，有助于开发智力，也有助于提高情商，不致使孩子忽略细节好高骛远。业务不精、流程不熟在具体操作中往往会阴沟翻船，这样的先例还少吗？"一屋不扫，何以扫天下"，以小譬大的话语中其实凝结着前人躬行的深深体验，陈蕃谋诛宦官失败，难道没有志大才疏、眼高手低的因素在里面吗？

　　再说皇太后窦妙。

　　窦妙那么替王甫、曹节着想，那么此时，王甫、曹节是不是会对她感激涕零呢？

　　完全不是那么回事！

　　或许是曹节等人带兵冲进她的寝宫劫持她的那一刻起，她才真正看清这些人的真实嘴脸。之前这些人在她面前一贯弯着腰，低眉顺眼、笑容可掬，谄媚得就像一只猫，可是在那一刻，她惊奇地发现，这些人的腰原来是能挺直的，他们面色冷酷、目射寒光，凶恶得就像一头狼。

　　窦氏全家被杀，而窦妙则被迁居到南宫云台。

　　云台，就是那个汉明帝下令悬挂二十八位开国功臣画像的地方，性质就像祠堂，功能就像现代的烈士陵园或是纪念馆，那种场合，悬挂画像可以，活人，住在那里合适吗？

名义上仍为皇太后，但实际上却被幽禁。

这个可怜的女人，直到此时，可能才痛恨自己是多么地天真和幼稚。她曾经心慈手软想要保全这些人的生命，可是这些人在杀起她的家人来却连眼都不会眨一下。她的父亲是一位彬彬有礼、尊重规则的君子，没有她的允许决不擅行诛杀，满以为这些人也会像父亲尊重她那样给予她完全的尊重，她会在所有人面前拥有绝对的权威，然而事实却不是这样的，这些人甚至都不用请示，就直接抢走了她的符玺，端端正正地盖在了族灭窦氏的诏书上！

她的父亲如果不经她同意杀了这些人是擅权，而这些人在她眼皮底下盖了符印杀了她的父亲却是合理合法，多么辛辣的讽刺啊！

在残酷的政治斗争面前，只有生存、鲜血和死亡！

宦官们囚禁了窦妙，但刘宏这个十来岁的小娃娃，对窦妙援立他当皇帝还是心存感激，于三年后率群臣到南宫朝觐并亲自为她上寿。然而，这对窦妙的处境并不能有什么根本性的改变。

因为她所援立的小皇帝，其时也操控在那帮宦官的手里，就像木偶一样。

黄门令董萌多次在小皇帝面前为窦妙诉说冤情，小皇帝非常赞同，对窦妙的供养资财和俸禄有所增加。宦官里面确实也有好人，这一点毋庸置疑。

可是就这一点，也引起了曹节、王甫的忌恨。他们认为董萌依附、帮助窦妙，于是就诬陷董萌诽谤刘宏的母亲董老太后，董萌因此下狱而死。

熹平元年（公元172年）六月，窦妙的母亲死于比景，她非常感伤，随即患病而死。根据她入宫的年龄推断，死的时候，也就是二十二三岁。

这么小的年龄，可以理解她为什么汉桓帝死后还没有下葬，在灵前就杀了得宠的贵人田圣，也可以理解她为什么在这场政治斗争中一再犹豫结果一败涂地葬送了家人的性命。

宦官在窦妙活着的时候痛恨窦氏，现在窦妙死了，应该可以给她应有的礼遇了吧？

怎么可能！

如果宦官肯那样做，那就证明他们不是宦官。

他们用贵族妇女拉衣服的衣车载着窦妙的尸体，放置于城南的市舍好几天。曹节、王甫还想仅仅用贵人之礼安葬窦妙，刘宏质疑他们说："太后亲自拥立了我，统承了汉家的大业，《诗经》上说无德不报、无言不酬，以贵人之礼安葬合适吗?"曹节和王甫见小皇帝发怒,于是不敢再坚持,最终以太后之礼为窦妙举办了丧事。

但曹节等人对窦氏始终心存芥蒂,在将要下葬的时候,又提出要将窦妙葬在别的地方,由早先死去的冯贵人与汉桓帝合葬配享。

兹事体大,刘宏作为皇帝再和宦官吵实在有失体面。礼仪制度、引经据典,学富五车的大臣们最为专业,于是刘宏下诏,召集公卿大臣们讨论,并让中常侍赵忠监督会议。

其时太尉李咸正生病,他对妻子和儿女说:"如果皇太后不得配享桓帝,我就不活着回来了。"挣扎着拄拐杖前去参会。

参会的公卿大臣足有数百人之多,但大多数人都远远地望着宦官,察言观色,谁都不敢先发言。监议的赵忠对大臣们相互观望而不附议宦官的行为非常不满,于是催促说:"讨论的事情,应该及时议定。"

廷尉陈球发言说:"皇太后以盛德善良之家,母临天下,应该配享先帝,这是毫无疑问的。"赵忠听了,冷笑着对他说:"陈廷尉应该现在就持笔写下来。"陈球对赵忠的威胁之语并不畏惧,他二话不说写就奏章说:"皇太后自从进入后宫,有聪明母仪之德。援立陛下继位,功德甚重。先帝晏驾,太后遇上大案,被迁居冷宫,不幸早逝,虽然家族有罪,但不是太后的错。现在如果另行安葬,实在使天下人失望。况且冯贵人之墓被盗,骸骨暴露野外,被贼人奸尸,魂灵受到污染,而且于国无功,怎么适宜上配至尊先皇?"

赵忠看了陈球的奏章,发怒摇头,阴阳怪气地嘲笑陈球说:"陈廷尉提的这个建议很厉害嘛!"

陈球理直气壮地说:"陈、窦已经蒙冤,皇太后无故被幽闭,臣常常痛心,天下之人悲愤叹息。今天说了这些,明天就是因此而获罪,也是我长久以来的愿望。"

公卿大臣们内心的正义感被陈球的勇气所激发,所以都赞同陈球的提议。

李咸刚开始不敢率先发言,此时见陈球义正词严,于是大言不惭地说:"我本来也认为应该如此,陈廷尉所议,十分切合我的心意。"与会的公卿大臣都为他感到羞愧。

曹节、王甫见大臣们意见一边倒,没有人附和他们,不禁又急又怒。于是又争论说,之前的皇后梁女莹,因为娘家犯有重罪,别葬在懿陵;汉武帝废黜卫皇后,所以由李夫人配享。如今窦氏罪重,怎么能与先帝合葬呢?

李咸被其他的大臣们鄙视了一番，羞赧之下知耻后勇，于是上疏说："之前章德窦太后虐待害死了汉和帝的生母恭怀皇后，安思阎皇后家也犯有重罪，但是汉和帝却并没有提出将她们另葬别处，汉顺帝一朝也没有贬斥的诏令。至于之前的皇后卫子夫，是汉武帝亲自所废，和今天所说的不是一个概念。如今长乐太后尊号在身，曾经亲自临朝称制，哺育天下，而且迎立陛下，光照皇祚。太后以陛下为子，陛下怎能不以太后为母呢？没有儿子废黜母亲、臣子贬斥君主的道理，窦太后应当与汉桓帝合葬在宣陵，与旧制相同。"

不得不说，李咸虽然胆子小了点，但水平还是相当高的，一句"子无黜母，臣无贬君"，从礼制上将道理拿得死死的，让人看了不服都不行。

小皇帝刘宏其实要的就是这个结果，他看了李咸的奏章之后，觉得李咸的这些论据已经非常过硬，其他人已经驳不倒了，于是对曹节等人说："窦氏虽然不道，但太后却有德于我，不应该降黜。"

到了这个时候，曹节、王甫等人真想抽自己几个嘴巴子，他们提议谁配享不好，非要提曾被盗墓贼奸尸的冯贵人，被大臣们抓住破绽趁机攻击，宦官们就此阵地失守一败涂地。

其实，最后让谁配享，大臣们说了不算，宦官们说了也不算，文采高不高也在其次。小皇帝刘宏虽然处于半傀儡状态，但他的态度还是有相当的分量。也就是窦妙确实迎立了刘宏，并且没有参与谋诛宦官行动让王甫等人抓住把柄，所以刘宏才怀着一颗感恩之心一再坚持，否则，窦妙是否被贬黜就真的是一个未知数了。

太尉的奏章滴水不漏，再加上小皇帝发话，曹节、王甫等人只恨自己没那么高的文采可以与大臣们当庭辩论，所以再也说不出一句话来。窦妙配享，这才形成定议。窦妙与汉桓帝合葬于宣陵，谥为桓思皇后。

陈蕃、窦武谋诛宦官失败，士大夫尽皆丧气，而宦官势力却愈加强盛。

曹节升任为长乐卫尉，更封育阳侯，在原来六百户的基础上增邑三千户；王甫升任中常侍，依旧担任黄门令，朱瑀封都乡侯，食邑一千五百户，后更封华容侯；共普、张亮等各食邑三百户，其他十一人都受封关内侯。

张奂因功升任少府，再拜大司农，封侯。

正直的张奂，直到帮助宦官擒杀陈蕃、窦武之后，才发现自己原来是助纣为虐，他痛恨自己被曹节等人所欺骗，上书坚决推辞，封还了印绶。

第二年的夏天，发生了一些在当时看来有些异常的天象，一条青蛇出现在皇帝的御座之前,又刮大风下冰雹,闪电击倒大树。于是刘宏下诏,让大臣们都说说这些灾异预示着什么。张奂上书,说这都是因为窦武、陈蕃沉冤没有昭雪,并且把太后窦妙迁到南宫所致,应该赶快重新以礼安葬窦武、陈蕃,让他们的家属返回原籍,那些受到牵连的人都要平反,太后也应该从南宫迁回。

刘宏非常赞同张奂的提议,于是问左右的宦官们,宦官们都对张奂之议极为怨恨,刘宏无奈只好作罢。

张奂随即遭到宦官的报复,被调任为太常。

如果只是这样,张奂也还不是太惨。张奂忧虑无正人在朝,其后又与尚书刘猛、刁韪、韦良等人一起推荐王畅、李膺出任三公,使曹节等人越发痛恨他,诏书很快下达,将张奂等人痛责一番。张奂等人只得自囚于廷尉,几天之后才出来,罚三个月的俸禄赎罪。

司隶校尉王寓是宦官党羽,他想让大臣们举荐他,其他的官员们都畏惧应承,只有张奂严词拒绝。王寓非常生气,于是诬陷张奂结党营私,张奂因此很快被禁锢归田。

等到段颎出任司隶校尉之时,因之前和张奂结怨,段颎想把张奂逐回敦煌老家,然后害死他。人在屋檐下,不得不低头,张奂忧惧之下,于是给段颎写了一封情深意切的信,并向段颎服软认错,段颎读了之后十分不忍,张奂才最终逃过一劫,最后得以七十八岁高龄善终于家。大名鼎鼎的"草圣"张芝,就是张奂的儿子。

如果说为陈蕃、窦武及太后窦妙鸣不平并举荐王畅、李膺的张奂还算善终的话,那么另一个和张奂做了同样事情的人,下场就非常惨了。

郎中谢弼上书,他引用《尚书》中"父子兄弟,罪不相及",及《礼经》中"为人后者为之子",直言太后窦妙不仅不应该被牵连,还要让皇帝尽孝奉养。并极力为陈蕃诉冤,建议迎回陈蕃家属,解除党锢,征召原司空王畅、长乐少府李膺等担任三公执政。

谢弼不上书倒还罢了,这一上书,立即引起了宦官们高度的警觉。李膺、王畅等人,在朝野的威望还是如此之高,如果不除掉这些名士,他们早晚会和陈蕃一样,指不定就会发动一场政变杀掉他们。

谢弼随即被外调为广陵府丞。在谢弼心意阑珊弃官回乡之后,担任东郡太守的曹节之侄曹绍立即找借口将其下狱活活拷打致死。(后董卓专权,司隶校尉赵廉为谢弼鸣冤,于是曹绍被抓起来斩杀。)

祸不单行的是，这些名士自己又惹出了大事端。

建宁二年（公元169年），即陈蕃、窦武事败的次年，在山阳郡担任督邮的张俭，又和中常侍侯览隔空交火。

这一年，侯览的母亲离世，侯览回山阳奔丧，为他的母亲大起坟茔。张俭因此上书举奏侯览贪赃、奢横，前后强夺民田一百一十八顷、住宅三百八十一所，并模仿皇宫的形制修建大规模住宅十六处，有高楼、池塘、苑园，真的是奢侈之极；他还预先为自己修建陵墓，因为占地较广，就破坏他人的房屋并挖掘别人的坟墓，劫掠良善人家的女子作为自己的姬妾，实属无恶不作、僭越逾矩。

侯览可不是一个人在战斗，他虽然回乡奔丧，但朝中还有其他的宦官，所以张俭的奏章自然而然递不到小皇帝面前。

张俭奏章递上去不见回音，急怒之下，带人拆毁了侯览的寿冢家宅，然后没收了他的家财，抓捕、诛杀侯览的党羽和宾客，并再一次列举罪状上报。同时在奏章中还举奏侯览的母亲在生前交通宾客，扰乱地方。

这样的奏章，仍然无法递到小皇帝手上。

小皇帝不知道侯览所犯的罪行，但侯览在小皇帝身边告状却毫不费力。他故伎重施，像之前在汉桓帝面前哭诉的那样在刘宏面前再一次哭诉，并声称张俭杀了他的母亲，还损坏了他的住宅和祖坟。

对于小皇帝而言，侯览只要犯了罪，地方上如果提前上奏，经核查属实批复下去，张俭的做法就没错，杀死侯览就像捻死一只蚂蚁一样。但是现在，张俭不奏而诛，就是不把他皇帝放在眼里，实属大逆不道。

刘宏也没有核实一下张俭到底上奏了没有，就雷霆震怒，下令将张俭抓到廷尉府问罪。

依侯览之狡猾，不仅仅只是自己在小皇帝面前哭诉一下，他还有组合拳，这不，第二拳又狠狠地打了过来！

张俭有个老乡叫朱并，平日里品行不端，素来被张俭所蔑视，于是他就投靠了侯览。此时侯览与张俭剑拔弩张，于是朱并就在侯览的授意下，上书诬告张俭。

朱并的奏章适时地出现在了小皇帝面前，朱并上告张俭与同郡的二十四个人共为部党，意图危害社稷。而这些人里面，张俭就是党魁。

小皇帝看了非常生气，但还有些吃不准，于是又找他认为对他非常忠诚的曹节等人来问情况。这一问不要紧，大祸再一次从天而降！

曹节等人趁机上奏说:"何止是张俭这些人,还有那些钩党如虞放、李膺、杜密、朱㝢、荀翌、翟超、刘儒、范滂等,都应该让州郡抓起来问罪。"

其时的刘宏刚刚十三岁,不懂什么是"钩党",就问曹节等人。曹节等人回答说:"钩党就是党人。"刘宏更加奇怪了,又问:"党人做了什么坏事要诛杀他们?"回答说:"党人都互相举荐结党,想要图谋不轨。"刘宏再问:"图谋不轨想要干什么?"回答说:"陛下,您怎么还不明白,他们想要夺取您的江山啊。"

这还了得!刘宏不听则已,一听勃然大怒,立即批准了曹节等人的奏议。然后诏令删去举报人的姓名,把举报的文书下发到各州郡,捉拿张俭、李膺、杜密等人。

是为第二次党锢之祸。

李膺的老乡得知消息,劝李膺赶快逃走,但李膺却没有同意。他慷慨地说:"侍奉君主不躲避灾难,犯有罪过不逃脱刑罚,这是我作为一个臣子的气节。况且我已经六十岁了,死生天注定,还能跑到什么地方去呢?"主动前往诏狱,被拷打而死。他的妻子、儿女被流放边境,门生、故吏和他们的父兄,都被禁锢不准做官。

当时,蜀郡景毅的儿子景顾是李膺的门徒,没有被作为党人禁锢。景毅慨然说:"本来就觉得李膺是个贤者,所以让儿子师事之,现在老师遭难,怎么能因为名册上没有儿子的名字,就苟且偷安呢?"于是上表自劾免归,人们都非常钦佩他。

李膺的儿子名叫李瓒,后来官至东平相。当初曹操年轻还没什么名气的时候,李瓒极为看重曹操的才能。临死之前,李瓒对儿子李宣等人说:"天下即将大乱,天下英雄,没有人能比得了曹操,虽然张邈和我关系非常好,袁绍是你们的外亲,但你们不要去投靠他们,一定要去投奔曹操。"儿子们听从了他的话,全都在乱世保全了性命家人。名士之后,果然见识不凡啊!

其他名士如虞放、杜密、朱㝢、荀翌、翟超、刘儒等百余人,都死在狱中。

汝南督邮吴导前去逮捕范滂,到了范滂的家乡,怀里抱着诏书,竟然关上驿舍的门,趴在床上大哭起来。范滂听到后说:"一定是为了我才这样。"于是主动前往监狱投案。县令郭揖听说后,想要解下自己的印绶跟范滂一起逃走。但范滂既不想连累县令,也不想让老母亲为了他流离失所,拒绝了郭揖的好意。范母闻讯前来探望范滂,对他说:"我儿今日能与李膺、杜密齐名,死了还有什么可遗憾的！已经有了好名声，还想要长寿，能够兼得吗？"范滂跪拜母亲之后，回头对儿子说："我想教你做坏事，可坏事是不应该做的；我想教你做好事，可是看看我做好事的下场。"路上的行人听了，无不悲伤流泪。范滂死时年仅三十三岁。北宋名臣范仲淹为范滂之后。

各郡县陆续被逮捕、杀死、流放、囚禁的士大夫前后有六七百名之多。

那么引发这场大祸的张俭，又是什么状况呢？

张俭得知朝廷行文缉捕他，于是立即开始逃亡。那个时代，没有先进的交通工具，又不敢明目张胆乘坐马车，所以张俭只能是一路步行，东躲西藏。这样的结果就是，张俭跑得精疲力竭，又渴又饿，所以只要看见人家，就前去投宿（典故"望门投止"出处，清末谭嗣同有"望门投止思张俭，忍死须臾待杜根"句）。

法律规定，收留朝廷缉捕的罪犯是要连坐的。但因为张俭天下知名，受人尊重，所以只要他前去投宿，就算是知道有被抄家灭族的危险，被投宿的人家也还是选择了收留并接待他。后来他辗转流亡到东莱（今山东省龙口市），住到李笃家里。外黄县县令毛钦得知消息，带兵来到李笃家门口。李笃拉过毛钦对他说："张俭闻名天下，逃亡不是他的罪过。就算张俭可以抓到，难道您就忍心逮捕他吗？"毛钦听了之后，起身抚着李笃的后背说："蘧伯玉耻于独自一人做君子，您怎么能一个人把仁义全占了？"李笃说："我虽然一贯追求仁义，但县令大人您今天也占了一半了啊。"因此毛钦叹息着离去。李笃趁机送张俭出塞，张俭最终得以免遭大难。

凡是收留过张俭的人家，最后受株连被杀的有十家之多，有的宗族、亲戚全被杀死，郡县为此残破不堪。

这里面最著名的莫过于孔融的哥哥孔褒。

张俭和孔融的哥哥孔褒有旧交，有一天逃亡到孔褒家里。孔褒正好不在家，他的弟弟孔融当时只有十六岁，张俭觉得他太小就没有告诉他发生的事情。孔融见他面有难色，就对他说："我哥哥虽然不在家，我难道就不能做主帮你吗？"就把他留宿在家中。后来事情泄露，孔褒、孔融都被抓起来送进了监狱。孔融说："做主把张俭藏在家里的，是我，我应当连坐。"孔褒说："张俭来找的是我，不是弟弟的罪过，我甘愿认罪。"官吏问他们的母亲，其母说："家里的事情应该由长辈负责，我应当抵罪。"一家人争着认罪，郡县不能决断，于是上报朝廷。朝廷经过讨论，最后将孔褒治罪杀死。

党锢之祸解除之后，张俭返回乡里。三公争相征辟他，但他都没有去任职。献帝初年，百姓遭受饥荒，张俭家里条件还可以，于是他拿出全部财产，救济乡亲，依靠他存活下来的有上百人之多。张俭此举，也算是对当初为收留他而被抄家灭族者的一种救赎吧。

张俭望门投止使许多人家破人亡，当时就有名士表达了对他的不满。

名士夏馥从来不与豪富、宦官结交，他的名声被宦官所嫉恨，所以也作为党人被缉捕。夏馥听说了张俭逃亡的经过，叹息说：

"罪孽是自己作的，白白地连累好人，一人逃死，祸及万家，活下来干什么啊！"于是把自己的胡须剪掉，改变自己的容貌，跑到林虑山中，隐姓埋名给人家当用人。他用烟炭熏烤自己的面部，容貌尽毁，差不多破了相，就这样一直过了两三年，也没人能把他认出来。不过遗憾的是，夏馥没能等到党禁结束，就离开了人世。

未遭祸患的名士们里面，陈寔差不多是唯一受到宦官保护的。

此前中常侍张让的父亲去世，葬在老家颍川。虽然一个郡的官吏差不多都去参加了葬礼，但却没有一个名士愿意去吊唁，这让张让感觉非常羞耻。而只有作为同郡老乡的陈寔前去参加了葬礼，给足了张让面子。此时党锢之祸再起，张让因为非常感激陈寔，所以对他和一些名士多有保全。

生逢乱世，与其空争一个虚名死去，不如保留一些干事创业的种子。所以对陈寔之举，还是多一分理解吧。

如果说陈蕃、窦武死后，士大夫尽丧其气；那么遭遇第二次党锢之祸后，全国的士大夫可说是尽丧其人，不是被杀，就是被禁，无人敢为其申冤。

七年后（公元176年），永昌（今云南保山市西南至缅甸东北部一带）太守曹鸾上书为"党人"鸣不平，说党人都是有德的英贤、是股肱之才，谋反的人尚可以赦免，为什么党人不能饶恕？频发的水旱灾异等，都是因为禁锢党人所致。应该迅速宽赦，以平复上天之怒。

刘宏看了奏章之后，大怒不已，诏命司隶及益州部用槛车将曹鸾押送至槐里狱，拷打致死。

处死曹鸾之后，刘宏一不做二不休，又下诏让州郡核查，凡是党人门生、故吏、父子、兄弟中做官的，一律免职，禁锢终生，并牵连五族（五服）。

又三年后（公元179年），上禄（属武都郡，今甘肃成县西南）县县长和海上书说："按照礼法，从祖父一辈起，兄弟就开始分家另过，越往后，血缘和亲属关系越疏远，而现在对党人则禁锢了他们的五族，既违背了经典条文，也不合于普通法律。"刘宏看了之后，才发现自己之前做得太偏激了。这一次，他没有发怒，于是下令对党人的禁锢，自从祖亲属（小功）以下，全部解禁。

又五年（公元184年）后，黄巾军起。正直且有见识的中常侍吕强担心士大夫被禁锢日久，会因为看不到出路与黄巾军联合，于是向刘宏建议解锢。刘宏深服其论，畏惧之下，下令大赦党人，被杀者家属及流放之家才全部返回故郡。

至此，党锢之祸才算结束。而一直等到公元189年汉献帝朝，才等来朝廷层面为陈蕃、窦武等人平反。

陈窦虽败，士人虽锢，但浩气长存人间世。他们用自己的鲜血、自由及家口，悲壮地换来了东汉王朝的艰难绵延。正如范晔在《后汉书》中所说的那样："汉世乱而不亡，百余年间，数公之力也。"士大夫们虽然被冠以"党人""钩党"之称号，然而他们仍然心向朝廷、心系百姓，坦荡无私，为维护世间正义而前赴后继着。

第二十九节　谮杀皇后、阳球锄奸、名将之耻、惊国大案

士大夫被宦官诬为党人诛杀的诛杀、下狱的下狱、流放的流放、禁锢的禁锢，那么在那段时间里，宦官们过得好吗？

宦官们过得真是再好也没有了，不是一般的好。好到为所欲为、肆无忌惮！好到连汉桓帝的亲弟弟都敢诬陷，连刘宏的现任皇后也敢陷害的地步！

先说一段往事。

汉桓帝有个亲弟弟叫刘悝，之前被封为勃海王。延熹八年（公元165年），当了八年勃海王的刘悝被弹劾有谋逆大罪，但汉桓帝不忍心杀死亲弟弟，于是将他贬为廮陶（今河北省邢台市宁晋县）王。封地猛然间从八座城变为一个县，刘悝追悔莫及，于是联络中常侍王甫，请求王甫从中帮忙，许诺如果帮忙复国成功，就答谢王甫五千万钱。

两年后，汉桓帝病死，临死之前，他下遗诏让刘悝复为勃海王。刘悝知道这是哥哥的遗愿，王甫并没有出力，于是拒绝支付之前许给王甫的那五千万钱。

因此王甫怀恨在心，和曹节等人暗中搜集刘悝的罪证。

汉桓帝死后，太后窦妙派人前往河间国迎立刘宏。当时民间就有流言，说刘悝愤恨没有拥立他做皇帝，想带兵抢夺迎驾的诏书。

刘悝作为汉桓帝的弟弟，汉桓帝死的时候三十六岁，那么他差不多在三十三岁左右。而其时的窦妙才十八九岁，如果真把刘悝拥立为皇帝，那窦妙到底是皇太后？皇嫂？还是……

所以，窦妙等人虽说政治智慧不高，也不至于迎立刘悝为帝。而民间能传出

这样的流言，说明当时刘悝至少是发过一句牢骚，从而被人抓住了把柄。

中常侍郑飒、中黄门董腾和刘悝关系要好，王甫、曹节认为他们中间肯定有奸谋，于是将此事密告依附于宦官的司隶校尉段颎。段颎便将郑飒逮捕至北寺狱审讯，指使尚书令廉忠诬陷郑飒等人想要谋立刘悝为帝。

刘宏看见奏书，非常生气，于是诏令冀州刺史逮捕刘悝并审问。刘悝在狱中不堪重刑拷打，自杀而死。妃妾十一人、子女七十人、伎女二十四人，全部死在狱中。国中傅、相以下的官吏，都以辅导诸侯王不忠的罪名被杀死。刘悝当了二十五年诸侯王的勃海国被废除。

朝野吏民闻之，无不为刘悝鸣不平。

而王甫、曹节等人却又一次升官发财。诬陷刘悝的人之中，共有十二人受封。王甫封冠军侯，曹节增加封邑四千六百户，和之前的加起来，共七千六百户。父兄子弟皆为公卿列校、牧守令长，几乎布满天下。

为了五千万钱害死先皇亲弟一百零六口人，这些人真的是太贪婪、太恶毒、太放肆了！

别急，还有更恶毒、更放肆的！

王甫等人潜杀刘悝之后，马上将目光瞄向了刘宏的皇后宋皇后！

那么宋皇后又怎么得罪了王甫呢？宋皇后没有得罪王甫，只是因为，刘悝的王妃宋氏，是宋皇后的姑母。王甫担心宋皇后有朝一日会替她的姑母报仇，所以必须先下手为强，除掉宋皇后。

那么宋皇后贵为一国之母，会任由一个宦官宰割吗？

宋皇后和她姑母一样，都是汉文帝朝功臣宋昌的后代。

宋皇后于建宁三年（公元170年）被选入掖庭，成为刘宏的嫔妃，受封为贵人。按年龄推算，应该是十三岁左右（应与刘宏年龄相仿，不可能比刘宏年龄大太多）。次年七月，被立为皇后。后父宋酆，担任执金吾，封不其乡侯。

以十四岁的年龄被封为皇后，虽说出自功臣世家，有早慧的可能，但这么小的年龄，要在险恶的宫廷中生存并保住皇后之位，实属不易。

而更加要命的是，宋皇后并不得刘宏之宠，而后宫中受宠的嫔妃却有很多。无宠而居后位，注定是一件非常危险的事情，所以宋皇后引起了后宫其他妃嫔的一致诋毁和诬陷。王甫见有机可乘，于是和太中大夫程阿一起陷害宋皇后，说宋皇后用巫蛊之法害人。

这样的借口，自汉朝立国以来，不知道害掉了多少皇后和宠妃！栗姬、陈阿娇、卫子夫……这些曾经显赫一时的皇后和宠妃都未能幸免于难，更何况没有多少宫廷斗争经验的年轻的宋皇后。

光和元年（公元178年）十月，听信谗言的刘宏下诏收回宋皇后的玺绶，废黜其皇后之位。宋皇后进了暴室，不久忧愤而死。她的父亲宋酆及兄弟都受牵连被杀，那些在宫内供职的常侍、小黄门，都怜悯宋皇后无辜冤死，一起凑了些钱物，收殓埋葬了宋皇后及宋酆父子，归葬于宋家的祖坟。

连这些事他们都做得出来，试问还有什么他们做不出来呢？

曹节的弟弟曹破石担任越骑校尉，越骑营有个五百夫长的妻子长得非常漂亮，曹破石就让这个五百夫长把妻子送给他。五百夫长不敢不答应，于是就回去告诉妻子。哪知道他的妻子却是个节烈女子，说什么也不愿意，最终自杀而死。

王甫、曹节等人的这些恶行，自然而然激起了许多人的愤慨。

当时担任尚书令的阳球就拍着大腿愤怒地说："要是让我做了司隶校尉，这些人怎么能让他们活着呢！"

阳球是个狠角色，年轻时郡中有个郡吏欺侮了他的母亲，阳球于是叫了几十个年轻人，杀了这个官吏，尽灭其家。阳球因此声名大振，被举为孝廉。

阳球不仅武艺高强，文才也非常好，补为尚书侍郎之后，他写的奏章，常常被尚书们所推崇采信。后来九江山贼作乱，连续几个月不能平息，于是三府郑重向皇帝推荐了阳球，说阳球有"理奸才"。于是阳球走马上任，很快将山贼讨平，并收捕郡中奸恶官吏，尽皆处死。迁任平原相后不久，正碰上天下大旱，当时的司空张颢上奏说有严酷和贪污之人。阳球恰好就属于张颢所说的那种酷吏，被征召到廷尉府问罪。刘宏觉得阳球在九江时立下大功，所以不仅没有免他的官，还把他任命为议郎。不久又升任将作大匠、尚书令。

实在是因为曹节、王甫等人太过分了，所以阳球才发出了那样的愤怒之叹。

阳球能如愿以偿吗？

阳球很快就得偿所愿，光和二年他被任命为司隶校尉，而此时，距宋皇后被害仅过去了六个月。

或许是真该王甫恶贯满盈到了天命诛之的时候，这天王甫正好在家休假，而阳球却到宫中去向皇帝谢恩。

阳球谢恩毕，趁机拿出京兆尹杨彪（杨震曾孙）等人举报王甫等人的罪证，请求逮捕王甫和中常侍淳于登、袁赦等人，以及这些人的儿子、兄弟中担任太守、县令的人，说他们奸恶狡猾、骄横妄为，罪当灭族。太尉段颎诏媚依附宦官，也应当一并处死。

或许真的是王甫作恶多端，连刘宏都看不下去了，刘宏竟然准奏了！

于是阳球立即将王甫、段颎，王甫的养子永乐少府王萌、沛国相王吉等人全部逮捕，送进了洛阳监狱。阳球亲自到监狱拷打王甫等人，五种酷刑全部用遍。王萌对阳球说："我父子既然即将被杀，希望能给老父亲稍许减轻点酷刑。"

阳球斥责他说："你们的罪恶真可以说是擢发难数，就是死了都不能抵消你们的罪责，竟然还想请求宽容？"

王萌自知难逃一死，于是大骂说："你以前就像奴仆一样侍奉我父子，竟敢反叛你的主人吗？今天你折磨我们，将自取其祸！"

阳球哪里会理会王萌所说的这些，他命人用土塞住王萌的嘴，之后一顿乱棍打下，把王甫父子活活打死在狱中。

段颎也自杀而死。

阳球将王甫的尸体横放在夏城门示众，并写了一块很大的告示为："贼臣王甫"。王甫的家财全部没收，妻子、儿女全部被流放到比景。

大快人心了吗？

确实是大快人心，按照当时郎中审忠的说法："路人士女莫不称善，若除父母之仇。"

但对阳球来说，这还远远不够，他还想着要杀掉曹节。

阳球的第二个愿望能实现吗？

当时，正在为汉顺帝的虞贵人举行葬礼，朝廷的百官参加完葬礼回来，正赶上王甫的尸体被扔在大路上示众。

曹节和其他宦者也在会丧之列，见了之后，立生兔死狐悲之感，他擦了一把眼泪说："我们这些人自相残杀倒也能够理解，但怎么能让狗来舔舐他的汤汁呢？"

宦官掌权日久，内心的优越感如此之高，把除他们之外的朝廷命官称为狗，足见其嚣张到了什么地步！

曹节叮嘱众常侍当天全部进宫，不要回家。之后，他径自进宫去找刘宏说："阳球原本是个酷吏，之前三府上书说应当免去他的官职，但因为他在九江时立下微末功劳，又被提拔任用。像他这种罪恶多端的人，喜欢胡作非为，不适宜让他担任司隶校尉，以免纵容他的暴行。"

刘宏二话不说，将阳球改任为卫尉！

桓帝朝的"左回天""具独坐",此时见了曹节,恐怕也要甘拜下风吧!

其时的阳球,还在外面拜祭陵墓没有回来。曹节吩咐尚书令以最快速度传达命令,丝毫不得延误。

阳球被紧急召回,得知自己司隶校尉被免,立即求见刘宏,叩头哀求说:"我没有清高的德行,却蒙恩担任了司隶之职。之前虽然揭发诛杀了王甫、段颎,但只不过是抓住了狐狸而已('简落狐狸'出处),不足以宣示天下。希望能给微臣一个月的时间,我一定会让那些像豺狼鸱枭一样的恶人认罪服法。"

刘宏没有答应,阳球就不停地叩头,直至额头流血。刘宏很不耐烦,在大殿上大声呵斥他说:"卫尉你想抗旨吗?"阳球仍然不住地叩头哀求,但刘宏却大骂不已。最后,阳球不得不拜受卫尉之职。

此时距陈蕃、窦武事败已经过去了十年,但许多士大夫心中的仇恨并没有消弭。司徒刘郃的兄长是刘儵,因在九月辛亥政变中被害,所以刘郃当了司徒之后,常有诛杀宦官替兄长报仇的念头。已转任永乐少府的陈球及步兵校尉刘纳也素有此意,于是积极与刘郃联合,为他出谋划策。

陈球建议让刘郃再次推荐阳球出任司隶校尉,依次把曹节等人抓起来杀掉,如此一来,则天下太平指日可待。

刘郃担心宦官耳目众多机事不密反为所害,一时间迟疑不决,但刘纳却将了他一军说:"您是国家的栋梁,现在大厦将倾,您却不扶持,用您为相做什么呢?"

刘郃一下子被架到了火炉上,只得应承下来。于是他们又和阳球联络,同谋此事。

此时刘郃等人的谋诛宦官行动,比起之前的陈蕃、窦武来,条件不知要欠缺多少!最根本的一点,尚书台不在自己人手中,是为没有内应;并且,他们都不是外戚,没有兼领大将军、车骑将军等职,没有皇帝或太后的诏令不能调兵,是为没有外援;如果他们强行调兵,那就是谋反,而如果矫诏调兵,皇帝和太后又不可能放过他们,是为无人兜底。

既无内应,又无外援,又无人兜底,只寄希望于阳球一人,成功的概率有多大呢?

让阳球重当司隶校尉,这无异于投机。阳球脑袋磕出血都没有留住司隶校尉一职,让他重掌司隶,谈何容易!

刘纳等人没有周详的谋划和过硬的措施,想激将司徒之后凭着一腔热血就能杀掉曹节、张让，不是在开玩笑吗？

并且，他们几个也不是生活在真空里的人，他们和宦官之间，有着千丝万缕的联系。这不，他们还没有行动，自己就先出事了。

阳球纳了一房小妾，是宦官程璜的养女。陈球、刘郃与阳球等人谋诛宦官，曹节等人早就得知了消息，于是他们花重金收买程璜，并威胁要杀死他。程璜知道曹节等人的手段，杀死他还不跟踩死一只蚂蚁那样简单？于是他只好出卖自己的女婿，把陈球等人的谋划告诉了曹节。

曹节等人立即前去找刘宏说："刘郃等经常与藩国交通，不怀好意。他们打着永乐太后（刘宏之母董太后）的旗号，到处收受贿赂。与刘纳、陈球、阳球频繁密信往来，想要图谋不轨。"

刘宏听了大怒，于是下诏策免刘郃。刘郃与陈球、阳球、刘纳等人全部被下狱处死，家属流放边境。

春秋时郑国的雍纠想要杀死老丈人祭仲，谁知丈母娘一句"人尽可夫"将女儿说动，导致雍纠被反杀，气得郑厉公大骂他不该谋及妇人死了活该。如今的阳球，不又是雍纠的翻版吗？

阳球想凭一己之力诛杀宦官，最后事败被杀，不也太遗憾了吗？

阳球在《后汉书》中被列于酷吏一传，也确有滥杀之行。太尉段颎与王甫被他同时杀死，当时就有人感觉有偏颇之处。

段颎是武威姑臧（今甘肃省武威市凉州区）人，字纪明，与皇甫规（字威明，安定朝那人，今甘肃省平凉市灵台一带）、张奂（字然明，敦煌渊泉人，今甘肃省酒泉市瓜州县东）并称"凉州三明"。段颎是西汉元帝时西域都护段会宗的从曾孙，出自世族大家。从小就练习骑射，不仅武艺高强，并且很有谋略，曾先后破鲜卑，平定东郭窦、公孙举叛乱，戍边征战十多年，先后与羌人交战一百八十次，斩杀近四万人，平定西羌，击灭东羌。以赫赫战功，最终受封新丰县侯，食邑万户。这在那个年代的将军中间，是很少见的。一切皆因为，其他的将军大都耻于与宦官交通，因而立功后，不但不见封赏，反而被排挤问罪。

比如同为"凉州三明"之一的皇甫规，多次击败、降服羌人，使边郡安定。但因为他不阿附宦官，被宦官诬蔑他用钱财买通羌人让羌人诈降，差一点被下大狱。平定边患被征还朝廷之后，朝廷准备要封赏皇甫规，当时的徐璜、左悺等人多次派人去问皇甫规立功的详细情况，意图非常明显，就是想让皇甫规行贿，但皇甫规非常硬气置之不理，徐璜、左悺恼羞成怒，再次诬陷皇甫规，结果皇甫规不但没有受封，反而坐系廷尉，最后到左校服劳役。幸得朝中大臣及太学生三百多人为他鸣冤并遇上大赦，才出狱回家。张奂平定入寇三辅的羌乱后，也是因为不事宦官，最终没有封侯。

而段颎是个聪明人，深谙拿钱换钱的道理，所以他和宦官之间非常默契，他给宦官送钱，宦官为他论功行赏，可说是双赢。当然，段颎的这个食邑万户的县侯，也确实货真价实，经得起历史的检验。

然而，段颎比起皇甫规、张奂"二明"来，显然缺乏气节，甚至于助纣为虐、为虎作伥。他所做的几件事情，使他失分不少，也使他的赫赫战功为之蒙羞。

段颎胜利回师之后，官拜侍中，随后转为执金吾、河南尹。

或许就在此时，命运之神开始不再眷顾段颎。在河南尹任上，汉桓帝冯贵人的墓居然被盗贼发掘，而更使皇家颜面扫地的是，冯贵人竟然被盗墓贼奸尸。一时舆论大哗，作为地方官的段颎难辞其咎，被朝廷问罪。

幸得段颎平时以钱财交好宦官，仅仅是降职转任为谏议大夫，要是换了别人，不下大狱说不过去。

段颎此前所受的委屈比这还要严重。他在担任辽东属国都尉期间，因鲜卑犯境，率军前去征讨。因为担心鲜卑会闻讯逃走，所以段颎使了一个任何人都想不到也不敢想的奇计：他派驿骑前来假传皇帝圣旨，诏令让他退兵，于是段颎奉旨撤退。这一招果然迷惑了鲜卑，于是立即整军在后追赶汉军。段颎要的就是这个效果，在退路上暗设伏兵，将犯边的鲜卑全部围歼，大获全胜。段颎立下大功，本该封赏，但却因假造皇帝玺书，犯下大罪，最后经过讨论，不仅无功，反而被罚服刑。在延熹四年征讨羌人之时，凉州刺史郭闳想与段颎共享战功，故意拖延阻止段颎，使军队无法前进，最终导致兵败。郭闳反过来把罪责全部推到段颎身上，段颎因此被捕入狱，到左校服役。羌患越来越严重，官吏百姓为段颎打抱不平者数以千计，当时的汉桓帝也知道段颎是被郭闳诬陷的，于是下诏询问情况。但段颎只是请罪，不敢说自己冤枉，京师的人都认为他是个德行深厚的长者。

或许是经历了这些事情，段颎的心灵慢慢开始蜕变，他从一个能与将士同甘共苦、爱兵如子、身经百战的名将，蜕变成了一个为保荣华富贵不问是非曲直的宦官应声虫。

太后窦妙幽死之后，不知什么人在朱雀阙写了几句话，说："天下大乱，曹节、王甫幽杀太后，朝中的大臣都尸位素餐，没有一个人敢仗义执言。"这下捅了马蜂窝，曹节、王甫等人大怒，奏请小皇帝刘宏下诏，让司隶校尉刘猛追查到底是什么人在诽谤他们，十天汇报一次进度。刘猛是个正直的人，他觉得这些话写的都是实情，所以敷衍拖延，不肯急捕，时间过去一个多月，自然而然也没查出是什么人所为。曹节、王甫非常生气，将刘猛降为谏议大夫，任命党于他们的段颎接替刘猛。段颎上任之后，果然没让宦官失望，他四处追捕，把太学游学的学生也抓进了监狱，被关押的有一千多人。曹节等人仍然怨恨刘猛，指使段颎以其他事情告发刘猛，结果刘猛被判到左校服劳役。幸得朝中大臣大都为刘猛说话，才免去他的刑罚。

　　还有段颎和张奂之间的恩怨，也足以会让人感觉到一些什么。之前段颎对羌作战时，基本采取对羌人赶尽杀绝的作战方针。而张奂，则多采取怀柔的手段，使羌人感悦而降。所以张奂到边，羌人等要么降顺、要么逃走，边境很快归于平静。而段颎则主张要把这些羌人全部杀光，他说自从周秦以来，戎狄、羌等部族经常侵扰中原，降而复叛，叛而复降，不讲信用。

　　段颎以破羌将军身份击羌之时，时为度辽将军的张奂担心他失败，于是上书称段颎性格轻捷果敢，胜负难料，建议朝廷还是采取招降纳叛的抚慰之策。而段颎则指责张奂是空词虚说，之前驻军两年没能平寇，其说根本不可采信。

　　最后，朝廷采纳了段颎的主张，而段颎也果真是得胜而归。

　　客观来讲，张奂、段颎之言，都有可取之处，又都有偏颇之处。周边的羌、狄这些部族，要全部杀光是绝对不可能的，而一味怀柔，又会养虎遗患。所以最稳妥的方法应该就是"叛则讨之，服则怀之"。如果无端侵扰华夏，那就集中力量打败他；如果和顺降服，那就采取怀柔政策安抚他。总之既不能让其坐大成势对中原构成威胁，也不能尽灭其种族。别说是夷狄羌蛮了，就算是中原百姓，如果地方官施政得当，自然乐享太平；如果官吏贪墨暴横以致民不聊生，也会揭竿而起扯旗造反，能全部杀光吗？

　　以何种方式攻打羌人，应属政见不同，但段颎却因此深恨张奂。张奂被王寓诬陷为党人禁锢归田之后，段颎立即落井下石，准备把张奂赶回他的老家敦煌（张奂之前平定羌乱，辞赏后请求移居弘农华阴得到朝廷特许），并伺机陷害。张奂迫不得已，只好写信向段颎服软才逃过一劫。

　　还有一件事，在中常侍王甫索贿不成陷害勃海王刘悝事件中，担任司隶校尉的段颎甘愿充当宦官鹰犬，冤杀中常侍郑飒、董腾等人。讽刺和荒唐的是，事后，段颎竟然因功增封食邑四千户，和前面的加起来，共一万四千户。

当时还发生了一件轰动全国的大案,段颎的做法也让其备受诟病。

扶风有个叫苏谦的人,担任扶风督邮。辖区内美阳县县令,由魏郡人李暠担任。李暠攀附中常侍具瑗,贪赃枉法,无恶不作,令辖区吏民十分痛恨。

因为具瑗在朝中的强大势力,苏谦的几个前任出于对具瑗的畏惧都不敢去追查、法办李暠。但正直的苏谦到任后,却毫不畏惧地展开了调查,并查到了他们朋比为奸的证据,举奏将李暠遣送到左校服劳役。

此后,政声颇佳的苏谦经过数次晋升,官至金城太守。后来,苏谦因事去职,返回家乡扶风。根据当时的法令,凡被免职或被罢免的太守、县令,如果不是皇帝下诏召见,不能随意去京城洛阳。但苏谦有一次因为一件事情,私自去了洛阳。而在那个时候,身为阉党的李暠却担任了司隶校尉。李暠听说苏谦私返洛阳,立即派人逮捕了苏谦并严加拷问,苏谦被活活拷死在狱中。即便如此,李暠仍不解恨,又对苏谦的尸体加刑,以报宿仇。

苏谦违规私入京城,这有罪,但李暠公报私仇将其拷死狱中,并侮辱尸体,这属于典型的公报私仇,并且也太过分了,罪行更大。

但是,因为李暠背后强大的势力,没有人敢为苏家说句公道话,也没人追究李暠滥刑滥杀的罪过。

苏谦的儿子叫苏不韦,当时刚满十八岁。因为苏家是世族大家,他们的祖上是汉武帝时期的苏建(苏武之父),所以按照惯例,作为世家子弟的苏不韦被征召到公车署,等待朝廷考核并授予官职。

可是就在这个当口,噩耗传来,苏不韦得知父亲被害,哪里还能顾得上做官,于是将父亲的尸体运回家乡掩埋,但却破天荒地没有为父亲举行葬礼。之后,他仰天长叹说:"难道世界上只有一个为父报仇的伍子胥吗?"他把母亲妥善隐藏在武嘉山中,之后自己改名换姓,变卖全部家产招募剑客,想在野外刺杀李暠,但却一直没有找到合适的机会。

而在这个时候,李暠却已升任九卿之一的大司农。于是苏不韦和堂兄弟开始偷偷挖地道,经过一个多月,终于挖到了李暠卧室的床底下。一天晚上,他们从地道而入,准备刺杀李暠时,李暠恰好去上厕所,逃过一劫。于是苏不韦杀了李暠的小妾和幼子,然后留下书信,扬长而去。

对于苏不韦这种执着的复仇之举,李暠深感惊恐,为防止自己被杀,他在房屋周围种上荆棘(功能类似于现今的铁丝网),在卧室地上铺上石板,一天换九次地方,即使是他的家人也不知道他究竟在什么地方。每次外出时,穿着盔甲带着武器，全副武装，保镖、卫士前呼后拥。

苏不韦知道李暠已经有所防备，于是暂且放弃刺杀李暠计划，日夜兼程赶到魏郡（治今河北省邯郸市临潼县），掘开了李暠父亲李阜的坟墓，割下李阜的脑袋，祭奠在父亲苏谦的墓前。之后，苏不韦又把李阜的脑袋摆放在闹市大街，贴上一张纸，上面写着："李暠父亲的头。"

父墓被掘、父尸被戮、父头被悬，在那个倡导百善孝为先的年代，李暠所受的压力和痛苦可想而知。可是，因为他心里有鬼，所以不敢上奏朝廷，只好自己请求辞职回到家乡，私下派人重新修葺了父亲的坟墓。然后重金悬赏捉拿苏不韦，但一连几年都没有抓到。李暠抓不到苏不韦，既痛苦，又恼怒，急怒之下得了重病，最终吐血而死。

李暠吐血身亡，苏不韦也算是变相地报了父仇。他一直隐姓埋名在外躲避，直到遇上大赦，才得以回家。

苏不韦回到老家后，立即将父亲进行了改葬，并为父亲补办了葬礼。

当时的许多士大夫，都讥讽苏不韦挖掘别人的祖坟，归罪于死人，不符合古义，只有一个名叫何休的读书人把他比作伍子胥。

一时间，舆论对苏不韦颇为不利，许多人都认为他不讲道义。

关键时刻有个人站了出来，而这个人，在当时是一个了不得的名士，换作今天，不仅是驰誉全国的一个名人，还相当于一个网络"大V"，有着非常强大的影响力和号召力。

这个人名叫郭泰，与那个曾经评价曹操"清平之奸贼、乱世之英雄"的许劭并称为"许郭"；当时的名士李膺常人难以见到，而李膺经人介绍见到郭泰后，对郭泰"大奇之"，郭泰因此名扬天下。郭泰拜访完李膺准备回乡时，京城的士大夫和儒生都到河边为他送行，前去的马车有几千辆，而郭泰只和李膺同乘一条船过河。其他送行的人望见他们二人，羡慕至极，看他们的眼神就如同看神仙一般。

郭泰如此名重天下，此时又为苏不韦说了些什么呢？

郭泰评论这件事情说："伍子胥虽说是在逃命，但却被强大的吴国任用，又凭着阖庐之战的威力，带着训练有素的军队进入楚国京城郢都，这才得以掘开楚平王的坟墓，鞭打楚平王的尸体，以发泄他的愤怒，为父亲报仇。尽管如此，他也只不过是鞭尸而已，毕竟没有手刃楚平王的后代。而苏不韦则不同，他只身一人，没有依靠，没有足够的资金，但他的宿仇李暠却是豪门大族，又是朝廷命官,列位九卿,住在深远幽静、禁卫森严的官府,即使是一粒尘埃也不曾从他头上飞过,一滴雾露也不曾沾湿他的衣襟。苏不韦毁家改姓,冥思苦想,身经百死,冒着触犯国法、诛灭九族的危险,虽然没有手刃仇人,但他为报仇已经尽了全力。何况他掘开了仇人的父坟,砍下了仇父的头颅,用这种办法惩罚仇人。从而使李暠恼羞成怒,病发吐血而死,这就好像是借神灵的手来诛杀仇人。苏不韦以匹夫之力,建立了远远超过万人军队的功绩,如果把他和伍子胥相比,他难道没有超过伍子胥吗?"

大V出言,的确不凡。经郭泰这么一说,舆论风向顷刻反转,人们开始对苏不韦复仇之事持肯定态度,从此也对苏不韦刮目相看。

然而,这还不是结束,后面还有更惊悚的。

苏不韦经郭泰这么一评说,那肯定就是人才了,历尽艰险报了杀父之仇,举孝廉是没有任何问题的。于是,就有人开始征辟他出来做官。先是太尉陈蕃征辟他,但苏不韦不便前往,只是在扶风郡里当了一名掾吏。

陈蕃征辟苏不韦,纯属一片公心,而接下来征辟他的人,才是真正考验他的人。那么征辟他的人是谁呢?正是段颎——李暠的好朋友!

段颎此时担任司隶校尉,他对苏不韦来了个先礼后兵,先按照礼节征辟苏不韦。段颎想干什么,苏不韦能不清楚吗,所以,苏不韦非常恐惧,声称有病没有应征。

段颎大怒,于是上奏朝廷,说当初李暠治苏谦的罪,是执行皇帝的命令,但却被苏不韦报仇杀死,苏不韦显然是目无朝廷、大逆不道。并且,段颎又指示他人,上告苏不韦夺取他舅舅的财产,然后派从事张贤前去诛杀苏不韦。

段颎担心张贤不执行他的命令,所以把一包毒药送给张贤的父亲并威胁他说:"如果你的儿子杀不了苏不韦,你就把它喝下去。"

苏不韦遭遇杀父之仇可以选择复仇,张贤不去执行命令将会导致父亲被杀,该怎样抉择?张贤迫不得已,只好前往扶风。太守派苏不韦前去迎接张贤,张贤当场就把苏不韦抓了起来,并将苏家一门老幼六十余口尽数杀死。

段颎作为名将,却如此擅权滥杀,多殃无辜,公然为恶人张目,天理岂容!

阳球将王甫父子拷死狱中之后,段颎在狱中服毒而死,只是不知道,他喝下去的毒药,是不是当初他给张贤之父的那一包。段颎遭此大祸,当时的人们都说,那都是因为他害死苏氏一门所得的报应。

苏谦弹劾李暠,秉公办案留下了李暠的性命;李暠审讯苏谦,却公报私仇杀了苏谦，所以遭遇复仇之祸惊惧而死；苏不韦发掘仇父之墓，若是郭泰不为其发声，苏不韦或许会背个恶名苟且一生，但不至于引起仇家嫉恨赔上一家老幼的性命吧。

段颎身为名将，在汉末为国家安定建立卓越功勋，唐德宗时追封名将六十四人，宋徽宗时追封名将七十二人，段颎均位列其中。然而段颎为保富贵助虐捕游士、害刘悝、陷刘猛、逐张奂、族苏氏，最后横死狱中，不也是自食恶果吗？阳球自有奏议，但刘宏批准之时，头脑中难道没有闪过对他的不满吗？

然而段颎定宁华夏的功绩，始终是不可磨灭的，因此其后中常侍吕强为其鸣冤，刘宏最终下诏令其妻子、儿女返回本郡，也算是略有安慰吧。

作恶的宦官之中，侯览于熹平元年，即窦妙幽死之年，被举奏专权骄奢。刘宏看到奏章，下令收回侯览的印绶，侯览在狱中自杀，阿附他的人都被免官。

那么令人切齿痛恨的曹节下场又是如何呢？

非常遗憾，天下吏民所期盼的大快人心、奔走相告的场景，并没有出现。因为曹节，竟然善终了！

在九月辛亥政变的次年（公元169年），曹节患病，一时间病得很重，几乎所有人都认为，曹节将会一命归西。于是刘宏下令，拜曹节为车骑将军。就像之前孙程、单超在死后获赠车骑将军印绶一样，也给曹节一个同样的赠官待遇。

然而，曹节竟然没有死成，他又活了过来。

这可就有点尴尬了，于是车骑将军的印绶又被缴还。曹节依旧担任中常侍，位特进，不久转任大长秋。

之后曹节又整整活了十二年，直到光和四年（公元181年），在尚书令的任上去世。这一次，曹节成功地被追赠为车骑将军，他的封国传给了养子（还有他们的帮凶朱瑀也获善终，养子传国）。

曹节能够善终，确实是一个奇迹。

曹节人品低劣，陷害忠良，贪墨残暴，爪牙遍地，坏事做尽，阳球、审忠、吕强等人多次参奏，但刘宏就是拒不批准致曹节屹立不倒，个中原委，还需要细细品量。

而这个原因，恐怕就要归结到曹节和小皇帝的个人关系上。

刘宏的父亲刘苌早逝，刘宏早早就世袭了解渎亭侯的爵位，而那个时候，他大概还是个十岁不到的孩子。懵懂之年失去父爱，巨大的不安全感从那个时候起就深深地植入了他的心底。

刘宏被窦妙作为新皇帝的候选对象之时，是曹节和刘儵前去迎接的他。

当时的河间国解渎亭，大约在现今的河北省安国市一带，从河南洛阳到安国市，路途遥远超过六百公里，这么远的距离，在交通不发达的古代，车队既要保持起码的威仪，还要有一些必要的礼节性停留，每天五十公里左右的速度，应属正常范畴。那么从曹节见到刘宏到陪着他来到洛阳，十多天的时间是必不可少的。

而在这十多天的时间里，年仅十二岁的刘宏，就由曹节和刘儵陪着他。

曹节于汉顺帝初年（公元125年）由西园骑迁任小黄门，当时就按十八岁算，到迎立刘宏之时（公元168年），年龄怎么也超过了六十岁。这个年纪的曹节，足以洞悉世间的一切人情世故，一个十二岁的孩子，在他面前无疑就跟透明人一样，一个眼神、一个表情，曹节顷刻间就能领会他的精神意图，并用最恰当的言行来使他安心开心。曹节混迹宫廷四十余年，这点技能应该只是入门功夫，否则不知道死了多少回，应对此时的刘宏，可以说是绰绰有余。

而对于刘宏来说，这个已经不是男人的老年人，给了他内心深处缺失已久且极度渴望的东西，那是什么？没错，那就是父爱和呵护！这从后来刘宏说"张常侍是我公赵常侍是我母"的话语中，完全可以窥度。

现代人总爱探讨一个有趣的问题，说为什么在飞机上会爱上空姐？除了空姐长相标致、服饰精致、妆容美丽外，一个很重要的因素，按照现代心理学的观点，实际上就是人在一个完全陌生的环境和长时间的飞行中，巨大的不确定性和无助感始终充斥内心，从而对熟悉这种环境且照顾他们的人产生一种强烈的依赖感。

成年人在飞机上的短短几个小时尚且如此，作为一个孩童的刘宏，又怎么能逃得过这种心理法则呢？

刘宏虽然承袭了解渎亭侯的爵位，但作为一个亭侯，生活的标准、礼仪的规格等，完全不能跟京城同日而语。当他甫一见到从京城来的曹节等人车马辚辚、盛装华服、仪态优雅、气宇轩昂之时，内心的感觉，无异于一个没见过世面的乡下小孩猝然在飞机上见到一群气质绝伦、风度翩然、高贵典雅的窈窕空姐，不被征服是说不过去的。

而这些带给他强大自卑感的人，却对他极为尊敬恭顺，这让他在内心深处，对曹节等人顿生好感，并为之深深依赖。

京城迢迢，前去是福是祸岂可预料，陌生而神秘的皇宫带给他的巨大压迫感和恐惧感，让他无所适从。而在这个过程中，曹节却一直陪着他，或许还给他详细介绍了宫廷的生活、制度和场景，从而让他变得对曹节信赖无比、亲近无比。

刘儵入京不久即遭杀害，只剩下了一个曹节，那就是他的主心骨，那就是他的灵魂，试问，面对其他人的参奏，刘宏怎么可能会批准杀掉曹节呢？陈蕃、窦武是忠是奸他根本没有能力去判断，最直接的一点，这些人对他而言就完全是陌生人，平时连见他一面都难，连获得他的信任都难，突然间上殿拿出一本奏折就说要杀曹节（杀他心目中的父亲），开什么玩笑？

一切用人性来解释，就变得不再难以理解。

第三十节 自认阉子、灵帝卖官、西园享乐、黄巾起义、凉州叛乱、废史立牧

王甫和曹节之死是个转折点。

王、曹活着的时候,出于对九月辛亥政变后自身安全考虑,需要牢牢地握住权杖,不敢把权力交出去。否则,稍有不慎,就会被切齿痛恨的士大夫们抓住机会复仇杀死。而王甫确实也就是这么死的。而在他们死后,权力水到渠成地回到了刘宏手上。

那么刘宏,能当好这个皇帝吗?

从他自身的阅历和能力水平来看,真的是难为他了。

权力交给大臣吧,无法驾驭,实在不放心,那就继续交给宦官吧。

而刘宏,一次就册封了十二位中常侍,分别是张让、赵忠、夏恽、郭胜、孙璋、毕岚、栗嵩、段珪、高望、张恭、韩悝、宋典,史称"十常侍"。

中常侍在西汉时只是虚衔的加官,但到了东汉之后,却成了具体职事的官职,且多由宦官担任。中常侍配备几位本来没有员数,汉明帝时定为四人。邓绥临朝称制时,因为男性官吏出入禁宫多有不便,于是将中常侍全部任用为宦官,员数也从四人增加到十人。而到了此时,竟然破天荒地增加到了十二人。

十二常侍恃宠而骄,他们的父兄子弟遍布州郡,贪残暴虐,祸害百姓,真正是闹得天怨人怨。

而在这种情况下,发生什么样的荒唐事,都已经不再稀奇。

张让和赵忠在十二常侍中排名靠前,是十二常侍当之无愧的首领。张让让一个家奴主管家中事务,这个家奴管家因此勾结官吏,收受贿赂,在京城洛阳也形

成了不小的势力。君王舅子三公位，宰相家人七品官，张让既不是皇帝也不是司空，但这个管家的权势，却甚至比国舅、司直还要大。

当时扶风有个叫孟佗的人，家里颇有资财，也想当个一官半职，但却苦于没有门路，于是他就和这个管家交了朋友，然后用尽全部家财去巴结这个管家及其他的家奴，最后真可以说把家都败光了。张让的家奴都非常感激他，想要报答他，于是就问他："您想要让我们做些什么，只要是我们能办到的，我们一定尽全力去办。"孟佗等的就是这句话，他说："我不想让你们做别的，就希望你们能为我行一次拜礼就可以了。"收了人家那么多钱财，拜人家一下又何妨，于是家奴们全都痛快地答应了。当时因为张让权倾朝野，一些重要的官职，张让不点头，就根本任命不下去，所以请求拜见张让的人非常多，马车在张府大门外排成了长龙，有几百上千辆之多，但没有相当势位的人引荐根本就进不去。孟佗就在这种情况下乘着马车来了，但前面排着那么多车，孟佗说什么也过不去。于是，在其他人看来极为神奇的一幕出现了，那个管家带着所有的家奴上前，恭恭敬敬地迎拜孟佗，然后将孟佗的车子连推带抬，一起进了张府。其他那些等着排队的宾客大惊失色，以为孟佗和张让关系非同一般，于是都抢着用珍奇异宝贿赂他，希望能借此让孟佗引荐他们。孟佗收下这些宝货，拿出其中的一部分送给张让，同时又送了一斛（十斗，约合今四十斤）当时中原稀有的葡萄酒，张让非常高兴，于是任命孟佗为凉州刺史。

那个时候全国只有十三个刺史部，孟佗送礼就送出个凉州刺史，也足以让所有看到这段记载的人瞠目结舌。难怪北宋的大文豪苏轼读到此处大发感慨说"将军百战竟不侯，伯郎一斛得凉州"（孟佗字伯郎）。需要交代一下的是，三国时投魏后又欲反曹归蜀被杀的新城太守孟达，就是孟佗的儿子。

张让等人卖官鬻爵，皇帝刘宏知道吗？

刘宏不仅知道，而且，卖官鬻爵其实就是他主导的。刘宏卖官，比起之前的桓帝及其他皇帝，卖出了高度、卖出了境界，更卖出了不少奇闻轶事！

事情还要从刘宏的母亲董太后说起。

刘宏刚刚被迎立为皇帝的时候，他的母亲董太后作为藩国的王后，是不可以到京城来的。所以当时只是被刘宏尊为慎园贵人。

等到陈蕃、窦武被杀之后，皇太后窦妙被幽禁，所以刘宏违反礼制（当然有曹节、王甫等人的默许纵容），派遣中常侍将他的母亲从河间国迎接到了洛阳，并尊为孝仁皇后，居住在永乐宫，称之为永乐太后。董太后的哥哥董宠、侄子董重也被征召到洛阳，分别被任命为执金吾、五官中郎将。

熹平元年，名义上的皇太后窦妙去世，董氏顺水推舟成为太后，开始干预朝政。

前文曾有交代，刘宏袭封的是解渎亭侯，这个爵位食邑也就是几百户，所以处在偏远的藩国，那是相当地拮据。现在刘宏一下子当了皇帝，之前他们从来没有见过的荣华富贵、奢靡生活，带给了他们极度的诱惑——原来人还可以这样活着！当初是贫穷限制了想象，现在为所欲为不受约束，想象力能有多丰富，生活就可以有多丰富。因此董太后怂恿自己的皇帝儿子，开始卖官收钱，她的几个宫室里，堆满了各种珍奇异宝和金钱。

刚开始还只是零星地不成系统地卖，但到了后来，直接成了明码标价的有组织的官方行为。

比如光和元年（公元178年），在鸿都门公开卖官，什么官职什么价位张榜公布，明码标价公开出售。像关内侯、虎贲、羽林等爵位职位，都可以花钱买到，像公卿这样高级别的官位，一般人买不起，就让左右近侍充当掮客牵线搭桥。三公之位一千万钱，九卿之位五百万钱。

当时的货币，和现今的货币没办法直接兑换。粗略按古今通用的一般等价物谷米来换算，当时的一文钱大约相当于现今的0.3~0.5元。

那么要想买到三公之位，按现今的购买力就得花去三五百万，要当上九卿也得二三百万。

这对于一些清正廉洁的官吏儒生来说，想要入仕或者升迁就比登天还难。为了"一视同仁"，对于这种情况，朝廷也考虑到了。可以先去当官，到任后再陆续补交，有点类似于现今的按揭买房分期付款。这样的官要当了，不搜刮老百姓说不过去，而要搜刮老百姓，这些人又于心不忍，所以只好弃官不做。而有时候，弃官不做都不行。

黄巾军起的次年，南宫发生了火灾，为了重修南宫，刘宏在张让、赵忠怂恿下加重盘剥，除了全国每亩地加收十钱的租税之外，还向各郡国征调石头、木料等建材。而在征收的过程中，宦官们又借机强折贱买，中饱私囊，导致宫室竟年不成。一些地方州郡见状，又层层加码征收钱物，老百姓真的是苦不堪言，求生不得，求死不能。刺史、二千石级别的官员以及秀才、孝廉的升迁任命，都要求出钱资助军费和修建宫室，大的郡要出到二三千万，小的郡出钱数目依次递减。准备要上任的官员，都先到西园去商量官价，经过讨价还价最终成交，才能去上任。有的凑不够钱，竟至于自杀。有些操守清廉的人，请求不去做官，但都强迫他们去上任。

有个叫司马直的人被任命为钜鹿太守，因为他有清廉的好名声，所以给他打了个折，减掉了三百万的买官钱。太守是二千石级的官员，按照当时的标价，买官钱是二千万，减掉三百万，还有一千七百万。

司马直接到诏书，怅然叹息说："本来要去做百姓的父母官，现在却反过来要盘剥百姓，以满足时下的要求，我不忍心那么去做。"于是借口有病辞职。

这样辞职的人，宦官们又不是没有见过，所以刘宏在他们的蛊惑下根本就不会同意。司马直无法，只好登上赴任之路。他走到孟津的时候，向皇帝写了一封奏书，极力陈述朝政之失，及古往今来祸败的教训，之后服毒自杀。

刘宏接到奏章之后，为之触动，于是下令暂停征收修建宫室的钱。

为天下百姓及诸多官吏减轻如许负担，司马直之死，或许也值！

换一种想法，其他人当了太守对百姓盘剥七分，司马直去了对百姓盘剥二分三分，虽然也会背上贪腐的骂名，但可以使更多的百姓存活下来，是不是也是一件功德无量的事情呢？

做官升官对清贫之士如此艰难，而对于一些出自宦官世家或久历宦海的官吏来说，只要愿意出钱，其实还是挺容易的。像此前战功赫赫的段颎，也是交了钱才当的太尉，其后的张温、樊陵等人，也毫不例外。

在刘宏的授意和主导之下，不仅张让等人卖官，连皇帝的保姆都参与到了牵线卖官的行列之中。

"铜臭"一词，应运而生！

当时有个叫崔烈的名士（其祖为与班固、傅毅齐名的文学家崔骃。其堂弟崔寔，著有叙述一年例行农事活动的专书《四月民令》，在中国农业史上有一定地位），在幽州素有名望，历任郡守、廷尉等职务。九卿职务也不是经常当的，当一段时间再不晋升一下似乎就不正常，于是崔烈就找到了刘宏的傅母程夫人，请求帮忙牵线。

崔烈看准的官位是司徒，司徒是三公之一，标价是一千万，不过崔烈名气大，再加上保姆说情，那就给打个对折，所以只花了五百万就可以了。

到了拜官之日，刘宏亲自前来参加聚会，文武百官都在朝堂。刘宏回头对身边的宠臣说："我后悔没有再坚持一下，本来可以卖到一千万钱的。"程夫人在旁边听了，有点不高兴，心想这是我牵线卖出去的官，你在大庭广众之下大声嚷嚷，这不是拂我面子吗？于是对刘宏说："崔公可是冀州名士，他哪里肯买官，还不是因为我从中撮合，才做成这笔买卖，陛下怎么能反过来埋怨我的好心呢？"虽然其他人也买官，但很少会被人当众戳破，至少脸面还在。而现在崔烈在朝堂上让皇帝、保姆这么一喊，立即颜面扫地，从此声名衰减。

时间久了，崔烈心里很不安。有一天，他郑重地问儿子崔钧说"我位居三公，现在外面的人是怎么议论我的？"崔钧倒也不客气，回答说："父亲大人年轻时就有美好的声望，又历任郡守、九卿，当时大家讨论起来，没有人认为您不应当做三公的。而如今您当上了司徒，天下人却对您很失望。"崔烈听了有些震惊，追问儿子说："这是为什么？"崔钧回答说："议论的人都嫌弃您有铜臭。"崔烈一听就知道人们还对他买官一事多有指摘，一下子戳中他的痛处，立时勃然大怒，举起手里的手杖，就向儿子打去。崔钧当时担任虎贲中郎将，穿着武官的官服，戴着鹖尾的帽子，行动不便狼狈而逃。崔烈没出这口气哪里肯放过，在后面边追边骂说："死兵卒，老父亲打你你就跑，这还是孝子吗？"崔钧边跑边说："舜之事父，小杖则受，大杖则走，非不孝也。"虞舜当年和父亲相处时，看见父亲拿小棍子就挨几棍让父亲出出气，看见父亲拿大棍子就赶紧跑，不要把自己打坏了没人侍候父亲，这不是不孝啊。崔烈听了之后，惭愧地停止了追赶。

像崔烈这样的名士，虽然买官，但真才实学还是有的，不至于名不符实。而其时大规模的卖官鬻爵，则导致了许多滑稽可笑的景象出现。许多富家宦官子弟，胸无点墨不学无术，但却通过卖官鬻爵或营私舞弊骤登大位，导致了严重的名实不符。

其后辑录的一首童谣，就辛辣地讽刺了当时这种现象："举秀才，不知书。察孝廉，父别居。寒素清白浊如泥，高第良将怯如鸡。"被推举为秀才科的人，本应是满腹经纶、文才锦绣的人，但实际上竟然大字不识几个；被察举为孝廉的人，本应该是孝敬父母、处事廉洁之人，但竟然不赡养父母，让父母分居他处；被选拔为寒素、清白两个科的人，本应是出身清贫、为官清正之人，谁知竟然像污泥一样肮脏；被考核推荐的高第良将，本应该是弓马娴熟、英勇善战之人，但竟然像鸡崽一样胆小怕事。岂不是太可笑了吗？

还有一些人，想买官也没什么钱，想攀附却又没什么门路，于是就别出心裁地伪装，掩饰自己的行为，然后传出名声让地方官举荐。陈蕃担任乐安（今山东省滨州市东部一带）太守之时，郡内有个叫赵宣的人，安葬双亲之后却没有关上墓道，就在墓道里生活，为双亲服丧二十多年，乡邑的人都称赞他是个大孝子。州郡听说他如此讲求孝道，于是多次聘请他出去做官都未能如愿。陈蕃到任之后，郡里的官员又一次把他隆重推荐给陈蕃，陈蕃找来赵宣的妻子问话，才知道赵宣的五个儿子，都是这二十多年在墓道中服丧时生的。陈蕃听了非常生气，大骂他是个欺骗世人的不肖子，不仅没给他官做，还治了他的罪。

刘宏不仅卖官，还巧立各种名目搜刮钱财。当时地方州郡每次进贡，都要先送礼给内署，名叫"导行费"，也就是领路费。

当时颇有清名的中常侍吕强就劝谏他说："天下的财物，都是陛下您的，还分什么公和私？本该由官府存藏的珍宝、丝帛、钱粮、马匹，现在都运送到了陛下您掌管的中尚方、中御府、西园、中厩，并且送贡品到府库，总要有导行费。征调太广百姓穷困，许多官吏趁机谋利，百姓深受其害。这怎么行呢？"

但刘宏哪里能听得进去。刘宏和他的前任汉桓帝一样，都是出自河间的藩国小侯，所以经济上并不宽裕。现在他当了皇帝，发现来钱竟然这么容易，还忍不住将他的前任嘲笑了一番，说汉桓帝不懂得置办家产。

刘宏置办家产的具体表现，先是在他的老家，购买田宅大肆修建解渎之馆，类似于现今的名人故居或是博物馆之类。又被吕强劝谏了一番，说陛下龙飞即位，虽然来自藩国，但现在已经处在了九天之高，怎么还能眷恋之前的小地方呢？再说河间那么遥远，在那里修建宫馆，劳民伤财，十分不便。陛下这样做，豪富贵戚都纷起仿效大起馆舍，极尽奢靡，岂不耗竭天下？

普天之下，莫非王土；率土之滨，莫非王臣。诚如吕强所言，当了皇帝，全天下的财物都是他的。不为黎民百姓置办家产，却为自己置办根本已经用不着的家产，等到民力民财枯竭失了江山，皇帝的家产，还不是一缕轻烟吗？

通过这样的方式，刘宏手上聚敛了巨额的钱财。那个时候又没有银行什么的金融机构，所以刘宏就把他的钱分别寄存在小黄门常侍那里，每个人那里都有好几千万。并且刘宏还常常说："张常侍是我公，赵常侍是我母。"张常侍是张让，赵常侍是赵忠。公然宣称宦官是自己的父母，这给了宦官们莫大的鼓舞和勇气，于是宦官们越发猖獗、越发肆无忌惮。刘宏修宫殿，他们也都纷纷仿效大肆修建住宅，规模形制和皇帝的相差无几。

刘宏在闲暇之余，常有登永安宫瞭望台远眺的习惯。宦官们修豪宅之后，担心皇帝在瞭望台上看见他们的住宅，于是就指使一个名叫尚但的宦官去劝谏说："天子不应当登高，登高百姓就会疲弊离散。"刘宏听了，觉得似乎挺严重，百姓都离散了，那他不就成了真正的孤家寡人了吗？还有谁来支持他、供应他享乐？所以自此以后不敢再登台榭。

不得不说，张让等人的这一招，比赵高的指鹿为马厉害多了，赵高指鹿为马，胡亥还是知道的，这帮人不让皇帝登高，皇帝居然信以为真。

那么刘宏如此卖官敛财，所得的巨额财富用来做什么呢？

当然是用来让自己享乐！

刘宏特意命人修了一座园林，名为西园，然后在这个林苑之中沉溺玩乐。

西园完全可以称得上是刘宏的私人游乐园。在这个园子里，刘宏命人仿造城中的街市、市场、摊贩，让自己亲信的官吏、宦者和宫女假扮商人、顾客来买卖东西，有时候甚至自己亲自上阵，假扮商贾。为了使这个市场与外界的街市更像，刘宏还让大家在里面互相盗窃、吵架、打闹，图个开心快乐。妃嫔宫女们因此钩心斗角、争风吃醋，将刘宏搜刮的珍奇异宝偷去不少。

仅仅是这些，还不足以让这个皇帝过足玩瘾，反正是什么刺激，就来点什么。比如说，有一天，他和宦官们给一条狗穿上大臣们的朝服，戴上进贤冠，佩上绶带，拉到了朝堂上，名之为"狗官"，公卿大臣虽觉受辱，却也无可奈何。

当时的内宫里是没有驴的，宦官们为了满足刘宏的顽劣之心，于是给他精心选了四头毛驴带进了内宫。于是刘宏就驾着四头驴拉的车子周游京城，结果这一行为立即引发了一段风潮，京城里的豪富权贵争相效仿，以驾着驴车游京城为时尚。

刘宏的后宫之中，有好几千名采女。因此，刘宏就在西园中修了一千间房屋，引来渠水到处环流。渠水中种植着一种南国进献来的荷花，这种荷花有一丈多高，一茎有四莲丛生，荷叶白天是卷着的，晚上直到月亮出来才舒展开，所以名叫"夜舒荷"。又因为月神名叫望舒，因此又叫"望舒荷"。在这样一个恍如仙境的园子里，刘宏让年龄十四岁以上十八岁以下的宫女们仅穿着内衣嬉戏其中，有时候刘宏看得高兴，自己也脱了衣服跳进渠中，和宫女们一起嬉闹，以满足自己的淫乐之欲。这样一处所在，被刘宏赐名为"裸游馆"。

刘宏为帝如此荒唐，宠信宦官，禁锢党人，诛杀忠贤，卖官鬻爵，淫乱放荡，四海能够升平吗？

当然不能！

当处在艰难困苦中极度绝望的老百姓，连活下去都成了一种奢望的时候，他们就只有揭竿而起了。

爆发的这场起义，就是黄巾起义。

黄巾起义虽然更多与朝政腐败、土地兼并、兵连祸结、生灵涂炭等因素有关，但还有一个极易为世人所忽略的因素，也应该考虑在内。那就是，在刘宏执政的时期内，前后短短十五年内，竟然暴发了五次大型瘟疫。

建宁四年（公元171年）三月，"大疫，使中谒者巡行致医药"。

熹平二年（公元173年），"二年春正月，大疫，使使者巡行致医药"。

光和二年（公元179年）"二年春，大疫，使常侍、中谒者巡行致医药"。

光和五年（公元182年），"二月，大疫"。

中平二年（公元185年）"二年春正月，大疫"。

这些大疫，全部发生在春季的正月到三月之间，以现今的医学标准来推断，应是流感的可能性比较大。

依当时的医学条件，没有抗生素，全靠中草药来救治，甚至相当多的百姓，连中草药都买不起，那就只有依靠自身免疫力来自生自灭了。而当时的张仲景，还没有成为医圣，他才二三十岁，处于刻苦学医的阶段，医学巨著《伤寒杂病论》也直到建安十五年（公元210年）才问世，没办法提前为刘宏任期内的百姓广泛救治。

总共五次大疫，前三次，刘宏还派使者出去为老百姓送了些医药；而后面两次，刘宏连使者都懒得派出。

朝廷不为老百姓医治，就会有人出来补缺替老百姓医治。这个人，就是张角。

张角是钜鹿人，因得到道士于吉（后被孙策所杀）等人所传的《太平清领书》（又名《太平经》），融合早期流行的"黄老"学说，形成了自己的教义，然后与同样信奉道教的两个弟弟张宝、张梁创立了太平道。

张角认为黄帝时期是太平盛世，在那个时期，既没有压迫，也没有饥寒，更没有病灾偷盗，人人安居乐业。以此为前提，张角奉"黄天"为至上神，老子为指导思想，提出了"致太平"的理想，这就是太平道的基本教义和宗教理想。教义宣称天上有鬼神监视人们的行为，并根据其行为善恶来增减寿命，所以倡导百姓要多做好事、少做坏事。

而张角传教的方式，主要就是替老百姓治病。

大体上的仪式是：张角或弟子手持九节杖，口中念念有词，然后让病人跪地叩头，反思自己的过错，之后将符箓焚化在水中，让病人把符水喝下去。

毋庸置疑，张角的医术肯定是很高明的。不出所料，他应该是将中草药开成药方熬成汤药，然后假称是服符之水，布施给病人。患者喝下"符水"之后，病轻或对症者，大多很快痊愈，那么张角等人就宣称，这是这个人教奉太平道的结果；而如果碰上病重或药石无效者，张角等人就宣称，这个人缺乏虔诚，对太平道不是真信仰。能治好的流感肯定是大多数，而治不好的毕竟是极少数。所以，随着治好的病人越来越多，张角的名声越来越响，而老百姓，也对张角越来越信服。

张角俨然成了百姓口中的活神仙，因此自称"大贤良师"，即先知先觉的先驱之意，然后派八名弟子分赴全国各地发展教众。从刘宏任期的第一次大疫到第四次大疫，时间跨度长达十二年（汉桓帝时期有明文记载的大疫也有数次，后面几次张角及其弟子应该都有参与），张角和他的弟子广泛参与对百姓的救治，经过十几年的发展，教众达到了好几十万。

教众这么多，就必须设立相应的组织来管理。于是张角以"方"为建制，在全国按区域设立了三十六方。大方一万多人，小方六七千人，首领称之为"渠帅"。

应该说，张角最初通过宗教形式为百姓治病的时候，就已经萌生了后来要借机起兵的想法。因为如果单纯只是为了救人，那完全可以以医者的身份进行，而不必披上宗教的外衣，而如果单纯只是宗教，那也完全不必如此兴师动众，派弟子到全国各地建立如此庞大的教团，而是应该钻研阐发教义，使之更加精深并广泛传播。

不得不说，张角以宗教形式发展教众，成功地蒙蔽了东汉朝廷及一些有见识的官吏，前后十多年之间，竟然没有引起任何人的警觉。

而在那个政治腐朽、豺狼当道、民不聊生的年代，张角在拥有如此众多的信徒的情况下，想要起兵推翻东汉的统治，似乎已经成为一种必然和自觉。

公元184年是光和七年，是农历甲子年。而按照我国干支历法，甲子为十天干十二地支的第一个组合，是干支之始。因此有相当多的人认为凡事之始，都应该选择甲子最为吉利。所以张角计划在这年的第一个甲子日（三月五日）起兵，甲子年甲子日，吉上加吉，大事一定可成。

并且，按照当时的五德始终说，汉为火德，而火生土，土为黄色，而张角所奉的至上神"黄天"正为此应。

于是张角提出了"苍天已死，黄天当立，岁在甲子，天下大吉"的口号，只等甲子日一到，头绑黄巾的信徒就会在各地同时起兵，一举夺取汉家政权。同时，张角派人用白石灰在京城的寺门及各州郡的官府门口，都写上"甲子"字样，为起兵做准备。张角的弟子——大方渠帅马元义，先召集荆州、扬州的好几万人，准备在邺城起兵。

马元义经常往来京师，收买中常侍封谞、徐奉等人，让他们充当内应，只等三月五日一到，就里应外合，一举推翻东汉的统治。

古今凡立大事，保密无不为第一要诀。张角前后谋划了十几年，又选了一个甲子年甲子日，可是，这个甲子日眼看再有一个多月就要到了，却突然之间出了大变故。

张角的一个弟子，名叫唐周，本来被派往京城向封谞、徐奉等人告知起义之事，谁知唐周到了洛阳之后，却临阵变节，告发了张角。

根据唐周的告密，马元义在河内郡山阳县（今河南省焦作市）被抓获。自古以来，谋反都是大罪，为了震慑其他人，刘宏下令将马元义槛送京师车裂。

之后，刘宏下诏，命令官兵到处搜捕张角信徒，上至朝中官吏，下至平民百姓，捕杀了一千多人，同时下令冀州追捕张角等人。

张角等人得知消息已经泄露，不得已只好提前起事。于是派出弟子，骑快马星夜前往各州郡传檄诸方，即刻起兵。因为起义者按约定全部头绑黄巾为标志，所以被当时的人称为"黄巾"或"蛾贼"，这场起义，也被称为黄巾起义。张角自称"黄天""天公将军"，张宝称为"地公将军"，张梁称为"人公将军"，一时之间，三十六方俱起。

黄巾军所到之处，烧毁官府、杀死官吏、四处劫掠，州郡失守，官吏逃亡，京师为之震动。

刘宏十分震惊，先问左右该如何处置。

刘宏身边有一个名叫吕强的中常侍，在宦官之中，是不多见的清正、公忠。吕强担任中常侍之后，按照惯例，刘宏下诏把他封为都乡侯，但吕强说什么也不愿接受。这件事情使刘宏深受震动，也使他认识到了吕强的忠诚，因此对他非常信任器重，凡遇国家大事，都要征求吕强的意见。所以之前吕强敢上书攻击曹节、王甫、张让等人，并劝刘宏遣出超员宫女、停修解渎亭馆、停收"导行费"、替蔡邕和段颎鸣不平等。刘宏虽然没有采纳他的意见，但也因为他的忠心而没有疏远他。

此时吕强见问，郑重地对刘宏说："党锢之祸前后长达十八年之久，天下的士人都非常怨愤，如果现在不赶快赦免他们，那么他们一旦与张角联合，为张角出谋划策，势力壮大，到时候后悔都会来不及。"建议刘宏先诛杀贪赃枉法的宦官，然后大赦党人，并选用有才干的官吏担任刺史、郡守，黄巾军就没有打不败的。

刘宏深以为然，于是召集大臣们讨论，北地太守皇甫嵩也建议先解党禁，然后拿出皇帝私藏的钱财和西园的良马以资军队。

确实是英雄所见略同，于是刘宏采纳了他们的建议。

相比较而言，优秀的人才还是大量集中在政府一边，几经讨论，刘宏就迅速做出了决策：

下诏命令各州郡都迅速修治武器，训练士卒，加强战备，准备作战；

任命国舅何进为大将军，率左右羽林五营士屯于都亭，整修武器，镇守京师；

函谷关、大谷、广城、伊阙、辕辕、旋门、孟津、小平津八个拱卫京师的重要关隘，全部设置都尉驻防，设置京城防线；

大赦天下党人，所有流放边地的人全部返回本郡，只有张角不赦；

命令公卿大臣捐献马匹、弓弩，推荐将门子弟及平民百姓中军事才能突出者到公车署接受选拔考试；

调发三路大军大征：第一路，卢植为北中郎将，护乌桓中郎将宗员为副，率领北军五校、三河的将士，前去征讨张角所在的冀州；第二、三路，皇甫嵩为左中郎将，持节，右中郎将朱儁（俊），持节，共发北军五校骑兵及招募的精壮士卒四万多人，各率一军征讨颍川、汝南等地的黄巾军。

那么这三个人为什么会被朝廷选中？来分别看看这三个人是什么来历。

卢植是涿郡涿县（今河北省涿州市）人，师从当时的太尉陈球、大儒马融等人，和郑玄、管宁、华歆都是同门师兄弟。马融是马援的从孙，出自豪族世家，因此家中常有歌伎表演歌舞，有时候他给弟子们授课之时也不屏退。而卢植在马融家中学习多年，对这些美艳的歌伎连正眼都没有瞧过，马融为此对他非常敬佩。

学成之后，卢植回到家乡教授学生，其后大名鼎鼎的刘备、公孙瓒就是他的门下弟子。

刘宏即位之后，卢植被征为博士，进入仕途。公元175年，九江郡蛮族叛乱，大臣们认为卢植文武全才，纷纷举荐他，于是被拜为九江太守，卢植到任，很快平息叛乱；其后，庐江郡发生蛮族叛乱，卢植再拜庐江太守，到任，乱平。一年多后，又把他召回朝廷担任议郎，与马日磾、蔡邕、杨彪、韩说等人一起在东观续写《汉记》（即《东汉观记》，当时官修的史书）。但刘宏觉得修史可以慢慢来，并不紧急，于是又任命卢植为侍中、尚书。

此时黄巾军起，四府（大将军、太尉、司徒、司空）一致举荐卢植，于是卢植受命出征。

皇甫嵩是"凉州三明"之一皇甫规的侄子，雁门太守皇甫节的儿子。因为出自将门，所以皇甫嵩年轻时便有大志，好读书，习弓马。很快被举孝廉为郎中，担任霸陵、临汾县县令，因父亲去世而离职。其后陈蕃、窦武相继征辟他，都没有应召。刘宏公车征辟为侍郎，迁任北地太守。因为此时对策得当，被任命为左中郎将出征。

朱儁是会稽上虞（今浙江省绍兴市上虞区）人，与卢植、皇甫嵩不同，他出自寒门。朱儁很小的时候父亲就去世了，他的母亲以贩卖丝织品为业，朱儁因孝养母亲而远近闻名。担任县里主办文书的书佐，为人好义轻财，乡里都很敬重他。

朱儁有个老乡叫周规，被征辟到公府，临走之前借了一百万的公款。后来县里催周规偿还贷款，但周规家贫无力偿还。于是朱儁就偷了母亲贩卖的丝帛为周规还了债。母亲因此破产失业，气得大骂朱儁。但朱儁却说先贫后富是自然之理，拿这些大道理来安慰母亲。身为"八厨"之一东汉名将的度尚当时担任县长，他对朱儁大为惊奇，于是把他推荐给郡守，朱儁开始在郡中任职。尹端继任太守之后，任用他为主簿。

熹平二年（公元173年），尹端征剿造反称帝的许昭失利，被刺史举奏，按律应当弃市，朱儁于是悄悄赶到京师，花费数百金买通负责章奏的官吏，改了州刺史的奏章，于是尹端得以保住性命，仅被发配至左校服役。尹端见罪过减轻，非常高兴，但却不知道怎么回事，朱儁也始终没对别人提起过。

继任的太守是徐珪，他非常欣赏朱儁的才能，于是举为孝廉，升任兰陵县县令。朱儁在任上表现出过人的才能，东海相又上表推荐他。正遇上交州群盗并起，州牧、郡守软弱无能，不能平复。另外，交趾的梁龙率众万人，和南海太守孔芝一起反叛，攻破郡县。于是在光和元年（公元178年），朱儁被任命为交州刺史，前往平叛。朱儁回去挑选了五千多人前往，旬月之间，斩杀梁龙降服万人，平定了叛乱。因功被封为都亭侯，食邑一千五百户，赐黄金五十斤，征召入朝担任谏议大夫。

此时黄巾军起，公卿大臣都推荐朱儁，说他颇有才略，于是朱儁受命而出。

三路大军出外征讨，但是朝堂上的斗争，却从来没有止息。

之前刘宏问计之时，吕强建议诛杀宦官之中贪腐者，这话立即惹怒了其他的常侍们，这些常侍非常忌恨吕强，于是联合起来陷害他。赵忠、夏恽诬陷吕强与党人一起非议皇帝，多次阅读《霍光传》，并且，吕强的兄弟们也贪污横行、污秽不堪。刘宏听了之后，有些不高兴，心想连忠诚的吕强都非议自己，还有谁不非议呢？数读《霍光传》，是想废掉自己吗？于是就派中黄门带着武器前去宣召吕强。吕强听说刘宏宣召他，知道皇帝又听信了谗言，于是悲愤地说："我死了，祸乱就要发生了。大丈夫想要对国家尽忠，怎么能够和狱吏对质呢？"于是自杀而死。赵忠、夏恽见吕强自杀，再一次说吕强的坏话："吕强听到宣召他，都不知道要问他什么就自杀，他的奸恶是确凿无疑的了。"于是逮捕了吕强的宗族亲属，没收了他的家产。

真的是颠倒黑白！

有一个名叫张钧的郎中上书，说黄巾作乱，那么多的百姓之所以争先归附张角，就是因为十常侍的父子、兄弟、亲戚、宾客在地方上横行霸道、劫掠百姓，老百姓有冤无处诉，所以聚为盗贼。只要杀掉十常侍，将他们的首级号令于南郊，并派遣使者宣告天下，根本用不着动用军队，跟随作乱的人自然而然就会散去。

刘宏将张钧的奏章宣示给张让等人看，张让等人都免冠徒跣，不住地向皇帝叩头，请求自己进诏狱，并且拿出家财用作军费。

刘宏其实并没有罢免十常侍的意思，他下诏让十常侍继续该干什么干什么，然后怒骂张钧说："此人真是个狂妄之徒，十常侍中，难道连一个好的也没有吗？"

张钧再次上书，内容和上次的一模一样，刘宏懒得再理。

其后，御史在追查张角信徒的过程中，按照张让等人的授意，诬陷张钧学习黄巾道术，将张钧逮捕入狱，拷打致死。侍中向栩因为做了和张钧同样的事情，也被下狱拷死。

其后不久，封谞、徐奉等人为张角做内应的事情暴露，封谞、徐奉二人被杀。刘宏想起张钧和向栩之事，愤怒地责骂张让等人说："你们常说党人想要图谋不轨，都下令禁锢，甚至有下狱处死的。如今党人全部为国效力，而你们却与张角同谋,是不是该杀?"张让等人都叩头辩解说:"那都是原中常侍王甫、侯览等人所为。"直将罪责推到了死人身上,刘宏没有证据,只好作罢。

真的是混淆是非,指鹿为马!

那么东汉政府派出的三路大军,战况如何呢?

先来看皇甫嵩、朱儁两路。

时维三月,两路汉军尚未开拔到位,南阳的黄巾军将领张曼成起兵,以响应张角等人。张曼成自称"神上使",兵力数万,攻杀郡守褚贡,占领宛城。

四月,皇甫嵩率军开赴战场之后,朱儁一军已被黄巾军波才部所败。朱儁只好撤退,与皇甫嵩军共同进驻长社(今河南省许昌市长葛市)防守。波才得胜,于是率大军将皇甫嵩围在长社城中。

皇甫嵩军少,而波才兵力占优,汉军只得在城中死守。

而在这期间,汝南的黄巾军在邵陵击败太守赵谦,广阳的黄巾军杀死幽州刺史郭勋、太守刘卫,军势大震。

消息传回洛阳,京师一片恐慌。在公卿们的推荐下,刘宏命骑都尉曹操率军前去救援皇甫嵩。

从洛阳到长葛,在一百六十公里开外,曹操不可能一天时间就赶到。时至五月,汉军三路还一路也没有取得或大或小的胜利,长社城中的政府军被数倍于己的黄巾军包围,丧气胆寒。皇甫嵩知道若不尽快想出破敌之策,那么一旦黄巾军急攻,汉军一定会落个城破军覆的下场。他一边安慰将士,说用兵作战,在于奇谋,根本不在于人数的多少;一边仔细观察黄巾军形势,寻找破绽。

而这个漏洞,被皇甫嵩很敏锐地发现了!

波才等黄巾将领,竟然缺乏基本的军事素养,他们将营寨扎在了水草丰茂的林地之间!这样的营寨,如果用火来攻,必定火烧连营,阵形大乱,一发而不可收拾。

气象适时地向皇甫嵩的决策做出了倾斜,当天傍晚,起了大风。皇甫嵩趁夜派敢死队员潜出城外,在黄巾军的营帐外放火,并大声呼叫,而城上也举火响应。黄巾军毫无防备,见营中火起,立时惊慌失措。汉军擂鼓呐喊,冲入黄巾阵中。黄巾军大火之中又遭遇夜袭,大乱奔逃。而在这个节骨眼上,曹操的援军也到了。于是,皇甫嵩、朱儁和曹操三面夹击,斩杀数万黄巾军,政府军大胜。

这一战被称为"长社之战",是为政府军对阵黄巾军的首场大胜,可说是一战扭转战局,极大地振奋了汉军的士气。消息传至洛阳,刘宏极为高兴,封皇甫嵩为都乡侯。

六月，政府军在地方上也有所克复。新任的南阳郡守秦颉带兵与张曼成作战，斩杀了张曼成。南阳黄巾又推举赵弘为帅，以十余万兵力之巨，占据宛城继续与政府军对抗。

秦颉围点攻打宛城，而皇甫嵩、朱儁则乘胜进击，在外围击败了汝南、陈国（即原淮阳郡）一带的黄巾军，一直把波才追到阳翟，并在西华击败了另一路黄巾军彭脱。南方的黄巾军连吃败仗，或降或散，颍川、汝南、陈国平定，只剩下宛城的黄巾军还在赵弘的率领下苦撑。

皇甫嵩、朱儁连战得胜，但怎么汇报却也是学问。因为朱儁初战不利，所以皇甫嵩担心朝廷会对朱儁将功折罪，于是上书把后面的功劳全部归于朱儁。

已经打了胜仗，刘宏高兴之下不计前嫌，于是更封朱儁为西乡侯，升为镇贼中郎将。

之后，刘宏诏令皇甫嵩以得胜之军进击东郡，而朱儁一军则帮助秦颉等人围攻宛城。

再来看北路的卢植。

卢植开赴冀州之后，即与张角所部开战，卢植不愧是文武全才，连战皆胜，斩杀黄巾军一万多人。

张角治病传教是专长，但带兵作战，显然并不在行，因为从来没有任何的实战经验。连战皆败之后，率领余部退守广宗。

汉军趁势进围，在广宗城外修筑营垒，深凿沟堑，架设云梯，破城几乎就是早晚的事。

然而就在这个当口，令人意想不到的事情出现了——小黄门左丰来到了军中！

皇甫嵩和朱儁都取得了不小的胜利，只有卢植还没有破城擒贼。刘宏情急之下，于是派左丰前来观察军情。

在这种情势下，卢植的压力其实是相当大的。

刚开始三路汉军都还没有取得胜利时反而不要紧，朝廷不知黄巾军虚实，还可以增派援军。可是现今在其他两路业已大胜的情况下，朝中大臣包括皇帝在内，都已在陶醉之中极度乐观，认为黄巾军非常易于战胜，就等拿下张角设宴庆功了，可是卢植却并没有让他们更加亢奋。

那么左丰在这个节骨眼上来到军中，就显得极为微妙。若是换作其他大部分的将领，一般都会好言抚慰糊弄，不让这些宦官干涉军中事务，至少是不要让他们说坏话。因为有时候事关生死存亡的，就是一场或大或小的战争，因此要竭尽全力排除一切不利因素的干扰。什么事大，什么事小，还是要分清主次轻重。而其实，搞定宦官们的办法也很简单，其实就一招——送钱！而宦官长途跋涉到离京千里之外的战地出差，他觉得自己也是很危险很辛苦的，什么也不要，就想要点钱，因为其他宦官都在这么做。给这些宦官送点钱，宦官高高兴兴地回去美言，第一不妨害前线的作战，第二不影响朝廷决策乱加掣肘（说不定还会增加支持）；第三不让九死一生的有功将士背上恶名流失战果，仅此而已。

所以身边的人就劝卢植赶快拿钱贿赂左丰，但正直的卢植却说什么也不愿意，他说军饷都不够，拿什么来奉承使者？他觉得自己打了这么多胜仗，现在又对黄巾首领张角形成瓮中捉鳖之势，只须稍加时日，擒杀张角不在话下。就算左丰对自己不满，应该也不敢拿军国大事开玩笑！

开什么玩笑？如左丰之流，要是有一点起码的礼义廉耻，也不会让天下吏民人人喊打，也不致让黄巾造反起义。他们眼里只有钱！国家？关他们什么事情！

再者，皇甫嵩、朱儁都取得了胜利，这么容易征剿的黄巾军，你卢植久围不决，谁知道是不是在待价而沽？

秦末巨鹿之战后章邯被赵高所逼，胜也一死，败也一死，最后不得已降项致大厦倾覆。卢植饱读诗书，岂会不知？皇甫嵩的护军司马傅燮在出征后就给刘宏上了一本，请求驱逐宦官，刘宏知其忠而不纳，卢植又岂能不知？

另外，大炮一响，黄金万两。若能以左丰强索区区换来战事早一点结束，节约的钱财何止亿万，百姓也可少受战乱之苦。这笔账，不知道清正的卢植愿不愿意屈节算起。

但卢植要是助长这种歪风邪气了，那他就不是卢植。

左丰空跑一趟气急败坏，回到洛阳之后，在刘宏面前只简简单单一句话，就抹杀了卢植的汗马功劳并断送了他唾手可得的胜利。

左丰对刘宏说："广宗的黄巾贼穷途末路，非常容易击败，只不过卢植深沟高垒，息军不战，估计他是准备要让上天降罚来诛灭张角吧。"

刘宏一听勃然大怒，他在京城忧心如焚，而卢植却在前线按兵不动，想要干什么？于是刘宏下令，用囚车将卢植押回京城。最后还是一班正直的大臣为他说情，才判为减死罪一等（相当于无期徒刑）。

奉旨前去接替卢植的，是东中郎将董卓。然而，董卓到了之后，却并没有给刘宏带来任何的好消息。董卓也是骁将，他用铁的事实证明，黄巾军并没有那么容易对付。如果不是用计用巧，岂能轻易攻下！

其时沛人张陵在巴蜀等地创立的五斗米道，在五斗米师张修的带领下在巴郡一带起兵对抗官府，但东汉政府因为黄巾军而火烧眉毛，根本就无法顾及。

再说皇甫嵩、朱儁。

皇甫嵩受命开拔之后，朱儁和荆州刺史徐璆及秦颉合兵一万八千人攻打宛城，但从六月一直打到八月，也没有破城。

而皇甫嵩却于八月在东郡取得了又一场大胜，生擒黄巾军将领卜己，斩杀七千多人。于是刘宏下诏，让皇甫嵩前去广宗，接替董卓攻打张角。

时间已经到了十月，而这个时候的张角，却在军中病死。

谋划起兵十余年，但却没有物色笼络优秀的人才加以储备。既没有取得地方豪强地主的支持，也不注意吸纳读书士子为之呐喊传檄，更没有趁机拉拢熟悉权力运行规则被宦官打压十多年的党人为拟建的新政权谋划架构，唯一收买用来做内应的，竟然是些只知敛财、毫无廉耻之心的宦官。在战略方向方面、军事素养方面、整体实力方面，与东汉政府相比都处于一个极低的层次。待到谋泄仓促起兵，其实只作为一个精神领袖的张角，怎么能指挥这些信徒与训练有素的政府军对抗呢？

更何况，现在他竟然在关键时刻死去。这对整个黄巾队伍来说，恐非福音。

张角死后，军队由其弟张梁统领。

张梁所率的这支军队，应该一直是黄巾军的中军，是精锐，所以皇甫嵩在广宗与张梁对阵，一时之间并未能取得胜利。

皇甫嵩知道急切之间无法攻下，于是下令关闭军营，让将士略做休整，以静观其变。

而张梁和之前的波才等人，确实在军事才能上远逊于皇甫嵩。此时大军围城，张梁等人坐拥精锐，但却既未布置犄角，又未联系外援，直到被皇甫嵩拖得失去耐心放松戒备。或许，那个被车裂于京师的马元义，应该是被张角相中，有一定的军事素养可以统一指挥各方吧。然而，历史却并没有给予他们这样的机会。

皇甫嵩等的就是这一天的到来，就像之前的王翦麻痹项燕一样。看到张梁等人放松了警惕，于是在半夜时分，皇甫嵩紧急调兵遣将，指挥大军于鸡鸣时分（丑时）冲入了黄巾军的阵地。黄巾军在睡梦之中匆忙起来应战，懵懂、惊慌、恐惧之下，战斗力锐减。一直打到吃下午饭之时（晡时，即申时），战斗整整持续了十三四个小时。政府军冲锋之前应该吃过饭，而黄巾军却全部饿着肚子。这样的对垒完全是对生理心理极限的考验，没有出现任何意外，黄巾军大败。张梁战死，阵亡三万多人，投河而死者五万多人。

汉军得胜，焚烧黄巾军辎重车辆三万多辆，并将张角剖棺戮尸，首级传送到京师。黄巾将士的妻子、儿女被俘者，不可胜计。

十一月，皇甫嵩又与钜鹿太守郭典攻打张宝于下曲阳（今河北省晋州市西北），攻杀张宝，俘杀十余万人。为了炫耀武功，皇甫嵩下令将十万人的尸骨堆于城南，筑成"京观"。

擒贼擒王，至此，北方的黄巾军主力被剿平。

几乎在同时，南方的朱儁也取得了大胜。

自皇甫嵩走后，朱儁围城两个多月未能克胜，朝中就有人建议撤换朱儁。有了上次卢植的教训，司空张温赶快上书驳斥了这种意见。他举出当年长平之战历时三年才取得胜利、乐毅伐齐历时五年却最终功亏一篑的例子，认为朱儁攻打颍川已有成效，围城两月计划已经制订，临阵换将是兵家大忌，应该给朱儁一点时间，勉励他取得成功。

刘宏也想起之前用董卓代替卢植之事，于是采纳了张温的建议。

朱儁倍感压力，于是急攻赵弘，将赵弘击杀。黄巾军又推荐韩忠为渠帅，继续与政府军对抗。朱儁一方兵少，不敢强攻，最终采取声东击西之策，打破了外城，韩忠只得退入内城自保。

黄巾军战败，惶恐之下，向政府军乞降。军司马张超、徐璆、秦颉都想接受，但朱儁却认为如果受降的话，就会助长有利则造反、失利则投降的不良风气，纵容黄巾军长期作乱，不利于长治久安。

于是朱儁率军继续攻打赵弘，但却不能获胜。朱儁登上土山观察黄巾军形势，知道黄巾军外被汉军围城，乞降又不被允许，没有退路之下，只有尽力死战。如果汉军撤开包围，那么黄巾军就一定会突围而出。于是朱儁下令汉军撤围，韩忠见状，果然带兵出城。朱儁等的就是这个机会，立即上前攻击。黄巾军连败毫无斗志，被打得大败奔逃。朱儁带兵追亡逐北，追击黄巾军数十里，斩杀一万多人。韩忠不得已，只好向政府军投降。

秦颉长时间与黄巾军战斗，积了满肚子的怨气。这一刻，他把怨气全部撒到了韩忠的头上，然后杀死了他。

秦颉杀降，让其他的黄巾将士感觉极为不安，于是又推举孙夏为渠帅，返回宛城继续与政府军对抗。朱儁再次带兵急攻，将孙夏打得大败。孙夏逃至西鄂精山（今河南省南阳市西北），再次被破，孙夏阵亡。在被汉军再次剿杀一万多人之后，这支黄巾军最终被杀散。南阳一带，因此平定。

至此，前后历时九个多月的黄巾起义，被东汉政府镇压。

北路南路尽皆获胜，捷报传至洛阳，刘宏非常高兴，下令大赦天下，改元中平，而那个时候，已经是十二月的二十八日。所以，公元184年，史书中有时候记为光和七年，有时候记为中平元年。

皇甫嵩因功被拜为左车骑将军，领冀州牧，更封为槐里侯，食槐里、美阳两县，食邑八千户。

朱儁于次年春被拜为右车骑将军，胜利回师之后，改任为光禄大夫，增加食邑五千户，更封为钱塘侯，加位特进。

然而，作为皇甫嵩护军司马的傅燮，本来屡立战功应该受封，但因为他出征之时上书惹怒赵忠，所以被赵忠百般毁谗。万幸的是，刘宏当时因为那件事识得傅燮一片忠心，所以没有降罪。当然，因为宦官们的阻挠，傅燮最终也没有封侯，只是出为安定都尉。

其后还有故事。不久之后，刘宏任命赵忠为车骑将军，让他主持为镇压黄巾军立功的将士论功行赏。执金吾甄举等人就劝赵忠说："傅燮之前随皇甫嵩东征，立下军功却没有封侯，天下人大失所望。现在将军正当其任，应当举荐贤人，申冤理屈，以副天下人之望。"赵忠觉得甄举说得有道理，于是决定为傅燮论功行赏。但分茅裂土，岂可拱手送人，所以赵忠就派他的弟弟赵延带话给傅燮示好说："傅燮你只要稍稍搭理一下我们赵常侍，封个万户侯何足道哉。"傅燮正色拒绝说："有没有受封的机遇，是命运，但有功不封，也是时势所然啊。"赵忠热脸贴了个冷屁股，着实自讨没趣，因此越发地憎恨傅燮，然而忌惮他的名声，不敢加害，只是进谗言将他外放为汉阳太守。

不过，总体而言，参与征剿黄巾军的将领，基本上还是得到了相应的待遇。

皇甫嵩回朝之后，为卢植鸣不平。他极力称赞卢植的用兵方略，声称自己就是靠着卢植的规划计谋，才取得了胜利。皇甫嵩固然有谦虚的成分在里面，但刘宏前后一对照，也觉得当初匆忙撤换并降罪卢植，可能有些太急于求成了。现在皇甫嵩求情，于是做个顺水人情，将卢植官复尚书。

皇甫嵩又奏请免除冀州一年的田租，用来赡养饥民，刘宏采纳了他的建议。

当地的百姓为此感恩戴德，作歌说："天下大乱兮市为墟，母不保子兮妻失夫，赖得皇甫兮复安居。"

其时奸宦当道，朝政黑暗，天下贫病，皇甫嵩拥有如此高的声望，许多人就对他有了某种期待，有一个名叫阎忠的人就劝他把握千载难逢的机会，趁机南面称制，不要学韩信那样死到临头悔之不及。皇甫嵩非常恐惧，他是个名将，但却没有野心，也深知当时的情形根本不足以取天下，所以婉言谢绝了阎忠。

而其实，国家动荡，战乱频仍，皇甫嵩等人虽然平定了黄巾之乱，但新的叛乱随即又起，皇甫嵩，又一次奔波在了平乱的路上。

就在他于下曲阳击败张宝的当月，凉州的北宫伯玉、李文侯等人也发动了叛乱。

北宫伯玉是凉州金城（今甘肃省兰州市）人，是湟中义从胡的首领。邓训担任护羌校尉期间，收养湟水流域（黄河上流支流，发源于青海省海晏县境内）的小月氏、卢水胡人中的少年勇壮者为义从（对归附中央王朝的异族军队的称呼），称为湟中义从胡。而北宫伯玉和李文侯，就是羌胡的首领之一。

羌人叛乱之后，推举北宫伯玉、李文侯为将军，杀护羌校尉泠征。因为金城人边允、韩约早年知名西州，并且担任督军从事（刺史的属官），在当地有较高的威望。所以叛军就想方设法劫持了韩约、边允，想让他们专任军政（这一点认识比张角要强）。被人劫持，身不由己，所以韩约、边允只得跟着叛军一起造反。只不过，因被朝廷通缉，他们把名字改为了韩遂、边章，边章甚至被推举为叛军首领。

羌胡叛乱，首责在地方。因为作为地方官，没有看好自己的责任田。所以凉州刺史左昌就开始征购军需物资等用以平叛。然而，他却趁机大发国难财，侵吞了好几千万钱。汉阳长史盖勋觉得不妥，就极力劝谏他。左昌非常恼怒，想借叛军之手除掉盖勋，于是就派盖勋带兵进驻阿阳县（今甘肃省天水市张家川回族自治县一带），以拒叛军前锋。孰料左昌机关算尽，盖勋到了阿阳之后，却接连打退叛军的进攻。叛军见阿阳难以攻下，于是前去攻打金城，杀死郡守陈懿。

形势危急，盖勋劝左昌赶快发兵救援金城，但左昌却并不听从。叛军打下金城，随即包围了冀县（今甘肃省天水市甘谷县）。冀县是什么地方？冀县可是凉州刺史部及汉阳郡治所在地，冀县如果丢了，凉州刺史连办公的地方都没了，况且，左昌自己就在冀县城中。左昌惊慌失措，立即召盖勋前来救援自己。当初怎么对待盖勋，现在却想让盖勋前来救援，脸皮怎一个"厚"字了得，不过也实在是没有别的办法了。其他同事都心怀怨恨不肯前往，但盖勋却认为下级必须救援上级，于是其他的同事都同意了。盖勋率兵到达冀县，斥责边章等人，说他们身为朝廷命官，却与羌胡为伍一起反叛。韩遂、边章等人痛哭说道："如果左昌早一点听您的话，在金城的时候就前来攻打我们，我们说不定还可以找机会反正。可是现在，我们已经杀死郡守犯下大罪，没办法再回来了。"说完之后，羞愧之下带兵解围而去。

左昌保住了一条命，但也因为罪行败露，被槛送京师。

新来的刺史名叫宋枭，他到了之后，说凉州之地的百姓都不喜欢学习，希望能够多写《孝经》，让家家户户诵读，百姓都知道什么是礼义了，叛乱就平息了。盖勋一听，心想怎么还有如此迂腐之人，叛军都烧杀到门上了，你却要让百姓读《孝经》，这不是笑话吗？他以春秋时齐鲁二国学风甚浓但却不乏乱臣贼子的事例来劝说宋枭，但宋枭固执己见，仍然向朝廷上奏此事。

果然不出盖勋所料，奏章递上去之后，马上就被朝廷下诏诘责，然后以"虚慢"的罪名被征还京师。

其后，因为护羌校尉夏育被叛军包围，盖勋和州郡合兵前去救援，但却被羌兵所败。盖勋负伤被俘。羌人素来敬佩盖勋的义勇，不敢加害盖勋，仍把他送回了汉阳。新任刺史杨雍因此表奏盖勋领汉阳太守。

叛军势力越来越大，于次年春打着诛杀宦官的旗号入寇三辅。于是刘宏下诏，命令皇甫嵩前去征讨，以中郎将董卓为辅。

还在征讨张角之时，皇甫嵩带兵路过赵忠的家乡邺城，见赵忠在老家所建的豪宅逾制，于是上奏予以没收。另外，张让又向皇甫嵩索要五千万钱，也被皇甫嵩拒绝。这一来，皇甫嵩就一下子得罪了朝中两个最有权势的人。

叛军势大，皇甫嵩征讨一时半刻难以取得胜利。于是赵忠、张让一起上奏，弹劾说皇甫嵩连战无功，耗费钱粮。刘宏听信谗言，于当年秋天召回皇甫嵩，收回他的左车骑将军印绶，削夺食邑六千，降封为都乡侯，食邑二千户。

公理在哪里，正义又在哪里？

边章、韩遂等人势力进一步壮大，兵力达十万之巨。朝廷又任命司空张温为车骑将军、假节，以执金吾袁滂为副，统率破虏将军董卓、荡寇将军周慎等前去平叛。

然而张温、董卓等人与韩遂等多次交战，都未取得重大胜利。

十一月的一天晚上，有一颗流星如火，长达十余丈，照亮边章的营中，军中的驴马都发出惊恐的叫声。韩遂、边章都认为是不祥之兆，想要退回金城。结果被董卓得知消息，联合鲍鸿一齐进攻，大破叛军，斩杀数千人。韩遂、边章败走榆中（今甘肃省兰州市榆中县），张温派周慎前去追击，反而被截断粮道，周慎丢弃辎重撤走。

东汉官军一时半刻无法讨平羌胡叛军，然而，叛军一边却出现了状况。

中平四年（公元187年），叛军为争权而发生内讧，韩遂杀了边章、北宫伯玉、李文侯等人，成为新的叛军首领。之后，韩遂率军十余万包围了陇西。凉州刺史耿鄙率六郡兵前去讨伐韩遂，但陇西太守李相如、酒泉太守黄衍却反叛，与韩遂联合，耿鄙为部下所杀。汉阳人王国自称合众将军，也与韩遂联合，进而包围汉阳，汉阳太守傅燮战死。耿鄙的司马马腾也拥兵反叛，于是韩遂等人共同推举王国为新的首领，攻掠三辅地区。

叛军势力越来越大，王国率军于中平五年十一月包围陈仓，刘宏派左将军皇甫嵩、督前将军董卓各率二万人前往救援。次年二月，皇甫嵩率军大破王国之军，斩杀一万多人。韩遂等人于是共同废掉威信骤减的王国，胁迫前信都县令、凉州名士阎忠（就是游说皇甫嵩称帝的那位）担任叛军首领，阎忠不愿从贼背反，愤恨病死。韩遂等人为此更加争权夺利，继而互相攻杀，叛军的势力才稍稍衰弱。

除了黄巾起义、凉州叛乱，其实还有很多地方也发生了变乱，真可以说是此起彼伏，朝廷疲于奔命。

（中平）"二年春二月，黑山贼张牛角等十余辈并起，所在寇钞。"

"三年春二月，江夏兵赵慈反，杀南阳太守秦颉。六月，荆州刺史王敏讨赵慈，斩之。"

"冬十月，武陵蛮叛，寇郡界，郡兵讨破之。"

"四年春二月，荥阳贼杀中牟令。三月，河南尹何苗讨荥阳贼，破之，拜苗为车骑将军。"

"六月，渔阳人张纯与同郡张举举兵叛，攻杀右北平太守刘政、辽东太守杨终、护乌桓校尉公綦稠等。举自称天子，寇幽、冀二州。"

"冬十月，零陵人观鹄自称'平天将军'，寇桂阳，长沙太守孙坚击斩之。"

"十二月，休屠各胡叛。"

"五年春正月，休屠各胡寇西河，杀郡守邢纪。"

"二月，黄巾余贼郭太等起于西河白波谷，寇太原、河东。"

"三月，休屠各胡攻杀并州刺史张懿，遂与南匈奴左部胡合，杀其单于。"

"夏四月，汝南葛陂黄巾攻没郡县。"

"六月。益州黄巾马相攻杀刺史郤俭，自称天子，又寇巴郡，杀郡守赵部，益州从事贾龙击相，斩之。"

天下如此不太平，刘宏忧心如焚。零散的变乱还比较容易讨平，而黄巾军的复起，却真正成了刘宏的心病。

中平五年（公元188年）十月，青州、徐州的黄巾起义再度爆发。有善于观察云气的"望气者"认为，京城会发生大的兵变，两宫将会流血。有人就提议说："《太公六韬》有天子将兵事，可以威厌四方。"大将军何进深以为然，于是就向刘宏建议举行一场盛大的阅兵式，以威镇四方的叛乱。刘宏听了，觉得值得一试，于是就同意了。他下诏命何进召集四方兵将，讲武于平乐观下。为此，还专门建筑了一个大坛，排列步兵、骑兵好几万人，结成阵势。

阅兵式之前，刘宏亲自来到军前，进驻在大华盖下，并将他私藏的钱物，赏赐给军中将士。之后阅兵式正式开始，将士大演军阵。仪式结束之后，刘宏披甲上马，自称"无上将军"，绕行军阵三圈后回宫。随后下诏让何进率领全部兵马屯驻在平乐观下。

名将盖勋当时被征召入朝，担任讨虏校尉。刘宏召见并问他："天下为何有那么多叛乱？"盖勋回答说："都是因为陛下幸臣的子弟侵扰百姓造成的。"当时，上军校尉蹇硕也在座。刘宏转过头去问蹇硕，蹇硕非常恐惧，不知道该从何说起，以此深恨盖勋。刘宏又问盖勋对阅兵式的意见，盖勋再一次给他浇凉水说："臣听说'先王耀德不观兵'（先王宣扬德政而不夸耀武力），如今叛军远在州郡，陛下却在京城阅兵，不足以昭示果敢坚毅，只是穷兵黩武罢了。"刘宏非但没有生气，反而称赞盖勋："说得对，和你真是相见恨晚，大臣们从来没有谁跟我说过这些话。"

当时盖勋与宗正刘虞、中军校尉袁绍共同率领禁军。盖勋退出之后，对刘虞、袁绍说："我多次见陛下，陛下非常聪明，只是被左右蒙蔽而已。"

其实也正如盖勋所说，叛军远在天边，在京城搞个阅兵式，真的没办法让叛军顷刻间烟消云散，关键还是要出实招。而这次出的这个实招，虽然对平息地方的叛乱起了作用，但却直接导致了东汉政府被逐步架空瓦解。

这个实招就是刘焉的"废史立牧"。

太常刘焉见政治黑暗，王室不振，想要远出避难，于是建议刘宏，选用清名重臣担任牧伯，同时拥有军政大权，辖制刺史、郡守，以征剿叛乱、镇抚百姓。当时，正赶上益州刺史赋敛深重，远近所闻，并州刺史张懿被杀，凉州刺史耿鄙被杀。所以，焦头烂额的刘宏听了之后，觉得刘焉的建议很有道理，于是就同意了。

刘焉见刘宏采纳建议，于是开始积极活动。他最初的想法，是到远离中原的交阯去做州牧。交阯在今越南红河流域一带，确实是天涯海角，山高皇帝远。做了那里的州牧之后，就算中原再怎么变乱，他刘焉也不失为秦末的赵佗第二。

但任命还没有下达，有一个叫董扶的侍中就悄悄对刘焉说，京师将乱，益州分野有天子气，希望他能去那里。刘焉听了之后，于是更求益州牧。不久，任命下达，刘焉等人作为朝廷选用的第一批牧伯，走马上任。

分别是：幽州牧刘虞，益州牧刘焉，荆州牧刘表，冀州牧贾琮。

而这些州牧上任之后，虽然很快荡平地方、保境安民，但却立即拥兵自重，成为朝廷无法有效控制的割据势力。这样的危害，其实比黄巾军更严重。

当然，其后发生的事情，已经不是刘宏所能控制的了。过度地淫乐放纵，透支了他的生命健康，刘宏的阳寿，也提前走到了尽头。

有一天晚上，刘宏做了一个噩梦，他梦见汉桓帝朝他发怒，说他重用奸邪之徒，断送了宋皇后的性命，又诛杀了自行贬黜的勃海王刘悝。宋皇后和刘悝将他告到了天帝那里，天帝发怒，恐怕他在劫难逃。

刘宏在梦中吓醒之后，梦里的情形竟然历历在目。他十分恐惧，于是就问羽林左监许永是什么征兆。许永对他说，当初宋皇后和他一起从河间国来到洛阳，继承了汉家的宗庙，自身没有一点过错，但他却听信谗言，致使宋皇后蒙受无辜之罪，家人也跟着受牵连。刘悝是汉桓帝同母胞弟，但他没有经过仔细审验就加罪诛杀。这都是道义所不允许的。为了使冤魂得到安息，应该将宋皇后改葬，并允许其流放的亲属返回原籍，恢复刘悝的封爵，这样或许会补救一些罪过。

许永说的这番话，应该就是所有心怀不平的人想要对刘宏说的话吧。但是，他竟然没有采纳。

中平六年四月，刘宏病死于南宫嘉德殿，寿命只三十三岁。死后葬于文陵，谥为"孝灵"。

乱而不损曰灵，毫无疑问，"灵"是一个恶谥，由此可见，为他上这个谥号的士大夫们，心里憋了多大的气。

而刘宏，确实也无更多的可称道之处。唯一对时政及历史有所影响的是刻立"熹平石经"和创办"鸿都门学"。

当时朝政黑暗，博士们在参加考试之时，互争高下，互相告发，甚而至于，还有人通过行贿，将当时皇家典藏的标准本"兰台漆书"偷偷改动，以附和自己的文字。可真是滑天下之大稽。

一个非常正直的宦官李巡就建议刘宏，将经过校正的经书文字刻在石碑上，这样既可以作为标准颁行天下，也不易使人篡改经典。刘宏立即采纳，下令蔡邕等人把儒家经典抄刻在石碑上，一共刻了八年，共四十六块。碑成之后，立于洛阳城开阳门外洛阳太学所在地，称之为太学石经。又因为刻碑始于熹平四年，所以又叫熹平石经。熹平石经一经刻立，立即轰动全国，当时前去观看及临摹抄写者，每天光马车就有上千辆，一度造成交通拥堵。熹平石经为当时的读书人提供了儒家经典教材的范本，对于纠正个别儒生的穿凿附会，维护典籍的统一，起了重大作用。

鸿都门学的创立也有某种必然。在那之前，经历了长时间的党锢之祸，士大夫们虽然在政治上失势，但在舆论上却一直得势，为什么？因为有文化啊！而宦官虽然在政治上得势，但在舆论上却始终占不了上风，因为自己没什么文化、又得不到知识分子支持，说不过人家啊！所以宦官们痛定思痛，决定在文化上培植自己的代言人。而太学掌控在士大夫们的手里，宦官们能力不足无法插手，正赶上汉灵帝嗜好辞、赋、书、画等文艺（《汉诗》收录其作品《招商歌》），于是他们借此机会创办了鸿都门学，以培养自己的知识分子，与士大夫们争夺舆论高地。

光和元年（公元178年）二月，刘宏下令在洛阳鸿都门开设了这所新学校（鸿都门学因此得名），将孔子及其七十二弟子的画像悬挂其中。但在这所学校里，其实并不研究儒家经典，而是探讨辞赋、书画等刘宏感兴趣的学科。所以鸿都门学实际上是一所文艺学校，据考证也是世界上最早的一所文艺专科大学。在"独尊儒术"的汉代，不再以儒家经学为唯一教学内容，提倡对文学艺术的研究，也是对教育的一大贡献。并且，鸿都门学招收平民子弟入学，突破贵族、地方豪强对教育的垄断，使寒门子弟得到施展才华的机会，意义是非凡的。

鸿都门学设立之后，一时非常兴盛，学生多达上千人。但太学的儒生却看不起文艺专科生，拒绝与其为伍。不久，随着士族的攻击及战乱，鸿都门学最终式微。不过，却为后来唐代的科举和各种专科学校的设立提供了有益的借鉴。

除此之外，汉灵帝真的一无是处吗？

其实，他在那个位置上，已经尽到他最大的努力了。

刘宏不愿意亲贤臣、远小人吗？并不完全是的。他生于僻远藩国，能力水平有限，谁是贤臣、谁是小人，他刚开始未必能识得真，后来就算识得真了，也未必能够驾驭。他自己都还在权力的圈子之外游离，又何谈选贤任能？因此，只有他自己先融进权力的圈子，把权力一步一步地收回来，才能谈及下一步的用人，刚上任屁股还没坐稳就大喊要铲除阉宦任用贤能，那他不就成了汉质帝第二吗？

并且，要使用贤臣也并不容易，因为权力都在宦官手中，甚至连他本人，也因为懒惰需要依靠宦官。贤臣如果足够贤，宦官们是不答应的。贤臣如果不够贤，那来了也没有多大用处。这就是他想要把盖勋留在身边，但宦官们却极力推荐他去做京兆尹，而他最终却妥协同意了的原因。

另外，在逐步接管权力的过程中，他还需要利用宦官来抗衡士大夫们，否则一旦尽诛宦官，权力真空状态下，乘虚而入的士大夫们难保不成为梁冀、董卓、曹操。这也就是为什么张让临死之前说他们死了天下就会大乱的原因，这也就是为什么张让等人死后董卓横行朝堂无人制衡的原因，这也就是为什么后来汉献帝被逼无奈下衣带诏的原因。

那么收回权力之后完全任用贤臣可不可以呢？也是可以的。水平如果足够高，能够驾驭任何人，用谁都是一样的。这就是当年赵简子能够将声名狼藉的阳货治得服服帖帖为其卖命的原因。反之，如果自身能力不足，用贤臣，那本身就是一件极度危险的事情。王莽贤不贤？王莽礼贤下士之时，没有人说他不贤，最后结果如何呢？曹操贤不贤？曹操奉迎献帝到许昌之时，不啻周公再世，最后结果又如何呢？

所以当皇帝也是一门技术活，没有超高的政治天赋和施政水平，本身就是一件极度受虐的事情。而贪财好色、擅权虚荣却是人性的弱点，若非高度的自律精神和超强的监督机制，又有几个人能够克制呢？皇帝并不是什么上天之子，其实都是普普通通的凡人。若是皇统有常，在做太子时能够受到良好的教育和耳濡目染，之后做了皇帝，就算没有创举，守成也应足够。但如果皇统无常，藩国小侯或是平民百姓突然间天降好运做了皇帝，没有任何的成长历练，政治黑暗几乎是大概率事件。

要么被权臣架空甘愿做个傀儡，那政治上不腐朽说不过去；要么因缘际会收回了权力，却又不愿接受监督耽于享乐，那就把权力让渡给宦官或者近臣，那政治上不腐朽更说不过去。古来都提倡士大夫要修身齐家治国平天下，而其实，皇帝才是最需要培训的一类人。皇帝如果水平不高，大臣们能力再强，最后还是形成木桶的短板，拉低整个执政的水平。

早慧的皇帝能有几个？如刘询、如刘肇、如玄烨，收回权力之时，怎一番血雨腥风！收回权力之后，又是怎一番殚精竭虑。大臣可以随便挑，皇帝却是没的挑。天下治乱、百姓福祸只能靠碰运气。贤明的皇帝，实在是凤毛麟角啊！

所以正如盖勋所观察的那样，汉灵帝是非常聪明的，只不过是缺乏历练、经验不足而已。而汉灵帝能够识察盖勋并寄予信任，也足见他并不昏聩。汉灵帝早就吸取了他的前任汉桓帝被梁冀架空多年的教训，在机会成熟之时，设置了西园八校尉，以压制大将军，避免让何进权力扩张。而那个时候，何进担任大将军其实还不满五年。

中平五年八月，在阅兵式之前，汉灵帝为分何进兵权，在西园招募壮勇设立了一支军事组织。由自己作为"无上将军"统辖，下设八个校尉。分别是：上军校尉，小黄门蹇硕；中军校尉（佐军校尉），虎贲中郎将袁绍；下军校尉，屯骑校尉鲍鸿；典军校尉，议郎曹操；助军左校尉，赵融；助军右校尉，冯芳；左校尉，谏议大夫夏牟；右校尉，淳于琼。

自黄巾初起，汉灵帝就开始格外留意军事，小黄门蹇硕比较健壮，又有武略，所以汉灵帝非常信任他，让他担任元帅典护诸将，统领司隶校尉以下官员，就连大将军何进也要受其节制。作为一个能力欠佳还想偷懒享乐的皇帝，设置这样一套制度，不能不说是一个集权的创举，在这一点上，汉灵帝似乎确实比汉桓帝要高明一些。

而汉灵帝对自己却是超一般地自信。有一天，他一本正经地问侍中杨琦（杨震曾孙）说："你觉得我和桓帝相比，怎么样？"杨琦一点也没有客气，回答说："陛下和桓帝相比，就像虞舜和唐尧比德行一样。"虞舜、唐尧，他们二人的德行都是受人称赞的，二人比德，当然是相差无几。桓帝之荒淫昏聩人皆共知，如今灵帝要拿他来作比，杨琦之意就是你们二人也相差无几。

汉灵帝期待的显然不是这个答案，他满以为杨琦会像其他那些佞臣一样会夸赞他德迈三皇功盖五帝呢。于是他非常生气地对杨琦说："你脖子真硬，不愧是杨震的子孙，你死之后，一定也会招来大鸟的。"没过多久，将杨琦外放了事。

东汉末期，汉灵帝其实是最有可能将天下由乱入治的一个皇帝，因为他已经完全握稳了权力，并且如皇甫嵩、朱儁、盖勋等名将名臣仍然心系朝廷并未离心。只需要驱逐阉宦重组权力，任用贤能治理天下即可。只不过，汉灵帝并不想吃这样的苦，而历史，自然也并没有选择把重担压到他的肩上。

第三十一节 何进发迹、两宫争权、再诛宦官、董卓往事、何进之死、宦官之乱

汉灵帝死后，皇子刘辩即位。

刘辩非太子而即皇位，是什么来头呢？

刘辩的母亲是何氏，出自屠夫之家。这样的出身，注定不能以良家子的身份被选入掖庭。但何氏的家人通过贿赂宦官，把她成功送进了皇宫。公元176年，何氏以宫女身份生刘辩。

汉灵帝后宫的宫女非常之多，据载有数千名。但是，在刘辩出生之前，汉灵帝所生的皇子却没有一个能活下来。所以，刘辩出生之后，没有养在皇宫里，而是养在一个名叫史子眇的道人家中，不敢叫他的本名，而是称他为"史侯"。因为史道人有道术，所以何家想凭借他的道术来保护刘辩。

因为生下第一个没有夭亡皇子的缘故，何氏被封为贵人，甚得汉灵帝宠幸。但是，何贵人极为嫉妒，所以后宫的妃嫔宫女没有不怕她的。

公元178年，宋皇后被王甫等人诬陷而死，后位一时空缺。公元180年，皇子唯一存活的何贵人被立为皇后。

而在这个时候，汉灵帝的王美人也怀了孕。

王美人名叫王荣，是赵国人，祖父王苞曾经担任五官中郎将，因此以良家子身份被选入掖庭。王美人的身材长相极为标致美丽，聪明机警而有才智，甚至还能写会算。

王美人怀孕之后，特别担心善妒的何皇后得知消息后会杀了自己，于是就想吃药把这个胎儿打下来。但堕胎药吃下去之后，这个胎儿却纹丝不动，再加上王

美人多次梦见自己背负着太阳行走，感觉是个吉兆，于是就再没有吃堕胎药。孩子最终顺利地生了出来，是个男孩，取名为刘协。

果不其然，何皇后得知王美人也生了儿子，大为嫉妒，担心她将来会对自己的后位造成威胁，于是用毒药毒死了王美人。

汉灵帝得知何皇后鸩杀王美人，极为恼怒，想要废掉她的皇后之位。何皇后十分惊慌，于是赶快重金买通张让等宦官为她说情，宦官们一齐跪在汉灵帝身边叩头为何皇后求情，灵帝无奈，只好作罢。

为了防止皇子刘协被何皇后害死，于是灵帝的母亲董太后把刘协亲自带在身边抚养，人们因此把他称为"董侯"。

灵帝非常哀怜刘协出生即失去母亲，又非常思念王美人，于是充分运用他的文艺才华，作《追德赋》和《令仪颂》，以寄托哀思。

刘辩和刘协渐渐长大，大臣们都劝灵帝早立太子，但灵帝不喜欢长子刘辩，认为他轻佻没有威仪，缺乏帝王之姿。反过来，他对刘协非常中意，想要立他为太子。也难怪，道人养大的孩子和宫廷太后养大的孩子，相差肯定不是一星半点。

可是，当时一是何皇后受宠，二是大权已经掌握在何家人手里。汉灵帝想要立年幼的刘协，阻力非常大。这样一来，立太子一事，就被搁置了起来。

而这一搁置，就搁置到了汉灵帝病危。

临死之前，灵帝把刘协托付给上军校尉蹇硕，认为蹇硕有军权在手，实力强大，就一定会立刘协为皇帝。

然而，事情远没有他想的那么简单。

当初何氏被封为贵人之时，其同父异母的哥哥何进被任命为郎中，接着升任虎贲中郎将，出任颍川太守。何氏被立为皇后之后，其父何真被追封为车骑将军、舞阳宣德侯，其母兴被封为舞阳君。何进被征召入朝，担任侍中、将作大匠、河南尹。

黄巾起义爆发后，为了镇压黄巾军，何进被任命为大将军，因捕杀马元义有功，被封为慎侯。

中平四年，荥阳数千人造反，攻打焚烧郡县，并杀死中牟县县令。朝廷于是派何进的弟弟河南尹何苗带兵前去镇压。何苗平乱回朝，被任命为车骑将军，封济阳侯。

汉灵帝设置西园八校尉之后，小黄门蹇硕以上军校尉之职，位居大将军何进之上。灵帝希望通过这样的制度设计，让蹇硕钳制何进。

但是，任何时候的较量，都是综合实力的对比，军权虽然掌在蹇硕手中，但他的身后只有皇帝一人，而大将军身后则不一样，有一大帮的追随者。

所以，蹇硕对何进仍然非常畏惧忌惮，于是和其他的常侍们一起鼓动皇帝，让汉灵帝派何进带兵到凉州去攻打边章、韩遂。灵帝采纳他们的建议，于是赐给何进兵车等物，准备让他出征。何进暗中得知了蹇硕等人的计谋，于是奏请灵帝同意，派袁绍带兵东征徐、兖二州。之后，何进借口要等袁绍回来才能出兵，以此来拖延时间。

这一拖，果然拖死了汉灵帝。因此何进也不必再去西征，而是准备拥立外甥刘辩即位。

再说蹇硕，他一来受了汉灵帝的遗诏，二来平素即被何进兄弟所轻视忌恨，所以就想先下手为强，杀掉何进消除威胁再立刘协。

灵帝死的时候，蹇硕就在宫内，而何进却要从宫外赶来。入宫之时，何进迎面碰上一个人，这个人是蹇硕的司马潘隐，与何进有老交情。潘隐拿眼看着何进，不断地用眼神向他示意，何进会意，大惊之下，骑马抄近路跑回军营，带兵进屯百郡邸（各郡国设在京师的官邸），称病不出。

从制度设计上来说，灵帝当初设置八校尉，还是存在很大的漏洞。因为蹇硕虽然掌兵权，但他如果要动兵，需要得到"无上将军"皇帝的批准，拿到诏令，现在皇帝死了，蹇硕无诏可奉。

而从制度设计上来说，先皇大行新皇未立的这个权力真空期，行事需要得到实际掌握权力的太后或尚未成为太后的前皇后的懿旨来批准。蹇硕的谋划是，他先杀掉何进，掌控所有的军队，之后控制内宫及何皇后，拥立刘协登基，然后向傀儡刘协上奏同意，颁发诏书，使自己杀何进的行为变得合法。

而现在何进带兵躲进了百郡邸，而想要奏请何皇后同意杀何进、立刘协？开什么玩笑！

蹇硕的谋划无法实现，而何进的爪牙却遍布朝中，于是蹇硕只得妥协，按程序让刘辩以皇长子身份继承了皇位。

何皇后成为何太后，于是临朝称制，何进与太傅袁隗辅政，统领尚书事。刘协被封为渤海王。之后大赦天下，改元为光熹。

何进转危为安，对蹇硕想要朝自己下黑手的行为十分痛恨。他知道宦官被天下人所极度憎恶，于是就谋划着想要杀掉蹇硕。

而蹇硕也不是那么好杀的,因为他身为上军校尉,手握兵权,并且还率领宫中的禁军。稍有不慎,蹇硕先下手为强,那掉脑袋的很有可能就是何进。

就在此时,朝中的实力派人物——中军校尉袁绍也通过何进亲近的宾客张津,劝何进诛杀宦官。

袁氏几代都做高官,号称"四世三公",故吏门生遍天下,在朝野有很高的人望,袁绍一向善于笼络人才,能得豪杰支持,他的堂弟虎贲中郎将袁术也崇尚侠义,所以何进一并厚待他们。

袁绍曾任大将军掾,是何进的老部下,所以现在袁绍积极传递信息要诛杀宦官,何进感觉能得以袁绍为代表的士人的支持非常欣慰,于是非常看重他。又广泛网罗有智略的逢纪、何颙、荀攸等人,一并引为心腹。

何进的这些举动,让蹇硕越来越不自安,他给中常侍赵忠等人写信说:"大将军兄弟独揽朝廷大权,如今与天下党人一起谋划诛杀先帝左右之人,族灭我等。只不过因为我掌管禁军,所以暂时犹豫未决罢了。如今应该立即关闭上阁,迅速捕杀他们。"

不巧的是,中常侍郭胜是何进的老乡。何太后与何进能够富贵得宠,之前郭胜等宦官起了很大作用。相应地,何氏发迹之后,也没少给郭胜、张让等人好处。因此郭胜、张让等中常侍对何氏比较亲近。

接到蹇硕的来信之后,赵忠、郭胜等人,和张让等诸常侍一起进行了商议,商议的结果是:不从蹇硕之计。不仅不从,而且还把他卖了,直接把他的书信拿给了何进。

奇怪!宦官们从来不都是抱团取暖、铁板一块吗?怎么会出卖和他们同是宦官的蹇硕呢?

没有永远的朋友,也没有永远的敌人,只有永远的利益。在利益面前,亲人都有可能反目成仇,更何况是同僚。

蹇硕想杀何进不成与何进成了仇家,其他的宦官可不是,不仅不是,而且他们还是何进的恩人!当初何太后怎么入的宫、怎么成了皇后、怎么在鸩杀王美人后未被灵帝废黜,可都是张让、赵忠等人出的力,他们好不容易培植起来何家这棵大树准备要乘凉,怎么会因蹇硕一个人而砍掉呢?

所以两利相权取其重,宦官们最终选择了何进,抛弃了蹇硕。

蹇硕听起来是上军校尉,只听命于"无上将军"皇帝,貌似一人之下万人之上,权力大得不得了。而其实,蹇硕还有个身份,是小黄门,在宫中还有管家。

他的上面，还有专门管宦官的黄门令，而黄门令之上，还有少府，而少府，也才是九卿之一。

蹇硕要想杀掉何进，只能搞偷袭。而何进想要杀掉蹇硕，就简单多了。他只需要让当太后的妹妹下一道命令，让黄门令召见蹇硕即可。

而蹇硕，就这样被抓起来杀掉了。之后，何进全面接管了蹇硕的军队。

杀了蹇硕之后的局面，无论从宦官们来看，还是在何进、何太后来看，都是符合各方利益的。小皇帝还小，让他继续当傀儡；何进掌握军政大权，继续享受荣华富贵；宦官们也继续掌权，继续鱼肉人民，相互井水不犯河水，好一个团结稳定的大好局面。

但这样的局面，符合其他利益集团的利益吗？

不符合。

既然不符合，那就肯定有人会站出来撺掇。

仍然是袁绍。

袁绍建议何进把宦官全杀光。因为宦官的名声实在是狼藉，杀掉宦官，天下舆论应该是极为欢悦。

何进被袁绍等人说动，内心深处也倾向于诛杀宦官。

就这样，时隔二十一年，诛杀宦官一事，情景再现。

然而，还没来得及让何进等人有所动作，两宫太后之间却起了非常大的矛盾。

事情的起因，其实还在"权力"二字上。

汉灵帝活着的时候，董太后多次劝说灵帝立刘协为太子，何皇后因此极为怨恨她。但直到汉灵帝病死，这件事情也没能定下来。而刘辩却因长子身份和何氏势力强大而做了皇帝，所以董太后心里极为不悦。

董太后虽被尊为太皇太后，她的侄子董重也于前一年被拜为骠骑将军，但董太后想要干预朝政，却屡次被何太后所阻止。

虽然董太后是婆婆，何太后是儿媳，但很多时候，决定权力大小的根本就不是身份，而是时势。因为这个时候汉灵帝死了，而何太后却又临朝称制。董太后拿什么跟何太后斗呢？

董太后急怒之下，愤恨地责骂何太后说："你现在气焰嚣张，不就是依仗你的哥哥何进吗？我若命令骠骑将军董重砍下何进的人头，只不过是举手之劳！"

这就是董太后太不懂规矩和缺乏斗争艺术了，骠骑将军位在大将军下，就算是真要斩杀大将军，那也得拿到诏书。请问自己的儿子已经死了，现在何氏临朝，没有她的同意，这个诏书怎么下达？当年戚姬唱了句"子为王母为虏"，顷刻间儿子被杀，自己被虐成人彘。现在董太后遇事不忍，也为董氏招来了大祸。

何太后听了之后，转头就把这些话告诉何进。

宫廷斗争，自古就是权力运用的艺术。找一些冠冕堂皇的借口，从来就不需要费多大周折。

何进与三公及何苗等人上奏说："董太后指使前中常侍夏恽、永乐太仆封谞等与州、郡官府相互勾结，把持各地的珍宝财货，全部送进永乐宫。按照过去的惯例，藩国的王后不能留住在京城，请永乐董太后迁居河间国。"

诏书需要谁来批准？需要临朝称制的何太后来批准，皇帝刘辩不过是傀儡而已。

法律程序的运转，有时候不过是为了使某些人的想法披上合法的外衣而已。于是，拿到诏令的何进，带兵包围了董重的府第，将董重抓了起来，之后免除了他的职务。董重自杀而死。

董太后得知侄子被杀，惊惧忧虑之下，突发疾病而死。民间一片喧哗之声，都说是何氏毒死了董太后。但不论以怎样的方式死去，又有什么区别呢？董太后最终以惨痛的代价，为自己的愚蠢买了单。

时为公元189年六月，距汉灵帝死去还不足两月。

而幸运的是，何进等人还算不上歹毒，觉得刘协已经失去靠山，对刘辩的皇位已经构不成威胁，所以留了刘协一条性命，并于次月徙封他为陈留王。

两宫争权以何氏胜利告终，而散落在董氏手中的一小部分兵权，也被何进尽数掌握。自此，京城地面上的军队，基本已被何进全部掌控。

何进的心思，再一次回到了谋诛宦官上。

二十一年前，同为大将军辅政的窦武诛杀宦官失败，身死族灭。如今的何进，能够成功吗？

袁绍再一次劝说何进："之前窦武诛杀宦官不成被反杀的原因，就是因为秘密泄露，且京城内的五营士百官惧怕宦官所致。如今将军身为国舅，且兄弟都手握强兵，手下的部曲将吏都是英俊名士，乐于尽力效命，事情可以说全部在掌握之中，这真是天助的好时机啊。将军应该一举为天下除害，名垂后世。即便是周代辅佐宣王中兴的申伯，与您相比又何足道哉？如今大行皇帝的灵柩停在前殿，将军受诏带领禁兵，不应该轻易出入宫禁。"

何进也担心自己会出意外,所以极为认同袁绍的话,于是就称病不入宫陪丧,也不去送葬,与袁绍商议诛杀宦官的计划。

计划定下来之后,何进就前去向当太后的妹妹报告,希望能够得到批准。然而,何太后却不答应。她说:"宦官总管宫中事务,自古到今都是如此,汉家有这样的旧例已经很长时间了,不能废除。况且先帝刚刚辞世,我心里凄楚,怎么能和一帮士人(男人)共事论事呢?"

太后不同意,何进没办法,只好决定先杀掉那些罪大恶极的宦官。

一切,和二十一年前,又是多么地相像!

何进又去找袁绍商量,而袁绍则觉得宦官接近皇帝太后,出入宫禁发号施令,如果不全部除去,日后必成祸患。

可是,何太后的母亲舞阳君,还有何苗,多次接受宦官们的贿赂,得知何进要杀掉宦官,于是多次在何太后的面前为宦官说情,请太后保护他们。为了掩盖他们受贿的事实并使何进的理由无法立足,他们又说:"大将军现在想杀光皇帝和太后身边的人,独揽大权以削弱国家。"

连自己的庶母、弟弟都这么说何进,就不由得何太后不疑心了。因此何进越说,何太后越逆反。

宦官们在宫中有的已经服务了几十年,封侯晋爵贵宠无比,与宫廷内外的公卿国戚都有着千丝万缕的联系,相互之间盘根错节,关系非常牢固。而何进当上大将军却没有几年时间,所以对宦官们一向是恭敬畏惧。虽然他在朝野有非常大的名声,但对于内宫的决策,他实际上拍不了板。他既比不了此后的董卓和曹操,比起之前的梁冀来也有差距。

因此诛杀宦官之事,又一次被拖延下来。

历史,是何其地相似!

这样的事情,再拖下去,肯定又会走陈蕃、窦武的老路。

袁绍等人见何太后迟迟不批准,于是又为何进出谋划策,建议召集董卓等四方猛将及豪杰,让他们一齐领兵到京城来,以此给何太后施加压力,何进想了想,觉得也有道理,于是就同意了。

主簿陈琳一听,觉得非常冒险,规劝他说:"《周易》上说'即鹿无虞'。进山打鹿,没有熟悉地形和鹿性的虞官帮助,那就是白费气力。谚语又说'掩目捕雀',捂着眼睛捕麻雀,这些小事情尚且不能用自欺欺人的方法得逞,更何况国家大事呢,怎么可以用欺诈的手段成功呢?如今将军总括皇威,手握兵要,龙骧虎步,大小事情都可自己决断,杀宦官就如同'鼓洪炉燎毛发'那样容易。如今却反而丢弃最有力的武器,去求助外援。大军聚集在一起,兵强的就会称雄,所以召外兵入京,这就是所谓的倒持干戈,授人以柄,事情不但不能成功,还会成为大乱的祸根。"

应该说,陈琳作为一个文学家,军机之类或许不是他的强项,但看看此时他的这番见识,却是多么地直击要害,切中肯綮!

典军校尉曹操也说:"宦者在宫中任职,古往今来都有。都是因为主上对他们太过于宠信,又把大权交到他们的手上所致。如果真要法办他们,也应该只杀首恶,一个狱吏就足够了,何必纷纷征召驻外的将领呢?如果想把宦官全杀光,事情必定会泄露出去,我能预见这件事情不会成功了。"

卢植时为尚书,他和董卓之前多有交集,知道董卓性格凶悍,难以制衡,如果把他召来,那么就一定会为天下召来祸患,所以态度极为坚决地劝阻何进。

但是,何进并没有明确采纳陈琳、曹操和卢植的建议。之后,何进分路派出使者,召前将军、并州牧董卓屯关中上林苑,命令大将军府掾王匡东往他的家乡泰山郡征召弓箭手,召东郡太守桥瑁屯城皋,并让武猛都尉丁原火烧孟津,火光冲天,照得洛阳城中清晰可见。各路人马都以诛杀宦官为名,纷纷向朝廷上书。

何进等人以为,有了这般压力,太后应该会同意诛杀宦官了吧。但是,何太后还是没有同意。

何太后不同意有不同意的理由,因为她知道,何进也不敢玩火自焚。这不,何苗代表她前来劝何进了。

何苗对何进说:"当初我们一起从南阳以贫贱之身而来,都是靠了宦官才得以富贵。国家大事,哪有那么容易。覆水难收,您应该好好考虑周详,最好是和宦官和解为宜。"

何进听了之后,再一次开始犹豫。因为京城外围也出现了异常,原本只是征召来向太后施加压力的董卓等人,却有了极为异常的举动。董卓进兵极为迅速,已经到达渑池,并没有等待何进发出下一步的命令,就有直接向京城进发的意向。

何进非常担心,毕竟陈琳等人的看法,还是极具远见的。所以他赶快派名将种暠的孙子种劭前去,传令让董卓停止进军,然后命令他返回河东郡去征讨流亡的匈奴单于於夫罗(与白波义军勾结劫掠百姓)。

种暠曾经担任凉州刺史,对董卓有提携之恩,此时何进派他的孙子前去,止军董卓的态度非常坚决。

然而，董卓却并不因自己曾经是种暠的下属就向他的孙子让步。急行军前来干什么，他心里比谁都清楚，怎么可能回去呢？

所以，董卓一边上书为自己辩解，一边继续进军，进入河南尹的辖地。实际上，已经到了京城脚下。

何进派种劭阻止董卓进兵，让袁绍倍感恐惧，如果董卓退兵，那么万一何进与宦官和解，那他袁绍的计划不就全完了吗？计划搁浅事小，弄不好袁家都会成为二者和解的牺牲品。

于是他催逼何进说："我们已经与宦官交手，形势已经人皆尽知，事情延误就要生变，将军还要等待什么，为何不早点决定呢？"何进再次被袁绍说动，他知道再犹豫下去不仅宦官杀不了，外兵再入京，那就内外交困无法收场了，于是任命袁绍为司隶校尉，假节，有自主杀伐决断的权力；从事中郎王允为河南尹。

这是一项极为重要的人事任命，甚至可以说是袁绍梦寐以求的权力。司隶校尉、假节、专命击断，这三项里面任何一项，都足以让一个手握重权的人在极不稳定的政局下干出令人难以预想的事情来！

袁绍接受任命之后，立即派洛阳方略武吏监视宦官，然后催促董卓等人从驿道快速前进，让他们进兵平乐观。

袁绍催促董卓，应该没有经过何进同意。很明显，在这个时候，袁绍已经露出不受何进控制的迹象了。

看到袁绍采取了强硬措施，何太后非常惊慌。袁绍之举，她不知道是何进授意、默许还是不知情，但不论是三者中的哪一个，都足以玉石俱焚。她知道如果再坚持下去，外兵一旦入内，场面必定失控。于是赶快妥协，下令将中常侍小黄门全部罢除，让他们全部回家。只留下与何进平素关系要好的留守宫禁。各常侍小黄门都跑到何进那里谢罪，听凭他的处置。

其实，对何进而言，他要的就是这样的一个结果，只要宦官们交出权力离开朝堂，那他就放宦官一条生路，毕竟，宦官有恩于他，他也不想把事情做绝，让局面失控。所以何进对他们说："天下动乱不堪，就是因为你们这些人的缘故。如今董卓马上就要到了，诸位何不早点回到各自的封地去。"

而袁绍则劝何进抓住这个千载难逢的机会下令杀掉宦官，但连说好几次，何进都没有同意。

在何进看来，宦官已经交出权力，董卓之军已派种劭前去宣止，既没有将恩人们赶尽杀绝，也没有使局面大坏失去控制，还有什么能比这样的效果更令人称心如意呢？

董卓之军已经屯于天子脚下，种劭劳军之后，再一次向他传达朝廷的命令，让他率军回河东，但董卓说什么也不愿意。目的还没有达到，却被勒令回军，假如真的回去，一旦稳住阵脚的何进等人追究他不奉诏令的罪过，那么一纸诏书下达，他除了扯旗造反，不再会有更好的出路。只有继续驻军观望，寻找时机，尚不失为明智之举。于是董卓指使他手下的士卒们上前威胁种劭，种劭大怒，以诏命大声斥责董卓的士卒。毕竟董卓没有下达明确的命令，他手下的将士也知道朝廷的使者不能残害，所以纷纷躲避。种劭于是上前质问董卓，董卓理屈词穷，带着麾下将士稍稍退却，驻军在夕阳亭。

事情到了这个时候，似乎是出现了某种平衡，局面已经被稳住了。只要宦官被遣送回封国，董卓回了河东，何进就会成为没有宦官掣肘的大权独揽的第一外戚，远超他的前辈窦武，甚至能超过梁冀。

然而，何进有退路，袁绍却没有退路，何进与宦官和解了，那他袁绍呢？

袁绍见何进态度如此，决心将何进再次拖入浑水，于是向各州郡发出文书，诈称是何进的命令，让他们逮捕审问宦官家乡的亲属。

让地方州郡逮捕审问宦官的家属，那么哪个宦官家属清白到可以经得起审问？家属一旦入狱，放下权杖的宦官能够独活吗？困兽犹斗，更何况是这些政治斗争经验极为丰富的宦官呢。

你何进前脚说要让人家回家，后脚就传令抓捕人家的家属，这不是撕毁契约，堵死了人家的退路吗？宦官们知道，此刻再不反击，那就是死无葬身之地，等着被何进（袁绍）锉骨扬灰了。

张让的儿媳妇是何太后的妹妹，张让知道要想打开缺口，只有寄希望于自己的这个儿媳妇。于是他老泪纵横地给儿媳妇磕头说："老臣有罪过，应当与新媳妇一起回老家。只是几辈子蒙受皇恩，如今就要远离皇宫，心里十分不舍，希望能再入宫值守一次，能够看看太后、皇帝的容颜，然后回去就算死于沟壑，也没有什么可遗憾的了。"

儿媳妇被自己的老公公感动了，于是跑去向她和何太后共同的母亲舞阳君诉苦，并入宫禀告何太后。

何太后一听，觉得这些宦官真的是太有感恩之心了，临走之前，惦念的不是自己的生死，而是希望为她和皇帝再服务一次、再站一班岗。如此卑微而重感情的要求，还有什么理由不满足呢？感动，真的是太令人感动了！

于是，何太后下令，让各常侍重新入宫当值。

应该说，出现这样的情况，何进一方就应该迅速做出反应，坚决反对宦官入宫并迅速祭出杀招以保自身安全。然而，不但何进没有，袁绍也没有。

袁绍没有是袁绍有其他的想法，而何进没有大概就是他是个好人，太优柔寡断、心慈手软了。

时间已到八月，何进再一次入宫向何太后上奏，请求诛杀各常侍以下的宦官，并选光禄勋手下三署的郎官入宫，守卫宦官的住处。

宦官们互相议论说："大将军称病不为先帝守丧，不送葬，今天突然入宫，这是想干什么？以前窦武想做的事又要出现了吗？"

张让等人早就在何太后身边安排了自己的心腹，隐在暗处偷听何进等人的谈话，因此何进说了些什么，转身就进了张让等人的耳朵。

张让于是领了段珪、毕岚等数十人，拿着兵器偷偷从侧门进入，埋伏在宫内。等何进出来之后，就假借太后的诏令召他进去。

何进入宫，张让等人上前将他团团围住，责问说："天下纷乱，也不光是我们这些人的罪过。先帝曾经与太后闹矛盾（指鸩杀王美人事），差一点废了太后，是我们这些人跪在地上哭告营救，各自拿出千万家财做礼物，来讨皇帝的欢心。为了什么？还不就是为了依靠你何家嘛。如今你却要将我们抄家灭族，难道不是太过分了吗？你说宫内肮脏，那么自公卿往下数，忠贞清白的又有哪个？"

何进哪里想到宦官们会来这样一场突袭，惊慌失措之下，被诘责得哑口无言。宦官们做事可不像他们这般拖泥带水，尚方监渠穆拔出剑来，砍杀何进于嘉德殿前。

杀死何进之后，张让、段珪等人立即草拟皇帝诏令，任命曾经阿附过他们的前太尉樊陵为司隶校尉、少府许相为河南尹。尚书接到诏书，十分怀疑，说："请大将军出来一起商议。"中黄门把何进的头扔给尚书说："何进谋反，已被杀了。"

何进的部曲将领吴匡、张璋，素来被何进所亲厚，在宫外听说何进被杀，想要带兵入宫，但宫门却被宦官关闭。于是袁术与吴匡一起砍开宫门，攻入内宫，中黄门手持兵器把守宫舍。其时夜幕降临，袁术命人纵火焚烧南宫九龙门及东西宫，打算以此胁迫张让等人出来。张让等人入内禀告太后，说大将军的军队造反，焚烧宫室，攻打尚书门，于是带上太后、皇帝刘辩及陈留王刘协，又劫持宫内官员，通过复道逃往北宫。担任尚书的卢植听说乱起，持戈站在阁道的窗下，仰面痛斥段珪等人的罪状。段珪等人恐惧，于是就放了何太后。何太后从上面跳下，才免于被继续劫持。

张让等人撤换司隶校尉、河南尹的诏书已经发出。如果樊陵、许相等人走马上任，接管京城的军事力量，那么袁绍等人将插翅难逃。紧急之下，袁绍、袁隗叔侄，表现出了比他们的士人前辈高出许多倍的杀伐决断，他们也矫诏召来樊陵、许相，然后杀掉了他们。

司隶仍然是袁绍，河南尹仍然是王允，军队都在掌控之下。

之后，何苗、袁绍带兵屯驻朱雀阙下，搜捕到赵忠等人，杀了他们。

但是就在这个时候，出现了一个令人极为震怖的场面。

何进的部将吴匡在军中宣告说："杀大将军的就是车骑将军（何苗），将士们能为大将军报仇吗？"何进对待下属一向仁义多有恩惠，所以士兵们都流着眼泪说："愿以死报效大将军。"吴匡于是带兵和董卓的弟弟奉车都尉董旻攻杀何苗，然后把他的尸体丢在了花园里。

何苗原名朱苗，是他的母亲改嫁何家时带过去的，与何进没有血缘关系。但他和何太后是同母异父的兄妹，何太后又与何进是同父异母的兄妹，所以，有何太后这个纽带，他们的利益其实是一致的。何苗在诛宦官一事上确实和何进不是一条心，但若说是何苗直接或间接杀了何进，那可能就有些牵强了。

吴匡素来怨恨何苗与何进不同心，并且怀疑他与宦官同谋。这样的判断，既有出自他个人的部分，也应该有来自别人蛊惑的部分。

那么蛊惑他的人有可能是谁呢？且看何苗死了之后何氏的军权最终落到了谁手上！

袁绍接着关闭了北宫门，布置军队搜捕宦官，无论老少一律杀死。甚至还有无胡须的年轻人被误杀的，以至于事情紧急到自己褪下裤子证明不是宦官才得以幸免。被杀死的宦官多达二千多人。袁绍接着进兵冲击皇宫，有的士兵甚至爬上端门的屋顶，以进攻内宫。

张让、段珪等人在内无法守卫，于是带上在嘉德殿内休息的刘辩、刘协等数十人步行出谷门，逃奔小平津。公卿们都从平乐观出来，没有人能够跟随刘辩，只有卢植趁夜骑马赶到河上相随，王允派河南中部掾闵贡跟随卢植身后。卢植及闵贡赶到，亲手持剑砍杀了几名宦官，并继续追击张让等人。张让等人料得无法逃脱，于是哭着对刘辩说："我们这些人死了，天下就大乱了，请陛下自己保重。"全部投河而死。

时为公元189年八月。

张让等人投河而死后，刘辩与刘协在卢植、闵贡等人的保护下，借着荧光，步行好几里，在一个百姓家中，找到了一辆没有帷盖的露车，然后准备乘坐回宫。

而就在这时，一路兵马出现在了前面。刘辩、刘协及随同护驾的人全都大吃一惊！

来的是什么人呢？来的是人董卓！

那么董卓为什么会对皇宫内部的事务如此热衷上心呢？那就需要从头看一看董卓的成长史和心路历程。

董卓，字仲颖，陇西郡临洮县（今甘肃省定西市岷县）人。因为许多演义小说的缘故，许多人误以为董卓不过就是一个有勇无谋的赳赳武夫，而实际上，董卓是一个粗中有细、有勇有谋的将领。

董卓父亲董君雅曾经担任颍川郡纶氏县尉，育有董擢、董卓、董旻三兄弟。

年轻时的董卓喜好行侠仗义，曾经到羌人部落游玩，与很多羌人首领结交。后来，董卓回乡耕作，一些羌人首领来看望他，董卓就把耕牛杀了款待他们。农耕时期的耕牛，是主要的生产工具，非常贵重，而董卓却能杀了款待客人，这让羌人首领非常感动，于是他们回去之后，凑了上千头各类牲畜赠送给董卓，董卓因此知名。

董卓力大无比，武艺高强，擅长佩带两副箭囊，骑马飞驰时左右射击，羌胡非常畏惧他。

汉桓帝末年，董卓以六郡良家子为羽林郎，跟随中郎将张奂为军司马，攻打汉阳郡的叛羌。得胜之后，拜为郎中，赐给他细帛九千匹。而董卓拿到这些赏赐之后却说："为者则己，有者则士。"（语出自黄石公《三略》）运筹谋划的是我自己，可立下战功则要归功于将士们。于是把缣帛全部分给手下士卒，自己一点也没留。不久，董卓升任西域戊己校尉等职，后因事被免。再之后被司徒袁隗征为掾吏，后出任并州刺史、河东郡太守。

其时董卓的老上级张奂因朝廷特许居住在弘农华阴县，董卓不忘旧主，派长兄董擢向其赠送一百匹缣帛。张奂厌恶董卓的为人，拒绝不受。

黄巾起义爆发后，朝廷拜董卓为东中郎将前去接替卢植。然而董卓连战两月也没有取得胜利，最后被得胜的皇甫嵩接替。董卓被征还洛阳之后，和卢植一样被判处减死罪一等。但随着黄巾失败朝廷大赦天下，董卓也获得赦免。

北宫伯玉等人在凉州发动叛乱后，董卓以副将身份跟随皇甫嵩出征。皇甫嵩因得罪宦官被罢免，司空张温前去平叛，董卓又为张温之下。

张温召见董卓，董卓去迟，张温责怪董卓，董卓出言不逊，冒犯张温。当时担任张温参军的孙坚见状，力劝张温趁机杀掉董卓，以此立威，但张温却没有同意。

在流星划过边章军营的那一晚，边章和韩遂等人惊慌失措想要撤退，董卓提前得知消息，与鲍鸿趁机攻打，取得斩杀数千人的大胜利。之后，董卓率领三万余人讨伐先零羌，结果被羌胡所围，董卓令军士假装捕鱼成功突围。成为当时六支队伍中唯一一支全师而还的军队。

回师之后，董卓屯于扶风，被封为斄（音邰）乡侯，食邑千户。

在中平五年朝廷派皇甫嵩前去救援被凉州叛军围攻的陈仓之时，作为副将的董卓与皇甫嵩产生了意见分歧。董卓认为应该从速进兵，可以破敌。但皇甫嵩却认为陈仓城防坚固，叛军一时三刻根本攻不下来，政府军只需要按兵不动以逸待劳即可，否决了董卓的建议。

果如皇甫嵩所料，叛军攻打陈仓八十多天没有攻下来，军势疲弊，全线撤退。皇甫嵩等的就是这个机会，他立即传令进兵，追击叛军。董卓又劝阻说，兵法上讲穷寇勿追，追击叛军弄不好会被困兽犹斗的叛军反噬。但皇甫嵩认为追击的不是穷寇，而是一支锐气尽堕的疲师，追击必定会大获全胜。于是留下董卓善后，自己独自带兵去追击。果然又一次大获全胜，斩杀叛军一万余人。

经过两次交锋，在军事才能上，董卓可说是完败于皇甫嵩。因此，董卓从那个时候起，就对皇甫嵩极为忌恨。

中平六年，也就是汉灵帝病亡之年。朝廷下诏，征拜董卓为少府。乱世之际，放弃手中的军队孤身到朝中任职，董卓说什么也不干，于是找借口上书推辞说："我下属的湟中义从、匈奴士兵都来牵住我的车，苦求我不要抛弃他们，我制止不了他们，只能留下来抚慰他们，如果情况有变我再向朝廷汇报。"朝廷对此无可奈何，对董卓很不放心。

不受约束的董卓可以说成了汉灵帝的一块心病，重病之时，他下诏拜董卓为并州牧，并命令他将带领的军队移交给皇甫嵩。

董卓接受有利于自己的并州牧任命，但却拒绝交出军队。他上书辩解说："我既没有什么谋略，又没有什么壮举，承蒙皇上错爱，使我掌兵十年。军中士卒和我亲近日久，留恋我对他们的养育之恩，都愿意为我卖命效力。我请求把他们带到并州，效力边陲。"上书之后也不管朝廷同意不同意，就带着五千人的军队向并州进发。只是走到河东郡就停止前进，想趁着灵帝病重观察洛阳的局势。

皇甫嵩的侄子皇甫郦劝说皇甫嵩，说董卓拒绝交出兵马，违抗朝廷的命令，又趁着京师混乱踌躇不进，这是心怀异志的表现，再加上为人凶横残暴，建议皇甫嵩趁机除掉董卓。但皇甫嵩却恪守了一个作为臣子的本分。他认为董卓逆命是大罪，但如果他擅自杀了董卓也是大罪，不如将事情上奏朝廷，让朝廷裁决。奏书上达之后，皇帝果然下诏责备董卓，董卓对皇甫嵩更加怨恨。

等到四月份灵帝病死，何进等人为了逼迫何太后，私召董卓等人带兵入朝。而董卓等的就是这样的机会，接到命令之后，立即一边上书声讨张让等人的罪恶，一边火速向洛阳进军。

虽然董卓的异常被何进识破，派种劭前去止军，但何进却被宦官所杀。

何进被杀之后，袁术纵兵火烧南宫。董卓远远望见火起，知道朝中可能发生了重大变故，于是急忙下令进军。天亮时分，董军到达城西，一打听，才知道小皇帝被张让等人劫持着去了北芒山，于是赶快带兵向北芒山赶去。

其时，闵贡把刘辩扶到一匹马上，自己则抱着刘协骑另一匹马。闻讯而来的公卿大臣在北芒山下奉迎，司徒崔烈（即铜臭之崔烈）在前面引导，准备返回皇宫。

而就在这个当儿里，董卓带着数千步骑迎了上来。按照礼制，董卓在这个时候就要回避，但是，他自恃自己兵强马壮，根本就没有把这些礼仪放在眼里。他苦苦等待的就是这一天，否则，他也不会带兵走到河东就停止，然后也不会接到何进等人的命令就星夜兼程赶来了。崔烈见状，于是上前大声呵斥，让董卓回避。

董卓哪里会吃这一套，他指着崔烈骂道："我日夜兼程跑了三百里路来救驾，凭什么让我回避？我不能砍下你的头吗？"

刚刚十四岁（虚岁）的刘辩哪里见过这种阵势，惊惧之下，吓得哭了起来。

大臣们见了，立即上前对董卓说："陛下有诏，让你退兵。"董卓嘲讽大臣们说："诸位公卿身为国家大臣，不能匡正王室，致使国家动荡，天子流落在外，哪有让我退兵的道理。"

一则董卓身后有强兵，二则董卓说得也不无道理，所以大臣们也不再坚持。

于是董卓上前，和皇帝刘辩搭话。刘辩惊慌之下，语无伦次，竟然连一句完整的话都说不出来。而时年九岁（虚岁）的陈留王刘协则口齿清楚，完整地把事情的经过讲了一遍，自始至终，无所失语。董卓非常高兴，认为刘协比刘辩贤能，而且认为自己与抚养刘协的董太后是同族，于是当时心里就有了废黜刘辩、改立刘协的念头。

董卓与闵贡并马，想把闵贡怀里的刘协抱在自己怀里，但闵贡却把刘协紧紧地护在了怀里。董卓讨了个没趣，于是和众大臣一齐回到了皇宫。

回宫之后，诏令大赦天下，改元昭宁。

第三十二节　诱降吕布、擅行废立、倒行逆施、皇甫规妻、诸侯讨卓、死无葬地

董卓入京之后，之前受何进委派前往泰山募兵的骑都尉鲍信也征了一千多兵马回来了。他见董卓气焰嚣张、不可一世，忧虑地对袁绍说："董卓拥有强兵，心怀异志，如果不及早采取措施，我们将来必定会反为所害。现在趁他长途行军刚到，士马劳顿，如果发起突袭，一定可以除掉他。"

但是，袁绍在这个时候却没了胆量，他见董卓兵强马壮，心里害怕，竟然不敢轻举妄动。鲍信非常失望，知道自己继续待在京城就是为人陪葬，于是立即带着征集的新兵回泰山去了。

董卓最初向洛阳进发的时候，只带了三千兵马。现在到了京城，想要控制整个朝廷，担心自己的兵少，不被有实力的人所畏服。于是董卓就想了个主意，他让这三千兵马，一到晚上就悄悄地潜出城去安营扎寨，然后一到天亮就大张旗鼓地回城，连着四五个晚上，让人误以为董卓手下的军队又到了，以此虚张声势。

何进、何苗被杀之后，他们的军队没有归属，于是这些兵马也全部归顺了董卓（这里面就有后来大名鼎鼎的张辽）。

奇怪吗？

吴匡和董旻合兵攻杀何苗时那才叫奇怪！

董卓若在朝中没有耳目不知虚实，他只带三千兵马就敢斥责文武百官并往皇宫里冲，那才叫奇怪！

不过，当时来到京城的地方军队，可不是只有董卓这一支，还有并州刺史丁原也带着兵马来了。

丁原和董卓不同，他出身于贫寒之家。靠着一身好武艺和粗浅的谋略，逐步成为县吏。中平五年（公元188年）三月，并州刺史张懿在抵御匈奴进攻时战死，丁原继任为并州刺史。此后，官拜骑都尉，屯兵在河内郡。在这期间，丁原非常欣赏武艺高强的五原郡九原县人吕布，任命他为自己的主簿，十分信任、亲近。又因为张辽、张杨十分勇武，于是将他们都征召为从事。不过，在汉灵帝设置西园八校尉征召各地勇士充实中央军的时候，丁原把张辽、张杨都推荐到了洛阳。何进杀蹇硕之后，张杨、张辽自然而然成了何进的手下。何进谋诛宦官之前，派张杨前往并州募兵，因此此时不在洛阳城中。

丁原接受何进的征召来到洛阳之后，因为不像董卓那样不听号令，于是被何进任命为执金吾，准备向何太后施加压力。但人算不如天算，何进被宦官所杀，袁绍又带兵尽灭宦官，小皇帝也被带出了皇宫，至此，局面失控。就如同下象棋"老帅"离了九宫，这棋其实已经没法下了。

此时董卓想要把持朝政，首先就要把京城地面上的所有军队都置于自己的掌控之下，确保不能出现大规模对抗自己的军事力量。所以，和他同时来到洛阳的丁原，就成了他的眼中钉、肉中刺。

董卓经过了解，得知吕布颇受丁原的信任，于是派吕布的同乡李肃前去利诱吕布。吕布未能经受住诱惑，杀了对自己有知遇之恩的老上司丁原，然后提着他的人头投靠了董卓。而丁原的军队，也自然而然被吕布带到了董卓这边。

至此，京城地面上的军队，已全部被董卓所控制。

掌控了所有军队，董卓便开始为自己争取发言权。实际上也很容易，连整个京城都控制了，想要在职位上有所升迁，不过就是走个过场使一切变得合法而已。于是董卓授意心腹，奏请让朝廷罢免司空刘弘而由他取而代之。

至此，董卓顺利成为三公之一，有了相当的话语权。于是，他找来袁绍商议说："皇帝作为天下之主，应该选立贤明之人。现在每每想起灵帝，真是令人极为愤恨。我看刘协还可以，想立他为帝。"袁绍反对说："现今的皇帝还非常年轻，没有什么坏名声。如果您一意孤行，废嫡立庶，恐怕大多数人都不会同意您的意见。"董卓听了非常生气，按剑斥责袁绍说："你小子怎么敢这样？天下大事，岂不是我说了算！我想要做的事，谁敢不从？"袁绍见董卓发怒，于是找借口要跟太傅商量，然后向董卓辞别。

董卓望着袁绍，又说了一句："刘家人也没有继续活着的必要了。"袁绍一听也怒了，他勃然作色说："天下强者，难道只有您一个人吗？"说完横握佩刀，长揖而出。董卓也忌惮袁绍的名声和实力，不敢硬逼，只能由他而去。

至此，袁绍已经无法挽回败局。他知道自己在京城已经无法立足，于是把朝廷颁给他的符节悬于东门，以示弃官，之后直奔冀州勃海郡而去。

袁绍走了，一个实力强大的反对者消失了，董卓转身就去找他的老上级太傅袁隗，寻求袁隗的支持。

袁隗是老狐狸了，他宦海浮沉多少年，怎么会看不透世道人心，董卓废立之意已定，他如果反对，那么董卓这个敢于欺师灭祖的前下属，很有可能第一个除掉的就是他。袁氏棋差一着被董卓占了上风，如果他不遂董卓的意，那么袁家很有可能就会被灭族了。权衡再三，袁隗表示同意董卓之议。

有了袁隗的支持，董卓更加胸有成竹，于是下令召集群臣，在朝堂以刘辩暗弱不堪为君之由，提议要效法霍光废刘贺，废掉刘辩改立刘协为皇帝。

董卓气焰正盛，大臣们都畏惧不敢说话，也无人敢表态。

无人说话，那就意味着，其他的大臣们都是持反对态度的，否则，早就有人大声附和了。

董卓预料到接下来肯定会有德高望重的老臣反对，于是大声威胁说："当年霍光定议的时候，田延年按剑在场，有敢阻碍大计的，都以军法从事。"

此言一出，在座的人都又惊又恐。

其他人还是不敢吭声，只有尚书卢植说："从前太甲即位之后昏暗，昌邑王罪过有一千多条，所以发生了废立之事。当今皇上尚且年轻，行为没有失德之处，不是以前的事例可以相比的。"董卓大怒，但却无言以对，只好拂袖而出。

罢会之后，董卓余怒未息，下令将卢植处死。其时，蔡邕正受董卓亲近信任，而卢植素来和蔡邕关系要好，所以蔡邕特意到董卓面前为卢植求情，而议郎彭伯也劝阻董卓说："卢尚书是有名的大儒，士人所望！如果现在杀了他，天下人都会震惊失望。"董卓想了想觉得不能让天下人都反对自己，于是作罢，仅将卢植免官了事。但卢植却知道，董卓早晚有一天会找借口杀死他。于是以年老身体不适为由，请求回乡养老。等董卓同意后，卢植便立即抄小路离开洛阳，董卓果然派人追杀，但却没有追上。卢植回乡之后，隐居在幽州上谷郡，闭门谢客不问世事。

次日，董卓又在崇德前殿召集百官，然后威逼何太后，让她在废黜刘辩的诏书上用印。

此时的何太后，估计心里恨死了自己，也恨死了自己的哥哥何进，他们兄妹苦苦支撑这个危局为了什么，还不是为了儿子的皇位。而现在，召来豺狼一样的董卓，竟硬逼着她废掉自己的儿子。这又该是怎样的一种痛苦和煎熬！

何太后无奈之下，只好流着眼泪在董卓等人早就拟好的诏书上盖了玺印。诏书说："皇帝在为先帝服丧期间，没有一个做儿子的样子，仪表举止不像个君主，如今废为弘农王。"诏书宣布之后，太傅袁隗把刘辩身上佩戴的玺绶解下来，进献给刘协，刘协于是登基做了皇帝，是为汉献帝。之后，袁隗搀扶刘辩下殿，北面称臣。

时惟九月，又一次大赦天下，改元为永汉。五个月内三大赦三改元，在历史上也是极为罕见的。不过到了十二月，又下诏废除了光熹、昭宁、永汉三个年号，仍旧恢复为中平六年。

刘辩被废，刘协被立，法律程序完成，何太后已经没有了利用价值，于是董卓又指使人上奏，说何太后之前曾逼迫灵帝的母亲董太后，使她忧愤而死，违背婆媳之礼，缺乏孝顺的品行，把她迁到了永安宫。之后，董卓命人向何太后进献毒酒，弑杀了何太后。

真不知道何太后临死之前，内心作何感想。《三国演义》中描绘她饮鸩之前大骂何进无谋，她就有谋吗？窦妙的先例放在那里，她哪怕是稍稍借鉴上一星半点，也不至于落个如此下场。当初窦妙否决父亲，父女分歧，如今何氏否决兄长，兄妹离心，其实她们都没有搞清楚一点，若是窦何奏请诛杀之人远在郡县，分歧拖延一下都没关系，而奏请诛杀的人就在眼皮子底下，从她们第一次拒绝父兄之请的时候，其实就已葬送了父兄和家人的性命。难道不是吗？

更为甚者，罢除宦官之后复又天真地同意其入宫当差，何太后大概有远逊于窦妙之处吧！

按照何太后入宫的年龄推算，公元176年生刘辩，应是选入掖庭一两年之后，那么按十五岁左右入宫来算，到此时被逼自杀，也不过三十岁左右的年纪，还是太年轻了，缺乏政治斗争的经验啊！缺乏高超的政治天赋和政治才能，却深处政治斗争的旋涡，等待她的，不是灭亡，又是什么呢？

何太后当了十年的皇后，如今被弑，董卓只是让皇帝到洛阳城内的奉常亭为她表示哀悼，公卿百官都身着白衣上朝三天，完全没有按太后的礼制规格为她发丧。何太后与汉灵帝合葬于文昭陵。

当初何氏刚刚被立为皇后之时，按照礼制应该去拜谒太祖、世祖庙，但每次准备要去，就会发生变故，最后竟然没有去成。当时就有人视为不祥之兆，而到如今，果然落下在她任上使汉朝大厦倾覆的话柄。

此时董卓经过废立，已经完全实现了为自己立威的政治企图。并且成功驱走了政治对手，掌控了朝政。那么接下来，董卓要做的事情，就是巩固已有成果，以赢得人望。

首先，董卓对自己再一次进行了封赏，使外界看来，自己的身份更显尊贵。当然也不能只封自己一个人，于是派使者拜之前外派出任幽州牧兼太尉的宗室刘虞为大司马，进封襄贲侯。而董卓自己则改任太尉，兼领前将军，加节，赐斧钺、虎贲，更封郿侯（音眉，今陕西省宝鸡市眉县）。不久进位为相国，获得"入朝不趋，剑履上殿"的特权，比肩开国元勋萧何。封其母为池阳君，置令丞。

紧接着，董卓又做了一件天下人早就想做的事情，那就是为陈蕃、窦武及诸党人平反。于是，在他和司徒黄琬、司空杨彪的共同"请求"下，陈蕃等人的爵位被恢复，尚存健在的子孙后代被提拔为官。这本来是一件大好事，不过因为这件事情是董卓首倡的，所以总让人感觉有那么一丝怪异，从而使实际效果大打折扣。

因为两次党锢之祸给天下带来的震动实在是太大，董卓早就知道天下人非常厌恶宦官，所以此时他执掌大权，为了外树选贤任能的好形象，于是大量提拔素有名望的士人。周慎原来曾和他一齐征伐凉州叛军，所以董卓非常亲近信任周慎的儿子周毖，还有侍中伍琼，原大将军府长史何颙、尚书郑泰等人，也被董卓重用。并任命荀爽为司空，陈纪、韩融等也入朝为官；以名士韩馥为冀州刺史、刘岱为兖州刺史、孔伷为豫州刺史、张咨为南阳太守、孔融为北海相、应劭为泰山太守、张邈为陈留太守，甚至"极为大度"地任命出走的袁绍为勃海太守、王匡为河内太守、鲍信为济北相，以示不计前嫌，包容天下。

然而，董卓身边那些最亲近的为他出过大力的心腹，他却没有提拔他们，只不过让他们继续担任将校而已。董卓也真的是太过自信，用的幕僚其实并不跟他一条心。这样一来，董卓不仅将反对自己的政敌全部提拔给予平台，还让身边的支持者如吕布、李肃等人未得实惠而心生怨恨。这真的就如荀子所说的"藉寇兵而赍盗粮"者也。

如果董卓有王莽那么高超的伪装本领，此时礼贤下士已经有了，如果仍能表现得谦虚低调、小心谨慎，那么他说不定就可以欺骗天下人，做周文王或许是不成问题的。

只可惜，这只是一种假设，因为如果要那么做，就实在不符合董卓的性格特征。

侍御史扰龙宗拜见董卓时，忘了解下佩剑，董卓当场下令将其活活打死。又指使人将已死的何苗开棺肢解尸体，扔在大路边。同时将何太后的母亲舞阳君杀害，尸体扔在园林之中。

当初何进之位不亚于董卓，然而何进却并无如此恶行；如今董卓如此对待何进的母亲，就没有想过自己的老母亲吗？

大司农周忠的儿子周晖听说洛阳变故，所以赶来洛阳，董卓非常厌恶，以为周晖抱着和他及丁原同样的目的，派兵将其劫杀。

当时洛阳城中达官贵戚的豪宅相连，家家都积蓄了极为丰饶的金帛财产。董卓于是放纵手下的将士，让他们冲进显贵的家里，奸淫掳掠妇女，抢劫财物，把这叫作"搜牢"。洛阳城中的权贵，恨死了董卓，家家崩溃恐慌，唯恐朝不保夕。

董卓曾派军队到颍川郡阳城县，当时老百姓正在土地庙前举办"二月社"的集会，董卓的将士上前把无辜的老百姓抓起来，男的全都杀死，女的全部掳掠，把财物全部装在车上，人头系在车辕上，高唱凯歌返回京城，对外宣称是剿灭叛贼取得了胜利，然后把抢来的妇女分给手下的将士。

董卓又毁坏五铢钱，改铸小钱，尽数搜取洛阳和长安城内的铜人、钟虡、飞廉、铜马等，用来铸钱。这样一来，立即造成通货膨胀、物价飞涨，谷子一石竟然卖到了好几万钱。另外他铸的钱没有轮廓花纹，不便于人们使用，所以好多人都不愿意使用他铸的钱。

等到何太后下葬，董卓又指使人挖开汉灵帝的文陵，把墓中陪葬的珍宝全都取走。又奸污公主，霸占宫女，滥施酷刑，睚眦必报，稍微有一点仇怨的人一定要杀死才肯罢休，宫廷内外的公卿大臣，没有哪个人敢保证自己能够平安无事。

董卓强抢民女方面，以逼死名将皇甫规的妻子最为著名。

皇甫规生前身为"凉州三明"之一，曾成功平定叔孙无忌起义，击破和降服羌人，为东汉王朝立下汗马功劳，还著有文集五卷。然而就是这样一位名将，他的遗孀却遭到了董卓的羞辱。

皇甫规的原配死后，他又聘娶了一任妻子，这个妻子比较有才华，而且还能写草书，给皇甫规担任贴身助手，非常胜任，其他人都对她的才华深感敬佩。皇甫规死的时候，这任妻子还非常年轻美丽。此时董卓到了洛阳，非常仰慕她的风采，于是命人带着重礼，前去向她求婚。身为名将遗孀，当然非常看重自己的名节，所以皇甫规妻理所当然地拒绝了。董卓见软的不成，就来硬的，他命人拔刀威胁皇甫规妻，皇甫规妻自知不免，大骂董卓，被董卓命人活活打死。

名将之妻尚且如此，何况他人呢？

从来仁义得天下，未闻残暴得人心。董卓如此倒行逆施，京城之外的地方州郡，立即举起了讨伐他的旗帜。

初平元年（公元190年）春，冀州刺史韩馥等人到任，立即与袁绍、孔伷、刘岱等十多人，各兴义兵，遥推袁绍为盟主，结盟讨伐董卓，而伍琼、周毖则在朝中暗地里作为他们的内应。

还有曹操、卫兹等人，也在陈留散家财，招义兵，准备讨伐董卓。东郡太守桥瑁甚至伪造三公文书传檄各州郡，说董卓罪大恶极，欺凌天子，希望地方能有勤王义兵，入京救驾。

还是在上一年董卓受诏赴京的过程中，黄巾余部郭太等人在西河白波谷起兵。何进担心董卓心怀不轨，于是派种劭前去命令董卓攻打白波军，但董卓却未予理会径直入京。而白波军也就此成势，攻打太原，攻破河东，百姓都流落到三辅，兵力有十多万人。

董卓窃权之前白波军当然与他无关，而现在他在朝中执政，那么白波军就必须前去征讨。但董卓派中郎将牛辅前去攻打白波军，却无法获胜。

白波军无法击退，而袁绍等人又起兵于东方，再加上桥瑁伪檄说要重新拥立刘辩登基，董卓非常恐惧，决定迁都长安以避其锋。

不过，在迁都之前，他必须杀死刘辩以绝后患。

董卓将刘辩置于阁上，命郎中令李儒前去进献毒酒给他，诡称是药服了可以避恶。刘辩心里跟明镜似的，他直言说："我没有病，这不过是想杀我罢了。"说什么也不愿喝。李儒奉命而来，岂能空手而归，于是强迫刘辩喝。刘辩不得已，于是和妻子唐姬及随从宫人饮酒诀别。酒入愁肠，刘辩悲歌："天道易兮我何艰！弃万乘兮退守番。逆臣见迫兮命不延，逝将去汝兮适幽玄。"（万乘指帝位，番通藩，幽玄指地府）然后让唐姬为他跳最后一曲舞。唐姬举袖而歌："皇天崩兮后土颓，身为帝兮命夭摧。死生路异兮从此乖，奈我茕独兮心中哀。"（茕独指孤身一人）边唱边流泪哭泣，其他的宫女们也都陪着她哭泣。刘辩流着泪对唐姬说："你是王者的妃子，情势决定了你以后不能嫁于普通吏民为妻。你多保重，从此长辞。"于是喝毒酒而死，时年十五岁。刘辩死后，刘协下诏将他葬在赵忠早先为自己所修的墓穴中，谥为怀王。唐姬则回到家乡颍川，她的父亲想把她再嫁，但唐姬誓死不允。后李傕等人攻破长安，劫掠唐姬想要强娶她，但唐姬说什么也不答应，不过也没有说明自己的身份。刘协从贾诩之口得知唐姬尚在，十分感伤，于是下诏将她迎置在刘辩的墓园中，并封她为弘农王妃。

鸩杀刘辩之后，董卓下令迁都长安，召集公卿商议。太尉黄琬、司徒杨彪在朝堂上力争不得，被免去职务。伍琼、周毖见状也极力劝阻，董卓正愁没处撒气，见伍、周二人来劝，大骂说："我刚入朝时，你们二人劝我擢用有德之士，我听从了。可是那些人到任后，却举兵来攻打我。都是你们二人出卖我，我有什么对不起你们的？"于是下令杀了伍琼、周毖。鲜血面前，足以让人弯下脊梁。杨彪、黄琬非常恐惧，于是到董卓那里道歉说："小人恋旧，不是想要阻止国家大事，请治我们考虑不周的罪。"其实董卓杀了伍琼、周毖后，随即就后悔了，现在见杨黄二人已经开始支持他，于是表奏杨彪、黄琬为光禄大夫，以光禄勋赵谦为太尉，以王允为司徒仍兼尚书令。

做完这些，董卓开始准备迁都事宜，但在迁都之前，他又想到了两个人，决定把这两个人也征召到朝中，以防他们起兵反对他。

那么这两个人是谁呢？

两个人是名将盖勋、皇甫嵩。

还是在董卓废刘辩毒杀何太后之时，身为京兆尹的盖勋写信给他说："从前伊尹、霍光手握权柄并立下那么大的功劳，结局仍然令人寒心，你只是个小丑，下场会比他们更好吗？祝贺的人在你门外，吊丧的人就在你房里！你为什么还不小心一点！"董卓看信之后，对盖勋非常忌惮。所以此时想起，征召他为议郎。

其时，皇甫嵩以左将军身份率三万精兵驻扎在扶风。盖勋暗中与皇甫嵩联络，希望能够与他一起讨伐董卓。

而几乎是在同时，皇甫嵩也被征召为城门校尉。

皇甫嵩二话不说，就准备应征前往。他的长史梁衍劝他说："汉室已经微弱，之前宦官扰乱朝纲，董卓虽然杀了他们，但却不能为国尽忠，纵兵劫掠京城，随心所欲废立皇帝。如今征召将军您，绝对没有什么好事，大则有杀身之祸，小则会受牢狱之灾。如今董卓在洛阳，皇帝要迁往长安，凭将军的部众，以精兵三万，迎接皇帝，奉诏讨伐逆贼，向天下发布命令，向各地将领征兵，袁绍等人在东边进逼，将军您在西边迫临，董卓陷入两面夹击，一定会束手就擒的。"

梁衍此说，应该是"挟天子以令诸侯"的雏形，可惜的是，皇甫嵩并没有采纳。在他看来，谁代表朝廷，他就听谁的，这是他的"忠诚"，所以他去了洛阳。

皇甫嵩就征，盖勋势力太弱，独木难成林，只好也和他一起前往京师。

果然不出梁衍所料，皇甫嵩一到京城，就被董卓授意的官吏弹劾下了大狱，准备择日杀害。

皇甫嵩的儿子皇甫坚寿与董卓一向关系很好，得知父亲被囚，立即从长安赶赴洛阳，来找董卓。其时董卓正在摆酒设宴，皇甫坚寿径直上前据理力争，并一边磕头一边流泪。在座的人都非常感动，离开座席向董卓求情。董卓无奈站起来，拉着皇甫坚寿一起入座。之后命人从狱中放出皇甫嵩，按之前的诏令拜他为议郎，接着升任御史中丞。但董卓心里对皇甫嵩的气一直未消，一心想着如何折辱皇甫嵩一出心中恶气。其后董卓回长安时，公卿百官都在路边迎接。董卓提前放出口风，让御史中丞以下的官员向他下拜。大丈夫能屈能伸，皇甫嵩没有任何愤怒的表现，低头就拜了下去。之前在自己面前处处占优的老上司，今天终于匍匐在了自己脚下，董卓十分得意，拍着手说："义真你服了没有？"（皇甫嵩字义真）皇甫嵩笑着说："之前怎么能知道您今天会飞黄腾达呢？"董卓说："鸿鹄本来就有远大的志向，但燕雀自己不知道罢了。"皇甫嵩说："之前与明公都是鸿鹄，不料明公您今日变成凤凰了啊！"董卓听了大笑说："义真早一点顺从我，今天可以不跪拜嘛。"于是消了气，最终放过了皇甫嵩。

皇甫嵩名将不假，但是在霸术上，确实有逊于董卓啊。

盖勋之前和董卓没有任何仇怨，他见了董卓之后，表现得不卑不亢，其他的公卿都是跪拜行礼，但盖勋只是作揖而已，旁边的人见了都大惊失色。

不过对于这些素有名望但之前没有跟董卓共过事也不被董卓了解底细的人，董卓还是非常敬畏忌惮的，因此盖勋虽然如此，但董卓却始终没敢加害。

董卓曾经征求王允的意见，想任命一位称心如意的司隶校尉，问谁最胜任。王允回答说只有盖勋。但董卓却心有余悸地说："此人明智有余，但不能授以雄职。"于是任命他为越骑校尉。董卓想来想去，还是畏惧盖勋的才能，不想让他长期掌握禁兵，于是又让他出任颍川太守。可是盖勋刚刚出发，还没有到达颍川，董卓又担心他到达颍川后会与袁绍等人联合起来对抗他，不日又把他召回京城。

其时，同与皇甫嵩因征伐黄巾军而建功的朱儁转任为河南尹。

因为朱儁也是名将,所以董卓对他外示亲近而内心极为戒备。之前董卓就迁都长安征求朱儁的意见,但朱儁却总是提反对意见。董卓虽然痛恨朱儁不支持自己,但考虑到他的名气和威望,于是上表推荐他升任太仆,想让他做自己的副手。使者前来向他宣布任命的诏书,但朱儁却推辞不肯接受。他对使者说:"国家西迁,必定会辜负天下人的期望,从而使山东的祸乱一发而不可收拾,我实在想不出迁都有什么可行之处。"使者听了非常生气,指责他说:"召您接受官职而您拒绝,没问您迁都的事您却偏要说,这是什么原因呢?"朱儁回答:"去做相国的副手,不是我能够胜任的;迁都的计划,不是最急迫的事。辞去我所不能胜任的,陈述目前并不急迫的,这就是我应该做的啊!"因为迁都之事当时董卓还没有公开提出来,只是周边一些和他关系密切的大臣知道,所以使者一听耳朵竖了起来,问他说:"迁都的事,我还没有听说过,即使有也未曾向外透露过,您从哪里听到的?"朱儁回敬他说:"相国董卓详细地跟我说过,所以我知道。"使者无可奈何,没法使朱儁屈从,只好作罢,因此朱儁最终也没有去做太仆。

因为这些事情,董卓对朱儁越发不满。有一天朱儁向董卓提一些军事上的建议。董卓羞辱他说:"我百战百胜,心中早有成算,你再不要乱说,杀你还嫌弄脏我刀。"盖勋在一旁听不下去了,说:"昔日武丁圣明,却仍然征求意见,何况像你这样的人,想堵住他人的嘴吗?"董卓无奈说:"我刚开了个玩笑而已。"盖勋说:"从来没听说过气话是用来开玩笑的。"董卓在盖勋面前,理亏了始终有理亏的样子,于是他向朱儁道了个歉。

不过,盖勋虽然刚正不屈,但却始终被董卓所内忌,所以很不得志,不久发背疽而死,寿只五十一岁。他遗言不接受董卓的任何赐赠。但此时盖勋死了,董卓去了一块心病,想要向其他人展示他的宽容,于是上表请求赐给盖勋葬器,以礼送葬。

处理完这些所谓的"隐患",董卓开始迁都。

当初光武帝定都之时,选在洛阳而不是选在长安,主要也是考虑到长安遭受赤眉之乱,宫殿及官舍都被焚毁。而到了这个时候,只剩下高庙、京兆府舍还算是完整的。董卓拣一个吉日,让皇帝刘协先搬了进去,后来又挪到未央宫。

之后,董卓下令把洛阳人口全部迁往长安,步骑兵一路驱赶逼迫,互相践踏,又遭饥饿掠夺,道路两旁,几乎堆满了尸体。相当于政府图书馆的兰台藏书,在路上失散大半。而董卓自己则是驻留在洛阳的毕圭苑中,把周围宫庙官署民宅全部烧毁，二百里以内再无人烟。又派吕布挖掘历任先皇的陵墓，以及公卿以下百官的坟茔，搜窃其中的珍宝。

三月，朝廷迁到长安，在董卓的授意下，太傅袁隗、太仆袁基都被下诏灭族。袁基系袁绍之兄。

六月，董卓又派朝中素有名望的大臣大鸿胪韩融、少府阴循、执金吾胡母班、将作大匠吴循、越骑校尉王瑰等人前往关东，劝解袁绍、袁术兄弟退兵。

先灭人族，后劝退兵，似乎也是董卓的故意为之！袁绍、袁术自然不依，除了将名德甚隆的韩融释放之外，其他人都抓起来杀掉。可是这些人与董卓、袁绍之间有什么仇怨呢？没有！甚而至于，这里面名列党人"八厨"之一的胡母班，是王匡的亲妹夫。袁绍命令王匡杀掉胡母班、王瑰、阴循之时，胡母班给王匡写了一封信，恳求他照顾好自己的两个子女也就是王匡的两个外甥，王匡抱着两个外甥痛哭失声。

关东诸侯各怀异心，并没有急切进兵。曹操、鲍信等人深为不满，自领所部前去，想要占领成皋，董卓派徐荣前去迎战，在荥阳汴水旁大败曹操等人。

其时已到十一月，长沙太守孙坚也率领豫州各郡兵马讨伐董卓。董卓先派将领徐荣、李蒙四处掳掠。徐荣在梁城遇到孙坚，和孙坚军交战，结果大败孙坚，生擒颍川太守李旻。为了震慑关东的义军，董卓大行恐怖主义，先是下令烹杀了李旻，然后将擒获的义军士卒都用涂满猪油的十几丈布匹缠裹严实，倒立起来，然后用火点着燃烧，就像一根蜡烛一样，先从足部烧起，一直烧到头部。号呼之声，不绝于耳，真的是惨不忍睹。

其时，河内太守王匡屯兵河阳津，想要攻打董卓。董卓派疑兵挑战，而让精兵偷偷从小平津过渡口北，打败王匡，几乎使他全军覆没。

初平二年春，孙坚收集打散的兵卒，进驻梁县的阳人聚。董卓派部将胡轸、吕布前去拒敌。吕布与胡轸不和，结果造成军中内乱，士卒四散。孙坚趁机追杀董军，胡轸、吕布大败而走。

二月，董卓授意朝廷派光禄勋宣璠持符节拜他为太师，位在诸侯王之上。之后，他派手下将领李傕到孙坚那里去求和，被孙坚严词拒绝。

其时，被董卓留下镇守洛阳的河南尹朱儁与袁绍等人通谋，想作为内应。后担心董卓会袭杀他，于是弃官跑到了荆州。董卓改任杨懿为河南尹，驻守洛阳。朱儁闻讯，举兵向洛阳进发，杨懿自料不是朱儁的对手，立即逃走。洛阳附近已被董卓焚毁，朱儁没办法补充军需物资，于是率军向东驻扎在中牟，移檄各州郡，召请军队讨伐董卓。徐州刺史陶谦派精兵三千，其他州郡也或多或少有所资助，于是陶谦表奏朱儁为代理车骑将军。董卓闻讯，派他的将领李傕、郭汜率领数万人屯驻河南抵御朱儁。朱儁出击，但毕竟寡不敌众，被董军击败。朱儁自知自己兵少不是李傕、郭汜的对手，于是停留关下，不敢再前进。

而在孙坚这边，随后进军大谷，距洛阳九十里。董卓亲自带兵出击，与孙坚在诸皇陵之间交战。坚军顽强，董卓大败而走，退兵驻守在渑池，在陕地集结兵马。孙坚进军洛阳宣阳城门，转而攻打吕布，吕布又战败退走。于是孙坚修复皇家宗庙，掩埋被挖开的各处陵墓，分兵出函谷关，到新安、渑池之间，以截断董卓后路。董卓对长史刘艾说："关东诸将已经战败好几次了，再翻不起什么大浪。只有孙坚还有点冒劲儿，各位将军要小心在意。"于是派东中郎将董越驻渑池，中郎将段煨驻华阴，中郎将牛辅驻安邑，其余中郎将、校尉分布在各县，以抵御山东的军队。

于是，董卓借此机会，退兵回到长安，百官都到路边迎接参拜。董卓僭越使用近似于皇帝的车马服饰，乘坐青盖金华车，爪画两辐，时人号曰"竿摩车"，意思是已经逼近皇帝了。任命他的弟弟董旻为左将军，封鄠侯，侄子董璜为侍中、中军校尉，都掌握军队。于是宗族内外，都居官位。他的儿孙即使还是幼儿，也都男的封侯，女的封为邑君。公卿大臣拜见董卓，都需要下车跪拜，而董卓不需要回礼。三台（尚书、御史、谒者）以下的官员，遇事都需要到太师府启奏。董卓的一些宾客、幕僚为了讨好他，提出董卓可比姜太公，称为"尚父"。董卓听了非常高兴，于是前去和蔡邕商量。蔡邕虽然支持董卓，但这么过分的事情还是无颜去做，于是他先是夸了董卓一番，然后劝说董卓需要平定关东的叛乱，把皇帝迎回洛阳之后才可讨论，董卓考虑了一下，采纳了蔡邕的建议。

董卓数次与百官大摆酒筵，纵酒淫乐，自己在长安城东扎寨居住。又在他的封地郿县修筑城堡，高厚各七丈，称为"万岁坞"，在里面储备了三十年的谷米，他曾自言自语说："如果我能够平定关东的叛军，就可以雄踞天下，如果不成功，守在这里也足以养老。"董卓曾到郿县巡视"万岁坞"，公卿以下百官都到横门外为他饯行。董卓搭起帐篷摆设酒宴，把诱降来的北地反叛者好几百人，就在筵席上杀死，先割下舌头，再砍掉手足，挖去眼睛，放进大锅里烹煮。没有顷刻间死去的，就在筵席间翻滚挣扎。与会者都吓得战栗发抖，拿不住筷子，而董卓却饮食谈笑自如。诸将有言语失当的，便就地杀死。又找借口诛杀关中旧时的名门大族，以叛逆罪诬陷他们，没收他们的财产。

董卓让司隶校尉刘嚣抓捕官吏百姓之中"为子不孝，为臣不忠，为吏不清，为弟不顺"的人，凡是跟这个靠上边的一律处死并没收财产，结果百姓之间相互告发，引发大量的冤案。

六月，长安发生了地震。按照当时一贯的说法，执政的三公就要辞职以应灾异。董卓于是向蔡邕询问该如何应对，蔡邕趁机劝说董卓放弃乘坐金华青盖车。董卓采纳了蔡邕的意见，于是将乘坐的车辆改为"皂盖车"。董卓非常看重蔡邕的才学，对他十分厚待，每次有宴会，都会令蔡邕弹琴、主持。而每逢这样的时机，蔡邕都会努力匡正董卓的言行，但是董卓刚愎自用，能够采纳的很少，蔡邕深以此为憾。

董卓非常喜欢车师王侍子，但是这位侍子却多次犯法。司隶校尉赵谦可不会跟他客气，抓起来判罪杀死。董卓非常生气，大骂说他喜欢的狗也不让人呵斥，更何况是人呢！但是他一直很敬畏赵谦，所以不敢把赵谦怎么样，于是把赵谦的下属都官从事杀害了事。

十月，太史令望气，说不久有大臣会被诛杀。董卓非常害怕预言会应验在自己身上，于是指使他人诬陷籍贯南阳的张温与正在南阳起兵的袁术勾结，将张温抓到长安的大街上活活鞭打致死，以应天变。

董卓这件事情，就做得太过于狠毒了。

事情还得从六年前的凉州叛乱说起，当时张温以车骑将军、假节前去征讨北宫北玉。董卓当时以破虏将军为其部下。

张温以皇帝的诏书征召董卓，董卓拖延很久才前去晋见张温。张温责备董卓，而董卓应答时出言不逊。其时孙坚作为张温的参军，立时就劝张温按照军法"受召不及时到达"一条将董卓杀死立威。但张温却以董卓在羌胡一带素有威望，担心杀了董卓将会使西征失去依靠而拒绝此建议。孙坚当时就举司马穰苴斩杀庄贾、魏绛惩罚杨干的事例劝说他，说古代的名将受命统军出征，没有不靠断然诛杀以立威成功的。如果纵容董卓，那么就是在自亏威重，将来后悔都来不及。但是张温却担心孙坚和自己说话时间长了，董卓会怀疑，于是让孙坚出帐而去。

张温放过了董卓，但董卓却时刻未曾忘却这段怨恨，直到此时借机将张温答杀。

张温、皇甫嵩，他们生逢乱世，手握权力的时候，爱惜自己的名声和前途，不肯断然诛杀抗命不逊的将领，最终让董卓异志得逞，这不能不说，他们负有一定的责任。就算当时皇甫嵩无权杀董卓，但其时张温假节，完全可以处置董卓。但是，他却没有那么做。

孙坚之不凡识见，可以说是远胜张温、皇甫嵩，所以孙坚后来成为鼎足之国的奠基人，而张温、皇甫嵩，却只是带着一个好名声，湮没在历史长河中。

其实，当时张温已经开始和王允等人密谋诛杀董卓，但还没有来得及实施，就被董卓找别的理由杀死。

董卓征辟的下属何颙、郑泰、荀攸等人都对董卓这种残暴行径感到不满。而越骑校尉伍孚也立志要亲手杀了董卓。于是几个人经过商议，由伍孚在衣服里藏了一把佩刀去拜见董卓，伺机行刺。董卓并没有怀疑伍孚，还和以前一样和他亲热地谈话。谈话结束后，董卓亲自起身为伍孚送行，在阁道中，董卓用手抚着伍孚的后背，非常亲密。就在这个时候，伍孚突然从怀中抽出佩刀，刺向董卓。董卓久在行伍，身手敏捷，再加上他力大无穷，所以若有防备，徒手较量恐怕两个伍孚也并不一定占上风。伍孚行刺失败，董卓急呼周围的卫士将伍孚擒拿。董卓大骂说："你想造反吗！"伍孚大声回敬说："你不是我的国君，我不是你的臣下，何反之有？你乱国篡主，罪大恶极，今天是我的死期，所以前来诛杀奸贼，恨不得在大街上车裂你这个奸贼，以谢天下吏民。"话音未落，就被卫士们乱刀砍死。

董卓对伍孚行刺一事大感震惊和意外，随后派人抓捕伍孚的同党，何颙、荀攸入狱，郑泰、华歆等人逃亡投奔袁术。

其时，王允早就已经拉拢了同样对董卓不满的吕布、李肃等人，并和仆射士孙瑞等人谋划诛杀董卓。

世上没有不透风的墙，再加上董卓这边，也有为数不少的支持者。有个人就在一块布上写了个"吕"字，背着在集市上走，边走边唱："布乎布乎？"意思是提醒董卓要防备吕布。

再加上那段时间里，长安城中有童谣说："千里草，何青青。十日卜，不得生。""千里草"为"董"字，"十日卜"为"卓"字，"青青"指爆发，"不得生"即死期到了。

董卓的手下目睹这些怪异的事情，回去告诉董卓，但董卓却始终没有悟出来。

时间已经到了初平三年四月，因为皇帝刘协生了一场病刚好，所以在未央殿大会群臣。董卓身为太师，肯定是要前去向皇帝祝贺的。可是当他身穿朝服登车之时，却又发生了一件怪事，驾车的马受惊，把他从车上掀下来掉在泥里，弄脏了衣服，董卓没办法，只好回屋换了衣服，准备再次出发。他的小妾以为不祥，拉着他不让他去，但董卓自以为有武艺高强的吕布等人护卫，没有人敢加害他，于是就登车出发了。

为了防止发生意外，董卓命令甲兵夹道排列，从他的驻地营垒到皇宫，左边步兵右边骑兵，一层层严密护卫，令吕布等人在前后警戒。

而王允、士孙瑞等人早就向皇帝刘协秘密表奏了这件事情，并且得到了皇帝的许可至少是默许，让士孙瑞自己写下诏书交给吕布，令骑都尉李肃和与吕布关系较密切的勇士十余人，穿上卫士的服装在北掖门内等候董卓。

董卓快到时，驾车的马受惊不肯往前走。一日之内，接连发生怪事，董卓也觉得既怪异又恐惧，所以就想回去。吕布眼见策划的事情就要成功了，怎么可能将董卓放走。董卓回去，秘密一旦泄露，那么将来被杀的，就是吕布他们。所以吕布好言劝慰董卓，说有他们在，太师尽可放心进宫。董卓一想也是，于是就进了宫门。

早已等在那里的李肃见董卓入内，立即上前举戟猛刺，董卓朝服里面穿着铠甲，戟刺不进，但却手臂受伤掉下车来。董卓情知不妙，于是回头大喊说："吕布何在？"吕布在后面冷冷地说："有诏诛杀贼臣。"

董卓见状，知道吕布也背叛了自己，并且自己已经是在劫难逃，于是他破口大骂吕布："庸狗敢如是邪！"养的狗怎么敢这样！吕布应声持矛刺向董卓，董卓被伤无法逃窜，吕布催促甲兵上前砍死了他。太师府的主簿田仪和家奴跑到董卓尸体前想要护主，吕布一一杀了他们。三人被杀之后，那些护卫之中，即使有忠诚于董卓的人，也不敢动了。

得知吕布等人已经得手，王允立即命人骑快马带着赦免的诏书，号令宫廷内外，将士们听了，都高呼万岁，长安城中的百姓得知消息，在大街上载歌载舞。城中的市民，卖掉珠宝衣服买来酒肉庆贺的，挤满了街市的店铺。

朝廷的诏书再一次下达，命皇甫嵩率军到郿坞攻打董卓的弟弟董旻，杀了董卓的母亲妻子男女老少，尽灭其族。诏令把董卓的尸体扔在大街上示众，当时天气刚刚转热，董卓素来肥胖，尸体的油脂流到地上。守尸的官吏直接把火把插在董卓的肚脐眼里，尸油一直持续燃烧了好几天。袁氏的门生们又把破碎的董卓尸体收拢起来，烧成灰烬扬在路上。真可谓锉骨扬灰是也！

董卓曾对袁绍说："每念灵帝，令人愤毒。"但汉灵帝再昏聩，至少还对讥刺他"比德尧舜"的杨琦网开一面,至少是没有滥杀无辜。而董卓呢,稍有嫌怨即大开杀戒,不论名将与妇孺,并祸及更多无辜的老百姓,这还是那个曾经放言"为者则己,有者则士"的西凉汉子吗?董卓进京之前曾上书指责张让等人乱政,说"扬汤止沸,莫若去薪。溃痈虽痛,胜于内食",自告奋勇要带兵入洛阳"逐君侧之恶人""以清奸秽"。而他此时被杀,又多么像是被釜底抽薪啊,更多么像是君侧之恶人被清除奸秽啊!

董卓年少时曾在田间耕作,捡到一把刀,上面没有文字,四面隐起作山云文,斫玉如泥。等到董卓入京掌权,曾把这把刀拿出来给蔡邕看,蔡邕说:"这是项羽之刀。"

董卓霸业远逊项羽,而残暴却远胜项氏。得此下场,难道不真是天怒人怨了吗!

第三十三节 蔡邕之死、李傕郭汜之乱、名存实亡

董卓被杀之后,有一天蔡邕和王允谈论事情,不知不觉就提到了董卓,并为之叹息,面有惋惜悲戚之色。王允大怒,下令将蔡邕押入狱中,蔡邕因此被杀。

那么蔡邕何许人,能在董卓生前得到如此厚待和礼遇呢?

蔡邕字伯喈,他的六世祖蔡勋,因为王莽时弃官隐居而知名。蔡邕很有孝行,受到乡人称赞。他年少时即博学多闻,师从当时的大儒胡广。喜好文学、数术、天文,并且擅长音乐。汉桓帝时,中常侍徐璜、左悺等五侯擅权,听说蔡邕的琴弹得非常好,于是告诉桓帝,命令地方官催促他赴京。蔡邕不得已,走到半路假称生病返回家中。

建宁三年(公元170年),蔡邕被司徒桥玄征召为掾属,深得桥玄的厚待礼敬。后出任河平县县长,又被召拜为郎中,在东观校书,升任议郎。刻立熹平石经,正是蔡邕的大功德。

当时,地方官任命为了避免营私舞弊,也有一种回避之法,叫"三互法"。机械的时候,十三个刺史部之中,有十一个州的人不能担任幽州、冀州二州的刺史,导致二州的长官长期空缺。蔡邕建议汉灵帝废除该法,但汉灵帝却没有采纳。

光和元年(公元178年),也就是汉灵帝设置鸿都门学之年。常有大雷、飓风、地震、冰雹、蝗虫等灾祸,导致人人惊恐不安。按照当时的说法,这是灾异,必定是有人做错了什么,让上天降下了警示。汉灵帝也非常担心,于是就下诏让蔡邕、杨赐、马日磾、单飏等人前往崇德殿,让中常侍曹节、王甫询问他

们，看有什么办法能够解除这些灾异。

之后，灵帝又觉得蔡邕经学功底深厚，生怕他也像其他那些学者一样不肯对他说实话，于是又下了一道特旨，让蔡邕放心回答，并且承诺要为蔡邕保密，让蔡邕把奏折密封后上报。

蔡邕也不客气，在奏折中直接指出，说灾异频发，是妇人宦官干预政事导致的。并且在奏折中弹劾了太尉张颢等几名官员，举荐了时任光禄大夫的桥玄等几名官员。

灵帝看了奏章之后，觉得蔡邕说得很有道理，不住地点头叹息。在他起身如厕之时，奏章就放在几案上，被曹节偷偷地看到，并且全部泄露了出去。

这就把蔡邕给卖了！

那些被蔡邕在奏章中弹劾的人，对蔡邕恨之入骨，都想找机会报复他。

蔡邕和司徒刘郃的关系一直不好，蔡邕的叔父卫尉蔡质，又与时任将作大匠的阳球关系不好。于是阳球的岳父中常侍程璜就指使人写匿名信诬告蔡邕、蔡质。汉灵帝因此下诏给尚书，召蔡邕质问。

蔡邕上疏为自己辩白，但他与蔡质还是被下了大狱，论罪的结果是二人应当"弃市"。还是当时正直的中常侍吕强可怜无辜的蔡邕，在灵帝面前替他求情，灵帝也想起了蔡邕之前奏章中的话，于是下诏将他免死，与家属流放到朔方郡，但特别声明不得因赦令而免罪。阳球派刺客前去刺杀蔡邕，但刺客却被蔡邕的正义所感动，不为阳球所用。阳球又贿赂有关官员想害死蔡邕，但受贿的人反而把消息告诉了蔡邕，要他提高警惕。蔡邕因此平安无事，居住在五原安阳县。

蔡邕之前在东观时，与卢植、韩说等修撰《东观汉记》，碰上这样的倒霉事，书自然也没有来得及写成。他因此向灵帝上书，灵帝非常赞赏蔡邕的高才，并且正好遇上第二年大赦，于是赦免蔡邕，允许他返回原籍。

可是倒霉透顶的蔡邕，又惹上了麻烦事。

在蔡邕准备启程的时候，五原太守王智前去为他饯行。酒足饭饱之后，王智起身跳舞，斟酒相劝，但蔡邕却没有理睬他。这可就捅了马蜂窝，因为王智可是中常侍王甫的弟弟，素来非常骄横，蔡邕在酒场上没给他好脸，让他在宾客们面前丢了面子。于是就破口大骂蔡邕说："你一个罪犯也敢轻视我！"蔡邕听了拂袖而去。王智非常痛恨，于是陷害蔡邕说他在流放期间心怀怨恨，诽谤朝廷。灵帝身边受宠的那些人也很不喜欢蔡邕，蔡邕担心回去就是死路一条，于是亡命江海，远走吴会之地，依靠泰山羊氏，在那里待了十二年。

董卓掌控朝朝政之后，非常仰慕蔡邕的好名声，于是就征召他。但蔡邕素知董卓的为人，所以假称有病不愿前去。董卓震怒，大骂说："以我现在的能力，足可以将人灭族，蔡邕要是还傲慢无礼不来，他就别想到明天。"又严责州郡举荐蔡邕到朝廷，蔡邕迫不得已，只好应征。

见蔡邕前来，董卓非常高兴，先是让他担任祭酒，对他十分敬重礼遇。举为高第，补任侍御史，随即转任持书御史，升为尚书。三天之内，遍历尚书、御史、谒者三台。后升任巴郡太守，又被留在朝中担任侍中。初平元年，蔡邕被授任左中郎将，迁都之时，到了长安，被封为高阳乡侯。

可以说，董卓对蔡邕的礼遇，已经达到了极致。

而蔡邕，却并没有恃宠而骄。相反，他对董卓的言行多有匡正，比如董卓的幕僚们都想让董卓比姜尚而称尚父，董卓僭越乘坐金华青盖车，蔡邕都找借口劝董卓推迟或是改易。

虽然董卓对蔡邕非常尊重，对蔡邕所提建议也有采纳，但以董卓之刚愎自用，并不一定完全都听蔡邕的，所以蔡邕也非常恐惧。

有一天蔡邕就对堂弟蔡谷说："董公性情刚猛，坚持掩饰错误，恐怕最终难以成功。我想逃到东部的兖州去，就算是路途遥远，难以到达，就暂且逃到山东等待时机也可以，你觉得怎么样？"蔡谷说："您的相貌不同于常人，每次外出，跑来看您的人都挤满大街。如果这样也想藏匿，不也太困难了吗？"蔡邕听了确实如此，只好打消出逃的念头。

好在董卓对蔡邕礼敬如一，所以蔡邕也就死了心一直在朝中供职。

人非草木，孰能无情。董卓对蔡邕如此器重，董卓死了，蔡邕岂能无情到连一声叹息都没有。

而就是这样的一件小事，却被王允抓住了把柄。在王允看来，蔡邕同情董卓，就是与他王允为敌，与天下人为敌。

所以他大骂蔡邕说："董卓是国之大贼，差点儿颠覆了汉家江山。你身为天子的大臣，应当与天下人同仇敌忾，可是你竟然心怀私人恩遇，而忘记大节！现在上天诛杀罪臣董卓，你不仅不为此感到喜悦，反而感到悲伤痛心，难道不是董卓的同党吗？"之后下令立刻逮捕蔡邕，将他交给廷尉治罪。

蔡邕向王允写信陈说原委并表示谢罪，请求对自己施以黥首刖足之刑，只求能够留下他的性命，让他能够把汉史接着写完。

朝中的公卿大臣们大都非常同情蔡邕，想要营救他，但却没有成功。太尉马日碑闻讯，骑快马赶来对王允说："蔡邕是旷世奇才，明晓许多汉世的事情，现在马上就要完成汉史，成为一代大典。并且他一向忠孝，闻名当世，并没有犯什么过错，杀掉他恐怕会让天下人失望吧！"

王允反驳说："当初汉武帝没有杀掉司马迁，导致让他写下了一部诽谤的坏书，流传后世。现在国家的命运中道衰落，政权不稳固，所以不能让谄佞之臣在年幼的皇帝身边执笔。他对圣德既无益处，还使我们这些人受到他的诋毁非议。"

马日碑见王允固执己见，退下来后对其他人说："王公难道活不长了吗？有道德才华之人，是国家的纲纪；著述是国家的典章范本。毁灭纲纪，废除典法，怎么能长久呢？"蔡邕最终被治死在狱中，年六十一岁。

其实王允也在做着非常激烈的思想斗争，最终，他理智战胜了冲动，赶快下令去阻止狱吏，但却没能来得及。士大夫和儒生们得知消息，没有不流泪的。大儒郑玄听说之后叹息说："汉的事情，还有谁能辨正清楚呢！"（郑玄在遍注群经的基础上，以古文经学为主，兼采今文经学之长，初步统一了古文经学和今文经学，使经学自此进入了一统时代。）

蔡邕的许多著作，后因李傕、郭汜之乱而散失，仅传世诗赋等一百零四篇。

那么王允又是什么来头，他为何能在董卓执政期间保全自己，并且还能在董卓死后掌握朝政大权呢？

王允，字子师，太原郡祁县人。他的先祖好几世都在州郡府中做官。当时和他同郡的郭林宗（郭泰，名士，党人"八顾"之一，与许劭并称许郭，介休三贤之一），非常看重他的才能，称他"王生一日千里，是王佐之才"，于是跟他结交。十九岁时，王允担任郡吏，做了一件轰动性的大事，他收捕杀死了贪横的小黄门赵津，结果使太守刘质被征召京城处死。王允护送刘质的灵柩回到平原，为他守了三年的丧。三年后，王允复任。时任太守王球想要征召一个没有名望的年轻人到郡中任职，王允犯颜固争，太守把他抓起来，想要杀掉。刺史邓盛听说之后，派驿车前去，将他征召为别驾从事。王允因此一夜成名。

王允从小就有远大志向，立志建立一番功业。三公府同时征辟他，以司徒高第担任侍御史。黄巾军起，被特意挑选担任豫州刺史。征辟荀爽、孔融等人担任他的从事，上书任用禁锢的党人。在与皇甫嵩、朱儁等人击败黄巾军之后，在黄巾营中发现张让宾客与黄巾将领往来交通的书信。王允向朝廷揭发了这件丑事，汉灵帝大怒斥责张让，但滑稽的是，张让安然无恙，王允却被张让找机会诬陷入狱。好不容易遇到大赦出狱,但不到十天,又以其他的罪名被捕入狱。许多人都觉得王允没有生还的希望了,有些人还劝他趁机服毒自杀,免得受辱,但被王允拒绝。时任大将军何进、太尉袁隗、司徒杨赐共同上书为他求情,王允才以减死论逃过一劫。当年冬天的大赦,王允独不在赦,三公又为他求情,一直到第二年,王允才获释。出狱之后的王允,担心自己还会遭到加害,于是隐姓埋名,在京城附近的河内、陈留之间暂住。

汉灵帝死后,王允到京城奔丧。其时何进正准备要诛杀宦官,见王允来到,于是召王允和他一起谋划,请他担任从事中郎,调任河南尹。

董卓废刘辩立刘协后,王允被任命为太仆,又调任代理尚书令。初平元年,接替杨彪担任司徒,继续兼任代理尚书令。

董卓迁都长安之时,王允将政府藏书全部收集,使许多典籍保存了下来。当时董卓还留在洛阳,朝中大小事务,全部交给王允处理。王允于是伪装自己,对董卓曲意逢迎,获得了董卓的极度信任。自始至终,董卓都对王允推心置腹,没有产生过任何怀疑。这也使得王允能够与其他大臣一起,扶持东汉王室于危乱之中。

王允见董卓之祸一天比一天深,并且已经露出篡逆的征兆,于是就秘密地和司隶校尉黄琬、尚书郑公业等人共同谋划诛杀董卓。于是上书让护羌校尉杨瓒代理左将军,执金吾士孙瑞任南阳太守,一同率兵从武关出发,以讨伐袁术为名,实际上打算出长安后分兵征讨董卓,然后护卫刘协回到洛阳。董卓在这方面还是非常敏感的,他感觉有鬼,没有同意。于是王允征召士孙瑞担任仆射,杨瓒为尚书,作为自己的左膀右臂。

初平二年,董卓回到长安,表彰迁都的功劳,封王允为温侯,食邑五千户。王允坚决辞让不肯接受。士孙瑞于是劝告王允,说如果想和董卓和睦相处,就不能表现得比董卓太高尚。王允觉得有理,于是就接受了,只不过把食邑减少为二千户。

等到初平三年春王允结交吕布等人诛杀董卓,王允也就趁机掌握了朝政大权。

杀一个董卓容易,但董卓当时也不是一个人来到京城的,他手下还有一帮能征惯战的将领。能不能安抚好这些人,直接关系到后董卓时期政局的稳固和天下的太平。

最初,王允也是打算赦免董卓的部下的,吕布也多次劝他这样做。但他后来又疑惑不定，担心要是把这些人以叛逆者的身份赦免，这些人还是不会安心。

吕布又劝把董卓搜刮的那些财物分赐给公卿将领，王允又没有听从。其实，王允一贯轻视吕布，只是把他当作一个剑客工具看待。

而吕布对自己却自视甚高，认为诛杀董卓，他有莫大的功劳，并经常夸耀于口。王允这么做，就让吕布感觉到非常失意不平。

王允这个人，性格非常刚正，嫉恶如仇。当初之所以对董卓卑躬屈节，是因为董卓狠毒凶残，所以暂时隐忍以便图谋大事。现在董卓被杀，王允掌握了大权，立即不再有忧患意识，觉得天下大事，已经尽在掌握之中，所以每逢朝廷讨论大事，都一本正经，觉得全天下只有他才是正义的化身，不再委曲求全争取其他人的支持。因为这个原因，有许多的大臣也不再支持他。

董卓手下的将领，以及被他选拔到重要职位上的人，有许多是董卓从凉州带过去的。王允打算解散董卓的军队，有人就建议他说，凉州人一向畏惧袁氏而敬畏关东，如今一旦解散这些人，就会使他们人人自危。不如让在凉州一带有威信的皇甫嵩前去接管这支军队，然后将他们留在陕地安抚，之后再与关东协商，应该可以稳妥处理。

而王允却拒绝说，关东讨董的那些军队，都是他的部下。如果要让董卓的旧部占据险要驻扎在陕地，虽然安抚了凉州军，但可能会使关东的军队产生疑虑，产生的变故将会更加不可预料。

当时的情况，虽然王允在朝中有相当的发言权，但董卓的遗留问题还一点也没有解决，关东的那些诸侯，实际上心怀鬼胎，各有打算。王允的考虑，也并不是没有道理，如何在这中间找到一个平衡，让双方都不敢轻举妄动，确实需要费一番思量。而让忠于朝廷的皇甫嵩去统率董卓的旧军，其实不失为一个好办法，既可以安抚凉州军，又可以震慑关东诸侯，真可谓是一举两得。

但时机转瞬即逝，就在王允等人举棋不定的这样一个时间段里，长安城中已经起了谣言，说是朝廷要杀掉所有的凉州人。这就使形势变得不可逆转，凉州籍的官吏将士，立即惊恐不安，互相转告说："丁彦思、蔡邕等，仅仅因为跟董公亲近，就被牵连判死。现在既然已经不赦免我们，还想要解散我们的军队，今天我们一旦被解散，明天就一定会成为别人桌上鱼肉，任人宰割。"

至此，王允刚愎自用的恶果凸显。按照士为知己者死的标准，董卓对蔡邕，可谓是礼遇至厚，别说当时蔡邕为董卓叹息一声，就是为董卓临丧哭吊，其实也是可以被原谅的。连蔡邕这样的名家大儒都被杀死，更何况那些曾经跟着董卓一起作恶的将士呢？

当初董卓被孙坚击败回长安之前，让十分亲信的女婿牛辅带兵驻扎在陕地。牛辅分派他的校尉李傕、郭汜、张济等人带领步兵骑兵数万，在中牟击败河南尹朱儁。董卓死后，吕布派大将李肃带着朝廷诏命到陕地讨伐牛辅等人，牛辅等人与李肃交战，李肃败逃到弘农，被吕布杀死。后来牛辅营中无故大惊，牛辅恐惧，带着金银珠宝翻城墙逃走。他的随从贪图他的财物，刺杀了牛辅，把他的人头送到了长安。

因为王允、吕布是并州人，所以李、郭等人爱屋及乌、恶其余胥，痛恨起并州人来，把在他们军队中的数百名并州男女统统杀死。牛辅死后，军队的控制权落到李傕、郭汜、张济等人手上。但因为没了带头的人，所以众人无所适从，打算各自逃命，可又觉得不安全，于是就派人到长安乞求赦免。

但李傕等人的要求却被王允拒绝，王允拒绝他们的理由是一年内不能有两次大赦。

王允的答复，虽然还不至于非常绝情，但在李傕等人看来，则无异于陷入了绝望的谷底。

武威人贾诩当时在李傕的军中，他鼓动李傕等人说："听说长安城里议论要杀光凉州人，各位如果丢下军队独自奔逃，那么一个亭长就能把你们抓起来。不如一起领兵向西攻打长安，为董公报仇。如果事情成功，奉国家以匡正天下。如果事情不成，到那时再逃走也不晚啊！"李傕等人一听，立即觉得贾诩说得非常有理，于是互相商议说："京城不赦免我们，我们要以死相拼。如果打下长安，就得天下了。如果无法攻克，就抢了三辅的妇女财物，西归故乡，还可以多活几天。"众人都认为说得对，于是共同结盟，率领数千军队，昼夜向长安进发。

王允得知消息之后，于是派董卓的旧将胡轸、徐荣带兵前往新丰迎击。

这是一个什么样的决策？

徐荣、胡轸曾经是董卓的老部下，也是两员悍将。尤其是徐荣，曾经在荥阳汴水将曹操打得靠曹洪让马才得以逃命，在梁县击败势不可挡的孙坚，生擒并烹杀颍川太守李旻，此后在梁县东再次击败孙坚，从而使董卓下了一个"关东诸将无能为"的结论。

而此时的王允却派他们去迎战他们的老战友，岂不是在玩火吗？

不得不说，王允还是有一定的知人之明的，尤其是对徐荣。

徐荣这个人，和皇甫嵩一样有着非常优秀的忠诚品质，那就是朝政掌在谁的手里，他就听谁的。也就是，他只认皇帝的诏书，却不管这个诏书是谁发的。

可是这次，忠诚的猛将徐荣代表为众多人认同的"正义"一方出征，却遭遇了滑铁卢。和胡轸与李傕等人相遇，从无败绩的徐荣竟然战死，胡轸带着兵马投降。

李傕等人得胜，沿途收集散兵，等到长安，兵力已达十余万人，且与董卓的旧部樊稠、李蒙等人会合在了一起，随后大军包围了长安。

长安城防坚固无法攻克，城中的守军守了八天，吕布军中有从蜀地征来的"叟兵"在城内叛变，接应李傕军队进入城内，长安因此被攻破。

李傕纵兵掳掠，城内死者有一万多人。卫尉种拂等人，死于战事。

吕布战败将要出逃，在青琐门外勒住战马，大声呼唤王允说："司徒可以和我一起逃走吗？"

他自认为是他部下的那些人，在关东作壁上观，而被他鄙视为剑客的人，却能在逃走前顾念他一毫。况且拒绝了那么多人，训斥了那么多人，自认为自己就是天下的主宰，此刻又怎么能迅速变脸逃走呢？那就只有以身殉道了！

所以王允拒绝吕布说："若能得到上天保佑，在上能够安定国家，这是我的夙愿。要是不能如愿，那就舍身为国而死。天子年幼，倚靠的就是我罢了，大难临头苟且偷生，我不忍心这样。替我报谢关东诸位将领，勤勉为国。"

此后，他保护着小皇帝刘协守在宣平城门楼上。

事态紧急，已经顾不得什么一年之内几次大赦了，于是宣布大赦天下，李傕、郭汜、樊稠等人都被封为将军。

此一时，彼一时。这个时候人家带兵前来，大赦天下又有什么用！

李傕等人带兵包围门楼，共同上表要司徒王允出来，质问他："太师有什么罪？"

王允无奈，只好从城门楼上下来，随即被关进监狱。

李傕等人不立即杀死王允，是因为王允还有外援。

当初，王允任命同郡老乡宋翼为左冯翊，王宏为右扶风。其时三辅百姓经过休养生息，生活还算殷实，军队的粮草也很富足。李傕等人恨不得立刻杀了王允，但是担心这两郡起兵征讨，于是就下诏先征召宋翼、王宏。

王宏派使者对宋翼说："郭汜、李傕因为我们二人带兵在外，所以没敢危害王公。我们今天应征前往京城，明天全家都要被杀害。准备怎么办呢？"宋翼说："虽然是福是祸难以预料，但是皇上的命令是不能违抗的。"王宏说："举义将士情绪激昂，目的就在铲除董卓，更何况他的党羽呢？要是率兵共同讨伐国君身边的恶人，山东必定会响应，这是转祸为福的办法。"但宋翼却不同意。

王宏孤掌难鸣，只好跟他一起应征。回去之后，立即被交给廷尉审判。

老虎的爪牙已被拔去，所以李傕毫无顾忌，派人拘捕王允以及宋翼、王宏，一起杀害了他们。

王允时年五十六岁，他的大儿子侍中王盖、小儿子王景、王定以及家族中十多个人全都被杀。只有他的侄子王晨、王陵得以逃回家乡。

王允等人被害，皇帝刘协十分悲伤，百姓垂头丧气，没有人敢收殓王允的尸体，只有他的老部下平陵县县令赵戬抛弃官职为他安葬。

王宏从小就有胆气和勇力，不拘小节。之前担任弘农太守，考察发现郡中有贿赂宦官买得官爵者，即使他的官位已经做到二千石，也全都逮捕拷打刑讯，接连诛杀了几十个人，威名震动临郡。王宏原先跟司隶校尉胡种有矛盾，等到此时王宏被关进牢狱，胡种于是催逼赶紧杀掉他。王宏临死时诅咒他说："宋翼这个竖儒，不能跟他商议大事。胡种把别人的祸患看成欢乐，灾祸也要找上他。"胡种后来睡觉时总是梦见王宏用大棒打他，于是得病，几天后死去。

一直到后来迁都到许县，刘协感念王允的忠贞，才下令把他重新改葬，封他的孙子王黑为安乐亭侯，食邑三百户。

士孙瑞也很有才干谋略，诛杀董卓之后，他见王允想要一个人独占诛杀董卓的功劳，所以推辞没有封侯，因而此时幸免于难。后来担任朝廷三老、光禄大夫。每次三公职位出现空缺，杨彪、皇甫嵩等人全都让位给他。后随刘协东方出巡回来，被乱兵杀害。

赵戬为人正直多谋，之前就敢多次违抗董卓的命令，董卓欲杀之而不得，最后不得不向他道歉。此番乱后，赵戬客居荆州，得到刘表礼遇，后曹操平定荆州，征辟入朝，在相国长史位上善终。

李傕等人把所焚的董卓尸骨灰收集起来，放在一口棺材里葬到郿县。下葬之日，风雨交加，雷电击中董卓之墓，雨水流进墓穴，棺材都漂了起来。

李傕又自任车骑将军，开府，领司隶校尉，假节。郭汜为后将军，樊稠为右将军，张济为镇东将军，都封为列侯。李傕、郭汜、樊稠共同执掌朝政，张济出屯弘农。他们想要任命贾诩为左冯翊，并封侯。贾诩推辞说："我当时出主意，不过是救命之计，哪里有什么功劳！"坚决推辞才作罢，于是改任为尚书典选。

第二年夏天，大雨昼夜不停下了二十多天，被雨水冲走淹死的百姓不计其数，风冷得如同进入寒冬一样。刘协派御史裴茂前去审理钦犯，原来关押的有二百多人，其中大都是被李傕冤枉的，李傕担心裴茂把他们放出来，于是诬告裴茂擅自释放囚徒，要求把他抓起来。但刘协下诏一切勿问。

当初，董卓入关之时，邀请韩遂、马腾一起共谋山东。韩遂、马腾见天下将乱，也想依靠董卓起兵。

兴平元年（公元194年），马腾从陇右来朝见皇帝，驻扎在霸桥。当时马腾私下有求于李傕，结果没能如愿，马腾因此发怒，于是和侍中马宇、右中郎将刘范、前凉州刺史种劭、中郎将杜禀合兵攻打李傕，连战几天不分胜负。韩遂得知消息，于是率领部众前来给他们讲和，不过不久又和马腾联合起来。李傕派他的侄子李利和郭汜、樊稠与马腾等人战于长平观下。韩遂、马腾战败，被杀一万多人，种劭、刘范等人全都战死。韩遂、马腾逃回凉州，樊稠等人又在后面追击。

韩遂派人对樊稠说："天下事反复无常难以预料，你我都是老乡，今天虽然有些小摩擦，恐怕将来还会走到一起的，想和你说几句话。"于是二人并马拉着手臂，说笑了很久。

撤军回去后，李利告诉李傕说：

"樊稠、韩遂并马说笑，不知说了些什么，但看他们的样子非常亲密。"

李傕非常生气，于是和樊稠开始互相猜疑。

不过，为了稳住这几个人，刘协还是下诏，让樊稠、郭汜也一并开府，与三公合为六府，都参与选拔举荐官吏。

因为战乱不止，其时长安城中盗贼不止，甚至白日抢劫，李傕、郭汜、樊稠于是把城中分成三个防区，每人守一个防区，但还是无法禁绝盗贼抢劫。而他们的子弟亲信却横行不法，侵害百姓。城中严重缺粮，谷米一斛涨到了五十万钱，豆麦二十万钱，城中人吃人，白骨堆积，臭不可闻。刘协派侍御史侯汶出太仓米豆为饥民做粥，但因饥饿而死的灾民却有增无减，他怀疑其中有假，于是派人严厉查问，将侯汶杖责五十，灾民才得到有效赈济。

时间已到兴平二年（公元195年）春天，李傕妒忌樊稠勇而得人，又怨恨他私自放走了韩遂，于是乘聚会之机让自己的外甥胡封把樊稠杀死在座位上。

自此，凉州诸将更加互相猜疑，李傕、郭汜又整顿兵马互相攻杀。安西将军杨定，也是董卓旧将，担心李傕加害，于是和郭汜合谋把刘协接到他们的营内。李傕得知了他们的计谋，立刻派他的侄子李暹带数千人包围皇宫，用三辆车子去接皇帝、皇后。太尉杨彪对李暹说："自古以来的帝王，没有住在臣子家里的。

各位做事，要上顺天意，怎么能这么做！"李暹说："将军主意已定。"刘协无奈，只好到了李傕的营中，杨彪等人都徒步跟随。乱兵进入宫内，抢劫宫女、财物，李傕又把宫里的金帛、车辇、器物、服饰等全部搬走，然后放火把宫殿官署全部烧光。

刘协派杨彪与司空张喜等十余人前去劝李傕、郭汜和解，但郭汜却不答应。不仅不答应，还把这些前去和解的公卿扣下来做人质。

杨彪指责郭汜说："将军懂得人世间的道理，怎么能君臣相争，一人劫持天子，一人扣押公卿，这样做合适吗？"

郭汜恼羞成怒，想要拿刀杀死杨彪。杨彪说："你连朝廷尚且不服从，我的生死还有那么重要吗？"左右都来劝解，郭汜方才作罢。

之后，郭汜再次领兵攻打李傕，箭都射到了皇帝的跟前，还射穿了李傕的耳朵。李傕的将军杨奉本是白波贼头领，带兵来救李傕，郭汜的军队这才退回。

当天，李傕又把皇帝搬到他的北城堡，只有皇后、宋贵人和皇帝在一起。李傕派校尉守门，隔绝内外联系。不久又想把皇帝迁到池阳黄白城，君臣都非常恐惧。司徒赵温劝解了半天，李傕才作罢。

刘协又派谒者仆射皇甫郦前去劝解李傕、郭汜。皇甫郦先去劝说郭汜，郭汜答应了。又到李傕那里，李傕不听。他说："郭多（郭汜又名郭多）只不过是个盗马贼罢了，怎么敢和我平起平坐？一定要杀了他。你看我的用兵韬略和军队，够不够收拾郭多？郭多又劫持公卿，做出这样的事，而你还能让他听你的吗？"皇甫郦直言不讳地对李傕说："如今郭汜扣押公卿，而将军胁迫君主，到底谁轻谁重呢？"李傕被质问得理屈词穷，大骂赶走了皇甫郦，之后又命令虎贲王昌追杀他。王昌假装没有追上，皇甫郦得以幸免。

李傕于是又自封为大司马，和郭汜一连攻杀好几个月，死者近万人。

张济听说李傕、郭汜二人长时间交兵，于是从陕地来替二人和解，想把皇帝暂时迁到弘农。刘协也思念旧京，于是派人恳请李傕要求东归，去了十趟才说动李傕。

车驾即日出发，李傕离开长安驻扎在曹阳。封张济为骠骑将军，仍然回陕驻守。升任郭汜为车骑将军，杨定为后将军，杨奉为兴义将军。又封牛辅以前的部下董承为安集将军。

郭汜等人一起护送皇帝车驾，途中郭汜变卦，又想胁迫刘协到郿县去，杨定、杨奉、董承不答应。郭汜担心闹下去出事，于是弃军而逃，回头去找李傕。

车驾走到华阴，宁辑将军段煨准备了服饰车马和公卿以下官员的生活物资，请皇帝到他营中安歇。之前，杨定和段煨有矛盾，于是就诬陷段煨要造反，攻打他的营寨，但十几天也打不下来。而段煨仍旧供给皇帝膳食，供养百官，始终没有贰心。

李傕、郭汜会面之后，后悔放皇帝东归，于是复率军队前来，以救段煨为名，想趁机劫持刘协仍回到西面去。杨定被郭汜拦截，逃奔荆州。而张济和杨奉、董承不和，索性联合李傕、郭汜，一起追赶皇帝车驾，最终大战于弘农东涧。

董承、杨奉兵败，死的百官士卒不计其数。宫女、车辆辎重、御用器物、符策图书等，全都丢了个精光。

射声校尉沮俊受伤落马，李傕问左右的人："他还能活吗？"沮俊大骂说："你们这些凶徒逆贼，逼迫天子，乱臣贼子，没有像你们这样的！"李傕叫人杀了他。皇帝于是露宿在曹阳。

董承、杨奉见状，假称要和李傕等人联合，然后秘密派人到河东，联合以前白波军的头领李乐、韩暹、胡才以及南匈奴右贤王去卑，一同率领他们的部众数千骑赶来，与董承、杨奉合兵，一起攻打李傕等人，最终大败李傕，斩杀数千人，刘协的车驾才得以前进。董承、李乐护卫左右，胡才、杨奉、韩暹、去卑殿后。

谁为官兵，谁为盗贼？

李傕等人又来攻打，杨奉等大败，死的人比在东涧时还多。从东涧开始四十里当中攻杀连续不断，好不容易到陕地，于是扎营守卫。当时遭难之后，虎贲羽林卫士不满百人，都有离散之心。董承、杨奉夜里偷偷商量过黄河，让李乐先去准备船只，举火为应。刘协步行出营，到了黄河边要上船，岸高十几丈，就用丝绢系着缒下去。其余的人有从岸边往下爬，有人从上面跳下来，因此而死亡伤残的，不知有多少。那些争着往船上爬的，难以禁止，董承用兵器乱砍，船舱里剁下的手指头可以用手捧起来。同天子一起过河的只有皇后、宋贵人、杨彪、董承以及皇后的父亲执金吾伏完等几十个人。宫女都被李傕的兵抢走，冻死、淹死者不可胜计。到了大阳之后，找到百姓家里住下来，然后皇帝到李乐营里去。百官饥饿，河内太守张杨派数千人背米进贡粮饷。刘协这才坐着牛车，暂时定都在安邑。河东太守王邑奉献布帛，都给予公卿以下百官。于是封王邑为列侯，拜胡才为征东将军，张杨为安国将军，全都假节、开府。其他带兵的大小将领，都争相前来求封，以致刻印来不及，就用锥子刻画。有人带酒肉来皇帝这里来吃喝。刘协又派太仆韩融前往弘农，与李傕、郭汜等人讲和。李傕见势已去，于是放回公卿百官，也归还一些宫女家眷，以及皇帝的车驾、器物、服饰。

当初皇帝刚刚迁到长安之时，三辅的户口还有数十万，自从李傕、郭汜互相攻杀，皇帝东归以后，长安四十多天成为空城，身体强壮的四处逃散，羸弱的被人吃掉，二三年之内，关中再无人烟。

建安元年（公元196年）春天，诸将争权夺利，韩暹攻打董承，董承投奔张杨，张杨于是让董承先去修缮洛阳的宫殿。七月，刘协回到洛阳，入杨安殿。张杨把皇帝东归看成是自己的功劳，所以就用"杨"字来给宫殿命名。之后，他对诸将说："天子应当是天下人的天子，人人都有保护的责任，朝廷里自有公卿大臣，我应该出外抵御外患，待在京城里干什么？"于是就回了野王。杨奉也出京驻扎在梁县。于是朝廷封张杨为大司马，杨奉为车骑将军，韩暹为大将军，兼任司隶校尉，全部假节钺。韩暹和董承都留在宫中宿卫。

韩暹居功自傲为所欲为，扰乱政事，董承深感忧虑，秘密召引兖州牧曹操。于是曹操到朝廷贡奉物品，赠给公卿以下百官，趁机奏劾韩暹、张杨的罪过。韩暹担心被杀，于是单骑投奔杨奉。刘协因为韩暹、张杨有保驾之功，下诏让不再追问。于是封卫将军董承、辅国将军伏完等十余人为列侯，追赠沮俊为弘农太守。

曹操以洛阳残破为由，随后把皇帝迁到许县（曹丕代汉后改为许昌）。杨奉、韩暹想要阻拦车驾，没有赶上，曹操派兵反攻，杨奉、韩暹战败投奔袁术，其后在扬州、徐州一带活动。建安二年，左将军刘备诱杀了杨奉。韩暹害怕，想要逃回并州，半路上被人杀死。胡才、李乐留在河东，胡才被仇家杀害，李乐病死。张济军中无粮，离开自己的地盘到南阳，攻打穰城，战死，其众为侄子张绣所率。郭汜被他的部将伍习杀死。

建安三年，朝廷派谒者仆射裴茂持诏书命关中诸将段煨等人讨伐李傕，李傕战败，被灭三族。任命段煨为安南将军，封閺（音文）乡侯。

建安四年，张杨被他的部将杨丑杀死。任命董承为车骑将军，开府。

自从迁都许县之后，刘协虽然不用再担心衣食住行或遭受兵乱，但基本也与傀儡无异。权力都被曹操掌控，公卿百官都不过是充数而已。刘协愤恨曹操专权逼迫，于是秘密下诏给董承，让他结交天下义士共同除掉曹操。董承就和刘备等人一起谋划，还没来得及动手，碰上刘备出征，董承又和偏将军王服、长水校尉种辑、议郎吴硕等人谋划。后来事情泄露，董承、王服、种辑、吴硕都被曹操杀死。

韩遂与马腾自从回到凉州，战事不断，攻下陇地占据关中。曹操当时正对付河北的袁绍，怕他们乘机作乱，于是在建安七年，让朝廷封马腾为征南将军，韩遂为征西将军，均开府。后来征召段煨为大鸿胪，段煨病死。又征召马腾为卫尉，封槐里侯。马腾应召而去，留下儿子马超带领他的部队。建安十六年，马超与韩遂举关中之地攻曹，被曹操击败，韩遂、马超败逃，马腾因此被灭三族。马超又攻杀凉州刺史韦康，再次占据陇右。建安十九年，天水人杨阜击败马超，马超逃到汉中，投降了刘备。韩遂跑到金城羌地，被其部下杀死。当初，陇西人宗建在抱罕，自称"河首平汉王"，设置分封百官三十多年。曹操派夏侯渊前去攻打宗建并斩杀了他，凉州全部平定。

建安二十五年（公元220年），魏王曹操去世，世子曹丕继位。改元为延康元年。当年冬天，在曹丕逼迫下，刘协禅位于曹丕。改延康元年为黄初元年，早已名存实亡的东汉灭亡。

刘协被降封为山阳公，食邑一万户，位在诸侯王上，奏事不称臣，受诏不下拜，以天子车舆服饰郊祀天地，宗庙、祖庙、腊祭等都依照汉朝的制度。四个皇子被封为王爵者，都被降为列侯。

黄初二年，刘备在蜀地称帝，孙权也受封吴王，于是天下三分。

魏青龙二年（公元234年）三月，刘协去世，从禅位到去世有十四年，寿命五十四岁，魏明帝曹叡亲率群臣送丧，以汉朝天子的礼仪将他安葬在禅陵，谥为孝献皇帝。

刘协的太子早逝，孙子刘康立五十一年，晋太康六年去世。其子刘瑾立四年，太康十年去世。子刘秋立二十年，在永嘉之乱中被胡人所杀，封国被废除。

东汉传八世十四帝（也有一些历史学家不将阎太后所立的北乡侯刘懿、弘农王刘辩计算在内，称之为十二帝），享国一百九十五年。

东汉之世，基督教于公元1世纪初为犹太的拿撒勒人耶稣在罗马的马勒斯坦省创立；大和民族的先祖，派遣使者从日本列岛来到洛阳请求赐封，汉朝因为其国百姓矮小，于是赐名为"倭国"，光武帝赐其国王为"倭奴王"，并赐给他们"汉委奴国王金印"，倭国遂为汉朝臣藩；西汉末所建的高句丽，到东汉末已势力逐步扩张，而其时，一部分扶余人则南下在朝鲜半岛西南部建立了百济国，其中统治阶级为扶余人，而下层百姓则为原居的韩人。

中国与世界，都在随历史的车轮滚滚向前。